OS CRIMES
DOS PAPAS

MISTÉRIOS E INIQUIDADES DA CORTE DE ROMA

MORTES, ENVENENAMENTOS, PARRICÍDIOS, ADULTÉRIOS,
INCESTOS, LIBERTINAGENS E TORPEZAS
DOS PONTÍFICES ROMANOS

DESDE S. PEDRO ATÉ O SÉCULO IX

CRIMES DOS REIS, DAS RAINHAS E DOS IMPERADORES

ATRAVÉS DOS SÉCULOS

POR

MAURICE LACHATRE

A Excomunhão

OS CRIMES DOS PAPAS

MISTÉRIOS E INIQUIDADES DA CORTE DE ROMA

MORTES, ENVENENAMENTOS, PARRICÍDIOS, ADULTÉRIOS, INCESTOS, LIBERTINAGENS E TORPEZAS DOS PONTÍFICES ROMANOS

DESDE S. PEDRO ATÉ O SÉCULO IX

CRIMES DOS REIS, DAS RAINHAS E DOS IMPERADORES

ATRAVÉS DOS SÉCULOS

POR

MAURICE LACHATRE

Tradução:
Eduardo Carvalho Monteiro

Publicado originalmente em francês sob o título *Histoire des Papes – Mystères d'iniqutés de la Cour de Rome*.
Direitos de tradução para todos os países de língua portuguesa.
Tradução autorizada do inglês.
© 2018, Madras Editora Ltda.

Editor:
Wagner Veneziani Costa

Tradução:
Eduardo Carvalho Monteiro

Revisão:
Maria Cristina Scompanini
Silvia Massimini
Rita Sorrocha

Dados Internacionais de Catalogação na Publicação (CIP)
(Câmara Brasileira do Livro, SP, Brasil)
La Châtre, Maurice, 1814-1900

Os crimes dos Papas: mistérios e iniquidades da corte de Roma: mortes, envenenamentos, parricídios, adultérios, incestos.../Maurice Lachatre; tradutor Eduardo Carvalho Monteiros. – 2. ed. – São Paulo: Madras, 2018.
Título original: Histoire des papes, mystères d'iniquités de la cour de Rome... crimes des rois, des reines et des empereurs

ISBN 978-85-370-1158-4

1. França – História 2. Papado – História 3. Papas
I. Título.
18-20320   CDD-262.13
Índices para catálogo sistemático:
1. Papas: Crimes: Cristianismo: História 262.13
Cibele Maria Dias – Bibliotecária – CRB-8/9427

Embora esta obra seja de domínio público, o mesmo não ocorre com a sua tradução, cujos direitos pertencem à Madras Editora, assim como a adaptação e a coordenação da obra. Fica, portanto, proibida a reprodução total ou parcial desta obra, de qualquer forma ou por qualquer meio eletrônico, mecânico, inclusive por meio de processos xerográficos, incluindo ainda o uso da internet, sem a permissão expressa da Madras Editora, na pessoa de seu editor (Lei nº 9.610, de 19/2/98).

Todos os direitos desta edição, em língua portuguesa, reservados pela

MADRAS EDITORA LTDA.
Rua Paulo Gonçalves, 88 – Santana
CEP: 02403-020 – São Paulo/SP
Caixa Postal: 12183 – CEP: 02013-970
Tel.: (11) 2281-5555 – Fax: (11) 2959-3090
www.madras.com.br

Índice

Apresentação 9
    Os Crimes dos Papas, um Clássico da Literatura Mundial 9
Introdução 15
História dos Papas – Primeiro Século 47
    S. Pedro 47
    S. Lino 54
    S. Cleto 56
    S. Clemente I 57
História Política do Primeiro Século 59

Segundo Século 64
    Anacleto 64
    Santo Evaristo 65
    Alexandre I 66
    Sixto I 67
    S. Telésforo 68
    Santo Higino 69
    S. Pio I 70
    Aniceto 71
    Sotero 73
    Eleutério 74
    S. Victor 76

História Política do Segundo Século 78
Terceiro Século 82
    Zefirino 82
    Calixto 84
    Urbano I 86

Ponciano	87
Antero	88
Fabiano	89
Vagatura da Santa Sede	90
S. Cornélio I	91
Lúcio	94
Estevão I	95
Sixto II	97
Vagatura da Santa Sede	99
Diniz	101
Félix I	103
Eutíquio	104
Caio	105
Marcelino	107

História Política do Terceiro Século 110

Quarto Século 116

Vagatura da Santa Sede	116
Marcelo	119
Eusébio	120
Melquíades	121
Silvestre	123
Marcos	127
Júlio I	128
Libério	130
Félix II	134
Damásio	137
Sirício	143

História Política do Quarto Século 147

Quinto Século 155

Anastácio I	155
Inocêncio I	156
Zózimo	163
Bonifácio I	166
Celestino I	170
Sixto III	176
Leão I	178
Hilário	189
Simplício	191
Félix III	194
Gelásio	197

Anastácio II 201
Simaco 204

História Política do Quinto Século 211

Sexto Século 219
Hormisdas 219
João I 226
Félix IV 228
Bonifácio II 230
João II 231
Agapeto 233
Silvério 238
Vigílio 241
Pelágio I 250
João Ill 256
Bento I 257
Pelágio II 258
S. Gregório I 262

História Política do Sexto Século 281

Sétimo Século 295
Sabiniano 295
Bonifácio Ill 297
Bonifácio IV 298
Deodato I 299
Bonifácio V 300
Honório I 302
Severino 305
João IV 307
Teodoro I 309
Martinho I 314
Eugênio I 327
Vitaliano 330
Deodato II 334
Domnus I 335
Agathão 337
Leão II 343
Bento II 345
João V 347
Conon 348
Sérgio I 350

História Política do Sétimo Século 358

Oitavo Século 377

    João VI 377
    João VII 379
    Sisínio 380
    Constantino I 381
    Gregório II 385
    Gregório III 392
    Zacarias 400
    Estevão II 408
    Estevão III 409
    Paulo I 417
    Constantino II 420
    Estevão IV 423
    Adriano I 429
    Leão III 441

História Política do Oitavo Século 450

Nono Século 466

    Estevão V 466
    Pascoal I 468
    Eugênio II 473
    Valentim 478
    Gregório IV 479
    Sérgio II 483
    Leão IV 488
    História da Papisa Joana 492
    Bento III 505
    Nicolau I 509
    Adriano II 537
    João VIII 555

Apresentação

Os Crimes dos Papas, um clássico da Literatura Mundial

Melanchton assustou-se com a depuração a ser promovida pela Reforma e indagou a Lutero: *Se tiras tudo dos cristãos, o que lhes pretendes dar?* Ao que Lutero respondeu sem pestanejar: *Cristo*.

    A vinda do Cristo representou tanto para a humanidade que a História foi dividida em duas partes: antes dele e depois dele. O Cristianismo primitivo, no entanto, foi perdendo sua pureza inicial na medida em que os homens foram transformando a essência evangelizadora da doutrina do Cristo em massa de manobra para suas conquistas temporais. O aparecimento do Clero fez sucumbir uma das vantagens desse Cristianismo primitivo em relação a outras religiões de mistérios que era a existência de um conjunto uniforme de crentes que se dedicavam aos dons das profecias, de falar em línguas desconhecidas, das inspirações sem bloqueios, sem regras e interferências.

    No ano 70 d.C., o foco principal da nova religião foi transferido de Jerusalém para Roma e se iniciou a formação das primeiras comunidades, cujas principais características eram a caridade e o amor ao próximo. Dentro dessa cronologia histórica, as Casas do Caminho originais foram sendo transformadas nas primeiras igrejas e delas surge o Clero que logo se hierarquiza e se investe de ambições de poder e dominação do mundo antigo, intentando impor sua supremacia às religiões rivais e a se tornar uma potência temporal. Daí para a promiscuidade com o poder Estatal foi um pequeno e previsível passo. E tudo isso em nome daquele que orava no Altar da Natureza e dizia que, muito embora os animais tivessem seus covis e as aves, os seus ninhos, ele não tinha onde reclinar a cabeça!

    Por volta do ano 150, começou-se a ensinar que Pedro viera a Roma; em 165, foi escrito que, com Paulo, ele fundara a Igreja de Roma, afirmações estas totalmente desprovidas de comprovações históricas. A partir do século III, os bispos romanos começaram a se proclamar "chefes da cristandade". Algumas vozes, como a de Cipriano e Jerônimo, futuros canonizados, levantaram-se contra essa absurda pretensão, mas a força dos ambiciosos foi mais forte. O Império Romano encontrava-se em franca decadência e seria politicamente oportuno reter parte da hegemonia europeia que tinham até então por meio de uma liderança religiosa.

O bispo de Roma foi conquistando pouco a pouco essa primazia e, no século III, estabeleceu-se o Papado, fundado em 369 por Graciano. O engodo histórico baseou-se na fantasiosa lenda do episcopado de Pedro: *Tu és pedra e sobre ti edificarei minha Igreja*, pelas forçadas interpretações de textos ambíguos, falsificações e perseguições. O lado humano estava tomando conta da água pura do Evangelho e a doutrina do Cristo sendo conspurcada pelos interesses mundanos do homem.

Concomitantemente, o momento histórico levava a sociedade a organizar-se de maneira feudal. A Igreja, que passa a receber bens e a assumir funções civis, fortalece-se e adquire grande poder temporal, ampliando suas ambições materiais e de dominação política. Com isso, organiza-se internamente, erigindo uma hierarquia todo-poderosa inserida na hierarquia romana. Quando o Imperador desaparece varrido pela fúria bárbara, o Papa de Roma permanece e reivindica a herança imperial, o que o transforma na liderança temporal e espiritual mais forte da Europa Ocidental. O Papado possuía, desde o século V, imensos domínios na Sardenha, na Sicília, em Córsega, no norte da África, no sul da Gália, na Istria, na Dalmácia, na Calábria, no Exarado de Ravena e no centro da Itália. Todas essas propriedades provinham de "doações feitas a São Pedro pelos cristãos..." Poderoso proprietário, com um Estado dentro de outro Estado, o Papa opunha-se tenazmente ao Imperador e tinha retaguarda para tal, pois, a um chamado seu, os colonos do "patrimônio de São Pedro" acorreriam de todas as localidades em seu socorro contra o Imperador.

O abismo entre o Cristianismo do Cristo e o de seus pretensos seguidores aumentava. Os deuses de batina erigiram seu Olimpo no Estado vaticano. A história do Vaticano e de seus inquilinos é uma história de luz e trevas. Esta interessantíssima obra de Maurice Lachatre mostra que os deuses de batina não se diferenciavam dos mortais do mundo pela excelência de virtudes nem pela proclamada escolha de "predestinados do Cristo". Muito pelo contrário, estiveram quase sempre seduzidos pelos hábitos mundanos da espécie, só se distinguindo do restante dos mortais pelo uso da sotaina e pelas prerrogativas eclesiásticas. A rotina do Vaticano, assim como dos mosteiros e outros retiros católicos, mostram os relatos históricos, não se escapava às normas da espécie e da natureza. Ou seja, os seus habitantes não conseguiram represar a gula, tornarem-se celibatários, cultivar as virtudes do Cristo em sua plenitude, cavar masmorras aos vícios, sustentarem-se numa pureza que tentavam impor aos outros e fazer crer aos incautos que também vivenciavam.

Engalanados em seus paramentos vistosos, criaram um Estado Teocrático com tentáculos e influência no mundo todo, arrogando-se em proprietários do espólio do Cristo, sem perceberem que o verdadeiro tesouro de Jesus não é material, mas espiritual. E para gozá-lo, não há necessidade de vestes, nem de locais de cultos, nem de exterioridades, mas da sinceridade de propósitos. *Quando dois ou mais se reunirem em meu nome, lá estarei eu entre eles...* foi a magnífica promessa de Jesus a seus seguidores. O verdadeiro seguidor do Cristo carrega sua Igreja em seu coração.

A desfiguração do Cristianismo pelos homens, os enganos, contradições e absurdos praticados pela Igreja e pelos Papas é o que esta obra de Maurice Lachatre tenta mostrar. O Olimpo dos deuses de sotaina que encontramos no Vaticano é uma instituição humana como qualquer outra e por isso mesmo carrega todas as características e necessidades da espécie.

Altamente discutível e inadmissível em nossa época de tanta liberdade de consciência e pensamento é o instituto da *infalibilidade papal*. Se algum dia as autoridades vaticânicas descerem de seu pedestal e propuserem um retorno às origens do Cristianismo, a primeira atitude a ser tomada será a supressão desse dogma que agride a inteligência do homem. Nem o próprio Cristo arrogou-se de "infalível" e, nos momentos em que se sentiu fraquejar, recolheu-se em oração e pediu a inspiração do Pai para não errar. A considerar-se o Papa infalível, como justificar todos os "deslizes" relatados por Lachatre nesta obra histórica e não de ficção?

O que sempre os mandatários da Igreja tentaram impor aos fiéis, inclusive com o uso da força, foi a imagem de que tinham recebido uma legitimidade divina para seus mandatos, o que é um grosseiro erro histórico. E as seitas cristãs que se insurgissem contra essa imposição e discordassem dos "privilegiados" de Roma eram declaradas hereges, esmagadas ante o poderio material e policialesco romano e, não raras vezes, exterminadas. O que houvera acontecido em outra época, a aliança entre judeus e romanos em Jerusalém visando ao poder, repetiu-se com a aliança entre os romanos e os "cristãos" para a dominação do mundo. Como à época os poderes político e militar se fundiam com o espiritual, na cabeça do povo, Deus não poderia jamais ser derrotado, daí a submissão e a confiança de que Deus apoiava os desmandos cometidos e o esforço de se manter a promiscuidade entre Estado e Igreja. Afinal, o poder material e espiritual unificado levaria também à unificação em Cristo e à salvação da humanidade. Face à ignorância do povo, os valores morais e espirituais também estavam invertidos e quando se esmagava uma seita considerada herege, a razão estava sempre com a Igreja, porque Deus a apoiava e não podia ser derrotado. Este *status quo* infame perdurou por séculos e mancha a história da Igreja romana.

Jesus, o Cristo, filho de um carpinteiro humilde e uma mulher do lar, reuniu em torno de si 12 homens iletrados e saiu a pregar a Boa-Nova. Não deixou nada escrito, mas a força de seu exemplo ecoa até hoje no coração dos verdadeiros cristãos como extensão de suas ideias vigorosas e duradouras. Se nunca houvesse existido o Vaticano e toda a pomposidade e a hierarquia criada em torno de si, ainda assim a lembrança de Jesus e a força de suas palavras estariam entre nós, porque elas adquiriram existência própria e independem da vaidade dos homens que se pretendem donos da legitimidade de mandatos divinos do mundo cristão. Uma análise racional e rigorosa dos antecedentes do Homem de Nazaré nos levam a essa constatação grave.

As palavras de Jesus não desapareceriam nunca do coração dos homens apesar de seus intermediários monopolizadores.

O fato contundente é que Jesus, o Cristo, nunca fundou nenhuma religião nem instituiu nenhuma igreja, tampouco formalizou qualquer tipo de sacramento ou ordenou algum sacerdote. Prova disso é que esteve distante das instituições religiosas dos judeus e não se subordinou a nenhuma delas. Apenas proclamava: *Eu sou o Caminho, a Verdade e a Vida, ninguém vai ao Pai senão por mim*. O que significa, em outras palavras, dizer: *basta seguir aquilo que eu falo e dou o exemplo para alcançar o Reino do Pai*. Parece simples, não? O caráter universalista de sua proposta poderia incluir publicanos e samaritanos, ladrões e cortesãs, doutores da Lei e ignorantes, puros e impuros. Todos, enfim, que se sentissem seduzidos por ele.

Ao dirigir-se a Pedro chamando-o de *pedra* e que sobre ele construiria sua Igreja, no entender dos protestantes, a *pedra* não seria Pedro, mas a revelação de que ele era o Cristo. Pedro, como apóstolo de Jesus, participou do movimento cristão, mas não fundou nenhuma igreja. Também considerado o primeiro Papa, Pedro nunca exerceu essa função em Roma ou em parte alguma. A história muito mal contada e fantasiosa de Pedro fere o bom-senso e o fato histórico. Não há nenhuma prova de que Pedro tenha estado em Roma, como já dissemos, e muito menos de que tenha ordenado quem quer que seja. Mesmo por que, seus contemporâneos nunca relataram qualquer palavra dele a esse respeito.

O famoso episódio do Pentecoste, considerado ingenuamente pelos católicos como "ordenação divina" vinda do próprio céu, tem a sua própria explicação, muito distante da interpretação simplista de nossos irmãos romanos de que os apóstolos receberam naquela ocasião o direito de transmitir a ordenação às gerações seguintes. O fenômeno das "línguas de fogo" que desceram sobre os Apóstolos fazendo-os falar línguas estranhas é catalogado pela moderna parapsicologia como xenoglossia, uma faculdade que faz com que entidades externas se utilizem do corpo de sensitivos para transmitirem suas mensagens espirituais em idiomas desconhecidos pelos agentes. Um interessante livro do Reverendo Haradur Nielsson, hoje fora de edição, traduzido para mais de dez idiomas, denominado *O Espiritismo e a Igreja*, descreve uma sessão espírita em que esse fenômeno se reproduziu, tendo o bispo que acompanhava o autor declarado que só naquele momento compreendera a realidade e o significado das "línguas de fogo".

Assim teve início o Papado ou como se pretende que ele tenha tido início. Por ser uma criação humana, não se poderia esperar outros rumos para ele, senão o que é relatado em *Os Crimes dos Papas.*

O autor foi um intelectual dos mais atuantes e respeitados da França do Século das Luzes (século XIX).

Nascido em 14 de outubro de 1814, em Issoudun, no Departamento do Indre, Maurice Lachatre mudou-se ainda jovem para Paris, onde iniciou sua incursão no mundo intelectual efervescente da capital francesa.

Convivendo com as grandes figuras das artes e da literatura, frequentando os salões de intelectuais franceses, sua vida acabou sendo encaminhada para as profissões de escritor, editor e livreiro, nas quais revelou sua personalidade marcante e intransigente na defesa da liberdade de expressão. Por ela e as ideias de vanguarda que cultivava, sua vida foi repleta de sobressaltos e lutas contra as autoridades. Acresça-se a esses fatos os choques constantes que tinha com o regime político e a Igreja católica.

Em 1857, foi condenado a um ano de prisão e multa de seis mil francos por ter editado o romance *Os Mistérios do Povo,* de Eugène Sue. No ano seguinte, sofreu nova condenação a cinco anos de prisão pelo regime absolutista de Napoleão III pela publicação do *Dicionário Universal Ilustrado* (1865), mas fugiu para Barcelona, Espanha, onde refugiou-se no *Albergue de los Extranjeros.*

Homem inquieto, bem informado, acompanhava à distância o que se passava em sua pátria. Em Barcelona, onde viveria até 1870, funda uma livraria e passa a importar livros da França, além de ser o editor de Karl Marx e Engels.

Ao importar da França cerca de 300 obras espíritas de Allan Kardec e outros autores, que chegam a Barcelona em duas caixas com todos os requisitos legais cumpridos e taxas alfandegárias pagas, as obras são apreendidas pelo Bispo Dom Antonio Palau y Termens que, arbitrariamente, condenou-as a irem à fogueira por serem "imorais e contrárias à fé católica". Em 9 de outubro de 1861, às 10h30, no episódio que ficou conhecido como *Auto-de-Fé de Barcelona,* os 300 volumes foram queimados em praça pública em inquisitorial cerimônia com toda a solenidade do ritual do Santo Ofício, no mesmo local onde há pouco tempo atrás eram executados os hereges condenados à pena de morte. Ou seja, na falta de hereges, queimavam-se livros, imaginando-se assim poder queimar as ideias que eles continham. As chamas, no entanto, superexcitaram as ideias contidas naqueles volumes, despertando a curiosidade da Espanha inteira, que queria saber o que eles continham. O tiro saiu pela culatra. Em breve tempo, novas encomendas foram feitas, livros espíritas entravam sob várias formas no país e os espanhóis passaram a conhecer o Espiritismo e deram-lhe grande impulso em sua terra.

Maurice Lachatre foi o protagonizador desse agitado episódio na história da Espanha. A partir daí, o zeloso sacerdócio romano passa a vigiar de perto as publicações de Lachatre. Em 27 de janeiro de 1869, o braço inquisitorial da Igreja atinge novamente Lachatre, condenando à destruição a *História dos Papas,* que ele houvera publicado em primeira edição em 1842-43 em dez volumes. Não foi o suficiente para abater o ânimo do editor, que prossegue em sua missão de produzir cultura com liberdade de expressão.

Maurice Lachatre ousadamente retorna a Paris em 1870 com a ocorrência da *Comuna*. Na capital francesa, passa a colaborar com o Jornal *Vengeur*, fundado por Félix Pyat. A vitória do governo e a violenta repressão que foi desencadeada, leva-o de volta à Espanha, refugiando-se em San Sebastian, no país basco, onde manteve sua intensa atividade intelectual.

Em 1874, publica dois livros: *História do Consulado e do Império* e *História da Restauração*. Seis anos depois, editava *História da Inquisição*.

Com a anistia, retorna à França, fundando nova editora em Paris, e se entrega à grande obra de sua vida, o *Novo Dicionário Universal*, considerado por seus contemporâneos a maior enciclopédia de conhecimentos humanos até então publicada.

Maurice Lachatre deixa este mundo em 1900, em Paris.

A Madras Editora sente-se honrada por editar pela primeira vez no Brasil este *Os Crimes dos Papas*, um clássico da bibliografia mundial e que, sem dúvida, vem premiar não só o público leitor, como o erudito autor francês que tanto contribuiu para a cultura da humanidade.

Eduardo Carvalho Monteiro

Introdução

A sabedoria das nações fez desaparecer o fanatismo cego; a razão e a tolerância substituíram as paixões religiosas que impeliam os homens para os mais terríveis atentados e os tornavam mais semelhantes a tigres alterados de sangue do que a seres humanos.

O orgulho dos papas e sua ambição insaciável tinham encontrado nos reis absolutos, auxiliares poderosos e muitas vezes dóceis, para impor aos povos as suas vontades execráveis, submeter os fracos, argumentar os seus estados e atingir, finalmente, um tão elevado grau de audácia que se intitulavam os representantes de Deus na Terra e se arrogavam o direito de outorgar reinos, depor príncipes e dividir o mundo.

As trevas da ignorância obscureciam, então, os espíritos; os povos, embrutecidos por uma escravidão atroz, dilaceravam-se uns aos outros como animais ferozes, para agradar aos seus tiranos e servirem às suas paixões desregradas.

Séculos de desgraças, de massacres, de incêndios e de fome!

Abusando da credulidade dos povos, os reis derrubavam os impérios por meio de guerras insensatas, e dos campos e cidades faziam um deserto.

Os papas, monstros mais infames e ferozes que os da Antiga Roma e de Bizâncio, assentados na cadeira pontifical, cingidos com o tríplice diadema do orgulho, da hipocrisia, do fanatismo, cercados de assassinos, de envenenadores, de cortesãos, entregavam-se a todas as libertinagens e insultavam as desgraças públicas.

Mas as trevas dissiparam-se; os assassínios, a miséria e a devastação fizeram surgir verdades terríveis e eternas, que a política e a crueldade dos reis tinham sepultado debaixo das ruínas dos impérios.

A história! Grande e magnífica lição! Percorre os séculos passados, em que a barbárie sem piedade dos padres, auxiliada pela ignorância dos homens, agitava e perturbava o mundo; em que os habitantes dos campos, rasgados, nus, metiam horror aos próprios bandidos, que nada mais tinham a pilhar senão os cadáveres que jaziam sobre o solo. Recorda as épocas de desastres, de confusão, de isolamento, em que as mais insignificantes propriedades e lavouras eram fortificadas pelos ingleses, franceses e romanos, miseráveis a soldo dos reis e dos nobres, encarniçados sobre a sua presa: estavam todos de acordo para pilhar o lavrador, massacrar os povos e, caso admirável, horrível, os próprios animais, habituados ao toque de rebate, sinal da chegada dos soldados, corriam sem condutores para os seus covis.

As nações aprenderão a julgar os imperadores e os reis, déspotas inflexíveis, inexoráveis, impelindo milhões de homens para guerras cruéis, com o fim único de sustentar as mais injustas pretensões, aumentar o número dos seus escravos, multiplicar as suas riquezas, satisfazer o luxo desenfreado dos seus cortesãos, saciar a avidez das suas amantes e, finalmente, para ocuparem o espírito inquieto, desconfiado, de um tirano devorado pelo aborrecimento.

Os povos conhecerão as grandes verdades da história; aprenderão por que audácia ímpia, por que pactos sacrílegos, os papas e os reis foram as causas mais graves das desgraças da Europa, durante dois mil anos de tirania e fanatismo.

No reinado de Tibério, apareceu um homem, filho de Miriam, chamado o Cristo: as nações estavam sepultadas na ignorância; a lei de Moisés era obscurecida pelas tradições humanas; os costumes dos israelitas e dos outros povos achavam-se em um mesmo grau de corrupção.

Esse homem, extraordinário e todo divino, não se contentou em gemer sobre a sorte do gênero humano; pregou dogmatismo, ensinou uma moral severa, oposta às máximas corrompidas pelo século.

Os seus discípulos, escolhidos no povo, ensinaram aos homens o que tinham aprendido com aquele divino mestre: sábios preceitos, uma moral santa e rígida, uma doutrina misteriosa, dogmas incompreensíveis.

Os discípulos do Cristo não empregaram a força para fazer receber os seus preceitos; pelo contrário, foram perseguidos de todos os modos, e as suas prédicas, acompanhadas de bons exemplos, fizeram os mais rápidos progressos.

O homem Deus foi perseguido com um furor igual ao zelo que ele testemunhava contra o vício, e terminou a sua missão divina por um suplício infame.

Os primeiros cristãos distinguiam-se pelo nome de irmãos, de santos, de fiéis; eram humildes, obscuros, pobres, ganhando subsistência com o trabalho dos braços.

Espalharam-se secretamente pela Grécia; alguns foram a Roma, misturados entre os judeus, a quem os romanos haviam permitido o exercício do seu culto numa sinagoga.

Foi no ano 60 da nossa era que os cristãos começaram a separar-se da comunhão judaica: chamaram sobre si violentas querelas das sinagogas espalhadas em Roma, na Grécia, no Egito e na Ásia; foram acusados de ateísmo pelos seus irmãos judeus, que os excomungaram três vezes no dia de sábado.

Formaram-se muitas igrejas, e a separação tornou-se completa entre os israelitas e os cristãos. Os romanos votavam igual desprezo às suas religiões; esse povo, o mais tolerante da Terra, sofreu as suas extravagâncias enquanto estas não atacaram a ordem estabelecida pelas leis; mas quando esses sectários obscuros se tornaram perseguidores, quando cuspiram nas imagens dos seus deuses, quando quebraram as suas estátuas, então o prefeito de Roma abandonou-os ao machado dos litores.

No primeiro século, os apóstolos e os seus sucessores ocultavam-se nas catacumbas de Roma, errando pelas aldeias e cavernas; os papas não tinham ainda trono episcopal, não caminhavam sobre as cabeças dos reis, não abalavam ainda os impérios.

As esmolas dos neófitos tornaram muito lucrativo o trono dos bispos das grandes cidades; o seu crédito estendeu-se na razão das suas riquezas; a sua insolência, a sua audácia argumentaram na mesma proporção, e o seu poder formidável pairou sobre a decepção dos povos.

Quando as igrejas receberam uma forma, distinguiram-se cinco ordens: os vigilantes das almas, que eram os bispos; os antigos da sociedade, que eram os padres; os dependentes ou diáconos; os crentes ou iniciados, que tomavam parte nas ceias dos ágapes; os catecúmenos, que esperavam o batismo. Trajavam-se todos como o restante dos homens e nenhum era obrigado a guardar o celibato.

Tornando-se mais numerosos, levantaram-se contra o culto do Império Romano e forçaram os magistrados a obrar com rigor contra uma seita que perturbava a ordem pública; não foram, porém, perseguidos os judeus, que estavam separados dos nazarenos e se encerravam nas suas sinagogas; era-lhes permitido o exercício de sua religião, assim como o de todos os outros cultos.

Mas, declarando-se os cristãos inimigos de todas as religiões, e sobretudo da religião do império, foram punidos repetidas vezes pelas leis; nasceu daí o grande número de mártires com que os padres de Roma povoaram as suas lendas.

Os historiadores afirmam que poucos cristãos morreram como mártires; ninguém foi perseguido por crenças religiosas, mas por fatos reprovados por todas as leis.

Os próprios concílios eram tolerados; contam-se cinco no primeiro século, dezesseis no segundo, trinta no terceiro.

Os imperadores viram com desprezo, e algumas vezes com indignação, os progressos daquela nova religião que elevava o seu culto sobre as ruínas dos deuses do império.

Diocleciano, que passa por um perseguidor, foi durante mais de dezoito anos o protetor declarado dos cristãos; estes ocupavam lugares importantes junto da sua pessoa; ele próprio desposou uma cristã e consentiu que em Nicomédia, sua residência, se construísse uma soberba igreja em frente ao seu palácio.

Galério convenceu Diocleciano de que aquela seita que ele protegia estava eivada de fanatismo e furor.

O imperador publicou um edito para a destruição da basílica de Nicomédia; um fanático rasgou em pedaços o edito de Diocleciano; procedeu-se a informações, encontraram-se as provas de uma conspiração surda que se estendia de uma extremidade a outra do império: Antioquia, Jerusalém, Cesareia, Alexandria estavam cheias desses intolerantes inovadores; o foco dessa grande lava estava em Roma, na Itália, na África e na Ásia Maior; mais de 200 desses perturbadores foram condenados à morte.

Chegamos à época em que Constantino colocou o Cristianismo no trono; desde então, viram-se os cristãos, animados por um zelo furioso, perseguirem-se sem misericórdia, suscitarem as mais extravagantes querelas, obrigarem pelo fogo e pelo ferro os pagãos a abraçarem o Cristianismo.

Constâncio Cloro tinha uma concubina que era cristã, mãe de Constantino e conhecida sob o nome de Santa Helena. César Constâncio Cloro morreu em York, na Inglaterra, em um tempo em que os filhos que ele tinha da filha de Maximiliano Hércules, sua esposa legítima, não podiam pretender ao império; Constantino, filho da concubina, fez-se eleger imperador por cinco ou seis mil soldados alemães, gauleses e ingleses.

Aquela eleição, feita por soldados sem o consentimento do senado e do povo romano, foi consagrada pela sua vitória sobre Mavença, eleito imperador em Roma, e Constantino subiu a um trono manchado de crimes.

Parricida execrável, mandou degolar os dois Licínios, marido e filho de sua irmã; não poupou sequer os seus próprios filhos, e por sua ordem foi sufocada num banho a imperatriz Fausta, mulher desse monstro.

Em seguida, consultou os pontífices do império, a fim de saber que sacrifícios poderia ele oferecer aos deuses para expiar os seus crimes. Os sacrificadores rejeitaram as suas ofertas, e ele foi repelido com horror pelo hierofante, cuja voz gritava: "Longe daqui os parricidas, a quem os deuses não perdoam nunca."

Então um padre prometeu-lhe o perdão de seus crimes, purificando-o nas águas do batismo, e o imperador fez-se cristão.

Saindo logo de Roma, fundou a sua nova capital de Constantinopla. No seu reinado, os ministros da religião cristã começam a mostrar a sua ambição, que haviam sabido ocultar por três séculos; certos da impunidade, precipitam a mulher de Mavença no Oronte, degolam os seus parentes. Massacram magistrados no Egito, na Palestina; arrancam do seu retiro a viúva e a filha de Diocleciano e lançam-nas ao mar.

Constantino reúne o concílio de Niceia, exila Ário, torna a chamá-lo, bane Atanásio e morre nos braços de Eusébio, chefe dos ários, tendo-se feito batizar tão somente no leito da morte, para escapar dos tormentos do inferno.

Constâncio, filho e sucessor de Constantino, imitou todas as suas barbáries; reuniu como ele concílios que se prescreveram, se anatematizaram. Atanásio sustentou o seu partido na Europa e na Ásia pela astúcia e pelas violências; os ários abateram-no; os exílios, as prisões, os tumultos, os assassínios assinalaram o fim do reinado abominável de Constâncio.

Joviano e Valentiano deram ambos liberdade inteira de consciência; os partidos aproveitaram-se disso para satisfazer os seus ódios e dar largas à sua raiva sem piedade.

Teodósio declara-se pelo concílio de Niceia; a imperatriz Justina, que reinava na Ilíria, na África, como tutora do jovem Valentiano, exila-o.

Os godos, os vândalos, os burguinhões, os francos caem sobre as províncias do império, encontram aí estabelecidas as opiniões de Ário, e os vencedores abraçam a religião dos vencidos.

O papa Atanásio acalma com a sua justiça e tolerância as questões religiosas que dividiam as igrejas do Oriente e do Ocidente, mas o ódio dos padres terminou em breve por um crime, uma existência que teria sido gloriosa para a religião e cara à humanidade!

Maomé aparece no sétimo século; impostor hábil, funda uma religião nova e o maior império do mundo. Banido de Meca, reúne os seus discípulos, estabelece os fundamentos da sua teogonia e caminha para as conquistas mais surpreendentes.

Os cristãos estavam divididos por heresias grosseiras; os persas faziam uma guerra terrível ao império do Oriente; os judeus e os católicos perseguiam-na com um ódio implacável; tudo era confusão na Igreja e no Estado.

Os bispos não se arrogavam ainda uma jurisdição temporal; mas a fraqueza do império do Ocidente fez nascer essa usurpação escandalosa, que encheu a Europa de fogueiras, de desastres e de ruínas.

Pepino, rei da França, liga-se sucessivamente aos papas Zacarias e Estevão; para encobrir aos olhos dos povos a sua usurpação da coroa da França e o assassínio de seu irmão, abandona à Santa Sé os domínios da Romênia, tirados aos lombardos.

Estevão III, padre hipócrita, não tarda em assinalar o seu novo poder, com os excessos da mais desenfreada ambição.

No tempo de Estevão VI, o furor chega ao seu maior auge; o clero divide-se em facções: e o papa é eleito no meio da carnagem: o pontífice, depois da sua vitória, manda arrancar os olhos e a língua de Constantino II, seu predecessor.

Carlos Magno invade a Lombardia, apodera-se da herança de seus sobrinhos, despoja o sogro para o punir por ter tomado a sua defesa, manda-o arrastar até Lyon, carregado de ferros, e condena-o a terminar os seus dias numa prisão.

Então Leão III colocou uma coroa de ouro na cabeça e cobriu os ombros com um manto de púrpura.

Mas os descendentes de Carlos Magno não puderam conservar em Roma a influência que aquele usurpador adquirira concedendo aos papas as terras que tirara aos lombardos.

Paschoal I, por uma audácia criminosa, mandou arrancar os olhos e cortar a cabeça, no palácio patriarcal de Latrão, a Teodoro, primicério da Igreja romana, e a Leão, seu genro, por terem permanecido fiéis a Lotário; por ocasião da morte do papa, o povo opõe-se a que ele seja inumado e quer arrastar o seu cadáver pelas ruas de Roma.

Eugênio, seu sucessor, ocupa-se em fazer transportar dos sepulcros da Itália ossadas petrificadas, restos horrendos da natureza humana; envia-os para a França, para a Alemanha, para a Inglaterra e vende-os à Europa cristã.

Sérgio faz publicamente um tráfico vergonhoso com todos os cargos da Igreja.

Leão IV tem a imprudência de assegurar aos bispos a impunidade dos crimes mais enormes.

Depois da morte de Leão, uma mulher sobe ao sólio de S. Pedro, celebrando missa, criando bispos, dando os pés a beijar aos príncipes e aos povos;

a papisa Joana aparece grávida de um cardeal e morre com as dores do parto, no meio de uma cerimônia religiosa.

No nono século, separam-se os gregos e os latinos, disputas ridículas são causa de quinze séculos de assassínios e carnagens, de guerras atrozes, e vinte e nove cismas sanguinolentos vêm manchar no Ocidente o sólio de Roma.

Os árabes e os turcos avassalam a Igreja grega e a Igreja da África, e vêm elevar a religião maometana sobre os fragmentos do Cristianismo.

A Igreja romana permanece em discórdias e ruínas; durante esse período de anarquia, os bispos e os abades, na Alemanha, fazem-se todos príncipes, e os papas atingem o domínio absoluto em Roma.

Estevão VII, impelido por uma raiva sem tréguas, ordena que se tire do túmulo o cadáver de Formose e, coisa horrível, manda conduzi-lo a um sínodo reunido para o desagradar. Então aquele corpo horrendo, vestido com os hábitos pontificiais, é interrogado no meio dos maiores escândalos e clamores: "Por que razão, sendo bispo de Port, usurpaste, tu, por espírito de ambição, a sede universal de Roma?..."

Em seguida, o papa, impelido por uma barbárie execrável, manda despojá-lo dos hábitos sacerdotais, ordena que lhe cortem três dedos e a cabeça, e que lancem o cadáver ao Tigre.

Sérgio invade a cadeira pontifical; leva publicamente uma vida manchada de devassidão com a famosa cortesã Marósia; seu filho chega a papa sob o nome de João XII, e excede-o ainda pelos seus crimes monstruosos; os cardeais e os bispos acusaram-no de incesto com sua mãe, de violação das virgens sagradas, de adultério, de homicídio, de profanação e de blasfêmia.

Gregório V manda cortar os pés, as mãos, a língua e as orelhas de João e de Crescêncio, e os faz passear assim mutilados pelas ruas de Roma.

Bento IX é elevado à Santa Sede na idade de 12 anos, pelas intrigas e pelo ouro do conde de Toscanelle, e, em breve, entrega-se aos excessos da depravação e aos debochos mais vergonhosos. Os romanos, cansados dos seus atentados, expulsam-no de Roma e nomeiam um outro papa, Silvestre III. Bento, com o auxílio dos seus parentes, apodera-se de novo da Santa Sede, mas, vendo-se o objeto da execração universal e pressagiando uma queda terrível, vende a Santa Sede por uma infame simonia e consagra um terceiro papa, chamado João XX.

Em seguida, retira-se do palácio de seu pai para se entregar às mais infames voluptuosidades.

Depois de ter feito aquele tráfico odioso, o desejo de mandar invade-lhe de novo a alma e lança-o pela terceira vez àquele sólio desonrado; só contra os romanos que o tinham em horror; só contra os dois outros papas, operando um tríplice cisma, propõe aos seus adversários repartirem entre si as rendas da Igreja.

Esses três antipapas, por um escândalo atroz, dividem em três porções o patrimônio dos pobres e tomam assento com audácia, um em S. Pedro, outro em Santa Maria Maior, e o terceiro no palácio de Latrão.

Execrável triunvirato!!!

Um pobre astucioso, avaro e dissoluto compra dos três papas os seus títulos infames ao papado e sucede-lhes sob o nome de Gregório VI.

Hildebrando, esse monge de Cluny, esse envenenador de papas, o mais velhaco dos padres, usurpa a cadeira pontifícia sob o nome de Gregório VII; lança anátemas sobre os reis, excita guerras públicas, enche a Alemanha e a Itália de fogueiras, de carnagens, de assassínios; excomunga o imperador da Alemanha, rouba-lhe o título de rei, desliga os povos do juramento de obediência, subleva os príncipes e os reduz, afinal, a um infortúnio por tal modo atroz que as faculdades de sua alma sofrem um violento abalo. Então, excesso de orgulho e de degradação, o rei veio procurar o papa na "força do inverno, em jejum, descalço, em camisa, com umas tesouras e uma vassoura na mão!!!"

Adriano, filho de um mendigo inglês, manda que o imperador Barba-roxa lhe segure no estribo, e, para juntar ao seu triunfo barbaridade, exige que o famoso Arnaldo de Brescia lhe seja entregue para ser queimado vivo, pelo fato de ter pregado contra o luxo dos padres e a abominação dos pontífices.

Alexandre leva mais longe que os seus predecessores os ultrajes para com os reis; o imperador Frederico, para libertar o seu filho Othon, prisioneiro dos romanos, manda pedir ao papa que o absolva da excomunhão. O inflexível Alexandre ordena que o imperador venha em pessoa pedir-lhe perdão na presença de todo o povo reunido, sem manto, sem coroa, com uma vara de bedel na mão, e se prostre com as faces sobre a terra. Quando o viu diante do pórtico da igreja, Alexandre pôs-lhe o pé no pescoço e pisou-lhe exclamando: "Tu pisarás a áspide e o basilisco e esmagarás o leão e o dragão!"

Celestino III dá um exemplo horrível de uma avareza insaciável; Alexandre pisará aos pés Frederico Barba-roxa, que reclamava a liberdade de seu filho; esse novo papa, a troco de ouro, coroa o imperador Henrique IV, ministro abominável, que renovou o ímpio sacrilégio de Estevão VII, mandando exumar o cadáver de Tancredo, para lhe fazer cortar a cabeça pela mão do algoz; ordenou que arrancassem os olhos ao jovem Guilherme, filho de Tancredo, depois de o ter feito eunuco; condenou o conde Jordão a um suplício horrível, mandando-o prender nu numa cadeira de ferro em brasa e coroar com um círculo de ferro inflamado que lhe pregaram na cabeça.

Inocêncio III mandou pregar cruzadas contra os infiéis, aumentou os seus tesouros com riquezas dos povos e tratou com Saladino para que este não entregasse os lugares santos ao imperador da Alemanha.

Esse papa, embusteiro e sacrílego, estabeleceu o tribunal monstruoso da inquisição, pregou em seguida uma cruzada contra os albigenses, despojou dos seus estados Raimundo VI, conde de Toulouse, e mandou S. Domingos, munido de poderes, para perseguir pelo ferro e pelo fogo e por tormentos inauditos os desgraçados Vandezes. Os cruzados apoderaram-se da cidade de Beziers. O atroz Domingos, com o Cristo em uma das mãos e um archote na outra, excitava a carnagem, e sessenta mil cadáveres foram sepultados sob as ruínas daquela cidade reduzida a cinzas. Toulouse, Carcassona, Alby, Castelnaudary, Narbonna, Saint--Gilles, Arles, Marselha, Aix, Avignon foram devastadas pelos exércitos do papa.

Raimundo, levado à presença de um legado, despido até a cintura e descalço, foi açoitado com varas e puxado por uma corda de roda do túmulo de um frade fanático que fora massacrado pelo povo.

Gregório IX, para sustentar a sua ambição e o luxo desenfreado da sua corte, levanta impostos na França, na Inglaterra, na Alemanha; excomunga os reis; subleva os povos e faz com que os seus súditos o expulsem de Roma.

Raimundo VII, católico, mas filho de um herege, é perseguido e despojado dos seus estados; o papa envia um legado à França para sustentar essa guerra abominável do Languedoc e da Provença; Raimundo defende-se com coragem; os povos, cansados da avidez insaciável de Gregório IX, recusam-se a pagar os impostos e obrigam o papa a concluir a paz.

O pontífice, interrompido na sua marcha, condena Raimundo a pagar dez mil marcos de prata ao seu legado, dois mil à abadia de Citeaux, mil à de Grand-Selve, trezentos à de Belle-Perche, tudo pela remissão dos seus pecados, como atesta o tratado assinado em frente do pórtico da catedral de Pávia.

Inocêncio IV, no meio dos seus crimes, pratica uma ação generosa que consola a humanidade; toma a defesa dos judeus da Alemanha, que os príncipes e os padres perseguiam para se apoderarem dos seus despojos.

Nesse século de barbárie, o falso zelo da religião servia de pretexto às injustiças mais revoltantes; inventavam-se calúnias contra os judeus, acusavam-nos de festejarem a Páscoa comendo o coração de uma criança recém-nascida, e, quando se encontrava o corpo de um homem morto, era-lhe aplicada a tortura, e condenavam-nos a morrer pelos mais atrozes tormentos.

Urbano IV assina um tratado vergonhoso com S. Luiz e Carlos d´Anjou, para se apoderar do reino de Nápoles e partilhar os estados do jovem Conradino. O papa destrói os escrúpulos do rei da França e faz jurar ao duque d´Anjou que abandonará à Santa Sede os domínios sobre os quais tinha pretensões, pagando-lhe oito mil onças de ouro por ano.

Clemente IV continua a política do seu predecessor; o jovem Conradino entra de novo nos seus estados, dá uma batalha decisiva e é feito prisioneiro com Frederico da Áustria. Depois de um duro cativeiro, Carlos d´Anjou, por ordem do papa, condena-os a morrer às mãos do algoz. O jovem duque da Áustria foi o primeiro a ser executado; Conradino pegou na cabeça do seu amigo e recebeu o golpe mortal abraçado a ela.

Martinho IV sobe à cadeira de S. Pedro e faz um acordo sacrílego com Carlos d´Anjou, um tirano político, usurpador, da Sicília; o outro, tirano sagrado de Roma.

As suas crueldades promovem a indignação geral; forma-se uma vasta conspiração cuja alma é João de Procida, gentil-homem de Salerno; este excita Miguel Paleólogo a reunir-se a ele; dirige-se à Espanha para trazer consigo Pedro de Aragão e percorre as cidades da Sicília para incitar os espíritos à vingança.

No terceiro dia da Páscoa de 1282, à hora de vésperas, é dado o sinal da carnificina, e ao som dos sinos reúne-se um grito de morte em todas as cidades da Sicília. Os franceses são massacrados nas igrejas, nas praças públicas, nas casas; por toda a parte, os assassinos, a vingança e dez mil cadáveres são os sanguinolentos troféus das vésperas sicilianas.

Bonifácio VIII é feito papa depois de ter mandado assassinar o seu predecessor; ultraja os povos, arrosta com os reis, persegue com encarniçamento os gibelinos, partidários do imperador da Alemanha, inventa o jubileu para fazer entrar nos seus tesouros as riquezas das nações e promove um ódio tão profundo que os estados reúnem-se em Paris, por ordem de Filipe, o Belo, para julgar o papa. O arcebispo de Narbonna acusou-o de ser simoníaco, assassino, usurário, de não acreditar na eucaristia nem na imortalidade da alma; de empregar a violência para que lhe revelassem os segredos da confissão; de viver em concubinagem com as suas duas sobrinhas e de ter tido filhos delas; finalmente, de ter empregado o dinheiro das indulgências para pagar aos sarracenos a invasão da Sicília.

Nogaret e Sciarra Colonna são encarregados de levar ao papa a ordem de se dirigir a Lyon, para ser julgado por um concílio geral, e chegam, à frente de trezentos cavalos, à cidade de Anagui, residência de Bonifácio; encontrando resistência, forçam o palácio e apresentam ao papa o ato de acusação. Bonifácio, cego de furor, cobre de injúrias Nogaret e amaldiçoa o rei da França e seus descendentes até a quarta geração.

Então, Sciarra Colonna, com o seu guante de ferro, fere-o no rosto até fazer saltar o sangue.

Clemente V e Filipe, o Belo, acusam os Templários de crimes enormes e condenam-nos ao mais atroz suplício, para se apoderarem das suas imensas riquezas. Por ordem do rei, o Grão-Mestre dos Templários, acompanhado dos seus Cavaleiros, é conduzido ao suplício para ser queimado vivo na presença dos cardeais e dos padres, que contemplam sem terror aqueles postes inflamados e tintos de sangue. Depois de ter partilhado com o rei da França os despojos dos Templários, Clemente V estabeleceu a sua corte em Avinhão, entregando-se publicamente aos excessos mais depravados com seu sobrinho e a filha do conde de Foix. Em seguida, prega uma nova cruzada contra os turcos, vende as indulgências e, juntando o ridículo à infâmia, concede a cada cruzado o direito de resgatar quatro almas do purgatório!!! E os povos estiveram curvados durante mil e oitocentos anos ao jugo desses papas criminosos!

João XXII apodera-se da tiara, senta-se no trono pontificial e diz: "Sou papa". Para consolidar essa usurpação, fulmina anátemas contra o imperador da Alemanha e o rei da França, persegue as seitas, queima os hereges, subleva os povos, arma os príncipes, inunda os reinos com os seus frades, prega novas cruzadas, rouba os benefícios e amontoa nos seus tesouros 25 milhões de florins, extorquidos de todas as partes do mundo cristão.

Bento XII suspende as depredações, revoga os impostos com que o seu predecessor carrega os povos, pratica uma moral severa, reforma o clero e morre no meio dos seus trabalhos apostólicos.

Clemente VI compra à célebre Joana de Nápoles o condado de Avinhão, mediante 300 mil florins de ouro que não pagou nunca, e declara inocente do assassínio de André seu marido, que ela mandara matar.

Sob Urbano VI começa o maior cisma que desolou o Ocidente. Sobem à cadeira pontificial dois papas: Urbano VI em Roma, e Clemente VII, antipapa, em Avinhão. Durante 50 anos, os dois pontífices e seus sucessores excitam guerras cruéis e excomungam-se reciprocamente. Urbano tem pelo seu lado a Itália, Nápoles, a Hungria e a Espanha; a França sustenta Clemente VII; por toda parte praticam-se os maiores vandalismos e crueldades, ou por ordem de Clemente VII ou pelo fanatismo de Urbano.

A infeliz e culpada Joana envia 40 mil ducados ao papa para sustentar o seu partido, e Urbano, em prova de reconhecimento, manda-a estrangular ao pé dos altares. O pontífice levará Carlos de Duras, filho adotivo de Joana e herdeiros dos seus estados, a cometer aquele admirável parricídio.

Tendo este príncipe recusado partilhar com o papa os despojos de Joana, o furor de Urbano voltou-se contra seis cardeais, que ele suspeitava de favorecerem o partido de Carlos de Duras; fê-los descer, carregados de cadeias, a uns fossos imundos e fétidos; mandou-lhes arrancar os olhos, as unhas dos pés e das mãos, quebrar os dentes, rasgar as carnes com ferros em brasas, e aqueles corpos atrozmente mutilados e palpitantes ainda foram metidos em sacos de couro e lançados ao mar.

Clemente VII ocupava o sólio de Avinhão, levantava impostos enormes sobre as igrejas da França, para enriquecer os cardeais e satisfazer o luxo desenfreado de sua corte; o seu procedimento não cedia em coisa alguma ao do seu competidor, pelo lado das violências, das fraudes e dos crimes.

Os dois papas assolavam a Europa com os seus exércitos e com os dos seus partidários: o furor apagara todos os sentimentos de humanidade; as traições, os envenenamentos, os massacres invadiam tudo. Procuravam-se remédios para estas calamidades públicas, mas os dois papas opunham-se a todas as combinações que podiam trazer como resultado a paz para a Igreja.

O cisma continuou com os seus sucessores; os cardeais, não podendo vencer a obstinação dos dois papas, reuniram um concílio em Pisa e citaram Bento XIII e Gregório XII a comparecer a ele; e, como eles se recusaram a anuir a isso, o patriarca da Alexandria, auxiliado pelos de Antioquia e de Jerusalém, pronunciou em alta voz, na basílica, com as portas abertas e na presença do povo reunido, a sentença definitiva de deposição contra os dois papas.

Alexandre V, que empreende firmar a união da Igreja, reformar os costumes do clero, confiar a homens virtuosos os cargos sagrados, morre em consequência de um clister envenenado, administrado por ordem do cardeal Balthasar Cossa; esse assassino infame faz reunir o conclave e, apoderando-se do manto pontificial, cobre com ele os homens, exclamando: "Sou papa."

Os cardeais, assustados, confirmam a eleição de João XXIII, mas os papas depostos, Bento XIII e Gregório XII, fazem reviver as suas pretensões ao sólio de Roma; uma guerra horrível, excitada pelos anátemas, cobre de sangue a Prússia e a Itália; o império tem três imperadores, assim como a Igreja tem três papas, ou antes, Roma e o império acham-se sem chefes.

Reúne-se um concílio geral e procede-se à deposição do papa João XXIII. Os bispos e os cardeais acusam-no de assassínios, de incestos, de envenenamentos, de sodomia; de ter subornado e entretido um comércio sacrílego com 300 religiosas, de ter violado três irmãs e feito encarcerar uma família inteira para abusar da mãe, do pai e do filho.

Martinho V manda queimar vivo João Hus e Jerônimo de Pragam, chefes de uma nova seita, que pregavam contra as desordens dos padres e a ambição dos pontífices e chamavam os homens para os sentimentos de humanidade. Organiza, em seguida, uma cruzada para submeter a Boêmia; mas os habitantes daqueles países selvagens, exaltados pelos princípios generosos da liberdade, lutam com coragem contra o fanatismo. São enviados embaixadores a Praga para fazer propostas de paz, e a Boêmia responde "que um povo livre não precisa de rei".

Os legados do papa e o imperador comandam em pessoa os seus exércitos para obrigarem os hussitas a não comungarem sob as duas espécies de pão e vinho. Demência atroz!!! Por um motivo tão pueril, a Alemanha é entregue aos horrores da guerra civil! Mas a causa dos povos triunfa, as tropas do imperador são batidas em muitos encontros e o exército dos legados é completamente derrotado.

Eugênio IV sobe à cadeira pontifical; confirma o cardeal Juliano Cesareo na sua legação na Alemanha, para exercer contra os hussitas as mais cruéis perseguições. No seu reinado, passa-se um fato de suma gravidade, estabelece-se uma luta entre os poderes da Igreja. O concílio de Bale quer submeter os papas, e o papa declara que a sua cadeira é superior aos concílios.

Os padres publicam um decreto terrível, declarando Eugênio IV prevaricador, incorrigível, escandalizando a Igreja e depondo-o do pontificado.

Felix V é nomeado. Eugênio torna-se antipapa; os concílios de Florença e de Bale excomungam-se reciprocamente; sucedem-se as deposições, as violências, as crueldades. Vitteleleschi, arcebispo de Florença, é assassinado por ordem de Eugênio; os reinos dividem-se, tomam partido por um ou por outro, e renovam um cisma que durou até a morte de Eugênio.

No pontificado de Nicolau V teve lugar a tomada memorável de Constantinopla pelos turcos; o pontífice, solicitado pelos embaixadores gregos para lhes conceder alguns socorros de homens e de dinheiro, recusa com dureza, e devemos atribuir a perda daquela poderosa cidade à perfídia da corte romana, que sacrificou o baluarte da cristandade e traiu covardemente um povo que devia socorrer.

O mérito e a santidade de Calixto III elevam-no ao trono pontifical, que ele honra pelo seu gênio.

Sixto IV emprega todos os seus cuidados, toda a sua solicitude, em aumentar as suas riquezas; multiplica os impostos, inventa novos cargos, vende-os em leilão para saciar a avidez de Pedro Rière de Savona e de Jerônimo, seu irmão de criação; cardeais, os quais coadjuvavam os seus prazeres infames.

Esse horrível papa estabeleceu em Roma um lupanar nobre onde as cortesãs lhe pagavam todas as semanas em júlio (moeda itálica) de ouro. Esse rendimento anual excedia a 20 mil ducados. E, coisa abominável que basta para tornar eternamente odiosa a memória de Sixto IV, tendo a família do cardeal de Santa Lúcia apresentado-lhe um requerimento para que lhe fosse permitido exercer o ato de sodomia durante os três meses mais quentes do ano, o papa escreveu embaixo no requerimento: "Conceda-se a licença pedida."

Em seguida, dirige uma conjuração contra Lourenço e Juliano de Médici, envia Rafael Rière à Florença, e, durante uma missa solene, no momento em que o cardeal elevava a hóstia, os conjurados apunhalam Juliano de Médici. Lourenço defende-se com coragem e, apesar de ferido, consegue alcançar a sacristia. O povo precipita-se sobre os conjurados, desarma-os e, na sua justiça, enforca-os nas janelas da igreja, bem como Salviati, arcebispo de Pisa, em hábitos pontificiais.

Inocêncio VIII sucede a Sixto; a sua eleição custa-lhe em propriedades, em benefícios e em ducados de ouro mais do que os tesouros da Santa Sede; os recursos estavam esgotados, mas restava ainda o gênio dos papas. Estabeleceu cinquenta e dois bulistas, que encarregou de oprimir e vexar os povos, e juntou-lhes 26 secretários que lhe granjearam cada um dois mil e quinhentos marcos de ouro.

A sua vida particular foi manchada com os mais vergonhosos escândalos; educado entre a gente do rei Afonso de Sicília, contraíra os vícios repugnantes da sodomia. A sua beleza notável fizera-o admitir em Roma na família de Filipe, cardeal de Bolonha, para servir a prazeres monstruosos. Pela morte de seu protetor, tornou-se o valido de Palo II e de Sixto, que o elevaram ao cardinalato.

O grão-mestre de Rhodes entrega ao papa Inocêncio o jovem príncipe Zizime, para o subtrair às perseguições de seu irmão Bojazet.

O sultão do Egito envia embaixadores para oferecer ao papa 400 mil ducados e a cidade de Jerusalém, em troca do príncipe Zizime, que ele quer pôr à testa das suas tropas para marchar à conquista de Constantinopla, e obriga-se a entregar essa cidade aos cristãos; mas o sultão Bojazet pagou um resgate maior, e o pontífice conservou Zizime prisioneiro nos seus estados.

Entramos agora no reino de um papa que, na opinião de todos os historiadores, é o mais espantoso dos homens que tem aterrado o mundo. Uma depravação até então desconhecida, uma cupidez insaciável, uma ambição desenfreada, uma crueldade mais que bárbara, tais eram as qualidades de Rodrigo Bórgia, eleito papa sob o nome de Alexandre VI.

As suas paixões eram tão desregradas que, tendo-se enamorado de uma viúva que tinha duas filhas, não contente em gostar da mãe, fazia com que as filhas se prestassem à brutalidade dos seus desejos. Meteu uma das irmãs num convento e continuou os seus incestos com a mais formosa, que se chamava Rosa Vanozza.

Deu-lhe ela cinco filhos, dos quais um deles foi o famoso César Bórgia, que teria ultrapassado os crimes de seu pai, se o próprio demônio os pudesse ter igualado.

No pontificado de Inocêncio, os assassinos e os bandidos tinham aumentado por tal modo que os cardeais, antes de entrarem no conclave, foram obrigados a guarnecer com mosqueteiros os seus palácios e a colocar peças de artilharia em todas as avenidas.

Roma tornara-se um mercado público, no qual se expunham à venda todos os cargos sagrados. Rodrigo Bórgia comprou publicamente os sufrágios de 22 cardeais e foi proclamado papa.

Armado com o poder sacerdotal, os seus vícios execráveis apresentaram-se publicamente; entregou-se aos incestos mais monstruosos e, coisa horrível, os dois irmãos Francisco e César, e Lucrécia Bórgia, sua irmã, confundiam-se com aquele que lhes dera o ser as suas infames voluptuosidades!

A ambição imoderada do papa não conhece limites; todas as leis divinas e humanas são pisadas aos pés; forma e rompe alianças; prega cruzadas; levanta impostos sobre os reinos cristãos; inunda a Europa com as suas legiões de frades; apodera-se das riquezas que eles lhe produzem e chama Bojazet à Itália, para o opor ao rei de França.

Mais tarde, a sua política fê-lo procurar o apoio de Carlos VIII, e, protegido pelos franceses, empreende a ruína dos pequenos soberanos da Romênia, manda apunhalar uns, envenena outros, lança o terror nos espíritos e prepara para César Bórgia a dominação absoluta da Itália.

A sua insaciável avareza inventava, para se enriquecer, os meios mais sacrílegos; vendia os cargos sagrados, os altares, o Cristo, e retomava-os em seguida para os vender uma segunda vez.

Nomeou o cardeal de Modena distribuidor das graças e dispensas: sob o nome daquele ministro de iniquidade, vendia as honras, as dignidades, os casamentos, os divórcios; e, como a simonia do cardeal não produzia somas assaz consideráveis para sustentar o fausto da família de Alexandre, administrou-lhe o funesto veneno dos Bórgias, para se apoderar das imensas riquezas que ele tinha amontoadas.

Fazia promoções de cardeais recebendo os emolumentos; depois, declarando a Santa Sede herdeira dos bens dos prelados, envenenava-os para se enriquecer com os seus despojos. Contudo, não lhe fornecendo todos esses crimes riquezas suficientes, o papa fez publicar que os turcos ameaçavam invadir a cristandade e, sob a capa da religião, extorquiu somas de tal modo enormes e fabulosas, que ultrapassam toda e qualquer suposição.

Afinal, Alexandre VII, manchado de assassínios, de debochos e de incestos monstruosos, tendo convidado a cear na quinta de César Bórgia dois cardeais de quem ele queria herdar, bebeu o veneno que lhes estava destinado e entregou ao demônio a sua alma abominável.

Os povos, cansados do jugo insuportável dos bispos de Roma, arruinados pela avidez insaciável dos padres, começam a despertar do sono letárgico em que estavam sepultados.

Lutero, frade da ordem dos Agostinhos, sai do retiro, levanta-se contra Leão X e o vergonhoso escândalo das indulgências; arrasta os povos e os reis à sua nova doutrina, eleva-se com todo o poder do seu gênio e arranca da tirania dos papas metade da Europa.

Clemente VII, com as suas perfídias, excita a cólera do imperador Carlos V. Roma é entregue à pilhagem durante dois meses, as casas são saqueadas e as mulheres são violadas. O exército do rei católico pratica maiores atrocidades do que os tiranos pagãos haviam inventado durante trezentos anos contra os cristãos. Os infelizes romanos eram pendurados pelos pés, queimados, feitos em pedaços, para os obrigarem a pagar resgate, e expostos finalmente aos suplícios mais espantosos para expiarem os crimes do seu pontífice.

Os católicos e os protestantes enchem a Alemanha de incêndios, de assassinatos e de ruínas.

A missa é abolida juridicamente em Strasburgo.

Paulo II obtivera o barrete de cardeal entregando Júlia Farnese ao monstro Alexandre VI; eleito papa, envenenou sua mãe para se apoderar da sua sucessão e, juntando um duplo incesto a um segundo parricídio, mandou matar uma das suas irmãs, com ciúmes dos seus outros amantes; envenenou Bosesforce, marido de Constância, sua filha, que ele tinha já corrompido com sua dissolução horrível. Em seguida, aumenta o seu encarniçamento contra os desgraçados luteranos.

Seus sobrinhos tornaram-se os executores das suas crueldades e ousaram gabar-se publicamente de terem feito correr rios de sangue, onde os cavalos podiam nadar. Durante essas carnificinas, o papa entregava-se às suas monstruosas voluptuosidades com Constância, sua filha.

No seu reinado, Inácio de Loyola funda a ordem dos jesuítas.

Calvino, espírito sublime, faz ouvir a sua voz poderosa e continua os progressos das reformas religiosas.

Júlio III fulmina anátemas contra os luteranos, fê-los perecer em cruéis suplícios e, juntando a depravação à crueldade, eleva ao cardinalato um mancebo encarregado na sua casa do duplicado emprego de guardar um macaco e prestar-se aos vergonhosos prazeres do papa.

Paulo IV excita o furor do rei da França contra os protestantes, forma uma liga abominável pela sua destruição e devasta a Europa inteira. Pela sua morte, o povo de Roma, emancipado daquele jugo atroz, arromba os cárceres da inquisição, larga fogo às prisões, derruba a estátua do papa, quebra-lhe a cabeça e a mão direita, arrasta-a três dias pelas ruas de Roma e lança-a ao Tigre!

Pio IV termina o Concílio de Trento, e esse grave acontecimento não produz sensação alguma nos povos.

O pontífice quer suspender a decadência da Santa Sede; desperta o fanatismo de Carlos IX e de Filipe da Espanha, e reúne aqueles dois príncipes em Boyonna para tratar dos meios de exterminar os calvinistas.

Os princípios do pontificado de Gregório XIII foram assinalados pelo mais horrível de todos os crimes, o massacre de São Bartolomeu, conspiração abominável tramada pelos conselhos da Espanha e pelas sugestões de Pio IV.

As perseguições, as fogueiras, as guerras tinham aumentado prodigiosamente o número dos calvinistas. Catarina de Médici, essa cruel e infame Jezebel, não podendo exterminá-los pela força, recorreu à perfídia; Carlos IX, habituado às crueldades, violento até o furor, adaptou os desígnios criminosos de sua mãe, e o massacre geral dos protestantes foi irrevogavelmente decidido.

À meia-noite, véspera da São-Bartolomeu, o relógio do palácio dá o sinal. Saint-Germain l'Auxerrois toca a rebate, e, ao som lúgubre dos sinos, os soldados invadem as casas dos protestantes, degolando nos seus leitos as crianças e os velhos; apoderam-se das mulheres e, depois de as haver ultrajado, abrem-lhes as entranhas, tiram delas as crianças meio formadas, arrancam-lhes o coração e, com uma ferocidade sem dó, rasgam-nos com os dentes e os devoram.

Coisa quase inacreditável, tão horrível é a ação; esse Carlos IX, esse rei abominado por todos os séculos, armado de um arcabuz, disparava das janelas do Louvre sobre os desgraçados que se salvavam a nado.

Aquela janela ficou como um monumento eterno da barbárie dos reis!

Gregório XIII felicitou Carlos IX pelo maravilhoso resultado da empresa.

Pela morte do papa, o cardeal de Montalto entra no conclave, velho, alquebrado, encostado a um bordão. As ambições dos cardeais reúnem os sufrágios sobre aquele ancião que parece tão próximo da morte; ocorre o escrutínio e, quando é já conhecida metade do número dos votos, sem esperar pela conclusão, Montalto atira fora a muleta, endireita o corpo que era de elevada estatura e entoa o *Te-Deum*, com voz tão forte e vibrante, que retumbou pela abóbada da capela.

Foi feito papa sob o nome de Sixto V; hipócrita e inflexível, liga-se secretamente com a rainha Isabel e fulmina anátemas sobre o seu reino; em seguida, excomunga o rei de Navarra e o príncipe de Condé para reanimar na França os furores do fanatismo.

Clemente VIII renova as cenas de orgulho dos seus predecessores; quer obrigar Henrique IV, rei da França, a vir em pessoa, descalço, reconhecer que ele cingia a coroa do papa; mas os embaixadores foram admitidos a comparecer pelo rei, e essa cerimônia aviltante teve lugar, em presença do povo, na igreja de S. Pedro, em Roma.

Gregório XV excita Luiz XIII a perseguir os protestantes, continua com as guerras contra a Boêmia e, não podendo converter os habitantes de Genebra, ordena ao duque de Saboia que os extermine.

No tempo de Urbano VI, o célebre Galileu, esse ancião que levara setenta anos a estudar os segredos da natureza, é arrastado ao tribunal da Inquisição, condenado, lançado em uma masmorra e obrigado a retratar a grande verdade de que "a Terra gira em torno do Sol".

Clemente IX, de um espírito elevado, de um saber prodigioso, anima as artes, recompensa os sábios e cerca o trono pontificial com todas as ilustrações do seu século.

Diminui os impostos e emprega os seus tesouros socorrendo os venezianos e a ilha de Cândia contra os infiéis; suprime as ordens que oprimiam os povos que, sob a capa de um zelo piedoso, entregavam-se à preguiça e a uma vida desordenada.

Por sua eloquência e moderação, serenou as intermináveis contendas dos jansenistas com os molinistas, e soube fazer parar a ambição desregrada de Luiz XIV, que desolava a Europa com guerras desastrosas.

As intrigas dos jesuítas entregam aos turcos a ilha de Cândia; esse pontífice generoso, ferido no coração pela traição daqueles padres indignos, fulmina-os com o anátema, e morre depois de um reinado de três anos.

A Santa Sede não fora ocupada nunca por um homem mais virtuoso que Clemente IX; a sua memória deve ser querida ao Cristianismo, e repousa o espírito dessa longa série de crimes que nos oferece a história dos papas.

Sob Inocêncio XI, reanimam-se as perseguições contra os luteranos e os calvinistas; os templos são demolidos, as cidades destruídas, degolados dezoito milhões de franceses, e os protestantes são expulsos do reino.

Inocêncio XI, do mesmo modo que Gregório XIII procedera em São Bartolomeu, dirige ao rei da França as suas felicitações e, em sua honra, ordena que em Roma tenham lugar regozijos públicos.

O reinado de Clemente XI é agitado pelas questões religiosas; os jesuítas são acusados de fazerem prestar na China, a Confúcio, o mesmo culto que a Jesus Cristo. O papa envia a Pequim o cardeal Tournon, encarregado de reformar aquela idolatria criminosa. Esse virtuoso prelado, vítima do seu zelo, morre no meio das cruéis perseguições que lhe suscitam os jesuítas.

Essa terrível congregação, propagada pelo papa, estende o seu odioso poder por sobre os reinos e inspira o terror a todos os povos.

Inocêncio XI publica a famosa bula *Unigenitus*, que promove a indignação geral, e continuam as questões religiosas até a morte do papa.

Bento XIII quer renovar o escândalo daquela bula de desordem; mas a filosofia começa a fazer progressos, e as suas pretensões, que noutro tempo teriam feito derramar torrentes de sangue, inspiram unicamente o desprezo.

A moderação de Bento XIV repara os males ocasionados pelos seus predecessores; põe termo às questões religiosas, repele os jesuítas, modera a bula *Unigenitus* e faz cessar as agitações que afligiam a França.

Esse papa, uma das luzes da Igreja, traz à cadeira dos pontífices um espírito de tolerância que derrama por sobre os reinos uma influência salutar; a religião do Cristo deixa de ser imposta aos povos por meio das perseguições e do fanatismo. Bento, no exercício das altas funções do sacerdócio, deixa ver um espírito esclarecido, uma grande madureza de raciocínio, uma profunda sabedoria, livre de quaisquer paixões, um desinteresse perfeito e um amor extremo à justiça.

Reforma os costumes do clero; suprime as ordens dos frades, odiosas a todas as nações; emprega os seus tesouros fundando hospitais, estabelecendo escolas públicas, recompensando generosamente as artes e chamando todos os homens para se aproveitarem dos benefícios da ciência e saírem das trevas da ignorância.

Clemente XIII não imita as virtudes e a moderação do seu predecessor; protege abertamente os jesuítas, fulmina anátemas e, pela sua audácia, prepara a ruína da Santa Sede.

Os excessos dos jesuítas tinham cansado os povos; os seus crimes e a sua ambição assustavam os reis; o ódio universal faz explosões, e os jesuítas são expulsos da França.

Na Europa, na Ásia, na América, são banidos dos estados do rei da Espanha, expulsos das duas Sicílias, de Parma, de Malta; aquela ordem, em execração à humanidade, é exterminada em quase todos os países que haviam sido os teatros do seu poder: nas Filipinas, no Peru, no México, no Paraguai, no Brasil.

A França tira ao papa Avinhão, como pertencendo à coroa.

Pelo seu lado, o rei de Nápoles apodera-se da cidade de Benevente e da de Ponte-Corvo.

Proscreve-se por toda a parte a famosa bula *In cana Domini*, monumento de demência e de orgulho com que os papas fulminavam Roma todos os anos desde Paulo III.

As trevas pontificiais começaram a dissipar-se; os príncipes e os povos deixaram de prostrar-se aos pés do servo dos servos de Deus.

Clemente XIII vê o velho colosso de Roma cair em ruínas e morre de pesar por não poder demorar-lhe a queda.

Clemente XIV faz subir a filosofia à cadeira dos papas; por um momento, conserva o poder fantástico da Santa Sede; o seu caráter e a sua moderação entregam-lhe de novo os poderes que o fanatismo absurdo do seu predecessor tinha afastado.

Portugal rompera com a sede de Roma e queria eleger um patriarca; as cortes da França, da Espanha e de Nápoles estavam indignadas com a excomunhão ridícula de Clemente XIV contra o duque de Parma; Veneza pretendia reformar, sem o concurso do papa, as comunidades religiosas que empobreciam a nação.

A Polônia queria diminuir a autoridade da Santa Sede e parecia lembrar-se de ter sido a senhora do mundo.

Clemente, por uma política hábil, por uma prudência e sabedoria consumadas, suspende esse movimento; mas os padres inimigos da tolerância não perdoaram o pontífice e este morreu envenenado.

Já a liberdade, esse facho de razão, derramava a sua luz por todos os espíritos, e os homens começavam a abalar as algemas vergonhosas da superstição.

Nas massas manifestava-se uma inquietação universal, presságio feliz das revoluções morais.

Pio VI pretende reassumir o poder temido dos pontífices de Roma, e continua a política abominável dos seus predecessores.

O imperador da Áustria, José II, fez parar a propagação dos conventos que ameaçavam invadir o seu reino. Suprime os bispados, fecha os seminários e protege os seus estados contra a dominação da Santa Sede.

O grão-duque da Toscana prepara as mesmas reformas, dissolve as confrarias, abate a autoridade dos núncios e proíbe que se dirijam a Roma para o julgamento dos padres.

Em Nápoles, um ministro filósofo tira a avareza dos papas, as indulgências, a colação dos benefícios, a nomeação para os curatos vacantes. Recusa o tributo de uma hacaneia branca, ricamente ajaezada, com ferraduras de prata, acompanhada de uma bolsa com seus mil ducados, tributo vergonhoso que a nação pagava ao pontífice.

O soberano aprova a política do seu ministro; proíbe a entrada das bulas nos seus estados, ordena aos bispos que concedam as dispensas que se compravam a Roma, tira aos papas a nomeação de bispos nas duas Sicílias e expulsa do reino o internúncio.

Prepara-se a Revolução Francesa; os estados gerais em Versalhes ordenam reformas no clero, abolem os votos monásticos e proclamam a liberdade de consciência.

O papa excita perturbações sanguinárias em Avinhão para ligá-la à Santa Sede; as duas pretensões são repelidas pela assembleia nacional, que proclama solenemente a anexação daquela cidade à França.

A Itália é conquistada pelos exércitos franceses; Pio VI, covarde e hipócrita, mendiga a aliança da república.

Mas a justiça de uma grande nação é inflexível; o assassinato do general Duphot pede uma reparação solene; o pontífice é arrancado de Roma e levado para a fortaleza de Valença, onde termina a sua carreira envilecida pela infâmia e pela perfídia.

O conclave reúne-se em Veneza; depois de 104 dias de intrigas e de seduções, o beneditino Chiaramonte é eleito papa sob o nome de Pio VII.

O pontífice forma uma aliança com a república e assina a famosa concordata.

Começa uma nova era para os destinos da França; a república cede lugar ao império e Napoleão sobe ao trono.

O papa é obrigado a ir a Paris para sagrar o imperador e aumentar a magnificência daquela cerimônia imponente.

A fraqueza de caráter de Pio VII entrega-o, sem defesa, às conjurações que o ódio do clero trama com os inimigos do imperador.

Napoleão, indignado com as maquinações surdas dirigidas contra o seu poder pelos conselheiros do papa, publica um decreto mudando o governo de Roma, estabelecendo a anexação dos estados da Igreja ao império e destituindo da autoridade temporal o soberano pontífice.

A velha audácia do clero sobreviveu às revoluções; Pedro VII lança mão dos raios do Vaticano.

A bula de excomunhão é afixada de noite nas ruas de Roma; nela, chama-se o povo à revolta, incita-se à carnagem e designam-se os franceses à vingança pública; mas Roma, livre do jugo sacerdotal, é surda ao apelo do fanatismo; rasga-se o estandarte de S. Pedro, e, em todos os monumentos romanos, tremulam as brilhantes cores da França.

As guerras sucedem-se na Europa; os reinos são conquistados; desmoronam-se as velhas governanças. A França está em toda a majestade da sua glória.

Mas Napoleão eleva novos tronos e cai sob os golpes dos que ele coroou.

Essa catástrofe terrível muda os destinos das nações e restitui ao papa a herança de S. Pedro.

Pio VII faz a sua entrada triunfal em Roma; abrem-se os templos, ressoam as ações de graças para celebrar a escravidão dos povos e o Santo Padre morre rodeado dos seus cardeais, nas pompas e na magnificência do poder.

Depois dele, três papas ocupam a cadeira de S. Pedro, mas a sua passagem silenciosa não marca nenhum período saliente na história das nações.

Os pontífices orgulhosos que lançavam o anátema sobre os reinos davam ou tiravam impérios e oprimiam os povos com o jugo do fanatismo e do terror, agora, escravos da Áustria, escravos dos opressores da Itália, mendigam vilmente a proteção dos reis para esmagar os romanos e manter na cabeça a tiara pontificial.

Povos da Itália, saí do vosso sono letárgico! Contemplai o capitólio! Lembrai-vos da antiga Roma e dos seus gloriosos destinos!... Movam-se as vossas legiões, e as sombras dos grandes homens marcharão à sua frente para a conquista da liberdade!

A história dos papas, cercada do seu lúgubre cortejo de assassínios, de envenenamento, de torturas, de incestos e de parricídios, atravessou dois mil anos de despotismo.

A história dos reis desenrolará os mesmos séculos de crimes e atentados.

Depois do Vaticano, o Louvre; a França depois de Roma; e os seus orgulhosos senhores, quer lhes cinjam a frente a tiara dos papas ou a coroa dos reis, esmagarão os povos com o peso de uma dupla tirania.

A França, nação gloriosa e magnífica, cuja voz potente fez ouvir ao mundo inteiro estas verdades sublimes: "Os direitos do homem! A liberdade dos povos!" A França atravessou dezoito séculos envolta nas trevas da ignorância, esmagada sob um cetro de ferro, curvada em admiração estúpida diante dos padres e diante dos reis.

Os gauleses são, em primeiro lugar, escravizados pelos druidas, cujo culto bárbaro ordenava que se queimassem as crianças nas cinzas dos vimes, sobre o altar do seu deus Theutates.

Em seguida, vêm as cortes romanas, sob as ordens de César, invadir as Gálias.

Por seu turno, os vândalos penetram nas províncias romanas e reduzem à escravidão os povos espalhados desde Viena até as margens do Sena.

Faramundo, à testa das hordes bárbaras vindas da Germânia, destrói os vândalos e funda a dominação dos francos.

Seu filho, Clódio, o Cabeludo, prossegue nas suas conquistas sobre os romanos.

Clóvis expulsa-os completamente das Gálias, volta as armas contra aqueles que o tinham auxiliado nas suas guerras, apodera-se de Amiens e manda assassinar Chararic; invade Metz, manda trazer à sua presença Sigeberto, o seu mais fiel aliado, amarrado de pés e mãos, esmaga-lhe o crânio com sua massa de armas.

Em seguida, Clóvis faz-se cristão para firmar uma monarquia que tornou temível pelas traições e pelos assassinatos.

Os reis, seus sucessores, descendentes de Meroveo, de Carlos Magno ou de Capeto, mostrar-se-ão os dignos herdeiros dos seus estados e dos seus crimes.

Clotário I persegue um dos seus filhos rebeldes, surpreende-o com a mulher e duas filhas na casa de um aldeão, manda fechar todas as saídas, larga fogo à casa, e aquele monstro regozija-se com o espetáculo horrível das chamas que devoram seus filhos.

Sigeberto, rei da Austrália, desposa Brunehaut; Fredegonda começa a reinar sobre Chilperico, rei de França; essas duas mulheres abomináveis, rivalizando em crimes e atentados, entregam o reino a guerras espantosas.

Fredegonda manda assassinar Sigeberto; Brunehaut seduz o filho de Chilperico e arma-o contra o pai.

O rei de França, furioso contra aquela aliança, manda degolar o filho e envolve na sua vingança o seu segundo filho e sua mãe.

Fredegonda estrangula com um lençol a nova esposa de Chilperico e manda assassiná-lo pelo seu amante.

Brunehaut impele os filhos a uma guerra contra Fredegonda, e 20 mil franceses perecem nessa contenda atroz.

Para conservar a sua autoridade, excita, em seguida, os dois irmãos um contra o outro, protege os deboches de Thierry, ordenando-lhe que assassine o irmão e envenena-o em seguida.

Os povos, cansados com os crimes daquela mulher abominável, entregam-na a Clotário II; esse príncipe, digno daquele século bárbaro, expõe por três dias Brunehaut inteiramente nua aos ultrajes dos soldados e manda atá-la à cauda de um cavalo indomado que a arrasta pelas rochas e florestas.

Contudo, os padres, enriquecidos com as liberalidades de Brunehaut, recolheram preciosamente as cinzas da fogueira que consumiu o seu cadáver, encerraram-nas numa urna que foi depositada na abadia de S. Martinho, e o papa S. Gregório, que lhe prodigalizara as lisonjas mais servis, fez dela quase uma santa.

Dagoberto I, covarde, devoto, hipócrita, arrasta atrás de si um bando de cortesãs, expulsa os judeus do reino, edifica igrejas, funda mosteiros e passa à posteridade carregado com o desprezo de todos os séculos.

Clóvis II, primeiro rei ocioso, abandona a autoridade aos administradores do palácio, para se entregar à voluptuosidade nos braços das suas amantes.

Os seus sucessores, ocultos nos seus palácios suntuosos, cercados das suas favoritas, deixam de aparecer nas assembleias dos estados ou à frente dos seus exércitos; os administradores do palácio são os soberanos da nação, e o rei é mostrado ao povo, uma só vez no ano, num carro enfeitado de flores e puxado por bois.

Pepino, administrador do palácio, prepara o trono para a ambição da sua família; lisonjeia o clero, enriquece os conventos, acaricia o povo, diminui os impostos, chama a si um partido formidável e morre deixando um filho mais poderoso que um rei.

Carlos Martel segue a mesma política que seu pai; reúne os grandes da nação e faz-se proclamar príncipe dos franceses.

Alcança uma vitória deslumbrante sobre Abdarama: 400 mil sarracenos são esmagados nas planícies de Tours e o crescente é repelido para os lados da Espanha.

Pepino, seu filho, apodera-se do trono, manda rapar as barbas a Chilperico IV e encerra num claustro o último rei dessa raça da Merovea, que durante trezentos anos enchera a França de desastres.

Carlos Magno sucede a Pepino, seu pai; grande legislador, dá à França as suas capitulares; administrador hábil, organiza o seu vasto império, estabelece juízes nas províncias e funda academias abertas a todas as ciências. Contudo, a ambição torna Carlos Magno usurpador e parricida; o seu fanatismo lança-o em guerras cruéis contra os saxões, os sarracenos e os lombardos, e o reinado de Carlos, o Grande, é assinalado por 33 anos de massacres e de carnagem.

As leis de Carlos Magno são esquecidas depois de sua morte, os estabelecimentos que ele fundara desaparecem, os sábios que ele chamara para ilustrar o seu reinado são banidos do reino, e o povo sepulta-se em novas trevas.

Luiz, o Benigno, rei fraco e devoto, mais frade do que rei, enceta o singular desmoronamento do império.

Apodera-se dos estados de Bernardo, seu sobrinho, rei da Itália, e divide-os pelos três filhos da sua primeira mulher.

Judith, a mais formosa e a mais nova das donzelas da corte, torna-se a segunda mulher de Luiz; a sua ambição iguala-se à sua impudicidade; quer elevar ao império Carlos, seu bastardo; os filhos de Luiz revoltam-se, reúnem um concílio e depõem seu pai.

As agitações domésticas, os ódios, as perfídias sucedem-se, e Luiz morre deixando o reino dividido entre os seus quatro filhos.

Carlos, o Calvo, filho de Judith, é feito rei da França e renova os escândalos de sua mãe. A formosa Richilda, sua concubina, sobe ao trono, espalha por toda parte os incêndios, as pilhagens, os assassínios, as libertinagens e, afinal, manda envenenar o marido por Boson, seu irmão e seu amante.

Os sucessores de Carlos preparam a ruína e a decadência daquela segunda raça. Luiz, o Gago, reina dois anos, deixa dois bastardos e a rainha grávida, motivo de agitação e anarquia.

Carlos, o Gordo, rei da Baviera, é chamado ao império pelos sufrágios dos estados.

No seu reinado, os homens do norte, saídos dos gelos da Escandinávia, irrompem na França, sitiando Paris, e obrigam Carlos a pagar-lhes um tributo e abandonar-lhes o saque das províncias.

Os povos indignados expulsam-no do trono, e o rei da França acha-se reduzido a um tal estado de abandono e de pobreza, que não lhe resta um único retiro para esconder a sua queda espantosa.

Carlos, o Simples, empunha as rédeas do reino; a sua promessa anima a audácia dos grandes vassalos da coroa; o conde Roberto hasteia o estandarte da revolta e organiza uma batalha na qual é morto. Seu genro, Herberto, conde de Vermandois, apodera-se, por traição, da pessoa do rei e obriga Carlos, o Simples, a abdicar, colocando a coroa na cabeça de Raul.

Depois da morte desse usurpador, o filho de Carlos, o Simples, é chamado à França pelos estados e reina sob o nome de Luiz d´Ultramar.

As mesmas perfídias e crueldades assinalam o reinado de Luiz IV; este quer apoderar-se dos estados do duque da Normandia, e ele próprio fica prisioneiro dos seus inimigos.

Hugo Capeto liberta-o, sacrificando a Bretanha. O rei, em reconhecimento, atrai a uma cilada o conde de Vermandois, cunhado de Hugo, e manda enforcá-lo para o castigo do cativeiro do seu pai.

Mas a vingança dos Capetos será terrível! Hugo seduz Emina, mulher de Lotário, obriga-a a envenenar o marido e o filho, e a raça dos carlovíngios extingue-se com aquele duplo parricídio.

Hugo Capeto recolhe aquela herança sanguinária, reúne os estados, faz-se proclamar rei dos franceses e torna-se o fundador da raça dos capetos.

Para afirmar a sua usurpação, sacrifica a nação à sua política, divide o reino com os grandes vassalos, cria os ducados, os condados, as baronias, os marquesados, todo esse monstruoso governo feudal que esmagou a França durante setecentos anos.

Sucede-lhe Roberto, o Piedoso, que edifica igrejas, enriquece os conventos e entrega ao clero os despojos dos desgraçados povos.

O papa Gregório V excomunga aquele rei beato, declara interdito o reino, faz interromper o serviço divino, ordena aos padres que recusem os sacramentos aos vivos e a sepultura aos mortos até que Roberto tenha repudiado Bertha, sua primeira mulher.

Filipe I sobe ao trono; com o seu reinado começam as guerras da França com a Inglaterra: uma disputa frívola entre os filhos do duque da Normandia e de Filipe torna-se a origem dessas guerras de extermínio, desses ódios implacáveis, dessas discórdias gerais e insensatas que impeliram as duas nações a rivalizar em massacres, incêndios e devastações.

Os papas abalam os impérios e começam a elevar as suas audaciosas pretensões sobre as coroas dos reis.

As cruzadas são publicadas, e três milhões de homens marcham para a conquista da Terra Santa, guiados por Pedro, o Eremita.

No meio daquela confusão, os frades, os cônegos, os cartuxos, os jacobinos, os beneditinos, os agostinhos, os domínicos brancos e pretos, os carmelitas calçados e descalços, multiplicam-se ao infinito e devoram a substância dos povos.

Sob Luiz VI, os tiranos do feudalismo arrogam-se toda a espécie de direitos, roubam as jovens desposadas e entregam a França às mais espantosas desgraças. As províncias armam-se contra as províncias, as cidades contra as cidades, os castelos contra os castelos, e os senhores promovem entre si guerras de extermínio.

Luiz VII toma parte nessas guerras, marcha contra Thibault, conde de Champagne, apodera-se de Vitri, faz massacrar os habitantes e, para tornar mais brilhante a sua vitória, depois de ter mandado murar as portas de um templo onde se tinham refugiado as mulheres, as crianças e os velhos daquela desditosa cidade, manda-lhe lançar fogo, e mil e quinhentos cadáveres ficam sepultados debaixo daquelas ruínas ardentes.

Aquele rei devoto, para expiar o seu crime, manda edificar conventos, enriquece os frades e empreende uma nova cruzada.

O procedimento repreensível de Leonor, sua mulher, os seus amores incestuosos com Raimundo, seu tio, as suas orgias com um jovem turco, levam a desordem ao campo dos cruzados.

Luiz VII rapta sua mulher e faz regressar à França os fragmentos tristes do seu exército.

Filipe Augusto expulsa os judeus do reino, vende-lhes o direito de tornarem a entrar nele e expulsa-os de novo.

Alia-se a Ricardo da Inglaterra para a conquista da Terra Santa e renova os desastres de seu pai.

Filipe, excitado pelo papa Inocêncio III, ordena as cruzadas contra os albigenses; o horrível Dominico, acompanhado pelos legados do papa, dirigia as execuções; os católicos, em nome da religião, cometem os crimes mais odiosos, os incêndios, os assassínios, e entregam-se a deboches ímpios sobre os cadáveres das mulheres que degolaram.

S. Luiz sobe ao trono; fraco e devoto, abandona o reino para conquistar a Terra Santa. Os sarracenos fazem-no prisioneiro, e Paris paga oito mil libras de ouro pelo resgate do rei.

De volta à França, ocupa-se da administração do reino, faz justiça aos povos e publica essas famosas ordenanças, mistura de sabedoria e de fanatismo, reunião bizarra de justiça e de crueldade.

Condena os blasfemadores a terem a língua furada com um ferro em brasa e os lábios queimados; ordena aos seus oficiais que persigam sem tréguas os hereges, queimando-os sem misericórdia.

Os judeus são declarados infames e entregues como escravos aos senhores; e a lei acrescenta que os cristãos convencidos de terem entretido relações criminosas com uma judia seriam queimados vivos, porque, segundo a ordenança do rei, "manchar-se com uma judia era um crime igual ao de bestialidade".

O irmão de S. Luiz, Carlos d'Anjou, é chamado à Itália por Inocêncio IV para se apoderar do reino de Nápoles; vencedor por traição do jovem Conradino, manda-lhe cortar a cabeça, e, para cúmulo da crueldade, o desditoso Henrique, filho do rei de Castela, é encerrado numa gaiola de ferro e passeado por todas as cidades de Pouilla e de Benevente.

Luiz XI cede ainda ao fanatismo dos padres; empreende novas cruzadas, chega à África, apodera-se de Cartago e morre de peste debaixo dos muros de Túnis.

Filipe, o Belo, por uma perfídia infame, apodera-se da jovem filha do conde de Flandres, para romper o seu casamento com o filho do rei da Inglaterra; uma segunda traição torna-o senhor do conde de Flandres e de seus filhos, que tinham vindo sob a salvaguarda real suplicar a Filipe que lhes entregasse a jovem princesa.

Os flamengos, indignados, armam-se para vingar a violação dos direitos das gentes; um tecelão e um cortador são os tribunos que conduzem o povo, e quarenta mil franceses são degolados nas planícies de Courtrai.

Os povos, extenuados pelas guerras, não podem aumentar mais os seus tesouros: Filipe rouba a nação, diminui o valor da moeda e torna-se o primeiro falso moedeiro coroado.

Não satisfeita ainda a sua avareza, sobem os Templários às fogueiras para deixar ao rei as imensas riquezas da sua Ordem.

No tempo de Carlos IV, as libertinagens de Margarida de Borgonha, de Joana, sua irmã, e da rainha Branca tornam célebre para sempre a famosa torre de Nesle.

Filipe e Gauthier d'Aulnay, seus amantes, surpreendidos em adultério com aquelas princesas, são condenados a serem esfolados vivos e arrastados por um cavalo selvagem por sobre a relva de um prado recentemente cortada.

Os Valois sobem ao trono, e a lei sálica é proclamada na França.

Filipe de Valois, imperioso e cruel, declara guerra aos flamengos e à Inglaterra; a sua armada é destruída, e 30 mil franceses encontram sepultura nos abismos do mar.

O exército de terra é inteiramente aniquilado na funesta batalha de Créqui.

No meio dos desastres públicos, o rei da França e a sua corte suntuosa exigem ouro para continuar o luxo das festas e das libertinagens.

A miséria do povo é sacrificada à avareza dos arrematantes dos impostos; os subsídios são duplicados; uma lei nova diminui mais ainda a moeda, e o atroz imposto do sal vem aumentar a infâmia daquele reinado.

João perde a batalha de Poitiers, é feito prisioneiro do rei da Inglaterra e o seu resgate custa à França três milhões de escudos de ouro e as suas mais belas províncias.

Sucede-lhe Carlos V. Algoz dos povos por uma longa série de guerras que podia evitar, assaz hipócrita para ocultar a sua avidez e as suas exações, bastante hábil para deslumbrar a nação com o brilho das suas vitórias, assaz astuto para parecer um homem de gênio, e assaz político, finalmente, para se fazer armar, pisando aos pés a nação, Carlos V passou à posteridade com o título de Sábio.

Mas o massacre de Montpellier deixou na história uma página ensanguentada contra a realeza, e os povos ficaram assustados com o império que concediam a um só homem.

Os habitantes de Montpellier tinham-se revoltado contra a gente do rei, que violava os seus privilégios na percepção dos impostos.

Oitenta oficiais ou exatores foram mortos pelo povo; o rei Carlos, o Sábio, para vingar os executores da sua tirania, enviou contra a cidade um exército comandado pelo duque de Berri, seu irmão.

Quando o príncipe chegou às portas de Montpellier, os habitantes, os cônsules, as dignidades da Igreja, vieram ao seu encontro com uma corda ao pescoço, o fato rasgado, derramando copiosas lágrimas, e entregaram-lhe as chaves pedindo misericórdia.

Aquele tigre, em execração à humanidade, manda levantar um cadafalso na praça e profere uma sentença pela qual, com autoridade do rei, declara: "abolidos os privilégios da cidade, bem como o consulado, as arcas comuns e a universidade; tirados os sinos; destruídas as muralhas; e ordena que mais de 600 habitantes, escolhidos à discrição, serão condenados à morte, a saber: 200 decapitados, 200 enforcados, e 200 queimados".

Tudo isso foi executado por ordem do muito alto e muito poderoso senhor Carlos, o Sábio, rei da França!

No reino de Carlos VI, os povos agitam-se e reclamam a diminuição dos impostos; então o rei, para extinguir as revoltas, manda cercar com tropas numerosas a cidade de Paris, desarma os cidadãos, proíbe as assembleias, manda que se apoderem dos burgueses nas suas próprias casas e, como havia falta de algozes, aquelas desgraçadas vítimas eram metidas em sacos e lançadas ao Sena.

Os direitos foram aumentados, a cidade de Paris arruinada e a contribuição dos mesmos impostos foi renovada até cinco vezes no ano.

O casamento do rei com Isabel da Baviera exige ainda maiores somas, e Paris, cercada pelos soldados de Carlos VI, vem depor aos pés da rainha 60 mil coroas de ouro.

Nas cidades, os povos desgraçados morriam aos milhares no limiar dos palácios; as mulheres e as crianças, sem asilo, permaneciam expostos ao rigor do inverno.

Nos campos, a soldadesca desenfreada devastava as colheitas e massacrava os lavradores quando ousavam queixar-se.

Mas a rainha Isabel passava os dias e as noites em festas, no meio das danças, das refeições suntuosas, entregue a todas as lascívias.

O rei Carlos enlouquece; os povos embrutecidos, considerando a sua pessoa como inviolável e sagrada, respeitam aquele fantasma da realeza e abandonam à Isabel as rédeas do governo. No tempo dessa regência, os espantos e males desolam a nação; sucedem-se guerras civis; os armanhões e os borguinhões excedem-se uns aos outros em perfídia, infâmia e assassinatos.

A essas calamidades vieram juntar-se dois flagelos: a avareza insaciável dos papas, que oprimiam o reino para lhe arrancar os últimos fragmentos, e uma epidemia, causada pelos calores excessivos e pelo grande número de mortos amontoados no cemitérios de Paris. Entre as duas festas da Virgem, cem mil habitantes tinham perecido vítimas daquele contágio fatal.

Carlos VI morre. O reino passa para o domínio dos ingleses, e o delfim, despojado dos seus estados, esquece a França nas festas e nos prazeres.

Uma jovem camponesa, Joana d'Arc, apresenta-se a Carlos VII, reanima a energia do príncipe, marcha à frente do exército e conduz o rei vitorioso a Reims, onde é sagrado com toda a solenidade.

Luiz XI sucede a seu pai, que se deixara morrer de fome com receio de ser envenenado por esse monstro. Luiz XI! O seu nome basta para trazer à memória a crueldade de um tirano embusteiro e supersticioso.

Em breve, o seu caráter implacável mostra-se em toda a sua nudez: os cobradores dos impostos praticam exações em Reims e ocasionam um levantamento. Para punir o povo rebelde, o rei introduz na cidade um bando de assassinos: cem burgueses são presos nas suas próprias casas e perdem a vida no cadafalso.

Seu irmão Carlos morre envenenado; o conde d'Armagnac é massacrado por sua ordem, depois de ter rompido uma hóstia com o cardeal d'Arras; o condestável de S. Paulo é condenado à morte por um julgamento iníquo; o duque de Nemours é encerrado na Bastilha, numa gaiola de ferro e, em seguida, condenado a ter a cabeça cortada na praça de Grève. No dia da execução, seus filhos, trajando umas largas opas brancas, foram colocados debaixo do cadafalso, e inundados com o sangue de seu pai.

Prosseguindo na sua vingança contra aqueles desditosos filhos, mandou-os encerrar em cárceres de dimensões acanhadíssimas, para que não tivessem repouso algum, e tirava-os dali duas vezes por semana, para serem açoitados, e, de três em três meses, mandava-lhes arrancar um dente.

Covarde e hipócrita, Luiz XI trazia no chapéu uma virgem de chumbo, diante da qual se prostrava para obter o perdão dos crimes que ia cometer. Mais de 4 mil pessoas pereceram por sua ordem. No seu reinado, não se via em torno das habitações reais senão forcas, rodas e cadafalsos.

Finalmente, aquele monstro coroado expirou no meio dos terrores e dos tormentos.

Luiz XI ocupa o primeiro lugar nos anais dos tiranos; déspota algum apresenta um composto de qualidades tão singulares. Respirando unicamente a vingança, mas sabendo demorá-la para a tornar mais cruel; ávido de dinheiro, e sabendo prodigalizá-lo para fazer vingar os seus projetos; bárbaro e acariciando os seus inimigos para os surpreender desarmados; desconfiado em extremo e afetando indiferença quando queria obter um segredo; covarde, devoto e muitas vezes intrépido na ação.

Todos os atos de sua vida foram as ramificações da sua perfídia e mostram o quanto ele era eminente nas combinações tortuosas dessa arte abominável que se chama política.

Luiz XII, o pai do povo, anula os privilégios da universidade de Paris, introduz na cidade um grande número de soldados para abafar as queixas da burguesia e do povo, realiza uma aliança com o horrível Alexandre VII, esse Bórgia manchado com todos os crimes, e obtém dele a autorização para repudiar a desditosa Joana.

Esse rei deixa-se arrastar à guerra da Itália pelos conselhos do papa e de seu filho, César Bórgia, e a França vê submergir os seus tesouros naquelas guerras deploráveis.

Francisco I chama para junto da sua pessoa os bispos do reino, os fidalgos das províncias e, para aumentar a magnificência da sua corte, vende-lhes os cargos do estado. O seu fanatismo reacende as fogueiras nas cidades do meio-dia, e o parlamento da Provença, auxiliando o seu furor, faz degolar seis mil pessoas sem perdoar nem o sexo, nem a velhice, nem a infância.

Depois de ter arruinado o reino, regado a Itália com o sangue francês, ter sido feito prisioneiro em Pávia e ter dado pelo seu resgate dois milhões de escudos de ouro, os ducados de Borgonha, d'Artois e de Flandres, Francisco I morreu de uma doença infame que adquirira nos braços da formosa Feronniére.

Henrique II estabeleceu uma câmara ardente contra os luteranos do reino, e assiste, rodeado por sua corte, aos suplícios das numerosas vítimas dos furores católicos.

Os desgraçados protestantes, amarrados por uma corrente de ferro a um poste que girava em forma de alçapão, eram sepultados em braseiros inflamados. Em seguida, aquela máquina infernal, tornando a subir pelo seu próprio impulso, suspendia-se um momento e, tornando a precipitá-los nas chamas, renovava sofrimentos e torturas espantosas.

Os gritos dilacerantes de um daqueles desgraçados feriram com tal violência a alma atroz daquele rei, que durante toda a sua vida conservou deles uma recordação aterradora que o perseguia até nos lugares mais retirados do seu palácio.

Francisco II reina quinze meses, e os suplícios dos hereges continuam; contudo, a raiva sucede a paciência: os protestantes, que se tinham multiplicado ao clarão das fogueiras e debaixo do ferro dos algozes, imitam, afinal, por justas represálias, as crueldades dos seus inimigos. A França abrasa-se em guerras civis; uma paz mais fatal do que a guerra sucede à carnagem, e a barbárie, unindo-se à covardia, lança por sobre os povos os fachos do fanatismo.

A inquisição é introduzida na França, autorizada pelo conselho do rei e pelos parlamentos: só o chanceler de l'Hospital, o único homem de bem daquele século corrompido, opõe-se ao estabelecimento daquele tribunal odioso.

Depois da morte de Francisco II, caminhamos através dos cadafalsos, das forcas e das fogueiras. Províncias inteiras estão reduzidas a cinzas, entregues à fome, à desolação e ao roubo. Todos os crimes cometidos pela ambição e pelo fanatismo, depois do concílio de Niceia, empalidecem em presença desse novo reinado, e Carlos IX coloca-se na história entre esses monstros cujo nome basta tão somente para despertar um sentimento de horror e de medo.

Apenas subindo ao trono, aprende a arte de governar pela intriga e pela perfídia. Organiza massacres contra os protestantes de Paris, Amiens, Meaux, Châlons, Troyes, Moulins, Clermont, Nevers, le Mans, Angers, Tours, Rouen, Poitiers, Toulouse, Bordeos, etc., etc.; por toda a França se exercem essas horríveis carnificinas, e, para vergonha eterna da magistratura, o parlamento de Paris promulga um acórdão que permitia fossem degolados os protestantes onde quer que os encontrassem.

Os homens pereciam pelo ferro e pelo fogo; as mulheres eram violadas antes de ser enforcadas, afogadas ou massacradas, e os seus cadáveres manchados ainda pela luxúria daqueles algozes fanáticos.

Os padres e os frades eram os próprios a degolarem aquelas vítimas inocentes; em nome do pontífice de Roma e do rei Carlos IX!!!

Os crimes de Catarina de Médici, dos duques de Guise, do cardeal de Lorena e dos seus escravos vieram a aumentar o número de desastres desse reinado.

Todavia, todos esses atentados como que se apagam diante da recordação da São Bartolomeu! Ouve-se o sino fatal!... O sinal dado pelo relógio do palácio ressoa por toda a França!... Tigres ferozes e esfaimados precipitam-se sobre os protestantes, arrancam-nos de suas casas, deitam-nos pelas janelas sobre as lanças dos soldados, mutilam vergonhosamente aqueles corpos ensanguentados, arrastam pelas ruas os cadáveres das mulheres, esmagam as crianças nos berços!

Carlos IX arma-se com um arcabuz, e da famosa janela do Louvre fere com a bala homicida os desgraçados que fugiam a nado para escaparem ao punhal dos assassinos!!!

O massacre durou três dias em Paris e dois meses em toda a França. Quarenta mil protestantes foram assassinados nos estados do rei cristão!!!

Depois daqueles dias sanguinários, Catarina de Médici e seu filho, cercados de um brilhante cortejo de senhores ricamente vestidos e de mulheres coroadas de flores e de pedrarias, dirigiram-se a Montfaucon para contemplar aqueles corpos completamente nus e horrivelmente mutilados, que lutavam contra a agonia da morte.

Henrique III sobe ao trono e acompanha-o um séquito de validos, ministros dos seus infames deboches.

Por ordem sua, o cardeal e o duque de Guise são apunhalados no seu palácio, depois de lhes ter jurado sobre o altar uma amizade leal.

Forma-se uma liga para pedir contas ao rei daquele duplo crime; os sacerdotes e os frades pregam abertamente a morte do tirano, e Jacques Clemente termina, por um assassinato, o reinado aviltante de Henrique III.

Com esse príncipe, extingue-se o ramo dos Valois. Henrique IV, rei de Navarra, da casa de Bourboun, torna-se o herdeiro do trono.

Pelo seu caráter cavalheiresco e pela sua bravura, Henrique adquire a simpatia dos soldados, ganha batalhas, põe fim à liga e obtém a coroa abraçando a religião católica.

Nesse novo reinado, suspendem-se as perseguições e os povos respiram; ministros hábeis põem ordem nas finanças, diminuem os impostos, reprimem a licença dos soldados e tornam querido o monarca; todavia, os padres armam a mão do fanático Ravaillac, e Henrique morre assassinado.

Luiz XIII abandona a direção do reino a sua mãe Maria de Médici, acusada do assassinato de seu marido; mudando em seguida de opinião, faz massacrar debaixo dos seus olhos o marechal d'Ancre, favorito de sua mãe; expulsa esta do reino e deixa-a morrer de fome em Colônia.

Os cárceres da Bastilha enchem-se com as vítimas do rei ou do seu indigno ministro.

Em seguida, o cardeal de Richelieu e Luiz XIII, à frente de um formidável exército, vêm pôr cerco a la Rochelle. Os habitantes dessa cidade corajosa recusaram entregar-se à discrição de seus ferozes inimigos, declarando que ficariam sepultados nas ruínas das suas muralhas. Apertados pelos horrores da fome, deixaram sair da cidade as mulheres, os velhos e as crianças, que se espalharam pelas planícies entre o campo dos sitiantes e os muros da praça, a fim de encontrarem algumas ervas para devorar.

Então, o cardeal, ministro de um Deus de Paz, e o monarca, imbecil e devoto, ordenaram às suas tropas que atirassem sobre aqueles espectros descarnados e trêmulos. E, para vergonha do século, houve soldados que executaram as ordens sanguinárias daqueles dois tiranos!...

Richelieu, em nome do rei, ordena as proscrições, os assassinatos jurídicos, e termina as suas execuções sanguinárias pela morte de Cinq-Mars e do virtuoso de Thou.

Luiz XIV começa um reinado de 72 anos; reinado de glória, de grandeza, de crimes e calamidades.

Rei absoluto, resumindo toda a nação na sua individualidade, dissolve, aos 15 anos, o parlamento de Paris e derruba o único poder que havia entre o trono e o povo. As câmaras tentam fazer algumas observações ao monarca, e o rei manda prender os conselheiros e encerra-os nos cárceres da Bastilha.

Depois da extinção das guerras civis, orgulhoso das suas primeiras vitórias, entra no parlamento, de chicote na mão, dissolve a assembleia e proíbe toda e qualquer oposição aos seus éditos.

O terror do despotismo domina a França inteira, e Luiz XIV pôde desenvolver, sem receio, o fausto e o orgulho dos soberanos da Ásia. As lágrimas do povo transformam-se em ouro, e as riquezas da nação servem para pagar as amantes e os escravos titulares desse rei voluptuoso.

Mas este príncipe ativo e orgulhoso para com os fracos obedece covardemente às ordens de Cromwell e expulsa os Stuarts dos seus estados.

Mentindo à sua palavra, faz um tratado com a Espanha e envia socorros a Portugal; vende a sua proteção aos holandeses e, depois de ter recebido o dinheiro daquela vergonhosa negociação, recusa-se a reunir os seus navios aos dos seus aliados.

Espoliador, infame, usurpa as províncias do filho de Carlos II, seu cunhado, rei da Espanha, de quem devia ser o protetor, e divide os seus despojos com o imperador da Áustria.

O franco-condado é invadido com a mesma iniquidade; a conquista dura três semanas, e Luiz XIV faz essa campanha cercado de toda a pompa e grandezas da corte.

Os seus sucessos haviam sido rápidos; mas cinco dias bastam para cimentar uma liga entre a Holanda, a Inglaterra e a Suécia, e entravar os progressos do seu exército.

Um republicano de Amsterdã obriga aquele rei orgulhoso a restituir o franco-condado à Espanha.

Turenne, por ordem de Luiz XIV, devasta o Palotinado e destrói mais de 30 cidades.

A Alsácia é pilhada pelos próprios franceses para impedir que os alemães penetrassem ali.

Afinal, os gritos da França despovoada assustaram o monarca e obrigaram-no a concluir a paz.

Então o seu furor voltou-se contra os seus súditos; escravo pusilânime dos jesuítas e da corte de Roma, sonha com a destruição dos protestantes e revoga o edito de Nantes: despojam-se os calvinistas e são condenados à roda ou à forca; os dragões invadem os castelos e obrigam as cidades a expulsarem os protestantes; as fronteiras são guardadas para prevenir a fuga dos reformados, e a França transforma-se num vasto recinto, guardado por homens sem piedade, no meio do qual os bandos de assassinos são guiados pelos padres e pelos bispos.

Os espíritos exaltam-se, os protestantes reúnem-se, organizam-se exércitos e a França é um vulcão. As dragonadas das Cevennas estendem-se pelas províncias meridionais; os soldados queimam as cidades, pilham os castelos, violam as mulheres, mutilam os cadáveres e deixam desertos na sua passagem. Os calvinistas, por seu turno, perseguem os exércitos do rei, exercem as suas vinganças contra os católicos, cometem os mesmos crimes como represálias, e as igrejas e os castelos são mais uma vez a presa das chamas.

Luiz XIV, enfraquecido pela idade e vencido pelos flagelos que ele próprio atraíra sobre os seus estados, morre, como Luiz XI, coberto de relíquias e entregue aos terrores do inferno.

Fanático até o frenesi, pérfido nos seus tratados, egoísta sem piedade, déspota insolente, aquele rei custou 20 milhões à França e preparou os desastres dos seus sucessores.

O seu testamento é anulado pelo parlamento, que nomeia Filipe d'Orleans regente do reino.

Época de escândalos, de libertinagem, de seda e de ouro para os cortesãos, de lágrimas e de miséria para os povos.

O regente e a duquesa de Berri, sua filha, entregam-se sem pudor aos seus amores incestuosos; a sua imoralidade deprava a nação e os costumes das bacantes introduzem-se nas famílias.

Mas os vícios da regência são excedidos, ainda, pelos de Luiz XV. As suas amantes governam o estado, vendem os exércitos e dilapidam as finanças, enquanto que aquele rei sibarita esquece as desgraças da nação nas orgias e nos incestos. As suas favoritas tornam-se os seus fornecedores, raptam as raparigas, encerram-nas no infame *Parc aux-cerfs* e entregam o pudor ao cinismo do monarca. Uma cortesã recebe o ouro dos estrangeiros para lhes assegurar a vitória das batalhas e faz massacrar 400 mil homens nas guerras com a Itália, Inglaterra, Alemanha e Prússia. A marinha é aniquilada, o comércio destruído, e as divisas do Estado são mais enormes ainda que no tempo de Luiz XIV.

O rei, para encher os seus tesouros, torna-se o algoz do seu povo; os monopolizadores lançam mão dos trigos, e Luiz XV é o chefe do pacto de fome.

Em breve, as agitações surdas de Paris se estendem por todas as províncias; a nação, desolada pelos massacres dos reinados precedentes, extenuada pelas depredações, começa a sair do seu letargo.

Catorze séculos de desgraças e de crimes assinalaram a passagem dos reis; os povos fulminam com anátemas aquelas cabeças criminosas e preparam o dia das vinganças.

Luiz XVI sobe ao trono. Homem virtuoso, mas rei fraco, entrega-se aos conselhos de cortesãos pusilânimes; os seus sonhos insensatos são impotentes para suspender a marcha dos espíritos, e a Bastilha desaba com os seus cárceres horríveis.

Tem lugar uma revolução imensa: é proclamada a soberania do povo, e Luiz XVI sobe ao cadafalso.

Ligam-se os tiranos da Europa; numerosos exércitos marcham contra a França; o ouro dos reis paga as traições, revolta a Vendea e lança o Estado numa grande confusão.

Bonaparte eleva-se; o seu gênio fascina os povos; a sua palavra eletriza os soldados e os seus exércitos arvoram a bandeira da república nas capitais dos reis.

Napoleão, vencedor da Europa, em todo o esplendor da sua glória, tem nas mãos os destinos do mundo! Mas Deus não marcara ainda o termo da escravidão dos povos, e o império sucede à república.

Século de prodígios! As batalhas são encontros formidáveis, nos quais se aniquilam as nações! As conquistas são reinos inteiros! Os generais desses exércitos são reis! E o senhor de todos esses soberanos, de todos esses impérios, é um homem grande como o mundo; é Napoleão, imperador dos franceses!!!

O eleito do povo esqueceu a sua missão divina; as nações perdiam a liberdade, e ele deu-lhes reis... O seu poder desmorona-se nas planícies de Waterloo!

Começam os dias de luto; os Bourbons sobem ao trono, arrastando atrás de si um bando de cortesãos; chamam de novo os jesuítas, cercam-se com o aparelho dos suplícios e sonham com séculos de tirania e fanatismo.

Carlos X ousa romper o contrato que o unia a uma grande nação, e os três imortais dias vêm ensinar aos homens que a autoridade dos reis só é poderosa pela vontade dos povos, e que os povos podem ser soberanos sem a vontade dos reis!

Luiz Filipe d'Orleans, instruído na escola do infortúnio, educado no meio dos tormentos revolucionários, admirador apaixonado de Washington e de la Fayette, é escolhido o mais digno e proclamado rei dos franceses.

O príncipe, aceitando a coroa, jurou manter a honra da França, conservar o depósito sagrado das liberdades e aumentar a felicidade dos povos!

E a posteridade julgará!!!...

Advertência

A falta absoluta de historiadores verídicos, a multidão de livros apócrifos escritos em grego e em latim, impedem-nos de julgar por nós mesmos os primeiros séculos do Cristianismo.

Não podemos ser mais do que tradutores fiéis encarregados de apresentar as opiniões dos padres e da Igreja, conservando religiosamente a ordem dos fatos e até mesmo o estilo lento e obscuro das suas obras.

Mas, quando tivermos atravessado essas épocas de trevas, desenrolaremos uma longa série de acontecimentos extraordinários e de crimes horríveis, dignos de fixar a atenção dos espíritos sobre a história maravilhosa dos pontífices de Roma.

História dos Papas
Primeiro Século

S. Pedro

1º Bispo de Roma

Nascimento de Cristo. – S. Pedro, chefe dos apóstolos e primeiro bispo de Roma. – Torna-se discípulo de Jesus Cristo. – Pesca milagrosa. – Anda sobre as águas. – Caráter de S. Pedro. – Castigo de Ananias e de Safira. – Funda a Igreja de Antioquia. – Agripa persegue os cristãos. – S. Pedro não esteve nunca em Roma. – Falsidades dos legendários. – O milagre do dom das línguas inventado por S. Marcos, o Evangelista. – Impiedades de Simão, o Mago. – Suposto combate entre ele e S. Pedro. – É levado pelo diabo. – Concílio de Jerusalém. – Erro de S. Pedro. – É repreendido por S. Paulo. – As suas viagens. – Martírio de S. Pedro estabelecido por tradições mentirosas. – Seita dos nicolaítas, os seus hábitos infames de sodomia.

Em uma pequena cidade da Judeia, nasceu o Cristo; pobre e abandonado, teve por habitação uma estrebaria e por berço uma manjedoura.

A criança nasceu, aumentou em ciência, e a sabedoria divina das suas palavras espalhou o seu nome pela Judeia; Jesus tornou-se o apóstolo do povo.

Uma grande multidão vinha ouvir as verdades eternas e convertia-se à doutrina nova.

Os príncipes da Judeia perseguiram com furor aquele glorioso apóstolo, que se levantava contra os vícios e a corrupção do século, contra o orgulho dos grandes, contra a lascúria e a avareza dos padres. O homem Deus foi preso por satélites ferozes, condenado às humilhações e pregado numa cruz como um criminoso infame.

Mas os seus preceitos, conservados por seus discípulos, atravessaram os séculos e as revoluções; a sua moral sublime espalhou-se por todo o universo e o Cristo tornou-se o Deus das nações.

O primeiro dos apóstolos de Jesus foi Simão Pedro, e a sua história enceta a sucessão dos bispos de Roma.

Simão nascera em Betsaida, pequena cidade da Galileia, nas margens do lago de Genessaré. Pescador de profissão, sustentava a família com o produto do seu trabalho. Tinha um irmão chamado André, que, tendo-se feito discípulo de S. João Batista, ouviu fazer pelo seu mestre o elogio de Jesus de Nazaré; soube dele que aquele homem extraordinário era o Messias, anunciado pelos profetas, e há tanto tempo esperado pela nação judaica.

André comunicou essa grande nova a Simão, seu irmão, e dirigiu-se com ele a Jesus. Foram recebidos com ternura, e o Cristo, olhando para Simão, deu-lhe o apelido de Kepha, que em língua siríaca significa pedra ou rochedo.

Os dois irmãos passaram o resto do dia junto do Salvador e tornaram-se seus discípulos. Julga-se mesmo que estiveram com ele nas bodas de Caná.

Alguns meses depois, Jesus, voltando de Jerusalém, encontrou-os na margem do lago de Genessaré, onde estavam lavando as suas redes. Subiu para o seu barco e disse a Simão que deitasse as redes ao mar.

Este lhe observou que tinham trabalhado inutilmente toda a noite, mas executou, todavia, o que lhe fora ordenado, e as redes encheram-se de uma tão prodigiosa quantidade de peixes, que carregou os dois barcos. Simão, a quem chamaremos Pedro, surpreendido com aquele milagre, deitou-se aos pés do Messias, pedindo-lhe que se afastasse dele porque era pecador. A sua humildade tornou-o ainda mais agradável a Jesus, que lhe deu o primeiro lugar entre os seus discípulos.

Um dia, quando os apóstolos atravessavam o lago de Tiberíades, viram Jesus, que haviam deixado na margem, dirigir-se a eles, caminhando por sobre as ondas. Surpreendidos com aquele prodígio, tomaram-no por um fantasma, e Pedro gritou-lhe: "Senhor, se sois vós, ordenai que eu vá ao vosso encontro, caminhando por sobre as águas". O Cristo respondeu: "Vinde". Àquela palavra, Pedro saltou do barco e pôs-se a andar por sobre as ondas, como o poderia fazer na terra. Mas, como a sua fé não era bastante forte, começou em breve a submergir-se, e ter-se-ia afogado se não chamasse pelo seu mestre.

O Salvador, dando-lhe a mão, disse: "Homem de pouca fé, por que duvidaste?"

Depois disso, S. Pedro testemunhou o mais ardente zelo pelo seu mestre. Jesus, vendo que muitos dos seus discípulos, desgostosos com a severidade da sua moral, tinham-nos abandonado, dirigiu-se aos 12 apóstolos e disse: "E vós, não quereis deixar-me também?" Pedro respondeu sem hesitar, e em nome de todos: "Para quem iríamos nós, Senhor? Vós tendes as palavras da vida eterna; cremos e sabemos que vós sois o Messias, Filho de Deus."

Numa outra ocasião, Jesus, perguntando aos seus apóstolos o que pensavam dele, Pedro foi ainda o primeiro a responder: "Vós sois o Verbo, Filho do Deus Vivo". O Salvador disse-lhe: "Vós sois bem feliz, Simão, filho de João, porque não foram nem a carne nem o sangue que vos revelaram isso, mas sim meu Pai que está nos céus. E eu digo-vos que vós sois, Pedro, e que sobre essa pedra edificarei a minha igreja, e as portas do inferno não prevalecerão contra ela; e tudo quanto vós ligardes na Terra será ligado nos céus; e tudo quanto desligardes na Terra, será desligado nos céus".

Essa resposta de Jesus Cristo a S. Pedro fez nascer três dificuldades sobre as quais os teólogos disputam há muito tempo:

A primeira é fundada sobre as palavras: "Vós sois Pedro, e sobre essa pedra edificarei a minha igreja".

A segunda partiu da promessa do Salvador, que disse, falando da sua igreja: "As portas do inferno não prevalecerão contra ela". Os ultramontanos pretendem que essas palavras assegurem ao papa o privilégio da infalibilidade.

Os protestantes sustentam, pelo contrário, que a Igreja, que escolheu sempre o seu chefe dentre os homens sujeitos ao erro e à mentira, não pode reivindicar para o seu pontífice a sabedoria divina que não se engana jamais.

Finalmente, a terceira baseia-se sobre o poder que se atribuem os padres de absolver os pecadores.

Os protestantes só reconhecem em Deus o poder de absolver os homens das suas culpas e olham como um abuso intolerável as indulgências concedidas pelos bispos de Roma.

Tal é o estado das três questões agitadas entre os católicos e os protestantes.

Depois da gloriosa profissão de fé de S. Pedro e das promessas sublimes feitas àquele apóstolo, Jesus preveniu os seus discípulos de que ele devia sofrer a morte em Jerusalém. Pedro representou-lhe que o Filho de Deus não podia morrer; e o Senhor, que acabava de o declarar bem-aventurado, chamou-lhe Satanás, impôs-lhe silêncio e fê-lo caminhar atrás dos apóstolos. Essa mortificação é o único castigo que lhe foi infligido, e em nada lhe fez perder o favor do mestre, que o escolheu para ser testemunha da sua transfiguração.

Na véspera do dia em que Jesus devia sofrer a morte, Pedro e João preparam a páscoa.

Quando o Salvador se dispunha a lavar os pés aos seus discípulos, o chefe dos apóstolos recusou-se àquele ato de humildade do seu mestre; mas a sua resistência cessou logo que o Messias lhe declarou que não poderia ter parte no reino dos céus, se não consentisse em receber aquela oblação.

Então, S. Pedro apresentou a Jesus não só os pés, como também as mãos e a cabeça.

Nessa última refeição, o Salvador disse a Pedro que o demônio quisera tentá-lo, mas que ele suplicara a seu Pai que não deixasse desfalecer a sua fé. Feita a páscoa, Jesus saiu e, perguntando-lhe Pedro aonde queria ir, respondeu: "Vou onde vós não me podeis seguir". Mas Pedro replicou: "Senhor, estou pronto para vos acompanhar à prisão, ou mesmo à morte."

Resolução generosa, na qual não perseverou por muito tempo, porque, se teve a coragem de cortar a orelha de Malcus, criado do grande sacerdote Caifás, teve igualmente a covardia de renegar o seu mestre três vezes na presença de uma serva que lhe perguntava se ele não era também um dos discípulos de Jesus. Em breve a sinceridade do seu arrependimento e as lágrimas que derramou fizeram desaparecer aquela prova de fraqueza, e Pedro tornou-se o pregador mais zeloso da fé cristã.

Os membros da nova Igreja tinham então uma só alma e um só coração: todos os seus bens eram comuns. Os que possuíam propriedades urbanas ou rústicas vendiam-nas e entregavam o dinheiro aos apóstolos para o distribuírem pelos pobres. Sucedeu que um tal Ananias, de acordo com Safira, sua mulher, tendo vendido uma herança, guardou para si apenas uma parte do valor recebido e levou o resto aos apóstolos. Mas Pedro, iluminado pelo espírito divino, censurou-lhes a sua culpa, e ambos caíram mortos.

Seria difícil determinar o ano da fundação da igreja de Antioquia; contudo, é incontestável que Pedro estabeleceu uma espécie de residência naquela cidade, da qual foi sempre considerado o primeiro bispo.

Depois de ter pregado algum tempo em Antioquia, voltou a Jerusalém na época em que a fome prognosticada pelo profeta Agab começava a afligir o país. Então, Herodes Agripa, querendo conciliar a afeição dos judeus afetando um grande zelo pela sua lei, suscitou contra a Igreja uma segunda perseguição, mais terrível do que aquela que seguira o martírio de Estevão.

S. Thiago, irmão de João, o Evangelista, foi uma das primeiras vítimas. O próprio Pedro foi lançado numa prisão e condenado a sofrer o último suplício; mas um anjo do Senhor abriu as portas da sua prisão, quebrou as suas cadeias e o pôs em liberdade. Depois desse acontecimento até o concílio de Jerusalém, que teve lugar sete anos depois, a Escritura guarda um profundo silêncio sobre todas as ações de S. Pedro. Talvez ele se ocupasse em tornar a ver as igrejas que fundara na Ásia e em confirmar na fé os fiéis.

Supõe-se que, em seguida, veio a Roma para combater a idolatria; e os ortodoxos marcam a sua primeira viagem no ano 48 de Jesus Cristo. Outros pretendem fixar esse tempo célebre no primeiro ano do imperador Cláudio ou no começo do reinado de Nero. Antes de discutir sobre a época, seria necessário provar a realidade dessa viagem, da qual se não fala no Novo Testamento; e, se contra os protestantes alegam as Escrituras, responderão eles que não é o primeiro erro que elas têm autorizado.

Finalmente, as variantes que se encontram na cronologia dos diversos autores que falaram nessa viagem fazem nascer grandes dúvidas.

Somos obrigados a admitir as razões dos protestantes que combatem acirradamente a existência da viagem de S. Pedro a Roma. Contestam eles igualmente ao papa uma primazia de jurisdição sobre os seus colegas e apoiam-se nas palavras de Jesus Cristo aos seus apóstolos: "Que aquele que dentre vós quiser ser o primeiro, seja o último. As nações têm príncipes que as dominam, mas não sucederá o mesmo convosco."

E mesmo quando se consegue provar que S. Pedro era príncipe dos apóstolos e que tinha autoridade sobre toda a Igreja, os protestantes estariam no seu direito de exigir que lhes demonstrassem que ele estabeleceu o exercício da sua jurisdição em Roma, e que os papas herdaram todos os seus privilégios, apesar de que se têm afastado dos preceitos sublimes do Evangelho.

Além disso, tanto quanto se pode julgar pelo último capítulo dos Atos dos Apóstolos e por todas as Epístolas de S. Paulo, devemos acreditar que este veio para a capital do império antes de S. Pedro; mas os pontífices têm um grande interesse em sustentar o contrário e a persuadirem que são eles os herdeiros universais de S. Pedro e os seus sucessores imediatos; têm mesmo ousado afirmar que a cadeira papal daquele apóstolo era de pau, e expunham-na numa igreja para a veneração dos povos. Esse embuste não merece ser refutado.

S. Marcos Evangelista, muito ligado a S. Pedro, diz nos seus Atos que lhe servia de intérprete. Essa asserção destrói a crença do milagre do dom das línguas, porque o apóstolo não teria então compreendido e falado a linguagem de todos os países. Pondo à parte as dificuldades que podem nascer dessa observação, mencionaremos as opiniões dos autores sagrados sobre a suposta viagem de S. Pedro a Roma.

Segundo as suas lendas, existia na capital do império um impostor célebre chamado Simão, o Mago, que ousava anunciar-se como o padre eterno. Em Tiro, tirara de um lugar infame uma prostituta chamada Helena, que dizia ser o seu pensamento ou a sua palavra que os anjos rebeldes tinham conversado na Terra, fazendo-a passar de corpo para corpo, em diversas mulheres.

Assegurava também que era ela a famosa Helena da guerra de Troia, e que os homens que acreditassem nela obteriam a misericórdia e a salvação.

Sustentava, com igual imprudência, que ele viera a Jerusalém, como o Filho de Deus, a Samaria, como o Pai; e às outras nações, como o Espírito Santo.

Tal era a doutrina tão ridícula como ímpia de Simão, o Mago. A tradição afirma que aquele impostor veio a Roma no reinado do imperador Cláudio; e Justino Mártir, na sua segunda Apologia, censura aos romanos terem-no adorado como um Deus, elevando-lhe uma estátua, cuja inscrição dizia: *Simoni Deo santo*, Barônio observa que, no templo de Gregório XIII, encontrou-se na ilha do Tibre uma pedra na qual estava gravada uma outra inscrição nos seguintes termos: *Semoni Sanco Deo*. Ora, como as aparências inculcam que os antigos romanos tinham levantado uma estátua ao deus que eles chamavam indiferentemente umas vezes Sanco ou Sango, Fídio e Semno, Justino, enganado pelos cristãos, poderia ter imaginado que aquela estátua fora erigida em honra de Simão, o Mago.

Essa conjectura deve ter para nós a força de uma prova e destrói inteiramente a fábula do combate de S. Pedro e de Simão.

As lendas dos santos afirmam que o apóstolo se dirigiu a Roma para combater o mago; que o tendo convencido de mentira em presença do povo e do imperador Nero, ordenou a um anjo que o ferisse; e que o impostor pereceu miseravelmente. Outros dizem que Simão se gabou de fazer mais milagres que S. Pedro, e que se elevou nos ares, levado pelo diabo; mas, tendo-se entregado os dois apóstolos, Pedro e Paulo, a ferventes orações, invocaram o nome de Jesus Cristo, e os demônios, cheios de terror, deixaram cair o mago, que quebrou as pernas na queda. Se essa fábula tivesse algum fundamento e se os romanos tivessem visto perecer Simão, pela oração do apóstolo, não teriam antes levantado uma estátua a Simão Pedro do que a Simão, o Mago? Assim, a prova que se tira desse fato suposto acha-se completamente destruída. Além disso, todas as contradições que se notam nos diversos autores sobre os quais se apoiam demonstram evidentemente que aquela viagem é uma fraude torpe.

A primeira carta de S. Pedro é datada da Babilônia, o que levou algum visionário a dizer que ele dava esse nome à capital do império.

Pouco tempo depois do apóstolo escrever a sua Primeira Epístola, o imperador Cláudio expulsou os judeus de Roma, porque excitavam violentas sedições por ocasião da doutrina do Cristo.

Supõe-se que o edito do imperador obrigou Pedro a voltar à Judeia, porque ele estava em Jerusalém quando S. Paulo, deputado da igreja de Antioquia, com Barnabé e Tito, ali foi consultar os apóstolos e os antigos.

Alguns judeus convertidos sustentaram a necessidade da circuncisão para se salvarem. Tinham sido seduzidos por Cerinto, falso irmão e falso apóstolo, que, por um zelo cego, excitava as contendas religiosas e pretendia sujeitar os fiéis a todas as observâncias da lei mosaica. Os apóstolos resolveram reunir-se para deliberar e formaram a primeira assembleia cristã, que elaborou estatutos para fazer cessar os escrúpulos das almas timoratas.

Não somente os apóstolos e os padres entraram no concílio, mas também os simples fiéis ali deram o seu voto, e a questão foi decidida com o consentimento unânime da igreja de Jerusalém. Esse uso está atualmente abolido, e os pontífices de Roma ordenam aos povos que sigam cegamente as leis que eles prescreveram.

S. Paulo e S. Barnabé voltaram a Antioquia, onde Pedro foi se reunir a eles pouco tempo depois; conformou-se ele com o decreto do concílio de Jerusalém, vivendo como os pagãos ou gentios, sem observar a distinção das carnes prescritas pela lei. Esse apóstolo era tão pouco infalível que, tendo vindo a Jerusalém alguns cristãos-judeus, separou-se dos gentios e não comeu mais com eles, por uma espécie de fingimento ou dissimulação que nos deve fazer supor que a observância da lei era necessária ao menos para os judeus. "Destruía de algum modo o que ele mesmo edificara no concílio de Jerusalém e anulava a disciplina que acabava de estabelecer."

Mas S. Paulo fez-lhe compreender o seu erro e resistiu-lhe, como ele mesmo escreveu aos Gálatas: "Tendo vindo Cepas a Antioquia, resisti-lhe porque ele era repreensível. Disse-lhe: Se vós que nascestes judeu viveis como os gentios convertidos, por que razão quereis obrigar os gentios a judaizar?"

S. Pedro recebeu aquela arguição com uma doçura e humildade admiráveis. Não se prevaleceu da sua primazia; não considerou que Paulo tinha perseguido a Igreja, que era seu inferior, mais moderno do que ele no apostolado. Cedeu às observações que eram dirigidas e mudou de sentimento, ou, antes, de modo de proceder. Esse primeiro pontífice não se arrogava o direito de impor as suas vontades aos fiéis e não obrigava a Igreja a submeter-se às suas decisões.

Depois de ter relatado as ações de S. Pedro segundo as Escrituras, devemos mencionar as diferentes tradições que existem sobre esse apóstolo. Lactâncio pretende que ele tenha feito uma segunda viagem a Roma, vinte e cinco anos depois da paixão do Salvador; o que deu lugar ao erro dos vinte e cinco anos do seu pontificado. Acrescenta que ele fez uma última viagem a Jerusalém no ano 62, para nomear um sucessor a S. Thiago, vulgo o Menor, que fora o primeiro bispo daquela cidade e que voltou depois a Roma, onde continuou a pregar com sucesso.

Não se sabe coisa alguma de positivo a respeito desse primeiro chefe da Igreja, desde o ano 51 até a época da sua morte, isto é, durante um espaço de quinze anos. Os ortodoxos pretendem que ele mereceu a coroa do martírio, como o Cristo lhe predissera: "Serás amarrado por um outro e levado onde não quererás ir." Todavia, não existe prova alguma de que o seu sangue fosse derramado em Roma, apesar das asserções de Barônio, de Fleury, etc. Baillet afirma que os dois apóstolos, Pedro e Paulo, foram martirizados no mesmo dia e conduzidos à prisão de Mamertin, que ficava perto do Capitólio. Mas, segundo a narrativa de um religioso beneditino que permaneceu por muito tempo na capital do mundo cristão, parece que o local designado ainda hoje por aquele nome assemelha-se pouco com uma prisão e seria, pelo contrário, uma dessas antigas cloacas em que se vazavam as imundícies da cidade.

A opinião geral sobre o martírio de S. Pedro é que ele foi crucificado com a cabeça para baixo. Fixam a sua morte no ano 66. Santo Agostinho diz que aquele apóstolo caminhou para o suplício dando grandes provas de fraqueza.

A Segunda Epístola que ele escreveu antes da sua morte apresenta as mesmas incertezas que a sua primeira carta da Babilônia. Ignora-se mesmo em que ano aquele precioso tesouro foi confiado à Igreja. É ela dirigida aos fiéis espalhados pela Ásia, Capadócia e províncias vizinhas. Recomenda-lhes que sigam a moral dos profetas e dos outros apóstolos e se preservem dos falsos padres que negavam Jesus Cristo, blasfemavam contra a Divindade e se entregavam às origens mais infames. O apóstolo designava daquele modo os nicolaitas, que tiravam esse nome de Nicolau, um dos sete primeiros diáconos de Jerusalém, chefe de uma seita em que os homens desprezavam o matrimônio e se entregavam a atos monstruosos de sodomia.

Esses hereges comiam sem escrúpulos as viandas oferecidas aos ídolos; sustentavam que o Cristo não era o filho de Deus Pai, e que o Criador estava submetido ao poder supremo da deusa Barbelo, que habitava um céu oito vezes mais alto que o céu cristão; pretendiam que ela dera à luz o deus Jaldabaoth ou Sabaoth, que se apoderara do sétimo céu e que gritava aos deuses inferiores: "Eu sou o primeiro e o último, não existe outro dominador senão eu". Publicavam livros e pretendidas revelações sob o nome de Jaldabaoth, e assinavam denominações bárbaras à multidão de príncipes e potências que colocavam em cada um dos outros céus.

Esses fanáticos consideravam os atos e as pessoas divinas, a Trindade, a Virgem, o pecado original, a encarnação do Cristo e os próprios dogmas da religião como mitos aos quais davam explicações umas vezes bizarras, outras vezes sublimes.

Para o pensador e para o filósofo, a existência do cisma dos nicolaitas, desde os primeiros anos do Cristianismo, é uma prova irrefragável de que a religião católica não fora estabelecida de um modo imutável pelo seu autor e que sofria um trabalho de organização que levou muitos séculos para se completar.

S. Lino

2º Papa

Incerteza na cronologia dos primeiros papas. — S. Lino é encarregado do cuidado da Igreja de Roma. — Diversas opiniões sobre a duração do seu pontificado. — Atribui-se-lhe a regra que ordena às mulheres usarem véu. — Alguns legendários pretendem que ele tenha libertado a filha do cônsul Saturnino, possessa pelo diabo. — O seu martírio é uma mentira inventada por Usnardo. — Atribuem-se-lhe duas obras cheias de erros grosseiros e infectadas de heresia.

Não há nada de positivo nos primeiros séculos sobre essa cadeira pontifical. A cronologia dos autores está cheia de variantes espantosas e não emprega uniformidade na ordem da sucessão dos primeiros bispos de Roma; o partido mais razoável é, pois, seguir a opinião que faz suceder S. Lino ao apóstolo Pedro na governação da Igreja.

Caso se possa prestar fé aos livros pontificais, S. Lino era toscano de origem e seu pai chamava-se Herculano. Foi ele encarregado do ministério apostólico ao mesmo tempo que S. Pedro, o que seria uma prova irrecusável de que este apóstolo não era o único bispo de Roma e que não podia pretender ao título de bispo universal. Outros historiadores afirmam que S. Lino, Anacleto e Clemente estavam todos três encarregados do governo dos fiéis e que S. Pedro determinara escolher Clemente para seu sucessor, de preferência a Lino e a Anacleto; mas Clemente, que não tinha ambição, receando que os fiéis que haviam estado sob a autoridade dos seus colegas não quisessem submeter-se à sua autoridade, retirou-se por modéstia. Anacleto seguiu aquele belo exemplo, e Lino achou-se só, encarregado da administração da Igreja de Roma depois da morte dos apóstolos Pedro e Paulo.

Não se está de acordo sobre a duração do pontificado de S. Lino, e todos os seus atos permaneceram na obscuridade. Morreu ele no ano 67 e foi o primeiro bispo da Igreja de Roma, segundo a opinião dos antigos, que lhe concedem onze anos, oito meses e cinco dias de reinado. Todavia, tudo é incerto nesses primeiros tempos da Igreja.

Enquanto S. Lino trabalhava para o aumento da fé, a religião gozava de uma grande tranquilidade. No tempo do seu pontificado apareceu uma lei que proibia às mulheres aparecerem nas assembleias sem véu. Atribuem-lhe a honra desse regulamento, que a modéstia devia ter perpetuado.

Naquela época os cristãos não tinham ainda a liberdade de se reunir nos templos para o exercício da sua religião.

A opinião mais espalhada é que S. Lino recebeu a coroa do martírio em fins do ano 78, não podendo contar-se a duração do seu episcopado senão desde a morte de S. Pedro. Baillet confessa que essa opinião tem suas dificuldades, e que S. Lino não sobreviveu a Pedro senão um ano ou dois, ou mesmo que morreu antes daquele apóstolo. O padre Pagi julga que ele foi vítima da atroz perseguição de Nero e que foi condenado à morte pelo cônsul Saturnino, depois de ter libertado sua filha que estava possessa pelo demônio.

Devemos observar unicamente, no meio dessas contradições, que Lino não foi honrado na Igreja como mártir senão depois do nono século, e que, antes dessa época, S. Telésforo era considerado como o primeiro papa que pereceu pelo gládio.

Finalmente, as opiniões estão divididas sobre a ordem da sucessão de S. Lino. Querem uns que S. Cleto lhe tenha sucedido, pretendem outros que foi S. Clemente quem sucedeu imediatamente a S. Pedro. Todas essas variantes tornam obscura a história e impedem que se reconheça a verdade.

Atribuem-lhe duas obras escritas em grego sobre os martírios de S. Pedro e de S. Paulo, para a edificação das Igrejas do Oriente. Mas os sábios concordam que esses livros, cheios de erros grosseiros e de fábulas ridículas, não são desse bispo. Platino afirma, com uma boa-fé singular, que Lino escreveu uma vida de S. Pedro, em que fala do combate daquele apóstolo com Simão, o Mago.

Alguns anos antes da morte de S. Lino teve lugar a tomada de Jerusalém por Tito. Essa desgraçada cidade, entregue aos furores das guerras religiosas, explorada em todos os sentidos por bandos de fanáticos que degolavam os velhos, atentavam contra o pudor das mulheres e praticavam os crimes mais monstruosos, coroou todos os seus desastres, declarando-se em estado de revolta contra o Império Romano. Tito marchou à frente das tropas para submeter os rebeldes, invadiu a Palestina, atacou Jerusalém e tornou-se senhor sucessivamente da primeira e segunda trincheiras que cercavam a cidade; na última, porém, teve tão porfiada resistência que se viu obrigado, depois de ter empregado sete assaltos, a empreender um cerco regular. Todas as comunicações foram interceptadas entre a cidade e os campos; em breve, esgotaram-se as provisões, e a fome fez-se sentir; mas o ódio que os judeus sentiam pelos romanos era tão grande, que resistiram aos horrores da fome e alimentaram-se com carne dos cavalos e dos cães. Quando vieram a faltar esses alimentos, lançaram-se sobre as coisas as mais imundas; comeram palha, feno e até o próprio couro das suas sandálias. Chegaram mesmo a devorar os cadáveres! Conta-se que, durante esse cerco, uma nobre mulher, filha de Eleazar, não podendo resistir às torturas da fome, tirou o filho do berço e mandou-o assar; tinha já comido a metade, quando um bando de soldados, atraídos pelo cheiro, penetraram na casa dela e ameaçaram degolá-la se não entregasse a carne que tinha escondida. Aquela infeliz mãe abrindo então a porta de um quarto onde jaziam os restos daquela refeição horrível, disse-lhes: "Tomem, é esta a melhor parte que lhes reservei". E caiu imediatamente morta.

Finalmente os romanos tentaram um novo assalto e transpuseram a terceira trincheira; todos os habitantes foram passados ao fio da espada, o templo foi destruído, a cidade completamente arrasada, e, segundo o uso, os romanos abriram nela alguns regos com a charrua. Tito deixou apenas de pé uma parte da muralha do Ocidente e as torres Hippica, Phazael e Mariamna, a fim de que servissem para transmitir às gerações futuras a recordação da sua vitória.

S. Cleto

3º Papa

Nascimento de S. Cleto. – Ações que lhe atribuem. – Velhacaria dos padres na falsificação do texto dos Evangelhos. – S. Lucas era casado. – Morte de S. Cleto. – Falsas decretais.

A sucessão de S. Cleto ou Anacleto é muito incerta. Os autores colocam esse pontífice depois de S. Clemente, mas essa opinião não é a mais bem estabelecida.

Era italiano; seu pai chamava-se Emiliano e veio a Roma no reinado de Nero. Os apóstolos converteram-no à fé cristã e, em breve, tiraram-no da classe dos discípulos para o associarem ao santo ministro. Dão-lhe doze anos e alguns meses de episcopado. O padre Pagi, segundo o pontifical de Damaso, afirma que S. Cleto não governou a Igreja de Roma senão seis anos.

Os atos desse bispo permaneceram numa profunda obscuridade; há, pois, razão para duvidar da sua santidade e do seu zelo pelo aumento do Cristianismo. Atribuem-lhe a ordenação de 25 padres e a divisão em paróquias dos títulos de Roma, isto é, das casas onde os fiéis se reuniam para o serviço divino. As crônicas acrescentam que ele instituiu sete diáconos. O pontifical de Damaso fornece-nos essas particularidades e insinua que a Igreja de Roma fora governada até então pelos bispos e pelos padres, seus diáconos. S. Lucas, autor de um Evangelho e dos Atos dos Apóstolos, vivia na mesma época, e os seus escritos revelam-nos que esse evangelista era casado. Mas os bispos de Roma falsificaram o texto das Escrituras para destruírem uma autoridade tão imponente em favor do matrimônio dos padres.

A Igreja honra S. Cleto como mártir; é, contudo, muito provável que ele morresse em paz, no ano 91 de Jesus Cristo.

Setecentos anos depois da morte desse bispo, lembrou-se um embusteiro de atribuir-lhe as decretais que possuímos ainda.

Foi por esse mesmo tempo, segundo os cronologistas sagrados, que o apóstolo S. João foi lançado numa vasilha de azeite fervendo, por ordem do cruel Domiciano; e contam gravemente que, não tendo Deus destinado João para as honras do martírio, aquele saiu da vasilha sem uma única queimadura. Todavia, esse milagre não fez cessar as perseguições de Domiciano e o apóstolo foi exilado para a ilha de Patmos, onde compôs o seu Apocalipse ou Ensino profético, que dirigiu às sete principais Igrejas.

Depois da morte de Domiciano, João obteve a permissão de voltar a Éfeso, onde escreveu as suas Epístolas e o seu Evangelho, que formam a última parte das santas Escrituras reconhecidas pelos concílios.

S. Clemente I

4º Papa

Nascimento de S. Clemente. – Visões d'Hermas. – O papa Zózimo e S. Jerônimo em contradição acerca do martírio de Clemente. – Os seus milagres no deserto. – Livros apócrifos.

Clemente era romano e seu pai, chamado Faustino, habitava o bairro do monte Célio. Alguns autores escreveram que ele era parente dos Césares: este erro é fundado sobre a semelhança de nomes com o cônsul T. Flávio Clemente, sobrinho do imperador Vespasiano, que foi martirizado por ordem de Domiciano, seu primo. O pontífice chamava-se a si mesmo filho de Jacó, o que faz supor que era mais judeu que pagão.

A vida de Clemente encontra-se nas Constituições chamadas dos apóstolos; mas essas obras não passam por autênticas, apesar das verdades que encerram, baseadas na tradição dos primeiros séculos. Atribui-se a esse papa a criação dos sete notários encarregados de escrever os atos dos mártires.

Tendo o imperador Domiciano o projeto de declarar guerra à religião cristã, Hermas foi instruído disso em muitas visões, cuja narrativa se encontra no livro do Pastor, e recebeu ordem de prevenir o papa, a fim de que ele advertisse as outras Igrejas e as preparasse contra aquela tempestade.

Clemente continuou a governar a Igreja durante a perseguição e viveu até o terceiro ano do reinado de Trajano, que é o ano 100 de Jesus Cristo. Rufino e o papa Zózimo dão-lhe o título de mártir, e a Igreja, nos seus cânones, coloca-o entre os santos que derramaram o seu sangue para consolidarem a Igreja. Contudo, Eusébio e Jerônimo deixam supor que ele morreu em paz.

Santo Ireneu, fazendo a enumeração dos primeiros papas, em fins do século II, reconhece igualmente que Telésforo foi o primeiro pontífice coroado com um glorioso martírio. Uma história antiga, cuja exatidão é assaz duvidosa, diz que S. Clemente foi desenterrado por Trajano para o Chersoneso, além da Ponte Euxino, e que pelas suas orações fez brotar de uma rocha uma fonte que satisfazia às necessidades dos outros confessores. Permaneceu aproximadamente um ano naquele deserto e converteu todos os habitantes do país. Então Trajano enviou um oficial, por ordem do qual Clemente foi lançado ao mar com uma âncora amarada ao pescoço. No dia seguinte, as águas retiraram-se para mais de uma légua de distância da praia e descobriram aos fiéis um templo de mármore, debaixo do qual se levantava o túmulo do mártir; e todos os anos se repetia o mesmo milagre no dia da festa do santo. Essa lenda extraordinária foi adaptada por Platino e pelo padre Pagi. A grande reputação de S. Clemente fez com que se lhe atribuíssem todos os escritos, reputados os mais antigos depois das Escrituras canônicas e que não tinham autor certo.

Apresentam ainda debaixo do nome desse pontífice cinco cartas; as duas primeiras são dirigidas a Tiago, irmão do Cristo; a terceira, a todos os bispos, padres e fiéis; a quarta, a Júlio e a Juliano; e a quinta, aos cristãos de Jerusalém; mas todas são supostas, assim como os cânones dos apóstolos e as constituições apostólicas, que são coleções de toda a disciplina da Igreja. Passa igualmente por ter escrito os Exames, que contêm uma pretensa história da sua vida.

O autor narra muitas viagens de S. Pedro e estende-se longamente sobre as suas disputas com Simão, o Mago. Chamava-se também a essa obra o *Itinerário de S. Pedro*.

Durante o reinado de Clemente, morreu o venerável Barnabé, apóstolo da segunda ordem e autor de uma doutrina muito singular, que ele divide em duas partes. A primeira era dirigida contra os judeus; a segunda encerrava profecias que parecem tiradas do dogma indico da metempsicose, ensinado na Grécia pelos partidários de Pitágoras.

S. Barnabé explica por alegorias morais as proibições da lei judaica acerca dos animais que chamou de impuros. "O porco, diz ele, designa os voluptuosos e os ingratos, que não reconhecem os seus senhores senão na necessidade; as aves de rapinas são os reis e os poderosos que sem trabalhar vivem à custa do povo; os peixes que habitam no fundo da água figuram os pecadores impenitentes; a lebre e a doninha são os símbolos da impureza; os animais que ruminam, cuja carne é permitido comer, representam os justos que meditam os ensinamentos que Deus lhes envia; os seus pés rachados revelam-nos que caminhando neste mundo esperam a vida futura."

Falando do Gênesis, afirma que os seis dias da criação representam outros tantos períodos de mil anos, e que no sétimo período que é figurado pelo sábado, o Cristo virá julgar os vivos e os mortos. Então, acrescenta ele, o Sol, a Lua e os astros aniquilar-se-ão, e o princípio do oitavo dia será a aurora de uma nova criação.

Falando das idades futuras da Igreja, faz a seguinte singular profecia: "Ela entrará no caminho oblíquo, no trilho da morte eterna e dos suplícios; os males que perdem as almas aparecerão; a idolatria, a audácia, o orgulho, a hipocrisia, a duplicidade do coração, o adultério, o incesto, o roubo, a apostasia, a magia, a avareza, o assassínio serão a partilha dos seus ministros; tornar-se-ão os corruptores da obra de Deus, os adoradores dos ricos e os opressores dos pobres".

Atribui-se a S. Barnabé a fundação da Igreja de Milão.

História Política do Primeiro Século

O Imperador Tibério. – Sua hipocrisia. – Vícios de Calígula. – Nomeia cônsul o seu cavalo. – Violência da sua paixão por Cesônia. – É assassinado por Cássio. – O imperador Cláudio. – Os seus defeitos. – É envenenado por Agripina. – Excessos infames de Nero. – Manda matar sua mãe e o seu professor, Sêneca. – Os seus incestos. – Casa-se com um homem. – Entrega-se em pleno dia, e diante de toda a sua corte, aos debochas mais vergonhosos.- Cruel perseguição contra os cristãos. – Guia um carro nos seus jardins, à luz de archotes humanos. – Incêndio de Roma. – Morte de Nero. – Caráter de Galba. – É massacrado. – Othon seduz o povo com as suas liberalidades e sobe ao trono. – Os seus costumes desregrados. – Vitélio. – A sua crueldade e a sua gula. – Vespasiano declarado imperador. – As suas qualidades e os seus defeitos. – O imperador Tito. – Vícios de Domiciano. – A sua crueldade. – Nova perseguição contra os cristãos. – Novas torturas. – Boas qualidades de Nerva. – A sua liberalidade para com os pobres. – Vende os seus palácios para não se tornar pesado aos seus povos.

Tibério reinava em Roma quando a Igreja foi regada com o sangue de Jesus Cristo. Pretende-se que depois de ter tomado conhecimento das atas do processo feito ao Cristo, o imperador propôs ao senado de o receber no número das suas divindades. Esse príncipe, de uma extrema dissimulação, conhecia perfeitamente a arte de governar os homens, e pelos seus artifícios estendeu o seu domínio sobre Roma e sobre todo o império; soube habituar os seus súditos à escravidão e recebia elogios pela sua brandura, enquanto exercia a tirania e o despotismo com a maior violência, mas sempre sob as aparências da justiça.

O infame Calígula sucede a Tibério. Esse príncipe, para insultar o senado, quis dar as honras do consulado ao seu cavalo; mandou edificar um templo que dedicou solenemente a si mesmo, no qual mandava imolar pavões, frangos da Numídia e todas as aves que eram raras pela sua plumagem. A sua crueldade foi maior ainda do que todos os seus vícios; nos Césares do imperador Juliano, é tratado de animal feroz. Esse monstro tinha avançado a morte de Tibério, impelido pela ambição e pela impaciência de reinar, a fim de poder praticar os mais horríveis excessos. Cruel mesmo nos braços das suas amantes, ameaçava Cesônia, nos mais violentos acessos da sua paixão, "de empregar as torturas para saber dela por que artifícios se fazia amar sempre com tanto ardor".

Calígula reunia na sua pessoa os vícios de todos os homens e não tinha nenhuma das suas virtudes! É mais fácil fazer uma ideia das desgraças de um tal reinado do que descrevê-las. Afinal foi morto por Cássio, capitão das suas guardas e chefe de uma conjuração que se formou contra a sua vida. Todo o povo romano aplaudiu a morte do imperador e testemunhou a sua alegria com festas e regozijos. Aquele príncipe fora tão covardemente terrível para Tibério e tão cruel para aqueles que lhe tinham dado a coroa que os cidadãos diziam dele: "que não podia ser nem melhor escravo nem pior senhor". Seria necessário ser muito estúpido para chorar por um tirano que fazia presente de 50 mil escudos a um cocheiro e condenava um inocente para se apoderar da mesma quantia. Levou a imprudência a ponto de se queixar de que o seu reinado não tivesse sido assinalado por um incêndio espantoso, por um tremor de terra, pela fome ou pela peste, e ousou dizer: "Quisera que o povo romano não tivesse senão uma cabeça para lha cortar de um só golpe." Desejos abomináveis que só os reis são capazes de formar!

O imperador Cláudio, sucessor de Calígula, era irresoluto, crédulo, tímido e cruel: amava com paixão o vinho e as mulheres, e, quando estava embriagado, dava sem reflexão tudo quanto as cortesãs lhe pediam. A sua memória era infiel; o seu espírito, lento e vagaroso; e o seu coração, de tal forma baixo e mesquinho, que sofria que Calígula o esbofeteasse e fustigasse com um chicote. Mandou massacrar os seus amigos, os seus servos, os seus parentes e tornou-se o escravo dos seus libertos e das suas amantes. Afinal, Agripina mandou-lhe dar veneno e ele morreu em 13 de outubro do ano 55 de Jesus Cristo.

Nero, subindo ao trono, excedeu ainda os seus vícios e cometeu os maiores crimes, sem pejo nem pudor. Ninguém pode ler a sua história sem se encher de horror; manchou as mãos de sangue de todos os homens de bem; mandou matar Agripina, sua mãe, e Sêneca, seu preceptor. Incestuoso e sodomita, casou-se com um homem e não teve pejo de praticar, em pleno dia, diante de toda a sua corte, atos que a obscuridade da noite oculta nos matrimônios legítimos, para nos servirmos da expressão de Tácito. Para gozar do espetáculo pavoroso do incêndio da antiga cidade dos Dardânios, espalhou pelas ruas de Roma as suas cortes de escravos armados de archotes e encarregados de lançarem fogo a todos os bairros da cidade. Durante o incêndio, Nero, enfeitado de flores, cercado de cortesãs, cantava, acompanhando-se à lira, os versos de Virgílio sobre a destruição de Troia!

As chamas devoraram dez bairros daquela capital do mundo e deixaram tão somente nos arrebaldes algumas casas meio queimadas. Esse incêndio teve lugar em 19 de julho do ano de 64 da nossa era.

Para descarregar sobre inocentes o ódio público que pesava sobre ele, Nero acusou daquele incêndio os cristãos, que eram odiosos, como fazendo profissão de uma religião nova. Em primeiro lugar, mandou prender alguns fiéis que eram acusados confusamente de muitos crimes, sem examinar a verdade, e os juízes condenavam-nos à morte, não como incendiários, mas como inimigos do gênero humano. Ao seu suplício juntavam insultos cruéis; cobriam-nos de peles de animais para os fazer dilacerar pelos cães; eram pregados em cruzes, ou cravados no chão em estacas que lhes furavam a garganta; e nessa posição, vestiam-nos com túnicas untadas de pez ou de outros materiais combustíveis às quais lançavam fogo, de modo que os pacientes serviam de archotes para iluminarem a noite. Nero fez disso um espetáculo público no seu jardim, onde ele próprio guiava um carro à luz daqueles archotes humanos!!

Os historiadores falam com indignação da crueldade daquele príncipe que sacrificava milhares de homens à sua execrável tirania. Foi essa a primeira perseguição dos imperadores contra a Igreja. Dali em diante, os cristãos fizeram disso uma honra, dizendo com Tertuliano: "Que Nero não condenara nunca senão o que era excelente."

As suas atrocidades excitaram, afinal, uma revolta geral; o povo penetrou no palácio dos Césares, pedindo em grandes gritos a morte do tirano. Então Nero, desesperado por escapar aos seus inimigos e receando um fim cruel, ordenou a um dos seus escravos que o trespassasse com um gládio.

Depois da morte desse monstro, Galba, que pegara em armas pela notícia da revolta, de Vindex nas Gálias, foi levado ao trono: esse príncipe, acabrunhado pela velhice, tão fraco de espírito como de corpo, abandonou o governo do império aos seus libertos, que pilharam os seus tesouros, o que fez dizer a Tácito que o seu reinado era precário. Não podendo exercer, pela sua avançada idade e enfermidades, o trabalhoso encargo de chefe supremo do Estado, resolveu adotar o jovem Piso, mais ilustre ainda pelas suas desgraças e virtudes do que pelo nascimento. Mas Othon, o mesmo que tivera a infâmia de sacrificar Popeia, sua mulher, à impudicícia de Nero, pretendia alcançar a honra da adoção; comprou o exército com as suas liberalidades e, colocando-se à frente dos seus partidários, invadiu o palácio de Galba, massacrou o desditoso ancião e fez-se proclamar imperador dos romanos. Esse usurpador infame era voluptuoso, pródigo afeminado e só idolatrado por celerados em virtude da conformidade dos seus costumes com os de Nero.

Com o andar dos tempos, Othon fez esquecer os prejuízos desvantajosos que o seu procedimento dera da sua coragem, por um fim glorioso que um poeta eleva acima da morte de Catão. Vitélio, apesar de incapaz que era de reinar, foi nomeado imperador pelo Exército da Alemanha, que o levou em triunfo até Roma. Esse príncipe entregava-se a todos os vícios, sobretudo à intemperança e à crueldade. Numa refeição que seu irmão lhe ofereceu, foram servidos dois mil peixes dos mais esquisitos e sete mil aves das mais raras. Os caminhos dos dois mares estavam continuamente batidos pelos seus fornecedores. Para alcançar honras ou fortuna, bastava encontrar o meio de satisfazer ao seu apetite, que não só era insaciável, mas também asqueroso e repugnante.

Nos sacrifícios, lançava-se sobre as entranhas das vítimas meio cozidas, e nas suas viagens devorava tudo quanto encontrava nas tabernas, restos nojentos e já encetados.

Insensato e cruel, derramava o sangue pelo prazer atroz de o ver correr e mandava matar, sob os pretextos mais fúteis, os seus antigos companheiros de estudos.

Qual não devia ser o estado atroz de Roma e do império depois de ter sofrido em um mesmo ano a tirania de Othon e a crueldade de Vitélio!

Vespasiano, que Nero enviara a Palestina para reprimir os judeus rebeldes, tendo sabido que o império estava dilacerado no Ocidente pela guerra civil, resolveu aproveitar as circunstâncias para se apoderar do governo. Reuniu as suas legiões às de Muriano e expulsou Vitélio de Roma. Senhor do império, restabeleceu a disciplina militar, que as guerras civis e os deboches dos imperadores tinham corrompido horrivelmente, e aplicou-se igualmente a reformar as leis do Estado. Vespasiano era inimigo dos cortesãos, gostava de ouvir a verdade e não tinha ódios secretos; naturalmente bom, detestava a crueldade dos seus predecessores. Mas essas belas qualidades eram empanadas por sua paixão pelas mulheres, que o arrastava a atos de violência, e por sua avareza sórdida, que o fazia vender a justiça.

Sucedeu-lhe Tito, seu filho, que se tornou o melhor dos príncipes. Chamavam-no: "as delícias do gênero humano." Se durante o dia não encontrara uma ocasião de praticar o bem, ouviam-no dizer com dor estas belas palavras, dignas dos maiores homens da República: "Amigos, perdi um dia!"

Era inimigo da vingança e mostrou-se tão virtuoso quanto cruéis e corrompidos haviam sido aqueles que o tinham precedido. Afinal, quando morreu, os romanos diziam desse príncipe ilustre: "que não devia ter vivido nunca ou viver eternamente".

Domiciano, filho de Vespasiano e irmão de Tito, herdou o seu cetro, mas não as suas virtudes; porque a Província raras vezes concede reis bons, como para indicar às nações que o poder supremo não devia estar confiado nunca nas mãos de um só homem. A história diz-nos que Domiciano era orgulhoso, vão, presunçoso, avaro, pródigo e cruel. Suscitou contra a Igreja uma perseguição longa e desumana, na qual um grande número de cristãos expirou nos suplícios; outros foram desterrados para a ilha de Patmos, onde S. João escreveu as suas Visões ou o seu Apocalipse. Esse imperador cruel sentia um grande prazer em dar homens a comer aos cães. Todos os dias mandava degolar alguns senadores, e, por ordem sua, cortavam as mãos da gente honrada que nas guerras civis recusara-se a tomar o seu partido, ou o seguira de má vontade; finalmente, inventando uma nova tortura, mandava queimar os seus amigos nessa parte que oferecera a Pollion e que emprestara a Nerva.

Petrônio II e Partênio, chefes da milícia, assassinaram Domiciano e declararam imperador Marco Nerva. Esse príncipe era benévolo, generoso, modesto e sincero. Martial chama-lhe o mais brando dos soberanos: nos Césares de Juliano, Sileno não tem nada a lançar-lhe ao rosto, e Apolônio, que fazia parte da corte de Nerva, testemunha em Filóstrato que não o viu nunca entregar-se aos seus prazeres. Segundo Xiphilino, aquele imperador dizia de si mesmo: "Que se não reputava culpado de coisa alguma que o impedisse de viver em repouso e em segurança se deixasse o império." Mandou entregar aos cidadãos de Roma todas as riquezas que se achavam no seu palácio e que Domiciano lhes havia roubado. Deu cerca de um milhão de escudos de ouro aos burgueses romanos que eram pobres e confiou a distribuição deles aos senadores. Num tempo em que as desgraças públicas exigiam sacrifícios, fez vender a sua mobília, as suas roupas, a sua baixela de ouro e de prata, os seus palácios e tudo quanto considerava como supérfluo, para não ser pesado à nação. Em reconhecimento, o povo fez-lhe grandes honras e quis erigir-lhe estátuas. Nerva recusou por um louvável sentimento de modéstia. Esse imperador morreu, segundo Aurélio Victor, com a idade de sessenta e três anos, depois de um reinado de dezesseis meses.

Segundo Século

Anacleto

5º Papa

Opiniões diversas sobre os papas Cleto e Anacleto. – Nascimento de Anacleto. – Proíbe aos padres conservarem a barba e os cabelos. – Incertezas sobre a sua morte.

Muitos autores supõem que S. Cleto e Santo Anacleto eram dois papas diferentes, que encontraram lugar no calendário na qualidade de mártires; fundam essa probabilidade sobre a opinião dos gregos, que conservaram sempre o nome de Anacleto, enquanto os latinos se serviram do de Cleto; outros historiadores dão, pelo contrário, os dois nomes a um só papa. Mas, no meio de todas essas versões obscuras, nas quais é impossível descobrir a verdade, devemos evitar as discussões e seguir a opinião geral.

Anacleto era grego de nação, natural de Atenas e filho de um homem chamado Antióquio. Ignoramos em que tempo veio a Roma e em que época foi encarregado da governação da Igreja. Barônio assegura que foi em 3 de abril do ano 103. O pontífice proibiu aos eclesiásticos conservarem a barba e os cabelos; ordenou que os bispos não poderiam ser consagrados senão por três outros prelados; que as ordens sacras dadas aos leigos seriam um ato público; que todos os fiéis participariam do pão eucarístico depois da consagração, e que aqueles que se recusassem a receber a comunhão seriam obrigados a sair das assembleias cristãs. É, contudo, muito difícil garantir a autenticidade desses diversos regulamentos.

Sob o nome de Santo Anacleto são publicadas três decretais, que são visivelmente supostas, como todas aquelas atribuídas aos seus sucessores até Sirício. Diversos escritores demonstraram a falsidade delas, e o padre Pagi faz valer as razões com muita força e clareza. O autor dessa suposição, que se ocultou sob o nome de Izidoro Mercator, permaneceu desconhecido. Sabemos, tão somente, que Ricaut, bispo de Mayence, foi o primeiro que levou aquela obra da Espanha e publicou-a em fins do oitavo século, ou princípios do nono, segundo a asserção do célebre Hincmar, arcebispo de Reims.

Os pontífices asseguram que Santo Anacleto governou a Igreja de Roma por um período de nove anos e sofreu o martírio em 13 de julho do ano 112 de Jesus Cristo, 13º ano do reinado de Trajano. O padre Pagi é de opinião contrária; fá-lo morrer em 95, sob o império do cruel Duniciano. Essa opinião nos parece tão mal fundada como as outras.

Santo Evaristo

6º Papa

Nascimento de Evaristo. – Obscuridade dos documentos dos martirológios. – Falsas decretais.

Segundo os pontífices, Evaristo era grego de nação; seu pai, chamado Juda, era judeu e originário da pequena cidade de Bethlehem.

Grande número de antigos fazem menção a esse bispo e revelam-nos que ele sucedeu a Santo Anacleto, mas não citam nada de particular sobre as funções do seu ministério. Julga-se que o pontífice estabeleceu a divisão eclesiástica da cidade de Roma, repartindo-a em bairros, distribuindo os títulos e as paróquias; o que deve provavelmente entender-se de uma nova distribuição que o aumento dos fiéis tornava necessária. Fez três ordenações e conferiu a ordem do sacerdócio a seis pessoas; o episcopado a cinco; e o diaconato a duas. Tradições muito incertas atribuem-lhe o estabelecimento de novas instituições que, todavia, não foram introduzidas na Igreja senão nos séculos seguintes.

Segundo a cronologia, Santo Evaristo morreu no reinado do imperador Adriano, no ano 121 de Jesus Cristo. Segundo os martirológios, governou a Igreja de Roma nove anos e três meses. A crônica de Eusébio reconhece-lhe tão somente nove anos de episcopado.

Em consequência da opinião que fez confundir S. Cleto e Santo Anacleto, os pontífices fixam a morte de Santo Evaristo no ano 109 de Jesus Cristo; mas não está demonstrado que ele sofresse o martírio, apesar de a Igreja o honrar com esse título.

Os padres atribuem-lhe duas decretais que não foram nunca obra sua, e fazem datar do tempo desse bispo o uso da consagração das igrejas, costume imitado dos pagãos e que só muito tarde foi introduzido na religião cristã.

No pontificado de Evaristo criou-se uma nova seita que reconhecia por chefe um padre chamado Basilídio. Esse heresiarca ensinava que Deus Pai existia por si mesmo, que produzira o espírito, o qual, por seu turno, criara a Palavra; que esta engendrara a prudência, de que procediam a sabedoria e o poder, dos quais tinham nascido as forças, os príncipes e os anjos; e que finalmente estes últimos tinham formado o mundo e os 365 céus de onde derivavam os dias do ano solar. Pretendiam que Deus Pai ou o supremo soberano enviara o seu primeiro filho para livrar o mundo, e que o espírito se encarnara sob a forma humana. Basilídio afirmava mais: que o Cristo, no sacrifício da cruz, tomara milagrosamente a forma de Simão, o Cirineu, que os judeus tinham supliciado em seu lugar.

Alexandre I

7º Papa

Elevação de Alexandre ao episcopado. – Os padres da Igreja em contradição com Santo Irineu sobre o martírio do pontífice. – Os padres atribuem-lhe a instituição da água benta, imitação da água lustral dos pagãos. – Velhacaria dos papas. – As relíquias de Alexandre I poderiam formar uma centena de corpos de tamanho natural. – Falsas decretais.

Nesses tempos obscuros, seguiremos a mesma cronologia que o cardeal Barônio e colocaremos a elevação de Alexandre à cadeira de S. Pedro, no ano 121 de Jesus Cristo e segundo do reinado de Adriano. Era ele romano e seu pai chamava-se Alexandre. No seu pontificado, o imperador fez cessar a perseguição que Trajano suscitara contra a Igreja, e os cristãos começaram a respirar.

Não conhecemos particularidade alguma relativamente à vida e morte do pontífice: os atos nos quais se encontram mencionados o cativeiro e o martírio de Alexandre parecem-nos muito suspeitos para merecer a confiança que se concederia a atos originais e autênticos. Devemos supor que morreu em paz, segundo o modo por que fala disso santo Irineu; contudo, a Igreja coloca-o no número dos seus mártires e concede-lhe as honras da canonização.

Atribui-se ao Santo Padre a instituição da água benta para repelir os demônios, a do pão sem fermento para a consagração e a da mistura da água com o vinho no cálice, para a celebração da missa. Platino e o padre Pagi tiveram a simplicidade de adotar essa tradição fabulosa.

O cardeal Barônio assegura que a instituição da água benta não pertence a Alexandre I, e a razão que alega parece curiosa; segundo ele, uma invenção tão sagrada não pode partir senão dos apóstolos, e quer que lhes concedamos as honras dela. Os protestantes pretendem, com mais razão, que a água benta seja uma imitação da água lustral, que a Igreja aproveitou dos pagãos, assim como muitas das suas cerimônias.

A época da morte de Alexandre é fixada no ano 132 de Jesus Cristo. Muitas cidades da Itália, da França e da Alemanha conservam relíquias desse pontífice; mas se ajuntassem todas essas ossadas, formar-se-ia com elas uma centena de corpos de tamanho natural.

Ao mesmo tempo, e no reinado do imperador Adriano, teve lugar a destruição de Jerusalém; 50 fortalezas foram arrasadas, 985 lugarejos entregues às chamas e muitos milhões de judeus degolados ou reduzidos à escravidão.

Como os cristãos não eram menos odiosos aos romanos que as outras seitas judias, Adriano destruiu o Santo Sepulcro; elevou, no mesmo sítio onde o Cristo tinha expirado, uma estátua da Vênus Calipígia e transformou a gruta onde Jesus nascera num templo que dedicou ao belo Adônis.

Sixto I

8º Papa

Nascimento de Sixto I. – Incertezas sobre a duração do seu pontificado. – Fábulas sobre a instituição da quaresma e sobre as diversas práticas religiosas. – Os autores fazem datar desse papa as fórmulas orgulhosas de que os pontífices se serviram nos séculos seguintes. – O cardeal de Retz e o papa Clemente X enviam falsas relíquias à abadia de S. Miguel, na Lorena.

Depois da morte de Alexandre I, a cadeira de Roma ficara vaga cinco dias. Sixto foi escolhido pelos fiéis para exercer as funções do episcopado. Era romano, filho de um homem chamado Helvídio, segundo uns, ou de um tal Pastor, a prestar fé ao que diz o pontifical. Barônio supõe que o pai de Sixto poderia ser Júnio Pastor, de quem faz menção um autor pagão.

Não se conhece nenhuma das ações desse bispo: os sábios não estão de acordo nem sobre o princípio nem sobre a duração do seu pontificado. Governou a Igreja de Roma por um período de dez anos, segundo uns, e muito menos, segundo outros que se apoiam na autoridade de Eusébio. Contudo, Sixto foi colocado na classe dos mártires, apesar das incertezas de sua existência, e fixam a época da sua morte no ano 142.

Os historiadores sagrados atribuem-lhe a instituição da quaresma e pretendem que ele ordenou aos padres que se servissem do corporal sobre o qual se coloca o corpo de Jesus Cristo. Acrescentam também, com pouco fundamento, que ele introduziu o costume de cantar *o santo dos santos* e que proibiu aos leigos de tocarem nos vasos sagrados. Todos esses regulamentos são estabelecidos segundo os pontífices; mas é impossível fazê-los passar por obras do Santo Padre no espírito daqueles que quiserem julgá-las sem prevenção.

As duas decretais que aparecem sob o nome desse papa são evidentemente falsas, como o provaram Marino e Balúzio. O título de uma dessas decretais é muito orgulhoso para esses tempos da Igreja primitiva, e Sixto I não devia servir-se desta fórmula: "Sixto, bispo universal da Igreja apostólica, a todos os bispos, paz no Senhor."

O próprio padre Pagi que esse título era desconhecido aos pontífices dos primeiros séculos.

Os católicos apoderaram-se desse erro para combater os protestantes, que recusam ao papa o título de bispo universal, como indigno de um prelado que se qualifica o servo dos servos de Deus. O lugar de bispo de Roma era então considerado como um cargo que não podia satisfazer nem à ambição nem às paixões dos padres, e eram elevados àquela dignidade os que juntavam a santidade dos costumes ao desprezo da morte.

A Igreja pretende ter conservado os restos mortais de S. Sixto, mas não devemos ter crença alguma nessas tradições incertas; repelimos igualmente a autenticidade das relíquias que Clemente X enviou, nos últimos séculos, ao cardeal de Retz, para serem depositadas na abadia de S. Miguel, na Lorena.

S. Telésforo

9º Papa

Nascimento de Telésforo. – Nova fábula sobre a instituição da quaresma. – Sobre a missa da meia-noite. – Morte do papa.

Telésforo era grego de nação e vivera nos claustros desde a sua mocidade. É tudo quanto sabemos relativamente a esse bispo.

Segundo a autoridade de uma glosa inserida em algumas edições da *Chronica* de Eusébio, pensou-se que a Igreja era devedora ao Santo Padre da instituição da quaresma. Os padres, que querem fazer honra aos apóstolos da maior parte dos usos que são hoje recebidos na Igreja, tentam persuadir-nos de que Telésforo não fez mais do que restabelecê-la. O cardeal Barônio gaba-se de ter demonstrado essa pretensa verdade, mas as razões que ele alega são de uma extrema fraqueza. Outros pretendem que o pontífice não foi nem o restaurador nem o instituidor, e que estabeleceu tão somente a sétima semana que nós chamamos quinquagésima.

Demonstraremos que essa cerimônia não esteve em uso na Igreja senão quinhentos anos depois da morte do Santo Padre.

A Igreja atribui-lhe igualmente a instituição da missa da meia-noite no dia de Natal. Platino e alguns historiadores transmitiram-nos esta fábula.

Julga-se geralmente que S. Telésforo sofreu o martírio em 154, e diversos autores o afirmam; mas não há um acordo sobre o ano ao qual se deve fazer remontar esse acontecimento.

As lendas colocam o martírio de Santa Simforosa e dos seus sete filhos no tempo do pontificado de Telésforo.

Segundo as versões dos padres, tendo o imperador Adriano edificado um rico palácio próximo do Tibur, quis dedicá-lo aos deuses propícios com cerimônias religiosas, e dirigiu-se aos padres pagãos, que se recusaram a obedecer-lhe até que ele os livrasse de uma viúva cristã que habitava o país com a sua família. Acrescentam que Adriano atendeu ao seu pedido e mandou lançar mão de Santa Simforosa com os seus sete filhos que foram amarrados a sete estacas em torno do templo de Hércules e torturados cruelmente, enquanto sua mãe era martirizada por quatro algozes, que a cada novo suplício lhe perguntavam se consentia em sacrificar aos falsos deuses.

É-nos difícil conceber esse ato de um fanatismo cruel com a tolerância que os romanos mostraram sempre pela religião dos outros povos; e somos forçados a duvidar dessa lenda, assim como dos atos dos mártires nos primeiros séculos da Igreja.

Santo Higino

10º Papa

Caráter de Santo Higino. – Regulamentos que lhe atribuem. – Falsidade dos padres sobre esse novo mártir. – Institui os padrinhos e madrinhas nos batismos. – Escritos apócrifos.

Higino era de Atenas e filho de um filósofo de que a história não conservou o nome. Os autores falam dele como de um santo homem, que preferia o retiro e a obscuridade das florestas à vida dos palácios.

Contudo, fez um grande número de regulamentos pela ordem e distinção de classes, no clero romano. Os autores dão-lhe liberalmente a qualidade de mártir, mas é duvidoso que ele tenha derramado o seu sangue pela religião, e os antigos não souberam nada nem disseram coisa alguma.

Atribui-se a Santo Higino o uso de padrinho e madrinha para apresentarem as crianças a batismo e o de consagrar as Igrejas. Alguns autores asseguram que ele escreveu um tratado de Deus e da encarnação de seu Filho; mas essa obra é apócrifa, bem como as decretais que se publicaram em seu nome. A primeira é dirigida a todos os fiéis, e a segunda, aos atenienses.

O cardeal Barônio fixa a morte do Santo Padre no ano 158 de Jesus Cristo e décimo nono do reinado de Antonino.

A Alexandria era ao mesmo tempo o foco ardente das luzes que iluminavam o mundo cristão e a sede das heresias que desolavam as Igrejas. No pontificado de Santo Higino, as ideias subversivas dos filósofos de Alexandria tomaram um caráter decidido e propagaram-se nas outras Igrejas pelas prédicas dos gnósticos.

Esses hereges seguiam os erros de Epifânio, discípulo de Basilido e filho de Carpocras, que definia o reinado de Deus, como o reinado da comunidade e da igualdade, afirmando que a comunidade era uma lei natural e divina, e que a propriedade dos bens e a distinção dos matrimônios eram os maiores flagelos da humanidade. Depois da sua morte, Epifânio foi honrado como um deus na ilha de Cefolônia.

Enquanto a Grécia elevava altares aos hereges, em Roma os cristãos eram carregados de acusações atrozes. Pretendia-se que se retiravam de noite para cavernas a fim de celebrarem mistérios horríveis; que degolavam crianças recém-nascidas nas festas da Páscoa, e que todos, homens e mulheres, lançavam-se sobre as vítimas para lhes beberem o sangue e comerem a carne. Dizia-se que, depois daquele festim de canibais, os iniciados começavam orgias em que os vinhos e as viandas eram servidos com profusão, e que, em seguida, os padres punham termo a essas saturnais, lançando os restos das viandas aos cães, que com os seus pulos derrubavam os candelabros e sepultavam em profunda obscuridade as mais revoltantes cenas de fornicação, de sodomia, de incestos e de bestialidade!

S. Pio I

11º Papa

Os padres da Igreja estão em contradição sobre a ordem de sucessão de Pio I. – O seu nascimento. – O martirológio romano faz dele um mártir. — O cardeal Barônio falsário. – Decretos que se atribuem ao papa. – O visionário Hermas, irmão de Pio I. – Escreve por ordem de um anjo uma obra cheia de mentiras e de embustes. – Decretais supostas.

Os padres da Igreja não estão de acordo sobre a ordem de sucessão de Pio I; colocam-no uns depois de Aniceto, e S. Jerônimo favorece essa opinião, contando Aniceto pelo décimo papa depois de S. Pedro. Encontra-se a mesma ordem em algumas velhas crônicas; mas a opinião que dá o primeiro lugar a Pio é geralmente adotada, fundada sobre a autoridade de Hegesipo, de Santo Ireneu, de Tertúlio, de Epifânio, dos dois Nicéforos, e finalmente sobre o consentimento unânime dos gregos e dos latinos. Devemos aderir à opinião de Hegesipo e de Santo Irineu, que foram contemporâneos de Pio I.

Era italiano, nascido na cidade de Aquiléa, e filho de um homem chamado Rufino. Não há dúvida alguma sobre a santidade da sua vida e sobre o zelo com que trabalhou para o aumento do Cristianismo; mas as suas ações particulares são desconhecidas.

Ocupou a cadeira pontifical pelo espaço de dez anos, até 167 de Jesus Cristo e quinto reinado dos imperadores Marco, Aurélio e Aélio Vero. O martirológio romano conta-o entre os mártires, e Basônio confirma essa opinião com raciocínios que carecem de provas. Os antigos que falam desse bispo não mencionaram que a sua carreira tivesse terminado por uma morte violenta; o que deve fazer supor que morreu em paz.

Graciano fala de muitos decretos publicados sob o nome de Pio I, cuja falsidade é fácil de reconhecer.

As tradições fabulosas acrescentam que Hermes ou Hermas, o mesmo de quem falamos no tempo de Clemente, era irmão de Pio I e autor de um livro que escrevera por mandado de um anjo que lhe apareceu sob a forma de um pastor. Esse Hermas era um visionário, que no seu livro do Pastor conta histórias ridículas, grosseiramente inventadas.

Atribuem-se igualmente a Pio I duas decretais visivelmente falsas, uma dirigida a todos os fiéis, a outra, aos cristãos da Itália. Esses dois documentos são indignos do santo bispo a quem foram atribuídos.

Aniceto

12º Papa

Nascimento de Aniceto. – Disputa entre o Papa e S. Policarpo. – Heresias de Basilido e de Carpocras. – Autorizam todos os prazeres. – É caluniado o martírio de Aniceto. – Institui para os padres a tonsura em forma de coroa.

Os sábios têm procedido a grandes investigações para nos revelarem o começo, a duração e o fim do pontificado desse bispo; devemos, porém, confessar que não conhecemos nada de positivo relativamente a Aniceto. Concorda-se unicamente que era natural de uma pequena aldeia da Síria e que seu pai se chamava João.

No começo do seu pontificado, foi visitado por Policarpo, bispo de Smirna, discípulo de S. João, o Evangelista. Discutiram ambos algumas questões de disciplina com que concordaram; mas não sucedeu o mesmo num ponto de pequena importância, sobre o qual não poderão concordar nunca. Policarpo, segundo o uso dos asiáticos, estabelecido pelo exemplo de João, o Evangelista, e de S. Filipe, celebrava a festa da Páscoa, como os judeus, no 14º dia da primeira lua do ano. Mas Aniceto, apoiando-se na tradição da sua Igreja, não a celebrava senão no domingo que se segue ao décimo 14º. A tranquilidade de que a Igreja gozava então permitia ao bispo de Roma estender a sua autoridade sobre os fiéis e Aniceto quis obrigar todos os cristãos da sua comunhão a seguirem aquela prática: foi essa a primeira violação dos usos estabelecidos pelos apóstolos.

Contudo, o arcebispo de Smirna resistiu ao pontífice e conservou os privilégios da sua sede. O Santo Padre foi forçado a ceder e combinaram ambos de seguir os usos estabelecidos nas duas Igrejas: prova evidente de que então havia a convicção de que a diversidade de opiniões relativamente às cerimônias exteriores não devia jamais alterar o repouso das consciências, nem servir de pretexto para atacar a doutrina recebida.

S. Policarpo pretendia que a disciplina da Igreja devesse ser arbitrária, isto é, que era permitido às nações servirem a Deus segundo os ritos que julgassem mais convenientes à majestade do Ente Supremo. Parece que todos estavam convencidos dessa verdade nos primeiros tempos do Cristianismo e que evitavam romper os laços da caridade por assunto que não tornava pessoa alguma culpada para com Deus.

O pontificado de Aniceto é ilustre na história eclesiástica pelas heresias monstruosas que ele teve de combater. A doutrina de Basilido e de Carpocras, chefes dos gnósticos, começava a fazer progressos, apesar da sua extravagância. Aqueles hereges sustentavam que era permitido o uso de todos os prazeres; que as mulheres deviam ser comuns; que não havia ressurreição da carne; e que o Cristo era unicamente um fantasma. Permitiam os sacrifícios aos idosos e o renegar a fé cristã em tempo de perseguição. Uma tal doutrina dava exercício ao zelo do bispo de Roma, que queria preservar o seu rebanho do contágio das heresias. As ações particulares da vida do pontífice são-nos inteiramente desconhecidas.

Data-se a sua morte no ano 175 de Jesus Cristo, mas não sofreu o martírio, apesar de que Barônio certifica e cita uma história extremamente curiosa sobre as relíquias daquele santo. Aniceto foi o primeiro papa que ordenou aos padres o raspar a cabeça em forma de coroa.

Durante os últimos anos daquele pontificado, teve lugar nas Gálias uma violenta perseguição contra os cristãos.

Atala, Biblis, S. Potino, Santa Blandina, S. Epifodo, S. Alexandre, S. Sinforiano e alguns outros, que foram chamados os mártires de Viena e de Lião, pereceram no meio dos mais atrozes suplícios. Temos ainda uma carta dirigida pelos fiéis das igrejas daquela província aos seus irmãos da Frígia e da Ásia, concebida nos seguintes termos: "Paz entre vós e glória a nosso Senhor! A animosidade dos pagãos contra nós é tão grande que fomos expulsos das nossas casas, dos banhos e da praça pública. Os mais fracos dentre nós fugiram, os mais fortes foram levados à presença do tribuno e dos magistrados, que os examinaram publicamente. Apresentaram-se muitos escravos como falsas testemunhas e confessaram que nós praticávamos festins de Thyesto e os casamentos de Édipo, isto é, que nos entregávamos aos incestos, e que as nossas refeições constavam de carne humana. Estas acusações exasperaram o povo contra nós, e os gritos de morte de uma multidão desvairada tornaram-se o sinal dos suplícios. O diácono Sanctus, o primeiro a quem aplicaram a tortura, resistiu à violência dos tormentos e declarou-se cristão. Na sua raiva, o juiz que o interrogava mandou-lhe aplicar lâminas de cobre em brasa sobre todas as partes do corpo, e em breve o mártir deixou de conservar a forma humana; contudo, confessa sempre o Cristo com voz vibrante. No dia seguinte, como vivesse ainda, renovaram a mesma tortura, a fim de vencerem a sua firmeza com o excesso dos sofrimentos, e os algozes aplicaram as lâminas ardentes sobre as chagas vivas do paciente. Mas, de repente, aquele corpo informe endireitou-se milagrosamente, as chagas fecharam, os ossos, que haviam sido quebrados, soldaram-se, e o mártir recuperou a sua forma primitiva. Então os algozes, cheios de terror, suspenderam os suplícios e reconduziram-no à prisão para junto do venerável Potino, bispo de Lião."

Maturo, Blandina e Atala foram levados por seu turno à presença do juiz, e sobre sua recusa de sacrificarem aos ídolos, conduziram-nos para o anfiteatro, onde os torturaram com uma crueldade extraordinária. Afinal, como os pagãos viram que os tormentos, longe de mudarem as nossas crenças, aumentavam o número dos adoradores do Cristo, ordenaram um massacre geral dos fiéis que estavam nas prisões. Epifodo foi decapitado; Alexandre, pregado na cruz; Sinforiano, degolado. Depois queimaram os cadáveres numa fogueira e lançaram as suas cinzas no rio.

Sotero

13º Papa

Nascimento de Sotero. – Incerteza sobre a duração do seu pontificado. – Reflexões sobre a caridade dos protestantes para com os pobres. – Riquezas escandalosas dos padres. – A sua avareza sórdida. – Seita dos montanistas. – As mulheres padres. – S. Jerônimo caluniador. – Morte de Sotero. – Nova fábula sobre o seu martírio.

Segundo o pontifical, o bispo Sotero era de Fondi, na terra de Labour, e filho de Concórdio. Os sábios não estão de acordo nem sobre o começo nem sobre a duração do seu pontificado: louvam unicamente a caridade do Santo Padre e dizem que não deixou abolir o costume pio, estabelecido desde o tempo dos primeiros bispos de Roma, de fazer coletas para acudir as necessidades dos pobres.

A avareza do clero inspirou reflexões severas a um dos mais ilustres escritores do século passado.

"O uso de distribuir esmolas aos pobres, diz ele, conserva-se ainda entre os protestantes e acha-se abolido na comunhão católica; os presentes que se fazem às igrejas não são, como nos primeiros tempos, empregados para aliviar aqueles que precisam; os padres consideram-se os primeiros pobres e absorvem rendas imensas! Abusos revoltantes, que seria necessário reprimir severamente!"

Sotero teve de combater os montanistas ou catafrígios, cuja heresia fazia progressos no tempo do seu pontificado. Montano era frígio de nação e chefe daquela seita; dizia-se inspirado pelo espírito de Deus, caía repetidas vezes em êxtase e fazia profecias. Priscila e Maximila, mulheres de uma beleza notável, tinham-se tornado suas discípulas e acompanhavam-no em todas as suas viagens, porque na seita dos montanistas, as mulheres administravam os sacramentos e pregavam nas igrejas.

Os montanistas condenavam as segundas núpcias, admitiam uma distinção de carnes, havendo três quaresmas que observavam com um grande rigor. Mas, como se não bastassem todas aquelas acusações para tornar odioso Montano e os seus sectários, S. Jerônimo caluniou esses hereges, supondo que eles adoravam uma só pessoa na Divindade; porque o hábito dos teólogos é aumentar as culpas, à custa da verdade, para esmagar os seus adversários.

Os bartirológios indicam a festa de Sotero como a de um mártir, em 22 de abril do ano de 179, e a sua opinião foi seguida pelo cardeal Barônio. Contudo, nada leva a supor que aquele papa derramasse o seu sangue pela religião, ou que morresse na prisão, ou que sofresse o ser banido por Jesus Cristo.

Ordenou ele que os padres estivessem em jejum antes de dizer missa e proibiu às religiosas que tocassem nos vasos sagrados ou se aproximassem do altar enquanto o padre estivesse celebrando os santos mistérios; mas todos esses regulamentos parecem fabulosos. Atribui-se-lhe mais uma lei que ordenava que a mulher não seria reconhecida esposa legítima senão depois da bênção do casamento pelo padre, e quando os seus parentes a tivessem entregado ao marido.

As duas epístolas e algumas decretais publicadas em seu nome passam no espírito de todos os sábios por obras supostas.

Eleutério

14º Papa

Nascimento de Eleutério. – É acusado de ter partilhado a heresia dos montanistas. – Nova heresia dos valentinianos. – Adoram 30 deuses. – Ordenam a prática dos deboches mais infames. – Velhacaria dos historiadores sagrados. – Mentira sobre a pretensa conversão do rei da Inglaterra. – Falsidade do martírio de Eleutério. – O seu corpo é conservado no Vaticano e na Calábria. – A avareza dos padres multiplica as relíquias dos santos.

Santo Eleutério era grego de nação e oriundo de Epiro; Nicópolis era a sua pátria e seu pai chamava-se Abundâncio. No começo do seu pontificado, recebeu a célebre deputação dos mártires de Lião, por causa dos montanistas que excitavam grandes perturbações entre os fiéis da Ásia e ameaçavam invadir as Gálias. Santo Irineu, que fora eleito bispo de Lião depois da morte de S. Fotino, foi encarregado de levar ao pontífice as cartas que lhe dirigiam convidando-o a opor-se aos progressos da nova heresia dos montanistas.

Muitos autores pensaram que o próprio Eleutério se deixara arrastar pelos montanistas, que tinham um grande exterior de piedade; mas, em todos os casos, o Santo Padre encontrou, em breve, outras ocupações no seio da sua Igreja. Blasto e Florino, padres apóstatas, que haviam sido depostos pelos seus erros, sublevaram-se contra a doutrina recebida e propagaram a heresia dos valentinianos, cujo chefe era Valentino, que professava a filosofia de Platão.

Esse heresiarca e os seus sectários atribuíam às palavras da Escritura sentidos figurados e condenavam os livros santos. Adoravam 30 deuses que representavam nascidos uns após outros. Permitiam as maiores impurezas e pretendiam que ninguém podia atingir a perfeição sem ter dado amor a uma mulher.

Pela mesma época, o rei Lúcio, que reinava numa parte da Grã-Bretanha, enviou uma embaixada a Santo Eleutério, para lhe pedir os meios de se tornar cristão. Fleury e alguns autores adotaram esse conto e tomam-no por um fato real, rejeitando tão somente como fabulosas as circunstâncias da conversão de Lúcio. Mas, segundo os testemunhos de historiadores verídicos, está demonstrado que Gregório foi o primeiro pontífice que se ocupou em converter os ingleses; é possível que houvesse já cristãos na Grã-Bretanha, mas é falso que Eleutério enviasse ali pregadores, a pedido de um rei daquele país.

O Santo Padre combateu a opinião de Taciano, que queria a abstenção das carnes, e ordenou aos fiéis que comessem a carne de todos os animais. Depois, houve reformas sobre esse sistema como sobre muitos atos dos primeiros cristãos e mesmo dos apóstolos.

Eleutério, depois de ter governado a sua Igreja com uma grande prudência, por um período de quinze anos e vinte e três dias, morreu em paz no ano 194 e foi enterrado no Vaticano, caso se possa acreditar no pontificial de Damaso. O martirológio moderno e o breviário romano concedem-lhe a qualidade de mártir e indicam o dia da sua festa no ofício da Igreja.

O seu corpo é conservado no Vaticano, onde se celebram, em sua honra, grandes solenidades; a cidade de Troyesm, na Pouille, pretende igualmente possuir o corpo desse bispo. Não é esse o primeiro exemplo da velhacaria dos padres que multiplicaram relíquias para extorquirem as ofertas dos fiéis.

Durante o pontificado de Eleutério, S. Clemente de Alexandria escrevia os *Stromatas* ou títulos de filosofia cristã. Uma das passagens mais notáveis das suas obras é aquela que trata do matrimônio. S. Clemente narra em primeiro lugar as diversas opiniões dos filósofos: "Demócrito e Epicuro, diz ele, consideravam o casamento como a origem principal dos nossos deveres; os estoicos consideravam-no como um ato indiferente e os peripatéticos, como o menor de todos os males; mas todos esses filósofos não o podiam julgar sanamente, entregando-se como se entregavam ao uso infame da sodomia.

"Na religião cristã, o matrimônio é uma instituição moral; a conformação natural do nosso corpo no-lo ordena, e o Criador disse: 'Crescei e multiplicai-vos.'"

Além disso, não é a maior perfeição de que um homem podia ser suscetível a de engendrar seres que lhe sucederão eternamente na série das idades!

O matrimônio é o germe da família, a pedra fundamental do edifício social, e os padres devem ser os primeiros a dar o exemplo, contraindo uniões sagradas.

"Os nicolaítas, os discípulos de Carpocratas e de seu filho Epifânio, pregaram a comunidade das mulheres e tornaram-se culpados de um grande crime perante Deus; e, contudo, são menos culpados ainda que os marcionistas, os quais, caindo no excesso do contrário, renunciaram às doçuras do matrimônio, para não aumentar o número dos filhos da humanidade. Censuro Taciano, que pretende que o comércio de mulheres desvia da oração e censuro igualmente Júlio Cássio que, por ódio à geração, afirma que o Cristo não teve nunca senão as aparências das partes viris do corpo humano.

"Todos esses hereges condenaram do mesmo modo aqueles que sustentam com razão que o homem deve usar, segundo o livre-arbítrio, da liberdade que Deus lhe deu de tomar uma mulher; pretendem uns que todas as voluptuosidades, até mesmo o pecado contra a natureza, são permitidas aos fiéis; outros, bem diferentes dos primeiros, levam a continência a ponto de considerarem como um sacrilégio toda a união da carne, e condenam até a sua própria origem. Esses insensatos querem imitar o Cristo, sem considerar que Jesus não era um homem vulgar, e recusam-se obstinadamente a seguir o exemplo dos apóstolos S. Pedro e S. Filipe, que eram casados e tinham um grande número de filhos."

S. Victor

15º Papa

As datas tornam-se mais exatas. – Eleição de S. Victor. – Heresia de Teodoto. – Heresia de Albion. – O pontífice aprova o cisma de Montano. – Favorece duas mulheres montanistas. – Condena Praxeas. – Disputas escandalosas na Igreja. – Procedimento orgulhoso de Victor. – O papa velhaco e ambicioso é repreendido por Santo Irineu, que lhe recusa toda e qualquer obediência. – Os padres honram o Santo Padre como mártir.

Victor era africano de nação e filho de Félix. Entrando de novo para o seio da Igreja, o apóstata Teodoto tornou-se o chefe de uma nova seita, que causou escândalo no princípio desse pontificado. A sua doutrina ensinava que Jesus Cristo pertencia à natureza humana, e os seus discípulos publicaram que o bispo Victor partilhava a sua opinião.

O pontífice destruiu em breve aquela calúnia, excomungando Teodoto e Artemano, seu discípulo, que formou em seguida uma nova seita. Condenou ao mesmo tempo os velhos erros de Albion e de alguns outros heresiarcas, que pareciam querer reanimar-se à sombra da paz de que gozava a Igreja.

Mas, como a infalibilidade não estava estabelecida ainda, Victor deixou-se seduzir pelos montanistas. Tertuliano, que se declarara por aqueles inovadores, certifica que o bispo de Roma aprovava as profecias de Montano e das duas mulheres, Priscila e Maximila, que o acompanhavam.

Pouco depois, uma outra heresia se declarou na Igreja. Praxeas, que tinha contribuído para a proscrição das profecias de Montano, inventou o patripassianismo, que destruía a distinção das pessoas em Deus. Victor atacou aquele novo cisma, reuniu em Roma um concílio, em que condenou Praxeas, que reconheceu seu erro.

Pela mesma época, levantou-se a célebre contestação acerca da festa da Páscoa, Até então, a diferença das opiniões e dos usos sobre aquele ponto de disciplina não fora capaz de alterar a paz das Igrejas cristãs; mas Victor, atribuindo a si mesmo, injustamente, um direito de superioridade sobre seus irmãos, escreveu contra todas as Igrejas da Ásia cartas veementes e ameaçou excomungar os fiéis que não adotassem a sua opinião.

O procedimento do Santo Padre descontentou um grande número de bispos; aqueles mesmos que tinham combatido a opinião dos asiáticos recusaram-se a aderir às opiniões do papa; e como tinham bastante poder para dizer ao pastor de Roma o que pensavam da suas pretensões, repreendiam-no em termos duros e enérgicos. Santo Irineu censurou-o igualmente numa carta que lhe escreveu em nome dos cristãos das Gálias.

S. Victor viu-se, então, obrigado a submeter-se às observações e às censuras dos bispos do Ocidente. Viveu ainda alguns anos, e os pontífices asseveram que o martírio terminou a sua existência no ano 202. Contudo, os martirológios de S. Jerônimo não lhe dão senão o título confessor.

História Política do Segundo Século

O imperador Trajano. – Suas qualidades. – Os cristãos revoltam-se contra as leis. Vê-se obrigado a puni-los. – A sua morte. – Sobre o seu túmulo é erigida a famosa coluna Trajano. – Adriano. – A sua liberalidade extraordinária. – As suas crueldades. – Retira-se para Tibur, lugar de delícias. – A sua paixão por um cavalo de caça. – A sua inveja contra os homens de merecimento. – As suas infames voluptuosidades. – Faz-se declarar deus por um decreto do senado. – Faz massacrar 600 mil judeus. – As suas exações para com os desgraçados. – Antonino, chamado o Piedoso. – Soff e os adultérios de sua mulher. – As suas qualidades. – Máxima que os reis deviam escrever em letras de ouro no frontispício dos seus palácios: "Vale mais salvar um só cidadão do que matar mil inimigos" – Antonino, o Filósofo, chega à dignidade do império. – Libertinagens escandalosas de Faustina. – Antonino anima as ciências. – Associa seu genro no império. – Lascúria de Vero. – Quarta perseguição. – Morte de Antonino. – Envenenado por seu filho. – Caráter de Cômodo. – Abuso monstruoso do poder dos príncipes. – Manda lançar numa fornalha o mestre dos banhos que lhe servira água muito quente. – Confere a si mesmo as honras divinas. – Sustenta no seu palácio 300 rapazes e 300 moças para as suas vergonhosas voluptuosidades. – A sua impudicícia. – Os seus incestos. – Exemplos da sua crueldade. – As suas façanhas horríveis com os gladiadores. – Envenenado por Márcia e sufocado por um atleta. – Sucede-lhe Pertinax. – A sua severidade para reprimir as desordens da milícia. – Os soldados assassinam o príncipe e põem o império em leilão.

 Úlpio Trajano, nascido na Espanha, havia sido adotado por Coeccio Nerva, ao qual sucedeu. Esse príncipe era bem-feito de sua pessoa, tinha o espírito justo, sábio, moderado, prudente, e sabia mandar em tempo de paz: por isso o senado lhe dirigiu elogios: pela sua brandura, pela sua liberalidade, pela sua magnificência e pelo seu amor à república.

 À imitação de Nerva, jurou que nenhum homem de bem seria morto ou coberto de ignomínia por sua ordem. Dando o punhal a Saburan, chefe das suas guardas, disse-lhe: "Se as minhas ordens forem justas, emprega-o a meu serviço; se forem injustas, dirige-o contra mim."

Alcançou duas vitórias assinaladas sobre os dácios; reduziu o seu país a uma província romana; expulsou da Armênia Chosroes, rei dos partos; apoderou-se da Assíria; dominou os judeus, e queria levar as suas conquistas até as Índias, quando morreu em Selinonte, na Sicília. Sobre o seu túmulo erigiram uma magnífica coluna que é conhecida em todas as nações pelo nome de coluna de Trajano.

Esse príncipe era dotado das mais belas qualidades; mas pretende-se que amava o vinho e a devassidão, e era supersticioso, o que é perigoso num soberano, porque a superstição causou sempre grandes desordens nos Estados.

No seu reinado, os cristãos sofreram uma violenta perseguição; Plínio, o Jovem, então governador da Bitínia, obrigado pelo dever do seu cargo a perseguir a nova religião, escreveu ao imperador uma carta na qual lhe representava que acusavam os cristãos de crimes atrozes de que eram inocentes. Perguntava-lhe igualmente o modo por que devia proceder a respeito desses homens que os éditos do príncipe condenavam como culpados. Trajano mandou-lhe responder: "Que se não perseguissem, mas que, se eram acusados e convencidos de ser cristãos, seria conveniente puni-los."

Nesses processos intervinha sempre o crime de Estado, sob pretexto de que o imperador proibira as reuniões e que os cristãos violavam as leis do soberano.

Depois da morte de Trajano, Adriano, apelidado Élio, filho de uma de suas primas, obteve o império pelos artifícios de Platina, que desposou em sinal de reconhecimento. No princípio do seu reinado, mandou queimar cerca de 22 milhões e 500 mil escudos de ouro das obrigações que o povo devia ao tesouro do príncipe. Visitou as mais formosas províncias do império, mandou levantar na Grã-Bretanha um muro de 80 mil pés de extensão, com fortes para defender as guarnições romanas contra os habitantes da ilha, que não fora possível submeter. Mudando em seguida o modo de proceder, retirou-se para Tibur para se entregar à preguiça e fez morrer um grande número de cidadãos pelo ferro ou pelo veneno.

Este príncipe tinha grandes virtudes e grandes vícios; era liberal e laborioso; mantinha a ordem e a disciplina; aliviava os povos, fazia justiça com grande aplicação e castigava rigorosamente aqueles que não cumpriam fielmente os seus deveres. Compôs muitas obras em verso e em prosa; e possuímos ainda alguns fragmentos das suas poesias latinas e versos gregos na Antologia. Encontra-se também nos comentadores se Spartiano um epitáfio que aquele imperador fez em honra de um cavalo de caça que estimara muito.

Mas Adriano era cruel e invejoso daqueles que eram eminentes nas artes; impudico, supersticioso e dado à magia; contudo, apesar dos seus vícios, conseguiu que lhe fossem conferidas as honras divinas por um decreto do senado.

Apaziguou as guerras que estavam começadas; bateu os judeus, nação sempre teimosa; massacrou 600 mil israelitas; dispersou o resto das tribos, com proibição de voltarem à sua pátria, e esses desgraçados eram forçados a comprar a peso de ouro a triste consolação de chorar um dia no ano sobre as ruínas de Jerusalém.

Tito Fúlvio Antonino, chamado o Piedoso, sucedeu ao imperador Adriano, cuja filha desposara e com a qual teve vergonhosas condescendências.

Esse príncipe era de uma beleza notável, sóbrio, liberal, com um espírito judicioso e sentimentos elevados. Governou o império com tanta sabedoria que a sua reputação espalhou-se por toda a Terra. Os reis deveriam mandar gravar em letras de ouro, nos seus palácios, esta bela máxima: "Vale mais salvar um só cidadão do que matar mil inimigos."

Marco Aurélio Antonino, apelidado o Filósofo, era filho de Annio Vero, que Adriano fizera adotar por Antonino, o Piedoso, ao qual sucedeu. Desposara ele a filha do seu predecessor, Faustina, cujos adultérios causaram um grande escândalo no império.

Antonino venceu os partos, dominou Avídio Cássio que se sublevara no Oriente; subjugou os marcomanos e os quadas; estabeleceu em Atenas professores para ensinar as ciências, bateu os scythas, e fez grandes coisas. Em seguida, associou nas suas funções do governo Lúcio Antônio Vero, que desposara Luciala, sua filha. Esse coadjutor do império, bem diferente de Marco Aurélio Antonino, entregava-se a todos os prazeres e à lascívia. Os historiadores reputam como um fato extraordinário que num governo partilhado entre dois príncipes cujas inclinações eram tão opostas, não tivessem a ambição e a inveja quebrado a sua intimidade; deve-se, porém, atribuir esse mérito a Antonino, que pelas suas virtudes obrigou o genro a guardar mais conveniências no seu modo de proceder. Vero morreu antes de seu sogro, e suspeitou-se de que fora envenenado por Faustina.

No reinado desses dois príncipes, a Igreja sofreu uma quarta perseguição, na qual muitos fiéis sofreram o martírio, entrando no número os mártires de Lião, tão famosa na história eclesiástica como nas nossas lendas.

Alguns anos depois da morte de Vero, Antonino foi envenenado pelos médicos que tinham executado as ordens de Cômodo, seu filho.

Lúcio Cômodo Antonino ocupou o trono depois daquele parricídio; os historiadores dizem-nos que era o mais formoso e o mais cruel de todos os homens. Tinha o corpo bem-proporcionado, o aspecto majestoso, os olhos meigos e cheios de fogo, os cabelos espessos, de um louro dourado. Os romanos sustentavam que ele era filho de Faustina e de um gladiador.

Esse monstro ocultava, sob aparências sedutoras, a mais espantosa crueldade. Na idade de 12 anos, mandou deitar, em uma fornalha ardente, o mestre dos banhos públicos por lhe ter servido a água muito quente. Proclamado imperador ordenou que lhe conferissem em vida as honras divinas. Os seus palácios encerravam 300 rapazes e 300 moças destinados às suas vergonhosas voluptuosidades.

No seu reinado, os dácios, os panônios, os germanos e os povos da Grã-Bretanha foram dominados pelos seus generais, e, enquanto os povos se degolavam pela glória do soberano, Cômodo excedia as crueldades de Domiciano e de Calígula e do próprio Nero, nos debochos infames.

Os mais fiéis ministros do último reinado foram massacrados por sua ordem, e os senadores mais venerandos tornaram-se suas vítimas. Condenou a ser lançado às feras no circo um desgraçado que era acusado de ter lido a vida de Calígula escrita por Suetônio. Nos seus passeios, quando encontrava alguns cidadãos de ventre proeminente, mandava-os rasgar ao meio de um só golpe e comprazia-se vendo as entranhas saírem por aquela chaga aberta: o que faz dizer um dos nossos mais ilustres escritores que os cônegos dos nossos dias, tão gordos e anafados, não evitariam a morte, no tempo de um tal príncipe, senão observando rigorosamente os jejuns prescritos pelas suas regras.

Esse imperador cruel não poupou nem sua mulher Chispina nem sua irmã Lucila; só os cristãos gozaram de algum repouso no tempo do seu governo. Nas suas orgias, Cômodo, vestido com traje de mulher, mandava buscar gladiadores, que degolava sem novidade, e sobre os seus cadáveres entregava-se com os seus cortesãos às mais abomináveis voluptuosidades. Dotado de uma força hercúlea, combateu ele próprio, no anfiteatro, setecentas e trinta e cinco vezes; colheu nesses combates mais de mil palmas e gabava-se de ter matado 12 mil homens com a mão esquerda. Finalmente, depois de um reinado muito longo, Márcia, a primeira das suas concubinas, serviu-lhe uma beberagem envenenada, e, como ele vomitava o veneno que bebera, mandou-a sufocar por um atleta chamado Narciso.

Depois da morte do infame Cômodo, o senado escolheu como o mais digno do império Públio Hélvio Pertinax, saído da classe dos plebeus. O novo imperador concentrou todos os seus cuidados em manter os privilégios do senado; puniu os detratores; proscreveu os bobos de Cômodo e fez regulamentos úteis para a felicidade dos cidadãos. Mas querendo conter as tropas nos seus deveres e remediar as desordens da milícia, foi assassinado pelos soldados. Esses miseráveis cortaram-lhe a cabeça e, levando-a para o acampamento, subiram a uma das muralhas da cidade, gritando que o império estava à venda.

Sulpiciano, sogro de Pertinax, quis comprá-lo; Dídio Sálvio Juliano, que era mais rico do que ele, ofereceu mais e prometeu 600 escudos a cada soldado, mas não os pôde pagar. Tendo em seguida penetrado na Itália Severo, à frente do exército da Hungria, o senado declarou Juliano parricida e usurpador, e fê-lo massacrar.

A extinção da casa dos Antoninos, na pessoa de Cômodo, ocasionara no império perturbações semelhantes àquelas que produzira antes a queda da família de César, na pessoa do infame Nero. Desde então, manifestou-se um espantoso despotismo militar; a nomeação dos imperadores pertencia exclusivamente à guarda pretoriana, que fazia e desfazia as eleições, segundo o seu capricho ou segundo os seus interesses.

Mais tarde, as legiões reclamaram, por seu turno, o direito de proclamar os imperadores e revoltaram-se contra os pretorianos. Contudo, o império estava ainda em toda a sua força; regulamentos sábios, impostos moderados, um certo grão de liberdade política, uma liberdade civil limitada, uma população vigorosa, ricas províncias, cidades florescentes e magníficas, um comércio interior e exterior muito ativo, tais eram as vantagens importantes de que gozavam os cidadãos de Roma, e que, em breve, desapareceriam sob o atroz despotismo do gládio. O senado perdeu toda a sua influência no Estado; soldados ferozes tornaram-se os dispensadores da coroa imperial e fizeram surgir de todos os lados guerras civis; invasões de bárbaros e fomes que eram os funestos presságios da ruína dos romanos.

Terceiro Século

Zefirino

16º Papa

Os bispos de Roma usurpam uma autoridade despótica sobre as outras Igrejas. – Nascimento de Zefirino. – Fábula ridícula do Espírito Santo sob a forma de uma pomba. – O papa torna-se herege. – Nova perseguição. – Covardia do pontífice. – Excomunga os montanistas. – A sua indulgência para com as mulheres adúlteras. – História notável de um herege açoitado pelos anjos. – Falsidade evidente do martírio de Zefirino.

Há uma verdade geralmente admitida: a de que os regulamentos melhores e mais santos corrompem-se quando concedem demasiado poder a um só homem, e a instituição do episcopado nos oferece a esse respeito uma prova irrefutável. A alta dignidade de pontífice mudava o espírito daqueles que estavam revestidos dela, inspirava-lhes orgulho e lisonjeava de tal modo a sua ambição, que se consideravam como os superiores dos outros ministros da religião. Nota-se, sobretudo, essa mudança em Roma, como se essa senhora do mundo não pudesse conter nas suas entranhas senão príncipes e reis.

Os bispos da cidade santa começaram, em fins do segundo século, a atribuir-se sobre as outras Igrejas uma jurisdição que não tinham recebido dos apóstolos; e, no terceiro, haviam abandonado já os preceitos de humildade dados pelo Cristo. O primeiro século da Igreja fora de ouro, para nos servirmos da expressão do cardeal de Lorena; mas, à medida que se afastaram dos tempos apostólicos, a corrupção aumentou sempre, e o despotismo do clero pesou sobre os povos. Victor tinha preparado a dominação dos pontífices, e os seus sucessores não perderam a ocasião de estender o seu poder.

Zefirino, que governou a Igreja de Roma depois de S. Victor, era romano e filho de Abundio. Atribui-se a sua eleição à aparição milagrosa do Espírito Santo sob a forma de uma pomba.

Alguns historiadores afirmam que o Santo Padre se deixara surpreender pelos artifícios dos montanistas e que Praxeas o desiludiu antes de ele mesmo cair em erro. Sob o pontificado de Zefirino, a perseguição redobrou por um edito do imperador Severo, e o bispo de Roma abandonou o seu rebanho para evitar o seu martírio. Quando a bonança sucedeu à tempestade, o pontífice tornou a aparecer; e, para fazer esquecer a sua covardia, perseguiu os hereges, excomungou os montanistas e com eles Tertuliano, que abraçara o partido daqueles inovadores.

A queda desse grande homem afligiu profundamente os fiéis, que atribuíram a causa da sua apostasia aos maus tratamentos que sofreu e à inveja dos eclesiásticos. A excomunhão do papa promovera a indignação geral; a má reputação que o seu clero adquirira fez chegar até ele a censura universal.

Na mesma época, Orígenes, banido pela fé cristã, veio à capital do império procurar Zefirino, por quem fora acolhido favoravelmente. Os autores guardam o mais profundo silêncio sobre as ações desse santo bispo: dizem, contudo, que absolvia as adúlteras que manifestavam arrependimento das suas culpas, e acusam-no de brandura e relaxamento na disciplina, por ter tratado com doçura as mulheres culpadas, enquanto fechava as portas da Igreja aos idólatras e aos homicidas.

As lendas contam igualmente uma conversão milagrosa que teve lugar em fins do pontificado de Zefirino: um confessor chamado Natalis, por um sentimento de avareza, tinha abraçado o partido dos teodotianos, mas foi rudemente açoitado durante uma noite inteira pelos santos anjos; em seguida, cobriram-no com um saco, espalharam-lhe por sobre a cabeça nuvens de cinzas e levaram-no aos pés do bispo, que recebeu a sua abjuração e o fez entrar de novo na comunhão dos fiéis.

Não se pode fixar de um modo certo nem o dia nem mesmo o ano da morte de Zefirino; e, apesar de que a Igreja lhe confere honras de mártir, duvida-se, com razão, de que ele derramasse o seu sangue pela fé cristã.

Segundo os pontífices, estabeleceu-se a época da sua morte no ano 221; foi enterrado no cemitério de Calixto, no caminho de Ápio.

Como falamos já de Orígenes, torna-se útil fazer conhecer esse novo chefe de hereges, cuja seita teve um tão grande aumento durante o fim do século. Orígenes fora criado pelos cuidados de uma rica dama cristã, que abandonou mais tarde para viver no isolamento mais absoluto e no jejum mais rigoroso, não bebendo senão água da chuva e comendo unicamente ervas cozidas na água; levou o fanatismo a ponto de exercer em si mesmo a mutilação atroz dos eunucos, operação proibida pelas leis da Igreja. "Apesar dessa grande falta, acrescenta o piedoso legendário, foi ordenado bispo por Alexandre, primaz de Jerusalém, por causa da sua eloquência e do seu grande saber, que faziam dele uma das luzes da Igreja."

As doutrinas de Orígenes eram, todavia, assaz singulares; dizia ele que, no princípio do mundo, Deus criara um grande número de espíritos iguais em poder e diferentes na essência; e que a maior parte deles tinha pecado; que então Deus, para os punir por sua queda, encerrara-os em corpos de formas diversas e que, em seguida, aqueles espíritos puros haviam-se transformado em almas, anjos, astros, animais e homens. Como consequência dessa ideia, afirmava que as almas eram materiais; que os anjos eram sujeitos ao bem ou ao mal; pretendiam que os bem-aventurados podiam pecar ainda no céu, e que os demônios não deviam ser eternamente inimigos de Deus. Mas essa conversão do espírito do mal, acrescentava Orígenes, não terá lugar senão depois de uma longa série de séculos, e quando ao novo mundo tiver sucedido um número considerável de mundos; porém, os tempos não estiveram nunca nem estarão jamais sem mundo, por isso que Deus não pode estar ocioso.

Calixto

17º Papa

Estado da Igreja. – O papa manda edificar uma igreja no mesmo lugar onde existia uma casa de libertinagem. – Cemitério de Calixto. – Depósito geral das relíquias de toda a cristandade. – Indulgência do papa para com os padres manchados de crimes. – Morte de Calixto.

Calixto era romano e filho de Domício; foi elevado ao sólio pontifical e empregou todos os seus cuidados em aproveitar a tranquilidade de que gozava o clero no reinado de Heriogabalo, príncipe inteiramente ocupado dos seus deboches. A morte desse imperador aumentou ainda a tranquilidade da Igreja, e os fiéis começaram a gozar do exercício público da sua religião no tempo de Alexandre Severo. Este príncipe favorecia abertamente os cristãos, simpatizava com a sua disciplina e glorificava-se de seguir a maior parte das suas máximas. Um autor pagão dá-nos notícia de uma contestação que se elevou entre os padres e os taberneiros da cidade de Roma, acerca de um recinto do qual estes últimos queriam fazer um lugar de libertinagem, e que os cristãos tinham escolhido para as suas assembleias religiosas. O imperador adjudicou-o aos padres, apesar de estes o terem usurpado ao público, e permitiu a Calixto elevar um templo naquela mesma localidade. As tradições acrescentam que o dedicou à Santa Virgem, o que não é de presumir, pois o uso das dedicatórias religiosas não estava estabelecido ainda.

A obra mais notável que se atribui ao pontífice é o famoso cemitério que tem o seu nome, do qual se fala tanto nos martirológios e nas nossas lendas. É ele, sem contradição, o mais vasto e afamado de todos os cemitérios que rodeiam Roma; e os padres afirmam que ali foram enterrados 174 mil mártires e 46 papas. Existia já antes do reinado do Santo Padre, mas deram-lhe o nome de Calixto, porque este aumentou-o e ali mesmo foi enterrado. Outras tradições dizem, pelo contrário, que ele misturou os corpos dos cristãos com os dos pagãos, e afirmam que a Igreja não teve cemitérios particulares senão no século quinto.

As ações de Calixto ficaram no mais profundo esquecimento, e atribui-se-lhe falsamente o jejum das quatro têmporas, uso do qual não se encontram vestígios alguns antes do pontificado de Leão, que vivia no fim do quinto século.

O Santo Padre proibiu que se recebessem contra os eclesiásticos acusações de pessoas desacreditadas, suspeitas ou inimigas dos acusados; sábia precaução que, todavia, foi rejeitada pelo odioso tribunal dos inquisidores da fé, quando perseguiam os desgraçados protestantes.

O pontífice considerava como hereges os fiéis que pretendiam que os padres não pudessem exercer mais as funções pastorais depois de terem caído em alguns crimes, e mesmo depois de terem feito penitência deles. Esses princípios rígidos foram repelidos por Calixto, que previa que os eclesiásticos de todos os séculos teriam necessidade da indulgência da Igreja.

Os Atos dos Mártires revelam-nos que, depois de ter estado preso por muito tempo, Calixto foi precipitado por uma janela num poço muito fundo, e que os fiéis obtiveram licença de tirar o seu corpo, que foi enterrado no cemitério de Calepode, no caminho de Aurélio.

Supõe-se, mas sem razão, que ele tenha morrido em 226, depois de ter governado a Igreja por um período de cinco anos e um mês; porque nada há de menos autêntico do que o martírio desse pontífice. Está provado, pelo contrário, que não houve perseguição alguma no reinado do imperador Alexandre, e que esse monarca protegeu Calixto e lhe concedeu autorização para fundar a primeira Igreja cristã que foi edificada em Roma.

Alexandre era sírio de nascimento e o sobrenome injurioso de Archisynagogo, que lhe davam os romanos, atesta que ele protegia todas as seitas judaicas e particularmente os nazarenos. Orígenes afirma mesmo que Mameneia, mãe do imperador, era cristã e que passava os dias instruindo-se das verdades anunciadas pelos apóstolos. Por isso, não podendo os autores do martirológio estabelecer de um modo incontestável o martírio de Calixto, sustentaram que o prefeito de Roma o perseguira sem o consentimento do imperador. Mas, para demonstrar a falsidade dessa alegação, basta recordar que esse magistrado, por nome Ulpiano, era um modelo de equidade; e que, além disso, uma ação daquela natureza não poderia ficar oculta por muito tempo, visto que Alexandre proibira, por um edito, aos governadores das províncias e aos outros oficiais do império exercerem qualquer ato de violência contra os seus súditos por motivo de religião, quaisquer que fossem a classe, a fortuna ou as crenças dos acusados. Torna-se, pois, evidente que não houve nenhum mártir naquele reinado, e que, pelo contrário, os sectários da religião nova foram altamente protegidos.

Já as ideias cristãs, expedidas em numerosos escritos e disseminadas pelo zelo infatigável dos padres, tinham penetrado na sociedade pagã; muitos cidadãos ricos do império admitiam alguns dos novos dogmas e tinham uma grande veneração pelos ministros do culto. Cita-se, particularmente, um tal senhor Ambrósio, de família consular, que protegia publicamente em Alexandria as letras cristãs e que entretinha à sua custa um número considerável de escribas ocupados em transcrever as obras dos eclesiásticos. Só para Orígenes tinha ele sete notários que escreviam sob a sua dicção; 20 livreiros punham a limpo as suas obras, e mulheres calígrafas transcreviam-nas, em seguida, para as outras Igrejas.

Chamavam-se notários aqueles que possuíam a arte de escrever em notas abreviadas, representando cada sinal uma palavra, para que se pudesse seguir facilmente a palavra num discurso animado; eram encarregados de redigir os depoimentos das testemunhas, os processos judiciais, as deliberações do senado, como hoje em dia estenógrafos são encarregados de reproduzir todas as palavras pronunciadas num discurso, incluindo os aplausos e as interrupções.

Chamavam-se livreiros ou antiquários aqueles que transcreviam em caracteres elegantes, e ao alcance do vulgo, as notas e os discursos conservados pelos notários.

Urbano I

18º Papa

Incerteza sobre o pontificado de Urbano. – Piedade do imperador. – Quer fazer receber Jesus Cristo no número dos deuses do império. – O papa em sinal de desprezo, cospe na estátua do deus Marte. – Morte de Urbano. – Faz-se datar desse pontífice o uso dos vasos de ouro nas igrejas. – Aumentam as rendas do clero. – Riquezas dos bispos.

Urbano era romano de nascimento e filho de um dos primeiros senhores da cidade, chamado Ponciano. Não se conhecem nem o princípio, nem o fim, nem a duração do seu pontificado.

Enquanto governou a Igreja de Roma, os cristãos não foram perseguidos. Alexandre Severo, que reinava então, longe de fazer a guerra aos fiéis, favorecia-os em todas as circunstâncias, guiando-se tão somente pelos conselhos de sua mãe Mameneia, que era cristã. Colocou a imagem de Cristo no seu gabinete, a par dos grandes homens pelos quais tinha veneração, e teve mesmo a ideia de o fazer receber no número dos deuses do império. Urbano, aproveitando as boas disposições desse príncipe, fez um grande número de conversões e estendeu o Cristianismo até a própria casa do imperador.

Contudo, um outro Urbano, que era então prefeito de Roma e inimigo jurado do nome cristão, fez comparecer o Santo Padre perante o seu tribunal e ordenou-lhe que oferecesse incenso ao deus Marte. Levado o pontífice à presença do ídolo, quebrou o turíbulo em sinal de desprezo e cuspiu sobre o deus. No mesmo instante, o prefeito condena o santo bispo a morrer nos tormentos. Urbano foi encarcerado numa prisão com muitos fiéis, e sofreram todos o martírio. Mas os atos dos quais extraímos a vida do Santo Padre são acusados de falsidade, e fixa-se a sua morte no ano 233 de Jesus Cristo, que concorre com o décimo do império de Alexandre Severo. Foi enterrado no cemitério do Pretextado, no caminho de Ápio.

Os autores dizem que esse bispo introduziu na Igreja o uso dos vasos preciosos. Se esse fato é verdadeiro, coloca o procedimento de Urbano em grande oposição com o de Alexandre Severo, que não queria nem ouro nem prata nos templos dos ídolos, e dizia, com razão, que "o ouro não podia ser de utilidade alguma na religião".

Faz-se remontar a esse pontífice a origem do temporal das igrejas; acrescenta-se que ele destinou às necessidades do clero os fundos e bens que os cristãos vinham oferecer-lhe e dividiu as rendas de modo que fossem proporcionadas aos trabalhos dos ministros da religião. Hoje, porém, os usos estão bem mudados! Os padres que cumprem o seu dever com maior exatidão são os mais mal recompensados; aqueles que estão encarregados do cuidado de uma paróquia numerosa recebem as propinas módicas, enquanto os bispos e os arcebispos possuem bens imensos que aumentam todos os dias.

Ponciano

19º Papa

Nascimento de Ponciano. – É exilado para a Sardenha. – A sua abdicação. – Suplício do bastão. – Conto ridículo de uma mulher possessa pelo demônio.

Os autores que falam de Ponciano dizem-nos que era romano de nascimento e filho de Calpúrnio. Governou a sua Igreja durante alguns meses com tranquilidade, mas depois foi perturbado nas funções do seu ministério pelos inimigos do Cristianismo, que o fizeram refugiar-se na Sardenha. Esse país insalubre, coberto de pântanos, fora escolhido como lugar de degredo, para onde eram enviados aqueles de quem se queria desfazer. Antes de sua partida, o Santo Padre não quis deixar a sua Igreja sem um guia, e para que os fiéis de Roma estivessem no seu direito de escolher um outro bispo, declarou solenemente que abdicava do pontificado.

O imperador Alexandre Severo tinha condenado Ponciano ao exílio não por motivo de religião, porque aquele príncipe não era perseguidor, mas deixara-se embair pelos artifícios e pelas calúnias dos inimigos de Ponciano, que o acusavam de querer perturbar o império. Esse bispo governou a Igreja de Roma durante alguns meses; e quando Maximiano suscitou uma nova perseguição contra os cristãos, S. Ponciano foi trazido da Sardenha para receber a coroa do martírio e expirou a golpes de bastão no ano 237.

As crônicas narram uma história maravilhosa, recolhida pelos historiadores sagrados, que mostra a velhacaria dos padres, mesmo nos primeiros séculos do Cristianismo. Segundo eles, existia na Capadócia uma mulher possessa pelo demônio, que se inculcara profeta e seduzia com falsos milagres grande número de fiéis que a reputavam uma santa. Um padre chamado Rustico e um diácono haviam acreditado também naqueles prestígios; tinha ela a audácia de administrar o batismo e a eucaristia com as mesmas cerimônias que se observavam na Igreja. Mas um homem de uma grande piedade sustentou publicamente que aquela mulher estava possessa pelo demônio, e com as suas orações fez-lhe sair do corpo o diabo Astaroth, que fugiu vomitando chamas sobre o povo reunido.

Fixa-se nessa época a morte do célebre Tertuliano, sacerdote de Cartago e digno êmulo de Orígenes; foi ele herege como o seu contemporâneo e tornou-se um dos propagadores mais ardentes das doutrinas de Montano. Os seus numerosos escritos atestam a vastidão das suas luzes e a profundeza dos seus conhecimentos. A esse respeito, faremos notar que os padres da Igreja foram quase todos hereges.

Antero

20º Papa

Educação de Antero. – Sua morte. – Escritos supostos. – Avareza e ambição dos prelados do nosso século.*

Depois de Ponciano abdicar do pontificado, os fiéis de Roma tinham por ele um tão grande respeito e uma tão grande dedicação que se recusaram a eleger um outro bispo enquanto ele fosse vivo. Mas, depois da sua morte, procederam à eleição e escolheram para governar a sua igreja Antero, grego de nação e filho de Rômulo.

Enquanto ele se entregava aos cuidados do seu rebanho, a perseguição, que continuava com furor, não o poupou, e julga-se que sofreu o martírio no ano 238, depois de ter governado a Santa Sede por espaço de um mês tão somente.

As cartas que se atribuem a Antero não foram nunca escritas por ele, e não se deve depositar maior confiança nos historiadores que pretendem que ele permitiu aos bispos deixarem as suas igrejas para aceitarem outros cargos, não por vantagens particulares, mas pela necessidade ou para o bem da religião; porque, naquela época, os prelados não teriam recorrido ao bispo de Roma para autorizar aquele procedimento, pois que a jurisdição dos pontífices estava circunscrita dentro dos limites da sua diocese.

Contudo, devemos convir que esse uso, então desconhecido, introduziu-se escandalosamente na Igreja. A maior parte dos prelados não procura novos bispados no ponto de vista da religião; eles não se informam do número de almas que tem de guiar no caminho da salvação; mas sabem quanto lhes pode

---

* *Século da edição da obra: XIX.*

render o bispado, quantos criados e carruagens poderão ter, e, por sua avareza insaciável mostram-se indignos da majestade e da santidade do episcopado.

Julio, o Africano, publicava então a sua História Universal que começava na origem do mundo e terminava no quarto ano do reinado de Heliogabalo. Este historiador, que era além disso o mais sábio genealogista do seu tempo, diz-nos que tinha procurado conciliar as duas genealogias contraditórias dadas pelos evangelistas S. Lucas e S. Mateus sobre Jesus Cristo, e que fizera mesmo uma viagem à Palestina para consultar os judeus que se diziam da família de Cristo, mas que aqueles não lhe puderam mostrar documento algum que atestasse a origem de Jesus. Este mesmo padre, cuja ortodoxia foi reconhecida pela Igreja, afirma que a maior parte das narrativas da Bíblia são apócrifas e cita, entre outras, a história de Susanna e a de Bel e o dragão, que diz não ter encontrado nos exemplares judaicos anteriores a destruição de Jerusalém e a ruína da Judeia.

Fabiano

21º Papa

Eleição milagrosa de Fabiano. – Nova fábula do Espírito Santo sob a forma de um pombo branco. – A santa crisma. – Condenação de Privato. – Os atos dos mártires são cheios de falsidades e de erros grosseiros. – Sétima perseguição da Igreja. – Morte de Fabiano.

Alguns dias depois da morte de Santo Antero, Fabiano, que se julga ter sido romano ou italiano, filho de Fábio, foi eleito papa de um modo milagroso, se nos é permitido referirmo-nos ao que diz Eusébio e os autores que lhe sobreviveram. Contam eles que Fabiano deixara os campos e viera a Roma para assistir à elevação de um novo pontífice; os fiéis estavam reunidos na igreja para a eleição e propunham muitas pessoas de grande consideração, sem pensar em Fabiano, apesar de ele estar presente. De repente, veio pousar-lhe na cabeça um pombo branco. Então os fiéis, recordando-se de que o Espírito Santo se manifestara sob uma forma semelhante no batismo de Jesus Cristo, exclamaram que Deus lhes significava a sua vontade, e Fabiano foi logo proclamado bispo e elevado à cadeira pontifical, sem outra formalidade senão a da imposição das mãos.

Naquela época, não fora adotado ainda o costume de se prostrarem diante do pontífice de Roma logo depois da sua eleição, nem lhe beijarem os pés.

Seguindo algumas tradições, o Santo Padre introduziu o uso da santa crisma todos os anos em quinta-feira santa; mas a Antiguidade não nos conservou coisa alguma de importante nem de certo sobre as ações de Fabiano ou sobre os regulamentos que fez na administração do seu cargo. Excomungou Privato, bispo de Lambésia, homem de um procedimento escandaloso e de uma doutrina perniciosa, que fora condenado na África, num concílio de noventa bispos. Não sabemos quais os dogmas que ensinava a heresia de Privato, a qual se extinguiu com ele; e seria para desejar que se ignorassem do mesmo modo a maior parte dos cismas que perturbaram a Igreja.

Segundo a história de Eusébio, o imperador Filipe e seu filho eram cristãos, e os atos do martírio de Santo Ponciano afirmam que o bispo Fabiano batizou aqueles dois príncipes; mas não é verossímil que os soldados, os grandes e os povos sofressem a dominação de Filipe se ele tivesse abraçado o Cristianismo: e, além disso, o senado, composto de inimigos declarados da nova religião, não teria incluído o imperador no número dos deuses do império.

Depois da morte daqueles dois príncipes, Décio, que lhes sucedeu, veio perturbar a Igreja com uma furiosa perseguição que se conta ser a sétima; muitos fiéis e o pontífice receberam a coroa do martírio, e muitos outros tornaram-se apóstatas. Os autores indicam a morte de Fabiano em 253, mas as cronologias mais exatas faxam-na no ano 250.

Vagatura da Santa Sede

Continua a perseguição. – O grande Cipriano, bispo de Cartago, foge vergonhosamente. – S. Gregório Taumaturgo abandona o seu rebanho. – Milagre cristão imitado do Paganismo. Um santo bispo e o seu diácono mudados em árvores.

Platino enganou-se na sua cronologia, indicando que a cadeira pontifical de Roma só ficou vaga seis dias depois do martírio de S. Fabiano. Os historiadores concordam que, antes de eleger um novo pontífice, se esperou que abrandasse o rigor da perseguição, e essa opinião é tanto mais bem fundada que uma parte dos eclesiásticos de Roma e dos bispos vizinhos estavam presos, dispersos ou escondidos. Portanto, a Santa Sede permaneceu vaga durante muitos anos, e o clero encarregou-se da governação da Igreja.

Continuando a perseguição a fazer grandes estragos na Igreja do Ocidente, o grande Cipriano, bispo de Cartago, foi obrigado, por ordem de Deus, a abandonar a sua diocese, como ele próprio declara nas suas cartas. Declararam-no proscrito e confiscaram-lhe os bens. S. Gregório Taumaturgo, bispo de Neocesareia, no Pont, fugiu igualmente e retirou-se com o seu diácono para uma colina deserta. Os perseguidores foram após os dois padres e, tendo descoberto o lugar do seu retiro, cercaram a montanha e pesquisaram todas as cavernas, guardando cuidadosamente a passagem do vale. Gregório disse ao seu diácono que se pusesse em orações com ele, que tivesse confiança em Deus e começou ele mesmo a orar, conservando-se de pé, com as mãos estendidas, olhando fixamente para o céu. Os pagãos, depois de terem visitado todas as rochas e cavernas, voltaram para o vale, assegurando que apenas haviam encontrado duas árvores uma junto da outra.

Aquela metamorfose encheu de espanto o pastor que servia de guia aos inimigos de Gregório. Durante a noite, voltou à montanha e viu o bispo e o seu diácono imóveis, em oração, no mesmo lugar onde os perseguidores tinham visto as duas árvores. Então, caiu-lhes aos pés e pediu o batismo.

A lenda diz mais: que um dia, enquanto o piedoso bispo conversava debaixo de um dos pórticos de Alexandria com outros prelados, veio uma cortesã pedir imprudentemente o preço de uma noite de orgia que ele passara com ela e que se recusara a pagar. Aqueles que conheciam a virtude de Gregório levantaram-se indignados para expulsar aquela mulher; mas ele, sem se comover, disse a um deles: "Peço-lhe que dê a essa mulher a quantia que ela pede." Apenas o dinheiro tocou a mão da cortesã, foi ela logo presa do espírito das trevas; caiu por terra, rolou pelo pó com horríveis contorções, rasgou os vestidos e soltou rugidos atroadores que pareciam sair do inferno. Então Gregório orou por ela, e logo a terra tremeu, um perfume sulfuroso infectou o ar, e a cortesã viu-se livre do demônio!

S. Cornélio I

22º Papa

O imperador Décio é hostil aos cristãos. – Eleição de Cornélio. – O povo consagrava então as eleições dos papas. – Cisma de Novaciano. – Questões do papa e do antipapa. – Novaciano é sagrado bispo de Roma, no meio de uma orgia. – Cisma de Fortunato na África. – Crimes dos padres. – Violam as virgens sagradas. – A perseguição continua. – O bispo Cornélio é exilado. – O seu martírio é falso.

Não é caso surpreendente que a Santa Sede permanecesse vaga por um período de ano e meio, e que o clero não escolhesse um outro pontífice; porque o imperador Décio teria antes sofrido uma revolta no estado, do que a eleição de um bispo de Roma que fosse capaz de sustentar a religião cristã.

O padre Cornélio, romano de nascimento e filho de Castino, só foi elevado à cadeira de S. Pedro pouco tempo antes do assassinato daquele príncipe.

Cornélio era de uma pureza virginal, de uma modéstia e de uma firmeza notáveis. Depois de ter ocupado todos os cargos da escola eclesiástica, não disputara como tantos outros papas, nem mesmo desejara o episcopado. Foi eleito como o mais digno por 16 bispos que se achavam na cidade; toda a gente foi unânime em proclamar o seu mérito, e o povo que estava presente consentiu na sua ordenação.

Naqueles tempos desastrosos, os fiéis tinham de suportar uma perseguição perigosa, e, contudo, o episcopado tornara-se já o objeto da ambição do clero. Novaciano, sacerdote da Igreja romana, invejoso da elevação de Cornélio, declarou-se contra ele. Afetava uma grande severidade de costumes e queixava-se de que em Roma se recebessem os apóstatas à penitência com tão grande facilidade. Uma parte dos membros do clero que estavam ainda presos deixaram-se seduzir por aquela aparência de zelo pela disciplina. Novato, cismático da África, apoiava os seus desígnios e espalhavam ambos calúnias contra o papa Cornélio. Acusavam-no de ter comunicado com bispos que haviam sacrificado aos ídolos, e de ter abjurado secretamente, a fim de evitar a perseguição.

Novaciano, separando-se da comunhão de Cornélio, arrastou muitos confessores e um grande número de fiéis para o seu cisma. Fez-se o chefe daqueles que se intitulavam puros, porque sustentavam que os cristãos que haviam caído durante a perseguição não podiam esperar a salvação nem obter o perdão das suas culpas. Tendo-se reunido em Roma um concílio de 60 bispos, de padre e de diáconos, para decidirem essa questão, Novaciano foi condenado e excomungado.

Cornélio escreveu a Fábio, bispo de Antioquia, a fim de lhe dar parte do que fora resolvido no concílio, e fala com acrimônia do espírito e dos costumes do seu concorrente.

Eis aqui o retrato que faz dele: "Dir-lhe-ei como Novaciano, esse homem admirável, ardendo há muito tempo no desejo de ser bispo, ocultou a sua ambição desregrada sob a capa da santidade dos confessores que ele ganhara e envolvera nos seus interesses... Mas, tendo conhecido os seus artifícios, os seus embustes, as suas mentiras e os seus perjúrios, aqueles renunciaram à sua amizade, voltaram para a Igreja e publicaram, em presença dos bispos, dos padres e de muitos leigos, a maldade que ele ocultava sob a aparência de uma falsa humildade. Choraram a desgraça em que haviam caído, separando-se dos fiéis para serem enganados pelas velhacarias daquele impostor. Vimos, meu caríssimo irmão, dar-se no seu modo de proceder uma mudança admirável. Aquele padre que afirmava, com juramentos abomináveis, não ter ambição pela dignidade episcopal, apareceu subitamente bispo; aquele defensor da disciplina da Igreja, querendo usurpar o episcopado para o qual não o chamara Deus, associara-se a dois homens perdidos e enviara-os para um canto da Itália a fim de enganar três bispos muito simples e muito ignorantes, assegurando-lhes que deviam dirigir-se a Roma para aplacarem, com os outros prelados, uma controvérsia que se havia levantado. Quando eles chegaram, mandou-os encerrar por homens maus, semelhantes a ele, à décima hora do dia; e, tendo-os feito beber com excesso, obrigou-os a sagrá-lo bispo, por uma imposição das mãos vã e imaginária; e é assim que ele se atribui muito injustamente a dignidade episcopal, à qual não tem direito algum."

Contudo, Novaciano manteve a sua autoridade contra a de Cornélio e roubou-lhe uma grande parte do seu rebanho. Nas cartas que ele escreveu depois da sua ordenação, o antipapa não mostrava consideração alguma pelo Santo Padre, e o seu testemunho era autorizado pelos dos confessores que se tinham declarado contra ele.

Algum tempo depois, Fortunato, que fora expulso da Igreja, foi ordenado bispo de Cartago pelos prelados cismáticos, a fim de disputar aquele lugar com S. Cipriano. O usurpador enviou a Roma, pedindo a comunhão do Santo Padre.

Felicíssimo, seu deputado, apresentou-se às portas da igreja, acompanhado de um bando de heréticos furiosos, que pretendiam fazer reconhecer Fortunato por bispo de Cartago; mas o papa não os quis escutar, pô-los fora do templo com um grande vigor sacerdotal e tratou-os como desejaria que fosse tratado Novaciano. Os fiéis aprovaram o procedimento do pontífice para com Felicíssimo, que fora legitimamente condenado por haver desviado o dinheiro que tinha em depósito, por ter corrompido virgens e praticado adultérios.

A perseguição, que afrouxara em fins do reinado de Décio, recomeçava com mais furor por ocasião de uma peste violenta que se estendeu por sobre muitas províncias do império. O imperador Galo e seu filho Volusiano recorreram aos seus ídolos e enviaram éditos a todas as províncias, ordenando sacrifícios. Mas os cristãos recusaram-se a tomar parte naquelas superstições. E a eles foram atribuídas as desgraças públicas, que consideravam como o efeito da cólera dos deuses.

Cornélio foi o primeiro em Roma que confessou o nome de Jesus Cristo naquela perseguição e foi exilado, por ordem do imperador Galo, para *Centrum-Cellae*, hoje *Civita-Vecchia*, que era um lugar muito agradável, a 45 milhas de Roma.

Apesar das horas que a Igreja lhe confere, devemos presumir que a sua morte foi natural e que sucedeu em 253. S. Jerônimo, segundo os testemunhos errôneos de antigas tradições, afirma que o pontífice derramou o seu sangue em Roma e que teve a cabeça cortada pela mão do algoz, depois de ter governado a Igreja por um ano e alguns meses.

Décio imprimira um terror tão profundo entre os novos cristãos que um grande número deles abandonava as terras do império, fugindo para o deserto do Egito. Durante essas imigrações, muitos morreram de fome e de sede, outros foram dilacerados pelos tigres e pelos leões; alguns, depois de terem transposto as montanhas da Arábia, caíram em poder de hordas nômades, e os que foram assaz felizes para escaparem a todos esses perigos povoaram as solidões da Tebaida e fizeram-se eremitas.

As lendas contam uma história muito curiosa acerca do primeiro dos anacoretas da baixa Tebaida: "Um mancebo cristão de Alexandria, chamado Paulo, diz o legendário, herdeiro de um rico patrimônio, profundamente instruído nas letras gregas e egípcias, retirara-se para um dos seus domínios, a fim de viver longe do mundo com seu cunhado e uma jovem irmã pela qual concebera uma violenta paixão; mas um dia, surpreendendo-o seu cunhado em incesto, ameaçou entregá-lo aos comissários do imperador.

"Assustado com aquela ameaça, Paulo fugiu para as montanhas inacessíveis, onde encontrou pouco a pouco a tranquilidade do espírito. Tendo as suas lágrimas abrandado a justiça de Deus, teve uma revelação na qual lhe apareceu um anjo que lhe prometeu o perdão do seu crime, com a condição de que terminaria a sua existência na solidão.

"No dia seguinte, ao despertar, Paulo, decidido a seguir a inspiração divina, subiu a uma colina que lhe ficava na frente. Quando chegou ao cimo, viu uma grande caverna fechada por uma pedra; penetrou nela por curiosidade e encontrou no interior uma sala espaçosa, aberta à luz do dia, sombreada por uma palmeira que estendia os seus ramos protetores por sobre toda a gruta. Uma fonte límpida brotava na base do rochedo; e, depois de serpentear alguns passos para fora da gruta, perdia-se numa anfractuosidade formada por dois morros de granito. Paulo escolheu aquele lugar para seu retiro, e ali viveu noventa anos, apesar de contar já vinte e três na época da sua fuga de Alexandria."

Fixa-se igualmente nos últimos anos do pontificado de Cornélio a fundação da Igreja de Tolosa por S. Saturnino, e a de Paris por S. Diniz.

Lúcio

23º Papa

Elogio de Lúcio. – É exilado. – Seu regresso a Roma. – Incerteza sobre o seu martírio.

Lúcio, sucessor de Cornélio, era romano e filho de Porfiro; acompanhara o pontífice no seu exílio e, depois da sua morte, os fiéis julgaram-no o mais digno, dentre os confessores e os padres daquela Igreja, para desempenhar o cargo de bispo. Mas o Santo Padre não exerceu por muito tempo as funções daquele cargo; tendo sido banido de Roma pelos perseguidores, foi em seguida mandado regressar do exílio, e permitiram-lhe voltar para a sua Igreja, que governou por cinco meses. Não há certeza de que Lúcio sofresse o martírio, e os historiadores estão na mesma dúvida acerca da duração do seu pontificado; mas concordam, todavia, em que ele morreu no ano da sua eleição, isto é, em 253.

Havia poucos anos que Cipriano alcançara o arcebispado de Cartago, e os seus escritos tinham-no tornado já uma das colunas da Igreja da África. Esse piedoso bispo, antes de se converter ao Cristianismo, ensinara publicamente as belas-grandes riquezas. Não somente distribuiu aos pobres todos os seus bens, como também fez das suas novas crenças o sacrifício da sua vida inteira.

S. Cipriano é o autor de um tratado de moral, extremamente rigoroso, a respeito da disciplina eclesiástica, o que prova que o clero era já muito imoral naquela época.

Um dia, tendo-o consultado o bispo Eucrátio para saber se devia recusar a comunhão a um comediante que continuava entregando sua arte, apesar de ter abraçado o Cristianismo, o santo respondeu: "Expulsai esse histrião do templo de Deus; a lei divina proíbe aos homens trajarem roupas de mulher e imitarem os seus gestos e maneiras. É preciso que esse ímpio renuncie a representar os papéis de cortesãs e de rainhas impudicas no teatro, ou que permaneça afastado da comunhão dos fiéis. Se ele alegar por desculpa a sua pobreza, a Igreja dar-lhe-á auxílio como faz aos seus outros filhos, contanto que ele se contente com uma alimentação frugal e que não pretenda que lhe devem uma recompensa por terem-no retirado do pecado, visto que é o seu interesse e não o nosso."

Cita-se sobre Cipriano um outro episódio muito mais curioso. Um bispo chamado Pompônio perguntara-lhe numa carta se devia dar a comunhão a umas santas jovens que, tendo feito voto de virgindade, pretendiam exercitar-se a vencer o espírito do mal, partilhando o leito dos jovens padres e dos diáconos. Cipriano respondeu-lhe que se era verdade elas terem conservado a sua virgindade, não se lhes devia recusar a comunhão; mas que era preferível que elas não renovassem experiências tão perigosas, para evitar o escândalo.

Estevão I

24º Papa

Nascimento de Estevão. – Culpas desse papa. – Protege injustamente dois bispos acusados de grandes crimes. – A sua ambição. – S. Cipriano reúne um concílio e condena o papa. – Crueldade de Estevão. – Firmiliano lança-lhe em rosto publicamente os seus crimes. – S. Cipriano formula contra o pontífice acusações atrozes. – Questões singulares entre os santos. – Fábulas sobre o martírio de Estevão. – Despotismo do papa.

Estevão era romano de nascimento e filho de um padre chamado Júlio; foi eleito bispo de Roma em recompensa dos serviços que prestara à Igreja.

Nos princípios do seu pontificado, deixou-se seduzir por dois bispos da Espanha que, depois de terem sido legitimamente depostos, tinham vindo suplicar ao Santo Padre que os readmitisse nos mesmos cargos. Esses prelados, chamados Basílido, bispo de Leão e de Astorga, e Marcial, bispo de Mérida, estavam convencidos de serem libeláticos, isto é, de fazerem parte dos cristãos covardes que não tinham sacrificado aos deuses, mas haviam dado ou recebido bilhetes de abjuração, a fim de salvarem a vida, a liberdade e os seus bens. Basílido e Marcial eram, além disso, acusados de crimes enormes que os tornaram indignos do episcopado, e tinham obrigado os bispos da Espanha a dar-lhes sucessores.

Estevão acolheu favoravelmente as suas queixas, pois elas favoreciam o aumento da sua autoridade; e sem mesmo aprofundar a verdade dos fatos, mandou-os governar de novo as suas Igrejas. O clero da Espanha, escandalizado com o procedimento do pontífice, enviou deputados aos bispos da África para implorar o seu auxílio contra os desastres que a ambição do Santo Padre ameaçava as suas províncias. Cipriano reuniu logo um concílio de 28 prelados, que confirmaram a deposição de Basílio e de Marcial; em seguida, enviou a Roma dois padres para instruírem o papa das decisões da Igreja da África; mas Santo Estevão não lhes quis falar nem vê-los, e proibiu mesmo aos fiéis que os recebessem e exercessem para com eles os simples deveres da hospitalidade. A sua cólera levou-o ainda a outros excessos: riscou da sua comunhão os bispos da África e escreveu-lhes de um modo tão arrogante que o seu orgulho promoveu a indignação dos orientais.

Firmiliano, bispo de Cesareia, dirigiu a S. Cipriano uma longa epístola em que lhe testemunhava uma grande estima e uma profunda afeição. Ao mesmo tempo dá livre vazão a todo o seu ressentimento contra o papa e diz, falando de Estevão:

"É possível acreditar que esse homem tenha uma alma e um corpo? Aparentemente, o corpo conduz-se mal e a alma anda desregrada. Estevão não receia tratar seu irmão Cipriano de falso Cristo, de falso apóstolo, de obreiro fraudulento e, para não ouvir dizer o mesmo de si próprio, tem a audácia de o censurar aos outros..."

Essa carta pareceu violenta a Pamélio, e confessa que a não teria inserido na sua edição se Morel e Turnebe não a citassem antes dele. Fleury não ousou traduzi-la; passam igualmente em silêncio as acusações atrozes que S. Cipriano intentou ao pontífice, lançando-lhe em rosto "ser arrogante, teimoso, inimigo dos cristãos, defender a causa dos hereges contra a Igreja de Deus, e preferir a tradição humana à inspiração divina". Como vemos, mesmo nos primeiros séculos do Cristianismo, os santos punham nas suas contendas todo o fel e acrimônia que notamos sempre nas contendas religiosas; mas então os povos embrutecidos abraçavam com furor as opiniões dos seus bispos, e milhares de homens eram massacrados para sustentar os erros dos padres miseráveis!

As diferentes opiniões dos historiadores sobre a morte do papa Estevão não dão a conhecer a verdade; um antigo pontifical diz que ele foi condenado ao exílio, como S. Cipriano e S. Diniz de Alexandria, e que em seguida, tendo voltado à sua Igreja, foi preso e encarcerado com dois outros bispos, nove padres e três diáconos. Acrescenta-se que obteve dos magistrados a permissão de reunir na sua prisão os principais eclesiásticos, e com o seu consentimento entregou todos os vasos sagrados e o tesouro da Igreja nas mãos do seu diácono Sixto, que designou para seu sucessor. Em seguida foi decapitado em praça pública.

Os atos dos mártires, segundo Baillet, têm ainda menos autenticidade que o pontifical: dizem que o Santo Padre foi preso no segundo dia do mês de agosto e levado ao imperador Valeriano, que o condenou a ser devorado pelas feras no circo; mas, tendo a queda súbita e milagrosa de um templo de Marte feito fugirem os guardas que o acompanhavam, o pontífice conseguiu escapar para um cemitério próximo. Julgando-se ao abrigo das suas perseguições, começava a celebrar o sacrifício divino quando os soldados o vieram buscar e lhe cortaram a cabeça mesmo sobre o altar. O padre Pagi seguiu esses Atos. Nós adotaremos, como mais verossímil, a opinião dos sábios, que asseguram que Santo Estevão morreu na prisão, depois de quatro anos de pontificado, no começo do ano 257.

A sua doutrina sobre o batismo é muito singular. Afirmava ele que esse sacramento regenerador abrasava a alma dos neófitos e penetrava neles sob duas formas, apoiando-se nas palavras de S. João Batista: "Aquele que vier depois de mim vos batizará com o Espírito Santo e com o fogo."

Cita, ainda, como uma prova irrefragável da ortodoxia de sua doutrina, o exemplo do centurião Cornélio, que recebeu o Espírito Santo antes da água remuneradora, e dos apóstolos que foram, pelo contrário, batizados com a água muito tempo antes de receberem o Espírito Santo; finalmente, demonstra com passagens do Evangelho que esse sacramento tem uma forma múltipla, doutrina inteiramente oposta às decisões dos concílios ecumênicos, o que bastaria para o fazer considerar como herético, se a Igreja não o tivesse canonizado.

Sixto II

25º Papa

Elogio de Sixto. – A sua eleição. – Terminam as contendas ridículas sobre o batismo. – Heresia de Sabélio. – A perseguição continua. – Morte do papa.

Sixto, que muitos autores chamam de Xisto e que tornam, por consequência, o único desse último nome, era grego de nação e ateniense de nascimento. Exercera com muita caridade, zelo e fidelidade o cargo de diácono no tempo de Estêvão; e, quando o papa foi preso, pediu para o acompanhar na prisão. Em seguida, tornou-se o guarda e o depositário dos vasos, alfaias e dinheiro da Igreja; e, depois da morte de Estêvão, foi elevado à dignidade episcopal.

A questão fatal sobre o batismo dos hereges continuava a dividir os fiéis, depois de ter separado de um modo escandaloso Cipriano e Santo Estêvão; mas Sixto, menos violento ou menos ambicioso que o seu predecessor, terminou aquela contenda ridícula acendendo às opiniões dos bispos da África. Por isso, S. Pôncio, diácono de Cartago, chama-o nas suas obras um prelado bom e pacífico.

Em uma carta, Diniz de Alexandria dava aviso ao papa Sixto de uma heresia que começava então a aparecer. Escrevia-lhe ele: "Acaba de apresentar-se em Ptolemaida, na Pentópoles, uma doutrina verdadeiramente ímpia, contendo muitas blasfêmias contra Deus, o Pai; ensina a não chamar a Jesus Cristo seu filho único, a primeira de todas as criaturas, e a não reconhecer o Espírito Santo..."

O chefe dessa doutrina, chamado Sabélio, pretendia que as pessoas da Trindade eram três nomes: que não havia senão uma só pessoa em Deus, chamada no céu, Deus Pai; na Terra, Jesus Cristo; e nas criaturas, Espírito Santo; e que o pai, sob a noção do filho, nascera da Virgem e sofrera a morte.

Tendo muitos bispos partilhado a opinião de Sabélio, propagaram essa opinião nas suas dioceses. Essa heresia era semelhante à de Praxéas e dos patripassianos, que negavam a Trindade e a distinção real das pessoas. Foi transmitida a Sabélio por Naetus, seu mestre, e estendeu-se depois por todas as províncias, até a própria Roma e à Mesopotâmia, onde encontrou numerosos partidários.

A violência da perseguição aumentou sob o consulado de Memmio Fusco e de Pompônio, quando o imperador Valeriano, ocupado no Oriente com a guerra contra os persas, entregou o governo de Roma a Mácrio, inimigo declarado da religião. Este, na ausência do soberano, deu ordem ao senado de perseguir os cristãos e condenar aos suplícios os bispos, os padres e os diáconos; de punir os senadores e os cavaleiros romanos, tirando-lhes as dignidades e os bens, e de lhes dar a morte se persistissem em professar o Cristianismo. Publicou, além disso, dois éditos, um, contra as mulheres de qualidade, que ameaçava com o exílio; o outro, contra os cesarianos ou libertos de César, que declarava confiscados como escravos do príncipe, se não voltassem à religião do império.

O papa Sixto foi uma das primeiras vítimas dessa perseguição cruel; foi preso com parte de seu clero, enquanto fazia as suas orações no cemitério de Calixto, sendo levado ao suplício. S. Lourenço, o primeiro dos diáconos da Igreja romana, seguia-o chorando e dizia-lhe: "Aonde ides, meu pai, sem o vosso filho? Não estais habituados a celebrar o sacrifício sem ministro. Em que vos desagradei eu? Experimentai se sou digno da escolha que fizestes de mim para me confiar a distribuição do sangue de Nosso Senhor." Sixto respondeu-lhe: "Não sou eu que te deixo, meu filho; está-me reservado um combate maior, e, dentro de três dias, seguir-me-ás."

Os martírios de S. Saturnino e de S. Diniz fixam-se no reinado de Valeriano. Saturnino, diz a lenda, estabelecera a sua igreja no capitólio em Toulouse, próximo de um templo dedicado a Júpiter e célebre em todas as Gálias pelos seus oráculos; mas, tendo os demônios cessado de falar depois da chegada do santo, a reputação do ídolo sofreu um grande abalo, e as ofertas diminuíram sensivelmente. A princípio, os sacerdotes pagãos propuseram a Saturnino mandar-lhe edificar um templo magnífico fora da cidade e, em vista da sua recusa, resolveram desfazer-se do piedoso bispo pela violência.

Num dia de grande festa, tendo reunido o povo para um sacrifício solene, viram Saturnino atravessando a praça a caminho da sua igreja. "Eis ali, exclamaram eles, o inimigo dos deuses e o defensor dessa religião nova; eis ali aquele que atrai sobre nós a cólera de Júpiter; que ele sacrifique ou então que morra!"

Imediatamente o povo fanático correu sobre o bispo, levaram-no para o templo, obrigaram-no a ajoelhar diante da estátua do deus e apresentaram-lhe incenso para que ele o queimasse em honra de Júpiter. Em vez de obedecer, o mártir cuspiu no ídolo; então os sacerdotes precipitaram-se sobre ele e amarraram-no pelos pés à cauda de um touro selvagem, destinado ao sacrifício.

O animal, excitado pelos gritos da multidão, transpôs de um salto os degraus do Capitólio, percorreu a cidade e fugiu para os campos, levando na sua carreira o cadáver de Saturnino.

Finalmente, quebrando-se as cordas que o prendiam, permaneceram no solo alguns fragmentos ensanguentados, que puderam ser recolhidos por uma pobre mulher que os sepultou secretamente.

As lendas dos santos estão cheias de fatos tão extraordinários e maravilhosos que a fé mais robusta não pôde admitir realmente a autenticidade. Os espíritos sérios consideram o martírio de Saturnino como uma fábula inventada pelos padres; e nós colocaremos no mesmo caso a degolação de S. Diniz que, segundo o nosso martirológio, foi decapitado com Eleutério e Rústico na montanha de Montmartre; e, apanhando a cabeça depois da execução, levou-a durante um trajeto de mais de uma légua até a capela que tem hoje o nome daquele glorioso mártir.

Vagatura da Santa Sede

Martírio de S. Lourenço

Depois do martírio de Sixto II, a cadeira de Roma permaneceu vaga pelo espaço de um ano. O glorioso martírio de S. Lourenço é o único acontecimento notável desse interregno.

O santo diácono, no mesmo dia da morte do pontífice, distribuiu aos pobres o dinheiro da Igreja, sem excetuar os vasos que serviam à comunhão, que vendeu a fim de salvar riquezas que podiam cair nas mãos dos pagãos. A notícia dessas grandes esmolas despertou a cupidez de Cornélio Saecularis, prefeito de Roma, que supôs que os cristãos tinham imensos tesouros em reserva; e, para se apoderar deles, mandou prender Lourenço, que os guardava como diácono da Igreja romana. O Santo Padre foi levado perante o tribunal, e Cornélio interrogou-o nos seguintes termos: "Assegura-se que, nas vossas cerimônias, os ministros oferecem libações com vasos de ouro e recebem o sangue da vítima em taças de prata; que, para iluminar os vossos sacrifícios noturnos, servi-vos de candelabros de ouro nos quais colocais velas feitas com cera e perfumes; sabemos mesmo que para a posse desses tesouros, os irmãos vendem as suas heranças, reduzindo muitas vezes à miséria os filhos. Apresentai à luz do dia esses tesouros ocultos para o soldo das suas tropas, e vós deveis, segundo a vossa doutrina, dar a César o que é de César. Não quero supor que o vosso Deus mande cunhar moeda, porque não trouxe dinheiro quando veio ao mundo, mas unicamente palavras. Restitui-nos pois, o dinheiro, e sede ricos em palavras."

São Lourenço respondeu com firmeza ao juiz: "Confesso que a nossa Igreja é rica, e o imperador não possui grandes tesouros; visto que o exigis, far-vos-ei ver o que ela tem de mais precioso; concedei-me unicamente alguns dias para pôr em ordem todas essas coisas, para fazer o inventário das nossas riquezas e preparar os cálculos."

O prefeito, confiando naquela promessa e esperando apoderar-se dos tesouros da Igreja, concedeu-lhes três dias. S. Lourenço correu toda a cidade procurando em cada rua os pobres que a Igreja sustentava, os coxos, os enfermos, os estropiados; reuniu-os, escreveu-lhes os nomes, e, no terceiro dia, mandando-os formar no vestíbulo da basílica, foi ter com o prefeito e disse-lhe: "Vinde contemplar os tesouros do nosso Deus; vereis um grande pátio cheio de vasos de ouro e todas as nossas riquezas amontoadas debaixo das galerias."

Quando Cornélio viu aquele bando de pobres que gritavam pedindo esmola, voltou-se para Lourenço com olhos ameaçadores e disse: "Padre mentiroso, serás punido pela tua temeridade."

"De que vos ofendeis, senhor? – replicou o santo. – O ouro que vós desejais tão ardentemente é apenas um vil metal tirado da terra, que excita a todos os crimes. O verdadeiro ouro é a luz de que esses pobres são os discípulos: os grandes do século são os pobres, verdadeiramente miseráveis e desprezíveis. Eis ali os tesouros que vos prometi: olhai para aquelas virgens e para aquelas viúvas, formam elas a coroa da Igreja. Aproveitai essas riquezas para Roma, para o imperador, e para vós mesmos." O prefeito, num excesso de furor, exclamou: "Miserável! Ousas desprezar as leis do imperador porque não temes a morte, mas a vingança será terrível!"

Em seguida, ordenou aos algozes que trouxessem um leito de ferro sobre o qual deitaram um brasido meio apagado, para queimar o mártir mais lentamente. Despiram Lourenço e prenderam-no naquela grelha improvisada. A resignação e a coragem que ele manifestou durante aquele suplício horrível operou a conversão de muitos pagãos, e entre eles contavam-se pessoas de muita distinção. O poeta Prudêncio diz que os neófitos, isto é, os cristãos novos batizados, afirmavam que o seu rosto estava cercado de um brilho extraordinário, e que um suave perfume exalava das suas carnes consumidas; acrescenta, também, que os infiéis e os ímpios não viram aquela luz nem sentiram aquele perfume. Devemos considerar essa particularidade como um ornamento poético. Seja como for, no meio de tormentos atrozes, o bem-aventurado mártir não cessou de entoar louvores ao Altíssimo e animava os fiéis a confessarem com ele a santa doutrina de Jesus Cristo. Quando estava calcinado de um lado, disse ao prefeito, para zombar da sua crueldade como zombara antes da sua ambição: "Manda voltar o meu corpo do outro lado." O que foi executado. Em seguida teve a coragem estoica de lhe dizer: "Agora que estou bem assado, podes comer-me!"

Depois da morte de S. Lourenço, a perseguição aumentou e fez um grande número de mártires em todas as províncias do império romano, tornando vítimas S. Cipriano, bispo de Cartago, e muitos outros fiéis de uma grande distinção. Contudo, a história não nos diz coisa alguma dos combates que o clero de Roma teve de sustentar pela religião em tempos tão difíceis, e ignora-se mesmo em que estado se achava então a disciplina eclesiástica. As lendas narram extensamente o martírio de 12 cristãos de Utica que foram lançados numa cova cheia de cal viva e dos quais os fiéis recolheram mais tarde as relíquias. Como os corpos formavam uma substância misturada com a cal, encerraram, diz o historiador, aquela massa compacta num imenso caixão que foi colocado na igreja principal.

Segundo as mesmas crônicas, Teógenes, bispo de Hipone, foi decapitado fora dos muros da cidade. Em Tuberbe, três damas nobres, Máxima, Donatila e Secunda, tendo recusado sacrificar aos ídolos, foram violadas pelo algoz e, em seguida, decapitadas.

Diniz

26º Papa

Nascimento de Diniz. – A sua humanidade. – Resgata os cristãos prisioneiros dos bárbaros. – O papa prossegue nas vistas ambiciosas dos seus predecessores. – Erros dos milenários. – Jesus Cristo deve reinar mil anos e os santos gozarem das maiores voluptuosidades. – Heresia de Paulo de Samósata. – Zenóbia, rainha de Palmira. – Concílio reunido contra Paulo de Samósata. – Este é excomungado. – Morte do papa.

Diniz era grego e, provavelmente, de um nascimento obscuro pois nada se sabe acerca da sua família. Na sua mocidade fora nomeado padre da Igreja de Roma, no tempo do papa Estevão; adotara os sentimentos do seu bispo sobre a validade do batismo dos hereges, mas, segundo parece, não procedeu com a mesma violência nessa contenda.

Tendo o imperador Valeriano sido vencido pelos persas e feito prisioneiro, Galiano, seu filho e seu sucesssor, tomou as rédeas do governo. A inépcia do novo príncipe expôs as províncias do império às devastações dos bárbaros; a cidade de Cesareia, na Capadócia foi arruinada, saqueada, e os cidadãos, arrancados dos seus lares, foram reduzidos à escravidão. Logo que Diniz foi informado daquele desastre, apressou-se não somente em escrever àquela igreja aflita, mas também em enviar dinheiro para a Capadócia por pessoas seguras, a fim de resgatar os cristãos cativos dos bárbaros: e não o fez suspender na sua obra de caridade a recordação das contendas de Firmiliano, bispo de Cesareia, com o seu predecessor, o papa Estevão.

Santo Atanásio, cujo testemunho é de um grande peso, refere muitas ações honrosas daquele pontífice que ele contava entre os padres antigos que haviam sido os mais aptos para nos informarem da doutrina da Igreja e para estabelecerem as regras dos concílios ecumênicos.

Alguns anos depois, os fiéis do Egito queixaram-se a Roma contra Diniz, bispo de Alexandria, que acusavam de professar máximas ímpias nos livros que escrevera contra os sabélios, para estabelecer a distinção das pessoas divinas. Essa acusação era frívola; mas o papa, encontrando a ocasião de estender o seu poder sobre as igrejas e de perseguir o sistema de Estevão, consentiu em pronunciar um julgamento; guardou todavia, algumas conveniências e, não querendo decidir com plena autoridade sobre semelhante matéria, reuniu um concílio que reprovou a doutrina do bispo de Alexandria, e ordenou ao prelado que se submetesse à Santa Sede e se dirigisse a Roma para esclarecer os pontos que haviam sido condenados.

Havia muito tempo que o erro dos milenários estava estabelecido no Egito e ameaçava invadir o Ocidente. O principal autor dessa seita, o bispo Népos, traduzindo mui judaicamente o texto das Santas Escrituras, pretendia que Jesus Cristo reinaria na Terra durante mil anos, e que os santos gozariam no céu de todas as voluptuosidades dos sentidos. Népos baseava as suas opiniões sobre o Apocalipse de S. João e iniciou na sua doutrina um grande número de fiéis. A história não narra as medidas que Diniz tomou para destruir essa heresia.

Pouco tempo depois, a doutrina de Paulo de Samósata, bispo de Antioquia, suscitou disputas violentas na Igreja. Zenóbia, rainha de Palmira, princesa de um merecimento muito superior ao seu sexo, querendo conhecer a religião cristã, dirigiu-se ao bispo Paulo para ser instruída nos mistérios; mas aquele prelado tinha opiniões singulares para o século; chamava ao Cristo um homem e não um Deus; ensinava aos povos a moral sublime do Evangelho e punha de parte instruí-los nos dogmas da religião. Os bispos do Oriente, escandalizados com o seu procedimento, reuniram-se em Antioquia e perseguiram-no como "um lobo que devastava o rebanho do Senhor". O concílio, animado com o zelo fanático que distinguiu sempre as assembleias eclesiásticas, procedeu ao julgamento de Paulo de Samósata. Pela sua eloquência, o padre filósofo conseguiu suspender a condenação que iam proferir contra ele e contra a sua doutrina. Com o passar dos tempos, viu-se que Paulo usara de dissimulação, e que não corrigia nem os seus sentimentos nem os seus costumes. Então os padres reuniram-se de novo em número de 70 e condenaram-no por ter zombado da sua credulidade e das intenções pacíficas de Firmiliano, que presidira ao primeiro sínodo.

Paulo, convencido de erro na sua doutrina e de desregramento nos seus costumes, foi deposto e em seguida excomungado pelo concílio.

O papa Diniz morreu em 26 de dezembro do ano 269, no reinado do imperador Cláudio II e de Paterno, depois de dez anos e alguns meses de episcopado. Foi enterrado no cemitério de Calixto.

No pontificado de Diniz, florescia em Roma o filósofo Plotino, célebre pela sua imensa erudição. Não somente esse homem extraordinário arrastara para a sua doutrina um grande número de discípulos roubado do Paganismo, mas tirara também sectários à religião nova e tornava desertas as igrejas dos cristãos, quando fazia as suas preleções públicas.

Pretendia ter um demônio familiar como Sócrates e afirmava que tão somente pela luz da razão era possível elevar-se a gente até o soberano Deus, que, na sua opinião, não tinha nem forma nem essência, e era indefinível pelas palavras humanas. Combatia todas as seitas cristãs e, particularmente, os gnósticos, que acreditavam em espíritos ou demônios secundários, entre os quais figurava o Cristo.

Os historiadores referem que, antes de morrer, Plotino, voltando-se para os seus discípulos, disse-lhes: "Vou reunir o que existia de divino em mim ao que existe de divino no Universo!"

Félix I

27º Papa

Elevação de Félix. – Paulo de Samósata resiste ao decreto do concílio. – É expulso vergonhosamente da sua sede. – Morte do papa.

Félix era romano e filho de Constâncio; sucedeu a Diniz no último dia do ano 269. Não se conhece nenhuma das ações da sua vida até a época do seu pontificado. Subindo à cadeira de S. Pedro, encontrou a Igreja tranquila exteriormente, mas dilacerada intimamente pela heresia de Paulo de Samósata, de quem falamos na história do reinado precedente. Esse bispo, ajudado com o favor dos magistrados idólatras e com o crédito que tinha em Antioquia, recusava-se a submeter-se ao decreto do concílio que, tendo-o condenado e deposto, nomeara para o substituir Domne, filho de Demétrio. Paulo, recusando sair da casa da Igreja, recorreu à autoridade do imperador Aureliano, que decidiu o negócio com grande justiça: o príncipe resolveu que a posse do palácio episcopal pertencia àqueles que entretinham relações com o bispo de Roma e os outros prelados da Itália, e que, por conseguinte, tendo recusado o papa Félix a sua comunhão a Paulo de Samósata, devia este ser expulso da sua sede.

Félix morreu, segundo a opinião geral, em 22 de dezembro do ano 274, depois de ter governado a Igreja durante cinco anos. Foi enterrado no cemitério de Calixto.

Segundo a lenda, foi nessa época que Santo Antônio de Heracleia, cidade do alto Egito, sofreu as suas visões horríveis. "O piedoso anacoreta retirara-se para uma alta pirâmide afastada de toda e qualquer habitação, a fim de orar a Deus mais tranquilamente. Na primeira noite, veio atacá-lo o demônio e fustigou-o com tal violência que o deixou sem sentidos. Pela manhã, alguns fiéis que atravessam o país, tendo visitado por acaso a pirâmide, encontraram um homem que parecia moribundo e, julgando-o morto, levaram-no a uma igreja para o enterrar. Durante a noite, Santo Antônio levantou-se do caixão e saiu da igreja e voltou para a sua pirâmide. Aí entregou-se a novas orações e desafiou o demônio. À meia-noite, ouviu-se um ruído horrível; as pedras pareceram mover-se e foram transformadas em animais ferozes e imundos. Leões, tigres, lobos, lagartos, escorpiões e um grande número de serpentes, de dragões e de animais fantásticos precipitaram-se sobre ele, rasgando-o com as garras, mordendo-o e sufocando-o. Apesar daqueles sofrimentos horríveis, o santo continuava a zombar deles e desprezá-los. Finalmente, ao nascer do sol, os demônios desapareceram. 'Onde estais vós, Senhor? exclamou então Antônio. 'Estava aqui', respondeu a voz de Deus: 'Estou contente contigo; de ora em diante, assistirei aos teus combates, e tornar-te-ei célebre em toda a Terra."

Tal foi a primeira tentação do grande Santo Antônio.

Eutíquio

28º Papa

Eleição de Eutíquio. – Fábulas inventadas sobre o papa. – Heresia de Manés. – História curiosa e contendas extravagantes. – Morte do papa.

Depois da morte de Félix I, o clero e o povo fiel de Roma elegeram Eutíquio para governar a Igreja. A cidade de Luna, na Toscana, era a pátria do pontífice, e seu pai chamava-se Marino. A história não diz coisa alguma de positivo sobre as ações da sua vida; contudo, formaríamos volumes se traduzíssemos as fábulas que se contavam acerca do Santo Padre e das quais os pontífices não poderiam garantir a autenticidade.

No seu reinado, teve lugar a famosa heresia de Manés; mas, sem entrar nos detalhes da vida desse ímpio, contentar-nos-emos com explicar a sua doutrina extravagante. Pretendia ele que existiam no universo dois princípios contrários e coeternos, Deus e a matéria, a lei e as trevas; um autor do bem, o outra do mal; um autor do Novo Testamento, o outro da Bíblia. Rejeitava os Santos Evangelhos e dizia-se o Paracleto enviado por Jesus Cristo. Afirmava que o Salvador tivera tão somente as aparências da Humanidade, e que não sofrera realmente. Segundo ele, o bem e o mal eram substâncias; Manés reputava a terra, a carne, os magistrados, os reis e o pecado como criações do mau princípio; negava que as ações do homem fossem livres, defendia o matrimônio e censurava os povos que faziam a guerra. Finalmente, convidava os seus discípulos a não comerem nem carne nem ovos, e a não beberem leite nem vinho, que chamava o fel do demônio.

Os maniqueus administravam a eucaristia sob uma espécie e profanavam-na de um modo infame, misturando-lhe a semente humana; alegavam que Jesus Cristo era o Sol e que revelara a sua divindade sepultando a Terra nas trevas, no dia da sua morte; consideravam a Lua como a habitação terrível da Trindade, e o ar como um rio sobre o qual as almas dos mortos eram transportadas à luz eterna. Os maniqueus não acreditavam na ressurreição geral e sugeriam que as almas daqueles que chamavam os auditores passavam para as almas dos eleitos e voltavam para Deus depois de purificadas; que as almas dos maus estavam encerradas nas almas dos animais, nas árvores, nas plantas, e consideravam os lavradores como homicidas.

Essa doutrina estendeu-se por todas as províncias do império e durou muitos anos; talvez fizesse ela tantos progressos, pela sua singularidade e extravagância, porque a natureza dos homens é prender-se às coisas mais singulares e menos razoáveis. Os sectários de Manés anunciavam que não queriam imitar os católicos, que não empregavam a perseguição, mas sim o simples raciocínio, para livrarem os homens do erro e levá-los para Deus. Os seus doutores eram poderosos na refutação, e pelas suas maneiras brandas e insinuantes, atraíam insensivelmente para as suas ideias. Traduziremos um dos seus diálogos, no estilo da época: um católico queixava-se das moscas e dizia a um maniqueu que não podia sofrer por aqueles insetos, e que Deus devia destruí-los. O maniqueu perguntou-lhe: "Quem foi que as fez?" O católico, na sua cólera, não ousou dizer que fora Deus. O maniqueu: "Então, se não foi Deus, quem as fez?" "Creio que o demônio." "Se o demônio fez as moscas, como o bom senso lhe faz confessar, quem fez a abelha?" O outro não ousou dizer que Deus tivesse feito a abelha. "Da abelha, o maniqueu levou-o para o gafanhoto, para as aves, para um carneiro, para um boi, para um elefante, e finalmente para o homem, e persuadiu-o de que Deus não fizera o homem!"

A história não nos diz que medidas tomou Eutíquio para combater aquela heresia: o martirológio afirma unicamente que o Santo Padre ordenou aos padres que consagrassem sobre o altar as favas, as maçãs e as uvas a fim de destruírem a doutrina de Manés, que proibia que se comessem frutos. Ordenou igualmente que os corpos dos mártires seriam envolvidos em púrpura, e ele próprio prestou esse último dever a 340 mártires; contudo, os historiadores sagrados deixam ignorar em que perseguição a Igreja perdeu um tão grande número de fiéis.

Finalmente, o pontífice Eutíquio foi receber o fruto dos seus trabalhos na mansão da glória, em 8 de dezembro do ano 283.

Orose e Sozomenes deixaram-nos um quadro tristíssimo das desgraças do império no tempo desses últimos pontificados. "Os exércitos, diziam eles, dispunham a seu bel-prazer do poder supremo; os chefes das tropas apoderavam-se sucessivamente do poder, e o infame Ciríades, persa de nação, foi o primeiro daqueles 30 tiranos que deram ordens ao mundo no intervalo de alguns anos.

Durante o seu reinado abominável, todos os males caíram ao mesmo tempo sobre o império: a Bretanha foi subjugada pelos caledônios e os saxônios; a Gália, pelos francos, alemães e borguinhões; a Itália, pelos alemães, suevos, marcomanos e quadas; a Médea, a Macedônia e a Trácia, pelos godos, hérulos e sarmatas; os persas fizeram invasões até as costas da Síria; finalmente, a guerra civil, a fome, a peste arruinavam as cidades e aniquilavam as populações que tinham escapado ao ferro dos bárbaros; as cidades foram abaladas por tremores de terra que duraram muitos dias; o mar saiu do seu leito e inundou províncias inteiras; na Núbia, no Achaia e em Roma, a terra abriu-se e engoliu os campos e as casas.

Deus, acrescentam os autores eclesiásticos, começava a fulminar a sua vingança contra os perseguidores da Igreja, que progredia fecundada com o sangue dos seus mártires gloriosos!

Caio

29º Papa

Eleição de Caio. – Crueldade de Maximiano. – Martírio da Legião Tebeana. – Observações dos soldados de César. – São exterminados. – O papa foge vergonhosamente. – Regulamentos extravagantes. – A morte de Caio.

A acreditar nos antigos pontífices, Caio era de Dalmácia e parente do imperador Diocleciano: durante os primeiros anos do seu reinado, a Igreja gozava de uma tranquilidade aparente, e os imperadores não ordenavam formalmente a perseguição dos cristãos. Houve, contudo, algumas condenações, e o pontificado de Caio foi ilustrado pelo martírio de S. Maurício, o da célebre Legião Tebeana.

Maximiano, a quem o imperador dera o título de césar, passara às Gálias para combater as facções de Amando, de Clio e dos Bagaudes. Depois de ter vencido os seus inimigos, o césar mandou vir do Oriente uma legião chamada a Tebeana, composta de cristãos, que queria empregar, assim como os seus outros soldados, na perseguição dos fiéis; mas a legião recusou-se a marchar e formou o seu acampamento próximo à cidade de Agaune, ao pé da montanha que se chama atualmente o grande S. Bernardo. Maximiano, irritado com aquela desobediência, pediu tropas ao imperador para submeter os rebeldes. Diocleciano enviou reforços à césar, ordenando-lhe que fizesse dizimar os soldados e reiterasse as suas ordens para os obrigar a perseguir os cristãos. Os tebeanos declararam que preservariam na sua resolução; então Maximiano ordenou que se dizimassem uma segunda vez e que fizessem obedecer aos outros; essa segunda execução não pôde abalar a sua coragem.

Esses soldados do Cristo eram comandados por três oficiais generais, Maurício, Exupero e Cândido, que os exortavam a morrer pela religião e recordavam-lhes os exemplos dos seus companheiros, a quem o martírio conduzia já para o céu. Contudo, eles quiseram tentar abrandar a cólera do tirano e dirigiram-lhes algumas observações cheias de nobreza e de firmeza.

"Nós somos vossos soldados, senhor, mas somos igualmente os servos de Deus, e livremente o confessamos: devemos ao príncipe o serviço da guerra; ao Deus, a nossa inocência; de vós recebemos a paga; ele deu-nos a vida; não podemos, pois, obedecer-vos renunciando o Deus, nosso criador, nosso senhor e o vosso. Se vós não exigis nada que o ofenda, cumpriremos as vossas ordens, como temos feito até agora por outro modo, obedeceremos mais depressa a ele do que a vós. Oferecemos o serviço das nossas armas contra os vossos inimigos; mas não julgamos que seja necessário manchá-las no sangue dos inocentes. Fizemos a Deus um juramento antes daquele que fizemos a vós, e não deveis fiar-vos no segundo se nós faltarmos ao primeiro. Vós nos ordenais de procurar os cristãos para os punir; não precisais ir mais longe, aqui estamos nós; confessamos Deus, o Pai, autor de todas as coisas, e seu filho, Jesus Cristo. Vimos degolar os nossos companheiros sem os lastimar, e alegramo-nos com a honra que eles tiveram de sofrer pelo seu Deus. A desesperação não nos levou à revolta; temos as armas na mão e não resistimos, porque preferimos morrer inocentes a viver culpados."

Maximiano, não podendo vencer uma coragem tão heroica, ordenou aos seus oficiais que os matassem a todos. Mandou-se marchar as tropas para os cercar e fazer em pedaços, mas eles, longe de fazerem a mais pequena resistência, depunham as armas e apresentavam o pescoço aos perseguidores. A terra foi inundada com rios de sangue: seis mil homens, número ordinário das legiões, foram degolados por ordem do tirano.

Durante a perseguição que Diocleciano fez em seguida sofrer a Igreja, o pontífice Caio teve a prudência de cuidar na sua conservação, fugindo.

Alguns autores atribuem-lhe regulamentos extravagantes; segundo eles, ordenou que um pagão ou um herético não teria o direito de acusar um cristão, mas um tal decreto teria sido um sinal de revolta contra a autoridade secular, e nós não podemos admitir que Caio tivesse a temeridade de se querer levantar contra a autoridade legítima dos magistrados pagãos, ou que tenha estabelecido um regulamento que não estava no seu poder fazer observar.

O papa Caio morreu em 21 de abril do ano 296, depois de ter ocupado a cadeira episcopal pelo espaço de doze anos. Foi enterrado no cemitério de Calixto.

Os Atos dos mártires referem igualmente o fim glorioso de S. Victor, na cidade de Marselha.

"Esse corajoso soldado de Cristo, diz a lenda, tendo sido colocado no cavalete por ordem do prefeito Astério, foi atormentado cruelmente durante três horas: os algozes tinham-lhe já quebrado as pernas e o corpo apresentava unicamente uma massa informe de carnes calcinadas, quando, no meio dos seus horríveis padecimentos, lhe apareceu o Cristo e, tendo-o tocado com a sua cruz, fez com que fechassem as feridas. O prefeito, surpreendido com aquele prodígio, fez cessar logo o suplício e ordenou aos guardas que reconduzissem Victor para a sua prisão. Essa notícia foi transmitida logo no dia seguinte ao imperador que, não acreditando nos milagres do santo mártir, mandou-o trazer à sua presença e ordenou-lhe que queimasse incenso em honra dos deuses. Mas Victor, em vez de obedecer, aproximou-se do altar e derrubou o ídolo com o pé. O papa, furioso por aquela demonstração de desprezo, deu ordem que lhe cortassem a perna. Oh, prodígio! Da ferida não saiu nem uma gota de sangue! Em seguida, mandou colocar o santo debaixo da mó de um moinho e, à primeira volta, as rodas que deviam esmagar-lhe os ossos quebraram-se em pedaços. Então, o imperador ordenou que cortassem a cabeça ao mártir, o que foi executado; e ouviu-se uma voz celeste que dizia: "Venceste, bem-aventurado Victor, venceste!"

Não é inútil observar que nos Atos dos martírios os suplícios terminam quase todos pelo gládio, quando os diferentes instrumentos da tortura foram insuficientes para dar a morte aos pacientes à vontade dos legendários.

Marcelino

30º Papa

Eleição de Marcelino. — Perseguição de Diocleciano. — Reflexões sobre os padres do século XIX. — Pintura horrível dos tormentos e suplícios dos mártires. — O papa abjura a religião cristã e sacrifica aos falsos deuses. — A sua morte.

Marcelino era romano e filho de Projectus; foi eleito para suceder a Caio, no reinado de Diocleciano. Alguns anos depois da sua exaltação, o imperador excitou contra os cristãos a mais horrível e a mais cruel perseguição que a Igreja experimentou depois dos apóstolos; foi ela declarada no ano 303, e todas as províncias do império romano foram inundadas com o sangue dos mártires.

Citamos uma passagem de Eusébio para fazer conhecer o estado da Igreja antes daquela perseguição: "A doutrina do Cristo estava em grande estima e reputação entre os gregos e os bárbaros, escrevia o santo bispo. A Igreja gozava do livre exercício do seu culto; os imperadores consagravam aos cristãos uma afeição viva e davam-lhes os governos das províncias, sem os obrigar a sacrificar aos ídolos. Muitos deles estavam espalhados pelas cortes dos príncipes, e era-lhes permitido desempenhar com suas mulheres, seus filhos e seus escravos os deveres da religião.

Dorotéio, um dos mais célebres dentre os cristãos, fora mesmo honrado com a amizade do soberano; magistrado esclarecido e hábil administrador de uma província, dera aos imperadores grandes provas da sua fidelidade e do seu zelo. O ilustre Górgona, e com ele todos aqueles que haviam imitado o seu zelo pela religião, partilhavam o seu poder e o seu crédito. Os bispos eram honrados e queridos pelos povos e pelos governadores das províncias. Um grande número de pagãos vinha todos os dias fazer profissão de fé; levantavam-se igrejas em todas as cidades; os povos davam a Deus ações de graças solenes; e os templos não eram assaz vastos para conter os fiéis."

Mas o excesso de liberdade trouxe consigo o relaxamento da disciplina, e a guerra começou por palavras ultrajantes. Os bispos, animados uns contra os outros, excitaram contendas e desordens; finalmente, quando a maldade e a velhacaria chegaram aos maiores excessos, a justiça divina levantou o braço para punir e permitiu que os fiéis que faziam profissão das armas fossem os primeiros perseguidos. Contudo, permaneceu-se numa insensibilidade criminosa; em vez de aplacar a cólera de Deus, amontoaram-se crimes sobre crimes. Os padres, desprezando as santas regras da piedade, tiveram contestações entre si; fomentam inimizades e ódios e disputaram os primeiros lugares como se fossem uma dignidade secular...

Tal era a corrupção dos eclesiásticos no fim do século XIII! Depois dessa época, os desregramentos do clero aumentaram ainda; os padres hão de mostrar-se sempre os mesmos, sempre avaros, ambiciosos, debochados, soberbos, vingativos, inimigos do repouso e da verdadeira piedade, sempre embusteiros e dissimulados. É essa, pelo menos, a opinião de Platino, e o que vemos no nosso século* deve convencer-nos da verdade das suas acusações.

Contudo, houve ainda almas boas e santas que imitaram a coragem heroica dos soldados tebeanos; muitos fiéis glorificaram o nome de Jesus Cristo e terminaram a sua existência por um doloroso martírio. Diocleciano, o perseguidor, declarava nos seus éditos que era permitido aos algozes inventar novas torturas contra os cristãos: para os ferir eram empregados bastões, açoites e cordas; eram ligados pelas mãos, presos a postes ou esquartejados por máquinas horríveis; em seguida, rasgavam-lhes as carnes com unhas de ferro, arrancando pedaços delas das pernas, do ventre e das faces. Uns eram suspensos por uma das mãos; outros, amarrados a colunas sem que os pés tocassem no chão, para que o peso do corpo aumentasse os seus sofrimentos. Nesse estado, sofriam os interrogatórios do governador e eram sujeitos à questão, durante dias inteiros. Quando o juiz passava para outros pacientes, deixava oficiais para observarem aqueles que, cedendo à força dos tormentos, consentiam em renegar Jesus Cristo, e, quando eram iludidos na sua expectativa, os algozes apertavam os nós sem misericórdia, até que os mártires estivessem próximos de expirar. Então, desprendiam-nos dos postes e arrastavam-nos pelo chão para os fazer voltar à vida com novos suplícios.

O papa Marcelino, durante essas épocas desgraçadas, abjurou solenemente a religião cristã. Os autores afirmam, segundo os testemunhos mais autênticos, que o Santo Padre, assustado com o suplício que sofriam os cristãos e de que ele próprio estava ameaçado, ofereceu incenso aos ídolos no templo de Ísis e de Vesta, na presença de muitos fiéis, a fim de os obrigar a imitarem o exemplo de covardia que lhes dava. Acrescentam mais: que um concílio reunido em Sinuessa, para julgar o papa, não ousou condená-lo. Os bispos que se achavam no sínodo, disseram-lhe: "Condenai-vos pela vossa própria boca, mas não sereis excomungado por sentença nossa."

Marcelino morreu em 24 de outubro de 304, depois de ter ocupado a Santa Sede por um espaço de oito anos e três meses. Foi enterrado no cemitério de Priscilo.

História Política do Terceiro Século

Sétimo Severo. – Manda assassinar os senadores. – Os seus vícios. – As suas virtudes. – Libertinagens de sua mulher. – Caracalla. – Impudicícia de Júlia. – Severo casa com sua mãe. – As leis não são feitas para os imperadores nem para os reis. – Caracalla manda assassinar seu irmão. – Faz enterrar vivas quatro vestais. – Faz morrer 20 mil homens. – Macrino, príncipe devasso. – Heliogabalo, filho de Caracalla. – Os sacrifícios humanos. – Incesto com sua mãe, Júlia. – Marco Aurélio. – É assassinado por causa de suas virtudes. – Maximino apodera-se do império. – A sua glutonaria. – A sua crueldade. – A sua força prodigiosa. – Os três Gordianos. – Filipe usurpa o império. – Décio. – Galo. – Emiliano é proclamado imperador pelos soldados, que o matam depois de um reinado de três meses. – Valeriano cai no poder do rei da Pérsia. – É esfolado vivo e salgado. – Galiano. – Os seus defeitos. – Cláudio II faz prestar a Galiano as honras divinas. – Aureliano, traído pelo seu secretário, morre assassinado. – Tácito, suas virtudes, sua generosidade. – É assassinado pelos soldados. – Floriano, seu irmão, apodera-se do império; é morto pelos soldados. – Carino. – Numeriano. – Árrio Aper massacra Numeriano. – Diocleciano manda degolar Aper. – A sua crueldade. – A sua avareza. – A sua paixão pelos edifícios. – Maximiano Hércules associado ao império. – Violação das donzelas. – Os seus vícios. – Juízo sobre as monarquias absolutas.

  Sétimo Severo, depois de ter sido proclamado imperador pelo exército da Panônia, combateu aqueles que tinham pretenções ao império e fez massacrar 40 senadores que tinham favorecido Albino, seu concorrente. Em seguida, ocupou-se da guerra contra os partos; percorreu as diversas províncias do império e fez construir na Inglaterra um entrincheiramento de 102 mil passos de extensão. Morreu em York, no ano 212 de Jesus Cristo. Quando estava para morrer, mandou chamar os seus dois filhos, Bastião e Geta, e disse-lhes como derradeiro conselho paternal: "Meus filhos, conservem-se unidos, vivam bem juntos, e não se aflijam com o resto." Esse príncipe possuía grandes virtudes; amava a filosofia e as belas-letras; não perdoava as mais insignificantes culpas, e a sua severidade continha os oficiais no seu dever. Era humano e generoso, mas mostrou muita fraqueza por sua mulher, cujos deboches não ignorava, e que ousara mesmo conspirar contra a sua vida.

Sétimo Severo deixou o império a seu filho Antonino Bastião, alcunhado Caracalla, porque usava uma longa túnica à gaulesa. Este príncipe, logo nos primeiros dias do seu reinado, tendo surpreendido a imperatriz, sua mãe, num traje mais leve, como o seio inteiramente descoberto, exclamou num transporte amoroso: "Quisera possuir-te, se isso me fora permitido!" Aquela princesa impudica respondeu abrindo os braços: "Se é esse o vosso desejo, meu filho, podeis fazê-lo, porque não existem leis para os imperadores nem para os reis." E, deixando cair as poucas roupas que a cobriam, confundiram ambos os seus beijos, num incesto monstruoso.

De um caráter vil e feroz, Caracalla puxara já da espada para matar seu pai; depois assassinou seu irmão Geta, que reinava com ele, e mandou enterrar vivas quatro vestais para se divertir com aquele suplício atroz. A memória de Alexandre era-lhe por tal modo cara que ameaçou com os mais atrozes suplícios os filósofos que seguissem as opiniões de Aristóteles, e quis mandar queimar todos os livros desse historiador, porque recaíam nele suspeitas de ter adiantado a morte daquele conquistador, por meio de veneno. Um dia, informou ao senado que a alma de Alexandre entrara no seu corpo para acabar o que lhe podia restar de vida e ordenou aos seus cortesãos que o chamassem vencedor de Dário. Durante o seu reinado, fez morrer 20 mil homens nos suplícios e carregou de impostos horrorosos todas as províncias do império; finalmente, foi morto depois de ter reinado seis anos e dois meses.

Morto Caracalla, Opílio Macrino, homem de nascimento obscuro, apoderou-se do império; mas, tendo-o os seus deboches tornado odioso ao exército, foi morto depois de um reinado de um ano e dois meses.

Marco Antônio Cário Heliogabalo, filho de Caracalla e de Júlia, sucedeu a Macrino.

Esse príncipe era um outro Sardanapalo; com ele, sacerdote do sol; sacrificava ao seu ídolo os mais belos filhos da Itália. Foi massacrado pelos soldados no ano 222, e sua mãe, que se tornara a esposa desse monstro, foi degolada ao mesmo tempo.

Marco Aurélio Severo Alexandre tomou o seu lugar e tornou-se favorável aos cristãos; expulsou da corte os lisonjeiros e os bobos; não quis que os cargos da magistratura fossem venais e proibiu aos juízes receberem presentes. Maximino, um dos seus tenentes-generais, excitou à revolta algumas legiões e fez assassinar esse príncipe virtuoso.

Caio Júlio Vero Maximino, depois daquele assassinato, apoderou-se do império; o novo imperador tinha mais de oito pés de altura e era tão gordo que o bracelete de sua mulher servia-lhe de anel no dedo polegar; a sua força era extraordinária, e não havia cavalo que o vencesse na carreira. Nos seus apetites glutões, comia 60 libras de carne e bebia 24 pichéis de vinho num dia. Os senadores, receando tornarem-se vítimas da sua crueldade, declararam-no inimigo da república, e foi degolado pelos soldados com seu filho, que associara ao império.

Dos três Gordianos, o mais velho foi declarado imperador pelo exército que comandava em nome do senado; seu filho Gordiano II, tendo sido vencido e morto numa batalha contra os inimigos do império, degolou-se a si mesmo de desesperação. Em seu lugar elegeram o jovem Gordiano, neto de Gordiano II, príncipe que possuía as qualidades de espírito e de corpo necessárias para bem governar. Conquistou grandes vitórias que pareciam pressagiar um reinado feliz para todos os povos, mas houve um traidor no seu exército que o fez assassinar para se apoderar da autoridade suprema.

O senado não quis reconhecer Filipe por imperador, mas confirmou a sua eleição para evitar a revolta das legiões.

Décio conseguiu, por seu turno, seduzir os soldados, que massacraram Filipe no seu acampamento de Verona.

Méssio Quinto Trajano Décio, depois de se ter desfeito de Filipe, obteve o império pelos sufrágios do exército. O seu reinado foi assinalado pela perseguição violenta que excitou contra os cristãos.

Treboniano Galo marchou contra ele à frente das suas legiões e, tendo-o surpreendido numa emboscada, perseguiu-o até umas lagoas, onde Décio perdeu a vida sem que nunca fosse possível encontrar o seu corpo.

Víbio Treboniano Galo fez, em seguida, uma aliança vergonhosa com os godos, e, apesar da sua covardia, foi proclamado imperador por uma legião; contudo, pouco depois, os soldados degolaram-no com seu filho.

Os seítas e os persas continuavam sempre as suas irrupções nas províncias romanas; Júlio Emiliano foi o único que ousou opor-se aos exércitos daqueles bárbaros e alcançou sobre eles deslumbrantes vitórias. Foi proclamado imperador pelos soldados, que o massacraram três meses depois.

Licínio Valeriano, homem de um mérito superior e de uma extrema bondade, foi elevado à dignidade imperial: as suas qualidades prometiam um reinado de justiça, de doçura e de equidade; infelizmente, o príncipe deixou-se corromper por Macriano, célebre mago vindo do Egito, que o fez praticar grandes faltas e o animou contra os cristãos. Este mesmo Macriano pagou-lhe os benefícios com a mais infame traição, fê-lo cair numa emboscada e entregou-o nas mãos de Sapor, rei dos persas. O imperador foi condenado à mais cruel escravidão; os historiadores afirmam que o monarca persa se servia das costas de Valeriano como de um escabelo, quando queria montar a cavalo. Depois de muitos anos de sofrimento, o desditoso príncipe foi condenado a ser esfolado e enterrado vivo num cubo de sal.

Licínio Galiano, depois da morte de seu pai, foi eleito imperador: príncipe de um caráter cruel, infame e luxurioso, tinha a pretensão de ser sábio e compunha arengas e versos. No seu reinado, o Império Romano estava entregue à pilhagem, e o seu mau procedimento entregou o governo a um conselho de 30 tiranos, que dirigiam os negócios do Estado segundo os seus caprichos e os seus interesses. Afinal, foi surpreendido e massacrado por Aurélio.

Flávio Cláudio II, tendo sido proclamado imperador em 268, fez prestar as honras divinas ao célebre Galiano. Os historiadores tributam grandes louvores a esse príncipe e sugerem que, se ele tivesse vivido mais tempo, teria excedido Camilo Scipião; dominou os godos, exterminou 32 mil alemães numa batalha que teve lugar em 269, bateu Aurélio, próximo de Milão, e venceu Zenóbia, que subjugara o Egito.

Valério Aureliano, homem de um nascimento obscuro, foi escolhido para imperador depois da morte de Cláudio II. Nas suas guerras, foi tão feliz como ele e distinguiu-se igualmente pelas suas virtudes. As vitórias que ele alcançou sobre os inimigos do imperador valeram-lhe um triunfo magnífico em Roma; em seguida, tornou a passar à Esclavônia, com a resolução de ir submeter os persas que ele tinha já vencido. Quando estava em marcha, Mnestheo, seu secretário, que ele ameaçara com a sua cólera por alguns indícios de traição, falsificou-lhe a letra, foi ter com muitos oficiais seus amigos, aos quais apresentou numa falsa lista os nomes daqueles que Aureliano se propunha mandar matar e mostrou-lhe mesmo o seu, que inscrevera para tornar mais verossímil o seu procedimento.

Em vista daquele aviso, resolveram eles anteciparem-se ao imperador e assassinaram-no no acampamento entre Bizâncio e Heracleia. Os historiadores Aurélio Victor e Eutrópio dizem que Aureliano era cruel e sanguinário, e acusam-no de ter ultrapassado todos os limites nos castigos que infligia.

Marco Aurélio ou Cláudio Tácito foi escolhido pelo senado, depois de uma contestação de seis meses, para suceder a Aureliano. Esse príncipe, homem de letras, glorificava-se de ter tido por parente o admirável Cornélio Tácito, historiador. Por ordem sua extraíam-se todos os anos dez cópias dos Anais do seu antepassado, que ele colocava nos arquivos. As qualidades eminentes reuniam a sobriedade e a modéstia. Antes da sua eleição ao trono, possuía sete milhões de escudos de ouro, que deu generosamente ao povo, e pagou toda a gente de guerra com as suas economias. Contudo, foi assassinado pelos soldados que tinham matado seu primo e que receavam ser punidos por esse crime.

Marco Ânio Floriano, irmão de Tácito, apoderou-se do império, mas conservou-o apenas por um ou dois meses. Foi vencido por Probo, próximo da cidade de Tarsa, e massacrado pelo Exército.

Aurélio Probo, filho de um jardineiro ou de um agricultor, foi eleito imperador, malgrado seu, e antes de lançar sobre os ombros o manto imperial, reuniu as legiões e disse-lhes: "Soldados, vós não sabeis tudo quanto praticais, e como me é impossível lisonjear-vos, não viveremos jamais bem juntos." Mas, tendo-o o exército proclamado por três vezes o mais digno da coroa, lançou sobre os ombros a púrpura e recebeu juramento das legiões como soberano do

Estado. No decurso do seu reinado, derrotou 400 mil germanos, apoderou-se de 70 cidades e teria levado mais além as suas conquistas se nove dos seus reis se lhe não tivessem lançado aos pés pedindo a paz. Em seguida, subjugou a Esclavônia, a Rússia e a Polônia, passou à Trácia, onde alcançou brilhantes vitórias que lhe valeram a honra do triunfo. Esse príncipe, de uma extrema severidade, não deixava jamais ociosos os seus soldados; ocupava-os continuamente em obras úteis para a segurança, para os melhoramentos ou para a comodidade das províncias onde se achava. Por isso, as legiões fatigadas da disciplina massacraram-no no fim de um reinado de seis anos e quatro meses. No seu túmulo, foi gravada a seguinte inscrição: "Jaz aqui o imperador Probo, 'vencedor das nações bárbaras e vencedor dos tiranos das nações'."

Marco Aurélio Caro mereceu o império pelas suas qualidades e pelas suas grandes ações. Tinha dois filhos, Numeriano, estimado pelas suas virtudes, e Carino, desprezado pelos seus vícios. Mas, para desgraça dos povos, aquele bom príncipe não reinou senão dois anos. A sua morte causou um pesar tão violento a Numeriano que chegou a recear-se que cegasse, pela abundância de lágrimas que derramou. Carino, o mais novo de seus filhos, foi morto na Dalmácia, numa batalha contra Diocleciano, e Árrio Aper massacrou Numeriano com a esperança de o suceder; mas Diocleciano disputou o poder ao novo pretendente e ficou só senhor do império.

Aurélio Valério Diocleciano, filho de um liberto ou de um secretário do senador, associou-se no governo a Marco Aurélio Valério Maximiano, seu amigo íntimo. Durante o tempo do seu reinado, mostrou as qualidades de um homem de guerra e de um grande político, defendendo com sucesso o império contra as invasões dos bárbaros, mas era de uma avareza excessiva; sobrecarregava os povos com impostos para aumentar os seus tesouros e fazia acusar os senadores de conspirações contra o Estado, a fim de se apoderar dos seus bens. A sua paixão pelos edifícios fizera dar-lhe o nome de pedreiro do império, e obrigava mesmo as províncias a fornecer operários e carros para a construção dos seus palácios. Afinal, abusando do poder soberano, aquele príncipe cruel, imprudente, sem fé e sem honra, mandava raptar rapazes e moças para os seus deboches e entregava-se publicamente a todas as suas paixões desordenadas.

Não somente os povos tinham de sofrer a tirania do abominável Diocleciano, mas tiveram de deplorar maiores desgraças quando associou a si o cruel Maximiano e os dois césares Galero e Constâncio Cloro; em vez de um senhor, reconheceram quatro, tendo cada um a sua corte, o seu exército, o que quadruplicava as dignidades e os empregos e, por conseguinte, os cargos públicos. Para prover aquele aumento de despesas, os imperadores oprimiam, massacravam os cidadãos, extorquiam as províncias, até que os campos e as culturas se transformassem em solidões; então abandonavam os territórios devastados para se entregarem, em outros lugares, às mesmas proezas.

E quanto a Diocleciano, sentava-se orgulhosamente em um trono de ouro maciço, deslumbramte de pedrarias, e fazia-se adorar como um deus, assim como os seus sócios no império. Na linguagem oficial do tempo, os oradores públicos honravam as suas cartas e os seus decretos; tudo quanto dizia respeito a eles tomava um caráter divino como as suas pessoas. O fisco, por uma irrisão sacrílega, chamava-se o imposto sagrado; o quarto onde dormiam tinha o nome de câmara sagrada.

Essa comunidade de dignidade trouxe consigo uma nova prova de reverência assaz singular; como nenhum deles procedia ou ordenava senão em nome de todos, os pedidos e os discursos que lhe dirigiam e todas as relações públicas e privadas com cada um deles tiveram de conformar-se necessariamente àquela regra de unidade. Falava-se a um só deles como representando os outros três; não se distinguiam as ações pessoais e observava-se rigorosamente a solidariedade de honra que os unia. A adulação apoderou-se daquela precaução política, e, em breve, habituaram-se a revestir cada um príncipe, individualmente, dessa importância coletiva; a própria gramática foi mudada, e nas escolas ensinou-se a empregar o tratamento de vós para um só. Como os inferiores procuram sempre elevar-se pela imitação dos grandes, aquela absurdidade tornou-se uma fórmula geral de distinção que, da latina, passou para as línguas modernas.

Diocleciano, corrompendo os usos e costumes que são as bases de todo e qualquer governo, preparou a decadência do Império Romano e ensinou às nações a grande verdade de que as monarquias sucumbem sob o seu próprio peso, quando as luzes da razão e da filosofia vêm iluminar os povos e fazê-los compreender que não estão destinados a serem escravos dos reis!

Quarto Século

Vagatura da Santa Sede

Usos introduzidos nos primeiros séculos. — Assembleia dos fiéis. — Cerimônias da eucaristia e do batismo. — Os jejuns. — Rigor da disciplina. — Direitos imaginários dos papas. — Concílio de Cripta composto de bispos manchados com os maiores crimes. — As libertinagens de S. Bonifácio. — História fabulosa do seu martírio. — Cortesia de Bonifácio depois da sua morte. — Embustes dos padres.

Depois da morte de Marcelino, o clero de Roma governou a Igreja daquela cidade por um período de três anos.

Durante os três primeiros séculos, a religião, oprimida pelos pagãos, fazia progressos lentos e difíceis; os fiéis eram obrigados a reunir-se de noite nas casas particulares, nos cenáculos, nos banhos, debaixo dos pórticos, nos cemitérios e até mesmo nos túmulos, para administrarem a eucaristia e orarem.

Mas os cristãos, animados de um santo zelo, dirigiam-se aos lugares das reuniões, sem temor de uma morte vergonhosa e violenta. Os padres liam o Antigo e o Novo Testamento, como praticam ainda os protestantes; o povo levava o vinho e o pão para a celebração da eucaristia; a comunhão era distribuída sob as duas espécies a todos aqueles que eram batizados; finalmente, as cerimônias terminavam com coletas para os pobres da Igreja.

No primeiro século, servia para o batismo a água das fontes e das ribeiras; a princípio administrava-se esse sacramento aos enfermos e às crianças, nas casas particulares e nas prisões. Em seguida, afastaram-se dessa simplicidade apostólica; no tempo de Tertuliano as crianças eram ungidas, apresentavam-lhes mel e leite, fazendo muitos sinais-da-cruz, e os batizados eram vestidos com um hábito branco.

A comunhão era dada indiferentemente, pela manhã em jejum ou de tarde depois da ceia; levava-se a eucaristia, isto é, o pão e o vinho consagrados, aos enfermos e aos ausentes. Pelo que diz respeito aos jejuns então em uso, eram livres, e ninguém tinha obrigação de os observar.

No segundo século, os fiéis adotaram o costume de orar pelos mortos, e, segundo Tertuliano, precediam as orações com grandes sinais da cruz. Para se distinguir dos pagãos, abstinham-se também de comer a carne dos animais sufocados.

No terceiro século, adiava-se a administração do batismo até que as crianças crescessem; e na mesma época introduziu-se em Roma o jejum do sábado, em memória da sepultura de Jesus Cristo; mas esse costume não foi aprovado pelos orientais.

O culto cristão não tinha ainda altares; uma simples mesa de mármore servia para a comunhão dos fiéis; contudo, a disciplina era muito severa para aqueles que tinham cometido homicídios, adultérios, incestos ou que eram convencidos de apostasia. Nos primeiros tempos, exigia-se uma confissão pública; a Igreja grega e a oriental haviam estabelecido um padre penitenciário, que obrigava os culpados a permanecerem fora das portas da basílica com o saco e o cilício, chorando e de joelhos, e eram-lhes impostos jejuns por muitos anos, segundo a gravidade das suas culpas.

Em seguida, criaram-se subdiáconos nas igrejas; mas os historiadores não fazem menção alguma dos patriarcas, dos arcebispos ou dos metropolitanos. Os bispos das primeiras sedes atribuíram-se injustamente a supremacia sobre os da mesma jurisdição e, algumas vezes, sobre uma parte das províncias que dependiam das grandes cidades. Os papas, por seu turno, fizeram valer as mesmas pretensões, e a fraqueza dos magistrados forneceu-lhes os meios de tornarem reais os direitos imaginários de jurisdição espiritual e temporal.

A perseguição de Diocleciano começou a enfraquecer na Itália, depois da morte do papa Marcelino, e extinguiu-se em breve na África. Então os bispos da Numídia reuniram-se em Cirtha para darem um pastor àquela cidade, mas esses prelados eram todos apóstatas; uns tinham entregado os livros santos aos pagãos, outros estavam manchados com grandes crimes. Em breve, estiveram de acordo e elevaram à sede da capital das Numídias um bispo célebre na história eclesiástica pelas suas libertinagens e pelos seus incestos.

Os autores sagrados fazem remontar à mesma época o martírio de S. Bonifácio. Damos, em seguida, a tradução da lenda: "Uma mulher, de nascimento ilustre, chamada Aglaé, habitava a Itália, onde possuía riquezas por tal modo enormes, que por três vezes dera o espetáculo de jogos públicos ao povo romano; 73 intendentes estavam encarregados de administrar os seus bens; e eram eles governados por um intendente-geral chamado Bonifácio, seu favorito. Este entretinha com a sua ama um comércio criminoso e entregava-se a toda espécie de devassidão; mas a graça divina desceu sobre aquela alma pecadora e iniciou-a nas verdades da religião cristã. Aglaé, tocada de arrependimento pelos seus erros passados, entregou-se às práticas mais exageradas da devoção, e como as suas culpas eram grandes, quis arranjar para junto de Deus poderosas proteções. Então, encarregou Bonifácio de ir ao Oriente para lhe trazer relíquias dos mártires estrangeiros, não achando assaz ilustres os mártires de Roma.

"Logo que Bonifácio chegou a Tarsa, na Sicília, onde a perseguição continuava com furor, apressou-se, segundo as ordens de sua ama, em dirigir-se à praça pública para contemplar os mártires nos seus tormentos. Uns estavam pendurados de cabeça para baixo e eram queimados a fogo lento; outros eram esquartejados em quatro estacas e dilacerados com tenazes em brasa; cortavam-lhes as mãos, arrancavam-lhes a língua, e alguns, finalmente, sofriam a morte a golpes de bastão. Tendo Bonifácio aproximado-se daqueles mártires, que eram em número de 20, exortou-os a combater como verdadeiros atletas da fé, para alcançarem uma coroa imortal. Foi imediatamente preso e levado ao tribunal do governador; mas, longe de se retratar, teve a coragem de lhe chamar: 'infame, serpente tenebrosa e homem envelhecido no crime'. Uma linguagem tão enérgica na boca de um cristão novo devia atrair sobre ele um castigo atroz, e Bonifácio foi condenado a ter a cabeça decepada pelo algoz.

"No dia seguinte, os seus companheiros procuravam-no por toda a cidade e, não o encontrando, diziam uns para os outros: 'O nosso intendente está em alguma taberna ou lupanar divertindo-se, enquanto nós nos atormentamos, procurando-o.' Enquanto raciocinavam desse modo, encontraram o irmão do carcereiro e perguntaram-lhe onde se poderiam dirigir para ter notícias de um estrangeiro chegado de Roma. Aquele homem respondeu-lhes: 'Ontem, foi martirizado um italiano, e cortaram-lhe a cabeça na arena.' 'O que nós procuramos é um homem robusto, louro, que traz um manto escarlate, um bêbado e um debochado que não tem nada em comum com o mártir.' Contudo, seguiram-no, e o carcereiro mostrou-lhes o cadáver de Bonifácio. Em seguida, pegou a cabeça do mártir e apresentou-lhe; imediatamente, a boca do morto se pôs a rir, pela virtude do Espírito Santo. Então os seus amigos choraram amargamente o seu fim desgraçado e levaram com eles o corpo.

"No mesmo dia, aparecera um anjo a Aglaé e dissera-lhe: 'Aquele que era vosso escravo é atualmente nosso irmão; recebei-o como vosso senhor e colocai-o dignamente, porque todos os vossos pecados vos serão remidos por sua intercessão.' Aglaé transformou logo o seu palácio em oratório e, encerrando-se ali com os Santos Padres, preparou-se com orações para receber o corpo do mártir. Quando os seus enviados chegaram próximos da cidade, dirigiu-se ela, descalça e em camisa, ao encontro das preciosas relíquias, que depositou no meio de flores e perfumes, em um magnífico túmulo que mandara levantar a pequena distância de Roma. A lenda acrescenta que o santo operava grandes milagres, que expelia os demônios e sarava os enfermos!"

Durante essa vagatura da Santa Sede, contam-se muitas outras execuções de fiéis que tiveram lugar em Tessalônica; entre outras, o martírio da jovem Irene que recebeu a palma gloriosa sobre uma montanha elevada, onde foi queimada viva. Antes de sofrer aquele suplício horrível, a darmos crédito às lendas, a jovem virgem operou um milagre singular que os velhos autores contam ingenuamente com os detalhes mais cínicos.

"Irene, dizem eles, tendo sido levada à presença do governador, como cristã, aquele convidou-a a comer carne que fora oferecida aos ídolos, o que ela recusou com indignação; para a castigar, o juiz mandou-a despojar-se das suas roupas e ordenou ao algoz que a deflorasse na sua presença. Depois, levaram-na a um lugar de prostituição, onde foi entregue aos pagãos, que praticaram nela durante um mês inteiro os maiores excessos de um deboche revoltante.

E contudo, acrescenta o piedoso legendário, ela não cessou de ser virgem, porque, em seu lugar, prostituíra-se um anjo, que a tornara invisível!"

Marcelo

31º Papa

Eleição de Marcelo. – Torna-se odioso aos fiéis. – Excita sedições em Roma. – O papa exerce as funções de palafreneiro. – Morte do papa.

Depois de uma vagatura de três anos, o clero e o povo fiel de Roma colocaram-se sob a guia e direção de um santo homem chamado Marcelo, romano de nascimento.

Esse novo bispo quis aproveitar a tranquilidade de que gozava a religião no princípio do seu pontificado para fazer regulamentos e restabelecer na Igreja a disciplina que as agitações tinham alterado; mas o seu rigor tornou-se odioso ao povo e dividiu os fiéis; a discórdia degenerou em sedições, e as contendas terminaram por assassínios.

Maxence, vendo que os cristãos perturbavam o repouso de Roma, atribuiu a causa das desordens ao papa Marcelo e condenou-o a pensar os cavalos da posta, numa estrebaria da grande estrada. O Santo Padre desempenhou, pelo período de nove meses, as funções de palafreneiro; em seguida, tendo-o os padres raptado durante a noite, foi conduzido para a habitação de uma dama romana chamada Lucília. Os fiéis pegaram em armas para defender o pontífice, mas o imperador fez marchar tropas contra os rebeldes, dispersou-os, e, por ordem sua, a casa de Lucília foi transformada em uma estrebaria, onde Marcelo desempenhou o seu mister de palafreneiro. O santo bispo, extenuado pelas fadigas daquela miserável condição, morreu na abjeção depois de dois anos de pontificado, nos primeiros meses do ano 310.

Atribui-se à mesma época a conversão de um jovem senhor de Alexandria, chamado Dídimo, que tinha assistido ao interrogatório da virgem Teodora, condenada pelo juiz Próculo a ser exposta aos ultrajes dos infiéis, num lugar de libertinagem. Como a beleza da santa despertara no seu coração os desejos da carne, comprou ao algoz o direito de ser o primeiro a possuí-la; mas, apenas tinha satisfeito a sua paixão brutal, sentiu o Espírito de Deus descer ao seu coração; precipitou-se aos pés de Teodora, pediu-lhe perdão do seu crime e obrigou-a a vestir o seu traje e a fugir. Apenas ela saíra do lugar infame, entrou um soldado ébrio no aposento onde ficara Dídimo. Surpreendido e cheio de terror ao mesmo tempo, chamou os seus camaradas, que esperavam em um aposento contíguo. "Vinde cá e olhai, balbuciou ele; eu tinha ouvido dizer que Jesus Cristo transformava a água em vinho, mas não que transformasse as mulheres em homens." Próculo, instruído daquela circunstância singular, mandou vir à sua presença Dídimo, reconheceu a fraude e deu ordem que cortassem a cabeça ao culpado. Teodora acorreu então para salvar o seu generoso protetor: "Consenti em fugir à infâmia, disse-lhe ela, mas não consentirei que a vossa dedicação vá mais longe e que percais a vida em meu lugar." Para os pôr de acordo, o juiz mandou decapitar Teodora e o jovem Dídimo.

Eusébio

32º Papa

Eleição de Eusébio. – O seu exílio. – Conto ridículo a respeito da cruz de Jesus Cristo, encontrada pela mãe de Constantino.

Apesar das divisões que reinavam então na Igreja de Roma, o clero e o povo tinham ainda voto deliberativo nas eleições e escolheram, por consentimento unânime, Eusébio, grego de nação e filho de um médico. O tirano Maxence baniu o novo pontífice para a Sicília, onde aquele bispo morreu alguns meses depois, no mesmo ano da sua eleição, isto é, em 310.

Os padres afirmam que sob o pontificado de Eusébio, Helena, mãe de Constantino, mandou proceder a pesquisas em Jerusalém, e que aquela princesa encontrou a cruz sobre a qual o Salvador do mundo sofrera a paixão; mas todos os historiadores sisudos refutaram esse conto ridículo.

Os Atos dos mártires dos primeiros anos do quarto século estão cheios de lendas milagrosas de confessores e de santos sofrendo o martírio, mas o que merece ser notado é a uniformidade das narrativas; é sempre questão de um cristão resistindo aos suplícios mais atrozes e acabando por ser decapitado ou lançado às feras; em seguida, os pagãos querem constantemente destruir o corpo, e sempre os fiéis, por uma proteção particular de Deus, retiram-no intacto do fogo ou da água para fazer dele relíquias.

Fixa-se nessa época a perseguição de Numeriano Máximo, governador da Tarsa na Sicília, e os legendários estendem-se largamente sobre os suplícios de Probo e de Andrônico. Os santos confessores, dizem eles, depois de terem sido torturados pelo ferro e pelo fogo, foram levados ao anfiteatro, e lançaram contra eles tigres de Numídia: "Esses animais que haviam entrado na arena com o pelo eriçado e a goela aberta amansaram com o aspecto dos mártires e vieram deitar-se-lhes aos pés. Máximo acusou o oficial encarregado da guarda dos animais de ter lançado à arena feras domesticadas e mandou-lhe administrar cem açoites. Em seguida, tiraram o açaimo a um urso que matara já três gladiadores naquela manhã. Quando o animal se aproximou de Andrônico, deitou-se-lhe aos pés, como tinham feito os tigres. Máximo mandou-o matar e ordenou que soltassem uma leoa que o pontífice de Antioquia lhe enviara. Quando ela apareceu no anfiteatro, os seus rugidos fizeram tremer os espectadores. De um salto, precipitou-se sobre Tberaco, mas uma mão invisível a fez parar subitamente; a leoa baixou-se e prostrou-se diante do santo que, pegando-a pelas orelhas, chegou-a para si como se fora um carneiro. Máximo, exasperado e furioso, pôs fim ao triunfo dos mártires mandando-os decapitar. Os corpos foram entregues às chamas, e colocaram-se guardas em torno da fogueira para impedir que os cristãos levassem as cinzas. Durante a noite, os soldados sentiram tremer a terra, ouviram o ribombar do trovão e fugiram espavoridos. Os fiéis puderam então aproximar-se da fogueira e levar os corpos dos santos, sobre os quais cintilavam estrelas milagrosas!"

Melquíades

33º Papa

Eleição de Melquíades. – Libertinagens de Maxence. – Hipocrisia de Constantino. – Liberdade dos cultos. – Morte de Maxence. – Cisma dos donatistas. – Condenação de Donato. – O papa é acusado de ter entregue aos pagãos os livros santos e de ter sacrificado aos ídolos.

Entramos agora num vasto caminho menos obscuro que o dos séculos precedentes, e a história iluminará com o seu facho sublime os crimes enormes e os debochos escandalosos que encontraremos quer no trono dos imperadores ou no sólio dos papas.

Melquíades, o novo pontífice, era africano; no seu reinado, a Igreja começou a gozar de alguma tranquilidade. Maxence não perseguia a religião senão a intervalos, e unicamente para satisfazer às suas paixões desregradas, roubando as mulheres cristãs para se entregar aos mais infames prazeres. O procedimento do tirano promoveu a indignação dos fiéis; e Melquíades, para livrar Roma daquele monstro de impurezas, escreveu a Constantino, que avançara até Treves para vir combater Maxence.

Constantino preparara, havia muito tempo, os meios de subir ao trono, e a sua política tornara-o favorável ao Cristianismo; acedeu, pois, aos rogos de Melquíades, e o seu exército marchou sobre Milão.

O primeiro ato do seu poder foi publicar um edito em favor da religião, mas ao mesmo tempo deixava aos pagãos o livre-exercício das suas cerimônias, "porque, dizia ele, reconheci que as religiões devem ser livres, e que cada um deve ter o direito de servir a Deus conforme julgue a propósito". Naquela época, os que faziam profissão do Catolicismo ignoravam ainda que fosse permitido obrigar os homens a prestarem à Divindade um culto contrário às suas convicções. Os papas foram os primeiros que puseram em uso esses abomináveis meios, e os empregaram nos séculos seguintes com uma tirania odiosa.

Constantino e Licínio, seu colega, aproximaram-se de Roma; Maxence, desesperando vencê-los pela força, apesar das numerosas tropas que tinham às suas ordens, usou de estratagema, mas caiu ele próprio no laço que lhes armara e afogou-se no Tibre. Depois da morte do tirano, Constantino entrou triunfante na cidade, e os cristãos celebraram com regozijos públicos a brilhante vitória que ele acabava de alcançar.

Para aumentar o seu poder, o príncipe fingiu ocupar-se com zelo das necessidades, dos interesses da Igreja e intrometeu-se em todas as questões religiosas. Os donatistas começaram então a sua famosa contenda, cuja origem é muito curiosa: um padre chamado Ceciliano fora eleito bispo de Cartago pelos fiéis, mas um partido composto de diáconos, que tinham recebido em depósito os vasos daquela igreja durante a perseguição, opuseram-se à sua sagração; esses padres indignos, esperando partilhar aqueles despojos valorosos, tinham levantado altar contra altar.

Botrus e Calênsio, irritados por não terem sido escolhidos para ocuparem a sede episcopal, reuniram-se a eles e arrastaram para o seu partido uma dama de nascimento ilustre chamada Lucila.

As mulheres dão sempre um grande impulso às conspirações que se formam, quer na Igreja, quer no Estado. Lucila era rica, formosa, cercada de amigos numerosos e havia muito tempo que o seu comportamento lançara o escândalo na Igreja. Essa mulher quis, sobretudo, vingar-se de Ceciliano, que lhe censurara em plena assembleia a sua leviandade e os seus vícios.

Os três partidos reunidos formaram uma facção poderosa, que se declarou contra Ceciliano e recusou-se a comunicar com ele.

Setenta bispos auxiliaram-nos no seu desígnio criminoso, e, tendo-se reunido em concílio em Cartago, condenaram Ceciliano, porque se recusara a comparecer na sua presença para se justificar; porque fora sagrado por traidores; e, finalmente, por ter impedido que os fiéis levassem de comer aos mártires que estavam encarcerados durante a última perseguição.

Depois daquela decisão, considerando os padres como vaga a sede de Cartago, procederam a uma nova eleição, e sagraram um tal Majorino, servo de Lucila, que fora leitor na diaconia de Ceciliano.

Tal foi a origem do cismas dos donatistas na África. Deu-se-lhes esse nome por causa de Donato das Casas Negras e de um outro Donato mais famoso, que sucedeu Majorino no título de bispo de Cartago.

Os donatistas dirigiram as suas queixas ao imperador, pedindo-lhe que mandasse expulsar Ceciliano de Cartago; mas, querendo o príncipe dar uma decisão equitativa, ordenou ao bispo e aos seus adversários que comparecessem perante um concílio para serem julgados.

Ceciliano dirigiu-se a Roma com dez bispos do seu partido, e Donato das Casas Negras com um número igual de prelados. O sinódio reuniu-se no palácio da imperatriz Fausta, chamado a casa de Laterano, e os padres declararam Ceciliano inocente e aprovaram a sua sagração. Donato das Casas Negras foi o único condenado, como autor de todo o escândalo daquela acusação e convencido de grandes crimes pela sua própria confissão. Permitiu-se aos outros bispos que voltassem para as suas sedes e foram confirmados nas suas dignidades, apesar de terem sido sagrados pelo cismático Majorino.

O Papa e os outros bispos deram conta a Constantino da sentença que o concílio de Roma proferira acerca dos donatistas, enviando-lhe as atas das suas assembleias.

Melquíades morreu três meses depois, no decurso do ano 314.

Apesar da condenação que tinham sofrido, os donatistas preservaram no seu cisma; tiveram a ousadia de se queixar do concílio de Roma, alegando que os juízes se haviam deixado corromper por Ceciliano; e no tempo de Santo Agostinho, no reinado do imperador Honório, acusaram o papa Melquíades de ter entregado as Sagradas Escrituras aos pagãos e oferecido incenso aos ídolos.

Silvestre

34º Papa

Nascimento de Silvestre. – Concílio de Ancira. – Concílio de Neocesareia sobre o adultério das mulheres dos padres. – Celibato dos homens da Igreja. – Gaba-se um bispo de ter na sua diocese 11 mil padres concubinários. – Desordens nos conventos. – Heresia de Ário. – É exilado. – Seita dos eunucos valesianos. – Os padres deveriam imitar os valesianos. – As criadas bonitas nas casas dos curas. – Um santo bispo opõe-se à lei do celibato. – A sua opinião é adotada pelo concílio. Embuste dos padres sobre a verdadeira cruz. – Poderiam aquecer-se todos os habitantes de Paris, durante o inverno mais rude, com os pedaços de madeira expostos à adoração dos fiéis. – O papa Silvestre é acusado de ter abjurado a religião cristã, sacrificando aos ídolos. – A sua morte.

Silvestre, romano de nascimento, era filho de Rufino e de Justa, mulher de uma grande piedade. Quando subiu ao sólio pontifical, a Igreja não tinha negócio mais importante no Ocidente e na África do que o dos donatistas. O Santo Padre obteve do imperador a reunião de um novo concílio na cidade de Arles, e os heréticos foram anatematizados e expulsos da comunhão dos fiéis.

Atribui-se à mesma época o concílio que teve lugar em Ancira e se tornou célebre pelos seus cânones. O décimo é concebido nos seguintes termos: "Se os diáconos, na sua ordenação, protestaram que pretendiam casar-se, permanecerão no sagrado ministério com permissão do bispo; mas, se não fizeram declaração alguma antes da sua ordenação e se contraírem um segundo matrimônio, serão privados do ministério." O que nos confirma na opinião de que o celibato dos padres era desconhecido no tempo dos apóstolos e mesmo muito depois deles. Os historiadores indicam que, depois do terceiro século, estando os padres mais expostos aos furores das perseguições do que os simples fiéis, dificilmente encontravam mulheres e habituaram-se a viver no celibato. O concílio de Neocesareia teve lugar alguns meses depois, e uma parte dos mesmos bispos assistiu à nova assembleia. Os padres fizeram muitos regulamentos para a disciplina eclesiástica; no primeiro cânon, proíbem aos padres casarem-se, sob pena de serem depostos; no oitavo, permitem àqueles que eram casados, antes de receberem as ordens sacras, ficarem com suas mulheres e deixarem-nas tão somente quando estivessem convencidos do adultério. Esse uso conservou-se sempre na Igreja grega.

O famoso Cornélio Agripa conservava severamente a lei que obrigava os eclesiásticos a privarem-se de mulheres; acusava os bispos contrários ao matrimônio dos padres de permitirem a concubinagem, porque auferiam dela grandes proventos. Acrescenta mais: que um certo prelado se gabava publicamente de ter na sua diocese 11 mil padres concubinários, que lhe davam um escudo de ouro todos os anos para que lhe tolerasse as suas amantes. Esse motivo, por si só, fora causa dele se opor ao casamento dos padres.

No sínodo, os padres observaram que o casamento arrastava a ocupações terrestres e sensuais que afastavam os ministros dos deveres que impunha o sacerdócio. Infelizmente, os promotores daquela jurisprudência não tinham estudado suficientemente a natureza quando estabeleciam a lei do celibato. Com mais indulgência pelas paixões humanas, teriam prevenido os deboches escandalosos dos padres e as desordens dos conventos.

No reinado de Constantino, a Igreja entrava num estado de grandeza e prosperidade que, em seguida, foi perturbada por Ário, chefe de seita, nascido na Líbia. Eusébio, bispo de Nicomédia, tomara a nova heresia sob a sua proteção e contribuiu poderosamente para a sua propagação. Esse prelado, fino e astuto, atraíra ao seu partido Constância, irmã do imperador, de quem obtivera as boas graças, e com aquele auxílio o partido de Ário fez progressos rápidos. Muitos bispos acolheram favoravelmente o novo cisma, e promoveram disputas terríveis e lutas sanguinolentas. Então o imperador Constantino, para pôr termo àquelas desordens, mandou reunir o primeiro concílio geral de Niceia, e nele foi condenada a doutrina de Ário.

Este apresentava uma Trindade na qual Deus Pai era elevado acima das duas outras pessoas; considerava o Cristo como a primeira das criaturas e pretendia que Deus adotara-o por filho, mas que esse filho não tinha coisa alguma da substância paterna; que não era nem igual ao pai, nem consubstancial com ele, nem eterno, nem coeterno; que o filho não existira antes de ser criado; que fora criado do nada como todos os seres da criação; e que não era o verdadeiro Deus, mas um deus feito por participação.

Os autores alegam que a obscuridade da matéria contribuiu muito para o estabelecimento da heresia. Acrescentam que, com o andar dos tempos, tendo Ário abjurado os seus sentimentos em presença do concílio, permaneceu em paz com a Igreja. Outros sustentam, com mais verdade, que foi exilado e citam um decreto de Constantino que ordenava que se queimassem os seus escritos e ameaçava com o derradeiro suplício aqueles que tivessem a ousadia de os conservar. Sentença singular que condenava ao exílio Ário e os seus discípulos e ordenava a pena de morte contra aqueles que conservavam as obras heréticas.

A grande questão sobre a celebração da Páscoa foi igualmente agitada e decidida pelo concílio de Niceia. Os padres concordaram em celebrá-la no mesmo dia em toda a Igreja, e os orientais prometeram conformar-se com a prática de Roma, do Egito e do Ocidente. Em seguida, fizeram um cânone sobre os eunucos; permitiam àqueles que haviam sido mutilados pelos cirurgiões ou pelos bárbaros ficarem no clero, e proclamavam a interdição contra aqueles que se haviam operado a si mesmos. O julgamento dos padres faz conhecer que o zelo mal-entendido da pureza levara muitos padres a imitarem Oríginos. A seita dos valesianos distinguia-se por essa prática cruel: eram todos eunucos e proibiam aos seus discípulos comer a carne dos animais até que tivessem sofrido a mesma operação. Em seguida, davam-lhes toda a liberdade, considerando-os como em segurança contra as tentações.

Por isso, um dos espirituosos escritores do século passado convida os bispos da nossa comunhão que fizeram voto de viver no celibato a prosseguirem na execução de uma lei que obrigasse os frades e os abades a imitarem os valesianos. Essa precaução cruel poria termo às desordens do clero; mas seria para recear que os casamentos não fossem tão fecundos como são hoje em dia, se todos os padres fossem eunucos.

"O grande concílio levou a severidade a ponto de proibir aos bispos e aos padres conservarem mulheres em suas casas, à exceção de mãe, de irmã, de tia e de outras pessoas que não pudessem promover suspeitas." A proibição era, pois, para as sobrinhas, para as primas e para as criadas novas e bonitas. O concílio de Elibéris publicara já o mesmo decreto. Em Niceia propôs-se uma lei mais severa: proibia ela aqueles que tinham ordens sagradas, isto é, aos bispos, aos padres e aos diáconos, o habitar com mulheres que haviam desposado sendo leigos; mas o confessor Panúncio, bispo na alta Tebaida, levantou-se no meio da assembleia e disse em voz alta: "Meus irmãos, não se deve impor um jugo tão pesado aos padres; o casamento é honroso, e o leito nupcial sem mácula; uma severidade demasiada seria prejudicial à Igreja, porque nem todos os homens são susceptíveis de uma continência tão perfeita. Deve bastar-se proibir aos padres que casem, sem obrigar a abandonarem suas mulheres aqueles que eram casados antes de entrarem nas ordens." A opinião de Panúncio exercia uma grande influência nos bispos do concílio, porque o santo confessor, não tendo casado nunca, conservara na sede episcopal uma grande continência. A sua opinião foi adotada; a questão do casamento foi abandonada e deixou-se aos padres plena liberdade.

Terminado o concílio, o imperador Constantino escreveu duas cartas para fazer executar os decretos. Aqueles que se recusaram a submeter-se às decisões dos padres foram perseguidos pela autoridade secular, mais para temer do que os cânones de um concílio. Os cuidados do príncipe não se limitavam à perseguição dos hereges; Constantino ocupava-se mais de estender a religião cristã por todos os lugares do seu domínio; quis mesmo construir uma igreja magnífica no lugar onde Jesus Cristo fora enterrado, e Helena, sua mãe, empreendera a viagem ao Oriente, durante o pontificado de Eusébio, para edificar em Jerusalém a igreja do Santo Sepulcro. As lendas afirmam que, ao cavarem a terra para lançar os fundamentos do templo, encontraram a cruz do Salvador. A princesa enviou uma parte daquelas preciosas relíquias a seu filho e deixou o troço da cruz em Jerusalém. Mas, depois dessa época, a madeira da verdadeira cruz multiplicou-se de tal forma que, reunindo todos os fragmentos expostos à veneração dos povos, afirmamos que se poderiam aquecer todos os habitantes de Paris durante o inverno mais rigoroso, porque não existe talvez uma igreja que não se orgulhe de possuir aquelas preciosas relíquias.

Tudo quanto acabamos de referir é mais do domínio da história eclesiástica do que da vida do papa Silvestre. As ações desse pontífice ficaram no esquecimento, e as lendas transmitidas pelos frades sobre o quinto século são menos próprias para nos fazer conhecer a verdade do que para nos convencer de que a história de um homem tão célebre foi corrompida tão perto da sua origem. Não devem adotar as ficções dos autores que apresentam Silvestre como o catequista de Constantino e pretendem que esse príncipe fora curado de uma lepra e batizado pelo pontífice. Acrescentam que o imperador, em prova de reconhecimento, fizera-lhe uma doação da cidade de Roma e ordenara a todos os bispos do mundo que se submetessem à sede pontifical. Afirmam que o concílio de Niceia foi reunido por ordem de Silvestre, e que foi ele o primeiro a conceder o direito de asilo às igrejas.

Romualdo e alguns compiladores sem discernimento dão-nos por fatos reais todas essas fábulas ridículas, das quais os historiadores célebres provaram suficientemente a falsidade.

No concílio de Roma, reunido no ano 378, no tempo do papa Damásio, os padres escreviam ao imperador Graciano que, tendo Silvestre sido acusado por homens sacrílegos, advogara a causa perante Constantino, porque não existia concílio no qual pudesse comparecer. Alegavam esse exemplo para mostrar que Damásio e os papas, seus sucessores, podiam defender-se no conselho dos imperadores. Era isso uma outra prova de que nos primeiros séculos os pontífices se julgavam submetidos à autoridade secular.

Faremos observar igualmente que o concílio de Niceia concedeu ao bispo de Alexandria os mesmos privilégios que ao pastor de Roma. A autoridade do papa resumia-se, então, à extensão da sua diocese; não tinha grau algum de jurisdição nem de poder sobre os outros bispos; pelo contrário, era obrigado a submeter-se aos decretos dos concílios e ao julgamento dos seus colegas.

Em todas as perseguições que Santo Atanásio experimentou, por parte dos arianos, o bispo de Roma não foi consultado nunca, e não foram submetidos à sua aprovação os artigos de fé que causavam desordem no Oriente, porque o papa era considerado como um outro qualquer bispo metropolitano, e apenas lhe deferiam uma primazia de ordem e de sede.

As liberalidades do imperador Constantino causaram grandes males à Igreja, como no-lo diz a lenda de Silvestre; afirma ela que, no dia da pretensa doação de Constantino, ouviu-se uma voz do céu que bradava: "Espalhou-se hoje o veneno na Igreja."

Os donatistas, que perseveravam no seu cisma, mancharam a memória de Silvestre; acusaram-no de ter desonrado o sacerdócio no reinado do papa Marcelino, entregando as Sagradas Escrituras aos pagãos e oferecendo incenso aos ídolos. As suas acusações eram apoiadas em provas terríveis e irrecusáveis.

Silvestre morreu no último dia do ano 335, depois de vinte e um anos de pontificado. O seu corpo foi enterrado no cemitério de Priscilo, no caminho do Sel, a uma légua da cidade de Roma.

Marcos

35º Papa

Eleição de Marcos. — Obscuridade da sua história. — Escritos supostos. — Refutação dos protestantes.

Segundo a cronologia mais exata, Marcos, romano de nascimento e filho de Prisco, foi eleito, em 18 de janeiro do ano 336, para governar a Igreja. O seu pontificado durou oito meses, e todas as suas ações são desconhecidas.

Nas obras de Santo Atanásio, encontra-se uma carta dos bispos do Egito ao papa Marcos, na qual lhe pediam exemplares do concílio de Niceia; mas os protestantes consideram-na como um documento suposto. Os sábios da nossa comunhão rejeitam a autenticidade dessa carta e da suposta resposta do papa, na qual assume o título orgulhoso de bispo universal.

O Santo Padre morreu em 7 de outubro de 336 e foi enterrado no cemitério de Calixto.

Durante o pontificado de Marcos e nos reinados de seus sucessores, a nova capital do império, edificada sobre o lugar da antiga Bizâncio, continuara a ter um aumento considerável. Segundo o historiador Sogomenes, o seu recinto tinha já uma circunferência considerável; o interior da cidade era dividido, como a antiga Roma, em 14 bairros; as praças eram cercadas de galerias cobertas, as ruas principais vinham desembocar em um fórum onde se elevava uma coluna de pórfiro, suportando a estátua de Constantino. O imperador habitava um palácio suntuoso, na frente do qual haviam construído um circo imenso, um hipódromo para as corridas de cavalos e um anfiteatro para o combate das feras. Constantinopla encerrava, além disso, muitos teatros, pórticos de galerias para passeios, banhos, aquedutos e um grande número de fontes. O príncipe fizera construir um capitólio para o ensinamento das letras e das ciências, um pretório ou palácio de justiça, celeiros públicos e estrados com degraus para a distribuição dos cereais feita aos cidadãos que edificavam a cidade, e aos quais Constantino arbitrara uma renda perpétua, paga em gêneros, a eles e às suas famílias. A capital enriqueceu-se à custa das outras cidades, com as mais belas estátuas da Grécia: o Apolo Pitiano, o Smintiano e a trípede de Delfos decoram o hipódromo; as musas de Helicon e a célebre estátua de Reia, do monte Dídimo, foram colocadas no palácio imperial. Mas o que caracterizou mais particularmente aquele reinado foi o grande número de basílicas cristãs que se elevaram em Constantinopla. A catedral chamada Santa Sofia e a Igreja dos Doze Apóstolos, construída em forma de cruz, atraíam a admiração pelos esplendores da sua arquitetura. Como o príncipe destinava aquela última para sua sepultura, mandou construir nela um riquíssimo túmulo de mármore preto, no meio dos doze túmulos dos Apóstolos, "esperando, diz Eusébio de Cesareia, participar depois da sua morte da glória daqueles príncipes da Igreja".

Júlio I

36º Papa

Eleição de Júlio. — Batismo de Constantino antes da sua morte. — É canonizado na Igreja grega. — Santo Atanásio é acusado de muitos crimes. — Concílio de Antioquia. — O papa é maltratado pelos bispos do Oriente. — Estado deplorável da Igreja. — Contendas ridículas. — Morte do papa Júlio. — A sua infalibilidade posta em dúvida.

A Santa Sede permaneceu vaga muitos meses; em seguida, Júlio, romano de nascimento, foi eleito para a ocupar. Pouco tempo depois da elevação do Santo

Padre, Constantino retirou-se para Bizâncio, a fim de escapar à execração do senado, do povo romano e mesmo dos cristãos, que ele enchera de benefícios. O imperador mandou finalmente que lhe administrassem o batismo, que ele adiara até o último momento da sua vida, e abraçou o Cristianismo, não por convicção, mas por política. Scaliger diz, falando desse príncipe: "Era tão pouco cristão como eu 'tártato'." O historiador Zósimo acusou-o igualmente de se ter convertido à religião nova porque os padres do Paganismo lhe recusavam a expiação dos crimes enormes que ele cometera, enquanto a religião cristã lhe oferecia uma absolvição plena e inteira. Os padres gregos, contudo, colocaram esse monstro no seu menológio, e veneram-no como um santo.

Pouco tempo depois do seu batismo, morreu e deixou por testamento o império aos seus três filhos e aos seus dois sobrinhos.

Os sectários de Ário faziam todos os dias novos progressos; seduziram Constâncio, que tinha em partilha a Ásia, o Oriente e o Egito. Mas o imperador Constantino, o Jovem, que reinava na Espanha, na Gália e em todos os países que ficam para além dos Alpes, protegia os ortodoxos. Santo Atanásio foi restabelecido na sua Igreja de Alexandria, onde mais uma vez esteve exposto às calúnias dos seus inimigos, que o acusaram de ter perpetrado assassínios e excitaram violentas sedições na sua diocese.

A fim de fazer cessar o escândalo, o patriarca Eusébio reuniu na cidade de Antioquia um concílio de 97 bispos para julgar Atanásio. Nenhum dos bispos da Itália e do Oriente se apresentou em nome do papa Júlio; e o concílio presidido por Eusébio quis ainda expulsar Santo Atanásio da sua sede. Os diferentes artigos da fé foram resolvidos em favor dos arianos, e criaram-se 25 cânones de disciplina que foram depois recebidos em toda a Igreja. O segundo cânon é, sobretudo, notável: os padres condenavam severamente aqueles que entravam nos templos com um espírito de desobediência ou de singularidade, recusando-se a reunir-se à oração e à comunhão, e ordenavam que fossem expulsos da Igreja. O que demonstra que nos primeiros séculos do Cristianismo, assistindo os fiéis às assembleias cristãs, tinham por hábito participar do mistério da eucaristia.

Os partidários de Eusébio enviaram a Roma cartas cheias de zombarias e de queixas sobre as relações que o Santo Padre entretinha com Atanásio e sobre as suas pretensões a restabelecer nas suas sedes os bispos demitidos pelos concílios, e entregaram essas cartas aos diáconos Elpídio e Philoxeno, que o papa enviara à Antioquia, ordenando-lhes que trouxessem o mais breve possível a resposta do pontífice. Júlio reuniu logo um novo concílio para julgar a causa de Santo Atanásio e escreveu ao imperador Constante para lhe dar a conhecer a perseguição que faziam sofrer àquele prelado e a Paulo de Constantinopla. O príncipe dirigiu-se a Constâncio, seu irmão, pedindo que lhe enviasse três bispos, para lhes dar conta da deposição de Paulo e de Atanásio. Os embaixadores dirigiram-se às Gálias, segundo as ordens do imperador, mas o bispo de Treves não o quis receber na sua comunhão, e aqueles, pelo seu lado, recusaram entrar em conferência com o bispo de Alexandria, pretendendo não terem de justificar o julgamento dos orientais, e contentaram-se em entregar nas mãos de Constante a nova profissão de fé que tinham elaborado depois do concílio.

A Igreja estava então em uma desordem assustadora; os bispos e os padres fulminavam anátemas terríveis; a assembleia de Sárdico pronunciou uma condenação contra os inimigos de Santo Atanásio e oito dos principais chefes da facção foram demitidos e excomungados. Os eusebianos, de seu lado, confirmaram o que tinham ordenado contra Atanásio e os seus aderentes; depuseram Júlio, bispo de Roma, por tê-los admitido à sua comunhão, e Ósio de Córdoba por ter tido relações particulares de amizade com Paulino e Eustáquio, bispos de Antioquia. Excomungaram Maximino, bispo de Treves; depuseram Protogenes, bispo de Sárdica e Gaudêncio; um, porque favorecia Marcelo, que sofrera uma condenação; o outro, porque defendera os padres demitidos. As Igrejas do Oriente e do Ocidente acharam-se assim divididas e não se comunicaram entre si por um período de muitos anos; afinal, tendo morrido Gregório, usurpador da sede de Alexandria, o imperador Constâncio tornou a chamar Santo Atanásio e colocou-o de novo à testa do seu rebanho.

Sob o pontificado de Júlio elevaram-se ainda novas heresias; mas a história não nos diz se o Santo Padre as protegia ou se as combatia. Aquele prelado morreu em 12 de abril do ano 352, depois de ter governado a Igreja de Roma durante quinze anos, e foi enterrado no caminho de Aureno, no cemitério de Santo Calepodo.

Júlio, antes de sua morte, deixara-se seduzir pela hipocrisia de Ursácio e de Valens, que haviam simulado uma reconciliação com Santo Atanásio para trabalharem mais eficazmente para a sua ruína, e o Espírito Santo, segundo as promessas do Evangelho, não descobriu ao pontífice os artifícios daqueles bispos, que ele recebeu na sua comunhão.

Graciano e Yvon conservaram-nos muitos decretos de Júlio, nos quais o Santo Padre condena a usura.

Libério

37º Papa

Eleição de Libério. – Chama Santo Atanásio ao seu tribunal. – Excomunga-o e reconcilia-se em seguida com ele. – Concílio de Arles. – Queda vergonhosa do papa. – Concílio de Milão. – Libério é exilado. – Afeição extraordinária das damas romanas pelo papa. – Libério excomunga Santo Atanásio pela segunda vez. – O papa torna-se herege e arrasta muitos bispos para as doutrinas de Ário. – Muda de sentimentos por política. – Volta para o arianismo e morre herege. – Os padres fazem dele um santo.

Depois de uma vagatura cuja duração não se conhece exatamente, Marcelino Félix Libério foi eleito para governar a Igreja de Roma em lugar de Júlio I; era romano de nascimento. Logo que os orientais souberam que Libério ocupava a sede pontifical, escreveram-lhe contra Santo Atanásio. O papa aproveitou pressuroso a ocasião que se apresentava de aumentar a influência da sua sede; enviou Paulo, Lúcio e Emílio a Santo Atanásio para que ele viesse a Roma, a fim de responder às acusações formuladas contra ele, mas Atanásio, receando as consequências de um julgamento cujos preparativos anunciavam o triunfo dos seus inimigos, recusou-se a comparecer. Então, Libério condenou o santo bispo e fulminou contra ele o mais terrível dos anátemas.

Os bispos do Egito reuniram-se logo em sinódio, declararam ortodoxo o seu metropolitano e devolveram ao pontífice a excomunhão lançada contra Atanásio.

Libério compreendeu que a sua ambição levara-o para um caminho perigoso e, para chamar a si os bispos que tinham repelido as suas pretensões, dirigiu a Santo Atanásio, seu antigo amigo, cartas cheias dos maiores testemunhos de amizade e de respeito.

Em seguida, reuniu um sinódio dos bispos de Itália, leu na sua presença a carta dos orientais contra Atanásio e a dos bispos do Egito em seu favor. O concílio, compreendendo que os partidários de Santo Atanásio eram superiores em número aos seus inimigos, julgou que era contra a lei de Deus favorecer os sentimentos dos orientais e aconselhou ao papa enviar ao imperador Constâncio, Vicente, bispo de Capua, e muitos outros padres, pedindo-lhe que reunisse um concílio em Aquileia a fim de terminar a contenda.

O novo concílio foi convocado na cidade de Arles, para onde o imperador se dirigiu depois da derrota e da morte trágica do usurpador Magnêncio. Os deputados do papa, Vicente de Capua e Marcelo, bispo de uma outra cidade da Campânia, não partilhando com ele o privilégio da infalibilidade, tiveram a infâmia de reclamar com instâncias que os padres pronunciassem a condenação da heresia de Ário, obrigando-se mesmo, sob essa condição, a subscreverem a excomunhão de Atanásio. Os orientais recusaram-se condenar as doutrinas de Ário e alegaram que deviam eles mesmos excomungar Atanásio. Vicente de Capua deixou-se seduzir pelo ouro dos hereges e abraçou o partido dos arianos. Libério, aflito com aquela fraqueza, escreveu ao célebre Ósio de Córdoba, para lhe exprimir a sua dor, e protestou que preferia morrer pela defesa da verdade antes que se tornar o delator de Santo Atanásio; mas não perseverou muito tempo nessa generosa resolução, e a sua queda vergonhosa promoveu o escândalo e a desolação na Igreja. O procedimento de Vicente colocara o papa em um grande embaraço relativamente à condenação dos arianos, alvo constante dos esforços da Santa Sede. O pontífice, antes de se aventurar num caminho que podia ser perigoso, determinou ouvir os conselhos de Lúcifer, bispo de Cagliari. Esse prelado desprezava o mundo, virtude mui rara nas pessoas da sua classe; era muito instruído, coisa extraordinária entre os bispos, de uma vida pura e dotado de firmeza. Além disso, conhecia perfeitamente as controvérsias religiosas e não duvidava de que os orientais tivessem o desígnio de atacar a fé; a sua opinião foi, pois, que o Santo Padre devia enviar deputados junto do imperador, para obter que se pudessem tratar num concílio geral todos os artigos da fé, oferecendo-se ele próprio para um dos embaixadores.

Libério aceitou pressuroso aquela proposta. Então Lúcifer, um padre chamado Pancrácio e o diácono Hilário foram encarregados de entregar ao imperador uma carta respeitosa e cheia de firmeza. Constâncio, solicitado pelos católicos e pelos arianos, cedeu às instâncias dos dois partidos, e, segundo as suas ordens, foi reunido um concílio geral em Milão. Santo Atanásio foi de novo condenado pelas acusações dos seus inimigos, que o príncipe apoiava com toda a sua autoridade; e os prelados ortodoxos que se recusaram a submeter-se à vontade do imperador foram exilados para a Calcedônia.

Constâncio, irritado por ver que as suas disposições pacíficas, longe de acalmar o furor dos ortodoxos, aumentavam ainda o seu orgulho, e que os seus estados continuavam sendo agitados pelas contendas religiosas que suscitava a obstinação do papa, escreveu a Leôncio, governador de Roma, que surpreendesse astuciosamente-se Libério e o enviasse à corte, ou que empregasse a violência se fosse necessário, a fim de arrancar ao seu rebanho aquele padre de discórdias.

Leôncio mandou prender o papa durante a noite e conduziu-o a Milão, junto do imperador, que interrogou o Santo Padre acerca das disputas da Igreja; mas Libério foi rebelde a todas as propostas. O príncipe, num transporte de cólera, exclamou: "Sois vós, pois, a quarta parte do mundo cristão, para querer proteger só um ímpio e perturbar a paz do universo?" O papa respondeu: "Quando eu fosse só, nem por isso a causa da fé seria menos boa, e opor-me-ia às vossas ordens. Noutro tempo, houve três homens generosos para resistirem às ordens injustas de Nabucodonosor, e eu imitarei esses corajosos israelitas." Dois dias depois dessa conferência, em vista da sua recusa formal de subscrever a condenação de Atanásio, foi exilado para Berea, na Trácia, e Constantino, que os ultramontanos consideravam como um perseguidor, mandou-lhe entregar 500 escudos de ouro para as suas despesas.

Os arianos elevaram então Félix ao sólio papal, mas dois anos depois, tendo vindo a Roma Constâncio, um grande número de damas de nascimento ilustre convidaram os maridos a suplicarem ao imperador que restituísse o pastor ao seu rebanho, ameaçando-os de os deixar para irem buscar o seu bispo. Os senadores, receando excitar a cólera do príncipe, não ousaram dar um passo tão audacioso e permitiram às suas mulheres que solicitassem elas mesmas o perdão de Libério. As damas romanas apresentaram-se na presença do imperador, com os seus mais ricos trajes, cobertas de pedrarias, a fim de que o príncipe, julgando da sua categoria pela sua magnificência, tivesse maior consideração por elas.

Quando chegaram junto do trono, prostraram-se diante de Constâncio e suplicaram-lhe que tivesse compaixão por aquela grande cidade, privada do seu pastor e exposta aos insultos dos lobos. O príncipe cedeu e, depois de ter deliberado com os bispos que o acompanhavam, ordenou que, se Libério partilhasse as suas opiniões, seria investido de novo no governo da Igreja.

Fortunato, bispo de Aquileia, dirigiu-se a Libério para o convidar a subscrever às vontades do imperador, e o pontífice, fatigado do exílio e desejando voltar a Roma, apressou-se em dar a sua adesão plena e inteira ao terceiro concílio de Sirmium, que publicara uma profissão de fé do arianismo. Nós conservamos a carta pela qual exprime que aceita completamente a fórmula herética dos arianos. Em seguida, excomungou Santo Atanásio, o maior defensor da Igreja, e esse exemplo de covardia e de infâmia arrastou para a heresia um grande número de bispos.

Depois daquela vergonhosa apostasia, Libério escreveu aos bispos do Oriente nos seguintes termos:

"Eu não proíbo Atanásio nem a sua doutrina; tinha-o recebido na minha comunhão para imitar Júlio, meu predecessor, de feliz memória, e para não merecer o epíteto de prevaricador; mas aprouve a Deus fazer-me conhecer que o havíeis condenado com justiça e dei o meu consentimento para a excomunhão. O nosso irmão Fortunato está encarregado das cartas de submissão que escrevi ao imperador. Declaro expulsar da nossa comunhão Atanásio, de quem não quero sequer receber cartas, desejando manter paz e união convosco e com os bispos orientais de todas as províncias.

"Para que conheçais claramente a sinceridade com que vos falo, tendo o nosso irmão Demófilo querido propor-me a fé verdadeira e católica, que muitos dos nossos irmãos bispos examinaram em Sirmium, recebi-a por inteiro sem emendar ou eliminar artigo algum. Peço-vos, pois, visto que me vedes de acordo convosco em todos os pontos, que dirijais as vossas súplicas ao imperador, para que se termine o meu exílio e eu volte à sede que Deus me confiou."

Veja-se qual era o alvo dos desejos do pontífice!

Logo que Santo Hilário soube que o papa se tornara ariano, fulminou contra ele três anátemas terríveis, chamando-lhe apóstata e prevaricador da fé. E, com efeito, depois de uma queda tão vergonhosa, era difícil fazer a apologia do Santo Padre. Os próprios padres confessam que Libério foi um papa herético, que abjurou a fé católica, declarando-se publicamente ariano, e que a infalibilidade da Santa Sede se achava gravemente comprometida pela sua apostasia e pela sua adesão ao concílio herético de Sirmium.

Tendo sido aceita a abjuração do pontífice, Libério voltou a Roma, onde foi recebido com grandes honras. Os seus amigos excitaram o povo a novas sedições e expulsaram Félix da cidade. O Santo Padre sustentou, a princípio, as novas doutrinas que havia abraçado e fez triunfar os arianos, mas em breve compreendeu que não poderia manter-se por muito tempo no sólio de Roma se não mudasse de política. Então, tendo o concílio ariano de Rimini pedido a sua aprovação, recusou-se a assinar o formulário e escondeu-se até a morte do imperador Constâncio.

Três anos depois, os semiarianos, perseguidos por Eudóxio e pelos arianos puros, formaram sínodos e concordaram submeter as suas doutrinas ao julgamento do bispo de Roma. O papa pôs dificuldade em os receber, reputando-os como arianos que tinham abolido a fé de Niceia; mas quando eles consentiram em reconhecer a consubstancialidade do Verbo, Libério deu-lhes uma carta de comunhão, na qual testemunha que recebeu com grande alegria as provas da pureza da sua fé e da sua união com todos os orientais.

O papa não sobreviveu muito tempo àquela reunião dos semiarianos; morreu em 24 de setembro de 366, depois de ter governado a Igreja de Roma durante quatorze anos e alguns meses. A sua apostasia não impediu que os bispos mais ilustres, Santo Epifânio, Santo Basílio e Santo Ambrósio, falassem dele com grandes elogios. O martirológio romano inscrevera mesmo o seu nome entre os santos que a Igreja venera; mas, por um excesso de prudência do cardeal Barônio, foi suprimido nesses últimos séculos.

Durante o reinado do papa Libério, havia morrido, na cidade de cento e cinco anos, o grande Santo Antônio, considerado como o primeiro fundador das ordens religiosas do Oriente. As visões deste religioso, mais do que a sua piedade, o haviam tornado célebre entre os anacoretas do seu século, e tinham-lhe dado uma grande reputação de santidade que se estendera até as extremidades das Gálias. Apesar de que não sabia ler nem escrever, Santo Antônio deixou muitas obras que ditava em língua egípcia aos seus discípulos, entre outras sete cartas cheias de um verdadeiro espírito apostólico, que foram traduzidas primitivamente em grego e depois em latim. No meio das narrativas extraordinárias e incoerentes dos seus êxtases e das suas tentações, impressionou-nos a revelação singular que ele teve poucos dias antes da sua morte e que nos foi transmitida por um dos seus discípulos. O legendário fala do seguinte modo: "O santo estava sentado, quando o Espírito divino desceu sobre ele; então caiu em êxtase, com os olhos elevados para o céu e o olhar fixo. Permaneceu cinco horas numa imobilidade completa, gemendo de vez em quando, até que se pôs de joelhos. Nós, cheios de temor, suplicávamos que nos dissesse das suas lágrimas: 'Ó meus filhos, respondeu ele, a cólera de Deus cairá sobre a Igreja; esta será entregue a homens semelhantes a animais imundos, porque eu vi a mesa santa cercada de mulas e jumentos que derrubavam os altares de Cristo e manchavam o corpo sagrado do Salvador, e ouvi uma voz que bradava: 'Assim o meu altar será profanado por ministros abomináveis que se chamarão os sucessores dos apóstolos!'"

Félix II

38º Papa

Eleição de Félix. – É ordenado pontífice na presença dos eunucos do imperador. – Dois papas em Roma. – Félix é exilado. – Sua morte. – É considerado como um santo. – Embustes dos padres.

As opiniões estão divididas acerca de Félix, para que se possa decidir se ele merece o nome de papa ou de antipapa e de cismático. Alguns autores respeitáveis pelo seu saber falam dele com desprezo: a Igreja sustenta, pelo contrário, que foi legitimamente eleito bispo de Roma, e conferiu-lhe as honras do martírio. Essa autoridade, sem nos convencer da santidade de Félix, obriga-nos pelo menos a não descurarmos a sua história.

Romano de nascimento e filho de Anastácio, era apenas diácono quando o papa Libério foi exilado. Os arianos quiseram colocar um outro bispo na sede de Roma; mas o clero, tendo jurado que não receberia nenhum enquanto Libério fosse vivo, considerou necessário empregar a astúcia para tornar inútil aquele juramento. O imperador Constantino serviu-se de Epíteto, jovem neófito, ousado e violento, que se fizera bispo de Centumcella, hoje Civita Vecchia, no mar da Toscana. Foi das mãos desse prelado que Félix recebeu a ordenação episcopal, e se acreditarmos em Santo Atanásio, a sacra cerimônia teve lugar no palácio imperial, apesar de que deveria ser feita na igreja. Três eunucos representaram o povo fiel de Roma, e três bispos impuseram as mãos a Félix.

Os autores avaliam de um modo diferente o seu procedimento e sua ortodoxia. Dizem uns que ele se fez ariano; outros sustentam que conservou a fé de Niceia e que não comunicava com os heréticos senão para atos alheios à religião, mas concordam todos que a sua elevação desagradou aos amigos de Libério, que eram em grande número; e, quando as damas romanas obtiveram o perdão daquele último, o imperador ordenou que ele governaria a Igreja com Félix.

Então os prelados, reunidos em concílio em Sirmium, escreveram ao clero de Roma para que recebesse Libério, que jurara esquecer o passado e viver em paz com Félix; mas um provara os gozos da grandeza episcopal, o outro era ambicioso, ambos tinham partidários que excitaram em Roma contendas violentas e lutas sanguinolentas. Finalmente o chefe legítimo venceu o seu competidor, expulsou-o da cidade e reduziu-o ao estado de bispo sem Igreja.

Félix, cuja facção não estava extinta, voltou pouco tempo depois para a cidade, ousando chamar o povo para a basílica que ficava para lá do Tibre; mas os nobres obrigaram-no a sair de Roma pela segunda vez. O príncipe, que desejava sempre mantê-lo com Libério, foi por fim obrigado a abandoná-lo, e Félix, tendo perdido o seu protetor, retirou-se para uma pequena terra que possuía no caminho de Porto, onde viveu perto de oito anos.

Os fiéis veneram-no hoje como um santo mártir, expulso da sua sede pela defesa da fé católica, pelo ariano Constâncio; o pontifical de Damásio acrescenta que foi massacrado em Ceri, na Toscana, pelas ordens do imperador que ele tinha excomungado. Contudo, está provado que o título de santo lhe foi dado por Gregório, o Grande, e que esteve a ponto de o perder no tempo de Gregório XIII, por um incidente de que o cardeal Barônio nos transmitiu a notícia. Diz ele que no ano 1582, enquanto se trabalhava por ordem do papa na reforma do martirológio romano, foi posto em discussão se daria a Félix o título de mártir ou se seria eliminado do catálogo dos santos. Barônio compôs uma

Igreja do Santo Sepulcro em Jerusalém

longa dissertação para demonstrar que Félix não era nem santo nem mártir: foi aplaudido por todos os homens judiciosos, e os padres afirmaram que ele fora inserido por surpresa no catálogo sagrado. O cardeal Santório quis tomar a defesa de Félix, mas não obteve sucesso algum.

Essa disputa religiosa fez com que muitos padres procedessem a rigorosas buscas debaixo do altar da Igreja de S. Cosme e S. Damião, onde descobriram um grande túmulo de mármore, no qual estavam encerradas de um lado as relíquias dos santos mártires Marco, Marcelino e Tranquilino; e do outro um caixão com esta inscrição: "O corpo de S. Félix, papa e mártir, que condenou Constâncio."

Tendo sido feita essa descoberta na véspera da sua festa, quando estava a ponto de perder a sua causa e de cair do céu, atribuiu-se a um milagre o que se poderia chamar, sem temeridade, uma velhacaria monacal. Barônio reputou-se feliz por se ver vencido por um santo e retratou logo o que tinha escrito. O nome de Félix foi inserido de novo no martirológio, onde o seu culto foi confirmado. Contudo, é difícil conciliar aquela decisão com a opinião de Santo Atanásio, que considerava o novo pontífice como um monstro que a malícia do anticristo colocara na Santa Sede.

Depois do reinado de Constantino, o Cristianismo continuava a sua marcha progressiva; o politeísmo extinguia-se no Oriente e no Ocidente, apesar da oposição de alguns imperadores que permaneciam presos ao culto dos antigos deuses, e apesar do encanto dos seus mitos, deliciosa criação da imaginação dos poetas. Os brilhantes símbolos do espírito, do amor e da matéria, tríplice unidade das faculdades humanas, representados nas suas diversas manifestações pelas divindades pagãs, Reia, Saturno, Júpiter, Minerva, Vênus, Apolo, reuniam-se, confundiam-se na Trindade misteriosa e nova, composta de Deus Pai, Deus Filho e Espírito Santo, e os homens entusiasmavam-se com as formas ascéticas dessa religião toda imaterial.

Avançou com isso a humanidade um grande passo, e os povos, abandonando a doutrina do Panteísmo para se lançarem num espiritualismo exagerado, operaram um movimento que era necessário à marcha ascendente da civilização? É um problema que não está resolvido ainda.

Damásio

39º Papa

Nascimento de Damásio. — Abraça o partido do antipapa. — Sedição violenta excitada pelos dois papas Damásio e Ursino. — Damásio fica vitorioso. — Manda lançar fogo à basílica. — Encontram-se 137 cadáveres debaixo das ruínas da igreja. — Luxo dos bispos de Roma. — Devassidão dos padres. — Damásio persegue os seus inimigos. — Hipocrisia do papa. — Manda massacrar os fiéis reunidos numa igreja. — Alguns impostores fazem dele um santo. — Escândalo atroz dado pelo papa; é acusado de adultério. — Lei contra a avareza insaciável do clero. — Roubos odiosos *dos padres. – Os arianos perseguem os ortodoxos. – Damásio quer impor a sua autoridade a S. Basílio. – É maltratado por aquele bispo. – Morte de Santo Atanásio. – Os luciferianos. – Os donatistas. – Ambição dos papas. – Heresia dos priscilianistas. – As mulheres abraçam com entusiasmo essa nova seita. – Libertinagens nas suas assembleias. – Nova acusação de adultério contra o papa Damásio. – Sua morte.*

———◆◇◆———

Damásio era espanhol de nascimento e filho de um escrivão chamado Antônio, que veio estabelecer-se em Roma para exercer o ofício de escriba. O jovem Damásio, tendo sido educado com grande cuidado no estudo das belas-letras, entrou para as ordens e seguiu o papa Libério para o exílio de Boreia, cidade da Trácia; voltou mais tarde a Roma, abandonando o seu protetor para abraçar o partido de Félix.

Depois da morte de Libério, as facções que dividiam o clero excitaram uma violenta sedição para lhe dar um sucessor. Cada um dos partidos se reuniu separadamente, e Damásio, que tinha então 60 anos, foi eleito e sagrado na basílica de Lucina, enquanto o diácono Ursino era proclamado numa outra igreja. Quando se tratou de ocupar a cadeira papal, os dois competidores disputaram o trono com encarniçamento, e o povo, tomando parte naquele cisma, promoveu uma revolta séria. Juvêncio, prefeito de Roma, e Juliano, prefeito dos viveres, exilaram Ursino, bem como os diáconos Amâncio e Lupo, os principais agitadores. Em seguida, mandaram prender sete padres sediciosos que queriam expulsar da cidade; mas o partido de Ursino arrancou-os das mãos dos oficiais e conduziu-os triunfantes à basílica de Júlio. Para os expulsar, os partidários de Damásio reuniram-se, armados de espadas e de paus, com o pontífice à sua frente; assaltaram a basílica e, depois de arrombadas as portas, degolaram as mulheres, as crianças, os velhos, e o massacre terminou pelo incêndio. No dia seguinte, encontraram-se debaixo das ruínas 137 cadáveres das pessoas que tinham morrido pelas armas ou pelas chamas. O prefeito Juvêncio, não podendo sufocar a sedição, foi forçado a retirar-se.

O autor que narra esses fatos censura igualmente o furor das suas facções, e acrescenta: "Quando considero o esplendor de Roma, compreendo que aqueles que desejam o lugar de bispo dessa cidade empreguem todos os seus esforços para o obter; procura-lhes ele grandes dignidades, ricos presentes e o favor das damas; dá-lhes carros pomposos, trajes magníficos e uma mesa tão esplêndida que excede a dos próprios reis."

Damásio era ainda mais sensual que os seus predecessores e gostava de uma existência voluptuosa. Pretextato, que foi depois prefeito de Roma, dizia-lhe gracejando: "Fazei-me bispo no vosso lugar, se quereis que eu me torne cristão." E com certeza um tão rico senhor não teria ambicionado a cadeira de S. Pedro, se o procedimento de Damásio fosse mais apostólico.

O luxo da Igreja latina era odioso a S. Jerônimo e a S. Gregório de Nazianzo, que se queixaram dele com indignação. Chamavam ao clero romano um senado de fariseus, um bando de ignorantes sediciosos e de conspiradores; censuram sem misericórdia as prodigalidades, os deboches, os embustes e as fraudes dos padres; e condenam a elevação de Damásio à Santa Sede, como tendo sido obtida pela força e pela violência.

Quanto ao antipapa Ursino, a sua consagração era igualmente das mais irregulares, tendo sido feita por um só prelado, Paulo, bispo de Tibur, homem grosseiro e ignorante; contudo, os cismáticos continuaram a reunir-se nos cemitérios dos mártires e conservaram uma igreja onde faziam as suas assembleias, apesar de não terem nenhum padre na cidade.

Damásio, não podendo submetê-los, recorreu à autoridade do príncipe para obter a ordem de os expulsar de Roma; em seguida, juntando a hipocrisia ao fanatismo, fez procissões solenes para pedir a Deus a conversão daqueles cismáticos obstinados. Mas, quando recebeu do imperador a autorização de destruir os seus inimigos, o pontífice, mudando subitamente de tática, reuniu os seus partidários e, com a tiara na cabeça e uma acha de armas na mão, penetrou na basílica, caiu sobre os hereges, dando o sinal do combate, e a carnagem foi longa e sanguinolenta; o templo de um Deus de clemência e de paz foi manchado pela violação e pelos assassinatos!

Essa execução terrível não pôde, todavia, abater a facção dos ursinos; então, o Santo Padre, aproveitando o dia do seu aniversário, reuniu um grande número de bispos aos quais queria arrancar a condenação do seu competidor. Esses prelados, firmes e equitativos, responderam que se tinham reunido para regozijarem com ele e não para condenarem um homem sem o ouvir.

Tal era esse papa que alguns impostores ousam chamar: "muito piedoso e muito santo personagem".

A acusação de adultério, que depois foi intentada ao Santo Padre, por Calixto e Concórdio, parece estabelecida sobre provas irrecusáveis. O sínodo que o justificou dessa acusação não mudou as convicções sobre esse escândalo atroz, porque, se a impostura tivesse sido verificada, as acusações seriam entregues ao braço secular para ser punidas conforme o rigor das leis romanas; e nós sabemos, pelo contrário, que foram apoiadas pelos principais magistrados.

Para tornar conhecidos o espírito e os costumes do clero daquela época, é importante falar de uma lei que os imperadores Valentiniano, Valens e Graciano fizeram publicar em fins do ano 370. Proibia ela aos eclesiásticos irem à casa das viúvas ou das solteiras que habitavam sozinhas, ou que tinham perdido seus pais; e no caso de contravenção, permitia aos parentes ou aliados chamar aos tribunais e aos padres criminosos. Proibia, além disso, a gente da Igreja, sob pena de confiscação, receber, a título de doação ou por testamento, os bens dos seus penitentes, a menos que, por direito de proximidade, não fossem os herdeiros legítimos. Essa lei era lida todos os domingos em todas as igrejas de Roma. Supõe-se que o próprio papa a pedira, a fim de reprimir, com o auxílio do poder secular, a avareza de muitos padres que seduziam as damas romanas para se enriquecerem com os seus despojos. Porque a avidez dos eclesiásticos levara-os a uma corrupção espantosa; excediam os mais hábeis na arte de extorquir as sucessões, e a sua prudência era tão maravilhosa que ninguém ousava acusá-los juridicamente.

São Jerônimo censurava abertamente essa lei contra a avareza dos padres, que imprimia um ferrete de infâmia no clero. Contudo, parecia-lhe justa e necessária. "Que vergonha, exclamava ele, ver ministros pagãos, comediantes, mulheres sem honra nem pudor, herdarem sem obstáculo, enquanto os sacerdotes são os únicos a quem é proibido aceitar uma herança!... Essa proibição é feita não por príncipes pagãos nem por perseguidores do Cristianismo, mas por imperadores cristãos! Não ouso queixar-me da lei, porque a minha alma está profundamente triste por se ver forçada a convir em que a merecemos, e que a religião, perdida pela avareza insaciável dos nossos padres, obrigou os príncipes a aplicar-nos um remédio tão violento."

Contudo, essa lei não pôde ter mão nas desordens do clero; os imperadores viram-se obrigados a proibirem a todas as viúvas que dissipassem, sob pretexto de religião, as suas joias e alfaias preciosas: ordenaram-lhes que as deixassem aos seus filhos, e que ninguém, por sua morte, poderia instituir herdeiros os padres, os pobres ou as igrejas.

Em Constantinopla, a seita ariana, alternadamente perseguidora ou perseguida, dominava então, pela proteção de Valens. Perseguia os ortodoxos com encarniçamento e, usando de represália, pagava com usura aos católicos os males que havia sofrido. Santo Atanásio, Eusébio de Samósata, Méleces e S. Basílio escreveram a Damásio cartas tocantes sobre o estado fatal dos negócios do Oriente, mas o papa não lhes respondeu, porque se achava muito ocupado em Roma, ou porque a idade começava a enfraquecer-lhe a ambição. Talvez receasse ele que o imperador Valens apoiasse os interesses de Ursino, seu inimigo, caso se declarasse com grande ardor contra os arianos; além disso não tinha grande afeição a S. Basílio, que se declarara contra Paulino, o favorito do papa, e favorecera Méleces, seu competidor, para uma sede de bispo.

Damásio devolveu as cartas pelo mesmo portador, encarregando-o de dizer aos bispos que lhes ordenava que seguissem à letra o formulário que ele prescrevia. Basílio, descontente com aqueles ares de altivez, rompeu todas as suas relações com o pontífice e manifestou em grande número de cartas a sua indignação contra a Santa Sé.

O Egito permanecera em paz durante toda a vida de Santo Atanásio, que exercia há 46 anos as funções episcopais na cidade de Alexandria. Como o bispo entrava numa idade avançada, pediram-lhe os fiéis que designasse um sucessor, e ele nomeou Pedro, homem venerável, estimado por todos em virtude da sua grande piedade. Por essa ocasião, o pontífice romano escreveu ao novo prelado cartas de comunhão e de consolação, que lhe remeteu por um diácono. O prefeito de Alexandria, receando que Damásio procurasse a aliança do bispo para reacender as antigas contendas religiosas, mandou prender o enviado do papa; fez-lhe atar as mãos atrás das costas, ordenando que o flagelassem publicamente com pedradas e açoites. Depois do suplício, o infeliz diácono, inundado ainda em sangue, foi embarcado e conduzido às minas de cobre de Penésia. Pedro, receando por si próprio, fugiu durante aquela execução e, escapando aos seus perseguidores, embarcou em um navio que o levou a Roma, onde permaneceu perto de cinco anos, na tranquilidade de um retiro honroso e sereno.

Em Roma, o partido de Ursino estava reduzido às últimas extremidades; mas os luciferianos, outros cismáticos, prosseguiram nas suas reuniões criminosas, e a vigilância de Damásio não podia impedir que eles tivessem um prelado, recaindo a escolha em Aurélio. Depois da sua morte, sucedeu-lhe Efésio, e manteve-se na cidade apesar das perseguições do papa.

A facção dos donatistas tinha também o seu bispo: reunia-se fora dos muros da cidade, nas cavernas de uma montanha, o que lhes dera o nome de montenses. Esses heresiarcas receberam dos seus irmãos da África um suposto patriarca romano, que fiel, malgrado seu, aos preceitos do Evangelho, tinha em partilha tão somente a humildade e a pobreza.

Depois de muitos anos de espera, Pedro de Alexandria, que fora expulso da sua sede pela violência dos arianos, foi convocado para assistir a um concílio reunido por Damásio, em que teve a satisfação de ver condenar Apolinário e Timóteo, seu discípulo, que se dizia metropolitano de Alexandria. Até então, a heresia de Apolinário não fora anatematizada, e os seus erros haviam sido tolerados pelos mais santos patriarcas do Oriente, que testemunhavam pela sua pessoa uma profunda veneração.

Depois da morte de Valentiniano I, o antipapa Ursino intrigava sempre para levantar o seu partido e subir ao sólio pontifício. Tinham decorrido três anos naquelas tentativas inúteis; mas, ao final, Damásio resolveu destruir inteiramente os restos daquela facção e, aproveitando o interregno que teve lugar depois da morte de Valens, reuniu uma assembleia em Roma, à qual assistiu um grande número de bispos italianos. Os padres dirigiram uma carta a Graciano e a Valentiniano, suplicando àqueles imperadores que reprimissem o cisma de Ursino; anunciavam-lhes ao mesmo tempo em que tinham decidido que o pontífice romano julgaria os outros chefes do clero, que os simples padres continuariam a estar submetidos aos tribunais, mas que não poderiam ser nunca aplicados às torturas da questão.

Os príncipes responderam favoravelmente à súplica do concílio por um escrito dirigido ao prefeito Aquilano. Ordenaram aos vigários de Roma que executassem as ordens que recebessem do papa, que expulsassem os hereges da cidade santa e do território das outras províncias. Desse modo, concedendo os imperadores ao concílio de Roma tudo quanto ele solicitara, acharam-se despojados de uma parte da sua autoridade, da qual investiram o pontífice Damásio. Nos séculos seguintes, veremos o orgulho dos sucessores do bispo de Roma elevar-se até a audácia, até a demência, e a infâmia dos príncipes descer até a degradação!

Naquela época, as frequentes irrupções dos alemães na Gália obrigaram Graciano a voltar ao Ocidente, onde estabelecera a sede do seu império, abandonando

Teodósio, a Ilíria e o Oriente. Os dois imperadores foram igualmente favorecidos pela fortuna. Graciano contra os alemães, e Teodósio contra os povos que habitavam as margens do Danúbio. Esse príncipe, tendo derrotado os seus exércitos, obrigou-os a pedirem a paz. Os historiadores sagrados sustentam que se dirigiu em seguida à Tessalônica, onde caiu gravemente enfermo. Os padres apressaram-se em instruí-lo na religião cristã, e Ascálio, bispo daquela cidade, administrou-lhe o sacramento do batismo, que lhe promoveu uma cura milagrosa.

Mas, se a religião se firmava e robustecia-se no Oriente pela conversão de um príncipe ilustre, no Ocidente estava ameaçada dos maiores perigos pela heresia dos priscilianistas. Marcos, egípcio de Mêmfis, chefe daquela nova doutrina, viera à Espanha pregar os seus dogmas ímpios, e a sua eloquência arrastara para o cisma o reitor Elpídio e uma mulher de alto nascimento chamada Agapa. A nova convertida, pela influência da sua posição, da sua fortuna e da sua beleza, atraiu um grande número de sectários e, entre eles, o nobre e célebre Prisciliano, cujo nome adotou a seita. Descendente das primeiras famílias do estado, esbelto, eloquente, instruído, sóbrio e desinteressado, Prisciliano tinha todas as qualidades de um reformador, e a sua energia tornava-o apto para suportar as perseguições que, em todos os Estados, são a recompensa dos apóstolos dos povos.

A sua doutrina foi abraçada por uma numerosa multidão na nobreza e no exército; as mulheres, sobretudo, ávidas da novidade e vacilantes na sua fé, reuniam-se em massa em torno dele. Prisciliano ensinava os erros dos maniqueus e dos gnósticos: afirmava que as almas eram parcelas da essência do próprio Deus; que desciam voluntariamente à Terra, atravessando a imensidade dos céus, e que o Grande Arquiteto do Universo as colocava em diferentes corpos para combaterem o princípio mau. Segundo ele, os homens estavam ligados a diversas estrelas fatais, e os seus corpos dependiam dos 12 signos do Zodíaco; finalmente fazia reviver todos os sonhos e fantasias dos astrólogos. Não reconhecendo a Trindade, afirmava, com Sabélio, que o Pai, o Filho e o Espírito Santo eram o mesmo Deus sem distinção alguma real das pessoas. Os seus dogmas diferiam daqueles dos maniqueus, em que não renegava completamente o Antigo Testamento e explicava as suas passagens mais licenciosas por alegorias castas; admitia com livros canônicos muitas obras apócrifas; proibia aos discípulos de comerem o que tivera vida, como sendo uma alimentação imunda, e por ódio à geração anatematizava os casamentos, dizendo que a carne não era obra de Deus, mas sim dos anjos maus.

Nessa religião, os homens e as mulheres reuniam-se à noite e oravam, inteiramente nus, para mortificar o corpo. A máxima de Prisciliano era: "Jurai, perjurai, mas não descobrais os mistérios." Por isso os seus inimigos, não podendo convencê-los de crimes reais, serviram-se contra eles dessa fórmula de iniciação e acusaram-nos de praticarem as mais horríveis impurezas, de se servirem dos homens e das crianças para os seus debochres, e de ultrajarem a natureza, mesmo com as suas próprias mulheres. Os católicos afirmavam que os seus sacerdotes, por ódio ao matrimônio, arrancavam das entranhas das mulheres prenhas os fetos meio formados e pisavam-nos, no meio da igreja, em almofarizes de ferro.

Os priscilianistas jejuavam aos domingos, na Páscoa e no Natal, e escondiam-se para não se encontrarem na igreja. Essa heresia espalhara-se pela Espanha e atacara um grande número de bispos, entre outros Justâncio e Salviano, que formaram um partido para sustentar; mas, depois de muitos anos de lutas, os ortodoxos, apoiados pelo príncipe, convocaram um concílio em Saragoça, em que ela foi condenada na ausência dos seus adeptos.

Pelo mesmo tempo teve lugar, por ordem de Graciano, o famoso sínodo de Aquileia. Santo Ambrósio presidiu a essa assembleia e condenou o arianismo; em seguida, examinaram-se as acusações que pesavam sobre o bispo de Roma, sobretudo a acusação de adultério que dois diáconos dedicados a Ursino lhe haviam intentado noutro tempo, a qual fundavam sobre a afeição que as damas romanas consagravam ao Santo Padre. O concílio examinou juridicamente todas as provas de acusação contra Damásio e deu um testemunho autêntico da inocência do papa.

Damásio morreu, afinal, em 11 de dezembro de 384, depois de ter governado a sede de Roma aproximadamente por dezoito anos. Enriqueceu a basílica de S. Lourenço, deu-lhe uma pátena de prata, um vaso cinzelado e cinco cálices, um grande número de coroas, candelabros para as velas, e destinou, para subsídio dessa igreja, casas, terras e alguns banhos públicos. Todas essas riquezas provinham de presentes e heranças das damas romanas.

Sirício

40º Papa

Eleição de Sirício. – Celibato dos padres. – Os frades e os padres deviam ser eunucos. – Corrupção do clero de Roma. – Avareza dos eclesiásticos. – S. Jerônimo chama ao papa uma mulher vestida de escarlate. – Costumes infames do clero. – Doutrina de Joviniano. – Morte de Sirício.

Depois da morte de Damásio, foi eleito Sirício, romano de nascimento, filho de Tibúrcio, apesar das oposições do velho cismático Ursino. Logo que ocupou a Santa Sede, o novo pontífice mostrou que era ambicioso e, para ensaiar o seu poder, ousou fazer novas leis sobre um ponto que o grande concílio de Niceia deixara indeciso, o celibato dos eclesiásticos. Publicou um decreto para excluir do clero aqueles que conservavam com sua mulheres relações íntimas, aplicando injustamente aos padres que se casam as palavras de S. Paulo: "Que aqueles que estão na carne não podem agradar a Deus."

Sirício queria imitar os pagãos, que tinham em grande veneração a pureza virginal; mas estes tinham reconhecido que nenhum homem era capaz de a conservar sem empregar meios extraordinários; e os hierofantes, que eram os primeiros-ministros da religião, entre atenienses, bebiam cicuta para se tornarem impotentes e, logo que eram eleitos ao pontificado, deixavam de possuir os sinais da virilidade.

S. Jerônimo, em um escrito, fazendo falar um estoico chamado Cheremonte, que descreveu a vida dos antigos sacerdotes do Egito, exprime-se nos seguintes termos: "Os seus sacerdotes não tinham comércio algum com as mulheres depois que se ligavam ao serviço divino; para apagar o ardor do desejo, abstinham-se inteiramente de carne e de vinho, e os próprios ministros de Cibele eram todos eunucos". Jerônimo parece insinuar que os padres e os frades, que fazem temerariamente voto de castidade e se obrigam por juramento a conservar uma pureza virginal, deveriam empregar o processo infalível dos ministros pagãos, quando reconhecem que o espírito é impotente para apagar os desejos da carne.

Pouco tempo depois da morte de Damásio, Jerônimo foi obrigado a sair de Roma para voltar à Palestina. A reputação da sua santidade excitara a inveja de muitos membros do clero, e a liberdade com a qual censurava os seus vícios levantara contra ele o ódio sacerdotal. Num pequeno tratado que escreveu sobre o modo de conservar a virgindade, advertiu a virgem Eustóquio, filha de S. Paulo, de "fugir dos hipócritas que disputam o sacerdócio e o diaconato para verem mais livremente as mulheres, para se enfeitarem com mais ricos trajes e perfumarem os seus cabelos. Esses padres malditos, acrescenta ele, usam fulgurantes anéis nos dedos e caminham nas pontas dos pés; todo o seu cuidado é saberem os nomes e a morada das formosas damas e informarem-se das suas inclinações.

"Para que vós não sejais iludida pelas aparências de uma falsa piedade, traçar-vos-ei o retrato de um desses padres que se podem chamar mestres no ofício. Levanta-se ao nascer do sol, e está já ordenada a ordem das suas visitas; procura os caminhos mais curtos; penetra nas câmaras onde dormem as mulheres; admira todos os objetos que vê, queixa-se de não ter outros iguais e obtém-nos à força.

"Há mesmo bispos que, sob pretexto de lançarem a bênção, estendem a mão para receber dinheiro, tornam-se escravos daqueles que lhes pagam e prestam-lhes com assiduidade os serviços mais baixos e mais indignos, para se apoderarem das suas heranças."

Muitos prelados, furiosos por se verem desmascarados pelas críticas de S. Jerônimo, vingaram-se dele com maledicências; censuravam o seu porte, a expressão da sua fisionomia; a sua própria simplicidade era suspeita; finalmente, a calúnia estendeu-se até manchar a sua reputação acerca das mulheres e das virgens, às quais explicava assiduamente a Santa Escritura.

O procedimento exemplar de Jerônimo, a sua grande piedade, deveriam pô-lo ao abrigo de semelhantes suspeitas; mas o povo de Roma estava já prevenido contra os religiosos vindos do Oriente, reputados, com razão, como impostores que procuravam seduzir as donzelas de qualidade. O santo doutor, obrigado a ceder à inveja, deixou a Itália para se subtrair aos pesares que lhes suscitavam e queixou-se amargamente, na sua carta a Marcela, dos ultrajes que sofrera na cidade santa. "Lede, disse ele, lede o Apocalipse, e vereis o que nele se diz dessa mulher vestida de escarlate, que tem na fronte um nome de blasfêmia. Vede o fim dessa cidade soberba. É certo que ela encerra uma igreja santa, onde se veem os troféus dos apóstolos e dos mártires, em que se confessa o nome de Jesus Cristo e a doutrina apostólica; mas a ambição, o orgulho, a grandeza desviam os fiéis da verdadeira piedade.

"Quando eu estava na Babilônia, um dos cortesãos desse espantalho vestido de escarlate quis avançar alguns erros sobre o Espírito Santo; e escrevi a minha obra que dediquei ao papa. Então, o senado começou a gritar contra mim, e todos conjuraram a minha perda. Saí daquela cidade maldita e voltei a Jerusalém; abandonei as cabanas de Rômulo, esses lugares infames, e preferi a estalagem de Maria e a gruta do menino Jesus."

Por esse tempo, um concílio de Roma condenou a heresia de Joviano; esse religioso passara os primeiros anos da sua vida nas austeridades dos conventos, jejuando, vivendo de pão e água, andando descalço, usando um vestuário grosseiro e trabalhando manualmente; mas em seguida saíra do seu mosteiro perto de Milão para vir a Roma, onde espalhou as suas doutrinas. Pretendia ele que aqueles que haviam sido regenerados pelo batismo não pudessem mais ser vencidos pelo demônio; afirmava que as virgens tinham menos merecimento aos olhos de Deus do que as viúvas ou as mulheres casadas; finalmente, ensinava que os homens deviam comer de todas as carnes e gozar de todos os bens que a Divindade lhes concedera.

Joviniano vivia em conformidade com os seus princípios; trajava-se com grande esmero, frisava os cabelos, frequentava os banhos públicos, tinha paixão pelos jogos, gostava das refeições esplêndidas, das iguarias delicadas e dos vinhos finos, como bem o atestavam a sua cor fresca e rosada e a sua gordura. Contudo, gabava-se sempre de ser frade, e guardava o celibato para evitar as consequências funestas do matrimônio. A sua heresia encontrou muitos partidários em Roma: grande número de pessoas, depois de terem vivido muito tempo na continência e na mortificação, adotaram as suas opiniões e abandonaram as austeridades do claustro para voltarem à vida ordinária de cidadãos.

Depois da sua condenação, Joviniano voltou para a cidade de Milão, mas o papa Sirício enviou três padres para junto do bispo, para o instruírem da excomunhão daquele herege, e pedirem-lhe que o expulsasse da sua igreja.

A história não nos diz coisa alguma de particular acerca da vida e das ações de Sirício; supõe-se que morreu no ano 398.

No seu reinado, a reputação de Santo Agostinho começava a espalhar-se por todos os países cristãos, e as numerosas obras que ele escrevera contra os maniqueus e donatistas faziam-no ser considerado já como uma das colunas da Igreja. Era ele então bem diferente desse jovem Agostinho das escolas de Tagasta, sua pátria, que os seus condiscípulos citavam como o mais devasso dos estudantes; porque devemos confessar que a primeira parte da existência do Santo Padre decorreu no meio dos maiores excessos, e que foi tal o seu mal proceder que sua mãe teve de expulsá-lo de casa. Além disso, abraçara as opiniões de Manés sobre o culto da natureza e professava publicamente essa heresia. Finalmente, cansando-se da sua vida agitada, casou e abandonou a África para se dirigir a Milão. Nessa cidade, travou amizade com o venerável Ambrósio, que o converteu à religião cristã e lhe deu o batismo, assim como ao seu jovem filho Adeodato. Alguns anos depois, voltando à África, foi ordenado padre em Hipona, e mais tarde alcançou o bispado dessa cidade. Desde então, mostrou-se intolerante e perseguiu com rigor todos os cristãos que professavam doutrinas diferentes das suas.

Entre as numerosas obras de Santo Agostinho, coloca-se em primeiro lugar o seu tratado sobre o trabalho, em que ele toma por epígrafe as palavras do apóstolo São Paulo: "Que aquele que não quer trabalhar, não coma." Cita-se igualmente o seu livro sobre o batismo; a sua obra sobre a cidade de Deus, ou defesa da Igreja contra os filhos do século; o seu tratado sobre a Trindade, em que ele estabelece a igualdade das três pessoas divinas, e finalmente os seus diferentes opúsculos sobre o pecado original, sobre a alma, sobre a graça e o livre-arbítrio, sobre a predestinação dos santos, sobre a perseverança, etc. Seria difícil enumerar as obras desse Padre da Igreja, porque, segundo o catálogo que Passídio deixou, o seu número eleva-se a mais de mil e trinta. Todos esses escritos foram compostos no intervalo dos quarenta anos que decorreram entre a conversão e a morte de Agostinho.

História Política do Quarto Século

Abdicação de Diocleciano. – As suas opiniões sobre os ministros dos príncipes. – Proezas de Constantino Cloro. – Galero Maximino. – Costumes do tirano Maxence. – Violação das virgens cristãs. – Sofroma apunhala-se para escapar a esse monstro. – Vitória de Constantino. – Maxence cai no Tibre e afoga-se. – Constantino une-se a Lucínio. – Retrato de Constantino. – Suas boas qualidades. – Suas crueldades. – Manda assassinar seu filho Crispo. – Condena Fausta, sua mulher, a ser asfixiada em um banho. – Assassínio de Lucínio. – Os filhos de Constantino repartem entre si o império. – Guerra cruel entre os irmãos. – Desordens atrozes no império. – Magnêncio atravessa o corpo com uma espada. – Decêncio estrangula-se de desesperação. – Proezas de Constantino. – Joviano, o Apóstata. – As suas grandes qualidades elevam-no acima de Constantino. – Joviano, imperador. – Permite o matrimônio com duas mulheres. – Valens é queimado vivo na sua tenda. – Graciano é assassinado. – Valentiniano, restabelecido no trono, é assassinado pelos seus eunucos. – História do reinado de Teodósio.

O cruel Diocleciano, orgulhoso da sua glória depois da derrota de seus inimigos, levou a imprudência a ponto de fazer com que lhe beijassem os pés aqueles que eram levados à sua presença; e foi assaz ímpio para se fazer adorar como um deus. Afinal, compreendeu que aqueles excessos o haviam tornado o objeto do ódio público e resolveu abdicar do poder, receando que a submissão aparente de Constantino e de Galero não fosse impotente para o subtrair à morte violenta de que estava ameaçado pelo povo, que queria castigar os seus amores monstruosos com Maxence e Maximino.

Os remorsos da sua consciência obrigaram-no a abandonar o império e a procurar no retiro um repouso de que estivera privado, enquanto o preocupavam os cuidados do governo. Apesar do seu procedimento tirânico, aquele príncipe exprimia, às vezes, sentimentos bons e dizia com razão: "Que nada há mais difícil do que bem reinar, porque os ministros de que se servem os príncipes só estão de acordo para o atraiçoar; que lhe ocultam ou disfarçam a verdade, a primeira coisa que deviam conhecer, e que, com as suas lisonjas, enganam e vendem os soberanos que lhes pagam para receberem sábios conselhos."

Valério Maximiano, sucessor de Diocleciano, seguindo o seu exemplo, abdicou o império depois de um reinado de dezoito anos, mas, arrependendo-se em breve desse passo, compreendendo que um solitário e um filósofo tinham menos poder que um imperador, abandonou, pois, o seu retiro e voltou a Roma, sob pretexto de ajudar com os seus conselhos seu filho Maxence. Os tempos estavam mudados: o velho imperador, vendo que haviam descoberto o seu desígnio de reassumir o poder, passou para as Gálias, onde se encontrava Constantino, seu genro. Ali forjou uma conspiração que foi descoberta por sua própria filha, Flávia Máxima, e fugiu, para evitar o castigo da sua perfídia. Constantino mandou em sua perseguição emissários que o alcançaram em Marselha e o estrangularam em um cárcere.

Depois da abdicação de Diocleciano e de Maximiano, Flávio, Constâncio Cloro e Galero Maximino, que tinham o título de augustos, repartiram entre si o império. Constâncio Cloro ilustrou o seu reinado por grandes proezas; recuperou a Bretanha, derrotou 60 mil alemães e edificou a cidade de Spira, nas margens do Reno. O seu domínio estendeu-se sobre a Inglaterra, que era conquista sua: sobre a Ilíria, na Ásia, e sobre todas as províncias do Oriente. Esse príncipe amava os homens de letras; era liberal, e por tal modo inimigo do fausto, que à sua mesa serviam pratos de barro, e para os grandes festins de cerimônia, pedia aos seus amigos que lhe emprestassem serviços de prata.

No seu reinado, os cristãos gozaram de uma profunda paz; conta-se mesmo que, tendo publicado um edito pelo qual ordenava aos fiéis que ocupavam empregos no Estado que sacrificassem aos ídolos ou se afastassem, alguns preferiram o exílio aos seus cargos e retiraram-se; mas o príncipe tornou a chamá-los, dando-lhes, em presença da sua corte, o nome de "verdadeiros amigos", e expulsou aqueles que tinham tido a fraqueza de sacrificar aos ídolos, censurando-lhes com aspereza a sua apostasia e acrescentando: "Não, aqueles que não são fiéis a Deus não podem servir com dedicação o imperador." Constâncio Cloro morreu em York, na Inglaterra, depois de ter posto a coroa na cabeça de seu filho Constantino.

Galero Maximino, antes de se elevar ao império, ganhara duas grandes batalhas sobre os persas, e perdera a terceira pela sua imprudência, quando apenas era césar. O primeiro ato do seu poder foi uma declaração de guerra contra aqueles povos; bateu-os, saqueou-lhes os campos, apoderou-se da pessoa do rei Nors com a sua família e, com as suas conquistas, estendeu as fronteiras dos seus Estados até as margens do Tigre.

Para lhe suceder, escolheu os seus dois sobrinhos. Valério Maximino, chamado Daza antes de ser césar, teve em partilha o Oriente; e Flávio Valério Severo obteve a Itália e a África. Algum tempo depois de ter tomado essas disposições, Galero morreu de uma úlcera em que se havia engendrado uma grande quantidade de vermes, que o devoraram quase vivo.

Marco Aurélio Valério Maxence, filho de Marco Aurélio Valério Maximiano, por alcunha, o Velho, tendo sabido que Constantino fora proclamado imperador, fez que lhe dessem o mesmo título em Roma os soldados da guarda pretoriana, aos quais permitiu que violassem as mulheres e degolassem os cidadãos. Esse príncipe, inteiramente dado à magia, não começava empresa alguma sem consultar os oráculos e os adivinhos; sobrecarregava as províncias com tributos extraordinários e despojava dos seus patrimônios os mais ricos habitantes. O vinho, esse licor pérfido que destrói a razão, punha-o em furor: nos seus momentos de embriaguez, dava ordens cruéis e fazia mutilar os seus companheiros de mesa. A sua avareza era insaciável, os seus debochas e as suas crueldades igualavam-se aos de Nero! Não tendo podido vencer a resistência de uma dama cristã chamada Sofrônia, que queria desonrar, mandou soldados para a raptarem de sua casa. Então aquela mulher corajosa, fingindo anuir aos desejos do imperador, pediu somente o tempo necessário para se vestir com o seu melhor traje e entrou em um gabinete. Como ela não voltava, os soldados impacientes arrombaram as portas e encontraram o seu cadáver com um punhal enterrado no seio.

Uma virgem cristã de Antioquia chamada Pelágia, sua mãe e suas irmãs mataram-se igualmente para se livrarem do perigo a que estavam expostas pela impudicícia de Maximino, colega de Maxence.

A guerra foi finalmente declarada entre Maxence e Constantino. Este último aproximou-se de Roma e publicou uma proclamação na qual declarava que vinha não para combater os romanos, mas para libertar a capital de um monstro que mandava massacrar o povo pelos soldados pretorianos.

Pelo seu lado, Maxence procurava assegurar a vitória com operações mágicas; imolava leões em sacrifícios ímpios, mandava abrir o ventre a mulheres prenhes, para pesquisar as entranhas das crianças e consultar os augúrios. Tendo-se os oráculos mostrado desfavoráveis, o príncipe, assustado, saiu do palácio com sua mulher e seu filho, retirando-se para uma habitação particular. Contudo, fez sair de Roma as suas tropas que consistiam em cento e sessenta mil homens de pé e dezoito mil cavaleiros. Tendo o seu exército passado o Tibre, encontrou o de Constantino, forte de oitenta mil homens de infantaria e de aproximadamente oito mil cavalos, e travou-se a peleja.

Ao mesmo tempo, rebentava em Roma uma sedição violenta; o povo, indignado com o procedimento de Maxence, que a superstição e o medo haviam prendido na cidade, dirigiu-se a um circo onde o príncipe dava jogos públicos para celebrar o aniversário da sua elevação ao império, e fez ouvir estes clamores terríveis: "Morte ao tirano! Morte ao covarde e ao traidor! Glória a Constantino, o invencível!"

Maxence, assustado com aqueles gritos de admiração pelo seu rival, fugiu do circo e ordenou aos senadores que consultassem os livros das sibilas. Responderam-lhe aqueles que os livros anunciavam que naquele mesmo dia devia perecer miseravelmente o inimigo dos romanos. Então o príncipe, refutando a vitória como certa, foi reunir-se ao seu exército. À sua saída de Roma, grande número de corujas vieram pousar nos muros da cidade e seguiram-no até o campo de batalha. Esse presságio sinistro, visto por todo o exército, abateu a coragem dos soldados. As fileiras cedem diante das legiões de Constantino; a derrota começa. O próprio Maxence, arrastado pela multidão, alcança a ponte que fizera construir com barcos, e, ou por acaso, ou por traição, os barcos mergulham e ele cai no rio, onde se afoga. Maxence foi vítima das ciladas que armara a Constantino, porque a ponte estava construída de modo que, em uma derrota, quando a atravessassem os inimigos, devia quebrar-se pelo meio e submergi-los no Tibre. O seu corpo foi encontrado no dia seguinte, e cortaram-lhe a cabeça, que foi levada pelas ruas de Roma espetada em um pau.

Constantino, senhor do império, reuniu-se a Licínio, que desposara sua irmã Constância; esses dois príncipes destruíram o exército de Jóvio Maximino, que afetava decorar-se com o título de imperador.

Licínio era filho de um aldeão do país dos dácios; pelo seu valor, elevara-se gradualmente no exército até as primeiras dignidades e fora feito césar pelo imperador Galério. Tornado príncipe, mostrou-se avaro, arrebatado, intemperante, impudico, como se aquele lugar supremo devesse dar todos os vícios, ao mesmo tempo que o poder de os satisfazer. Na sua ignorância extrema, chamava aos homens de letras um veneno, uma peste pública, e mandava-os matar sem que fossem culpados de crime algum.

Em breve, ele próprio se tornou suspeito ao seu colega; por isso, renovou a perseguição contra a Igreja e procurava chamar ao seu partido os pontífices pagãos. Foi vencido pelas tropas de seu cunhado e decapitado.

Depois da derrota e da morte desse homem brutal, Constantino gozou pacificamente da autoridade soberana. Esse príncipe tinha um porte majestoso e a alma grande; era bravo, ousado e previdente nas suas empresas; mas a essas boas qualidades juntava grandes vícios. Não é nosso desígnio entrar nos detalhes de uma vida tão ilustre, e faremos tão somente notar a parcialidade dos amigos ou dos inimigos do primeiro monarca cristão; uns prodigalizaram-lhe elogios exagerados, outros carregaram a sua memória de todos os crimes. A inveja e o ódio forneceram a Juliano, o Apóstata, as cores que empregou para fazer o retrato do seu predecessor; e os padres da Igreja têm dado repetidas vezes louvores excessivos a esse imperador, o primeiro que se declarou protetor da religião cristã.

Constantino merecia realmente o sobrenome de Grande, tomando esse epíteto na sua verdadeira acepção. Que prudência não era necessária para fugir dos escolhos que ele encontrou no império? Que intrepidez para afrontar os perigos! Que valor para atacar e vencer inimigos temíveis pela bravura e pelo número! Que coragem e que sabedoria para empunhar durante mais de trinta anos as rédeas de um império que estava em almoeda! Que habilidade consumada para governar em paz tantos povos diferentes e para assegurar a sua felicidade, submetendo-os a leis equitativas!

O retrato de Constantino, encarado pelo seu lado bom, apresenta-nos brilhantes qualidades, que serviram para melhor fazer aparecer os seus defeitos.

Cristão pouco escrupuloso, só recebeu o sacramento do batismo poucos instantes antes de morrer.

Pai desnaturado, mandou matar seu filho Crispo pela simples acusação de uma madrasta interessada na sua perda.

Esposo inflexível, condenou Fausta a ser asfixiada num banho. Finalmente, político cruel, fez derramar o sangue do jovem Liciniano, príncipe amável, que não participava dos crimes de seu pai Liciano e que era a única consolação da desditosa Constância. Essa última crueldade forneceu uma prova evidente de que o Cristianismo de Constâncio era um reflexo da sua política. Ele precisava de partidários para resistir aos seus inimigos e, como os cristãos estavam dispostos a apoiar os interesses de um príncipe que lhes dava tranquilidade, tomou-os debaixo da sua proteção.

Depois da sua morte, seus filhos repartiram entre si o império. Flávio Cláudio Constantino II teve a Espanha, as Gálias, uma parte dos Alpes, a Inglaterra, a Irlanda, as Órcades e a Islândia; Flávio Júlio Constante, a Itália, a África e as suas ilhas, a Dalmácia, a Macedônia, a Peloponésia ou a Morca e a Grécia; Flávio Júlio Constantino teve a Ásia e a Trácia, e Flávio Delmácio, a Armênia e as províncias que lhe eram vizinhas.

Delmácio foi morto pelos soldados depois de alguns anos de reinado.

Constantino II quis despojar seu irmão Constante das províncias que este possuía; declarou-lhe guerra e enviou as suas tropas para o combater; mas, tendo ele próprio sido surpreendido numa emboscada próximo de Aquileia, foi derrubado do cavalo e ferido com um grande número de golpes mortais.

Tendo notícia daquela vitória, Constante atravessou os Alpes, entrou na Gália e, em dois anos, tornou-se senhor de todas as províncias de seu irmão. Em breve, descurou os cuidados do Estado, entregando-se aos prazeres e aos debouches. Então os oficiais do seu exército da Rétia deram o título de imperador a Maguense. Esse súdito ingrato e rebelde, esquecendo que Constante o cobrira generosamente com a sua couraça para o defender dos soldados que o queriam matar, mandou contra o seu soberano e benfeitor assassinos que massacraram o príncipe na sua tenda de campanha.

Flávio Nepotiano usurpou, por seu turno, o império durante alguns dias; mas o senador Heráclides, que era dedicado aos interesses de Maguense, mandou-lhe pedir uma entrevista secreta na qual o apunhalou, e, tendo-lhe cortado a cabeça, mandou que a mostrassem pelas ruas de Roma.

Flávio Veteranio, pelo seu lado, assumira o título de imperador na Panônia; em seguida, submeteu-se a Constantino, desposou-se voluntariamente da púrpura e recebeu em troca o governo da Bitínia, onde foi tratado, até a sua morte, com as maiores honras.

Flávio Silvano, depois de ter repelido os germanos, que faziam irrupções nas fronteiras das Gálias, quis igualmente fazer-se nomear imperador pelo exército; mas Constâncio corrompeu os seus principais oficiais, que o massacraram em Colônia, depois de um reinado de um mês.

Magnêncio fazia todos os dias novos progressos e avançava para Roma a marchas forçadas. Esse usurpador, monstro de ingratidão, que Santo Ambrósio chama "feiticeiro, Judas, segundo Caim, fúria, demônio", foi batido finalmente numa grande batalha. Constâncio perseguiu-o até Lyon e obrigou-o a atravessar o corpo com sua própria espada. Decêntio, que fora nomeado césar por Magnêncio, pôs igualmente fim aos seus dias, estrangulando-se.

Constâncio Galo, que Constâncio declarara césar, tendo querido entregar-se a atos de crueldade e de insolência para com os vencidos, teve a cabeça cortada por ordem do imperador, que colocou em seu lugar Juliano, seu irmão. Em seguida, declarou guerra aos quades e aos sarmatas, que submeteu às suas armas; mas foi vencido, por seu turno, por Sapor II, filho de Hormidas, que reivindicava a Mesopotâmia e a Armênia. Quando marchava contra Juliano, a quem o exército conferira o título de augusto, foi atacado por uma febre violenta e morreu próximo do monte Taurus, na Mesopotâmia.

Flávio Cláudio Juliano, apelidado o Apóstata, foi eleito imperador; esse príncipe, depois de ter abjurado o Cristianismo, de que fizera profissão nos seus primeiros anos, deu aos pagãos os cargos de magistratura, fechou as escolas dos cristãos e proibiu que se ensinasse às crianças a retórica, a poesia e a filosofia. Os católicos referem que esse príncipe, tendo tido a fantasia de reedificar o templo de Jerusalém para fazer mentir as profecias, foi obrigado a abandonar a sua temerária empresa, porque do solo saíam fogos subterrâneos que destruíam as novas construções.

Muitos historiadores elevaram Juliano acima de Constantino, e afirmam que aquele príncipe tinha o espírito mais brilhante e cultivado do que o seu predecessor. O seu reinado foi de curta duração e terminou pela sua expedição infeliz contra os persas. Em um combate que teve com esses povos, foi ferido por uma flecha envenenada e expirou no campo de batalha. Os padres firmam que a flecha caíra do céu em sinal da cólera de Deus e que Juliano exclamara, arrancando o ferro homicida: "Venceste, Galileu!"

Com esse imperador, extinguiu-se a dinastia de Constantino, dinastia que dera ao Cristianismo um grande protetor e um inimigo temível. Juliano, segundo as diferentes versões dos autores, oferece um dos problemas mais difíceis de resolver em história. Alternadamente humano e sanguinário, inconsequente e sensato, avaro e pródigo, severo e de uma indulgência censurável para os seus favoritos, esse príncipe parecia reunir todos os contrastes. Contudo, os padres cristãos, fazendo pesar na sua memória as mais graves acusações, concordam que era dotado de excelentes qualidades e que os seus defeitos foram a consequência da sua condescendência pelos retóricos. Entre as principais obras de Juliano que nos foram conservadas, citam-se como notáveis uma fábula alegórica, um escrito intitulado: *o Misopogou*, um discurso em honra de Cibele, um outro em honra de Diógenes, e uma coleção de 60 cartas, dentre as quais figura uma longa epístola a Temístio, que é considerada como um dos tratados mais completos dos deveres do soberano para com os povos. Essa última composição é, sem contradição, a mais bem pensada e a de estilo mais elevado. O seu livro dos Césares forma um complemento necessário à história crítica do Império Romano. Juliano condena nele, com finura, os mistérios do Cristianismo e censura Constantino e seus descendentes pela intolerância que haviam mostrado a fim de assegurar o triunfo de uma religião nova. Finalmente, na sua indignação, o imperador filósofo não receia acrescentar que a maior desgraça para os povos é terem confiado os seus destinos nas mãos dos padres e dos reis.

À hora da morte, Juliano designara para seu sucessor Procópio, seu primo; mas os soldados foram oferecer a coroa a Flávio Joviano da Panônia, que, a princípio, recusou essa honra, declarando que sendo cristão não podia comandar senão homens da sua religião. As legiões exclamaram que consentiam em receber o batismo, e ele aceitou o império. Os seus primeiros cuidados foram concluir uma paz de trinta anos com Sapor II, ao qual restituiu cinco províncias que Galério lhe tomara, obrigando-se a não socorrer Arsece, o Armênio. Em seguida ocupou-se dos interesses da religião, publicou decretos terríveis contra os judeus e proibiu-os de exercer publicamente o seu culto. Esse príncipe anulou os éditos dos seus predecessores, restabeleceu Santo Atanásio e os bispos banidos por Constantino ou por Juliano, e restituiu aos fiéis e às igrejas os bens, as honras, as rendas e os privilégios que lhes haviam sido roubados.

Todas essas belas ações mereceriam certamente as honras da santidade, se nos primeiros tempos do Cristianismo houvesse o hábito dessas apoteoses. O príncipe morreu subitamente, depois de um reinado de sete meses, e a Igreja esqueceu-se, com o andar dos tempos, de o canonizar. Flávio Valentiniano, filho de Graciano, o Cordoeiro, que vendia redes perto de Belgrade, foi eleito imperador pelos soldados, depois da morte de Joviano; a sua força era tão extraordinária que derrubava cinco dos homens mais robustos do seu exército. Durante o seu reinado, foi publicada uma lei que permitia o matrimônio com duas mulheres. Esse príncipe morreu de apoplexia.

Valens, seu primo, que ele associara no governo, venceu o tirano Procópio, parente de Juliano, o Apóstata, e alcançou uma grande vitória sobre Athanaric, rei dos godos; mas, tendo-o arrastado sua mulher para o arianismo, perseguiu os fiéis, que o fizeram queimar na sua tenda, pelos soldados.

Depois da sua morte, coube a coroa a Flávio Graciano, filho de Valentiniano Iede Severa; esse príncipe, discípulo do poeta Ansone de Bordéus, partilhou o império com o jovem Valentiniano. Era generoso, sóbrio e laborioso; a princípio, fez com sucesso a guerra aos alainos, aos hunos e aos godos: em seguida, adormeceu na ociosidade, abandonou aos seus cortesãos os negócios do governo para se entregar sem reserva aos prazeres, à caça e aos debouches. Então Magno Máximo, que queria apoderar-se da soberania das ilhas britânicas, aproveitou a imprevidência de Graciano e mandou-o assassinar.

Valentiniano II teve de sustentar uma guerra terrível contra o tirano Máximo, que passou os Alpes, e obrigou-o a refugiar-se na Tessalônica e mesmo no Oriente.

Teodósio fez parar aquele inimigo perigoso: ofereceu-lhe, perto de Milão, uma batalha na qual Máximo foi morto, e restabeleceu Valentiniano no trono. Esse príncipe não gozou do poder por muito tempo; terminou miseravelmente os seus dias em Viena, no Delfinado, onde foi estrangulado pelos seus eunucos, que o enforcaram para fazer supor que se matara de desesperação.

Valentiniano e Teodósio, para chamarem a si o clero e firmarem a sua autoridade, publicaram leis que proibiam oferecer sacrifícios aos falsos deuses, abrir os templos dos pagãos, conservar os ídolos ou mesmo queimar incenso em honra dos deuses penates.

Em toda a duração do seu reinado, Teodósio não teve outros pensamentos senão tornar felizes os seus súditos e fazer honrar a Divindade pelo culto da verdadeira religião. Esse príncipe, elevado ao trono pelo seu mérito, teve a felicidade de levantar o império quando estava próximo da sua queda; e não somente teve valor bastante para conquistar os seus Estados, mas ainda, o que é mais glorioso, tendo-lhe a fortuna entregado um outro império, teve a grandeza de alma de o dar ao jovem Valentiniano; finalmente, a sua vida é cheia de ações generosas, e os seus atos de fraqueza, tendo origem na bondade do seu coração, realçam ainda o brilho das suas virtudes.

Quinto Século

Anastácio I

41º Papa

Ordenação de Anastácio. – Duas mulheres célebres pela sua beleza, Melânia e Marcela, excitam um cisma na Igreja. – História de Rufino de Aquileia e de Melânia. – Rufino é perseguido por Marcela, que o faz excomungar-se pelo pontífice. – Morte de Anastácio.

Poucos dias depois da morte do papa Sirício, foi eleito Anastácio I, romano de nascimento.

À sua elevação à Santa Sede, a Igreja estava perturbada pelos erros de Orígenes, e duas damas de um nascimento ilustre, Melânia e Marcela, dividiam os fiéis em duas facções inimigas.

Rufino, padre de Aquileia, que vivera aproximadamente vinte e cinco anos em Jerusalém com Melânia, viera a Roma, a fim de publicar uma versão latina da *Apologia* de Orígenes, atribuída ao mártir S. Panfílio. Em seguida, publicara uma carta para demonstrar que as obras de Orígenes haviam sido falsificadas e que a sua nova tradução, intitulada *Periarchon* era a única exata. Depois de ter propagado as suas doutrinas, Rufino retirara-se para a cidade de Aquileia, sua pátria, com uma carta de comunhão que o papa Sirício lhe concedera sem dificuldade. Mas, no reinado de Anastácio, uma dama romana chamada Marcela, furiosa contra Rufino, que desprezara os seus favores, denunciou ao pontífice as doutrinas do padre filósofo. Acusaram-no de ter propagado os erros de Orígenes; apresentaram a sua tradução do livro dos Princípios, e como ele não pusera o seu nome na obra, os seus inimigos lançaram mão dos exemplares emendados pela sua mão. Rufino, advertido do que se tramava contra os seus escritos, recusou mesmo responder ao pontífice e ficou em Aquileia.

Anastácio, S. Jerônimo e os outros adversários de Rufino, apesar dos protestos dos seus discípulos e da ortodoxia da sua profissão de fé, condenaram-no para satisfazer às exigências de uma cortesã. O reinado de Anastácio decorreu por entre as contendas teológicas dos donatistas com os católicos da Igreja de Cartago. O Santo Padre morreu em 27 de abril de 402, depois de quatro anos de pontificado.

Inocêncio I

42º Papa

Eleição de Inocêncio. – Vitória de Stilicon. – Cisma na Igreja do Oriente. – O papa toma a defesa de S. João Crisóstomo. – Celibato dos padres. – Incontinência dos frades. – Reflexões sobre as vítimas dos claustros. – Cartas sobre o negócio de S. Crisóstomo. – Violências exercidas contra os frades e contra as virgens.-O papa escreve ao imperador Honório. – Os deputados são despedidos vergonhosamente. – Vigilâncio declara-se contra o celibato dos padres; censura a avareza dos papas. – Os frades tornam-se o flagelo das nações. – Morte de S. Crisóstomo. – Primeiro cerco de Roma por Alarico. – O papa autoriza os senadores a fazerem sacrifícios aos falsos deuses. – Segundo cerco de Roma. – Vitória de Honório. – O imperador recusa uma satisfação justa ao rei godo. – Tomada e saque de Roma. – O papa abandona covardemente o seu rebanho. – Volta a Roma. – Nascimento do pelagianismo. – Sátira contra os frades. – Celéstio e Pelágio na Palestina. – Velhacaria de Santo Agostinho. – Pelágio dirige a sua primeira epístola a uma formosa dama que fazia profissão de virgindade. – Tratado das forças naturais do homem. – S. Jerônimo e Santo Agostinho refutam Pelágio. – Caráter violento de Santo Agostinho. – O concílio de Dióspolis aprova as doutrinas de Pelágio. – Virgens violadas. – Ambição dos papas. – Concílio de Cartago. – Resposta do pontífice. – É acusado de favorecer a heresia. – Decretos de Inocêncio. – É falso que ele se atrevesse a excomungar o imperador Arcádio e a imperatriz Eudóxia. – Morte do papa. – Seu caráter. – Seduções empregadas pelos padres para obterem heranças.

Inocêncio I era da cidade de Albano, perto de Roma; depois da sua elevação à Santa Sede, os godos, que ameaçavam a Itália de uma desolação assustadora, foram repelidos por Stilicon, que alcançou sobre esses povos uma brilhante vitória.

Livres do receio dos bárbaros, os padres recomeçaram as lutas religiosas e, em breve, novos cismas se declararam na Igreja do Oriente. Teófilo, bispo de Alexandria, auxiliado pelo imperador, depusera S. Crisóstomo, patriarca de Constantinopla, e, dando notícia disso ao papa, recusara-se a explicar os motivos da excomunhão. Inocêncio recebeu igualmente uma carta de Crisóstomo, instruindo-o de tudo quanto se passara no primeiro sínodo, que pronunciara a deposição, e na segunda assembleia, em que fora condenado à proscrição.

O papa acolheu com grandes honras os deputados do patriarca e os de Teófilo; mas, para não comprometer a dignidade da sua sede numa questão tão importante, adiou o exame desse negócio para o próximo concílio dos bispos do Oriente e do Ocidente.

Atribuem-se ao Santo Padre muitas decisões sobre o celibato dos padres, proibindo aos eclesiásticos terem relações carnais com suas mulheres, e ordenando aos frades que vivessem na continência; mas a natureza é mais forte que as leis dos homens, e as bulas do pontífice, bem como os decretos dos seus sucessores, serão sempre impotentes para pôr termo às desordens dos ministros e aos debochas dos conventos.

Nos seus regulamentos, Inocêncio proíbe que se confiram ordens eclesiásticas aos oficiais do imperador ou às pessoas que desempenham cargos públicos; ordena aos padres que neguem a penitência às virgens consagradas solenemente a Deus, quando quiserem contrair os laços do matrimônio. "Se uma mulher, diz o Santo Padre, em vida de seu marido, desposar um outro, é adúltera e repelida da Igreja; deve observar-se o mesmo rigor com aquela que, depois de se ter unido com um esposo imortal, passar às núpcias humanas. E é uma decisão tão ridícula que devemos a escravidão dos conventos!"

Contudo, os pontífices admitiam reclamações contra os votos arrancados pela violência; mas as desgraçadas vítimas, para serem desligadas do seu juramento, deviam oferecer ao Santo Padre presentes e dinheiro. Nessa época, a importância das somas que se enviavam a Roma fazia admitir ou rejeitar as queixas mais legítimas; hoje, as nações mais esclarecidas reconheceram que os votos do celibato podem ser infringidos mesmo sem autorização dos papas, e o exemplo dos nossos padres prova que ninguém se pode dispensar de obedecer às leis da natureza.

Inocêncio parecia ter esquecido as querelas dos orientais, quando recebeu uma carta de 25 bispos que sustentavam a causa de Crisóstomo; e ao mesmo tempo chegaram a Roma Domiciano e Valago, encarregados de submeter ao Santo Padre as queixas das igrejas da Mesopotâmia. Os dois padres deram-lhe conta dos atos de violência exercidos por Optato, prefeito de Constantinopla, contra Olimpíada e Pentádia, mulheres de grande nascimento e de famílias consulares; traziam também consigo frades e virgens que mostravam nas costas os sinais dos açoites.

O pontífice, tocado dos seus males, escreveu ao imperador Honório, pedindo-lhe que ordenasse a reunião de um concílio para pôr termo às cruéis dissensões que dilaceravam a Igreja.

Os deputados do papa e dos bispos da Itália dirigiram-se para Constantinopla, a fim de entregarem os seus despachos nas mãos do príncipe; mas os inimigos do patriarca tornaram a deputação odiosa, acusaram Inocêncio de os querer caluniar, e fizeram expulsar vergonhosamente os embaixadores.

Durante o ano 406 apareceu a primeira obra de Vigilâncio, padre erudito, versado no conhecimento das Escrituras Sagradas, cheio da sã leitura dos autores profanos, e juntando a uma instrução profunda uma eloquência que arrastava as massas. Declarava-se abertamente contra os abusos introduzidos na religião, censurava o celibato dos eclesiásticos, condenava o culto das relíquias, chamava cinerários e idólatras aqueles que as veneravam, e tratava de superstição pagã o uso de acender velas em honra dos santos.

Nos seus escritos, Vigilâncio sustentava que os fiéis não deviam orar pelos defuntos, convidava os fiéis a não enviarem esmolas ao papa e a não vender os seus bens para os dar aos pobres, pretendendo que valia mais guardá-los e distribuir por eles o rendimento; condenava a vida licenciosa dos claustros e opunha-se à celebração das missas noturnas nas igrejas, onde se praticavam impurezas sacrílegas.

Esse homem admirável, que ousava fazer ouvir uma linguagem tão firme num século de escravidão e de fanatismo, não pôde abolir nenhuma das práticas ridículas introduzidas pela avareza e pela ambição dos frades, que se multiplicavam em todas as nações, das quais se tornaram, depois, o mais horrível flagelo.

Em 14 de setembro do ano 407, S. Crisóstomo morreu em Comania, mas esse acontecimento não conseguiu terminar as dissensões das Igrejas do Oriente e do Ocidente.

No princípio do ano 408, o temível Alarico fez propor um tratado de aliança ao imperador Honório, mas, tendo sido rejeitadas as suas propostas, os godos aproximaram-se de Roma, puseram-lhe cerco e bloquearam-na por mar e por terra, para impedir que recebesse víveres.

Os habitantes, dizimados pela fome e pela peste, soltavam queixas lamentáveis e queriam que se abrissem as portas ao vencedor. Nessas extremidades, os senadores julgaram necessário sacrificar no Capitólio e nos outros templos para reanimar a coragem do povo. Foi consultado Inocêncio, que, dando o exemplo de um nobre desinteresse, preferiu a salvação da cidade à observação rigorosa da fé cristã e permitiu que se fizessem sacrifícios públicos em honra dos antigos deuses!

Os sacrifícios pagãos foram tão inúteis como as procissões religiosas, e houve de pensar nos meios de acalmar Alarico. Parlamentaram com ele, concordando comprarem a paz a troco de um resgate de 5 mil libras de ouro, 30 mil libras de prata, 4 mil túnicas de seda, 3 mil peças tingidas de escarlate e 3 mil libras de pimenta. Essa contribuição foi lançada sobre as fortunas dos cidadãos, porque não existia tesouro público. Para completar as somas exigidas pelo bárbaro, foi necessário despojar os templos dos ídolos e fundir as estátuas de ouro e de prata. Os romanos prometeram, além disso, fazer concluir uma aliança com o imperador.

O rei dos godos tendo levantado o cerco, veio até Rimini para se entender com Honório e propor-lhe a paz com condições vantajosas; Jóvio, prefeito do pretório de Itália, encarregado de conferir com Alarico, rompeu a negociação, recusando-lhe o comando geral dos exércitos do imperador.

O senado, receando as consequências daquela ruptura, enviou uma embaixada solene ao rei godo: mas Inocêncio, chefe da deputação, não podendo obter coisa alguma do monarca irritado e temendo os efeitos da sua vingança, foi refugiar-se em Ravena, junto de Honório, e abandonou o seu rebanho à raiva do vencedor.

Alarico veio pôr cerco, pela segunda vez, à cidade santa e, tornando-se senhor do porto, obrigou os romanos a declararem imperador Atala, prefeito da cidade. O novo césar, orgulhoso com sua fortuna, não consultou mais o sábio Alarico; enviou para a África um general chamado Constante, encarregado de fazer reconhecer a sua autoridade, sem lhe dar as forças necessárias para sustentar as suas pretensões. Ele mesmo, iludido com vãs esperanças, marchou para Ravena. Honório, assustado, enviou-lhe os seus primeiros oficiais; oferecendo reconhecê-lo por seu colega: mas Atala repeliu severamente os embaixadores, ordenando ao imperador que escolhesse uma ilha ou designasse uma província para se retirar.

Honório mandara já dispor os seus navios e esperava unicamente um vento favorável para fugir para junto de seu sobrinho Teodósio, quando recebeu do Oriente um socorro inesperado. Ao mesmo tempo, Atala soube a notícia de que Constante fora derrotado por Heráclio, governador da África, e que a frota dos inimigos guardava tão bem os portos de Rana que era impossível introduzir víveres na cidade. Então, retrocedeu para defender a sua capital; mas o rei godo, irritado com a ingratidão com que ele pagara os seus benefícios, reconciliou-se com Honório e despojou o seu protegido da púrpura imperial, depois de um ano de reinado.

Alarico dirigiu-se, em seguida, para os Alpes e aproximou-se a três léguas de Ravena, para mostrar que desejava sinceramente a paz. Anunciou que não pedia já grandes províncias nem o comando dos exércitos do imperador, mas somente uma pequena soma de dinheiro, uma certa quantidade de trigo para alimentação das suas tropas e duas pequenas províncias nas extremidades da Alemanha, que não pagavam tributo algum ao império e estavam expostas às invasões dos bárbaros.

Honório, cedendo a maus conselhos, recusou-se ainda a conceder-lhe essa satisfação; o rei, furioso por aquele novo insulto, veio pôr cerco pela terceira vez a Roma; tomou a cidade por traição em 24 de agosto de 410 e entregou-a ao saque dos seus soldados; a igreja de S. Pedro foi a única poupada por ordem do vencedor. Mas o pontífice, que previra as desgraças da cidade santa, abandonou pela segunda vez covardemente a sua sede e foi refugiar-se em Ravena, junto do imperador.

O saque durou três dias; em seguida, Alarico saiu de Roma e passou pela Campânia, onde as suas tropas pilharam Nole. Depois de ter devastado toda aquela parte da Itália, o rei dos godos morreu em Cosenza, voltando de Régio. Seu cunhado Ataúlfo, tendo-lhe sucedido, passou mais uma vez por Roma, que saqueou de novo. A maior parte dos habitantes viu-se então reduzida a uma deplorável indigência; quase todos os cristãos foram dispersados e obrigados a procurar um refúgio nas ilhas vizinhas da Toscana, na Sicília, na África, no Egito, no Oriente e na Palestina.

Inocêncio voltou para a sua sede quando o perigo desapareceu, e soube aproveitar habilmente a desolação geral para extinguir os restos do culto dos ídolos e firmar a sua autoridade espiritual. Expulsou da cidade os novacianos e perseguiu com extremo rigor os infelizes hereges.

O boato da conferência havida em Cartago em 411, entre os ortodoxos e os donatistas, atraíra à África Pelágio e Celéstio, dois religiosos da Grã-Bretanha, que haviam, por longo tempo, habitado a Itália. Celéstio era de um caráter aberto e franco; Pelágio, pelo contrário, era astuto, político, amando os prazeres e os bons manjares como todos os frades de quem Jerônimo fazia a crítica nos seguintes termos: "Tratam do corpo com solícito cuidado, e, contudo, o cristão deve estar em guerra com a carne; mas talvez que o façam eles para obedecer ao preceito do Evangelho que ordena amar aos seus inimigos!"

Celéstio foi reunir-se ao seu amigo Pelágio na Palestina, onde as suas obras eram acolhidas favoravelmente. O conde Marcelino, governador da província, quis fazer examinar a sua doutrina e dirigiu-se a Santo Agostinho. O bispo de Hippone respondeu com esta proposição capciosa: "Sim, o homem pode ser sem pecado mediante a graça de Deus, mas não o concede nunca." O frade inglês ensinava a mesma doutrina, afirmando que Deus podia conceder essa graça aos seus eleitos: assim, a diferença das duas opiniões consistia numa questão de palavras. Mas, receando atrair sobre si aquele adversário terrível, escreveu a Santo Agostinho uma carta cheia de protestos sobre a ortodoxia da sua fé e prodigalizou-lhe os mais exagerados louvores. O santo bispo, lisonjeado na sua vaidade, recebeu-o na sua comunhão.

Pelágio não publicara ainda senão um pequeno comentário sobre as Epístolas de S. Paulo e uma carta dirigida a uma formosa dama, chamada Demétria, que fazia profissão de virgindade. Esse documento havia sido atribuído a S. Jerônimo ou a Santo Agostinho, tão sutil era o veneno dos seus erros.

Mas, quando ele publicou o seu tratado "Das forças naturais do homem, para levantar os direitos do franco arbítrio", uma reprovação geral acolheu o ousado inovador. S. Jerônimo refutou-o com os seus diálogos, e Santo Agostinho acumulou montanhas de volumes contra a nova heresia.

Tendo pedido Pelágio para justificar a sua doutrina perante um concílio, reuniram-se 14 bispos em Dióspolis, na Palestina, e, depois de tomarem conhecimento de todos os artigos contestados, os padres publicaram o decreto seguinte: "Satisfeitos com as declarações do frade Pelágio, que confessa a santa doutrina e condena que é contrário à fé da Igreja, declaramos que está na comunhão eclesiástica e católica."

Teodoro de Mopsueste, célebre pelo seu profundo saber e elevado juízo, era no Oriente um dos mais poderosos protetores de Pelágio; e João, bispo de Jerusalém, favorecia igualmente a nova doutrina. Então, para tornar os pelagianos odiosos,

S. Jerônimo fez pesar sobre eles uma acusação atroz. Escreveu ao papa que o seu bando furioso o atacara num mosteiro a que haviam lançado fogo depois do saque, e que ele próprio fora obrigado a refugiar-se numa torre fortificada, onde muitas virgens tinham sido violadas.

O pontífice dirigiu uma longa epístola a João de Jerusalém para lhe designar o autor daquelas violências e fazê-las cessar com a sua autoridade. Escreveu também a S. Jerônimo uma carta de conciliação, convidando-o a apresentar essa acusação à sua sede, para que ele lhe pudesse dar juízes. Essa carta é uma prova convincente da ambição dos papas, que não deixavam escapar ocasião alguma de usurpar novos direitos na Igreja.

Segundo o costume, os bispos da província da África reuniram-se em Cartago para o concílio anual. Os padres, cedendo às solicitações do bispo de Hipona, decidiram que Pelágio e Celéstio seriam anatematizados, a fim de que o receio da excomunhão fizesse reconsiderar aqueles que haviam sido enganados. O concílio quis, em seguida, fazer conhecer ao papa o julgamento que pronunciara para lhe dar mais solenidade com a autoridade da sede de Roma, e foram enviadas ao papa cartas sinodais, assim como os escritos dos prelados Heros e Lázaro.

O sinódio dirigido por Santo Agostinho refutava sumariamente os principais erros atribuídos a Pelágio e terminava a sua bula de excomunhão nos seguintes termos: "Ordenamos que Pelágio e Celéstio reneguem essa doutrina e os escritos produzidos para sua defesa, apesar de que não tenhamos podido convencê-los de mentira; porque nós anatematizamos em geral aqueles que ensinam que a natureza humana pode bastar para evitar o pecado e aqueles que se mostram inimigos da graça."

Esse anátema não podia ferir Pelágio, que, pelo contrário, supunha a necessidade da graça para viver sem pecado.

Mas Santo Agostinho, arrastado pelo ardor da disputa, lançara-se num sistema errôneo e descobrira a fraqueza da ciência teológica.

O papa respondeu às cartas sinodais do concílio; fazia grandes elogios aos bispos pelo vigor com o qual tinham condenado o erro e pelo respeito que testemunhavam à Santa Sede, consultando-o acerca do que tinham decidido. Acrescentava, com um orgulho intolerável, que se tinham conformado às leis da Igreja, que ordenavam submeter ao sucessor de S. Pedro todas as causas eclesiásticas antes de as julgar definitivamente, nas províncias.

"Os africanos repeliram aquela pretensão do bispo de Roma; declararam que não lhe escreviam para lhe dar o direito de sancionar o que eles tinham decidido, mas somente para lhe pedir que aprovasse o que eles tinham feito, como uma coisa que não podiam recusar sem se tornarem suspeitos de heresia."

E, com efeito, haviam acusado Inocêncio de favorecer Celéstio e, para dissipar as suspeitas, ele respondeu numa segunda carta que detestava os erros daqueles hereges, declarando que aprovava os bispos da África que os tinham condenado, e juntava o seu sufrágio ao deles. Em seguida, o Santo Padre publicou várias decretas sobre a necessidade da graça de Jesus Cristo, que não era negada por pessoa alguma; por isso que se deduzia a opinião contrária dos escritos de Pelágio e de Celéstio, por consequências que os dois religiosos denegavam. Fulminou anátemas sobre os hereges que pretendiam não ter necessidade da graça de Deus para praticar o bem, declarando-os indignos da comunhão dos fiéis e separando-os da Igreja como membros nocivos. Acrescentava, contudo, que se eles quisessem reconhecer os seus erros e admitir a graça de Jesus Cristo, convertendo-se sinceramente, era do dever dos bispos auxiliá-los e não recusar a comunhão da Igreja àqueles que caíram no pecado.

Conservamos um grande número de decretais do pontífice a diversos bispos da Itália, mas ignoram-se-lhes as datas; uma delas, dirigida a Félix, bispo de Nocera, é relativa às ordenações. O Santo Padre declara que a mutilação de um dedo ou de outra parte do corpo não torna irregular senão quando é involuntária. A segunda é dirigida a Florêncio, bispo de Tibur, acusado de ter invadido o território do seu vizinho; o papa convidava-o a ir a Roma depois das festas da Páscoa para fazer julgar as suas pretensões. Numa outra decretal, Inocêncio decidia que um segundo matrimônio, contraído durante o cativeiro da primeira mulher, devia ser declarado nulo quando ela voltasse para junto de seu marido.

E quanto à carta apócrifa dirigida ao imperador Arcádio, é evidente que foi fabricada pelos frades para apoiar a fábula da excomunhão do imperador e da imperatriz. O autor dessa carta supõe que a imperatriz Eudóxia vivia ainda depois da morte de S. Crisóstomo; mas está demonstrando que ela morrera pouco tempo depois do exílio daquele santo bispo. Além disso, os papas, naquela época, não teriam ousado excomungar os príncipes, com receio do castigo que se seguiria a essa temeridade.

Santo Inocêncio governara a Igreja de Roma e dera leis a todas as outras igrejas durante perto de quinze anos, quando morreu em 12 de março de 417.

Esse papa, hábil em todas as leis eclesiásticas, sabia invocar as tradições em uso para fazer novos regulamentos, e mostrou-se constantemente cioso da grandeza da Igreja de Roma, e muito preso às prerrogativas da sua sede. As suas obras eram escritas com elegância, apesar de se servir de expressões um pouco bárbaras. Sabia dar uma forma sutil aos seus pensamentos e aos seus raciocínios que nem sempre eram judiciosos; por isso, escrevia tão somente a pessoas ignorantes que admitiam os seus princípios falsos.

Dedicou em honra de S. Gervásio e S. Protásio uma igreja edificada em virtude do testamento de uma mulher ilustre chamada Vestina, que fora seduzida pelos padres. Essa basílica encerrava um grande número de vasos de prata e de ouro; o batistério era ornado com um jarro de prata que deitava a água, e sobre o altar-mor estava colocado um vaso de ouro maciço guarnecido de pedras preciosas para a santa crisma, e um outro de ágata para o óleo dos exorcismos. O peso dos vasos de prata elevava-se a 448 libras romanas, que valem aproximadamente 590 marcos. Havia, além disso, naquele tempo, 36 candelabros grandes de cobre, do peso de 960 libras, e um grande número de candelabros de prata. As rendas votadas aos serventuários daquela igreja em bens rústicos e urbanos subiam a somas consideráveis.

No pontificado de Inocêncio, celebravam-se ainda no Ocidente as festas da Páscoa em épocas irregulares, o que deu lugar a um milagre dos mais singulares. "Existia na Sicília, diz a lenda, uma pobre aldeia chamada Meltines, cujas fontes batismais se enchiam por si mesmas todos os anos, na noite da Páscoa, e se despejavam no dia seguinte, depois de batizados os neófitos, sem que se pudesse verificar como aparecia e desaparecia a água, visto que nas fontes não havia nem orifício nem canal algum. Mas, no ano 417, esperou-se em vão a água milagrosa, que não apareceu no dia indicado para as festas da Páscoa, o que fez ver que os ocidentais se haviam enganado nos seus cálculos."

Zózimo

43º Papa

Eleição de Zózimo. – Tendência dos bispos de Roma para exercerem autoridade sobre as outras igrejas. – Zózimo condena os acusadores de Celéstio. – Recebe Pelágio na sua comunhão. – Inconstância do papa. – Condena aqueles que tinha absolvido, e absolve aqueles que tinha condenado. – Persegue os pelagianos. – Quer exterminá-los. – Zózimo é convencido de uma impostura criminosa. – Sua morte. – Os padres fazem dele um santo.

Zózimo, sucessor de Santo Inocêncio, era grego de nação e filho de um sacerdote chamado Abraão. Apesar de muito idoso, soube aproveitar habilmente ocasiões de aumentar a sua autoridade e de estender os direitos da sua Igreja, nas suas discussões com os bispos das Gálias.

Celéstio, depois da sua condenação pelo concílio de Cartago, apelara para o papa Inocêncio; os africanos haviam-se inquietado pouco com aquele passo irregular, e o próprio Celéstio, não dando à sua apelação uma grande importância, passou à Palestina. Mas Pelágio, mais astuto, não se desesperou de ter Roma a seu favor, lisonjeando a ambição do pontífice.

Inocêncio tinha morrido, e Zózimo sucedera-lhe; instruído por Pelágio da notícia daquela mudança, Celéstio, expulso de Constantinopla, correu ao Ocidente na intenção de ganhar as boas graças do novo papa, aceitando-o por juiz da sua causa. Zózimo, encontrando a ocasião de engrandecer a sua influência e de atrair a si a apelação das causas, escutou favoravelmente Celéstio e consentiu em receber a sua justificação, esperando, além disso, que aquele religioso, de um espírito ousado, pudesse auxiliá-lo no seu ódio contra os africanos, que ele queria humilhar. Declarou Celéstio bom católico, condenou

Heros e Lázaro, que se haviam tornado acusadores da doutrina pelagiana, e demitiu-os do episcopado.

Animados por aqueles sucessos, os heréticos enviaram a Zózimo cartas de comunhão. Prayle, bispo de Jerusalém, recomendava-lhe que examinasse a doutrina de Pelágio, e o próprio Pelágio dirigia-se ao Santo Padre para justificar os seus princípios.

Tendo sido lidos publicamente em Roma os seus escritos, todos os assistentes e o pontífice declararam que não encerravam senão a doutrina da Igreja. Os padres, cheios de alegria e de admiração, podiam apenas conter as lágrimas e acusavam-se de ter caluniado homens de uma fé tão pura; mas Zózimo não tardou em se desmentir e em provar, pelo seu procedimento, que a Santa Sede não era infalível.

Depois de ter recebido Pelágio na sua comunhão, cobrindo-o de elogios, depois de ter fulminado anátemas contra os seus inimigos, o Santo Padre, abalado pela firmeza dos bispos da África, condenou autenticamente os pelagianos, sob pretexto de que Celéstio se ausentara de Roma sem sua permissão. Escreveu aos bispos da África e a todas as igrejas, para tornar conhecida a nova decisão; nas suas bulas, explicava os erros de que Celéstio fora acusado por Paulino, e não omitia nenhuma das calúnias com que haviam ferido os dois autores do pelagianismo, declarando-os excomungados e reduzidos a classe de simples penitentes. Segundo o uso das cortes, a vontade do senhor mudou as opiniões do sinódio, e todo o clero de Roma confirmou a sentença do papa.

Zózimo quis fazer brilhar o seu zelo contra a heresia que ele protegera, a fim de abafar as queixas das vítimas da sua inconstância. Enviou ao imperador Honório a cópia da sentença que ele acabava de pronunciar contra Pelágio e Celéstio, pedindo com instância que os hereges fossem expulsos de Roma. O imperador não ousou resistir aos desejos do pontífice e publicou um edito contra os pelagianos, ordenando que os seus sectários fossem denunciados aos magistrados, e exilados os culpados, banidos para sempre e confiscados os seus bens.

O papa, mais poderoso ainda pela fraqueza de Honório, prosseguiu com afinco no desígnio que formara de exterminar os amigos de Pelágio; demitiu todos os bispos que se recusavam a subscrever a condenação da nova heresia, deu ordem de os expulsar da Itália, arrancando-os de suas casas por soldados ferozes. Essa perseguição determinou a conversão de um grande número de padres, que consentiram em submeter-se à Santa Sede para voltarem às suas igrejas; mas 18 bispos sustentaram com firmeza as suas opiniões, e entre eles achava-se o famoso Juliano, bispo de Eclênia. Tendo-lhes o papa significado que deviam condenar Pelágio e Celéstio, responderam com firmeza que se recusavam a submeter a última carta de Zózimo, e que não reconheciam a autoridade do bispo de Roma.

Zózimo, cujo espírito aventureiro se comprazia com os negócios difíceis, teve de sustentar com os bispos da África uma contenda violenta, na qual foi convencido de impostura. O fato apresenta incidentes curiosos que merecem ser relatados: um padre chamado Apiário, recusando-se a sujeitar-se ao castigo que lhe fora infringido por Urbano, bispo de Siqua, na Mauritânia cesariana, apelou da sua excomunhão para o pontífice de Roma. Esse passo pareceu irregular na África, porque o concílio de Miléria proibira aquela espécie de apelos; mas o papa, sem examinar muito se os meios que se ofereciam para satisfazer à sua ambição eram legítimos, quis aproveitar a ocasião e enviou três legados à África.

Chegando a Cartago, os deputados encontraram os bispos reunidos em sínodo e presididos por Aurélio. Apresentaram as instruções de que vinham munidos e pediram licença para as ler no concílio. As cartas do Santo Padre encerravam quatro artigos; o primeiro autorizava as apelações dos bispos ao papa; o segundo proibia as viagens dos bispos à corte; o terceiro permitia aos padres e aos diáconos apelar da excomunhão do seu bispo perante os prelados vizinhos; o quarto ordenava aos legados que excomungassem ou citassem o bispo Urbano a comparecer na presença do pontífice, se não recebessem Apiário na sua comunhão.

Os padres adotaram sem dificuldade o segundo artigo, porque os bispos da África tinham feito já um cânone no concílio de Cartago para impedir os bispos e os padres de irem a Roma. Mas sobre o primeiro artigo, que permitia aos bispos apelarem ao papa dos julgamentos que os condenavam, e sobre o terceiro, que remetia às causas dos eclesiásticos a decisão dos bispos vizinhos, os prelados repeliram as pretensões do papa.

Para evitar as oposições, Zózimo tivera a imprudência de inventar uns cânones do concílio de Niceia que declaravam todos os reinos cristãos sujeitos à justiça, em última instância, do tribunal de Roma. Os africanos, surpreendidos de ouvirem alegar cânones de que não tinham conhecimento algum, ordenaram uma busca nos exemplares do concílio de Niceia, que estavam nos arquivos da igreja de Cartago; e, tendo reconhecido que Zózimo se apoiava em decisões que não existiam, declararam em pleno sínodo que o pontífice era um impostor infame.

E, com efeito, a ação do papa é indigna, criminosa e de todo condenável. Não teve ele, porém, a dor de sobreviver à sua vergonha, porque morreu em 26 de dezembro de 418, antes da volta dos seus embaixadores, e foi enterrado no caminho de Tibur, junto ao corpo de S. Lourenço.

Zózimo é acusado de ter pisado todas as leis humanas para satisfazer à sua ambição desenfreada. Hábil em adivinhar o fraco dos seus adversários, não esquecia coisa alguma que os pudesse prejudicar. De um orgulho excessivo, levava a audácia até os últimos limites, e quando via que o arco estava próximo a quebrar-se à força de ser entesado, deixava-o cair das mãos subitamente. O seu modo de proceder era artificioso, e mostrou-se sempre inimigo do repouso e da tranquilidade. O zelo que testemunhava pela religião era o efeito da sua ambição, secundado maravilhosamente por uma grande habilidade nos negócios e por uma política tortuosa, em tudo digna de Maquiavel.

Todavia, a Igreja conferiu ao pontífice o título de santo; e, se Deus recebeu Zózimo no reino celeste e lhe perdoou a sua ambição abominável, as suas injustiças, e as suas imposturas audaciosas, ninguém deve recear a condenação eterna!

Foi nesse reinado que se descobriram de um modo milagroso as relíquias do profeta Zacarias, filho do grande sacerdote Joiada. O profeta israelita apareceu a um escravo sírio chamado Calemero e falou-lhe nos seguintes termos: "Num lugar inculto, muito próximo do teu jardim, cavarás o solo e encontrarás um caixão forrado de chumbo, metido em um outro caixão cheio de uma água límpida, na qual nadam duas serpentes de grandeza medíocre, das quais não terás receio, porque não são venenosas." Seguindo as indicações minuciosas de Zacarias, o escravo cavou a terra e descobriu os restos sagrados do profeta; o seu corpo estava em perfeito estado de conservação e, apesar de ter sido enterrado havia mais de doze séculos, parecia ter sido colocado na véspera, no túmulo. Tinha os cabelos cortados, a barba mediocremente crescida, os olhos encovados, o nariz perfeito e a boca ligeiramente entreaberta, como se quisesse falar. Aos seus pés estava deitado o cadáver de um filho do rei Joas, morto pela vontade do céu, sete dias depois daquele príncipe ímpio ter feito lapidar o profeta. Esses fatos são relatados, com uma seriedade inconcebível, pelo historiador Sozomenes.

Bonifácio I

44º Papa

Cisma na Igreja. – Eulálio e Bonifácio. – Os dois papas promovem revoltas na cidade santa. – Simaco, prefeito de Roma, favorece Eulálio. – O imperador declara-se contra Bonifácio. – O oficial encarregado das ordens de Honório é maltratado pelos facciosos. – Os partidários de Bonifácio escrevem ao imperador contra Eulálio. – Concílio de Ravena. – O imperador nomeia interinamente um terceiro papa. – Temeridade de Eulálio. – Entra em Roma apesar da proibição de Honório. – É expulso da cidade. – Bonifácio é restabelecido papa. – Edito do imperador. – Eleição dos papas no quinto século. – Sexto concílio de Cartago. – Ambição dos pontífices, reprimida por Teodósio. – Bonifácio mendiga a proteção de Honório. – Sua morte.

Depois da morte do papa Zózimo, Simaco, prefeito de Roma, arengou ao povo para o advertir de que devia deixar ao clero a liberdade da eleição e ameçou mesmo os chefes dos bairros e as corporações de ofícios se perturbassem o sossego da cidade.

Reuniu-se, então, um grande número de padres, segundo o costume, para procederem à eleição; mas, antes de terminar o funeral de Zózimo, o arquidiácono Eulálio resolveu usurpar a cadeira pontifical, e à frente da sua facção apoderou-se da igreja de Latrão da qual mandou fechar todas as entradas. O seu partido era composto de diáconos, de muitos padres e de um grande número de cidadãos que permaneceram dois dias inteiros na basílica esperando o momento solene da ordenação, isto é, o domingo seguinte. A outra facção do clero e do povo, reunida na igreja de Teodoro, resolveu eleger Bonifácio e enviou a Eulálio três padres, para lhe ordenar que não empreendesse coisa alguma sem a participação da maior parte do clero; mas os embaixadores foram maltratados e retidos prisioneiros.

Eulálio, apoiado no crédito de Simaco, fez-se ordenar bispo de Óstia; e Bonifácio recebeu a imposição das mãos na igreja de S. Marcelo.

O prefeito de Simaco escreveu ao imperador Honório, que se achava em Ravena, para o instruir do que se passava em Roma; censurava a eleição de Bonifácio e pedia as suas ordens, a fim de poder mandar executar a sua sentença, dirigindo-lhe ao mesmo tempo documentos favoráveis à causa de Eulálio.

O imperador, prevenido pelo relatório de Simaco, declarou-se por Eulálio e convidou Bonifácio a sair de Roma, ordenando ao prefeito que o expulsasse, se lhe resistisse, e mandasse prender os chefes da sedição, castigando os rebeldes como eles o merecessem.

Simaco mandou o seu secretário prevenir Bonifácio que viesse ter com ele para saber a vontade do imperador; mas aquele que estava presidindo a uma reunião na igreja de S. Paulo desprezou aquelas ordens, mandou açoitar pelo povo o oficial que Simaco enviara e entrou na cidade, a despeito do prefeito e da sua gente. Contudo, as tropas conseguiram dispersar o povo que acompanhava o papa e livrar o seu chefe, que estivera a ponto de ser morto na sedição. Todas aquelas desordens foram levadas ao conhecimento do imperador, e acusaram o pontífice Bonifácio de as ter promovido.

Eulálio continuava exercendo sempre as funções do episcopado na parte da cidade que o reconhecera pontífice; mas os padres partidários de Bonifácio escreveram ao príncipe para o indispor contra Eulálio, afirmando que ele fora mal informado. Pediam-lhe que revogasse as suas primeiras ordens, que chamasse à sua corte o antipapa e aqueles que o apoiavam, prometendo que Bonifácio se dirigiria para ali com o seu clero. Além disso, suplicavam-lhe que fizesse expulsar de Roma os fiéis que se recusassem a conformar-se com a sua decisão.

Honório consentiu em suspender a execução do seu primeiro decreto e fez significar a Bonifácio e a Eulálio que se dirigissem a Ravena sob pena de deposição, acompanhados dos prelados, autores de uma e de outra ordenação.

Os bispos, convocados em Ravena, reuniram-se em concílio, adiaram a decisão daquele pleito para o primeiro dia de maio, depois da celebração das festas da Páscoa. O imperador proibiu a Bonifácio e a Eulálio que voltassem a Roma, sob pretexto algum, antes do julgamento, e ordenou que os santos mistérios seriam celebrados por Achilleus, bispo de Ipoletto, que se não declarara por partido algum.

Eulálio, cedendo a conselhos maus, entrou de novo na cidade, sem que Simaco o soubesse, e perdeu com a sua imprudência o lugar que poderia ter disputado com vantagem. Honório, que lhe era favorável, irritado com aquela desobediência, publicou um edito, concebido nos seguintes termos: "Visto que Eulálio tornou a entrar em Roma, desprezando as ordens que proibiam aos dois pretendentes aproximarem-se da cidade, deve sair imediatamente da sua igreja, para acabar com todas as causas da sedição; não cumprindo assim, declaramo-lo destituído da sua dignidade. Não servirá de desculpa retê-lo à força o povo, pois se algum eclesiástico comunicar com ele, será punido do mesmo modo, e os leigos serão banidos dos nossos Estados. Encarregamos o bispo de Spoletto de fazer celebrar o ofício durante os santos dias da Páscoa, e para esse efeito a igreja de Latrão estará aberta unicamente para ele."

Simaco, tendo recebido aquela ordem, fê-la significar no mesmo dia a Eulálio, e este respondeu que deliberaria, e não quis sair de Roma, apesar das instâncias dos seus amigos. No dia seguinte, reuniu o povo e apoderou-se da basílica de Latrão, onde batizou e celebrou a Páscoa.

O prefeito viu-se, então, obrigado a mandá-lo para fora pela tropa e entregou a igreja à guarda de oficiais, para que Aquiles de Spoletto pudesse celebrar tranquilamente a solenidade. Eulálio foi preso, exilado, e com ele muitos eclesiásticos do seu partido, que promoviam novas sedições.

O imperador Honório, instruído de todas aquelas desordens, declarou Eulálio excluído da Santa Sede, e Bonifácio, livre de voltar a Roma para assumir o governo da Igreja. O senado e o povo testemunharam uma alegria extrema vendo pôr termo aquelas contendas sanguinolentas, e, dois dias depois, Bonifácio entrou na cidade como em triunfo, por entre aclamações gerais. A paz foi então restituída à Igreja, e tendo Eulálio prometido renunciar a todas as suas pretensões, recebeu em compensação o bispado de Nepi.

Bonifácio escreveu em seguida uma carta ao imperador pedindo-lhe que publicasse um edito que pudesse impedir de futuro as rixas e as cabalas que tinham lugar por ocasião da morte dos papas, para a posse do bispado de Roma.

Honório respondeu ao pedido do Santo Padre nos seguintes termos: "Se, contra os nossos votos, vossa santidade deixar a terra, saibam todos que acabam as rixas para a posse do papado. Por isso, quando dois eclesiásticos forem ordenados contra as regras, nenhum deles será considerado como bispo, mas só aquele cuja eleição tiver sido de novo confirmada pelo consentimento de todos." Prova isto que o bispo de Roma devia ser eleito pelo clero e pelo povo, e consagrado por um prelado, com a aquiescência do imperador.

Os legados que Zózimo enviara à África para a negociação de Apiário tinham assistido ainda ao concílio geral reunido em Cartago, na sala da basílica de Fausto, no qual se haviam levantado novos debates acerca dos cânones falsificados pelo papa. Depois da conclusão do sínodo, os legados voltaram a Roma e deram conta do ultraje que fora feito à Santa Sede. Bonifácio, furioso, resolveu exterminar os pelagianos e solicitou do imperador uma constituição que vem mencionada numa carta que Honório escreveu de Ravena ao bispo de Cartago. Diz ela: "que para reprimir a teimosia dos bispos que sustentam ainda a doutrina de Pelágio, fica notificado Aurélio para os advertir de que aqueles que não subscrevessem a condenação seriam demitidos do episcopado, expulsos das cidades e excomungados". Aurélio, escravo submisso da corte de Roma, apressou-se em executar essas ordens, ameaçando os bispos com a cólera do príncipe.

Mas Teodósio, pouco tempo depois do seu casamento, fez uma constituição contra a autoridade do papa, declarando que as sedes da Illíria não estavam submetidas aos julgamentos dos bispos de Roma e que os prelados de Constantinopla gozavam dos mesmos privilégios que os pontífices romanos. O príncipe ordenava igualmente a reunião de um concílio em Corinto para examinar muitas das contestações levantadas entre as igrejas. Bonifácio queixou-se dessa empresa ao patriarca de Constantinopla e escreveu-lhe: "Se lerdes os cânones, vereis quais são a segunda e a terceira sedes depois da Igreja romana. As grandes igrejas de Alexandria e de Antioquia conservam a sua autoridade pelos cânones e, contudo, recorrem a vossa sede nos negócios importantes, como os de Atanásio e de Flaviano de Antioquia. Proíbo-vos, pois, que vos reunais para discutir a ordenação de Perígenes; se, depois dela, ele cometeu crimes, o nosso irmão Rufo tomará conhecimento deles e nos fará o competente relatório por isso que nós, tão somente, temos o direito de julgar." Em seguida recomenda obediência a Rufo e ameaça com excomunhão aqueles que tomarem parte no concílio.

Bonifácio enviou também uma deputação ao imperador para lhe pedir que apoiasse os antigos privilégios da Igreja romana. Honório escreveu a Teodósio, que lhe respondeu: "que os antigos privilégios da Igreja romana seriam observados segundo os cânones e que ele encarregara os prefeitos do pretório de os fazer executar".

No decurso desse mesmo ano, o Santo Padre reprimiu nas Gálias as pretensões de Potrocleo de Arles, que ordenara a Lodério, fora da sua província, bispo que não era pedido nem pelo clero nem pelo povo da cidade.

Afinal, o papa Bonifácio morreu no mês de outubro do ano 423 e foi enterrado no cemitério de Santa Felicidade, no caminho do Sel.

S. Simeão, o Stylita, que vivia no pontificado de Bonifácio I, estabelecera a sua habitação no cimo de uma coluna, sobre a qual viveu por trinta anos. Esse fanático nascera em Sisan, cidade situada nos confins da Sicília e da Síria; pelos conselhos de um padre entrara para um mosteiro grego, de onde em seguida foi expulso pelo superior, que o julgou insensato em virtude das macerações cruéis e das abstinências inauditas a que se condenava. À sua saída do mosteiro, retirou-se para uma gruta, nas faldas do monte Telenasse, onde resolveu imitar Jesus Cristo, passando a quaresma sem tomar alimento algum. Um piedoso cenobita da vizinhança, ao qual dera conhecimento das suas intenções, quis dissuadi-lo delas; Simeão zangou-se e proibiu-lhe que o viesse visitar durante esse intervalo. O pobre monge, certo de que ele perdera a razão, deixou-lhe dez pães e uma bilha cheia de água e só voltou à gruta depois de decorridos os quarenta dias. O seu espanto foi grande, encontrando as provisões intactas e o fanático Simeão estendido por terra, sem dar sinal algum de vida. Deu-lhe a beber algumas gotas de água e ministrou-lhe logo a eucaristia. No mesmo instante, diz a lenda, Simeão levantou-se cheio de forças e passeou tão farto e satisfeito como se tivesse passado a quaresma num contínuo festim. Depois dessa época, continuou com as mesmas abstinências e do alto da sua coluna pregou durante trinta anos, exortando os fiéis a seguirem os seus exemplos. As suas prédicas e a singularidade do seu sacrifício tiveram, infelizmente, influência bastante para exaltar a imaginação dos devotos e para lhe suscitar imitadores. O mais ilustre dentre eles foi Simeão II, que subiu à sua coluna na idade de cinco anos e aí permaneceu mais sessenta e oito sem nunca descer dela. Era discípulo do primeiro Simeão, que se afeiçoara a ele, porque, estando ainda no convento, vira-o voltando da floresta e trazendo atrelado um jovem leopardo que a criança tomara por um gato.

O sucessor de Simeão praticou um número prodigioso de milagres, segundo referem os bolandistas. Uma mãe, tendo perdido na floresta uma filhinha, mandou o santo à procura dela e uma lebre trouxe a criança perdida; tendo-lhe pedido um aldeão que lhe curasse a mulher que tinha um cancro no peito, o solitário ordenou-lhe que lhe cortasse o seio pronunciando o seu nome, e a mulher sarou milagrosamente, como Simeão tinha anunciado.

Era tão exagerada então a exaltação dos fiéis pelas macerações, que se viram fanáticos mandar que os enterrassem em covas, conservando apenas de fora a cabeça e esperando a morte naquela posição; outros faziam voto de não mais andarem vestidos, permanecendo completamente nus aos ardores do sol e aos rigores do inverno. Homens e mulheres pastavam a erva, como os animais, e deitavam-se à noite, misturados, em grutas para se exercitarem em combater todos os gêneros de tentações!

Celestino I

45º Papa

Eulálio recusa a sede pontifical. — Eleição de Celestino. — Acusações contra Antônio, bispo de Fussala. — Os bispos da África depõem-no por causa dos seus crimes. — O papa reintegra-o. — Celestino condena os costumes dos bispos. — Nestório. — É caluniado por S. Cirilo e por Evagro. — Concílio em Roma. — Milagre de S. Germano de Auxerre. — Concílio de Éfeso. — Nestório é condenado injustamente. — Elogio de Nestório. — Nova condenação dos pelagianos. — Celestino mantém a doutrina de Santo Agostinho. — Morte do papa. — Seu caráter. — Persegue os novacianos. — Extorsões dos padres.

Depois da morte de Bonifácio I, muitos membros do clero quiseram chamar de novo Eulálio, que lhe disputara noutro tempo a cadeira pontifícia; mas esse padre que se tornara filósofo, recusou a tiara e permaneceu no seu retiro, em Campânia, onde viveu ainda um ano. A cadeira de S. Pedro ficou vaga nove dias, e foi eleito, sem contestação, Celestino, romano de nascimento, filho de Prisco.

Apenas elevado à cadeira pontifical, a desastrosa negociação das apelações do ultramar, escolho da humildade dos papas, foi renovada pelos apelos do sacerdote Apiário e do bispo Antônio de Fussala. Este último era um mancebo que Santo Agostinho educara no seu mosteiro; tinha apenas o grão de leitor quando o seu protetor lhe fez impor as mãos e o colocou bispo de Fussala, pequena cidade na extremidade da diocese de Hipona. Antônio foi recebido pelos fiéis com inteira submissão; mas, em breve, o seu desregramento e os escândalos do seu procedimento foram tão grandes que o povo revoltou-se contra a sua autoridade.

Reuniu-se para o julgar um concílio de bispos; os fussalienses acusaram-no de pilhagens, de exações, de deboches, e forneceram as provas das suas acusações. Os padres, não podendo recusar uma condenação e desejando mostrarem-se indulgentes para com o protegido de Santo Agostinho, deixaram-lhe o título de bispo, retirando-lhe o governo do seu bispado.

Antônio, criando ânimo em vista da fraqueza do sínodo, apresentou um requerimento ao papa, no qual pedia para ser reintegrado na sua igreja, sustentando que não devera ter sido privado dela, ou que então lhe deviam tirar as honras do episcopado. Celestino escreveu aos prelados da África em favor do jovem bispo, mas exprimindo claramente que pedia o seu restabelecimento no caso de que a narração dos fatos tivesse sido feita com fidelidade. Antônio, forte com o julgamento do bispo de Roma, ameaçava de o fazer executar pelo poder secular ou à mão armada; então, Santo Agostinho, para evitar os efeitos da indignação geral, determinou-se a enviar a Celestino todos os documentos do processo, pedindo-lhe que interpusesse a sua autoridade para impedir manifestações violentas.

A carta de Santo Agostinho é escrita no tempo em que os bispos da África mostravam ainda deferência pelas apelações de Roma; mas quando tomaram pleno conhecimento dos cânones de Niceia, declararam que não queriam sofrer mais as apelações do ultramar, e o processo de Antônio de Fussalla foi terminado com grande vergonha para o papa.

Celestino quis igualmente reintegrar Apiário e mandou-o para a África com o bispo Faustino. À sua chegada, os prelados africanos reuniram um novo concílio presidido por Aurélio de Cartago, examinaram o negócio de Apiário, e este foi convencido de tão grandes crimes que o próprio Faustino, não ousando defendê-lo, encerrou-se no cartório do advogado da Santa Sede e opôs-se ao concílio, sob pretexto de que eram menoscabados os privilégios da Igreja de Roma. Afinal, declarou aos padres que deviam receber na sua comunhão o sacerdote Apiário, sem exame e unicamente pelo fato de o papa o ter integrado.

Depois de três dias de contestações, o culpado, impelido pelos remorsos da sua consciência, confessou todos os crimes de que era acusado, crimes infames que promoveram a indignação geral e agravaram a excomunhão. Então os padres do concílio perguntaram ironicamente a Faustino onde se achava o Espírito Santo que inspira os papas, visto que Celestino dera a sua comunhão a um tão grande criminoso, e ordenaram-lhe que escrevesse ao pontífice que eles proibiam-no de receber aqueles que houvessem excomungado.

Celestino, vendo a sua autoridade repelida na África, voltou-se para o Ocidente e enviou muitas decretais aos prelados das províncias de Viena e de Narbona, para corrigir os abusos. Numa carta assaz notável, condena ele os bispos que usavam trajes particulares e se distinguiam dos outros fiéis por um manto e um cinto. "Vós deveis distinguir-vos do povo, escrevia ele, não pelo traje, mas pela doutrina e pela pureza de costumes; os padres não devem procurar impor aos olhos dos simples, mas sim esclarecer os espíritos."

Qual teria sido a sua indignação se tivesse previsto que um dia a Terra estaria coberta de frades vestidos de branco e preto, de carmelitas ridiculamente trajados, calçados ou descalços; de dominicanos com a cabeça raspada ou usando os cabelos muito compridos, e todos distintos pela marca particular da sua ordem!

O segundo abuso condenado pelo papa é o abuso de recusar a penitência aos moribundos; o terceiro é o uso de sagrar bispos, leigos simples que não tenham ocupado os diversos cargos da carreira eclesiástica. "Vós não vos contentais em consagrar os leigos, acrescenta ele, mas sucede mesmo que escolheis para bispo pessoas acusadas de crimes. É uma prova disso Daniel, que, depois de ter sido superior de um convento de freiras no Oriente, retirou-se para as Gálias. Fostes prevenidos por nós de que as religiosas o haviam acusado de crimes infames, de debochos odiosos; enviamos todas essas informações ao bispo de Arles, para citar Daniel ao seu concílio e, ao mesmo tempo, era ele sagrado bispo por vós!"

Em fins daquele ano, o célebre Nestório começava a espalhar as suas doutrinas. Evagro fala dele com o azedume e a má-fé que o fanatismo inspira sempre aos escravos da corte romana: "Essa língua, inimiga do Deus, escreve ele, forja de blasfêmias, vende uma segunda vez Jesus Cristo, divide o corpo do Salvador e despedaça-o, Nestório recusa à santa Virgem o nome de mãe de Deus, apesar de que o Espírito Santo lhe tenha consagrado esse título pelos concílios e pelos Santos Padres! Chama-lhe unicamente mãe do Cristo, e esse ultraje enche de consternação os corações de todos os fiéis... Anastácio, seu discípulo, esse padre herético, transformado em defensor acérrimo dos erros do seu mestre, quer fazer-nos voltar ao Judaísmo. Não receia profanar o templo do Senhor; e na basílica de Constantinopla, em presença de todo o povo, ousa ensinar esta doutrina ímpia: 'Que ninguém chame Maria mãe de Deus, porque Maria era uma mulher, e é impossível que Deus nasça de uma mulher.'

"Ouvindo essas palavras abomináveis, os fiéis escandalizados murmuram contra o padre sacrílego; mas o patriarca Nestório, primeiro autor da blasfêmia, levantou-se para o autorizar em vez de o condenar; e, argumentando a impiedade do seu discípulo, foi assaz infeliz para ousar dizer: 'Livrar-me-ei bem de chamar Deus a uma criança de dois ou três meses!'

O papa, instruído por S. Cirilo dos progressos rápidos que fazia a nova heresia, reuniu um concílio em Roma para examinar os escritos de Nestório. O patriarca de Constantinopla foi condenado e Cirilo encarregado da execução da sentença.

Celestino enviou, em seguida, à Grã-Bretanha, S. Germano, bispo de Auxerre, para resistir a Agrícola, filho de um bispo pelagiano que espalhava falsas doutrinas sobre a graça; S. Lupo, bispo de Troyes, foi igualmente nomeado embaixador por um concílio numeroso que se reuniu na Gália.

Durante a viagem, os dois prelados operaram, por virtude do espírito de Deus, um prodigioso número de milagres. Limitar-nos-emos a relatar o mais notável.

Quando entraram em conferência com os hereges, lembrou-se um filósofo do tempo de um expediente para terminar as disputas; apresentou-lhes uma jovem cega para que a curassem. A proposição pareceu capciosa, e os dois partidos recusaram a experiência; mas S. Germano, lembrando-se de que estava munido de relíquias preciosas, aceitou o desafio: aplicou o seu talismã sobre os olhos da enferma e restituiu-lhe a vista; no mesmo instante os pelagianos, iluminados por uma inspiração celeste, abjuraram o erro que defendiam!!!

Enquanto os pelagianos se convertiam na Grã-Bretanha, S. Cirilo, para executar as ordens do pontífice no Oriente, reunia um concílio geral. Depois de se celebrarem as festas da Páscoa, os bispos das diversas províncias do império dirigiram-se a Éfeso, os partidos animaram-se nas discussões, os padres injuriaram-se reciprocamente, e no meio da desordem e da confusão, Nestório foi deposto pelos bispos que aderiram a S. Cirilo. Este, por seu turno, foi excomungado pelos prelados que aderiam a João de Antioquia. Jamais um julgamento fora tão precipitado e tão suspeito como aquele proferido contra Nestório, no concílio de Éfeso. Numa só sessão foram examinados os seus escritos e os dos seus adversários, e aquele que presidia a assembleia, S. Cirilo, o inimigo declarado do patriarca, abrira o concílio sem mesmo esperar pelos legados do papa.

Todavia, a posteridade justificou Nestório das acusações que sobre ele fez pesar S. Cirilo e o caluniador Evagro; porque está demonstrado que o sentido que ele atribuía ao epíteto de "mãe de Deus" era razoável e ortodoxo. Portanto, o suposto herege sofreu uma condenação injusta.

Cirilo que havia sido o perseguidor, foi reintegrado na sua sede pelo imperador, e com o decorrer dos séculos teve as honras e a veneração de um grande santo. Nestório, pelo contrário, vítima do ódio dos seus inimigos, permaneceu toda a sua vida exposto às suas perseguições, e a sua memória conserva-se ainda em execração nos escritos dos padres ignorantes.

Contudo as doutrinas de Nestório atravessaram vitoriosamente quatorze séculos, e, apesar das perseguições de que foram o objeto, os seus sectários, sob o nome de Caldeus, habitavam ainda a Síria, a Caldeia, a Pérsia e a costa de Malabar, e conservaram o seu símbolo que não difere daquele da grande igreja grega senão pela crença no dogma das duas naturezas distintas e separadas em Jesus Cristo. Os nestorianos da costa de Malabar são conhecidos mais particularmente sob o nome de cristãos de Marcos Tomé, qualificação que tiram do nome do apóstolo que tinha convertido os seus antepassados. Os católicos quiseram atribuir-se o mérito dessas conversões e mudaram o nome daquele missionário para S. Tomáz, que segundo eles esteve nas Índias para pregar ali a fé; mas está provado historicamente que Tomé fugiu de Constantinopla com muitos dos seus correligionários, para escapar à perseguição do imperador Teodósio, o inimigo do nestorianismo, e que se embrenhou por aqueles países.

No sexto século, a colônia cristã que ele formara tornara-se tão importante, que as crônicas do Malabar fazem menção dela. Esses caldeus rejeitam a crença da natureza divina do Cristo; por consequência, não chamam a Maria mãe de Deus e fazem proceder o Espírito Santo tão somente do Pai. Têm apenas três sacramentos que são o Batismo, a Eucaristia e a Ordem, e não colocam nos seus templos imagem alguma, exceto a da cruz. Os seus padres podem casar-se, e nas suas cerimônias servem-se ainda da língua siríaca.

Aos olhos dos católicos, o crime principal de Nestório foi o ter-se exprimido no quinto século do mesmo modo que o tinham feito muitos padres da Igreja no quarto. E, com efeito, Minúcio Félix dissera falando do Cristo: "Os deuses não nascem nem morrem; nascer e morrer pertence aos homens." E Lactâncio exclamara falando de Jesus Cristo: "Será possível imaginar razoavelmente que aquele que foi perseguido, que se escondeu e perdeu a vida, seja verdadeiramente um deus? É preciso estar louco para o acreditar!" Forte com esses testemunhos, Nestório negava consequentemente a divindade do Cristo, sem se inquietar com essas palavras de Tertuliano: "Dizem-nos que está em delírio aquele que afirma que Jesus nascido e crucificado seja um Deus! Pois bem, é essa exatamente a razão por que nós acreditamos no Cristo. Sabemos que é contrário à razão humana, que é vergonhoso até, que um Deus tenha consentido em revestir-se de carne e se deixado circuncisar e crucificar! Contudo, não se pode ser realmente sábio senão aceitando com resignação as divagações dos homens, isto é, acreditando nas loucuras de um Deus!"

Depois da condenação de Nestório, os embaixadores de Celestino chegaram a Éfeso e subscreveram, sem exame, aos decretos do concílio. Os pelagianos foram excomungados na mesma assembleia; aqueles desgraçados, cuja heresia sobre a graça era tão real como os sentimentos ímpios atribuídos a Nestório sobre a encarnação, tornaram-se o objeto do ódio público. Próspero compôs o epitáfio do pelagianismo e do nestorianismo, comparando-os a duas mulheres idólatras, mãe e filha, que seriam enterradas na mesma sepultura. Esse triunfo era apenas uma ilusão do orgulho, porque as duas seitas, que o concílio de

Éfeso julgava aniquiladas com o mesmo golpe, multiplicaram-se ao infinito, atravessaram os séculos e subsistem ainda nos nossos dias.

Em fins daquele desgraçado ano 431, o papa escreveu aos bispos da Gália acerca da defesa de Santo Agostinho, cuja doutrina era atacada por alguns padres das suas dioceses, e dirigiu-lhes severas admoestações pela sua negligência em reprimirem aquele escândalo. Em que termos teria ele expressado a sua indignação, se, por um espírito profético, tivesse podido prever que um dos seus sucessores rejeitaria um dia como ímpia e sacrílega essa doutrina de Santo Agostinho?

A carta do pontífice sobre a graça encerra nove artigos em que o jansenismo se mostra em toda a sua pureza e sem equívoco; de modo que se a bula *Unigenitus* tivesse um efeito retroativo, o papa Celestino encontrar-se-ia nos céus excomungado por Clemente XI.

O ano 432 foi assinalado pela morte de S. Paládio, que o papa tinha enviado à Escócia e à Irlanda, para a missão apostólica de S. Patrício e para pregar a fé de Jesus Cristo. Esse apóstolo introduziu o uso das cartas entre os irlandeses, que não tinham antes outra literatura senão versos rimados compostos pelos seus bardos e contendo a sua história.

Celestino morreu em 6 de abril de 432, depois de ter governado a Igreja de Roma durante oito anos; foi enterrado no cemitério de Priscilo.

Esse papa escrevia com estilo sentencioso e embaraçado. Censuram-lhe ter sido ambicioso e fanático, defeitos vulgares naqueles que têm ocupado a pretendida cadeira de S. Pedro. Perseguiu os novacianos, tirou-lhes um grande número de igrejas e obrigou Rustículo, seu bispo, a ter as suas reuniões numa casa particular. Essa seita, estabelecida em Roma havia um grande número de anos, ganhara o respeito do povo por uma moral santa e costumes regulares e possuía igrejas magníficas, onde se reunia uma numerosa multidão de fiéis. Infelizmente para os novacianos, a sua prosperidade excitou, afinal, o ódio invejoso dos papas, que começavam a usurpar uma autoridade muito absoluta; não lhes permitiram mais as reuniões públicas e, ao passo que louvavam a pureza da sua fé, privavam-nos das suas riquezas. Os patriarcas de Constantinopla não imitaram os bispos de Roma nas suas perseguições contra os novacianos; testemunharam, pelo contrário, um grande respeito pelas suas doutrinas e permitiram as suas reuniões na capital do império.

Atribui-se a Celestino a dedicatória da famosa basílica de Júlia, que ele enriquecera com soberbos vasos de prata e de ouro, comprados com o dinheiro dos fiéis.

Sixto III

46º Papa

Fanatismo de Sixto antes do seu pontificado. – Persegue os hereges. – O imperador põe termo às contendas de Cirilo e de João de Antioquia. – O papa é acusado de ter violado uma virgem sagrada e de ter cometido um incesto. – Sixto manda envenenar o seu acusador. – Enterra ele próprio o cadáver para ocultar aquele crime horrível à justiça dos homens. – Ambição dos papas. – Morte de Sixto. – Dá às igrejas grandes riquezas extorquidas aos povos desgraçados.

Sixto, terceiro papa desse nome, era italiano de nascimento e padre da Igreja de Roma. No pontificado de Zózimo perseguira com encarniçamento os infelizes pelagianos, e pelo seu fanatismo merecera o título de sustentáculo da fé.

Depois da sua elevação ao sólio pontifical, Sixto III, que reunia a hipocrisia à intolerância, escreveu a S. Cirilo que poupasse João de Antioquia, cujo poderoso partido se opunha com vigor aos decretos do concílio de Éfeso. Aquele prelado acabava, com efeito, de reunir em Tarsa um novo sínodo no qual os padres haviam deposto S. Cirilo, Arcádio, o legado do papa, e os outros prelados que tinham ido a Constantinopla para a ordenação de Maximiano. O bispo de Alexandria, conformando-se com a vontade do papa, empreendeu negociações de conciliação; mas não foi possível acalmar a indignação de João de Antioquia, que, logo que chegou à sua metrópole, reuniu um segundo sínodo em que foram confirmadas todas as disposições decretadas no primeiro. Os orientais escreveram em seguida a Teodósio, declarando que detestavam as doutrinas de S. Cirilo e pedindo-lhe que não sofresse que elas fossem ensinadas nas Igrejas do império.

O príncipe, fatigado com as queixas que recebia dos dois partidos e receando que o cisma de que a Igreja estava ameaçada perturbasse a tranquilidade pública, quis conciliar João de Antioquia e S. Cirilo; lisonjeou a ambição e o orgulho daqueles dois prelados e pôs termo às suas contendas com plena satisfação de todos os inimigos do infeliz Nestório. O ilustre ancião conservou, todavia, alguns amigos que condenaram altamente a traição de João de Antioquia.

Esse triunfo de Sixto III não teve longa duração; em seguida foi ele próprio acusado; por Bassus, sacerdote recomendável, de um nascimento distinto, de ter praticado um incesto, de se haver introduzido num convento para violar uma religiosa chamada Crisogônia. A acusação, tornando-se pública, pareceu atroz e causou um escândalo tão grande que Valentiniano, imperador do Ocidente, foi obrigado a ordenar a convocação de um concílio, em que se reuniram 56 bispos, a fim de examinarem o procedimento do papa. O ouro do Santo Padre corrompeu os juízes, e a assembleia declarou que, não tendo sido os crimes comprovados com provas materiais, devia o caluniador ser condenado. Em vista desse julgamento, o imperador e a imperatriz Placídia, sua mãe, proscreveram Bassus e confiscaram todos os seus bens em proveito da Igreja.

Três meses depois da sentença, o padre morreu envenenado!... Os historiadores acrescentam que o pontífice, com o véu hipócrita da religião, assistiu-o em pessoa, durante a sua enfermidade, administrando-lhe o sagrado viático, e o quis enterrar pelas suas próprias mãos depois de morto para ocultar a hediondez do cadáver desfigurado pelo veneno. Os padres afirmam, pelo contrário, que Sixto saiu daquela acusação puro como o ouro sai da fornalha, e que ela serviu para argumentar a opinião favorável que os povos tinham da santidade do pontífice.

A história da Igreja deixa um vácuo de alguns anos na narrativa das ações de Sixto, e nós não podemos empreender ou tirá-las do profundo esquecimento em que estão sepultadas; sabemos unicamente que ele manteve a jurisdição da sua sede sobre a Ilíria e que confirmou em seguida o julgamento de Idduus, condenado por Proclo. Nessa época, os bispos da Ásia recusavam-se a reconhecer a jurisdição do patriarca de Constantinopla, ou antes, os padres prevaricadores, conhecendo a ambição dos papas, declinavam o julgamento dos seus superiores legítimos, para enviarem as suas causas a Roma, onde eram recebidas favoravelmente todas as queixas, mesmo as mais injustas, contanto que favorecessem a política de usurpação seguida pela Santa Sede.

Juliano de Eclânia, esse famoso defensor de Pelágio, fatigado das perseguições que lhe suscitava constantemente o ódio dos padres do Oriente, veio fazer a sua submissão ao pontífice e pediu para subir de novo à sua cadeira. Mas Sixto, segundo os conselhos do arquidiácono Leão, o personagem mais importante na Igreja e que em breve veremos suceder-lhe, repeliu asperamente as propostas de Juliano e encetou uma nova perseguição contra os infelizes pelagianos.

O papa Sixto morreu pouco tempo depois, em 28 de março de 440, tendo ocupado a Santa Sede por espaço de oito anos, e foi enterrado no caminho de Tibur, próximo do túmulo de S. Lourenço.

Durante o seu pontificado, restabeleceu a basílica de Santa Maria, fez colocar no interior um altar de prata do peso de 300 libras, deu muitos vasos de prata pesando juntos 1.165 libras, um vaso de ouro de 50 libras, 24 candelabros de cobre e um jarro para deitar água, do peso de 30 libras; cercou a confissão de S. Pedro de ornamentos de prata do peso de 400 libras e a de S. Lourenço de balaustradas de pórfiro; colocou o altar sobre colunas de prata maciça pesando 450 libras, sustentando uma abóbada de prata, tendo em cima a estátua de S. Lourenço, de ouro maciço, pesando 200 libras; a basílica do santo estava cheia de vasos de prata e de ouro, ornados de pérolas e pedrarias. S. Sixto fizera igualmente ornar o batistério de Latrão com colunas de pórfiro e, sobre a arquitrave de mármore, fez gravar versos que significavam a virtude do batismo e a fé do pecado original. Finalmente, esse pontífice deu às igrejas, durante a sua vida, mais de 2.700 libras de peso romanas, em ouro e prata, que arrancara dos fiéis por esmolas ou testamentos.

Leão I

47º Papa

Nascimento de Leão. – Os seus regulamentos sobre a disciplina. – Excomunga os bispos bígamos e declara-os depostos das suas sedes. –Religiosas violadas pelos bárbaros. – O Santo Padre proíbe que se persigam juridicamente os padres culpados dos maiores crimes. – Quer obrigar os padres a guardarem o celibato. – Regulamentos sobre os concubinos. – Devastações de Genseric na Sicília. – Perseguições contra os manicheos. – O papa acusa-os falsamente de impudicícias abomináveis. – O imperador publica um edito cruel contra aqueles infelizes. – Leão ataca os pelagianos. – Quer estender o seu domínio sobre a Ilíria. – Condena injustamente Santo Hilário de Arles. – Santo Hilário dirige-se a Roma. – O papa quer guardá-lo prisioneiro. – Morte de S. Cirilo. – Heresia dos psicanalistas. – Suplício cruel de Prisciliano na Espanha. – S. Martinho, bispo de Tours, condena a intolerância do papa. –Leão anima o fanatismo do imperador contra os hereges. – Excita a sua crueldade. – Eutiques. – Apologia da sua doutrina. – Condenação de Eutiques. – O papa sustenta a heresia. – Concílio geral de Éfeso – Euiques é absolvido. – O papa é excomungado. – Leão pede ao imperador um concílio universal. – A imperatriz favorece a ambição do papa. – Proezas de Átila. – S. Leão faz parar aquele conquistador temível. –Milagre do Santo Padre. – Disputas entre o patriarca de Constantinopla e Leão. – A imperatriz Eudóxia chama Genseric à Itália para se vingar de Máximo, assassino de seu marido. – Roma é entregue à pilhagem. – Leis contra os pais que obrigavam as filhas a entrarem para os conventos. – O papa proíbe que se tome o véu antes dos 40 anos. – Jejuns estabelecidos por S. Leão. – As rogações. – História da mão ensanguentada. – Morte do papa.

Leão nasceu em Roma no fim do reinado de Teodósio, o Grande, e seu pai chamava-se Quintiano. Os autores não falam da sua mocidade, e Leão aparece na história por ocasião de uma contenda violenta que se elevara entre Aécio e Albino, chefes dos exércitos romanos enviados às Gálias para repelir os bárbaros que povoavam as fronteiras. A desinteligência desses generais podia trazer consigo os maiores desastres e porventura a ruína do império. Leão, encarregado pelo pontífice de negociar uma reconciliação entre os dois exércitos, terminou felizmente aquela negociação difícil e reconciliou Aécio e Albino, que reuniram as suas forças contra os bárbaros.

O embaixador estava ainda no acampamento quando Sixto morreu; apesar de ausente, foi eleito, por consentimento unânime, chefe da Igreja, e essa notícia feliz foi-lhe anunciada por uma deputação.

Elevado ao soberano pontificado, aplicou-se a princípio à instrução do seu rebanho com grande assiduidade; em seguida, enviou o bispo Potêncio à África para que lhe fizesse um relatório exato da situação das igrejas que se diziam governadas por indivíduos indignos do episcopado e elevados àquela dignidade por motins sanguinolentos. O legado reconheceu, com efeito, que a disciplina estava inteiramente abandonada, e que haviam dado ordens sagradas a leigos, a bígamos e hereges.

O papa escreveu imediatamente aos bispos da Mauritânia cesariana, recomendando-lhes que observassem a disciplina eclesiástica, segundo o espírito dos concílios. Nessa carta, chamava bígamos aos prelados que tinham desposado viúvas e condenava-os à degradação, bem como aqueles que tinham duas mulheres ao mesmo tempo, ou que desposavam a segunda tendo repudiado a primeira.

E, quanto àqueles que de simples leigos se tinham elevado ao episcopado, permitiu-lhes Leão que conservassem as suas sedes; confirmou igualmente nas suas dignidades Donato de Salicina, que abjurara com o seu povo a heresia dos novacianos, e Máximo, donatista convertido, que fora sagrado bispo sem mesmo ter recebido ordens; mas abandonou ao julgamento dos prelados da província, Agar e Tiberiano, que haviam sido consagrados em virtude das revoltas, reservando-se, contudo, a revisão do processo e o direito de decisão.

E quanto aos conventos que haviam sido pilhados pelos árabes e cujas religiosas tinham sido violadas, S. Leão julgava inocentes as santas donzelas, aconselhando-as, porém, a que não se comparassem com aquelas que tinham ainda a sua virgindade e convidando-as a chorarem toda a sua vida a perda irreparável que tinham sofrido.

Escreveu, em seguida, a Rústico, bispo de Narbona, para o proibir de pôr em penitência pública um padre que se tornara culpado de crimes enormes, acrescentando que era do seu dever ocultar as faltas do clero, a fim de evitar um escândalo que podia desonrar a Igreja.

Num decreto que publicou no começo do ano 442, o Santo Padre ordenava aos simples padres que seguissem a mesma lei dos bispos sobre a continência, isto é, convidava-os a conservarem as suas mulheres sem terem com elas relações íntimas. Os diáconos recusaram-se a submeter-se à observação daquele decreto singular; e só foi mais tarde, empregando grandes rodeios, que os pontífices conseguiram fazer aceitar no Ocidente a lei do celibato. Com os orientais, saíram igualmente frustrados os seus planos.

Numa outra bula, o papa estabelece a proposição capciosa de que um eclesiástico pode dar a filha a um homem vivendo em concubinagem, sem incorrer na censura eclesiástica, como se a desse a um homem casado; porque, acrescenta o Santo Padre, as concubinas não são mulheres legítimas, e as jovens não cometem pecado entregando-se a seus maridos. O último artigo dessa bula diz respeito aos fiéis que haviam sido prisioneiros dos pagãos e tinham vivido com eles. Leão permite aos bispos purificá-los pelo jejum e pela imposição das mãos, unicamente no caso de que tivessem comido carnes imoladas; mas ordena que sejam submetidos às penitências públicas, se adorarem os ídolos ou praticarem homicídios e adultérios.

Durante o ano 443, Genseric, depois de ter devastado as províncias do império e estabelecido o seu domínio na África, desceu à Sicília, onde, por instigação de Maximiano, chefe dos arianos, perseguiu cruelmente os ortodoxos. No perigo em que se achava a Igreja, Santo Agostinho pensou que era o seu dever abandonar a sua diocese para se dirigir a Roma a combater os arianos. Estabeleceu, por acaso, domicílio em casa de um maniqueu, cuja seita fazia já grandes progressos e aumentava consideravelmente com todos os africanos que se tinham refugiado na Itália, depois da ruína de Cartago pelo rei dos vândalos.

Santo Agostinho, atraiçoando os deveres da hospitalidade, descobriu a Leão os lugares das reuniões da nova seita e afirmou que os maniqueus eram os autores da corrupção que ia lavrando no seu rebanho. Então o Santo Padre advertiu os fiéis, nos seus sermões, de que não só deviam desconfiar daqueles perigosos heréticos, mas também denunciá-los e fornecer-lhes os meios de conhecerem os seus sectários. Acusava-os de jejuarem aos domingos em honra do sol e, à segunda-feira, em honra da lua, e pretendia também que eles recebessem a comunhão somente na espécie do pão, considerando o vinho como uma produção do mau princípio.

Depois de tê-los tornado execráveis aos olhos do povo, o papa Leão ordenou que se fizessem contra eles as mais severas buscas na cidade; proibiu as suas reuniões secretas, apoderou-se dos livros que continham a sua doutrina e queimou-os no adro da basílica de S. Pedro. Em seguida, para aumentar o horror que ele queria inspirar contra aqueles desgraçados, reuniu um sínodo composto dos bispos vizinhos, aos quais juntou os principais membros do clero, do senado, da nobreza e do povo; e na presença de toda aquela assembleia, muitos maniqueus e um dos seus bispos, seduzidos pelo dinheiro do pontífice, fizeram uma confissão pública de impudicícias abomináveis das quais se reconheciam culpados. Mas o testemunho daqueles apóstatas covardes parecerá sempre suspeito aos espíritos conscienciosos que querem julgar com imparcialidade; e nós sabemos, por exemplos recentes, tanto em religião como em política, que o zelo ou o receio dos tormentos levam os novos convertidos a caluniarem os seus irmãos e, muitas vezes, mesmo a persegui-los.

Não estando satisfeito ainda o papa, excitou os magistrados ao extermínio dos maniqueus, e fez-se auxiliar nas suas cruéis perseguições pelas leis imperiais. Valentiniano III publicou um edito pelo qual confirmou e renovou todas as ordenanças dos seus predecessores contra aqueles sectários, declarando-os infames, incapazes de exercerem cargo algum, de usarem armas, de testarem e de fazerem ato algum valioso na sociedade civil; proibindo a todos os súditos do império de lhes darem asilo e ordenando que fossem denunciados para serem castigados ao rigor das leis.

Treze séculos depois, ver-se-á seguir esse exemplo abominável, no tempo de Luiz XIV, para autorizar as perseguições contra protestantes.

Muitos bispos do Oriente e do Ocidente, por instigação do papa, encarniçaram-se igualmente contra os maniqueus das suas dioceses. Graças a esses remédios violentos, Roma foi em breve expurgada daquela heresia, e Leão pôde voltar as suas armas contra o pelagianismo que Juliano de Eclano, seu inimigo implacável, favorecia na Campânia e na Itália; mas, não querendo envolver-se em discussões teológicas nas quais poderia sincar, pareceu-lhe mais certo excitar os bispos contra os pelagianos e fazer valer as cruéis ordenanças dos imperadores.

Durante o curso do mesmo ano, Leão deu uma prova da sua excessiva ambição. Os imperadores, na partilha da Ilíria, tinham tirado dos papas a jurisdição de primazia que eles reivindicavam sobre aquela província; apesar da proibição do soberano, o Santo Padre estabeleceu na Ilíria, para vigário da sua sede, Anastácio, bispo de Tessalônica. É verdade que naquela circunstância teve de pôr em prática todas as astúcias da sua política, e que foi mesmo obrigado a escrever aos prefeitos do Oriente cartas explicando o seu procedimento. A experiência havia demonstrado aos pontífices que poderiam submeter mais facilmente os bispos do Ocidente do que os orientais, que sabiam manter-se na posse dos seus privilégios; e a prudência aconselhava-os a que tivessem para com eles grandes atenções.

E, quanto aos prelados das Gálias, Leão não mostrava consideração alguma pelas suas decisões e ordenava-lhes imperiosamente que se submetessem às vontades da corte de Roma.

Santo Hilário e S. Germano de Auxerre, tendo sido encarregados pelo príncipe de reformarem os abusos que se tinham introduzido em algumas províncias da Gália, dirigiram-se a Viena para receberem as queixas do povo e dos nobres, que acusavam Celidônio, seu bispo, de violação, de assassínios e, finalmente, de ter desposado uma mulher cujo marido mandara assassinar.

Os dois prelados ordenaram que se juntassem as testemunhas e reuniram muitos eclesiásticos de um grande merecimento para examinarem aquele negócio. Tendo sido provada a acusação, o julgamento foi feito segundo as regras da Escritura, que ordenavam a Celidônio renunciar ele próprio ao episcopado. O condenado apelou daquele julgamento para Roma e foi acolhido favoravelmente pelo pontífice. Santo Hilário, a fim de evitar o escândalo, dirigiu-se em pessoa à Itália para conjurar Leão de manter a disciplina das Igrejas; representou-lhe com grande sabedoria que era necessário que a Santa Sede renunciasse às suas pretensões de elevar às funções eclesiásticas bispos condenados nas Gálias pelas sentenças dos magistrados. "Vim aqui, Santo Padre, acrescentou ele, para cumprir com o meu dever e não para advogar a minha causa; instruo-vos do que se tem passado, não em forma de acusação, mas unicamente como simples narrativa. Se a vossa opinião é diferente da minha, não insistirei mais e prosseguirei junto ao príncipe, pugnando pela deposição do culpado."

Por ambição às prerrogativas da sua sede, o papa não somente repeliu o pedido de Santo Hilário, como também o guardou prisioneiro, querendo forçá-lo a justificar-se perante o concílio que ele tinha convocado. Felizmente o prelado conseguiu enganar os espiões do Santo Padre, saiu secretamente de Roma e voltou para a sua igreja. Leão, furioso por ver escapar-lhe o seu prisioneiro, fez excomungar pelo seu concílio o bispo de Arles e restituiu a Celidônio todos os seus direitos. Verdade é que o sínodo era composto de escravos seus, isto é, dos bispos das vizinhanças de Roma. Com semelhante gente, acrescentam os historiadores, o pontífice teria podido condenar os apóstolos e o próprio Jesus Cristo. O imperador Valentiniano III, prestando-se à vingança de Leão, teve a fraqueza de dirigir um edito ao patrício Aécio, que comandava as tropas das Gálias, ordenando-lhe que encerrasse numa prisão, como traidor e sedicioso, o santo pastor da cidade de Arles.

Esse ato de despotismo foi um golpe mortal para a liberdade das igrejas da França, e os negócios eclesiásticos, que antes eram julgados pelos sínodos nacionais, foram levados, depois dessa época, perante o bispo de Roma.

S. Cirilo, um dos mais fogosos perseguidores dos novacianos, morreu em 9 de junho desse mesmo ano, depois de ter governado trinta e dois anos a igreja de Alexandria. Para seu sucessor designara o bispo Dióscoro.

Apesar da vigilância do papa, a heresia dos priscilianistas continuava fazendo na Espanha e nas Gálias os progressos mais surpreendentes.

Aqueles sectários eram unicamente os continuadores dos gnósticos, e, segundo diziam os seus inimigos, subdividiam-se em muitas facções distintas umas das outras, tendo cada uma delas crenças particulares. Por isso os massalienses não concediam eficácia alguma aos sacramentos para expelir os demônios e pretendiam que o único meio de exorcizar os fiéis possessos do espírito maligno era fazê-los espirrar, para que os demônios fossem expulsos. "O que, afirmavam eles, punha-os materialmente de posse do Espírito Santo e lhes fazia experimentar em todas as partes do seu ser a mesma felicidade que o amor físico fazia experimentar às mulheres." Os ofitos colocavam a serpente antes de Jesus Cristo e adoravam-na como tendo prestado ao homem o serviço de lhe fazer conhecer o bem e o mal; os adamitas pregavam a comunidade das mulheres, porque, segundo eles, a promiscuidade era a verdadeira comunhão mística do cristão; os cainitas honravam Caim como aquele que ensinara os homens a trabalhar e consideravam o assassínio de Abel como uma alegoria, significando que os povos deviam destruir os ociosos que estavam a cargo da sociedade; veneravam mesmo a imagem de Judas, porque aquele apóstolo, atraiçoando Cristo, salvara o gênero humano da condenação eterna. Acreditavam que cada pecado tinha um anjo que presidia à sua execução e detestavam os homens castos como seres sem força nem energia. Finalmente invocavam nas suas orações os habitantes de Sodoma, de Gomorra e todos os hebreus do Antigo Testamento, que se tinham assinalado pelas suas impiedades.

Apesar do seu ódio pelas virtudes místicas, por uma contradição singular, tinham em horror a matéria; por isso, defloravam as donzelas e honravam a esterilidade.

Aos seus olhos, era um crime tão grande procriar filhos que as mulheres que ficavam prenhes eram tratadas com o maior rigor. Justificavam a sua severidade com o exemplo de Deus, que precipitara do céu o profeta Elias, por acusação de um demônio fêmea que recolhera as expulsões noturnas daquele santo varão, para engendrar, malgrado seu, filhos e filhas.

    Entre aqueles heréticos, uns levavam tão longe o horror das relações carnais com as mulheres, que Santo Epifânio afirma que os eucratitas se poluíam eles mesmos e engoliam a substância seminal; cita ainda outros que viviam entre si na liberdade mais desenfreada. Santo Epifânio acusa ainda os adamitas de se reunirem homens e mulheres nas igrejas, de assistirem aos sermões e de orarem e participarem dos sacramentos inteiramente nus; diz ele que, depois de terem terminado as suas refeições místicas entregavam-se à mais horrível luxúria, havendo levitas que recolhiam a substância seminal do homem e o sangue menstrual da mulher, e que, depois de os misturarem no cálice, davam a comunhão com aquela bebida horrível, que era, segundo eles, a verdadeira eucaristia, composta com os elementos da vida e representando realmente o corpo e o sangue de Jesus Cristo.

    Por maior que seja a confiança dos sacerdotes nas asserções dos padres da igreja, aqueles dentre os eclesiásticos que escreveram sobre essa heresia não podem deixar de pôr em dúvida a exatidão das relações de Santo Epifânio sobre as diferentes seitas dos priscilianistas ou gnósticos; e, se não o acusam de os ter querido caluniar para aumentar o número dos seus inimigos, pelo menos censuram-lhe o ter-se mostrado muito crédulo, adaptando as fábulas populares inventadas contra eles pela ignorância ou pelo ódio. Santo Irineu e S. Clemente de Alexandria recusaram-se a acreditar naquelas torpezas e acusavam-nos tão somente de uma excessiva afetação de pureza e de castidade.

    Os frades, instrumentos dóceis do fanatismo de Leão, depois de terem levado à presença do prefeito Evodo acusações atrozes contra o venerável Prisciliano, pediram que ele fosse encerrado numa prisão e submetido às mais horríveis provas.

    O desditoso herege foi primeiramente amarrado com cordas e cadeiras, e, em seguida, um padre começou o interrogatório:

    "Abjura os teus erros, Prisciliano, submete-te ao soberano pontífice de Roma."

    Recusando-se o paciente a responder aos algozes, fizeram-lhe estalar os ossos das pernas com a pressão das cordas e meteram-lhe os dois pés num braseiro ardente.

    "Abjura os teus erros, Prisciliano, e glorifica Leão, o pai dos fiéis."

    Durante aqueles sofrimentos horríveis, Prisciliano dirigia a Deus as suas orações e recusava-se a glorificar o papa.

    Então o frade encarregado da execução deu ordem aos algozes de começarem o suplício. Arrancaram-lhe os cabelos e a pele do crânio, queimaram-lhe com um ferro em brasa todas as partes do corpo, deitaram-lhe nas feridas azeite a ferver e chumbo derretido e, finalmente, enterraram-lhe nas entranhas um forcado em brasa, fazendo com que o mártir expirasse no fim de duas horas, entregue aos sofrimentos mais atrozes.

Leão fez em seguida perseguir os fragmentos da seita e entregou-os ao ódio implacável dos padres. Não estando satisfeita ainda a sua vingança com a condenação de Prisciliano, em breve abusaram do seu crédito e do favor da corte, perseguindo os homens de bem; para ser suspeito, bastava jejuar e ter predileção pelo isolamento; e o maior dos crimes foi, então, ser sábio e honesto. Os cidadãos que haviam caído no desagrado do clero eram acusados de priscilianismo, sobretudo quando a sua morte podia ser agradável ao príncipe ou quando as suas riquezas deviam ir aumentar os tesouros do Santo Padre.

S. Martinho, bispo de Tour, condenou altamente a intolerância do pontífice que, sob a capa da religião, procurava satisfazer a sua ambição e a sua avareza, sacrificando a tranquilidade dos povos; nos primeiros tempos, recusou-se mesmo a comunicar-se com os bispos de Espanha que tinham executado as ordens de Leão; mas depois, fatigado pelas suas obsessões, deixou que lhe extorquissem um ato de comunhão com eles. Isso afligiu-o muito todo o resto da sua vida e permaneceu persuadido de que aquela ação impedira que a graça dos milagres se fizesse sentir na sua pessoa.

O papa não somente ousou gloriar-se de ter ordenado o suplício de Prisciliano, como também escreveu a Máximo pedindo-lhe o seu apoio, a fim de estender os massacres a todas as províncias do império, e exprimia-se nos seguintes termos: "Senhor, o rigor e a severidade da vossa justiça contra esse herege e contra os seus discípulos foram de um grande auxílio para a clemência da Igreja. Noutro tempo, contentáva-mos com a brandura do julgamento que os bispos pronunciavam segundo os cânones, e não queríamos execuções sanguinolentas; hoje reconhecemos que era necessário ser auxiliado e bem apoiado pelas severas constituições dos imperadores; porque o receio de um suplício rigoroso faz muitas vezes com que os hereges recorram ao remédio espiritual, que pode curar as almas da enfermidade mortal, com uma verdadeira conversão..."

Esse papa ímpio, afastando-se assim dos preceitos de tolerância do Cristianismo, pretendia extirpar as heresias pelos meios mais violentos.

Em breve, o caso de Eutiques veio fornecer ao mundo novas provas da crueldade de Leão e mostrar o espetáculo ridículo de uma suposta heresia contra a qual se levantavam o Oriente e o Ocidente, sem conhecer os dogmas que podiam ter incorrido nos anátemas da Santa Sede.

Eutiques, sacerdote e abade de um grande convento de 300 frades, próximo a Constantinopla, escrevera ao papa para o prevenir de que o nestorianismo readquiria novas forças pela proteção que lhe concedia o patriarca Flaviano. Leão aprovou o seu zelo e animou-o a que perseguisse os hereges. Domnus de Antioquia escreveu por seu turno ao imperador Teodósio e acusou Eutiques de renovar a heresia de Apolinário, pretendendo que a divindade do filho de Deus e a sua humanidade eram uma só natureza e atribuindo os sofrimentos à divindade. Essa heresia era fundada sobre as consequências que se tiravam dos termos de Eutiques que não diferiam das opiniões ortodoxas, senão na maneira de os interpretar. Ele reconhecia, com efeito, duas naturezas em Jesus Cristo, mas pretendia explicar melhor o mistério da encarnação, dizendo que existia tão somente uma só natureza, por isso que Jesus Cristo era ao mesmo tempo Deus e homem. Aqueles que se declararam contra essa opinião falavam daquelas duas naturezas como se elas estivessem separadas, e o suposto heresiarca foi condenado e perseguido, porque não o entendiam ou porque se recusavam a compreendê-lo.

Os prelados orientais reuniram-se em concílio, em Constantinopla, para julgar Eutiques, e pronunciaram uma sentença de excomunhão que não inspira um grande respeito pelas luzes dos padres que compunham o sínodo. Aquele, vendo-se condenado injustamente, escreveu ao papa: "Suplico-vos, Santíssimo Padre, que pronuncieis sobre a fé e não consintais que se execute o decreto que foi promulgado contra mim por cabala; tende compaixão de um velho que viveu setenta anos na continência, nos exercícios de piedade e a quem expulsam do seu retiro." O imperador Teodósio, que favorecia Eutiques, escreveu ao mesmo tempo ao pontífice acerca das perturbações que agitavam a igreja de Constantinopla.

Essas cartas, que lisonjeavam a ambição de Leão, então em dissidência com Flaviano de Constantinopla, bastaram para fazer tomar a defesa de Eutiques, em vista do que escreveu a Flaviano: "Admiro-me, meu irmão, que não tenhais escrito coisa alguma acerca do escândalo que perturba a Igreja e do qual não fostes vós o primeiro a instruir-me. Nós lemos a exposição da doutrina de Eutiques e não vemos a razão por que vos separastes da comunhão dos fiéis. Contudo, como é nosso desejo usar da maior imparcialidade nos nossos julgamentos, não tomaremos decisão alguma, sem conhecer perfeitamente as razões alegadas pelos dois partidos. Enviai-nos pois, um relatório de tudo quanto se passou e dai-nos a saber que novo erro se levantou contra a fé, a fim de que possamos, segundo as vontades do imperador, extinguir essa divisão, o que conseguiremos facilmente; pois o padre Eutiques declarou que, se havíamos encontrado na sua doutrina alguma coisa repreensível, estava pronto a corrigi-la."

Alguns dias depois da recepção das cartas do papa, reuniu-se em Constantinopla um novo concílio para a revisão do primeiro julgamento. O imperador quis que o patrício Florentino o representasse naquela assembleia para impedir que o ódio dos teólogos oprimisse a inocência; reconhecendo, porém, que as suas precauções eram impotentes, transferiu o concílio para Éfeso.

O papa e Flaviano de Constantinopla, que se tinham reconciliado no interesse das suas sedes respectivas, receando perder a sua influência sobre os padres, empregaram todos os esforços para obrigar o imperador a revogar as suas últimas ordens; mas esses esforços forma inúteis. Leão, convidado para ir a Éfeso, contentou-se em enviar os seus legados, Júlio, bispo de Pouzzola; Renato, padre do título de S. Clemente; Hilário, diácono e Dulcício, notário.

Depois de reunidos em Éfeso todos os padres convocados pelo imperador, foi declarada a abertura do concílio para o dia 8 do mês de agosto. Dióscoro, sucessor de S. Cirilo no governo da Igreja de Alexandria, foi nomeado presidente da assembleia. A sentença de deposição pronunciada contra Eutiques no concílio de Constantinopla foi declarada nula pelos padres; colocou-se o venerável abade à testa do seu mosteiro e fez-se inteira justiça à sua fé e à santidade dos seus costumes. Os seus acusadores, Flaviano e Eusébio, bispo de Dorilea, foram condenados e depostos, apesar da oposição de Hilário, diácono da Igreja romana que falava em nome do papa, e apesar das reclamações de grande número de bispos que mostravam uma grande dedicação pelos interesses de Flaviano.

Depois do concílio, Dióscoro pronunciou uma sentença de excomunhão contra o papa Leão para o punir do seu orgulho e do seu despotismo. O imperador Teodósio confirmou por um edito o segundo concílio de Éfeso e proibiu dar novas sedes aos bispos que sustentassem a heresia de Nestório e de Flaviano.

Nesse intervalo, Leão recebeu uma carta dos bispos da província de Viena, que lhe participavam a eleição de Ravênio para o bispado de Arles, o que prova que não se esperava um bispo e que lhe davam parte das eleições unicamente para conservar os laços de uma união fraternal.

O papa ignorava sempre o que se passava no Oriente, de onde não tinha recebido ainda notícias, e escreveu então a Flaviano, para lhe testemunhar a sua inquietação.

Algum tempo depois, tendo regressado a Roma o diácono Hilário, instruiu o Santo Padre dos ultrajes sanguinolentos que haviam sido feitos à sua sede pelo concílio de Éfeso. Leão, transportado de cólera, convocou imediatamente em sínodo os bispos da Itália e, por seu turno, fez excomungar os padres de Éfeso. Em seguida, escreveu muitas cartas sinodais contra Eutiques e pediu instantaneamente ao imperador autorização para presidir a um concílio universal.

Depois da morte de Teodorico, a imperatriz Pulquéria, auxiliando o pontífice na vingança que ele queria tirar de Eutiques e dos seus amigos, ordenou ao patriarca Anatólio, que fora colocado na sede de Constantinopla para substituir Flaviano, que abraçasse o partido de Roma e que merecesse a afeição do papa se quisesse conservar o seu bispado. Anatólio, intimidado com aquela ameaça, reuniu um concílio para o qual convidou os legados do pontífice, a fim de dar conhecimento da famosa carta de S. Leão a Flaviano. Os padres do novo concílio declararam que a aprovavam em todo o seu conteúdo, e Anatólio pronunciou o anátema contra Nestório e Eutiques, condenou a sua doutrina e, em consequência daquele julgamento iníquo, mereceu ser reconhecido bispo legítimo de Constantinopla.

Os negócios públicos estavam num estado tão deplorável como os da Igreja. O temível Átila, rei dos hunos, depois de ter reduzido a cinzas a cidade de Aquileia e devastado todos os campos que se achavam no seu caminho, fazia tremer a Itália inteira. Pávia e mesmo Milão, essas duas grandes cidades, não haviam podido resistir ao esforço das suas armas vitoriosas e tinham sido teatro de todas as desordens da guerra.

Essas notícias desastrosas causaram em Roma a maior consternação: o senado reuniu-se para deliberar se o imperador sairia da Itália, pois parecia impossível defender a capital contra o dilúvio de bárbaros que inundavam o império. Nessa extremidade, resolveu-se tentar o meio das negociações e enviou-se a Átila uma pomposa embaixada, tendo à sua frente o papa Leão, cuja eloquência persuasiva era bem conhecida. O pontífice saiu da cidade com um cortejo imponente para ir ao encontro daquele inimigo poderoso e, quando se aproximou da tenda de Átila, mandou entoar os cânticos solenes da Igreja e prostrou-se humildemente diante da majestade do chefe bárbaro; em seguida, começaram as conferências. As crônicas apontam que o rei dos hunos ficou por tal modo impressionado com aquele espetáculo singular que se submeteu a tudo quanto Leão pediu, como as ordens vindas do céu, consentindo na paz e retirando-se com os seus exércitos para lá do Danúbio. Muitos historiadores acrescentam mesmo que os capitães hunos, tendo exprimido abertamente o seu desprezo pelo seu príncipe, que havia honrado o papa a ponto de lhe obedecer como um escravo; aquele, para se justificar, afirmou que tinha visto em sonhos um ancião venerável, tendo uma espada nua na mão, com a qual ameaçava matá-lo se ele não se conformasse com as ordens de Leão.

Esse conto se encontrava noutro tempo no Breviário de Paris; mas no século XVI um dos nossos mais sábios arcebispos fê-lo suprimir, assim como as fábulas grosseiras que ele continha. O verdadeiro motivo da retirada de Átila foi o desejo de possuir o ouro que o papa fez brilhar aos seus olhos; falta imperdoável para um conquistador à frente de tropas vitoriosas, e, sobretudo, para um Átila, o flagelo de Deus, o inimigo do gênero humano, cujo olhar inspirava terror aos mais bravos, cujo nome fazia tremer as nações.

Leão, que desarmara o invencível rei dos hunos, não pôde, todavia, submeter Anatólio, patriarca de Constantinopla, que, não tendo considerações a guardar para com ele, queria estender o seu domínio sobre a Igreja do Oriente e imitava o papa, que fazia já pesar autoridade sobre a Igreja do Ocidente.

Para humilhar o bispo de Roma, Anatólio favorecia os partidários de Eutiques e de Dióscoro e repelia os amigos do Santo Padre. Este se queixou ao imperador Marciano e à imperatriz Pulquéria; mas o imperador, que desejava manter a paz na Igreja, recusou-se a dar satisfação a qualquer um dos dois partidos e forçou-se ao simulacro de uma reconciliação oficial.

No ano seguinte, o papa foi encarregado de uma missão importante, que teve um resultado deplorável, e na qual a sua eloquência não produziu um segundo milagre.

A imperatriz Eudóxia, depois da morte de Valentiniano III, fora obrigada a desposar Máximo, usurpador do trono e assassino de seu marido. Como a princesa se recusava aos desejos daquele monstro, teve ele a barbaridade de ordenar aos seus soldados que a amarrassem com cordas e lhe tirassem os vestidos para ele satisfazer a sua brutal paixão. Eudóxia, ferida com aquela horrível violência, pediu secretamente auxílio ao rei dos vândalos contra a tirania de Máximo. Genseric aproveitou esse pretexto, desembarcou na Itália e marchou para Roma, cujas portas lhe foram abertas pela traição.

S. Leão, vendo então o seu rebanho exposto à vingança dos arianos, veio deitar-se aos pés do rei dos vândalos, pedindo-lhe que poupasse a Cidade Santa.

Todas as suas instâncias foram baldadas em vista da vontade firme de Genseric; Roma foi entregue à pilhagem por espaço de quatorze dias, e os habitantes tiveram somente a faculdade de se retirarem, eles e as suas famílias, para três basílicas que lhes serviram de asilo e onde não houve sangue derramado.

O rei embarcou outra vez para os seus navios, que ele carregara com o produto do saque, levando a imperatriz Eudóxia e as suas duas filhas, a quem tratou com distinção. Esse príncipe não era tão cruel como pretendem os historiadores eclesiásticos, e os defeitos que eles censuram eram as consequências inevitáveis do poder supremo. Encontraremos ações muito mais condenáveis na vida dos monarcas, cuja memória é venerada na Igreja.

Depois da morte do imperador Marciano, o partido de Eutiques fez grandes esforços no Oriente para obter a proteção do seu sucessor, apelidado Macela; mas o pontífice, que auxiliara com as suas intrigas e cabalas a sua elevação ao trono, serviu-se do crédito que tinha na corte para reprimir os inimigos da Igreja e manter a autoridade da Santa Sede.

Leão ocupou-se, em seguida, de regular muitos pontos de disciplina relativamente aos habitantes da cidade de Aquileia que tinham sido levados prisioneiros por Átila. Durante o seu cativeiro, os fiéis tinham comido carnes imundas e haviam consentido em receber um novo batismo; outros, no seu regresso, haviam encontrado as suas mulheres casadas. Nicetas, bispo de Aquileia, tendo consultado S. Leão sobre esses casos de consciência, obteve do papa uma resposta na decretal seguinte: relativamente às mulheres que haviam contratado novas uniões, na incerteza da existência de seus maridos, ordena-lhes que voltem para eles, sob pena de excomunhão, e desculpa os segundos maridos. Condena a penitência pública aqueles que o receio ou a fome obrigaram a comer carnes imoladas e convida os que se tinham feito batizar a reconciliarem-se com a Igreja pela imposição das mãos do bispo. Numa outra decretal Leão proibiu as virgens de receberem bênção solene e o véu antes da idade dos 40 anos. Julga-se mesmo que foi por solicitação dele que o imperador Majoriano fez uma lei contra os pais que obrigavam as filhas a consagrarem-se a Deus; a mesma lei censurava severamente as viúvas que, não tendo filhos, renunciavam a segundas núpcias por libertinagem e não por virtude.

A Igreja deve ao Santo Padre o estabelecimento dos quatro jejuns solenes do ano, a saber: a quaresma, o pentecostes e o jejum do sétimo e do décimo mês. As lendas atribuem a essa mesma época a origem das rogações, festa que foi celebrada pela primeira vez no delfinado e que foi adotada depois pelas igrejas de todos os países. Mamers, bispo de Viena, é o inventor dessa prática supersticiosa que, segundo os padres, tem o poder de abrandar a justiça divina, de fazer parar os tremores da terra, os incêndios e os outros flagelos que desolam as nações.

Os autores aludem igualmente a uma anedota singular sobre o costume de beijar os pés ao papa. Uma mulher de uma beleza notável, dizem eles, fora admitida em dia de Páscoa a beijar a mão do pontífice; quando se aproximou de Leão, sua santidade sentiu a revolta da carne contra o espírito e desejou possuir a bela penitente. Mas, logo depois de perpetrado o crime, o arrependimento penetrou a sua alma e, para se mortificar, cortou a mão que fora causa daquela prova de fraqueza. Como aquela mutilação impedia que o Santo Padre celebrasse missa, o povo começou a murmurar. Então Leão dirigiu a Deus orações fervorosas para obter a restituição da sua mão, o que lhe foi concedido sob a condição de que mudaria o costume de dar as mãos a beijar e de introduzir o hábito de apresentarem os pontífices os pés à adoração dos fiéis. Assim é contado na lenda o milagre da mão cortada!

S. Leão ocupou a cadeira pontifical vinte e um anos e morreu em 461, em 11 de abril, dia marcado para honrar a sua memória na Igreja.

Hilário

48º Papa

Nascimento de Hilário. – Caso de Hermes, bispo de Beziers. – O papa persegue S. Mamers. – Violência do pontífice. – Moderação do bispo. – Hilário estende o seu domínio sobre a Gália e sobre a Espanha. – Intolerância do papa. – Sua morte. – Caráter do seu pontificado.

Hilário era da Sardenha e filho de Crespino. Não se sabe coisa alguma da sua educação nem das ações particulares da sua vida antes do pontificado; a história fala unicamente da sua embaixada ao concílio de Éfeso, onde fora enviado por S. Leão para sustentar os direitos do bispo de Roma.

No decurso do primeiro ano desse reinado, renovou-se o antigo escândalo das apelações para Roma. Um tal Hermes conseguiria, com as suas intrigas, fazer-se sagrar bispo de Beziers malgrado dos habitantes, que não o queriam por causa dos crimes da sua vida passada que o tornavam indigno do episcopado; mas, tendo-se cingido o novo prelado à corte de Roma, logo o pontífice escreveu a Leôncio de Arles pedindo-lhe um relatório sobre os costumes e procedimento de Hermes, para que ele pudesse interpor o seu julgamento nesse negócio. Em seguida, sem mesmo esperar a resposta de Leôncio, reuniu um concílio e confirmou Hermes no seu bispado, proibindo-lhe todavia que ordenasse padres.

S. Mamers, bispo de Viena, célebre em toda a Gália pela sua piedade, adquiriu uma nova glória pela perseguição que sofreu do pontífice por ocasião do que vamos relatar: um padre ambicioso elevara as suas queixas a Roma contra Mamers, que, repelindo as suas pretensões ao bispado de Dié, dera esta sede a um ancião venerável. Nisso foi aprovado por Leôncio de Arles e pelo sínodo da província, que se apressaram em escrever ao papa que a ação de S. Mamers era justa e equitativa; mas Hilário, querendo aumentar o poder que seu predecessor se arrogara nas Gálias, transpôs nessa ocasião os limites da equidade. Chamou à empresa de Mamers um atentado imperdoável; acusou aquele santo bispo de orgulho, de presunção e de prevaricação; ameaçou-o de lhe tirar os seus privilégios se ele perseverasse no justo exercício dos seus direitos e encarregou mesmo o bispo Verano de fazer executar as suas ordens, como delegado da Santa Sede.

Mamers repeliu os ataques do pontífice com dignidade e moderação; refutou as declamações dos seus amigos e declarou que saberia manter os direitos da sua Igreja. O próprio cardeal Barônio, falando dessa disputa escandalosa, diz: "Não vos admirais ver o papa levantar-se com tanta veemência contra Mamers, prelado de uma piedade exemplar, porque em negócios litigiosos todo homem pode ser enganado, mesmo quando é sucessor de S. Pedro: e uma tal contenda tivera já lugar no reinado de S. Leão."

Dois negócios importantes vieram no mesmo ano aumentar a influência da Santa Sede sobre a Espanha. Silvano, prelado de Calabore, tinha escolhido um padre da igreja de Tarragona e sagrara-se bispo apesar da oposição do seu metropolitano. Os chefes do clero da província, tendo-se reunido em concílio para julgar a contenda, não puderam chegar a um acordo e tiveram a fraqueza de escrever ao Santo Padre perguntando-lhe qual devia ser a sua decisão.

O outro negócio dizia respeito a Nendinário, bispo de Barcelona, que à hora da morte designara para seu sucessor Irineu, pastor de uma outra cidade, e lhe deixara todos os bens que possuía. Os prelados da província, conformando-se com a vontade do defunto, em vista do consentimento do clero, do povo e dos notáveis, consentiram na mutação de Irineu e obrigaram-no tão somente a pedir confirmação do pontífice. Os eclesiásticos cometeram então duas faltas graves, que os tornaram dependentes da Santa Sede, e pela sua imprudência forneceram aos papas os meios de engrandecer todos os dias a sua autoridade.

Nos princípios do ano 467, tendo vindo a Roma o novo imperador Antêmio tomar posse do império, Hilário receou que as heresias do Oriente se introduzissem na Igreja do Ocidente pela proteção de Filoteu, herético macedônio e favorito do príncipe, que permitira já a todas as seitas terem reuniões. O papa declarou-se contra a liberdade de consciência, ousou mesmo dirigir censuras ao imperador na presença da assembleia do povo, na igreja de S. Pedro, e ameaçou o monarca de sublevar as províncias contra a sua autoridade, se ele não obrigasse por um juramento solene a expulsar todos os heréticos dos seus Estados.

Algum tempo depois de ter manifestado de semelhante modo o seu espírito de intolerância, Hilário morreu no mês de setembro de 467 e foi enterrado na gruta do mosteiro S. Lourenço.

Os historiadores afirmam que o pontífice partilhara com os bárbaros as riquezas provenientes da pilhagem de Roma por Genseric, e que os seus tesouros lhe serviram para comprar a tiara. Depois de eleito papa, conformou-se com as exigências do século e construiu magníficas igrejas, que enriqueceu com vasos preciosos; construiu três oratórios no batistério da basílica de Constantino e dedicou o primeiro a S. João Batista; o segundo a S. João evangelista e o terceiro à Santa Cruz. Este último era ornado com um Cristo colossal de ouro e pedrarias, em que havia um pedaço da verdadeira cruz, do peso de 20 libras; fez colocar no batismo dessa mesma igreja uma bacia de pórfiro, três vasos de prata, um cordeiro de ouro e uma pomba de bronze e de Corinto. Construiu também um oratório que dedicou a Santo Estêvão no batistério de Latrão, no qual colocou duas bibliotecas, ou, antes, dois armários de livros; finalmente fundou muitos mosteiros perto da basílica de S. Lourenço e deu aos frades banhos em um palácio.

O pontificado de Hilário não oferece nada de notável, a não ser a mesma perseverança no plano uniformemente seguido pelos bispos de Roma para esmagar o poder imperial e para aniquilar a liberdade dos povos.

Simplício

49º Papa

Nascimento de Simplício. — Opõe-se às vontades de Leão. — Perturbações do Oriente. — Zenon é expulso do trono. Torna a haver a coroa. — O papa convida-o a perseguir os eutíquios. — João Talaia. — Questões graves entre Simplício e o patriarca de Constantinopla. — Audácia do papa. — Sua morte.

Tipur, cidade situada no antigo Lácio e hoje chamada Tivoli, era a pátria de Simplício, filho de Castino.

Logo que o imperador Leão foi informado da eleição de Simplício, escreveu-lhe felicitando-o, instando ao mesmo tempo para que confirmasse o concílio de Calcedônia, que elevava a sede de Constantinopla ao segundo grau da dignidade episcopal, mas Simplício opôs-se com obstinação às vontades do príncipe.

Depois da morte de Leão, subiu ao trono o seu sucessor Zenon; mas em breve o usurpador Basilisco conseguindo sublevar as tropas, expulsou o novo monarca e apoderou-se do império do Oriente. O seu primeiro cuidado foi reintegrar os prelados eutíquios que Leão, por instigações do papa, perseguira com grande rigor.

Acácio, patriarca de Constantinopla, foi o único dentre os bispos que se recusou a submeter-se às ordens do tirano e fez com que o povo e os padres apoiassem a sua resistência. O Santo Padre aprovou ao princípio o procedimento do generoso Acácio; em seguida, avisando-o os frades do regresso de Timóteo Elúreo, que procurava promover sedições para ocupar de novo a sede de Alexandria, Simplício teve a covardia de escrever ao patriarca autorizando-o a imitar o exemplo do seu legado e a reunir-se aos padres do trono de Basilisco, se o príncipe consentisse em excluir Timóteo da sede de Alexandria.

Sua Santidade acusava aquele prelado de partilhar a heresia de um frade africano que, depois de se ter entregado a profundas e minuciosas investigações sobre a autenticidade da vinda do Filho de Deus à Terra, chegara a esta conclusão notável: "Jesus não existiu." Para corroborar a sua opinião, invocava este religioso o silêncio de Philon, célebre doutor judeu, que escrevia na época em que se marca a missão do Cristo. Provava ele que nas obras de Flávio Josefo, que florescia no meado do primeiro século da nossa era, a passagem em que se trata de Jesus encerra interpolações grosseiras que não existiam no tempo de Orígenes, isto é, em 253; por isso que aquele padre manifesta nas suas obras uma grande surpresa pelo esquecimento absoluto que Josefo fizera de Jesus. Fazia igualmente sobressair a inverossimilhança da condenação do filho de Deus, que o Evangelho pretende ter sido julgado por Anás, por Caifás, por Pilatos e em seguida por Herodes, que não tinha autoridade alguma na Judeia, e, em último lugar, condenado por Caifás e supliciado, tudo no intervalo de seis horas.

O douto religioso sustentava que, admitindo mesmo a autenticidade da passagem de Flávio Josefo, não se podia tirar dela a consequência da divindade de Jesus, "porque, dizia ele, aquele historiador fala da revolta do povo judeu contra Pilatos, da resistência corajosa dos chefes dos insurgentes, da sua constância no meio dos suplícios; enumera extensamente os nomes e as "qualidades de Simão e de Jude, proclamados reis durante a revolta, de Judas, o Galileu, e do fariseu Saduc, fundadores e chefes dos patriotas zeladores; de Tiago, de Manohem, do traumaturgo Jonatas, de Simão, o Mago, e de Simão Barjona, enquanto, pelo contrário, consagra apenas um pequeno número de linhas para narrar que um proletário chamado Jesus anunciara a destruição do templo e o saque da cidade de Jerusalém; e não fala da sua doutrina, dos seus discípulos, dos seus milagres, da sua morte nem da sua ressurreição." O religioso africano objetava, além disso, que Justo Tiberíado, contemporâneo de Flávio e dos supostos discípulos do Cristo, não fizera nunca menção nem do Salvador nem dos seis apóstolos na sua *História dos Judeus*.

A carta do Santo Padre contra Timóteo Elúreo e o seu protegido influiu poderosamente no espírito de Acácio, que começou logo a perseguir aqueles heréticos.

Zenon, aproveitando as desordens que ortodoxos e os eutíquios fomentavam nas províncias do império, voltou a Constantinopla à frente de um exército, expulsou por seu turno o usurpador e subiu de novo ao trono. Acácio apressou-se em enviar ao Santo Padre a narração dos acontecimentos daquela contra-revolução, e de tudo quanto os hereges haviam tentado para reassumir a sua influência, pedindo-lhe, ao mesmo tempo, um plano de conduta. Simplício, mudando de opinião com uma versatilidade espantosa, respondeu que não era já de Basilisco, mas sim de Zenon, depois de Deus, que se devia esperar socorro para a Igreja, e convidou-o a implorar do príncipe que publicasse uma ordenança

Prisão de um legado por ordem do imperador

para auxiliar os bispos que Timóteo havia sagrado. O imperador, receando excitar a cólera do bispo de Roma, que precisava poupar para se manter no trono, acedeu aos seus desejos e perseguiu os eutíquios com a maior violência.

Vagando a sede de Alexandria por morte de Timóteo, os padres nomearam para seu sucessor João Talaia, sem mesmo esperar a permissão do imperador. Zenon, irritado com a sua audácia, expulsou o novo prelado que, para se vingar, apelou para o papa. Mas já a influência formidável de Roma começava a diminuir no Oriente, e, querendo o Santo Padre repreender, sobre aquele assunto, o patriarca de Constantinopla, foi-lhe respondido simplesmente que os orientais não reconheciam João Talaia por bispo de Alexandria, porque assim era da sua conveniência.

Os negócios do Oriente davam ao pontífice grandes ocupações; contudo, não se descuidava dos do Ocidente como demonstrou com as repreensões que dirigiu a João, metropolitano de Ravena, que sagrara Gregório bispo de uma igreja sem o seu consentimento. Usando da sua autoridade privada, transferiu o novo prelado para a diocese de Módena e libertou-o da dependência do arcebispado.

Essa audácia apostólica dava vivas inquietações a João de Ravena e ao patriarca Acácio, que receavam promover novas desordens na Igreja; mas em breve cessaram todos os seus receios, com a morte do pontífice, que teve lugar nos princípios do ano 483.

Félix III

50º Papa

Nascimento e casamento do padre Félix. – Sua eleição. – Prossegue na política do seu predecessor. – Sustenta as pretenções de João Talaia. – São presos os seus legados. – Partilham a comunhão dos heréticos. – Condenação dos legados. – O patriarca de Constantinopla é excomungado. – Insolência dos frades. – O legado do papa encarregado de levar a Constantinopla a bula de excomunhão deixa-se seduzir por oferecimentos de dinheiro. – Estado da Igreja da África. – Morte de Acácio. – Astúcia de Flavita. – Eufêmio, patriarca de Constantinopla. – Morte do imperador Zenon. – Temeridade de Eufêmio. – Morte de Félix. – Fábula ridícula sobre a sua aparição.

O novo pontífice prosseguiu nas ideias do seu predecessor relativamente aos negócios do Oriente e aproveitou a estada de João Talaia em Roma para conhecer as intrigas secretas do patriarca. João Talaia, que desejava vingar-se dos seus inimigos, exagerou as faltas e a má- fé de Acácio, acusou-o de proteger secretamente Pedro Monge, e irritou o orgulho do pontífice representando-lhe que as cartas de Simplício não tinham produzido efeito algum em Constantinopla, e que seria uma grande vergonha para a Santa Sede, se no Oriente se continuasse a afrontar a autoridade de Roma.

Segundo os seus conselhos, o pontífice enviou embaixadores a Zenon, pedindo-lhe que expulsasse Pedro como herege e que mandasse Acácio a Roma para responder às acusações que João intentara contra ele, na representação apresentada à Santa Sede. Mas os legados Vital e Miseno, ao chegarem à cidade de Abidos, foram presos por ordem do imperador e ameaçados por Zenon com o maior dos suplícios caso se recusassem a comunicar-se com Acácio e Pedro Monge. Os legados permaneceram firmes, porque a violência aumentava a coragem e a intrepidez, e a natureza do homem é reagir contra os obstáculos.

Contudo, apesar de que haviam resistido às ameaças, deixaram-se seduzir pelas carícias e pelos presentes e declararam que se comunicariam com o patriarca se lhes restituíssem a liberdade. Então fizeram-nos sair da prisão e embarcaram com efeito para Constantinopla, onde cumpriram a sua promessa, reconhecendo Pedro Monge como bispo legítimo de Alexandria.

Os embaixadores voltaram em seguida a Roma, encarregados das cartas do imperador e do patriarca de Constantinopla. Félix, irritado contra eles, em virtude da sua covarde condescendência para com os seus inimigos, recusou-se a recebê-los e convocou um concílio para os julgar. Vital e Miseno foram convencidos de terem comunicado com os heréticos do Oriente, e como tais condenados à degradação e excomungados.

No mesmo sínodo, Pedro Monge foi pela segunda vez declarado herético e prevaricador. Quanto ao patriarca, julgou-se prudente poupá-lo; e Félix contentou-se com escrever-lhe, em nome do concílio, convidando-o a pedir perdão do seu procedimento passado. Acácio respondeu altivamente que não se humilharia diante da Santa Sede e que não faria ato algum de submissão; então o pontífice pronunciou contra ele uma sentença terrível que o privava da honra do sacerdócio e o declarava excomungado sem poder ser absolvido daquele anátema por poder algum humano.

A bula de excomunhão foi levada a Constantinopla por um antigo padre da Igreja romana chamado Tutus, a quem o papa entregou ao mesmo tempo duas cartas, uma para o imperador, e a outra dirigida ao clero e ao povo de Constantinopla. Na primeira, Félix queixava-se da violência exercida contra os seus legados em desprezo do direito das gentes, que era respeitado pelas nações mais bárbaras; declarava, em seguida, que a Santa Sede não poderia jamais comunicar com Pedro de Alexandria, que fora sagrado pelos heréticos; terminava com ameaças contra o imperador e convidava-o a escolher entre a comunhão do apóstolo S. Pedro e a de Pedro de Alexandria.

As pretensões orgulhosas do pontífice foram desprezadas em Constantinopla, e Acácio recusou-se a mesmo receber as cartas que lhe eram dirigidas. Apenas alguns frades trapalhões tiveram a audácia, durante o ofício divino, de prenderem no seu manto o anátema do Santo Padre; mas a justiça do príncipe reprimiu a sua insolência, e as suas cabeças caíram sob o machado do algoz. O embaixador, depois de ter desempenhado a sua missão, imitou os primeiros legados; deixou-se seduzir por oferecimentos de dinheiro, e comunicou com os inimigos de Roma. Ao receber a notícia daquela derrota, o santo pontífice, transportado de furor, lançou três anátemas, um contra Tutus; os dois outros contra Acácio e contra o imperador. Contudo, toda a sua cólera não impediu que o patriarca de Constantinopla continuasse no exercício do seu ministério e suprimisse o nome de Félix dos dípticos sagrados.

Na África, a Igreja estava igualmente agitada por violentas contendas religiosas. Huneric, que comandava naquelas províncias, professava o arianismo e perseguia os ortodoxos, por direito de represálias. Depois da morte do príncipe, Goutamonde, seu sucessor, tratou mais favoravelmente os fiéis que seguiam a fé de Niceia . O papa convocou, então, um concílio de 38 bispos, para regular a disciplina que os prelados africanos deviam seguir relativamente aos padres apóstatas e aos fiéis que haviam pedido um novo batismo. Os padres declararam que existia uma grande diferença entre aqueles que haviam sido de novo batizados por sua plena vontade pelos heréticos, e aqueles que tinham sido forçados a isso; condenaram os primeiros a fazerem penitência e a submeterem-se às práticas religiosas, a fim de mostrarem a sinceridade do seu arrependimento. E quanto aos segundos, convidaram-nos a fazerem uma confissão pública. Mostraram-se mais severos para com os bispos, os padres e diáconos que tinham aceitado o ba tismo ariano, e condenaram-nos a permanecerem em penitência até o fim da sua vida, separados das assembleias eclesiásticas e excluídos das orações da Igreja, concedendo-lhes como graça única a comunhão secular, em artigos de morte.

E quanto aos religiosos e às virgens consagrados a Deus, que haviam abraçado o partido dos heréticos, o concílio infligiu-lhes doze anos de penitência: três anos na classe de escutantes, sete na classe de penitência e dois anos de consistência; permitindo, contudo, aos seus pastores socorrê-los em perigo de morte. O último artigo dizia respeito aos mancebos cuja idade podia desculpar a apostasia; os padres ordenaram aos bispos submetê-los à imposição das mãos, sem os pôr em penitência, e proibiram aos padres receberem à comunhão os leigos ou seculares de uma outra diocese, se não apresentassem cartas testemunhais do seu bispo ou dos seus pastores.

Acácio morrera no decurso do ano 489, e o imperador elevara à sede de Constantinopla um padre chamado Flavita, que, desejando poupar o papa e Pedro Monge, escrevia ao mesmo tempo aos dois bispos que não aceitava outra comunhão senão a sua. A sua velhacaria foi em breve descoberta e Félix expulsou vergonhosamente os seus deputados. Alguns dias depois, Flavita exalava o último suspiro no meio de sofrimentos atrozes, ocasionados pelo veneno, segundo uns, e produzidos por uma enfermidade desconhecida, segundo outros, depois de ter ocupado a sede patriarcal por um período quatro meses.

Eufêmio, seu sucessor, desejando restabelecer a paz na Igreja, consentiu em riscar o nome de Pedro Monge dos sagrados dípticos e restabeleceu o do bispo de Roma, depois que enviou deputados ao pontífice para pedir a sua comunhão. Félix repeliu os seus avanços, por isso que o patriarca queria conservar nos dípticos os nomes de Acácio e de Flavita, e a sua obstinação retardou ainda a reunião das Igrejas do Oriente e do Ocidente.

Depois da morte do imperador Zenon, um príncipe devoto até a superstição, chamado Anastácio, subiu ao trono. Em Constantinopla, assim como em Roma, a audácia do clero aumentara de tal forma com a fraqueza dos imperadores que o patriarca ousou acusar Anastácio, perante a assembleia do povo, de ser um herege indigno de governar cristãos, e recusou-se a coroá-lo antes de o príncipe ter feito a sua profissão de fé por escrito e ter-se obrigado por um juramento solene a não mudar coisa alguma na religião.

O papa Félix escreveu ao imperador para o felicitar da sua elevação ao trono e para lhe testemunhar o seu respeito e obediência; mas não teve a satisfação de ver a mudança que queria nos negócios da Igreja, e morreu em 25 de fevereiro de 492, depois de um pontificado de nove anos.

Um orgulho insuportável e um espírito constantemente em revolta contra a autoridade dos príncipes eram os traços principais do caráter de Félix, hoje classificado na Igreja entre os santos.

Gregório, o Grande, conta que Félix apareceu a Tarsila em uma visão, para o chamar à beatitude de que ele gozava. Não sustentamos a realidade dessa aparição para não nos expormos ao desprezo dos espíritos sérios que não querem ser iludidos por fábulas ridículas.

Gelásio

51º Papa

Nascimento e eleição de Gelásio. – Sua resposta a Eufêmio. – O rigor do papa é causa de um cisma. – Carta de Gelásio a Honório contra os pelagianos. – Coloca o poder do sacerdócio superior ao dos príncipes. – Decretais do papa. – A festa das lupercais em Roma. – Perseguição contra os maniqueus. – Morte de Gelásio.

Gelásio era africano de nascimento e filho de Valério; o clero e o povo romano elevaram-no à Santa Sede alguns dias depois da morte de Félix.

Logo que o patriarca Félix recebeu a notícia daquela eleição, escreveu a Gelásio para se queixar de não ter recebido aviso da sua ordenação, segundo o uso estabelecido, e dirigiu-lhe ao mesmo tempo a sua profissão de fé.

O papa respondeu a Eufêmio: "É verdade que a antiga regra ordenava aos nossos padres que professavam a mesma comunhão avisarem da sua ordenação aos seus colegas; mas por que preferistes vós uma sociedade estranha àquela de

S. Pedro? Dizeis-me vós que devo usar de condescendência para convosco, e a isso respondo eu que se é de obrigação levantar aqueles que caíram, ninguém é forçado a precipitar-se com eles no fogo eterno. Vós condenais Eutiques e defendeis Acácio; não será, porém, maior crime conhecer a verdade e comunicar com os inimigos dela? Perguntais vós em que concílio foi condenado Acácio, como se fosse necessária uma condenação particular para expulsar da Igreja um católico que ousa comunicar com gente manchada de heresia."

Finalmente, Gelásio termina a sua carta declarando a Eufêmio que a sua resposta não é uma prova de comunhão e que lhe escreve como que a um estranho.

A intolerância do Santo Padre produziu o efeito que se deve esperar sempre das medidas extremas, isto é, aumentou o mal. O patriarca, persuadido de que houvera injustiça e mesmo severidade na condenação de Acácio, recusou-se a submeter-se às ordens do papa, e as duas primeiras sedes da cristandade permaneceram ainda separadas da comunhão durante muitos anos.

Gelásio persistiu em uma teima invencível relativamente a Acácio; a mais ligeira concessão podia restituir a paz à Igreja; mas ele preferiu ver a desunião entre os fiéis antes que abandonar as suas injustas pretensões.

O papa, sabendo em seguida que o pelagianismo tornava a aparecer na Dalmácia, escreveu a um bispo daquele país, chamado Honório, para que prevenisse os seus confrades de se afastarem daqueles que estavam infectados de heresia. O prelado respondeu altivamente que se admirava do excesso do seu zelo pelas igrejas da Dalmácia e que não precisava de que lhe lembrassem os seus deveres para vigiar os progressos do cisma.

Gelásio, chamado a sentimentos de humildade pelo rigor de Honório, replicou que a Santa Sede tinha cuidado em todas as igrejas do mundo para conservar a pureza da fé, e que não tinha a pretensão de impor as suas vontades aos bispos da Dalmácia.

Como se vê, a ambição do papa expô-lo pela segunda vez a severas censuras dos prelados estrangeiros. Em breve, os heréticos que ele procurava combater nos países afastados se levantaram mesmo debaixo dos seus olhos no Picenum. Um ancião chamado Sêneca ensinava o pelagianismo e atraía para o seu partido um grande número de padres e mesmo alguns bispos. O papa escreveu então aos prelados do Picenum para fazer parar a propagação da heresia e enviou-lhes um tratado contra os pelagianos, com o fim de combater a doutrina que eles pregavam e para demonstrar aos fiéis que o homem não podia viver sem pecado.

Alguns meses depois, os embaixadores que o rei Teodorico enviara ao Oriente dirigiram-se a Roma de volta da sua missão e convidaram o pontífice a escrever ao imperador Anastácio, que se queixava de não ter recebido ainda a notícia da sua ordenação.

Gelásio, não ousando desobedecer aos deputados de Teodorico, dirigiu ao imperador do Oriente uma longa epístola na qual se vê a que grau de audácia haviam chegado já os pontífices romanos. "Existem dois poderes que governam soberanamente o mundo", diz ele, "a autoridade espiritual e a autoridade temporal; a autoridade sagrada dos bispos é tanto maior que no dia do julgamento devem eles prestar contas das ações dos reis. Vós sabeis, magnânimo imperador, que a vossa dignidade excede a dos outros príncipes da Terra; contudo, sois obrigado a submeter-vos ao poder dos ministros das coisas sagradas, porque é a eles que vós vos dirigis para perguntar quais são as fontes da vossa salvação e as regras que deveis seguir para receber os sacramentos e dispor das coisas religiosas.

Os bispos persuadem aos povos que Deus vos deu um soberano poder sobre as coisas temporais e submetem-nos às vossas leis. Em troca, vós deveis obedecer com inteira submissão àqueles que estão destinados para vos distribuírem os sacramentos divinos. Se os fiéis devem seguir cegamente as ordens dos bispos que desempenham dignamente as suas funções, com mais forte razão se deve aceitar o julgamento do pontífice de Roma, que Deus estabeleceu como o primeiro dos bispos, e que a Igreja reconhece sempre por chefe supremo..."

Essa carta, obra-prima de orgulho, de hipocrisia e de impudência, é um ensinamento para os povos, que meditarão sobre as causas da tirania dos padres e dos reis!

Gelásio, impelido sempre pela ambição, quis estender a sua autoridade a todos os países cristãos e convocou em Roma um concílio de 70 bispos, para estabelecer, dizem, a distinção dos livros autênticos e das obras apócrifas. Os protestantes combatem a existência do pretendido decreto que foi promulgado nesse concílio: "Pelo menos, diz um dos seus famosos autores, não foi conhecido senão em meados do nosso século, e ficamos surpreendidos de ver que nesse decreto de Gelásio não se faça menção senão de um livro de Esdras e de um livro dos macabeus. Em muitos manuscritos, o livro de Jó chegou mesmo a ser omitido; e em outros, os dois livros dos Macabeus foram completamente suprimidos." Henry, que tratou extensamente do decreto, deveria ter falado nessas contradições, para dar uma prova da sua fidelidade e da sua exatidão.

João, bispo de Ravena, avisou o papa do estado deplorável em que se achavam muitas igrejas da Itália, às quais faltavam pastores, escreveu Gelásio aos prelados de Lucânia, aos bispos de Brutiens e aos das províncias da Sicília, autorizando-os a conferir as ordens sacras aos frades que não tivessem cometido crimes ou que não tivessem se casado duas vezes.

O Santo Padre recomenda que se não admitam seculares no clero senão depois de os ter examinado, a fim de não se conferirem ordens sacras a homens viciosos. Proíbe aos bispos a dedicação de igrejas recentemente edificadas, sem uma licença da Santa Sede, e convida-os a não exigirem dos fiéis um salário para conferirem o batismo ou a confirmação, e, sobretudo, a não exigirem dinheiro aos heréticos recentemente convertidos.

Gelásio recomenda igualmente aos padres não exorbitarem das suas atribuições, desempenhando qualquer função sagrada na presença do bispo; lembra-lhes que não devem assentar-se ou celebrar missa diante de um prelado sem sua licença, e que os simples sacerdotes não podem ordenar os subdiáconos. Prescreve aos diáconos de se conterem nos limites do seu ministério, proibindo-lhes de desempenharem as funções que pertencem aos padres, ou mesmo batizarem não sendo caso de necessidade, e acrescenta que, não pertencendo os diáconos à categoria dos padres, não devem distribuir aos fiéis o pão e o vinho consagrados.

O Santo Padre proíbe mais, batizar fora do tempo das festas da Páscoa e do Pentecostes, a menos que aquele a quem se confere o batismo esteja em perigo de morte. Relativamente às virgens, quer que se lhes dê o véu no dia da Epifania, pela Páscoa, ou nas festas dos Apóstolos, e considera as viúvas como indignas de serem consagradas a Jesus Cristo, recusando-lhes a entrada nos mosteiros.

Condena a serem expulsos da classe do clero os eclesiásticos ordenados por dinheiro e submete à penitência pública, por toda a vida, aqueles que fossem convencidos de entreterem relações criminosas com as virgens consagradas a Deus.

E quanto as viúvas que se casam depois de terem feito profissão de guardarem o celibato, o pontífice não lhes impõe a penitência, mas quer que lhes seja censurada publicamente a falta cometida. Finalmente, censura severamente o costume que existia nas igrejas de a missa ser ajudada por mulheres.

Gelásio trata igualmente da questão dos bens da Igreja; ordena que se façam quatro quinhões, um para o bispo, outro para o clero, o terceiro para os pobres, e o quarto para a fábrica, proibindo ao bispo diminuir a parte reservada ao clero, e a este tirar coisa alguma pertencente ao bispo. "O prelado, diz ele, deve empregar fielmente a parte destinada para as edificações da Igreja, sem desviar coisa alguma em seu proveito; e pelo que diz respeito ao quinhão dos pobres, um dia dará contas a Deus, se não cumprir fielmente os seus deveres na Terra."

Esse decretal parece ser o resultado do último concílio de que falamos. O papa escreveu em seguida aos bispos da Dardânia para os convencer de que o julgamento da Santa Sede contra o famoso patriarca de Constantinopla era uma confirmação do concílio de Chaladônia, e que tendo os padres condenado os eutíquios, tinham consequentemente excomungado, para os séculos futuros, todos aqueles que favoreciam os heréticos.

Devemos mencionar, dentre as ações honrosas do pontífice, a sua oposição corajosa aos senadores de Roma, que queriam renovar a festa infame das Lupercais, durante a qual os sacerdotes do deus Pan corriam nus pela cidade, açoitando com disciplinas de pele de cabra as mulheres que lhes saíam ao encontro, para que aqueles golpes as tornassem fecundas. Gelásio proibiu que uma superstição tão criminosa fosse renovada no meio do Cristianismo; e, como os romanos atribuíam as calamidades públicas e as enfermidades que desolavam a cidade à supressão da festa, compôs uma obra para lhes mostrar o ridículo daquele fanatismo. Esse escrito existe ainda nos nossos dias sob o título de *Andromaco*.

Mas o povo murmurava sempre para a renovação daquele velho costume do Paganismo, e então Gelásio determinou substituí-lo pela festa da Purificação da Santa Virgem. Essa opinião prevaleceu na Igreja, apesar de que não apareça baseada em crônicas muito autênticas. As reformas, nos primeiros séculos, operavam-se mais lentamente, e existia uma diferença muito assinalada entre as cerimônias das Lupercais e a festa da Purificação para que os romanos tivessem aceitado uma tal mudança.

Contudo, é certo que Gelásio introduziu novas festividades na Igreja e regulou a liturgia, os ofícios divinos e tudo quanto tinha relação com o culto exterior. Todos esses regulamentos foram compilados em um livro que conhecemos sob o nome de *Antigo Sacramentário*; essa obra foi publicada em Roma, em 1680, sobre um exemplar de mais de novecentos anos, que havia sido salvo do mosteiro de S. Bento, no Loire, depois de um saque que teve lugar em 1562, durante as guerras da religião. Esse manuscrito pertencera depois a Paulo Petau, conselheiro do parlamento de Paris, antes de passar para a posse da célebre Cristina, rainha da Suécia.

O pontífice descobriu ainda alguns maniqueus em Roma; guiado por uma má política, mandou queimar-lhes os livros defronte da basílica de Santa Maria; e para impedir que aqueles heréticos perigosos evitassem as penas decretadas contra eles pelas leis imperiais, publicou um edito pelo qual ordenava a todos os fiéis que comungassem sob as duas espécies, anatematizando como sacrílegos os que tinham a temeridade de querer reformar aquele símbolo da morte de Jesus Cristo. Nessa época, acreditava-se que a comunhão sob as duas espécies era do direito romano, apesar de que os cardeais Barônio e Bossa haviam tentado estabelecer uma opinião contrária.

Afinal, Gelásio morreu entregue aos trabalhos apostólicos, em 8 de setembro de 496, depois de ter ocupado a cadeira pontifical por quatro anos e oito meses. Esse pontífice, dotado de um espírito sutil, sabia fazer valer a sua autoridade; o estilo das suas obras é obscuro e mostra que ele conhecia perfeitamente os usos e costumes da Igreja de Roma. Amava a ordem e a disciplina, e juntava a prudência à firmeza; é, porém, digna de censura a sua excessiva ambição.

Anastácio II

52º Papa

Eleição de Anastácio. – Escreve ao imperador para a reunião das Igrejas. – Recebe na sua comunhão um partidário de Acácio. – Má-fé do cardeal Barônio. – A Igreja de Alexandria pede a comunhão do papa. – O ódio eclesiástico faz romper as negociações. – Conversão política de Clóvis, rei da França. – Morte singular de Anastácio. – Sua moderação. – Elogio do seu caráter.

Depois da morte de Gelásio, o clero e o povo de Roma elegeram para governar a Igreja Anastácio II, romano de nascimento e filho de Pedro. O novo pontífice, animado de intenções louváveis, tentou extinguir o cisma que separava o Oriente do Ocidente. Escreveu, em primeiro lugar, ao imperador Anastácio, pedindo-lhe que promovesse a paz das Igrejas e declarando que reconhecia a validade das ordenações feitas por Acácio, e dos batismos que ele administrara. Essa carta foi enviada por dois bispos, que acompanharam o patrício Fausto, deputado de Roma, que se dirigia a Constantinopla encarregado de negócios públicos. O papa recebeu, em seguida à sua comunhão, Fócio, diácono de Tessalônica, partidário zeloso de Acácio. Esse ato de tolerância excitou murmurações entre os falsos devotos e os bispos se separaram da comunhão de Anastácio.

O cardeal Barônio e muitos historiadores eclesiásticos quiseram tornar duvidoso esse fato, alterando a verdade; esses adoradores da púrpura romana reputam um ato de tolerância como uma mancha para a Santa Sé e preferem que a memória do pontífice passe à posteridade sobrecarregada com a acusação de uma crueldade, antes do que confessarem as suas generosas intenções de aplanar as dificuldades que fomentavam um cisma interminável.

Durante a estada dos legados em Constantinopla, dois apocrisiários da sede de Alexandria vieram apresentar-lhes uma Memória para obterem a comunhão do papa. Pretendiam eles que a divisão das suas Igrejas não tinha outra senão a má tradução da carta de S. Leão a Floriano; e para mostrarem a sua ortodoxia, inseriam uma profissão de fé, na qual declaravam receber os três primeiros concílios, e condenar Eutiques como Nestório. Não faziam, porém, menção alguma do concílio de Calcedônia e sustentavam que Dióscoro, Timóteo e Pedro não haviam tido outra fé senão a sua. Recusaram constantemente riscar o nome desses bispos, que eram odiosos ao clero de Roma, recusa esta que impediu a reunião das Igrejas e veio fornecer uma nova prova de que o ódio dos padres é implacável, e que os ministros de um Deus de paz não perdoam nunca aqueles que se opõem aos seus projetos ambiciosos!

Um acontecimento importante fixou, em breve, a atenção do papa e da Igreja do Oriente: Clóvis, rei da França, acabara de se converter ao Cristianismo. A cerimônia do seu batismo teve lugar em Reims com toda a pompa e magnificência que o hábil bispo S. Remi julgou dever apresentar aos olhares admirados das hordas que acompanhavam o seu neófito. As ruas estavam cobertas com riquíssimos tapetes, a igreja era iluminada pela luz deslumbrante de milhares de velas perfumadas, e o batistério, recendente de aromas, exalava os mais suaves perfumes; virgens juvenis e formosos adolescentes traziam os evangelhos, a cruz e as bandeiras, enquanto o prelado, dando a mão a Clóvis, penetrava no santuário seguido pela rainha Clotilde e pelos chefes do exército franco. Na ocasião em que S. Remi derramou a água sagrada sobre o novo cristão, pronunciou as seguintes palavras: "Curva a cabeça, orgulhoso Sicambro; de ora em diante adorarás o que entregavas às chamas e queimarás o que adoravas." À imitação dos judeus, o bispo ungiu a fronte de Clóvis com um óleo odorífero que pretendiam ter sido trazido por uma pomba branca. Esse piedoso embuste da santa crisma é devido ao cilebre Hincmar de Reims; foi ele o primeiro a expor à adoração dos fiéis a santa âmbula, que era apenas um lacrimatório como os que se encontram com frequência sobre os túmulos romanos e que parecia ter contido o bálsamo de que eles se serviam nas cerimônias expiatórias para regar as cinzas dos mortos. Com Clóvis, foram batizados três mil guerreiros e suas irmãs Albopleda e Laudequilda.

Depois da cerimônia, o chefe dos francos deu ao bispo de Reims muitos domínios situados nas províncias da Gália, que ele acabava de conquistar. Desse acordo do rei franco e do prelado, resultou que as cidades armoricanas consentiram em submeter-se à autoridade do novo cristão e argumentaram por tal modo a sua força que se achou em estado de combater os borguinhões e os visigodos.

Essa conversão assemelhava-se, pelas circunstâncias e razões políticas, à de Constantino; por isso o Santo Padre se apressou em escrever a Clóvis para o felicitar pela graça que Deus lhe concedera, iluminando-o com as luzes da fé.

Tendo terminado em Constantinopla as negociações do patrício Fausto, os legados obrigaram-se, em nome do papa, a subscreverem o Henoticon de Zenon, e receberam do imperador do Oriente a promessa da reunião das suas sedes. Mas, no seu regresso de Roma, souberam que Anatsácio morrera no mês de março de 498, depois de ter ocupado a Santa Sede por um espaço de um ano e alguns meses.

Muitos historiadores sagrados afirmam que Deus o fez morrer subitamente para o castigar de ter recebido Fócio à sua comunhão; outros pretendem que a sua morte foi vergonhosa e que vomitou as entranhas enquanto obedecia às leis da natureza. Em qualquer dos casos, repelimos as opiniões dos ultramontanos, que consideram o fim desse pontífice como um castigo da justiça divina, porque é mais provável que ele fosse envenenado pelos padres, cujo ardor intolerante reprimia. Se Anastácio tivesse vivido mais alguns anos, teria reparado o mal que os seus predecessores haviam feito à Igreja, por um rigor excessivo. O pontífice amava a paz, dirigia os negócios com um zelo esclarecido, e as suas cartas são cheias de pensamentos morais e de aplicações judiciosas das passagens da Escritura. Foi enterrado na basílica de S. Pedro.

Depois de sua morte, a discórdia penetrou na sede de Roma, e as lutas recomeçaram entre os fiéis.

Simaco

53º Papa

Ambição do clero. – Simaco e Lourenço são eleitos papas. – Sedições violentas excitadas em Roma. – Julgamento do rei Teodorico. – O papa é acusado de crimes horríveis. – As virgens sagradas são violadas e degoladas. – Concílio reunido em Roma para examinar as acusações intentadas contra Simaco. – Pretensões levantadas por Simaco. – Apresenta-se no concílio acompanhado de um grande cortejo de partidários. – É absolvido sem exame. – Os senadores Festo e Probino fazem um apelo ao povo contra o julgamento. – O papa reúne um novo concílio e faz com que o diácono Enódio lhe dirija os louvores mais servis. – Contendas entre Simaco e o imperador Anastácio. – Eleva a dignidade de bispo acima da de imperador. – Presentes de Clóvis à Igreja de S. Pedro. – Conselhos aos reis. – Estado da Igreja do Oriente. – O ódio dos devotos é implacável. – Os orientais imploram o auxílio do papa. – Simaco repele-os com aspereza. – Morte de Simaco. – Seu caráter.

A confusão atroz dos negócios políticos e as calamidades públicas não fizeram parar a ambição do clero, tão ardente é essa paixão nos homens da Igreja!

Já os padres, não chegavam ao soberano pontificado senão pela audácia ou pelo dinheiro! Para se apoderarem da tiara faziam perecer os pontífices reinantes ou os envenenavam eles próprios, quando estavam ligados à sua pessoa. Finalmente, para conseguirem o seu fim, não receavam empregar a astúcia, os embustes, as traições e o perjúrio!

Em seguida a Anastácio surgiu um cisma, cujo autor era o patrício Festo; esse generoso cidadão, que estava animado pelo espírito do bem público, quis restabelecer a paz entre as Igrejas do Oriente e do Ocidente e fez eleger bispo de Roma o arcipreste Lourenço, que se obrigara a subscrever o Henoticon de Zenon; infelizmente, a maior parte do clero declarou-se contra o seu protegido e escolheu o diácono Simaco, filho de Fortunato, nascido na Sardenha.

Ambos foram ordenados papas no mesmo dia; Simaco na basílica de Constantinopla, Lourenço na de Santa Maria. O senado e o povo seguiram um ou outro partido, conforme os seus caprichos ou interesses, e resultou disso uma sedição violenta, durante a qual se praticaram em Roma todos os horrores de uma guerra civil e religiosa.

Para acabar com o cisma, os cidadãos notáveis obrigaram os dois concorrentes a dirigirem-se a Ravena para sofrerem o julgamento do rei Teodorico.

O príncipe decidiu que a Santa Sede devia pertencer àquele que fora ordenado em primeiro lugar, e, segundo as informações, viu-se que a sentença elevava Simaco ao pontificado e excluía Lourenço. Os primeiros cuidados do novo papa foram dar remédio aos males da Igreja; reuniu um concílio de 72 bispos, que tiveram a sua primeira sessão no primeiro dia de março do ano de 499, e propôs-lhes procurar os meios de prevenir as rixas dos bispos e os tumultos populares que tinham lugar por ocasião da ordenação dos papas.

Depois das aclamações, muitas vezes repetidas, fez ler pelo notório Emiliano os decretos promulgados pelos padres. O primeiro erro foi concebido nos seguintes termos: "Se algum padre, diácono ou leigo, em vida do papa, e sem sua participação, ousar prometer o seu voto por escrito ou por juramento, ou deliberar sobre esse assunto em assembleias, será deposto ou excomungado." O segundo dizia: "Se o papa morrer subitamente, sem ter providenciado acerca da eleição do seu sucessor, aquele que tiver os sufrágios de todo o clero ou do maior número, será o único sagrado bispo legitimamente." No terceiro lia-se: "Se alguém descobrir as rixas que acabamos de condenar e as provas, não somente será absolvido se for cúmplice, mas ainda recompensado generosamente!"

O concílio testemunhou o seu consentimento por novas aclamações: o papa e 72 bispos subscreveram, assim como 67 padres, dos quais o primeiro era Célio Lourenço, arcipreste do título de S. Praxedes, o mesmo que fora eleito antipapa e que depois obteve o bispado de Nocera.

Mas os amigos dos cismático Lourenço, os senadores Festo e Probino, recusaram-se a reconhecer o novo pontífice, acusando-o de crimes horríveis, e oferecendo enviar testemunhas a Ravena, ao rei Teodorico.

As desordens continuavam sempre em Roma; pilhavam-se as casas, matavam-se os cidadãos sob pretexto de religião e para fazer triunfar a causa da Igreja; finalmente, as próprias virgens sagradas eram violadas e degoladas!

Favorecido por essa confusão, Lourenço foi chamado à cidade, e argumentado à sua presença o furor dos dois partidos. Viram-se obrigados a recorrer ao rei Teodorico; Festo e Probino pediram ao príncipe que enviasse junto deles um bispo visitador, como se a Santa Sede estivesse vaga.

Teodorico encarregou Pedro, bispo de Altino, dessa importante missão, com ordem, quando estivesse em Roma, de dirigir-se em primeiro lugar à basílica de S. Pedro para cumprimentar o papa Simaco e para lhe perguntar pelos seus acusadores, a fim de poderem ser interrogados pelos prelados, mas sem serem aplicados à questão. O bispo de Altino não observou as suas instruções, recusou-se a ver o pontífice e juntou-se aos cismáticos; os católicos, indignados com o procedimento do bispo visitador, quiseram expulsar Pedro da cidade, considerando a sua nomeação como uma violação aos cânones da Igreja.

Então o príncipe, obrigado a vir em pessoa a Roma para restabelecer a tranquilidade, ordenou a convocação de um concílio, a fim de examinar as acusações intentadas contra Simaco.

Segundo as suas ordens, os bispos das diversas províncias do império dirigiram-se à capital da Itália. Mas alguns, excitados por Simaco, ousaram fazer algumas observações ao monarca; acusaram-no de ter perturbado a ordem da disciplina eclesiástica, fazendo reunir os bispos; representaram-lhe que só o papa tinha o poder de convocar os concílios, pela sua primazia de jurisdição, transmitida por S. Pedro e reconhecida pela autoridade dos padres da Igreja,

Os Reis Ociosos

e, finalmente, que não havia exemplo de que um pontífice fosse submetido ao julgamento dos seus inferiores!

Já a tirania do clero pesava sobre os povos e sobre os reis; e Teodorico, pela fraqueza, tornou mais formidável ainda o poder dos bispos de Roma.

Os bispos da Itália, reunidos em concílio na basílica de Júlio, abstiveram-se de visitar Simaco muito abertamente, para se não tornarem suspeitos; mas fizeram sempre menção dele nas suas preces públicas, para mostrarem que estavam na sua comunhão. O papa pediu aos padres que se mandasse retirar o bispo visitador, chamado, contra os regulamentos, por uma parte do clero e pelos notáveis, e que restituíssem todos os tesouros que tinha perdido. Teodorico repeliu as suas súplicas, ordenando que Simaco responderia antes de tudo e fez transferir o concílio para a basílica do palácio de Sessório.

Grande número de prelados, no interesse da justiça, propôs receber o libelo dos acusadores; mas a sua opinião foi rejeitada como atentatória à dignidade da Santa Sede e sob pretexto de que se lhe encontravam dois defeitos essenciais. Simaco, tranquilo relativamente às disposições dos prelados que ganhara para a sua causa com promessas ou dinheiro, dirigiu-se ao concílio, seguido de uma multidão numerosa dos seus partidários. Então os inimigos do papa, desesperando obter uma sentença equitativa, e furiosos pela sua atitude audaciosa, atacaram o cortejo, lançaram uma chuva de pedras sobre os padres que o acompanhavam, e tê-los-ia massacrado, se o tumulto não fosse impedido pelas tropas do rei que carregaram os rebeldes. Os partidários de Simaco, usando por seu turno de represálias, espalharam-se pela cidade, arrombaram as portas dos conventos, massacraram os padres e os frades, arrancaram dos seus retiros as virgens sagradas, passearam-nas pelas ruas despojadas dos seus vestidos, inteiramente nuas e fustigando-as com varas.

Em seguida, o Santo Padre foi quatro vezes citado para comparecer perante o concílio; mas desculpou-se, alegando os perigos a que se exporia abandonando a igreja de S. Pedro, onde se refugiara; e os padres declararam que não podiam condenar um ausente nem julgar como contumaz um homem que quisera apresentar-se perante o seu tribunal.

Assim, foi declarado inocente da acusação de adultério esse papa que ousara comparecer ao concílio com um cortejo ameaçador, composto de sediciosos que haviam praticado já tantas violências e assassínios. Aquela sentença abominável, proferida por padres orgulhosos do seu poder, era concebida nos seguintes termos:

"Declaramos Simaco isento das acusações intentadas contra ele, deixando tudo ao julgamento de Deus.

Ordenamos que possa administrar os mistérios divinos em todas as igrejas que dependem da sua sede e restituímos-lhe, em virtude das ordens do príncipe que nos dá esse poder, tudo quanto pertence à Igreja, dentro e fora de Roma. Exortamos todos os fiéis a receberem dele a santa comunhão, sob pena de darem contas disso ao julgamento de Deus.

E quanto àqueles que fizeram cisma dando satisfação ao papa, obterão o perdão e serão reintegrados nas suas funções; mas depois dessa sentença, aqueles que ousarem celebrar missas em algumas das igrejas romanas sem o consentimento de Simaco serão punidos como cismáticos!"

Esse decreto foi rubricado por 72 bispos; mas muitos outros, persuadidos de que não se tendo justificado o papa, não podia ser absolvido dos crimes que lhe imputavam, recusaram-se a assinar. Os primeiros preferiram evitar o escândalo pronunciando uma sentença contra a sua consciência, a fim de que os arianos ou os outros adversários da Igreja não tivessem motivos assaz poderosos para desprezar os católicos. O cardeal Barônio diz que os padres do concílio "quiseram sepultar sob um profundo silêncio o ferrete de infâmia com que os inimigos do pontífice pretendiam feri-lo".

Todavia, esse edito prova que naquela época os bispos de Roma reconheciam ainda a autoridade dos reis; que se dirigiam a eles para obter a permissão de reunir os concílios nacionais, que se apresentavam perante os outros bispos para se justificarem dos crimes que os acusavam e que se sujeitavam às suas sentenças.

Tendo o povo recusado submeter-se às decisões do concílio, os amigos de Lourenço atacaram a validade da sentença; então Simaco, desesperando acalmar as agitações que ameaçavam tornar-se cada vez mais violentas, reuniu um novo sínodo. Oitenta bispos, trinta e sete padres e quatro diáconos compuseram aquela assembleia: o diácono Enódio, um dos mais servis aduladores da sede de Roma, encarregado de refutar o libelo dos laurentianos, desempenhou aquela missão como verdadeiro escravo do papa e terminou o seu discurso declarando o pontífice o mais virtuoso, o mais puro, o mais santo de todos os homens. Esse escrito que nos foi conservado é um tecido de lisonjas exageradas e de princípios falsos ou ridículos. Assemelha-se a essas apologias metrificadas por poetas famintos que exaltam as virtudes dos príncipes que os sustentam.

Arrastado pela dialética sutil do diácono Enódio e por motivos de interesses mais poderosos ainda do que a eloquência, o sinódio de Roma promulgou um segundo decreto em favor de Simaco. Aquela assembleia era composta de prelados inteiramente dedicados à Santa Sede, da qual recebiam, alternativamente, mortificações ou benefícios, segundo o modo de proceder que tinham com relação aos pontífices.

O imperador Anastácio protestou contra o julgamento do concílio e acusou o Santo Padre de muitos crimes em um libelo que espalhou pela Itália.

Simaco refutou aquelas acusações por uma carta apostólica, na qual declara ao imperador que, obrigando-o o interesse da sua dignidade a fazer cessar o escândalo, responderá em panfletos às injúrias com que o ultrajam. Toma por testemunha toda a cidade de Roma, em como não está infectada de maniqueísmo, e que não se afastou nunca da fé da Santa Sede; acusa o próprio príncipe de ser eutíquio, ou pelo menos fautor dos partidários de Eutiques, e de comunicar com eles; trata de revolta audaciosa o desprezo que Anastácio testemunha por um sucessor de S. Pedro e a insolência, a ponto de sustentar que a sua cadeira é mais elevada em dignidade que todos os tronos do universo. "Comparemos, diz ele, a dignidade de um bispo com a de um imperador;

existe entre eles a mesma diferença que entre as riquezas da terra, das quais um soberano tem a administração e os tesouros do céu, dos quais somos os dispensadores. Vós recebeis o batismo; ele administra-vos os sacramentos; vós pedis-lhe orações, esperais a sua bênção e dirigi-vos a eles para vos submeter à penitência. Finalmente, os príncipes governam os negócios dos homens, e nós dispomos dos bens do céu. Bem vedes, senhor, que a nossa dignidade é superior a todas as grandezas da Terra!"

Simaco termina a sua carta pelas seguintes ameaças contra o imperador: "Se vós conseguirdes provar as bases da acusação feita contra mim, podereis obter a minha deposição da Santa Sede; mas não receais vós igualmente perder a vossa coroa, se vos não for possível convercer-me delas? Lembrai-vos de que sois homens e que essa causa será discutida no julgamento de Deus. É verdade que um sacerdote deve respeito aos poderosos da Terra, mas não àqueles que exigem coisas contrárias às leis da Igreja. Respeitai Deus em nós, e nós o respeitaremos em vós; se não sentis veneração pela nossa pessoa, como podereis firmar o vosso domínio sobre os povos e usar dos privilégios de uma religião cujas leis desprezais? Acusais-me de ter conspirado com o senado para vos excomungar! Não seguiu nisso o exemplo dos meus predecessores? Não é a vós, senhor, que nós anatematizamos, é Acácio; separai-vos dele, e separar-vos-ei também da sua excomunhão; de outro modo, não seremos nós que vos teremos condenado, mas sim vós mesmos!"

Simaco queixa-se em seguida da perseguição que o imperador fazia sofrer aos católicos, proibindo-lhes o livre exercício da religião e tolerando todas as heresias. "Mesmo quando estivéssemos em erro, seria necessário tolerar o nosso culto como os outros, ou, se vós nos atacais, será necessário atacar todas as heresias." Finalmente exorta o príncipe a reunir-se à Santa Sede e a separar-se dos inimigos da verdade e da Igreja.

Nas Gálias, as façanhas de Clóvis tinham por tal modo engrandecido a reputação dos guerreiros francos que o imperador Anastácio quisera fazer um trabalho de aliança com o novo conquistador e enviara-lhe, para esse efeito, embaixadores encarregados de ricos presentes, entre os quais se contava uma magnífica coroa de ouro guarnecida de pedras preciosas, que o rei franco fez entregar ao pontífice, para ser depositada na basílica de S. Pedro de Roma.

Essas liberalidades deram origem a abusos intoleráveis; e Filipe de Comines, a quem não faltava nem piedade nem religião, mas que tinha uma grande experiência dos negócios públicos, censurava altamente a munificência dos reis para com os padres. Falando de Luiz XI, exprime-se do seguinte modo: "O gracioso monarca deu muito aos padres durante a sua vida; tirava dos pobres para dar àqueles que não eram necessitados." Os príncipes deviam compreender nessas palavras sábias advertências, e não enriquecerem o clero insaciável arruinando os povos.

A Igreja do Oriente continuava sempre agitada e em confusão; os católicos exerciam contra os heréticos todas as crueldades que inspira a vingança; e estes, por seu turno, auxiliados com o crédito do imperador Anastácio, perseguiam com encarniçamento os seus adversários. Os mosteiros transformavam-se em teatros de guerras tanto mais cruéis que o zelo da religião servia de pretexto, e que a ambição ou a vingança dos padres eram a verdadeira causa deles.

Traduzimos uma passagem de Juvenal que se refere perfeitamente à situação dos negócios do Oriente: "Os cidadãos da cidade de Ombe e os de Teutira têm sido há muito tempo inimigos irreconciliáveis; jamais quiseram formar alianças; o seu ódio é inveterado, imortal, e essa ferida incurável sangra ainda hoje em dia. Esses povos estão animados de um extremo furor uns contra os outros, porque os ombianos adoram um deus que os tuetérios abominam; cada um deles pretende que a divindade que respeitava é a verdadeira e única." O ódio dos orientais, tão ridículo nas suas causas e tão mal fundado como o dos habitantes de Ombe e de Teutria, atraía um dilúvio de calamidade sobre a Igreja de Constantinopla.

Afinal, os orientais imploraram o auxílio de Simaco, numa grande epístola que dirigiram a Roma e aos bispos do Ocidente, segundo o antigo uso. Pediam para ser restabelecidos na comunhão da Santa Sede e para não serem punidos pelas faltas de Acácio, por isso aceitavam a carta de S. Leão e o concílio de Calcedônia: "Não sejamos repelidos, escreviam eles, sob pretexto de comunicarmos com os vossos adversários, porque os nossos prelados estão menos presos à vida do que atormentados pelo receio de deixarem os seus rebanhos presa dos heréticos. Aqueles que aprovaram o procedimento do novo patriarca e aqueles que se separaram da sua comunhão contam com o vosso auxílio depois do de deus e suplicam-vos de dar ao Oriente a luz que vós mesmos dali recebestes originariamente.

"O mal é tão grande que nós não podemos ir buscar o remédio, e é preciso que vós venhais a nós."

Em seguida, para mostrar que são católicos, acabam pela exposição da sua doutrina e condenam Nestório e Eutiques. A ortodoxia dos orientais e a compaixão que inspiravam as suas desgraças eram motivos poderosos que deviam determinar o pontífice a abrandar o seu rigor e convidá-lo para lhes procurar a paz de que tanto careciam; mas Simaco repeliu todos os seus avanços e pela sua dureza mostrou que os papas não sabem perdoar, quando resistem aos seus desígnios ambiciosos. Deve a religião inspirar um ódio tão implacável, e será sempre ela a causa das desgraças dos povos?

Esperemos que a razão e a filosofia substituam, no futuro, o fanatismo religioso que durante perto de dois mil anos serviu de véu para ocultar aos homens as paixões vergonhosas dos príncipes da Igreja!

Segundo a opinião dos cronologistas modernos, Simaco morreu em 19 de julho de 514, no fim do décimo sexto ano do seu pontificado, sem ter conseguido destruir as acusações de adultério que haviam sido intentadas contra ele. As suas cinzas foram depositadas na igreja de S. Pedro.

História Política do Quinto Século

Reinado de Honório. – Alarico apodera-se de Roma. – Negócios do Oriente. – Piedade de Teodósio, o Jovem. – Pulquéria governa o império. –Valentiniano III, imperador do Ocidente. – Anício Máximo manda-o massacrar e apodera-se do trono. – Obriga a imperatriz Eudóxia a desposá-lo. – Aquela chama Genseric à Itália. – Bela máxima de Marciano, imperador do Oriente. – Leão I, imperador. – Genseric saqueia Constantinopla.– Caráter de Zenon. –Basilisco sobe ao trono. – Zenon volta triunfante de Constantinopla. – Suplício de Basilisco. – Morte de Zenon. – Reinado de Anastácio. – Os francos estabelecem-se no norte da Gália. – História de Paramundo. – Clódio, o Cabeludo, segundo rei dos francos. – Meroveu sucede a Clódio. – Childerico, quarto chefe dos francos. – Viola as filhas e as mulheres dos senhores. – É expulso dos seus Estados. – Refugia-se na corte do rei de Turíngia. – Rapta a rainha Basina e volta à França. – Clóvis, primeiro rei cristão. – Seu caráter. – Desposa Clotilde. – Crueldade de Santa Clotilde. – Conversão política de Clóvis, suas traições e crimes. – Manda cortar a cabeça a Chararico, rei dos Ripuários Nervianos, e a seu filho. – Manda assassinar Rignomer, rei de Mons. – Esmaga ele próprio com a sua massa de armas Ranacário, rei de Cambraia, seu aliado rei. – Manda matar Sigeberto, seu antigo amigo, por Cloderico, seu filho, que faz massacrar em seguida a golpes de machado.

O quinto século tornou-se tão fatal aos impérios do Oriente e do Ocidente como à Igreja de Roma, pelas desordens e sedições que agitaram os povos. No Oriente, Arcádio tinha morrido e seu filho Teodósio II, por alcunha o Jovem, permanecia sob a tutela de Isdegerda. No Ocidente, Silicon, tutor de Honório, queria elevar seu filho Eucquério ao império. Tendo sido descobertos os seus projetos ambiciosos, foi mandado matar por ordem do jovem príncipe, que tomou então as rédeas do governo. Em breve Honório, dominado pelas paixões fogosas de um temperamento ardente, descurou o cuidado dos seus Estados;

saiu da capital do seu império para ir habitar a cidade de Ravena; e enquanto se entregava ali à devassidão, nos braços das suas amantes, o temível Alarico, rei dos visigodos, depois de ter devastado o Oriente, onde Rufino o chamara, veio à Itália e apoderou-se de Roma por traição.

Levantou-se, então, um grande número de pequenos tiranos contra Zonório para desmembrarem os seus Estados; mas acabaram por se exterminar em guerras de rivalidades, e o príncipe, ficando só, senhor do império, morreu sem posteridade.

No Oriente, Teodósio, o Jovem, sucedera a seu pai Arcádio. Esse príncipe, ocupado inteiramente com exercícios piedosos, transformara o seu palácio num mosteiro; recitava todas as manhãs os hinos sagrados e fazia consistir toda a sua glória em penetrar os mistérios da religião. Tinha um grande respeito pelos padres, sobretudo por aqueles que afetavam santidade, e esses homens insaciáveis obtinham dele tudo quanto solicitavam. Sua irmã Pulquéria, princesa de um mérito raro, governou o império durante a menoridade daquele príncipe devoto, e conservou a administração dos negócios até a época do seu casamento com Eudóxia; então tirou-lhe ele o exercício do poder soberano e investiu nele a imperatriz.

Teodósio possuía as virtudes de um frade e os vícios de um príncipe; a sua indolência e indiferença pela governança do Estado eram tão grandes que assinava sem ler tudo quanto os seus ministros lhe apresentavam. Por isso, querendo Pulquéria um dia mostrar-lhe os perigos daquela excessiva indiferença, fez-lhe apresentar um ato que encerrava em devida forma a venda de sua mulher ao seu cozinheiro; como tinha por hábito, o príncipe pôs o selo imperial no ato sem tomar conhecimento dele.

Durante o reinado de Teodósio, apareceu no Oriente o terrível Átila que, expulso das Gálias por Aécio, invadiu com as suas hordes a Ilíria, a Trácia, a Macedônia e a Grécia, destruindo todas as cidades na sua passagem e deixando por toda a parte desertos e solidões. O fraco Teodósio não pôde fazer parar aquele terrível inimigo, senão dando-lhe montões de ouro e reconhecendo-se seu tributário.

Mal acabava o império de se restabelecer dos abalos causados pela invasão dos bárbaros, quando novas agitações o vieram colocar numa confusão horrível. Duas causas principais lançavam a perturbação no Estado; em primeiro lugar, o exílio da imperatriz, que Teodósio enviara para a Palestina em consequência de algumas suspeitas de ciúme; em seguida, a perseguição que ele suscitara contra S. Flaviano e seus aderentes. No concílio de Éfeso, que ele convocara para julgar aquele prelado, o furor religioso chegou a tal extremo que os padres, num transporte de fanatismo, lançaram-se sobre o desditoso Flaviano, moendo-o com pancadas na praça. Zonaro, que relata esse fato, acrescenta que o bispo Dióscoro se precipitou sobre o peito do patriarca, esmagou-o debaixo dos pés e dançou sobre o cadáver. Esse concílio de bandidos, como lhe chamam Nicéforo e Calixto, dois outros gregos contemporâneos, publicou um decreto que recomendava aos governadores massacrarem os seus inimigos em todas as províncias do império. A cidade de Alexandria, sobretudo, tornou-se o teatro de atrocidades espantosas; os padres da seita triunfante, depois de terem degolado mulheres, velhos e crianças, mataram o pastor Protério e devoraram as suas entranhas. Teodósio aplaudiu os furores daqueles canibais em vez de os castigar; mas o céu não tardou em vingar as vítimas de seu fanatismo; ao entrar em Constantinopla, o príncipe caiu do cavalo e esmigalhou o crânio.

No Ocidente, Valentiniano III, filho de Constâncio e de Placídia, tomara as rédeas do governo do império, depois de ter vencido o tirano Castino que lhe disputava o trono; em breve, ele próprio foi morto por Anício Máximo, que se apoderou da coroa e obrigou a imperatriz Eudóxia a ser sua mulher. Esta, para se vingar do usurpador, chamou Genseric à Itália. À aproximação desse conquistador temível, Máximo quis fugir, mas Eudóxia não lhe deu tempo para isso; foi preso por alguns soldados, que o dilaceraram a golpes de espada e lançaram o seu cadáver ao Tibre.

O trono foi, em seguida, ocupado por oito príncipes que aumentaram as desgraças do império e pesaram sobre os povos até a época da conquista da Itália por Odoacro, que governou com o título de rei.

Marciano de Trácia, que desposara Pulquéria, sucedeu no Oriente a Teodósio II e fez escrever com letras de ouro, nos seus palácios, esta bela máxima: "Os reis não devem fazer a guerra quando podem obter a paz." Reinou seis anos e morreu envenenado pelo patrício Aspar e seu filho Ardabário, chefes da milícia. Como esses assassinos desdenhavam por si próprios o título de imperador e se contentavam com exercer a sua autoridade, apresentaram no senado um dos seus capitães, chamado Leão, e fizeram-no proclamar chefe do império em 7 de fevereiro de 457. Alguns autores pretendem que esse príncipe foi coroado pelo patriarca de Constantinopla, e que foi esse o primeiro exemplo da cerimônia da sagração, renovada depois sempre que algum soberano grego subia ao trono.

Leão, tornado imperador, quis-se desfazer daqueles que o tinham elevado e cujo poder temia. Ao princípio encheu-os de honras, e por conselhos pérfidos tentou fazer com que despedissem a sua guarda particular, insinuando-lhe que desistissem do comando do exército. Não tendo as suas astúcias produzido o resultado que ele esperava, mudou as suas baterias e declarou-se, de ariano que era, católico fervente e perseguidor, a fim de suscitar inimigos poderosos contra Aspar, que professava o arianismo. Essa nova astúcia teve um excelente resultado; os padres, vendo-se apoiados pelo imperador, sublevaram o povo contra Aspar e contra seu filho e atacaram o seu palácio com tanta fúria que aqueles tiveram apenas tempo para se refugiarem na basílica de Santa Eufêmia, que era um lugar de asilo. Leão procurou-os no seu retiro, tranquilizou-os sobre aquela sublevação popular, obrigou-se por juramento a protegê-los contra todos, e determinou-os a saírem da basílica. Apenas haviam transposto o limiar da igreja, as suas cabeças rolaram aos pés do imperador. Exasperados por aquele ato de perfídia e de covardia, os arianos resolveram vingar a morte dos seus protetores, pegaram em armas, revoltaram-se contra Leão e chamaram os godos em seu auxílio. Genseric, rei daquelas hordas bárbaras, respondeu ao seu apelo e veio pôr cerco a Constantinopla. Durante dois anos que durou aquela guerra, o imperador permaneceu encerrado numa torre, de onde viu arder a sua capital e a sua armada composta de mil navios, sem ousar defendê-los. Afinal, desembaraçou-se de Genseric, pagando-lhe somas enormes, fruto do trabalho dos povos e que ele amontoara na sua fortaleza.

Apesar de todas as infâmias desse reinado, Leão mereceu, segundo os católicos, o sobrenome de Grande, em virtude das perseguições que exerceu contra os heréticos. Morrendo, instituiu por seu sucessor Leão II, seu neto, da idade de apenas três anos, com prejuízo de Zenon, seu genro. Essa escolha fora-lhe ditada pelos padres, que nutriam um ódio violento àquele príncipe por causa das suas opiniões arianas. A despeito do clero, Zenon, logo no dia seguinte ao da morte do seu sogro, tomou as rédeas do Estado como tutor de seu filho; em seguida, elevou os seus partidários às mais altas dignidades, cativou a afeição do povo diminuindo os impostos, e quando as coisas chegaram ao ponto em que ele as desejava, num dia de festa solene, sua mulher Ariadna conduziu o jovem imperador ao hipódromo e colocou-o sobre um trono elevado, de onde ele chamou seu pai, e, pondo-lhe uma coroa na cabeça, nomeou-o seu colega e proclamou-o augusto. Apesar das suas precauções engenhosas, os eclesiásticos gritaram contra a usurpação e conseguiram revoltar os fanáticos contra Zenon. Então o novo imperador, que receava as consequências de uma revolução, decidiu-se a fazer perecer a causa inocente dos seus receios, e o pai envenenou o seu próprio filho, para ficar senhor do império!

Logo que viu firme nas suas mãos a autoridade suprema, Zenon entregou-se sem reserva às suas más inclinações e para justificar a infâmia do seu procedimento, dizia abertamente que os reis tinham o direito de fazer com que os homens servissem a todas as suas paixões e libertinagens. Entregue às orgias mais revoltantes, esquecia os seus deveres de chefe do Estado e deixava os bárbaros devastarem o seu império. Do Levante, os sarracenos avançavam em bandos temíveis e formidáveis; do Ocidente, os hunos tinham passado o Danúbio sem encontrarem resistência, e saqueavam a Tárcia. Mais bárbaro ainda do que aquelas hordas ferozes, Zenon acabava de arruinar os seus povos, esmagando-os com as suas exações.

Afinal, a sua avareza promoveu a indignação geral, e logo no segundo ano do seu reinado, tendo-se desavindo com sua sogra Verina, viúva do imperador Leão, receou que ela o mandasse assassinar e refugiou-se na Isáuria com sua mulher Ariadna.

Basilisco, irmão da imperatriz Verina, fez-se em seguida reconhecer imperador com seu filho Marcos. Os historiadores sagrados afirmam que ele era mais cruel ainda do que Zenon e que abraçara o partido dos eutíquios para ceder às instâncias de sua mulher Zenódia. Alguns autores rejeitam, pelo contrário, as acusações odiosas feitas contra esse príncipe, cujo maior crime era a tolerância;

acresciam que, se a exemplo de Constantino, ele perseguisse os supostos heréticos, a Igreja ter-lhe-ia erguido altares. Como ele se declarou o protetor zeloso dos eutíquios, os padres católicos excitaram contra ele uma violenta sedição em Constantinopla e chamaram de novo Zenon, que veio da Isáuria para entrar na capital. Basilisco foi metido, por ordem do vencedor, numa cisterna com sua mulher e os seus filhos, e condenados todos a morrerem de fome; os partidários do príncipe deposto foram assassinados atraiçoadamente, à exceção de Marciano, um de seus irmãos, que conseguira escapar. Esse príncipe, que se refugiara na corte de Teodorico, o Torto, rei dos godos, obtivera desse monarca e de Teodorico Lancale, rei dos ostrogodos, auxílio em homens e dinheiro para expulsar Zenon de Constantinopla, quando, infelizmente, na véspera de entrar em campanha, viu-se preso por ordem do seu protetor e entregue aos embaixadores do seu inimigo. Marciano foi levado para a Grécia, carregado de ferros e encerrado num mosteiro, onde morreu envenenado.

Livre de toda a inquietação, o imperador continuou no seu modo de vida habitual, e a sua corte tornou-se uma escola, onde a corrupção era ensinada pelas próprias princesas. Verina, a imperatriz mãe, apesar de muito idosa, concebera por Illus, general das suas guardas, uma paixão insensata que não receou confessar-lhe. Aquele jovem senhor, que era já casado com uma mulher a quem amava, repeliu os avanços de Verina e, para escapar à sua vingança, saiu de Constantinopla e abraçou o partido de Sírio Leôncio, que hasteara o estandarte da revolta. A sua resistência foi de curta duração; um capitão grego chamado João marchou contra eles à frente de um numeroso exército, bateu as suas tropas e obrigou-os a encerrarem-se numa fortaleza, onde foram apanhados e decapitados depois de três anos de cerco.

Zenon prosseguia sempre na sua carreira de crimes e de deboches, quando, afinal, sua própria mulher Ariadna resolveu desfazer-se dele para desposar um dos seus amantes, chamado Anastácio. Uma noite em que o imperador adormecera em completo estado de embriaguez, meteu-o num caixão e fez celebrar as cerimônias fúnebres. No dia seguinte, desceram-no ao jazigo mortuário e, apesar dos rugidos que partiam do caixão, ninguém veio livrar o tirano. Tal foi o fim espantoso daquele príncipe que expiava, assim, a morte de seu filho!

Anastácio sucedeu-lhe, desposando a infame Ariadna, e o seu reinado foi feliz para os povos; suprimiu um grande número de impostos onerosos, que oprimiam as províncias e fez-se amar de toda a nação pelas suas grandes virtudes. A história eclesiástica censura-o por não ter sido perseguidor e acusou-o mesmo de ter fomentado na Igreja essa famosa divisão eutiquiana, que não teve outras causas senão a ambição dos bispos de Roma, a precipitação dos prelados do Oriente na condenação de Eutiques e a má-fé do clero das duas Igrejas. Depois de dezessete anos de reinado, Anastácio foi encontrado morto num subterrâneo do palácio, sem que jamais se pudesse descobrir se fora assassinado ou se sucumbira a um ataque de apoplexia fulminante.

No Ocidente, o império enfraquecia; as paixões odiosas dos eclesiásticos enchiam as províncias de desordens, sob o pretexto especioso de religião; e preparavam o grande acontecimento que ia mudar os destinos das Gálias.

Hordas de bárbaros, saídas das florestas da Germânia, começavam a rechaçar os romanos para a Itália, e depois de século e meio de lutas incessantes, haviam conseguido estabelecer-se nas Gálias. Segundo a crônica do monge de S. Diniz, o chefe daqueles bárbaros, que nós contamos pelo primeiro dos reis francos, chamava-se Paramundo e reinou dez anos; outros historiadores reputam muito problemática a sua existência e dispensam apenas uma pequena crença aos fatos relatados acerca de Clódio e Cabeludo. Esse guerreiro temível aumentara consideravelmente os seus estados pelo lado da segunda Bélgica, quando foi vencido, por seu turno, pelos romanos e obrigado a atravessar de novo o Reno. A recordação desse combate foi-nos conservada por Sidônio Apolinário, poeta latino que florescia no quinto século.

"Os francos, diz ele, tinham avançado até ao burgo Helena para nos atacar e haviam formado o seu acampamento em frente do nosso, sobre umas colinas, próximo de um pequeno rio, contentando-se com fechar o seu campo unicamente com carretas à moda dos bárbaros. Felizmente, o nosso general Aécio, tendo sabido que eles deviam celebrar o casamento de um dos seus chefes durante a noite, ordenou às legiões que estivessem prontas a marchar logo que a lua surgisse no horizonte. Chegado o momento, os nossos soldados desembocaram em filas cerradas, a passo acelerado, por um caminho estreito, que seguia ao longo do rio, e caíram de improviso sobre os inimigos. Os francos não tiveram sequer tempo de pegar em armas e de formar as suas linhas; derrotamo-los completamente e fizemos uma grande carnagem. Todas as iguarias que sobejavam do seu festim e grandes pratos guarnecidos com grinaldas de flores caíram em nosso poder, assim como as suas bagagens, as carretas e até mesmo a desposada, que era loura e que foi reservada para o leito do general." Clódio tirou mais tarde uma desforra famosa; enquanto Aécio estava ocupado em combater os visigodos, os borguinhões e outros povos da gália, que estavam constantemente em revolta contra os romanos, tornou a passar o Reno com grandes bandos, atravessou as florestas que separavam a Bélgica da Gália, fez a conquista das cidades de Tournai e de Cambraia e apoderou-se mesmo de Amiens, que se tornou a sua capital. Morreu alguns anos depois, em 449, deixando a tutela dos seus netos a Meroveu, que alguns historiadores supõem ser seu irmão, e outros seu parente afastado.

Logo que Clódio fechou os olhos, o ambicioso Meroveu criou no exército um partido poderoso que o proclamou chefe dos francos, com prejuízo dos seus pupilos. Esses desgraçados e sua mãe fugiram para a corte de Átila e foram implorar o auxílio da sua espada contra o usurpador; o rei dos hunos tomou os jovens príncipes debaixo da sua proteção e marchou contra Meroveo à frente de um exército formidável para os colocar no trono de seu pai. À notícia da aproximação do temível Átila, os francos, que não eram assaz fortes para lhe resistir, apressaram-se em contratar uma aliança com Aécio e reunir as suas tropas às legiões romanas. Átila não deixou, por isso, de prosseguir o seu caminho e veio atacar os exércitos confederados dos francos e dos romanos numa planície situada perto de Mery-sur-Seine, a seis léguas para baixo de Troyes. A batalha foi sanguinolenta, e as antigas crônicas afirmam que 300 mil guerreiros, vencedores e vencidos, ficaram no campo.

Os hunos foram derrotados, mas, apesar de vitoriosos, os romanos e os francos haviam sofrido perdas tão consideráveis que, segundo Gregório de Tours, o general Aécio e Meroveu levaram mais de um mês a enterrar os mortos. Essa vitória foi muito favorável ao usurpador, pois punha os hunos e os romanos na impossibilidade de se oporem às invasões que ele projetava. Meroveu reuniu às pressas novos bandos e apoderou-se do território de Mayence, da Picardia, da Normandia e de quase todos os domínios que formam a ilha da França. A sua morte teve lugar depois de dez anos de reinado.

Childerico, filho e sucessor de Meroveu, quis abusar das mulheres e das filhas dos seus guerreiros e foi expulso vergonhosamente da sua pátria. Refugiou-se, então, na corte do rei de Turíngia, cuja esposa, chamada Basina, se encarregou do cuidado oficioso de consolar o culpado fugitivo. Mais tarde, graças às intrigas dos seus partidários, quando Childerico foi chamado de novo a França, aquela nova Helena abandonou, para o seguir, seu marido e os seus filhos. Essa mulher adúltera deu à luz Clóvis I. Como a adversidade é a melhor escola para os príncipes, Childerico aprendera nas suas desgraças que os tronos não são firmes, e desde então o seu governo foi mais suave para os povos.

Clóvis, primeiro rei cristão, possuía todas as qualidades de um herói bárbaro; era feroz, intrépido, ambicioso e converteu-se por política, como o demonstra Mezeray: "Essa conversão, diz ele, era-lhe muito necessária para conter os gauleses, que ele subjugara, e para atrair os povos submetidos aos godos e aos borguinhões, que sofriam com impaciência a dominação dos seus príncipes, partidários dos dogmas de Ário." Para acabar de esmagar o poder dos romanos, que, enfraquecidos por todos os lados, não se sustentavam já nas Gálias senão pelas suas relações com as províncias lionesas, o rei franco, como político hábil que era, fez raptar Clotilde, sobrinha de Gondebaud, tirano de Borgonha, e casou-se com ela para estabelecer os seus direitos sobre as províncias romanas. Aquela jovem princesa, que a Igreja venera como uma santa, deu um exemplo terrível da sua crueldade quando fugiu da corte do seu tio. Fez massacrar pela sua escolta os habitantes das aldeias que atravessava e entregou às chamas as suas pobres choupanas, para vingar, dizia ela, seus irmãos e seu pai, mortos pelos borguinhões.

Clóvis, que se tornara o príncipe mais poderoso das Gálias pelas vantagens que alcançara sobre os visigodos e sobre os borguinhões, quis firmar as suas conquistas e pensou em reunir todos os francos sob as ordens de um mesmo chefe. Com esse desígnio, massacrou os capitães que tomavam o título de reis, declarou-lhes uma guerra de extermínio, envenenou uns, mandou apunhalar outros, apoderou-se de Clararic, rei dos Ripuários, e condenou-o, com seu filho, a acabar os dias num claustro; e como o jovem príncipe via cair em abundância as lágrimas de seu pai, enquanto lhe rapavam os cabelos: "Esses ramos verdejantes tornarão a nascer, disse ele, porque o trono não está morto, e Deus fará punir aquele que os manda cortar." Clóvis, ouvindo aquelas palavras que a desesperação arrancara daquele desgraçado, exclamou: "Eles queixam-se porque lhes cortam os cabelos; pois bem, que lhes cortem a cabeça!" E no mesmo instante foram ambos decapitados. Clóvis mandou igualmente assassinar Rignomer, rei de Mons. Em seguida, juntando a ingratidão à crueldade, seduziu os servos de Ranacário, o seu mais fiel aliado, e impeliu-os a atraiçoarem o seu senhor com a esperança de uma grande recompensa. Depois, quando esse príncipe e seu irmão foram levados à sua presença, Clóvis insultou a sua desgraça, dizendo: "Abortos da nossa raça, vós sois indignos de descender de Meroveu! Não tendes vergonha de vos deixardes assim garrotar pelos vossos escravos? Pagai pois com o vosso sangue a nódoa com que manchais a honra de nossos avós." No mesmo instante, esmagou-os ambos com a sua massa de armas, na presença dos seus capitães e do seu execrável conselho. Os miseráveis que haviam entregado Ranacário vieram em seguida reclamar o pagamento da sua infame perfídia, queixando-se de terem sido enganados recebendo braceletes de cobre em vez de braceletes de ouro, que lhes haviam prometido. "Não é já bastante eu "conceder-vos a vida?", disse-lhes ele; "aproveitei a vossa infâmia, mas abomino a traição".

Pelos conselhos daquele monstro, Cloderico, filho de Sigeberto, assassinou seu pai; e como viesse reclamar o prêmio do seu parricídio, foi massacrado a golpes de acha de armas, enquanto se curvava sobre um cofre cheio de sacos de ouro e de pedrarias.

Depois dessa façanha, Clóvis apoderou-se de Metz, sob pretexto de vingar o assassínio de Sigeberto.

Finalmente, a providência fez justiça daquele tirano, e Clóvis morreu envenenado. Os seus quatro filhos dividiram entre si os seus Estados e excederam, ainda, os crimes de seu pai.

Sexto Século

Hormisdas

54º Papa

Quadro das desgraças da Igreja. – Os padres promovem sedições. – Martírio de S. Protero pelos seus diocesanos. – O seu cadáver é mutilado de um modo vergonhoso. – Os canibais rasgam-lhe as entranhas e comem-lhe o coração. – Desordens em Antioquia. – Os católicos degolam um número prodigioso de frades. – O seu sangue faz transbordar o Oronte, e os cadáveres suspendem o curso do rio. – Revolta de Sabas. – Excesso praticado em Constantinopla. – O imperador escreve ao papa para a convocação de um concílio. – Resposta do papa. – Pretensões de Hormisdas. – Os legados são recebidos com grandes honras. – O imperador recusa a condenação de Acácio. – Segunda legação em Constantinopla. – O papa exige dos bispos um anátema contra Acácio. – O imperador despede os padres sem reunir o concílio. – Súplica dos monges da Síria. – O imperador Anastácio é morto por um raio. – Reinado de Justino, príncipe ignorante e católico. – Os ortodoxos perseguem com encarniçamento os desgraçados hereges. – Reunião das duas Igrejas de Constantinopla e de Roma. – Dorotéio, bispo de Tessalônica, opõe-se à reunião. – Os legados do papa são maltratados. – Hormisdas condena a doutrina dos frades de Cítia. – Famosa controvérsia. – Os frades são expulsos de Roma. – Dorotéio é preso e em seguida posto em liberdade, apesar da oposição dos legados do papa. – Morte de Hormisdas. – Seu caráter.

Antes de falar do sucesso de Simaco, é necessário traçar o quadro do estado deplorável da Igreja nos princípios do sexto século. O padre Luiz Doucino deixou-nos disso uma descrição tão tocante e tão conforme a verdade, que não é possível considerar nela sem ficar penetrado da mais viva compaixão pelos desgraçados povos submetidos ao despotismo dos imperadores ou à dominação dos padres. Os homens sábios tinham visto frustradas as suas tentativas de pacificar a Igreja, e os seus conselhos haviam tão somente irritado as paixões do clero. As cidades eram constantemente perturbadas por sedições sanguinolentas, e os prelados, longe de as acalmar, excitavam-nas muitas vezes. Por toda a parte se ouvia falar de assassínios e sacrilégios cometidos nos lugares santos, e as capitais das províncias estavam transformadas em teatros das mais horríveis crueldades.

Os massacres começaram na cidade de Alexandria; foi degolado o santo mártir Protero, bispo, na sua igreja, e unicamente por ódio do concílio de Calcedônia.

Esse ancião venerável, assaltado na sua própria casa por um bando de furiosos, viu-se obrigado a refugiar-se numa capela contígua à metrópole; mas nem a majestade do lugar nem a solenidade do dia, que era Quinta-feira Santa, puderam garanti-lo da raiva dos seus inimigos; foi assassinado na pia batismal, e o seu sangue manchou os degraus do santuário.

Aqueles canibais mutilaram, em seguida, o seu corpo de modo infame; rasgaram-lhe as entranhas, comeram-lhe o coração e arrastaram pelas ruas os seus restos informes. E como o fanatismo excitado pela vindita dos padres não marca limites às suas vinganças, os fragmentos de carne do mártir foram pendurados numa forca e as suas exéquias celebradas sobre fogueira.

Antioquia foi desonrada por semelhantes execuções, e quatro patriarcas ortodoxos foram massacrados durante as sedições. Os heréticos não eram os únicos autores daquelas atrocidades; os católicos exerciam as mesmas violências, e, pelo seu lado, não conservavam moderação alguma nas suas vinganças. Sob pretexto de reunirem um sínodo para discutir acerca de negócios religiosos, atraíram à cidade um número considerável de religiosos eutíquios, "e ali, como num campo de batalha, defendeu-se a religião, massacrando todos os heréticos. O sangue derramado naquele dia fatal fez transbordar o Oronte, e os cadáveres suspenderam o curso do rio durante muitos dias".

Em Jerusalém, o famoso Sabas, bispo católico, impelido pelo fanatismo religioso, reunira no deserto mais de quatro mil árabes, e à sua frente atacava as tropas do imperador, derrotava-as e fazia triunfar a religião, não pela força dos anátemas ou dos milagres, mas pelo terror que inspiravam os seus bandidos.

O clero tornara-se ainda mais terrível em Constantinopla; a majestade do trono não foi poupada; os padres cobriram de ultrajes o desgraçado imperador Anastácio; apunhalaram, quase à sua vista, os seus melhores amigos; massacraram uma religiosa que acusavam de lhes dar conselhos; arrancaram do seu retiro um pobre eremita e, depois de o ter degolado, passearam pela cidade a sua cabeça espetada numa lança, gritando: "Eis o confidente daquele que declarou a guerra à adorável Trindade! Assim pereçam todos os blasfemadores das três pessoas divinas!"

Em seguida, apoderaram-se das portas de Constantinopla, e, estabelecendo um acampamento no centro da cidade, organizaram bandos de assassinos para degolarem aqueles que eram suspeitos de heresia, para lhes queimar as casas e destruir as estátuas do imperador. Os senadores enviados pelo príncipe para acalmar aquela multidão irritada foram repelidos à pedrada, e o próprio Anastácio foi assaltado no seu palácio por uma espécie de frades, de padres e de devotos, caminhando em ordem de procissão com a cruz e o livro dos Evangelhos. O monarca, assustado, não conseguiu salvar a vida do furor daqueles insensatos, senão por meio de vergonhosas submissões.

Os padres quereriam certamente aniquilar a recordação daquelas horríveis crueldades; mas Deus permitiu que essa recordação triste se conservasse até nós, para ensinar as nações que devem reprimir severamente a ambição do clero!

Todos os dias a autoridade dos papas se firmava pelas próprias desordens ou pelas condescendências dos imperadores que, afastados da antiga capital, mostravam uma submissão extrema aos pontífices, a fim de conter os povos debaixo de seu despotismo.

Os bárbaros, que haviam invadido as províncias do império, procuravam igualmente a amizade do bispo de Roma. Então o Santo Padre lisonjeava a ambição dos príncipes rivais e vendia a sua aliança aos dois partidos. Pelo seu lado, os heréticos, semelhantes a ervas nocivas e a plantas malditas, banidas e arrancadas ora da África ora do Oriente, recorriam à Santa Sede e dirigiam-lhe os seus apelos. E todas as queixas, assim como as alianças, eram favoravelmente acolhidas, contanto que favorecessem o orgulhoso projeto da monarquia universal dos pontífices de Roma.

Finalmente, naquela época, a política dos papas tornara-os dispensadores de todas as graças; não existia um único bispo que não procurasse a amizade do Santo Padre para os interesses da sua diocese, ou para os da sua glória pessoal. Os pontífices aproveitavam habilmente todas as circunstâncias; se os consultavam, faziam com que lhes dirigissem requerimentos humildes; se davam conselhos, faziam-nos reputar como ordens; finalmente, se eram nomeados pelos prelados árbitros nas suas contendas, a sua arbitragem transformava-se logo numa sentença.

Tal era a posição da Igreja no princípio do sexto século! Devemos acrescentar que os fiéis estavam divididos acerca de um concílio que acusavam, principalmente, de ter aprovado a epístola de Ibas, a fé de Teodoro e os escritos de Teodoreto.

Foi no meio dessas desordens, tão funestas para a Igreja e tão vantajosas para a Santa Sede, que se elegeu em Roma, para substituir Simaco, Célio Hormisdas, filho de Justo, natural da pequena cidade de Frusilone, na Campânia. A sua eleição foi tão pacífica como tumultuosa fora a do seu predecessor; todos os votos se reuniram em seu favor, e nunca mais se ouviu falar no cisma dos laurentinianos. A habilidade política de Hormisdas contribuiu muito para esse acontecimento.

Cassiodoro, que era então cônsul, felicitou o rei Teodorico por aquela reunião do clero e do povo fiel de Roma, e felicitou-se a si próprio pela grande felicidade que ilustra o seu consulado, prova incontestável da brandura do governo do seu príncipe.

Mas, em todo o Oriente, o fanatismo transformara-se em verdadeiro frenesi. A religião, que serve sempre de pretexto aos ambiciosos, encobriu aos olhos dos católicos a revolta criminosa de Vitaliano, general da cavalaria do imperador. Aquele súdito rebelde avançou até as portas de Constantinopla, obrigou Anastácio a pedir-lhe a paz, impondo-lhe por condição dar aos ortodoxos todos os bens dos heréticos, e reuniu um concílio para os excomungar.

O príncipe, para cumprir a promessa que fizera, escreveu a Hormisdas, suplicando-lhe que o auxiliasse para pacificar as agitações e reunir as Igrejas do Oriente e do Ocidente, lançando em conta da severidade dos papas, seus predecessores, todas as desordens que assolavam os seus Estados. O Santo Padre respondeu ao imperador com felicitações estéreis: "Alegro-me, senhor, de vos ver com sentimentos tão favoráveis, e agradeço a Deus que vos inspirou o romperdes o silêncio. Regozijo-me com a esperança de ver a Igreja de Jesus Cristo em paz e união; mas não poderei escrever-vos mais amplamente senão depois de ter sido informado do motivo da convocação do concílio."

O bispo de Tessalônica dirigiu igualmente uma longa epístola ao papa para o exortar a trabalhar para a glória da religião, testemunhando-lhe que, debaixo dessa condição, consentiria em condenar os heréticos e em reconhecer à Santa Sede o direito de soberania sobre os outros prelados. O pontífice aprovou o seu zelo e prometeu contribuir pelo seu lado para a reunião das Igrejas, sem contudo responder de um modo positivo às observações do bispo.

Finalmente, o imperador, fatigado com as demoras de Hormisdas, dirigiu-lhe uma nova carta indicando que o concílio devia reunir-se na cidade de Herirdeia, e convidando-o a dirigir-se ali no primeiro de julho do mesmo ano. Vitaliano enviara os seus embaixadores ao Santo Padre, para o mesmo assunto, e o rei Teodorico solicitava-lhe que se prestasse aos desejos dos orientais. O pontífice, instigado por todos os lados, viu-se obrigado a reunir um sínodo para nomear legados, e a escolha recaiu no bispo Fortunato e em Enódio, bispo de Pávia, o mesmo que, sendo diácono, declarara-se defensor de Simaco, e fora provido num bispado por prêmio da sua covardia.

As instruções dos legados determinavam que obtivessem do concílio o retorno para Roma dos bispos acusados de heresia, a exigência da reintegração daqueles que comunicavam com a Santa Sede e a condenação que havia perseguido os católicos. Hormisdas parecia, obrando assim, empregar os meios da brandura, quando na realidade a sua política não tinha outro fim senão argumentar os direitos da sua sede.

Anastácio penetrou as intenções secretas do pontífice e compreendeu que ele só consentira em se fazer representar no concílio de Heracleia com a condição de o dirigir segundo os seus desejos; contudo, esperou que contemporizando, o Santo Padre voltaria a ideias mais equitativas e mais conformes ao estado deplorável das igrejas orientais; recebeu muito favoravelmente os legados e prestou-lhes todas as honras, a fim de convencer a Santa Sede da justiça dos seus projetos. O único ponto do anátema de Acácio foi rejeitado pelo príncipe, o qual escreveu ao papa dizendo que condenava Nestório e Eutiques e que recebia o concílio de Calcedônia, mas relativamente a Acácio, exprimia que achava soberanamente injusto expulsar da Igreja os vivos por causa dos mortos, acrescentando, além disso, que os padres decidiriam todas as questões no concílio e fariam conhecer à Santa Sede o resultado das suas deliberações.

No ano seguinte, o imperador enviou a Roma Teopompo, capitão das suas guardas, e Severiano, conselheiro de Estado, esperando que personagens tão eminentes conduziriam as negociações com mais sabedoria do que os eclesiásticos apaixonados sempre pelos interesses da sua classe.

Os embaixadores iam encarregados de uma carta para o Santo Padre e de uma outra para o senado de Roma, cujo auxílio reclamava, a fim de solicitar do rei Teodorico e do pontífice que trabalhassem seriamente para a paz da Igreja. O senado, sob a influência de Hormisdas, respondeu ao imperador que o clero romano não consentiria nunca na reunião das Igrejas se ele conservasse o nome de Acácio nos livros sagrados. Pelo seu lado, o pontífice acrescentava que, longe de necessitar ser exortado pelo senado, prostrava-se ele próprio aos pés do imperador, afim de que se compadecesse da religião.

Apesar de essa hipocrisia tornar infrutíferos os avanços do imperador, uma segunda legação partiu da cidade de Roma para Constantinopla. O papa escolheu outra vez para seus legados Enódio de Pávia e Peregrino de Misena, deu-lhes seis cartas com o formulário de reunião dos cismáticos e 19 cópias do protesto que deveriam fazer espalhar pelas cidades, se não lhes recebessem as cartas.

Nesses diferentes escritos, o Santo Padre mostra-se sempre o mesmo, inflexível, obstinado em perseguir na condenação de Acácio, cuja memória estava em veneração numa grande parte do Oriente. Essa segunda legação, encerrando-se nos mesmos princípios, não pôde obter resultado algum. Anastácio recusou a reunião debaixo das condições que lhe impunham, declarando que não queria sobrecarregar a sua consciência com uma ação infame, manchando a reputação de muitos bispos santos e condenando como heréticos homens cujos crimes consistiam nas ideias quiméricas dos seus adversários.

Então, alguns frades rábulas foram encarregados pelos legados de espalhar por todas as cidades os protestos da Santa Sede; mas os bispos fizeram suspender a distribuição e instruíram disso o imperador, que, justamente irritado com a obstinação de Hormisdas, despediu os prelados enviados pelo concílio de Heracleia, rompeu todas as negociações com o inflexível pontífice e encetou de novo a guerra.

Os arquimandritas e os monges da Segunda Síria dirigiam, em seguida, ao Santo Padre uma súplica queixando-se da perseguição de Severo, patriarca da Antioquia e chefe dos eutíquios, e exprimiam-se nos seguintes termos: "Quando íamos nos reunir aos nossos irmãos no mosteiro de S. Simeão, para defender com eles a causa da Igreja, os heréticos armaram-nos uma emboscada no caminho, caindo sobre nós de improviso, matando-nos 350 homens, ferindo um número deles mais considerável ainda e massacrando mesmo ao pé dos altares aqueles que esperavam encontrar um refúgio nas igrejas. Além disso, durante a noite, os sacrários foram violados e entregues às chamas todos os edifícios."

"Vós sereis instruído de todas essas circunstâncias pelas memórias que vos entregarão os vossos veneráveis irmãos João e Sérgio; ao princípio haviam sido enviados por nós a Constantinopla para obterem justiça dos nossos inimigos; mas o imperador, sem se dignar a responder-lhes, expulsou-os vergonhosamente da cidade. Os seus próprios oficiais não quiseram escutar as nossas queixas, pretendendo que sofríamos o justo castigo da nossa rebelião; então, voltamo-nos para vós, Santíssimo Padre, para vos suplicar que tivésseis compaixão das feridas do corpo da Igreja, cujo chefe sois, vingando o desprezo que se mostra pela religião e por vós, que sois o sucessor de S. Pedro e que tendes o poder de ligar na Terra e nos céus."

Finalmente terminavam a sua epístola anaematizando Nestório, Dióscoro, Pedro Monge e Acácio. O papa respondeu por uma carta dirigida não somente aos arquimandritas da grande Síria, mas também aos católicos de todo o Oriente, para os exortar a permanecerem firmes na fé romana, da qual um grande número de milagres, dizia ele, atestavam a pureza.

Entre as provas maravilhosas produzidas pelo Santo Padre, revelam os consubstancionalistas uma lenda sobre o castigo que foi infligido ao escudeiro de um bispo ariano. "Esse herético, diz a crônica religiosa, achando-se nos banhos públicos de Constantinopla com alguns monges que discutiam acerca da Trindade, voltou-se para eles no momento em que acabava de se despojar das suas vestes e apostrofou-os do seguinte modo: 'Vós discutis muito e não concluís coisa alguma, meus padres; a Trindade santa é isso, e ao mesmo tempo levou a mão ao órgão da virilidade; eis aqui o Pai, o Filho e o Espírito Santo, que derramam a vida por todo o universo'. Os monges, exasperados com uma impiedade tão horrível, queriam fazer justiça e matá-lo imediatamente, mas foram impedidos de o fazer por um diácono que lhes afirmou que Deus saberia vingar o ultraje feito à sua tríplice unidade. E, com efeito, tendo o escudeiro saído das estufas, dirigiu-se sem desconfiança aos banhos frios, que recebiam as águas de uma fonte da igreja de Santo Estevão. Em vez de água fria, o infeliz recebeu sobre o corpo três imensas ânforas de água a ferver, que afirmaram terem sido despejadas por um anjo. As carnes caíram-lhe em pedaços e morreu no meio de sofrimentos atrozes. O imperador Anastácio, a quem contaram no dia seguinte aquele prodígio, fê-lo reproduzir num quadro, que foi imediatamente exposto no lugar onde fora praticado. Os arianos, que se recusavam a acreditar no milagre, procuraram destruir o monumento que comemorava a sua vergonha ao povo inteiro e acabaram por corromper Eutíquio, que tinha a intendência dos banhos. Mas Eutíquio, em breve, foi punido da sua condescendência; perdeu o olho esquerdo. Em seguida, o órgão da virilidade. Finalmente um anjo, vestido deslumbrantemente e que se anunciou, afirma Teodoreto, por eunuco de Jesus Cristo, veio declarar a Eutíquio que os seus males cessariam unicamente depois da reinstalação do quadro nos banhos. E, com efeito, logo que o quadro ocupou de novo o seu lugar habitual, Eutíquio, que se fizera transportar àquele lugar para mais depressa ficar curado, expirou imediatamente!"

No mesmo ano, o imperador Anastácio morreu fulminado pelo raio; os padres, lançando mão dessa circunstância, assustaram a multidão supersticiosa e ameaçaram os heréticos com a vingança de Deus. As suas intrigas foram tão habilmente conduzidas que fizeram subir ao trono Justino, homem muito ignorante, e por isso mesmo bom católico. Depois da sua elevação, o príncipe deu aos negócios uma direção oposta à do seu predecessor; os pretendidos heréticos foram perseguidos, e o populacho, por entre aclamações reiteradas, fez regular ele mesmo a fé católica. As vontades de uma multidão fanática foram confirmadas por um concílio reunido em Constantinopla, e os católicos puderam exercer as suas vinganças contra os Eutíquios.

Mas a Igreja de Constantinopla não estava reunida ainda à de Roma; e como esse negócio parecia da maior importância aos olhos dos ortodoxos, o imperador Justino escreveu ao pontífice para lhe noticiar a sua elevação e para lhe pedir que fosse de acordo com os desejos de João de Constantinopla, que reconhecia a autoridade soberana da Santa Sede. Hormisdas dirigiu-se logo a Ravena para conferenciar com Teodorico a esse respeito; o rei godo ordenou-lhe que enviasse a Constantinopla uma terceira legação de cinco pessoas, que foram escolhidas entre os prelados cujo zelo e fidelidade eram conhecidos do Santo Padre. Nas diferentes províncias que tiveram de atravessar, os legados chamaram a si todos os bispos que puderam ver, e na segunda-feira da semana santa, que era o dia da sua chegada a Constantinopla, deram conhecimento do formulário de reunião de que eram portadores e fizeram a leitura dele em pleno senado, na presença de quatro bispos que representavam o patriarca. As suas propostas foram aceitas sem discussão, e alguns dias depois, a reunião das duas Igrejas foi declarada solenemente. Riscaram-se dos dípticos o nome de Acácio e os dos patriarcas Flavita, Eufêmio, Macedônio e Timóteo, assim como os dos imperadores Zenon e Anastácio.

Dorotéio, bispo de Tessalônica, foi o único que persistiu em não assinar a fórmula de fé trazida do Ocidente e recusou aprovar a condenação de Acácio. A seu exemplo, o povo sublevou-se contra os legados que o papa enviara à sua diocese, e aqueles foram obrigados a fugir de noite, para evitarem os perigos que os ameaçavam; o diácono João foi ferido com grande número de punhaladas na cabeça e nos rins, e um católico chamado igualmente João foi morto e cortado em pedaços por ter recebido os romanos em sua casa.

Afinal, a paz restituída à Igreja, depois de tantos anos de lutas sanguinolentas, esteve ainda em risco de ser perturbada pela famosa proposição: "Um da Trindade foi crucificado." Os monges da Cítia sustentavam esse dogma, apesar das decisões de prelados ortodoxos; como eles recusavam-se a anuir ao julgamento dos seus bispos, vieram a Roma para pedir a opinião do Santo Padre; mas o conde Justino e Dióscoro, um dos legados, que os tinham já condenado, escreveram a Hormisdas contra aqueles monges rábulas, que foram expulsos vergonhosamente da cidade.

Como fica dito, os católicos triunfavam por toda a parte; Dorotéio, bispo de Tessalônica, fora preso e conduzido a Heracleia, por ordem do imperador, enquanto não era julgado o seu negócio; mas, tendo os legados querido exigir que ele fosse conduzido a Roma com o padre Aristides para serem ambos depostos e excomungados, Justino recusou-se a dar-lhes uma tal satisfação e contentou-se mesmo em obrigar Dorotéio a enviar deputados ao pontífice para fazer a sua submissão e, em seguida, reintegrá-lo na sua sede.

O Santo Padre morreu no mês de setembro de 523, tendo governado a Igreja pelo espaço de nove anos.

Hormisdas, no exercício das suas funções, mostrara uma ambição excessiva e um fanatismo implacável. Não compreendemos que a Igreja lhe tenha concedido as honras da canonização, a menos que não tenha querido glorificar a generosidade do pontífice pelos conventos e pelas basílicas, e recompensá-lo por ter perseguido os desgraçados heréticos, os nestorianos, os eutíquios, os arianos, os pelagianos e os maniqueus, que mandava açoitar publicamente, homens e mulheres, antes de os exilar.

João I

55º Papa

Eleição de João I. – O imperador Justino persegue os arianos. – Teodorico envia o pontífice ao Oriente. – Milagre do cavalo do papa. – Outro milagre de João. – Prestam-lhe grandes honras em Constantinopla. – Seu orgulho. – Sua astúcia. – O papa é preso por Teodorico. – Morre na prisão. – Reflexões sobre o seu título de santo.

A Santa Sede permaneceu vaga pelo espaço de seis a sete dias; em seguida foi eleito, para a ocupar, João, por sobrenome Catelino, o Toscano, filho de Constantino, que reinou dois anos e nove meses, segundo o sábio Holstein. Outros escritores sustentam que essa cronologia não é exata, e que é impossível fixar a duração do pontificado de João.

A paz de que a Igreja começava a gozar depois da reunião dos Orientes foi em breve alterada pelo fanatismo do imperador Justino, que jurara exterminar os heréticos e os arianos; empresa louca, digna de um príncipe estúpido, que não conhecia nem os seus interesses nem os dos seus súditos! Fez publicar éditos para obrigar os arianos a converterem-se e ameaçou-os com os mais cruéis suplícios.

Na sua desesperação, os infelizes perseguidos recorrem a Teodorico, que escreveu em seu favor a Justino; mas, não tendo as suas cartas podido mudar as disposições do imperador, este, irritado com o desprezo que testemunhavam no Oriente pela sua mediação e suspeitando que a política romana não era estranha aos golpes descarregados contra o arianismo, mandou chamar João à sua corte e ordenou-lhe que se dirigisse como embaixador a Constantinopla, para fazer revogar as ordens de Justino. Ameaçou mesmo o pontífice de tratar com rigor os católicos da Itália, se perseguissem ainda os ministros da sua crença e se o imperador não consentisse em restituir imediatamente aos arianos as igrejas que lhes haviam sido tiradas.

Esse príncipe estava tanto mais disposto a usar de represálias, pois via a ingratidão com que lhe tomavam em conta os importantes serviços que ele prestara à Igreja romana e a extrema tolerância que mostrara sempre pelos ortodoxos dos seus Estados.

Teodorico, afastando o pontífice sob pretexto de uma embaixada pomposa, não tinha tão somente o projeto de fazer restituir o exercício do seu culto às desgraçadas vítimas do fanatismo de Justino, mas também queria fazer cessar os traumas que se urdiam no senado contra a sua vida, e dos quais o Santo Padre era o mais ardente fautor.

João não ousou resistir às ordens do rei e pôs-se a caminho com os outros embaixadores.

A lenda narra muitos milagres que o Santo Padre fez durante a sua viagem: "Quando João chegou à cidade de Corinto, diz o cronista, pediu um cavalo de mão para continuar a sua viagem, e deram-lhe um que pertencia a uma das principais damas do país. No dia seguinte, depois de se ter servido dele, mandou-o à sua dona. Ó prodígio! A dama, que antes estava habituada a montar aquele cavalo, não pôde nunca mais domá-lo e viu-se obrigada a enviá-lo de novo ao pontífice!"

Gregório, o Grande, explica piedosamente essa fábula, e acrescenta uma outra mais extraordinária ainda. Diz ele que, entrando em Constantinopla pela porta dourada, um cego pediu ao Santo Padre que lhe restituísse a vista, o que ele fez pondo-lhe a mão sobre os olhos na presença de todo o povo.

O bibliotecário Anastácio não fala nesses milagres: diz-nos somente que se prestaram a João grandes honras, e que as populações foram ao seu encontro em grande número com bandeiras e insígnias. O imperador, encantado por poder contemplar o sucessor de S. Pedro, prostrou-se aos seus pés e pediu-lhe para ser coroado pela sua mão.

O patriarca Epifânio convidou em seguida o papa João para oficiar; este, por um inconcebível sentimento de orgulho, não quis aceitar aquela honra senão depois de ter obtido tomar o primeiro lugar, e ainda assim num trono. O patriarca de Constantinopla prestou-se aos desejos do Santo Padre, não por considerá-lo seu superior em dignidade, mas porque considerava nele o embaixador de um rei poderoso.

Exaltado pelo seu fanatismo, o imperador repelia todas as observações acerca dos arianos; então João, recorrendo às lágrimas, representou-lhe que o seu procedimento para com os heréticos teria consequências terríveis para os católicos da Itália e arrancou-lhe a promessa de restituir aos arianos a liberdade do seu culto. Outros historiadores sustentam, pelo contrario, que o pontífice, longe de cumprir a missão de que o encarregara o rei Teodorico, animava o imperador no extravagante desígnio que formara de exterminar os arianos.

Concordam, porém, todos, que na volta da sua embaixada, João foi preso em Ravena com os senadores que o tinham acompanhado. Teodorico, cuja moderação não se desmentira nunca durante o espaço de um longo reinado, não usaria jamais essa violência, se não tivesse adquirido provas certas da traição dos seus embaixadores.

O pontífice foi condenado a acabar os seus dias numa prisão, onde morreu em 27 de maio de 526. O seu corpo foi transportado para Roma e enterrado em S. Pedro.

A Igreja honra a sua memória como a de um santo mártir; contudo, devemos confessar que é difícil compreender os motivos que fizeram conferir as honras da canonização a um papa que fora justamente punido por sua ambição desregrada e que, além disso, não sofrera uma morte violenta.

Félix IV

56º Papa

Eleição de Félix pelo rei Teodorico. – Má fé de Fleury na sua história eclesiástica. – A eleição dos bispos de Roma pertencia ao povo. – Corrupção do clero. – Condenação dos semipelagianos. – Rigor do papa contra um frade. – Morte ridícula atribuída ao Santo Padre. – Reflexões sobre os milagres mencionados nas lendas. – Morte de Félix.

Félix, quarto do nome, foi elevado à Santa Sede pela autoridade do rei Teodorico; era samnita de nação e filho de Castório. Os autores antigos e modernos que falaram dessa eleição deixaram supor que a ambição dos padres excitara rixas e desordens entre o clero para dar um sucessor a João, e que Teodorico interpôs a sua autoridade para manter a paz em Roma. É pelo menos o que confirma uma carta do rei Athalaric, na qual esse príncipe exorta o senado a submeter-se ao modo de proceder do papa, que o seu predecessor tinha escolhido, e a fazer cessar todas as contendas.

Fleury citou essa carta de Athalaric, dissimulando os fatos que ela contém; e, no seu amor pela sede de Roma, preferiu manchar a sua reputação de historiador a incorrer na reputação de falsário, antes do que confessar a verdade.

Está provado pelos testemunhos mais autênticos que naquela época a eleição dos bispos era ainda um direito do povo, e que, para gozarem da sua dignidade, os pontífices deviam ser confirmados pelo príncipe. O judicioso Fra-Paulo faz notar isso no seu excelente tratado das matérias beneficiais, que alguns críticos atribuem ao padre Fulgêncio, seu companheiro.

A história não nos diz coisa alguma relativamente às ações de Félix IV; unicamente Cassiodoro diz que o imperador Valentiniano II havia publicado noutro tempo uma lei que submetia o papa ao julgamento dos magistrados seculares para certas causas, e que essa lei aviltante para a Santa Sede foi revogada pelo rei Athalaric, a rogo de Félix IV. Esse príncipe publicou, em seguida, um edito para exortar os eclesiásticos a reformarem os seus costumes e para fazerem parar os excessos de uma corrupção escandalosa que se introduzia no clero de Roma.

A seita dos semipelagianos continuava a fazer progressos e espalhara-se até pelas Gálias; os bispos do país reuniram então um concílio em Orange para condenar a heresia, e enviaram os seus decretos para serem submetidos à aprovação do Santo Padre. Mas a carta sinodal do concílio de Orange não chegou à Itália senão depois da morte de Félix, e Bonifácio, seu sucessor, subscreveu sem observação a sentença pronunciada contra os pelagianos.

No mesmo ano, um frade chamado Equício, pretendendo ter recebido do céu o poder de exercer as funções pastorais, percorria as cidades e os campos, dedicava solenemente às igrejas, ordenava padres, administrava a confirmação e fazia-se adorar pelos fiéis. A sua audácia excitou a indignação dos padres da Igreja romana, que disseram a Félix: "Santíssimo Padre, há um frade que confere a si mesmo a autoridade de pregar, e atribuem-se as vossas funções, apesar de muito ignorante que é. Suplicamo-vos que o mandeis prender, a fim de que ele conheça o rigor da disciplina..." O papa ordenou a Juliano, então defensor da Igreja romana e depois bispo de Sabina, que se apoderasse do culpado e lhe fizesse sofrer as torturas mais cruéis. Durante a noite, as ordens foram mudadas e, tendo Juliano perguntado a causa, foi-lhe respondido que o pontífice fora intimidado por uma visão, e que um anjo lhe proibira que perseguisse o servo de Deus.

Não é para admirar que o papa Gregório, o Grande, cujos escritos estão cheios de prodígios, tenha adotado essa fábula; mas deve admirar-nos que Fleury a mencione como uma história verdadeira. Essas espécies de milagres não deveriam encontrar lugar senão nas lendas; ou pelo menos deveriam advertir-se os fiéis de que esses contos piedosos não podem servir senão para lançar o ridículo sobre a religião católica, em vez de lhe exaltar a majestade e de fornecer uma prova da sua divindade.

Félix morreu em 12 de outubro de 529, depois de três anos de pontificado. Dentre os monumentos mais notáveis que foram elevados no seu reinado, cita-se a basílica de S. Cosme e S. Damião, e a de S. Saturnino, que fora inteiramente devorada pelas chamas e que ele mandara reedificar.

Durante esse pontificado, S. Bento, esse célebre fundador de um grande número de ordens religiosas no Ocidente, publicou a sua regra monástica, que se baseia no seguinte princípio: "Aqueles são verdadeiramente cristãos, que vivem do fruto do seu trabalho." Todos os artigos dos seus admiráveis regulamentos tendem a formar agregações de homens laboriosos, aos quais o piedoso abade impõe a obrigação de empregar a sua atividade e a sua inteligência em trabalhos úteis ou produtivos.

Bento era descendente de uma família ilustre de Nóscia, cidade do ducado de Spoletto. Fizera os seus estudos em Roma e distinguira-se pelos seus progressos rápidos nas ciências e nas letras. Apesar da brilhante carreira que lhe podiam abrir no mundo o seu nome e a sua fortuna, abandonou, na idade de 17 anos, parentes, amigos, pátria, para se retirar para uma caverna, no meio do deserto de Subiaco, a 40 milhas da cidade santa. Depois de ter passado três anos na oração e na meditação, associou a si alguns peregrinos que, atraídos pela sua reputação de santidade, tinham vindo visitá-lo, e edificou celas para os hospedar. Aumentando a sua pequena tropa todos os dias, as populações pagãs mais próximas tiveram inveja disso e obrigaram-no a retirar-se para o monte Cassino, onde encontrou outros idólatras. S. Bento converteu-os com as suas práticas eloquentes e transformou o seu templo, que era consagrado a Apolo, em uma basílica cristã dedicada ao verdadeiro Deus. Perto da nova igreja, construiu, em seguida, um imenso mosteiro, que governou pelo período de catorze anos. Depois dele, os seus companheiros, herdeiros do seu pensamento, continuaram cultivando as terras, secando os pântanos e copiando os antigos manuscritos, esses tesouros que a antiguidade legara às idades futuras.

Bonifácio II

57º Papa

Ambição do clero. – Eleição de Bonifácio. – Cisma de Dióscoro. – Anátema contra o antipapa depois da sua morte. – Bonifácio consegue extorquir a assinatura do clero. – Os dois papas são acusados de simonia. – Bonifácio viola os cânones. – Confessa-se culpado de lesa-majestade. – Estevão de Larissa. – Morte do papa.

Depois da morte de Félix, as rixas começaram de novo para lhe dar um sucessor. Nessa época, a ambição dos padres atingira os últimos limites; a liberdade começava a ser banida das eleições, e aqueles que possuíam algumas riquezas ou amigos poderosos eram os únicos que podiam aspirar às honras do episcopado.

Bonifácio II, romano de nascimento, filho de Sigisvulto, da raça dos godos, foi eleito para suceder a Félix IV, e ordenado na basílica de Júlio; mas um outro partido escolheu o diácono Dióscoro, que foi ordenado na igreja de Constantino. O cisma durou vinte e nove dias, isto é, até a morte de Dióscoro, que julgamos ser o mesmo que foi enviado embaixador a Constantinopla por Hormisdas. Bonifácio, possuidor tranquilo da Santa Sede, prosseguiu na sua vingança contra o seu competidor e fê-lo anatematizar mesmo depois de sua morte. A bula de excomunhão foi assinada pelo clero e depositada nos arquivos da Igreja, como um monumento eterno do seu apostólico. O pontífice acusava Dióscoro de simonia, e parece, segundo um edito do rei Athalaric, que a sua acusação era fundada; mas Bonifácio tornara-se culpado do mesmo crime, segundo os relatórios do bibliotecário Anastácio.

Em seguida, o papa, tendo reunido um concílio na basílica de S. Pedro, publicou um decreto que lhe dava o poder de designar o seu sucessor e obrigou os bispos, por escrito e por juramento, a reconhecerem nessa qualidade o diácono Vigílio. Pouco tempo depois, convocou-se um outro concílio, e o decreto foi cassado como contrário aos cânones e à dignidade da Santa Sede. O pontífice reconheceu-se culpado de lesa-majestade, usurpador dos soberanos, e entregou às chamas a sua bula na presença dos bispos e do clero.

No mesmo ano, depois do consulado de Lâmpada e de Orestes, Estêvão, bispo de Larissa, queixou-se ao papa acerca de uma nova heresia, cujo nome não chegou até nós. Por essa ocasião, reuniu-se em Roma um terceiro concílio, em que Teodósio, bispo de Ecnícia na Tessália, apresentou o requerimento de Estêvão. Ignora-se a decisão dos padres.

Bonifácio morreu em fins do ano 531. Esse papa mostrara-se, todo o tempo que durou o seu reinado, mui religioso observador do culto dos anjos, e mandara edificar uma igreja magnífica em honra do arcanjo S. Miguel.

João II
Apelidado Mercúrio
58º Papa

Avareza dos padres. – Eleição de João Mercúrio. – Queixas contra as eleições simoníacas. – Decreto do rei Athalaric, gravado sobre tábuas de mármore.– Estado da Igreja do Oriente. – Justiniano envia ricos presentes ao papa. – João condena os acémetas. – Aprova a doutrina anatematizada por Hormisdas. – Declara que uma das três pessoas da Trindade foi crucificada. – Contradição dos julgamentos da Santa Sede. – Morte de João Mercúrio.

Existia tão boa-fé e verdadeira religião no clero de Roma que, para chegar ao pontificado, distribuíam os padres os seus tesouros em dinheiro; outros empenhavam os seus palácios; alguns, menos escrupulosos ainda, faziam promessas sobre os bens da Igreja. Finalmente, achando-se a Santa Sede, por assim dizer, em almoeda, João II, apelidado Mercúrio por causa da sua eloquência, pagou somas enormes aos seus competidores e obteve a tiara pontifical.

A corrupção chegara a um tal grau que os senadores vendiam publicamente os seus votos; e, para não profanar a Divindade, diremos que o Espírito Santo não dirigia a eleição dos papas daquela época; porque Deus não podia presidir a assembleias em que a cadeira de S. Pedro era adjudicada àquele que mais dava.

João II foi ordenado em 22 de janeiro de 532; nascera em Roma e seu pai chamava-se Projecto. Pouco tempo depois da sua entronização, um defensor da Igreja escreveu ao rei Atanásio que, durante a vagatura da Santa Sede, os partidários do pontífice tinham vendido os seus votos para a eleição e lhe haviam extorquido promessas sobre os bens da Igreja; e que, para satisfazer os seus compromissos, João Mercúrio expusera publicamente à venda os próprios vasos sagrados.

A fim de remediar aqueles abusos, o rei escreveu ao papa, a todos os patriarcas e às igrejas metropolitanas que queria que se observasse um decreto do senado, publicado no reinado de Bonifácio e concebido nos seguintes termos: "Aqueles que tiverem prometido casas, terras ou dinheiro, para obterem um bispado, serão declarados sacrílegos e simoníacos, anulados os seus compromissos, e ordenamos a restituição do que tiverem tirado já à Igreja. É permitido, contudo, aos oficiais do nosso palácio tirarem até três mil soldos de ouro para a expedição das cartas, quando se levantar alguma controvérsia nas eleições do papa; mas os oficiais ricos não poderão aceitar coisa alguma, porque essas liberalidades são feitas à custa do patrimônio dos pobres."

"Nas eleições dos patriarcas (nome que era consagrado para os bispos das grandes cidades), poder-se-á tirar até dois mil soldos; e para os simples bispos, distribuir-se-ão ao povo até quinhentos soldos de ouro."

O rei ordenava, em seguida, ao prefeito de Roma que fizesse gravar esse edito em tábuas de mármore, colocando-as na entrada do vestíbulo de S. Pedro.

Platino afirma que João II condenou Antimo, patriarca de Constantinopla, que caíra no arianismo. Por seu lado, o imperador Justiniano perseguia com grande rigor os heréticos do Oriente, cuja conversão jurara efetuar.

O príncipe enviou a Roma Hipaco, arcebispo de Éfeso, e Demétrio, bispo de Filipas, a fim de consultar o papa sobre as propostas feitas por Ciro e Eutógio, deputados do mosteiro dos acémetas. Na carta que ele escreveu ao Santo Padre, testemunha-lhe um grande respeito e faz-lhe saber que os monges rejeitam o dogma "que Jesus Cristo, filho único de Deus, nascido de Maria, seja uma das pessoas da Trindade". Justiniano pedia ao pontífice que lhe dirigisse uma bula, declarando que recebia na sua comunhão todos aqueles que partilhavam a sua opinião, condenava aqueles que se não conformavam com ela. Para dar mais peso ao seu pedido, o imperador enviava ricos presentes destinados à igreja de S. Pedro: um vaso de ouro, do peso de cinco libras, enriquecido com pedrarias; dois cálices de prata, de 6 libras cada um; dois outros de 15 libras e quatro véus de tecido de ouro. Essa liberalidade dispôs favoravelmente o clero de Roma a favor de Justiniano, e o papa condenou os acémetas sem mesmo querer escutar as suas queixas.

Segundo o padre Luiz Doucino, a má-fé dos monges foi a causa única da sua condenação: João, indignado por ver os heréticos prevalecerem-se da sentença proferida por Hormisdas, aprovou sem exame os dogmas que o imperador sustentava contra eles e declarou muito ortodoxa a mesma proposição que o seu predecessor tinha excomungado.

Contudo, o Santo Padre deliberara mais de um ano e escrevera mesmo para a África, a fim de se esclarecer com as opiniões dos sábios. Ferrand, discípulo de S. Fulgêncio, teólogo hábil, respondeu à consulta com toda a sutileza dos padres dos nossos dias. Concluiu conformemente com a doutrina do seu mestre e muito favoravelmente para o imperador, a ponto de se poder dizer: "Não foi um da Trindade que sofreu e morreu, mas sim uma das três pessoas da Trindade."

O papa fulminou anátemas contra os religiosos gregos que tinham vindo a Roma para defender a sua doutrina, e sobretudo contra Ciro, deputado dos monges acémetas. Humilhando desse modo os nestorianos, João elevava os acéfalos, protegidos pela imperatriz, e fazia compreender aos dois partidos o que nunca mais eles esqueceram: que a Santa Sede não era inflexível, e que com ouro podia-se obter a retratação de um primeiro julgamento.

Pela mesma época, João recebeu cartas de S. Cesário de Arles e dos outros prelados das Gálias, relativamente a Contumeliosus, bispo de Riez, convencido de crimes enormes pela sua própria confissão. O pontífice ordenou que esse bispo fosse interdito de todas as suas funções e encerrado num mosteiro para fazer penitência o resto dos seus dias.

O papa João Mercúrio morreu em 26 de abril de 535, depois de ter reinado três anos e quatro meses.

Agapeto

59º Papa

Educação de Agapeto. – Sua eleição. – Restabelece a memória do antipapa Dióscoro. – Carta do imperador ao papa. – Seguimento do negócio de Contumeliosus. – Opinião de Agapeto acerca da alienação dos bens da Igreja. – Reconhece a superioridade dos concílios. – Manda estabelecer escolas. – Conquistas de Belisário. – Teodato escolhe Agapeto para seu embaixador em Constantinopla. – Pobreza do papa. – Milagres que lhe atribuem. – É recebido com grandes honras. – Recusa a sua comunhão ao patriarca Antimo. – Reflexões sobre a autoridade dos papas. – Justiniano interroga o pontífice. – Queixas dos acéfalos. – Grosseria de Agapeto. – Persuade o imperador de que Antimo é herético e fá-lo expulsar da sua sede. – Agapeto descura os negócios de Teodato e perturba o repouso das igrejas do Oriente. – Morte do papa.

O padre Gordiano, pai de Rústico Agapeto, fizera educar aquele fruto do amor conjugal com o maior cuidado. Fê-lo entrar, muito novo ainda, para o clero de Roma, onde Agapeto exerceu as primeiras funções da clericatura na igreja dos mártires, S. João e S. Paulo; em seguida, foi nomeado diácono, depois reitor da mesma igreja; finalmente, as suas grandes virtudes fizeram-no julgar digno de ocupar a cadeira de S. Pedro depois da morte de João Mercúrio.

Tendo o clero e o povo reunido os seus sufrágios em seu favor, recebeu a ordenação episcopal e foi reconhecido soberano pontífice.

A sua administração começou por um ato de justiça. O Santo Padre mandou queimar publicamente, no meio da igreja, os libelos de anátemas que Bonifácio extorquira por astúcia aos bispos e aos padres contra Dióscoro, seu competidor.

Manchou nessa circunstância a memória do seu predecessor e, por uma generosidade admirável, preferiu uma justiça equitativa à vã glória da sua sede, à qual não atribuía o privilégio divino da infantilidade.

Logo que o imperador Justiniano recebeu a notícia da eleição de Agapeto, enviou o padre Heráclio, na qualidade de embaixador, para lhe dirigir as suas felicitações. Na sua carta, expunha ao Santo Padre que, para facilitar a conversão dos arianos, era necessário oferecer-lhes na Igreja a mesma categoria que eles tinham na sua seita. O pontífice, respondendo aos cumprimentos do imperador, aprovou o seu zelo pela reunião dos arianos, mas representou-lhe que os próprios papas não tinham o poder de mudar os cânones que proibiam conservar nas ordens os heréticos reconciliados.

O negócio de Contumelioso, bispo de Reiz, não fora terminado pelo julgamento de João Mercúrio, e o prelado apelou, para a Santa Sede, da sentença dos seus colegas e da decisão de João II. Agapeto escreveu, então, a S. Cesário que, em vista do pedido de Contumelioso, nomeara juízes para examinar as decisões dos bispos das Gálias, e que, esperando o resultado das inquirições dos comissários, o prelado teria a liberdade de voltar para a sua igreja, mas sem exercer função alguma episcopal. Convidava o conselho da província a restituir-lhe o seu haver particular para que ele tivesse com que viver, sem lhe permitir, contudo, dispor das rendas da Igreja, que deviam ser geridas por um arquidiácono visitador.

S. Cesário de Arles consultou, em seguida, o Santo Padre sobre um ponto de disciplina que dividia os bispos das Gálias e perguntou-lhe se os pastores tinham o direito de alienar os fundos da Igreja, em circunstâncias difíceis. Agapeto respondeu que as constituições proibiam essas espécies de alienações, e que ele não ousava dar a sua autorização para as infringir.

"Não acrediteis, acrescentou o papa, que os meus conselhos sejam ditados pela avareza ou por um interesse temporal; mas, considerando as contas terríveis que devo dar a Deus do rebanho que ele me confiou, procuro dirigi-lo no caminho da vida eterna e faço observar as decisões do último concílio."

A assembleia de que ele falava era simplesmente um sínodo nacional reunido na Itália no tempo do pontífice Simaco. Agapeto, declarando que é obrigado a submeter-se ao julgamento dos concílios, condena a ambição dos bispos de Roma, seus sucessores, que pretenderam elevar-se acima dos concílios universais.

Animado pelas mais louváveis intenções, o Santo Padre estabeleceu escolas públicas para a instrução da mocidade e ocupou-se em extirpar a ignorância que lavrara até as primeiras classes da sociedade. Bem diferente dos seus predecessores, sugeria que as mais belas disposições, não sendo alimentadas pelo estudo, alteram-se insensivelmente e transformam-se, algumas vezes, em vícios grosseiros. O célebre Cassiodoro uniu-se a ele para facilitar a execução daquele nobre empreendimento; mas a guerra chamou em breve a sua atenção para outros assuntos. Justiniano confiara o comando dos seus exércitos a Belisário, grande capitão e tático consumado, e o general grego, prosseguindo nas suas conquistas com uma rapidez surpreendente, arrancou a África aos vândalos e levou as suas armas vitoriosas até a Itália, onde espalhou o terror entre os godos.

Teodato, assustado com a marcha do conquistador, pensou a princípio em abandonar os seus Estados; mas, em seguida, cedendo aos conselhos dos seus embaixadores, que conheciam a devoção estúpida do imperador, resolveu servir-se da religião para suster o ímpeto de Belisário. Ordenou a Agapeto que se dirigisse a Constantinopla para negociar a paz ou uma suspensão de armas, ameaçando passar todos os romanos ao fio da espada, se não colhesse bom resultado da sua missão.

O Santo Padre desculpou-se pela sua idade avançada e pela sua extrema pobreza, pedindo para não empreender uma tão longa viagem; mas as novas ordens do príncipe foram acompanhadas de ameaças tão terríveis que o papa viu-se obrigado a obedecer. Agapeto, para suprir às despesas do seu séquito, empenhou os cálices mais ricos, os vasos sagrados de ouro e de prata, enriquecidos de pedrarias, com que a piedade dos fiéis ornara as igrejas, e os tesoureiros forneceram sobre esses valiosos penhores o dinheiro necessário para a viagem. Devemos acrescentar em louvor de Teodato que, tendo sido instruído dessa ação, reembolsou com o seu dinheiro as somas emprestadas e fez restituir às igrejas todos os seus ornamentos.

Logo que chegou à Grécia, o pontífice, segundo a narrativa de S. Gregório, fez um grande milagre curando um homem que não podia nem andar nem se levantar. Abandonamos à credulidade dos legendários as particularidades desse prodígio.

Havia um ano que Epifânio, patriarca católico de Constantinopla, tinha morrido, e Autimo, bispo de Trebizonda, fora elevado àquele lugar pelo crédito da imperatriz Teodora. Passava ele por ortodoxo como o seu predecessor, e essa crença valera-lhe a honra de ser nomeado comissário nas conferências contra os heréticos severianos. Mas Efrém, patriarca da Antioquia, que suspeitava das suas ligações secretas com os acéfalos, escreveu para o desmascarar e publicou manifestos que foram espalhados por todas as igrejas, dirigindo mesmo uma súplica ao imperador para que fosse obrigado o novo chefe do clero da sua capital a fazer uma profissão de fé ortodoxa nas suas cartas sinodais. Antimo obedeceu ao príncipe, fez uma declaração conforme as doutrinas da Igreja e enviou-a aos bispos do Oriente e do Ocidente, que partilharam imediatamente a sua comunhão. Entretanto, o seu espírito de tolerância, bem conhecido dos acéfalos, determinou que os chefes da seita, Severo de Antioquia, um prelado chamado Pedro de Apameia e um monge sírio chamado Zora, entrassem de novo em Constantinopla.

Esses heréticos tiveram, a princípio, as suas reuniões em casas particulares, onde a imperatória e Comiton, sua irmã, iam muitas vezes com os seus amantes e com um grande número de jovens senhores da corte de Justiniano.

Em seguida, aumentou a sua audácia em proporção do seu sucesso; edificaram templos, administraram os sacramentos, receberam ofertas e fizeram numerosos prosélitos. Os padres católicos, que viam diminuir todos os dias a sua importância e as suas rendas, queixaram-se ao imperador contra Antimo e encarregaram muitos deputados de irem ao encontro do Santo Padre, que estava a caminho, a fim de o prevenir contra o patriarca.

Agapeto foi recebido em Constantinopla com grandes demonstrações de respeito; o que o convidou, logo no mesmo dia da sua entrada na cidade, a abusar da deferência que lhe haviam dispensado, a recusar-se a receber o patriarca Antimo, que os ortodoxos acusavam de favorecer os eutíquios, e sem mesmo conhecer qual era a sua profissão de fé, a rejeitá-lo como intruso.

Essa ação condenável é citada pelos padres do Ocidente como um exemplo da autoridade suprema de que têm usado os antigos papas. "Desse modo, o pontífice, só, dizem eles, sem reunir concílio algum, depôs o bispo da nova Roma." O padre Doucino, apesar de jesuíta, confessa que esse exemplo é mal escolhido; "porque não se trata de modo algum de deposição. A deposição só pode ter lugar depois de uma eleição legítima, e como a elevação de Antimo ao patriarcado não fora recebida pelo clero de Roma, Agapeto não tinha necessidade de um concílio para lhe recusar a sua comunhão. O papa e cada um dos patriarcas estão no seu direito de obrar do mesmo modo, quando a eleição dos seus colegas pareça viciosa ou mesmo suspeita. Numa tal circunstância, ninguém podia ignorar as causas essenciais que tornavam Antimo indigno da sede patriarcal."

Severo e todos os acéfalos, feridos com o orgulho do pontífice, dirigiam-se imediatamente à imperatriz para combinarem com ela os meios de perder o bispo de Roma. Concordou-se em inspirar a Justiniano suspeitas sobre as crenças do papa e fazê-lo passar por um partidário do nestorianismo, como sucedera aos seus predecessores.

Apesar da sua extrema devoção, o imperador acolheu aquelas acusações contra Agapeto com grande solicitude, pois estava descontente com a altivez com a qual era tratado o seu patriarca, e da correção que fora feita a ele próprio. E, com efeito, no ano precedente, quando enviara a Roma um edito contendo a sua profissão de fé, o Santo Padre respondera com altivez "que cada um devia permanecer no seu lugar, e que ele não podia aprovar a autoridade que um secular se arrogava de ensinar publicamente os fiéis".

Nessa disposição de espírito, o imperador apertou o pontífice com perguntas sobre a doutrina, não para satisfazer a sua paixão de controvérsia religiosa, mas a fim de adquirir as provas da sua heresia.

Por outro lado, os prelados da facção de Severo, enviados pela imperatriz, não cessavam de representar a Justiniano que o bispo de Roma viera perturbar a paz do Oriente. "Senhor, diziam eles, depois da eleição de Antimo, não vistes vós os acéfalos perfeitamente bem dispostos e prontos para fazer tudo quanto vós exigísseis deles? O próprio Severo prometeu a vossa clemência submeter a sua doutrina ao julgamento da Igreja romana; mas não tinha calculado que encontraria no trono dessa Igreja um velho tão inflexível como aquele. Considerai, senhor, naquilo em que é fundado este escândalo, isto é, sobre uma simples formalidade que se reduz a decidir-se, para o maior bem da Igreja universal, se a cidade de Constantinopla pode prescindir de Antimo ou se ela prefere dar-lhe o título de patriarca antes do que o título de bispo."

Justiniano, convencido pelos raciocínios dos seus prelados, entregou-se ao seu ressentimento contra Agapeto, e na primeira conferência que teve com o pontífice disse-lhe com emoção: "Estou determinado a repelir as vossas pretensões injustas, Santo Padre; não há que hesitar, recebei-nos na vossa comunhão, ou preparai-vos para o exílio." Essa ameaça não atemorizou Agapeto, que respondeu com audácia: "É verdade, senhor, que me enganei quando vim ter convosco com tão grande solicitude; esperava encontrar um imperador cristão e encontrei um novo Diocleciano. Pois bem, que Diocleciano saiba que o bispo de Roma não teme as suas ameaças e que se recusa a submeter-se às suas ordens."

O imperador, naturalmente bom e devoto, em vez de castigar aquela temeridade, mudou de discurso, e quando a conversação se tornou mais pacífica, disse-lhe o papa: "Para vos fazer compreender que o vosso pretendido bispo é um homem muito pernicioso à religião, suplico-vos me permitais que o interrogue sobre as duas naturezas de Jesus Cristo. Ficai persuadido, acrescentou o astuto padre, que não é para evitar o exílio nem para promover uma reconciliação que vos proponho de o submeter a essa prova, mas sim para que conheçais o patriarca Antimo."

Justiniano deu as suas ordens para que fossem à sua presença os dois adversários, e a conferência começou. O pontífice encetou as questões religiosas sobre os mistérios da encarnação; desenvolveu extensamente os pontos de teologia que tinham relação com a proposição; e quando esgotou todos os recursos da controvérsia, emprazou o patriarca para reconhecer a ortodoxia da sua doutrina. Antimo repeliu vitoriosamente os ataques do pontífice e concluiu declarando que não existiam duas naturezas em Jesus Cristo. Agapeto, furioso com a sua derrota, fulminou anátemas contra Antimo, contra Severo, contra Pedro de Apamea, contra Zora e contra muitos outros prelados cujos nomes teriam permanecido no esquecimento se não fora a excomunhão. Em seguida, obteve do monarca ordem de deposição contra Antimo e consagrou o novo patriarca de Constantinopla.

Depois de ter agitado o Oriente durante quatro meses, o Santo Padre foi atacado por uma enfermidade desconhecida que o levou em poucos dias. As suas exéquias foram celebradas com cânticos de alegria; e quando levaram o seu corpo para a catedral, os pórticos, as praças públicas, as janelas e os tetos das casas estavam cheios de uma multidão de fiéis que o queriam contemplar. Os historiadores marcam a época da morte de Agapeto em 25 de novembro de 536, e asseveram que nenhum patriarca, nenhum bispo, nenhum imperador, foi inumado com tão grande pompa e com solenidades tão extraordinárias. O corpo foi embalsamado, metido num caixão de chumbo e transportado para Roma.

Os padres exaltam as virtudes desse papa; Liberato, diácono de Cartago, representa-o como um santo personagem, dotado de profunda sabedoria e de uma extrema habilidade, sobretudo nas matérias eclesiásticas. Contudo, concorda que foi por instigação sua que os bispos da Síria e os abades de Constantinopla se rebelaram contra o imperador Justiniano e o obrigaram a proscrever Severo e os seus amigos. Confessa que os prelados rebeldes ousaram ameaçar o príncipe de estenderem a revolta às províncias, e que o imperador, sempre por solicitação do papa, teve a covardia de publicar um edito que proibia aos acéfalos a entrada nas grandes cidades, convidava os magistrados a queimarem os livros dos heréticos, e condenava aqueles que os transcreviam a terem a mão cortada pelo algoz. Essas confissões mostram em que excessos deploráveis caíra Justiniano por condescendência aos conselhos do Santo Padre.

Da relação do diácono resulta, pois, que Agapeto, que partira como embaixador do rei Teodato, não se ocupara senão de negócios eclesiásticos. Como cumpriu ele a sua missão junto do imperador relativamente aos negócios políticos? Como encetou as negociações? Com que astúcia as conduziu? Qual foi o resultado?

Há só uma resposta a tudo isso, e vem a ser: o papa não fez coisa alguma; submeteu unicamente a Justiniano o objetivo da sua embaixada, sem insistir numa conclusão favorável, prevendo que o clero romano seria mais feliz sob o domínio de um príncipe católico do que sob a autoridade de um monarca ariano. Não somente Agapeto foi perjuro ao seu príncipe, como também à sua religião, perturbando o repouso das Igrejas do Oriente e mostrando uma inveja mesquinha contra um prelado cujo único crime era ter ousado comparar a sua sede com a do bispo de Roma.

Silvério

60º Papa

Rixas em Roma para a posse das dignidades. – Silvério compra o pontificado ao rei Teodato. – Traição do papa. – Entrega Roma a Belisário. – Silvério é deposto e encerrado em um mosteiro.

As rixas pelas quais se alcançava o soberano pontificado faziam lembrar o que se passava na Roma pagã, onde aqueles que aspiravam aos cargos da república compravam os sufrágios do povo. "Em vez de uma sábia moderação, de uma equidade desinteressada e de uma verdadeira elevação nos sentimentos, a cadeira de S. Pedro tornava-se o prêmio da audácia, da corrupção e da avareza. Os pretendentes caminhavam abertamente para o seu fim, oferecendo ouro a uns, dignidades a outros; empenhando os bens da Igreja em favor daqueles que não tinham confiança nas suas promessas e pondo em execução todas as seduções que podiam aumentar o número das suas criaturas."

Os padres vendiam os seus sufrágios, as cabalas agitavam-se, os competidores lutavam e, afinal, a vitória cabia ao mais rico, ao mais astuto, ao mais corrompido!

No meio dessas intrigas escandalosas e desses usos escandalosos, Silvério, filho do antigo papa Hermisdas, seduzido pela ambição de ocupar a cadeira de S. Pedro, ofereceu uma soma considerável ao rei Teodato e foi eleito pontífice de Roma.

O bibliotecário Anastácio forneceu os documentos mais autênticos acerca dessa vergonhosa transação de que Baillet e Dupin quiseram duvidar; mas o padre Doucino concordou na infâmia de Silvério e deplora o procedimento do Santo Padre.

A eleição desse papa era um golpe de estado e de uma política hostil. O rei, receando ser expulso da Itália pelas armas vitoriosas de Belisário, quis assegurar-se da fidelidade dos romanos dando-lhes um bispo dedicado aos seus interesses e que tivesse necessidade do seu auxílio para se manter na Santa Sede. Nem o clero nem o povo tiveram a liberdade de deliberar sobre essa eleição. Teodato fez unicamente anunciar aos romanos que aqueles que ousassem nomear um outro bispo deviam preparar-se para morrer. Então, Silvério tomou o governo da Igreja, e o receio dos suplícios obrigou o povo a reconhecê-lo. Apenas alguns eclesiásticos recusaram-se a assinar o decreto da eleição e protestaram contra a sagração, mas, como vissem que não faziam caso disso, vieram eles próprios colocar-se debaixo das ordens do novo papa.

Todavia, Teodato foi iludido nas suas esperanças; o traidor Silvério, pondo em prática a odiosa máxima dos padres de que é permitido a falta de fé com os heréticos, traiu o seu benfeitor e abriu as portas de Roma a Belisário.

Justiniano, tornando-se senhor da antiga capital do mundo, recomeçou as contendas religiosas que haviam sido agitadas no pontificado de Agapeto. A imperatriz Teodora, que favorecia os acéfalos no Oriente, escreveu ao papa convidando-o a restabelecer o patriarca Antimo e a expulsar Menas da sede de Constantinopla. Ao mesmo tempo, Belisário recebia ordem de convidar Silvério a subscrever os seus projetos, e, no caso de uma recusa, era-lhe ordenado recusar o pontífice de ter conservado inteligências secretas com os godos e ter querido entregar-lhes a cidade por uma nova traição. O Santo Padre foi mandado chamar ao palácio; Belisário e sua mulher Antonina, confidente da imperatriz, deram-no a obedecer, renunciando ao concílio de Calcedônia e aprovando por escrito a crença dos acéfalos.

Silvério, colocado entre dois perigos e tendo a recear a cólera do príncipe e a vingança do clero, pediu para reunir o seu conselho; os padres pronunciaram-se unicamente contra a proposição e ameaçaram-no com deposição como traidor e prevaricador, se ele cedesse às ameaças dos seus inimigos. Então, dominado pelo terror, recusou-se a aquiescer ao pedido de Belisário, e, para evitar a vingança dos gregos, retirou-se para a igreja de Santa Maria Sabina.

Belisário acusou-o publicamente de perfídia para com o imperador e produziu como testemunho um advogado chamado Marcos e um guarda pretoriano, que afirmaram que ele lhes havia entregue cartas dirigidas a Vitiges, rei dos godos. Foi notificado o pontífice para comparecer pela segunda vez no palácio imperial, prometendo-lhe debaixo de juramento não atentar contra a sua liberdade. Silvério cedeu ao convite do general grego e, depois da conferência, foi reconduzido à igreja onde estabelecera domicílio.

Mas, tendo sido chamado pela terceira vez à presença de Belisário, compreendeu que os seus inimigos queriam surpreendê-lo e que lhe seria impossível resistir por mais tempo.

As suas previsões eram justas, porque a imperatriz escrevera-lhe para lhe armar uma cilada; pedia-lhe ela, com instância, que restabelecesse Antimo ou que viesse ali examinar a causa daquele patriarca, condenado injustamente. Silvério, depois da leitura daquela carta, soltou um profundo suspiro: "Eis aqui, disse ele, o que me avisa de que não tenho muito tempo a viver."

Em seguida, dirigiu-se para junto do general grego. Aqueles que o acompanhavam foram presos, uns à entrada da sala, outros à porta da antecâmara, e introduziram Silvério no aposento de Antonina, que estava deitada ainda. "Realmente, senhor bispo, disse-lhe ela, não sei o que vos fizemos a vós e a todos os vossos romanos, para que nos queirais entregar, como tentais fazê-lo, nas mãos dos bárbaros. Tende a bondade de nos declarar os motivos que vos levaram a isso." O pontífice não teve tempo para responder. Entrou subitamente um subdiácono, arrancou-lhe o manto e, tendo-o feito passar para o aposento contíguo, tiraram-lhe os distintivos da sua dignidade e vestiram-lhe um hábito de monge.

Depois daquela cerimônia, um outro subdiácono dirigiu-se à sala de espera, onde ficara o clero, e disse aos padres: "Meus irmãos, já não temos papa; acabo de ser deposto e condenado a fazer penitência num mosteiro."

Atordoados com aquela notícia, fugiram todos precipitadamente, deixando o Santo Padre entre as mãos dos seus inimigos.

Belisário ocupou-se, em seguida, em fazer eleger o padre Vigílio, que ambicionava havia muito tempo as honras do episcopado. Reservamos para o reinado seguinte o falar na morte do desventurado Silvério.

Vigílio

61º Papa

Caráter de Vigílio. – Seus vícios. – Obriga-se por juramento a obedecer as ordens de Teodora. – A imperatriz manda dar-lhe cem peças de ouro para comprar os sufrágios do clero. – Eleição de Vigílio. – Silvério, exilado em Patava, obtém do imperador a permissão de tornar a entrar em Roma. – O papa condena-o a morrer de fome numa ilha deserta – Astúcia de Vigílio. – O papa torna-se suspeito ao imperador. – Carta de Vigílio a um bispo da Espanha. – Censura aqueles que se recusam a comer carne por superstição. – O rei Teodoberto consulta o papa sobre a validade do casamento com uma cunhada. – Fanatismo do imperador Justiniano. – Escreve livros sobre a religião. – As suas discussões com o pontífice. – O imperador ordena a Vigílio que se dirija a Constantinopla para assistir ao concílio. – O papa é insultado pelo povo de Roma. – Negociações sobre o negócio dos três capítulos. – Anátemas contra os acéfalos. – O papa condena os três capítulos. – Má-fé de Fleury na sua história eclesiástica. – Contradições de Vigílio. – A sua política indispõe todos os espíritos. – É excomungado num concílio. – O Santo Padre fulmina anátemas contra aqueles que condenam os três capítulos e, em seguida, contra aqueles que não os condenam. – Vigílio excita desordens em Constantinopla. – É forçado a refugiar-se numa igreja. – Hipocrisia do papa. – Volta para o seu palácio. – É arrastado pelas ruas de Constantinopla com uma corda ao pescoço e recebendo bofetadas. – Lançam-lhe em rosto publicamente a morte de Silvério. – Consegue escapar do palácio de Placídia. – Publica uma constituição em favor dos três capítulos. – Astúcia dos jesuítas. – Morte do papa. – Esse monstro, manchado de crimes, encontrou apologias que fizeram dele um mártir.

Vigílio era romano de nascimento e filho de um cônsul chamado João. No pontificado de Bonifácio II, obtivera ele já uma constituição que lhe assegurava a cadeira de S. Pedro, mas o clero opusera-se a essa transação escandalosa e destruíra as suas esperanças. Esse revés não desanimou Vigílio; os obstáculos irritaram o seu espírito empreendedor, e prosseguiu nas suas rixas com mais vigor do que antes.

A história representa-o como um homem de uma ambição excessiva, capaz de cometer todos os crimes, quando se tratava de subir ao poder. "O seu caráter, diz um escritor daquele tempo, era violento e arrebatado; num acesso de cólera, matou a pancadas um rapazinho que se recusava a carícias infames. Era por tal modo avaro que ousava confessar que, se rompera as suas relações com a imperatriz, era menos por zelo pela religião do que para não ser obrigado a restituir-lhe as somas que ela lhe emprestara para se fazer eleger papa." Além disso, toda a sua vida é uma longa série de perfídias, de libertinagens e de crimes, e, contudo, os padres colocaram esse monstro no número dos santos da Igreja!

Vigílio acompanhara o papa Agapeto por ocasião da sua viagem a Constantinopla. Depois da morte do pontífice, a imperatriz mandou perguntar ao jovem sacerdote se ele consentira em revogar todos os decretos de Agapeto em condenar o concílio de Constantinopla, que acabava de terminar, em depor Menas para restabelecer nas suas sedes Antimo, Severo e Timóteo; finalmente, em excomungar os três capítulos, o concílio de Calcedônia e a famosa carta de S. Leão.

Nenhuma dessas proposições assustou o ambicioso Vigílio; prometeu tudo e obrigou-se por juramento a obedecer às ordens da imperatriz, se fosse eleito papa. Contaram-lhe logo 700 peças de ouro em troca de um documento firmado pela sua mão, no qual prometia restituir aquela quantia quando estivesse senhor do tesouro da Igreja. Em seguida, entregaram-lhe cartas para Belisário, a quem Teodora recomendava expressamente o diácono Vigílio como sucessor de Agapeto.

Todas essas precauções asseguram-lhe um feliz sucesso; mas, chegando a Nápoles, soube que os romanos tinham já recebido um pontífice que o rei Teodato lhes impusera. Essa nova decepção não fez desanimar Vigílio nos seus projetos; em primeiro lugar, estudou tranquilamente os obstáculos que se opunham à sua elevação e calculou as probabilidades que lhe restavam para derrubar um homem repelido pelo clero como sendo criatura dos godos, inimigo do império. Em seguida, deu conhecimento das suas esperanças à imperatriz, pedindo-lhe que auxiliasse os seus esforços. A princesa escreveu a Belisário, convidando-o a examinar todos os planos de Vigílio e a fazer surgir assuntos de queixas contra Silvério, a fim de que fosse deposto. "Se vos for impossível colher um bom resultado, acrescentou ela, mandai-o prender e enviai-o a Constantinopla, sem demora alguma, porque nós vos enviaremos um padre cuja dedicação conhecemos, o qual se obrigou a restabelecer Antimo e a fazer triunfar os acéfalos."

Belisário receava que a execução daquela empresa desse origem a uma grande confusão em Roma, levantando um cisma perigoso. Mal firme ainda na sua conquista, não queria expor-se a perder num momento a glória que tinha adquirido com a derrota dos vândalos e dos godos; mas sua mulher, que soubera tomar um grande ascendente no seu espírito, determinou-o a executar as ordens da princesa, e o resultado foi a deposição de Silvério e a eleição odiosa de Vigílio.

Por ordem do general grego, o clero reuniu-se para dar um sucessor ao pontífice deposto. Entrou primeiro em discussão se a sede devia ser considerada como vaga, e, como os sufrágios haviam sido pagos com antecedência, decidiu-se afirmativamente. Alguns quiseram, em seguida, excluir Vigílio e protestaram contra as suas pretenções; mas o seu pequeno número fê-los serem tratados com desprezo e aqueles que haviam sido comprados concordaram em proceder sem demora à consagração do novo papa.

Além disso, Vigílio exigiu que lhe entregassem o desditoso Silvério; sob pretexto de que ele devia responder pela tranquilidade da cidade, fê-lo sair de Roma e enviou-o, debaixo de boa guarda, para Patara, na Lícia. Contra o que ele esperava, o bispo recebeu o seu prisioneiro como um confessor e não só lhe prestou as honras devidas a um pontífice, como também empreendeu restabelecê-lo na sua cidade. Para esse efeito empreendeu ele mesmo a viagem de Constantinopla, representou altamente ao imperador a injustiça da condenação de Silvério e obteve do príncipe que o acusado voltaria a Roma para sofrer um novo julgamento. Justiniano obrigou-se, se ele estivesse inocente da traição de que o acusavam, a fazê-lo ocupar de novo a cadeira pontifical e, se estivesse culpado, a bani-lo unicamente de Roma sem o condenar à degradação.

Mas a imperatriz Teodora tinha interesse em manter Vigílio na sua usurpação, para permitir que as vontades do imperador fossem executadas; e pelo seu lado, Vigílio era muito ativo para adormecer no meio dos perigos que o ameaçavam. Escreveu, pois, a Belisário, que não podia dar-lhe a soma que tinham combinado, a menos que o seu adversário lhe fosse entregue como refém. Então tiraram Silvério do seu retiro e foi entregue ao infame Vigílio que o fez conduzir por ferozes satélites, para uma ilha deserta chamada Palmária, onde se exilavam aqueles que queriam que morressem sem ruído.

Os algozes, que Vigílio chamava defensores da Santa Igreja, executaram as ordens que tinham recebido, as quais lhes determinavam que acabassem com o prisioneiro. O desditoso Silvério foi privado de alimento durante nove dias inteiros e, como a morte não chegava, conforme era a impaciência dos padres que o guardavam, esses estrangularam-no e voltaram para Roma. Tal foi o castigo do crime de que Silvério se tornara culpado, usurpando a primeira sede da Igreja.

Durante cinco dias, o clero permaneceu vacilante sobre a escolha de um papa, mas afinal as distribuições de dinheiro reuniram os sufrágios a favor de Vigílio; e depois de alguns dias de intrigas, foi reconhecido como o mais digno de ocupar a cadeira de S. Pedro. Os padres procederam à sua exaltação, apesar do anátema que fora fulminado contra ele por Silvério e apesar da atroz complicação de crimes e de embustes que ele pusera em prática para chegar ao pontificado.

Contudo, depois da morte do seu predecessor, Vigílio achou-se colocado numa posição extremamente difícil; por um lado, o clero romano apertava-o para que condenasse os acéfalos; e, pelo outro lado, a imperatriz reclamava imperiosamente a execução das suas promessas.

Para conjurar o perigo mais iminente, sua santidade entregou a Antônia, mulher de Belisário, que passava pela favorita da imperatriz, grande número de cartas destinadas a Teodósio de Alexandria, a Antônio de Constantinopla e a Severo de Antioquia, nas quais o papa declarava professar a mesma fé que eles; ao mesmo tempo, pedia-lhes que conservassem secretas as suas cartas até que ele tivesse firmado a sua autoridade e recomendava-lhes, a fim de afastar as suspeitas, que dissessem abertamente que o bispo de Roma lhes era suspeito.

Na profissão de fé que lhes enviava, o Santo Padre rejeitava as duas naturezas em Jesus Cristo, repelia a carta de S. Leão e declarava excomungados aqueles que não acreditavam numa pessoa e numa essência. É, pois, incontestável que Vigílio foi padre apóstata e pontífice hipócrita, porque, ao mesmo tempo que apropriava as opiniões dos acéfalos, por uma carta que lhes escrevia secretamente, fazia em público a profissão de fé dos ortodoxos.

Justiniano, irritado porque Vigílio não lhe escrevera na sua entrada para o pontificado, interrompeu desfavoravelmente o seu silêncio e enviou à Itália o patrício Dominico com cartas que exprimiam suspeitas sobre o papa. Além disso, o embaixador estava encarregado de o emprazar para que se explicasse acerca das relações que o acusavam de entreter com os heréticos.

Na sua resposta, Vigílio teceu grandes elogios ao príncipe sobre a pureza dos seus sentimentos; declarou-lhe que não tinha outra crença senão a dos seus predecessores, Celestino, Leão, Hormisdas, João e Agapeto; que recebia os quatro concílios e a carta de S. Leão, e que anatematizava todos aqueles que tinham opiniões contrárias; finalmente pediu ao imperador que conservasse os privilégios da Santa Sede e que lhe enviasse como embaixadores católicos irrepreensíveis. Sua Santidade escreveu igualmente ao patriarca Menas, felicitando-o por ele cumprir as promessas que fizera ao papa Agapeto, por ocasião de ser ordenado, recebendo os quatro concílios e excomungando os cismáticos.

Profutur, bispo de Braga, na Lusitânia, consultou Vigílio sobre muitos pontos de disciplina. O Santo Padre, na sua resposta, condenava os priscilianistas, que se abstinham de carne (depois dessa época, foi a própria Igreja que introduziu essa superstição entre os fiéis). Exprime-se detalhadamente sobre o modo de converter os arianos e sobre a consagração das igrejas; recomenda que se celebre missa nos novos templos e proíbe o emprego de água benta nas cerimônias.

Teodoberto, rei da Austrásia, que enviara tropas à Itália por ocasião da guerra entre os romanos e os godos, consultou igualmente Vigílio sobre a penitência que devia ser imposta ao homem que desposara a mulher de seu irmão. O papa dirigiu uma resposta ao rei e, ao mesmo tempo, escreveu a S. Cesário de Arles que se informasse do fato e da disposição do penitente, para instruir Teodoberto do tempo necessário para uma tal penitência, pedindo ele que impedisse de futuro uns tais vexames. Os motivos que o levaram a dar conhecimento do negócio a S. Cesário são notáveis: "Deve-se, diz o Santo Padre, cometer aos bispos das províncias a medida da penitência, a fim de que por esse modo se possa conceber a indulgência segundo a compunção do penitente."

Justiniano, à medida que avançava em idade, entregava-se cada vez mais ao seu fanatismo religioso, à paixão das controvérsias e compunha uma multidão de obras sobre a teologia. Mas, querendo aprofundar os mistérios da religião, acabou por se afastar insensivelmente dos princípios ortodoxos que professara; publicou éditos para condenar os três capítulos de Teodoro de Mopsuesta, a carta de Ibas, o escrito de Teodoreto e, finalmente, os 12 anátemas de S. Cirilo.

Os éditos do imperador eram recebidos por todos os bispos do Oriente, e Vigílio, unicamente, dominado pelo clero romano, opunha-se à propagação dos seus princípios no Ocidente.

Irritado pela obstinação do pontífice, o príncipe resolveu submeter as questões a um concílio geral; escreveu, pois, a Vigílio que ordenara a convocação de um sínodo e lhe determinava que partisse imediatamente para Constantinopla.

Os papas temeram sempre as assembleias gerais, sobretudo quando elas devem ter lugar fora da sua jurisdição. Por isso, o Santo Padre empregou todos os seus esforços para mudar a resolução do imperador, ou para evitar, pelo menos, de comparecer ao concílio. Justiniano foi inflexível, e novas ordens obrigaram o pontífice a obedecer.

Antes da partida de Vigílio, o clero excitou sedições no povo e fez-lhe pressentir a sorte que o esperaria em Roma, se ele abandonasse os interesses da religião.

No mesmo dia em que ele saiu da cidade, foi perseguido por alguns frades que lhe atiraram pedras e o carregaram de injúrias e de maldições.

Apesar desses insultos, Vigílio, desejando conciliar os espíritos para a época da sua volta, arribou à Sicília e comprou cereais que fez transportar a Roma com ordem de os distribuir ao povo em seu nome, depois do que continuou a sua viagem para Constantinopla.

O imperador e os bispos que estavam na corte receberam o santo com grandes honras, e depois das cerimônias do uso, abriu-se o concílio. Logo nas primeiras conferências, tendo Vigílio declarado que Menas e Teodoro estavam fora da sua comunhão, sustentando os princípios de Justiniano, o príncipe deu largas à sua indignação e ordenou aos guardas que arrancassem do trono o sacerdote indigno, cuja presença desonrava a assembleia; o que seria executado imediatamente, sem os rogos da imperatriz que pediu ao marido suspendesse os efeitos da sua vingança.

Essa princesa, que pensava sempre no seu projeto de abater Menas para restabelecer Antimo na sede de Constantinopla, esperava que o papa se determinaria a cumprir as promessas que lhe fizera noutro tempo, acerca desse importante negócio.

Vigílio, que tinha sempre presentes no espírito as ameaças do clero de Roma, recusou-se a ratificar os seus antigos compromissos e preferiu reconciliar-se com Menas, sob a condição, todavia, de que o patriarca subscreveria tudo quanto fosse determinado sobre a matéria dos três capítulos pelos bispos latinos.

Teodoro de Cesareia fez igualmente a paz aceitando as mesmas condições; contudo, para evitar que a sua reunião com aqueles dois prelados pudesse ser tomada por uma declaração em favor dos eutíquios e dos acéfalos, Vigílio excomungou solenemente os sectários da heresia.

Essa primeira prova de deferência não satisfez inteiramente Justiniano, que quis que Vigílio condenasse os três artigos; então o pontífice protestou contra a violência que lhe era feita e recusou-se a tomar uma determinação qualquer sem o consentimento dos bispos latinos. Pelo seu lado, o imperador não guardou contemplações para com o Santo Padre, e as coisas foram levadas tão longe que um dia o papa disse em plena assembleia: "Vejo que me consideram aqui como um escravo: é verdade que estou em ferros, mas lembrai-vos de que Pedro, cujo lugar eu ocupo, não perdeu coisa alguma da sua liberdade."

Numa outra circunstância, lembrou ao príncipe as palavras de Agapeto: "Pensava vir à corte de um imperador cristão e encontro-me na de Diocleciano, o mais cruel dos tiranos". A firmeza do pontífice fez ceder ainda Justiniano, o qual permitiu aos bispos que se reunissem para deliberar sobre o negócio dos três artigos.

Setenta prelados tinham-se já reunido, quando o papa declarou dissolvido o concílio, antes que se tivesse tomado decisão alguma; os padres receberam ordem de dar a sua opinião por escrito, e ele enviou boletins ao palácio do imperador. Afinal, alguns dias depois, Vigílio deu em pessoa a sua opinião que era a condenação dos três capítulos, sem prejuízo do concílio de Calcedônia. Fleury pretendeu que nessa última cláusula tratava-se de uma questão de fato em que a Igreja não era interessada. Uma tal insinuação só pode provir de uma ignorância prodigiosa, ou de uma insigne má-fé, porque a questão dos três capítulos era por tal modo importante para a religião que um grande número de bispos se separou da comunhão de Vigílio por ele ter pronunciado a condenação.

Contudo, o julgamento do pontífice não contentou nem os acéfalos nem os ortodoxos, que o consideravam como uma prova da apostasia do papa. Dácio, bispo de Milão, que fora o último que ficara ligado à sua boa ou má fortuna, abandonou-o e recusou tomar parte na nova constituição. Dois dos seus diáconos, Rústico e Sebastião, seguiram o mesmo exemplo e publicaram nas províncias que o papa abandonara o concílio de Calcedônia.

Vigílio, em contradição sempre consigo mesmo no seu modo de proceder, apresentava sentimentos ordodoxos ou favorecia os heréticos, segundo os interesses da sua grandeza. Pelo contrário, os defensores dos três capítulos permaneciam firmes na sua crença e reuniram na Ilíria sínodo em que condenaram Benenatus, bispo da primeira Justiniana. No ano seguinte, os prelados da África, reunidos em concílio, mostraram ainda mais vigor; excomungaram o Santo Padre como traidor e apóstata, empreenderam a defesa da doutrina dos três capítulos e enviaram as suas cartas ao imperador, por Olympio Magistriano.

Afinal Vigílio, compreendendo que a sua política tortuosa não conseguira iludir nenhum dos partidos, consentiu em receber os três capítulos e propôs um concílio geral para terminar as contendas.

Teodoro Ascidas, bispo de Cesareia, profundamente aflito pelas desordens e sedições que todas aquelas disputas excitavam no império, veio deitar-se aos pés de Justiniano e, em nome do clero, dirigiu-lhe este discurso: "Pois que, senhor, não será uma coisa vergonhosa que o senhor do universo, depois de ter subjugado tantas nações diferentes, esteja reduzido a ceder ao capricho de um padre que nem ele mesmo sabe o que quer?' Vigílio dizia ontem: 'Anátema àquele que não condenar os três artigos. Hoje diz: 'Anátema àquele que os condenar!' E, sob pretexto de reservar o julgamento para o concílio, ousa, com a sua autoridade privada, cassar os éditos do imperador e impor a sua própria crença a Constantinopla. O mundo inteiro conhece a vossa grande piedade; os vossos éditos foram acolhidos por todas as igrejas! E agora, que pensarão os povos vendo um estrangeiro derrubar, com uma única palavra, atos tão solenes, na vossa presença, em despeito dos quatro patriarcas e de um grande número de bispos, que vos prestaram o seu auxílio para fazer executar os éditos? Que é feito da vossa autoridade, grande príncipe, se não podeis ordenar aos vossos súditos, senão depois de alcançada a permissão de Vigílio? Que diria a imperatriz, essa virtuosa princesa, cuja perda recente choramos todos, se visse Justiniano rebaixar a dignidade real a ponto de receber publicamente um desmentido de um padre orgulhoso?"

Esse discurso mudou as disposições do imperador: o edito contra os três capítulos foi posto em vigor e sustentado pelos escritos de Teodoro, que conduzira o negócio com grande perícia.

Por essa ocasião, Vigílio quis dirigir queixas a Justiniano, mas o príncipe recusou-se a ouvi-lo. Ameaçou com excomunhão aqueles que ousassem infringir as suas ordens, e às suas ameaças foi respondido que os éditos seriam afixados em todas as igrejas. Chegado às últimas extremidades, convocou no seu palácio de Placídia todos os bispos que estavam em Constantinopla, os diáconos e até mesmo o clero inferior; protestou na sua presença contra o procedimento do imperador e fulminou anátema terrível contra aqueles que seguissem a doutrina dos três capítulos e não se submetessem à decisão dos bispos do Ocidente.

Desde então, acabaram todas as conveniências, e cada partido se entregou a todo o furor do fanatismo. O papa, não se julgando em segurança no palácio de Placídia, foi refugiar-se na igreja de S. Pedro e compôs o famoso decreto de excomunhão contra Teodoro, Menas e seus aderentes. Todavia, conservou-o secreto para preparar ainda alguns meios de salvação e contou a um frade que devia publicá-lo no caso de que atentassem contra a sua vida e contra a sua liberdade.

O imperador recusou-se a considerar a igreja de S. Pedro como um lugar de asilo inviolável para um padre criminoso e audacioso que ousava afrontá-lo mesmo no seu trono e ordenou ao pretor, encarregado de prender os ladrões e os assassinos, que arrancassem Vigílio do seu retiro, e auxiliou os oficiais ordinários da justiça com um destacamento de soldados da sua guarda.

Tendo a tropa penetrado na igreja, com as espadas nuas, avançou para se apoderar do papa, que se escondera por detrás do altar-mor. Então o pretor, em vista da recusa do pontífice em obedecer às ordens do príncipe, viu-se obrigado a empregar a violência: ordenou aos soldados que expulsassem os diáconos a golpes de alabarda e fez sair o Santo Padre do santuário, puxando-o pelos pés, pelos cabelos e pela barba. Como Vigílio era alto e robusto, na força da luta quebrou dois pilares do altar que o teria esmagado na queda, se os diáconos não segurassem. Durante a prisão, o povo, que, chamado à revolta pelos padres, pegara em armas, atacou com fúria o pretor, expulsou a tropa da basílica e manteve Vigílio no seu asilo.

Por seu turno, teve Justiniano de se acomodar. Três personagens da corte vieram em seu nome representar o pontífice que, refugiando-se numa igreja, fizera um ultraje ao imperador, que parecia considerar como tirano; convidaram-no a reprimir o fanatismo dos seus padres, que excitavam revoltas e designavam o príncipe à vingança dos povos; preveniram-no de que, se ele obrasse de outro modo, Justiniano, para fazer cessar as desordens, ver-se-ia obrigado a empregar os meios mais violentos e pôr cerco à basílica de S. Pedro; finalmente, prometeram ao pontífice, se ele consentisse em voltar para o palácio de Placídia, dar-lhe todas as garantias e seguranças desejáveis. Vigílio respondeu que satisfaria os seus desejos, sob a condição de que não o obrigariam, nem aos seus, a aprovar artigos que a sua consciência rejeitasse. Justiniano consentiu em se obrigar solenemente a isso, mas o orgulhoso pontífice pretendeu impor os termos e as cláusulas do juramento. Então, significaram-lhe que, se ele não queria aceitar as condições que lhe ofereciam, seria arrancado da igreja pelos soldados e condenado a acabar os seus dias numa prisão. Essa ameaça determinou-o a voltar para o palácio de Placídia.

Apenas instalado no seu antigo domicílio, o santo foi coberto de ultrajes e exposto aos mais infames tratamentos; os oficiais do palácio arrancaram-no do palácio, arrastaram-no pelas ruas da cidade com uma corda ao pescoço, e, ao passo que o esbofeteavam, diziam ao povo: "É esta a punição com a qual o nosso muito ilustre imperador castiga esse padre rebelde e obstinado, esse odioso pontífice, que mandou estrangular o desditoso Silvério; esse infame sodomita, que mandou matar a pau uma pobre criança que lhe resistira." Depois dessa cerimônia, foi reconduzido ao palácio e guardado prisioneiro pelos soldados do príncipe.

Dois dias antes do Natal, conseguiu ele iludir a vigilância daqueles que o cercavam; durante a noite, galgou um pequeno muro que se estava construindo em torno da sua prisão, fugiu de Constantinopla e refugiou-se na igreja de Santa Eufêmia de Calcedônia.

Para escapar à cólera do imperador, fingiu que enfermara perigosamente.

Logo que Justiniano teve conhecimento da fuga de Vigílio, enviou-lhe um grande número de pessoas de distinção para o convidar a sair de Santa Eufêmia e a voltar para Constantinopla, onde receberia todas as satisfações que pudesse desejar. Dessa vez, o papa repeliu as instâncias do príncipe e ameaçou-o de decidir com a sua única autoridade as questões religiosas dos três capítulos, caso se recusassem a submetê-las ao julgamento de um concílio de bispos do Ocidente. E, com efeito, publicou um decreto a que se chamou constituição, para o distinguir do primeiro julgamento, e nessa bula dirigida ao imperador, revoca os anátemas que fulminara, em outro tempo, contra aqueles que adotaram os três capítulos. Nova prova de que a Santa Sede não era infalível!

Apesar da ausência de Vigílio e da sua oposição declarada, o quinto concílio de Constantinopla continuou as suas deliberações; condenou os três capítulos e repeliu as pretenções do papa como atentatórias às liberdades da Igreja. Desses debates entre os bispos do Oriente e o Santo Padre resulta que os concílios dos primeiros séculos examinavam, e muitas vezes rejeitavam e condenavam as decisões do soberano pontífice. Mais uma prova evidente de que não consideravam essas decisões como revestidas do caráter de infalibilidade.

O cardeal Barônio quis contestar a autoridade do concílio de Contantinopla, mas o cardeal Nóris fez a apologia dela numa sábia dissertação histórica na qual exalta muitos erros do padre Hallois. É verdade que um autor imparcial teria deduzido consequências mais desfavoráveis ainda para a Santa Sede; contudo, é curioso ver um adorador da púrpura romana, um cardeal, confessar que a decisão de um papa foi condenada por um concílio ecumênico.

Tendo sido anatematizados os três capítulos, instou-se com Vigílio para subscrever o julgamento dos padres e, em vista da sua recusa, o imperador condenou-o ao exílio. Os seus fâmulos foram tirados; os bispos, os padres e os diáconos do seu partido foram dispersos pelo deserto e abandonaram o papa por um espaço de seis meses sem auxílio, entregue aos sofrimentos da pedra, enfermidade que o afligira durante os sete anos que estivera em Constantinopla.

Teodoro de Cesareia, guiado por sentimentos honrosos e desejando elevar à Santa Sede um homem venerável, fizera publicar que Vigílio estava declarado herético e instava aos romanos que escolhessem um outro papa; mas, por uma dessas singularidades do espírito humano, que se compreendem sem que se possam explicar, resultou que o desprezo que no outro tempo se votara ao Santo Padre se transformasse em amor e veneração. O clero e o povo consideravam-no como um confessor da fé de Jesus Cristo, banido e perseguido pela defesa da sua Igreja, e recusaram-se a nomear um novo pontífice, apesar das ordens de Narsés, que comandava pelo imperador na Itália.

Todavia, o Santo Padre fatigou-se do exílio; os males que sofria fizeram-lhe vencer o terror que lhe inspiravam os bispos latinos e declarou que dava a sua aprovação ao concílio. Podemos acrescentar que essa resolução tardia lhe foi inspirada pelo receio de ver elevar-se à Santa Sede o famoso diácono Pelagio, que, depois de ter defendido os três capítulos, fizera a sua submissão e obrigara-se para com o príncipe a fazer executar as suas vontades.

Vigílio escreveu uma carta ao patriarca Eutíquio na qual se reconhece culpado de falta de caridade, separando-se de seus irmãos, acrescenta que ninguém deve ter pejo de se retratar quando se tem caído no erro, cita o exemplo de Santo Agostinho e termina assim a sua epístola: "Fazemos saber a toda a Igreja católica que condenamos e anatematizamos, como todos os outros heréticos, Teodoro de Mopsuesta e os seus escritos ímpios; as obras de Teodoreto contra S. Cirilo, contra o concílio de Éfeso, e aquelas que ele compôs em favor de Teodoro e de Nestório, assim como a carta do persa Maris, que se atribui a Ibas. Submetemos à mesma excomunhão aqueles que defendem e sustentam os três capítulos, ou que empreendam fazê-lo. Reconhecemos por nossos irmãos e nossos colegas aqueles que os condenavam e revogamos, por essa nova bula, tudo quanto foi feito por nós ou por outros em defesa dos três capítulos."

A carta de Vigílio encontra-se ainda nas obras gregas, mas os historiadores sagrados julgaram prudente deixá-la no esquecimento; resta unicamente em latim uma constituição muito detalhada em que o Santo Padre condena os três capítulos; reconhece ele que a carta de S. Leão não foi aprovada no concílio de Calcedônia senão depois de ter sido examinada e achada conforme à fé dos concílios precedentes; confissão muito importante que os padres rejeitam hoje.

Como se vê, o pontífice relizou essa grande iniquidade; condenou solenemente a memória dos prelados que tinham morrido na paz da Igreja!

Os testemunhos de nove autores gregos, latinos e árabes, dos quais muitos escreviam no reinado de Justiniano, garantem a autenticidade dos fatos. E àqueles que possam pôr em dúvida a exatidão da história, recomendamos, para que se convençam da infâmia do Santo Padre, os termos do santo concílio geral, cuja substância transcrevemos:

"O imperador Marciano aprovou a carta de S. Leão; Anatólio, bispo de Constantinopla, aprovou-a também, e foi recebida geralmente por todo o concílio da Calcedônia, que condenou a opinião de Eutiques. Vigílio entendeu-se igualmente com o imperador Justiniano, e o quinto concílio foi convocado para anatematizar os libelos abomináveis que se espalhavam secretamente."

Todas essas provas demonstram que Vigílio condenou formalmente os três capítulos e aprovou a decisão do concílio de Constantinopla para obter a permissão de voltar a Roma e de ocupar de novo a cadeira pontifical. Antes de partir, obteve de Justiniano uma constituição em favor da Itália, na qual o príncipe confirmava todas as doações feitas aos romanos por Athalaric, Amalasonte ou Teodato; revogava as de Totila e declarava igualmente que o casamento dos eclesiásticos com as virgens consagradas a Deus eram nulos perante a lei. Nessa época, não era uso ainda o celibato e os padres casavam-se até com religiosas.

Vigílio voltava a Roma para fazer pesar sobre os povos um jugo de despotismo e de terror; felizmente, esse sacerdote indigno não realizou os sonhos da sua ambição; durante a sua viagem, serviram-lhe uma bebida envenenada e ele morreu em Siracusa, nos princípios do ano 555, depois de ter ocupado a Santa Sede por dezoito anos e meio, levando para a sepultura o ódio dos latinos e a execração dos gregos. O seu corpo foi levado para Roma e enterrado na igreja de S. Marcelo.

Os antigos martirológios colocam-no entre os santos com título de mártir; a Igreja, porém, não confirmou essa canonização.

O Santo Padre, elevado ao cume das grandezas por um assassínio odioso, teve durante o tempo do seu pontificado sofrimentos atrozes, sem mesmo excitar a compaixão. A sua história é uma longa série de horrores e de abominações. Velhaco, avaro e assassino, Vigílio morreu abusando da religião e enganando os homens.

Pelágio I

62º Papa

Nascimento de Pelágio. – Cerco de Roma. – Política de Pelágio. – Pilhagem de Roma por Totila, rei dos godos. – Pelágio dirige-se a Constantinopla. – Seu fanatismo contra os origenistas. – Disputas violentas entre Pelágio e Teodoro de Alexandria. – Pelágio usurpa o soberano pontificado. – Os padres acusam-no do envenenamento de Vigílio. Os bispos recusam sagrá-lo. – Pelágio expurga-se por juramento dos crimes que lhe são imputados. – Faz grandes liberalidades ao povo com o dinheiro trazido de Constantinopla pelo seu predecessor. – O Santo Padre excita Narsés a perseguir os heréticos. – Reflexões sobre o gênio perseguidor que distinguiu sempre o Catolicismo. – Pelágio envia relíquias ao rei Childeberto. – Concílio de Paris. – Morte do soberano pontífice.

Pelágio era romano de nascimento e filho de João, antigo vigário de um prefeito do pretório. Quando Vigílio foi obrigado a sair de Roma para ir a Constantinopla, à corte de Justiniano, o Santo Padre enviara da Sicília um grande número de navios carregados de trigo para acudir às necessidades do povo; mas como os godos sitiavam a cidade, os navios foram capturados em Porto, e a fome continuou em Roma.

Então Pelágio, que preparava já os meios de se elevar ao soberano pontificado, aproveitou essa ocasião de aumentar a sua popularidade; comprou aos godos os cereais de que eles se tinham apoderado e distribuiu-os aos pobres e aos enfermos. Os romanos, reconhecidos, nomearam-no chefe de uma embaixada encarregada de pedir ao rei dos godos uma trégua de alguns dias e propor-lhe que se entregasse à discrição, se não recebessem auxílio de Constantinopla.

Totila recusou-se a ouvir os oferecimentos dos deputados romanos e, conhecendo por aquele modo de proceder a posição desesperada dos seus inimigos, apertou o cerco com vigor e, três dias depois, apoderou-se da cidade. Antes de tudo, o bárbaro quis entrar na igreja de S. Pedro, a fim, dizia ele, de dar solenes ações de graças a Deus pelo feliz sucesso das suas armas. Pelágio recebeu-o à frente do clero, tendo o Evangelho nas mãos, e prostrou-se aos pés do rei, enquanto os padres exclamavam com voz lamentável: "Senhor, poupai os vossos! O Deus dos exércitos submeteu-nos à vossa autoridade, poupai os vossos súditos." Totila cedeu às suas súplicas, proibiu aos godos que continuassem os massacres e insultassem o pudor das mulheres, e permitiu unicamente a pilhagem; em seguida, fez demolir as muralhas da cidade e destruiu igualmente os grandes edifícios. O saque de Roma durou quarenta dias e os godos retiraram-se depois daquela expedição, em virtude da notícia de que Belisário corria em auxílio da Itália com um poderoso exército.

Pelágio foi encarregado, em seguida, pelo clero, de se dirigir a Vigílio em Constantinopla, a fim de vigiar o procedimento do pontífice; obteve na corte de Justiniano o título de apocrisiário da Igreja de Roma e foi honrado com a confiança do príncipe. Algum tempo depois, o imperador enviou-o a Goza com Efrém de Antioquia, Pedro de Jerusalém e Ilípaco de Éfeso, para arrancar *o pallium* a Paulo de Alexandria e consagrar em seu lugar Zoilo, patriarca da mesma cidade.

Pelágio desempenhou fielmente a sua missão e voltou a Constantinopla no mês seguinte. Durante a sua estada naquela cidade, um grande número de monges apresentou-lhe artigos extraídos dos livros de Orígenes, cuja condenação queriam prosseguir junto do imperador, contra os monges da Nova Laura, que adotavam as opiniões singulares daquele célebre padre da Igreja grega e excitavam perturbações nos conventos da Palestina. Pelágio, que era inimigo de Teodoro de Capadócia, partidário de Orígenes e se opusera constantemente às suas rixas pelo pontificado, apressou-se em aproveitar a ocasião de se vingar; reuniu-se a Menas, patriarca de Constantinopla, para apoiar, junto do imperador, a pretensão dos monges da Palestina e fazer condenar os heréticos; mas suas diligências foram entravadas por Justiniano, que publicou o famoso edito sobre os três capítulos compostos por Teodoro de Capadócia. Pelágio, enganado na sua vingança, sublevou contra aquele decreto tudo quanto pôde encontrar de católicos prontos a ajudá-lo. Graças ao apocrisiário, os escândalos e as desordens foram tão grandes que o bispo Teodoro dizia: "que Pelágio e ele próprio mereciam ser queimados vivos por terem excitado na Igreja disputas tão violentas e por se terem servido da religião, essa capa que cobre todos os crimes, a fim de satisfazer os seus sentimentos de ódio e de inveja".

Pelágio foi condenado ao exílio e não obteve o seu perdão do imperador senão depois de ter subscrito o edito e ter feito a sua submissão ao concílio. Justiniano dispensou-lhe depois disso todo o seu favor e prometeu fazê-lo sagrar bispo de Roma depois da morte de Vigílio.

Tendo o soberano pontífice obtido afinal a permissão de voltar à Itália, Pelágio pediu para o acompanhar na viagem, e nós sabemos que Vigílio morreu em Siracusa, em virtude de uma bebida envenenada. Pelágio apoderou-se logo do manto pontifical e, sem mesmo esperar o resultado de uma eleição regular, declarou-se bispo de Roma pela autoridade do imperador Justiniano. Contudo, à sua chegada à cidade, os bispos recusaram-se a consagrar a sua usurpação e acusaram-no publicamente da morte do seu predecessor. O clero de Roma, os religiosos, o povo, recusaram a comunhão do pontífice e houve apenas três padres, João de Perusa, Bônus de Ferentino e André, sacerdote de Óstia, que consentiram em proceder à sua ordenação.

Nesse abandono geral, Pelágio dirigiu-se ao patrício Narses e pediu-lhe a sua proteção. Este, para obedecer às ordens do príncipe, consentiu em auxiliar o novo papa e ordenou uma procissão solene na qual se empregaram todo o luxo e todas as pompas das grandes cerimônias, a fim de atrair a afluência do povo.

A procissão, saída da basílica de S. Pancrácio, dirigiu-se para a de S. Pedro. Quando chegou ao interior da igreja, o Santo Padre pegou no Evangelho com uma das mãos e na cruz com a outra, e, colocando-as sobre a cabeça, subiu nessa posição à tribuna, a fim de ser visto por toda a assembleia. Então, protestou a sua inocência, tomou a Deus por testemunha e jurou, pelos sagrados mistérios e pelo corpo de Jesus Cristo, que não era culpado da morte de Vigílio e que não contribuíra para os sofrimentos que ele padecera em Constantinopla. Conjurou os fiéis a unirem-se a ele para fazer cessar as desordens que existiam na Igreja e pediu-lhes os filhos para aumentar os membros do clero.

Em seguida, Pelágio criou novos oficiais e fez grandes liberalidades ao povo com as somas que Vigílio trouxera de Constantinopla. Todavia, não foi possível extinguir o cisma; os defensores dos três capítulos eram numerosos, sobretudo na Toscana, na Lombardia e nas outras províncias; não perdoaram jamais ao Santo Padre o ter assinado as atas do quinto concílio e de ter cometido um parricídio abominável para se elevar ao pontificado.

Apesar dos clamores dos romanos, Pelágio, auxiliado pela autoridade imperial, manteve-se na cadeira de S. Pedro; deu a intendência dos bens da Igreja a Valentino, seu secretário, e fez restituir a todas as basílicas os vasos de ouro e de prata, assim como os véus que haviam sido tirados pelos padres.

Aplicou-se a reprimir as heresias da Itália e incitou Narsés a perseguir os desgraçados cismáticos.

"Não vos detenhais, dizia-lhes ele, os vãos discursos dos homens tímidos, que censuram a Igreja quando ela ordena uma perseguição a fim de reprimir os erros para a salvação das almas. Os cismas são males violentos que devem ser curados com remédios poderosos e terríveis; e a escritura e os cânones autorizam-no a reclamar o auxílio dos magistrados para obrigar os cismáticos a entrarem no grêmio da Igreja. Fazei, pois, o que tantas vezes vos temos pedido; enviai ao imperador, debaixo de boa guarda, aqueles que se separaram da sede apostólica. Não tenhais receio algum pela vossa salvação eterna; os exemplos dos maiores santos ensinar-vos-ão que os príncipes devem punir os heréticos não somente com o exílio, mas também com a confiscação dos bens, com a prisão e até mesmo com a tortura."

O eunuco Narsés, excelente capitão, destemido e bravo, opôs-se constantemente às medidas violentas que o Santo Padre propunha; procurou, pelo contrário, pela sua doçura e tolerância, trazer os espíritos a sentimentos mais conformes aos preceitos do Evangelho, de modo que se dizia que o homem de guerra procedia como um pastor de almas e este como um homem de guerra. Devemos concordar que o clero encontrou sempre uma grande alegria em nadar em sangue, em contemplar a carnagem, e que os padres excederam os próprios reis em crueldades, sempre que tiveram nas mãos o poder soberano. É uma grande verdade, infelizmente estabelecida pela história, que a intolerância religiosa, durante cerca de dois mil anos, despovoou os Estados mais florescentes, acendeu em todas as nações os fachos do fanatismo, levantou fogueiras e cadafalsos em todos os países, ateou incêndios e exerceu o poder por meio de violações e de massacres. O que há de mais deplorável é que os ministros de todas essas crueldades cobriram-se aos olhos dos povos, com o pretexto especioso da sustentação da ortodoxia da Igreja, e tornaram odiosa uma religião sublime na sua moral. As desgraças que fizeram gemer a humanidade não tiveram nunca outra causa senão a ambição dos padres ou o orgulho dos soberanos; contudo, os partidários da teocracia sugerem que um padre não é perseguidor quando obriga os homens a entrarem no bom caminho e apoia-se nas famosas palavras do Evangelho: "Obrigai-os a entrar."

Mas, segundo esse odioso princípio, os ortodoxos fornecem armas contra eles mesmos e, na conformidade das suas máximas, os heréticos deveriam fazer derramar rios de sangue nos países onde o seu poder é onipotente.

Povos! Repeli esses homens ímpios cuja avareza e ambição se ocultam sob a máscara da hipocrisia! Voltai-vos a sentimentos mais elevados e pensai, qualquer que seja a vossa religião, que o amor do trabalho e a caridade pelos seus irmãos são os únicos atos agradáveis à Divindade.

O engenhoso autor das cartas persas diz-nos: "O primeiro sentimento de um homem religioso deve ser agradar à Divindade que adora, e o meio mais certo de consegui-lo é observar os deveres da humanidade. O primeiro entre todos é o amor de seus irmãos, porque, seja qual for a religião em que se viva, logo que se supõe uma, é preciso supor também que Deus ama os homens e que há a certeza de lhe agradar, exercendo para com eles todos os deveres da beneficência. E, com efeito, a única homenagem digna de Deus é observar essa lei divina; e as cerimônias do culto, muitas vezes ridículas ou misteriosas, são justificáveis unicamente na suposição de que Deus as ordenou ao homem para o pôr em comunhão com seus irmãos."

Pelágio, inteiramente oposto aos sentimentos de tolerância, renovou as suas instâncias junto de Narsés a fim de que ele auxiliasse os seus projetos de vingança. Os heréticos, pelo seu lado, declararam excomungado o general grego, porque parecia conceder a sua proteção ao infame Pelágio. O Santo Padre apressou-se em facilitar Narsés por ter permitido a Providência que ele fosse assim anatematizado para fazer brilhar a pureza da sua fé; ao mesmo tempo, convidou-o a tirar vingança daquele atentado, a mandar conduzir os culpados a Constantinopla, amarrados dos pés e mãos e, sobretudo, Paulino, bispo de Aquileia, a quem ele chamava usurpador. Designou também à cólera do patrício um outro bispo cismático chamado Eufrásio, acusado de homicício e de adultério incestuoso.

A fim de evitar os efeitos da vingança do pontífice, os prelados da Toscana escreveram-lhe, justificando-se por sua separação. Pelágio respondeu-lhe: "Como não vos julgais vós separados da comunhão dos fiéis, quando não recitais o meu nome nas vossas orações, segundo o uso estabelecido na Igreja? Porque, por muito indigno que eu seja, é na minha pessoa que residem os poderes concedidos por Deus aos sucessores de S. Pedro. Contudo, para destruir os maus pensamentos que poderiam existir nos vossos espíritos e entre os vossos povos sobre a pureza da nossa fé, declaro-vos que me conformo com as decisões dos concílios de Niceia, de Constantinopla, de Éfeso, de Calcedônia, e que anatematizo os homens que duvidam da ortodoxia dessas quatro assembleias ecumênicas, assim como da carta do papa Leão, confirmada pelo sínodo de Calcedônia."

Um grande número de bispos de Gália exprimiram igualmente o seu descontentamento contra o Santo Padre, e queixaram-se ao rei Childeberto do escândalo que a condenação dos três capítulos causava na Igreja. O príncipe encarregou Rufino, seu embaixador em Roma, de pedir explicações sobre aquele julgamento, a fim de as submeter ao clero da França. Pelágio apressou-se em responder ao rei e, ao mesmo tempo, enviou-lhe, por mão de Lerins, relíquias dos apóstolos e dos mártires, que recomendava sua piedade. A sua profissão de fé explicava os mistérios da Trindade e da encarnação, assim como o dogma da ressurreição dos mortos; e na sua carta particular dirigida ao soberano, louvava a grandeza de Childeberto e dizia-lhe que, segundo as palavras da Escritura Santa "os levitas do Senhor deviam estar submetidos aos poderes da Terra".

No terceiro concílio de Paris, que teve lugar no mesmo ano, os padres fizeram muitos cânones para impedir a usurpação dos bens da Igreja. Nessa época de barbárie e de ignorância, os senhores despojavam as suas famílias, por devoção, para enriquecerem, e outros pilhavam os mosteiros para se apoderarem das suas riquezas. Entre os seus benfeitores, os monges citam o duque Crodino. Segundo as lendas, parece que aquele nobre empregava os seus imensos tesouros em edificar todos os anos três palácios; mandava chamar os bispos das vizinhanças para inaugurá-los e, depois de lhes ter dado banquetes suntuosos, distribuía por eles não somente baixelas de prata, os móveis preciosos, as alfaias valiosas e os criados, mas até mesmo os palácios, as terras, as vinhas, as charnecas e os servos que as cultivavam.

Contudo, a maior parte dos nobres, longe de imitarem o exemplo do piedoso Crodino, apoderavam-se à mão armada dos conventos, pilhavam as igrejas e expulsavam os padres ou os monges das suas habitações. O sínodo pronunciou a pena de excomunhão contra aqueles que possuíssem os bens do clero regular ou secular e declarou-os anatematizados e assassinos dos pobres até o dia em que restituíssem os domínios de que se tivessem apoderado. Foi proibido aos leigos tomarem posse dos bispados, sob pretexto de vigiarem a administração durante a sua vagatura; e se o usurpador residisse numa outra diocese, o concílio ordenava aos padres que dirigissem as suas reclamações ao prelado da província, a fim de obrigar o dilapidador a restituir o patrimônio dos eclesiásticos.

Os padres declararam que os bispos eram os guardas dos arquivos das igrejas e os protetores dos bens do clero. Proibiram o casamento com viúva ou donzela sem o seu consentimento, mesmo com a autorização do príncipe, e condenaram os matrimônios entre os parentes, aliados e as pessoas consagradas a Deus. Proibiram igualmente que se ordenassem os bispos sem aprovação dos cidadãos e, no caso em que um padre se apoderasse de uma sede por ordem do soberano, ordenavam aos prelados da província que repelissem o usurpador, sob pena de serem riscados eles próprios da comunhão dos fiéis. Finalmente, o último cânon destinava aos metropolitanos o julgamento das ordenações já feitas e que podiam ser taxadas de irregularidades. Tais foram as decisões importantes do sínodo de Paris.

Entre os prelados que assistiram àquela assembleia, um dos mais ilustres era, sem contradição, S. Germano de Paris, bispo dessa cidade. Nascera em Autun, de pais muito religiosos que o colocaram, muito novo ainda, num claustro da pequena cidade de Avalon, onde fez os seus primeiros estudos. Em seguida, elevou-se pelo seu merecimento à dignidade de abade de S. Sinforiano, mosteiro situado nos arrabaldes de Autun; mais tarde, a sua comunidade enviou-o ao quinto concílio de Orleans, onde as suas luzes e a sua grande piedade lhe mereceram a estima dos seus colegas e lhe valeram a sede episcopal de Paris, que se achava vaga pela morte de Eusébio. As grandezas não mudaram em coisa alguma os hábitos do piedoso abade; permaneceu tão simples e desprendido do mundo como antes, e parecia que não aceitaria a alta distinção de bispo senão para mostrar aos outros prelados que era possível praticar ao mesmo tempo os deveres do episcopado e as austeridades do convento.

As suas virtudes haviam-lhe granjeado a afeição do rei Childeberto, tão certo é que os nobres caracteres impõem aos maiores criminosos. Aquele tirano cruel encarregou-se mesmo de fazer a dedicatória de uma basílica em honra de S. Vicente, que ele fundara para perpetuar a memória de um grande milagre.

Vejamos, segundo a crônica, qual foi esse grande prodígio: enquanto Childeberto sitiava a cidade de Saragoça com seu irmão Clotário, viram uma procissão de mulheres, trajando luto, com os cabelos caídos e a cabeça coberta de cinza, sair por uma das portas e dar volta às muralhas entoando louvores a Deus. Imediatamente, apoderou-se dos francos um terror divino, deixaram escapar as armas e caíram de joelhos. Childeberto, surpreendido com aquele milagre, mandou chamar o bispo de Saragoça e propôs-lhe conceder a paz ao seu povo em troca das relíquias da cidade. O prelado aquiesceu aos desejos do monarca e entregou-lhe o precioso relicário que encerrava uma estola e uma túnica de S. Vicente. Childeberto levantou logo o cerco, tornou a atravessar as Gálias e fez construir, para guardar a preciosa relíquia, uma igreja magnífica em forma de cruz. As naves eram sustentadas por pilares de mármore, que se dividiam em colunatas elegantes; as abóbadas eram douradas, as paredes laterais cobertas de riquíssimas pinturas simbólicas em fundo de ouro e até ao cume do edifício, tanto interior como exteriormente, não se via senão ouro e azul.

O monarca enriqueceu ainda essa igreja com vasos, cruzes, cálices e evangelhos esplêndidos que havia roubado na Espanha; e assinou-lhe rendas consideráveis em terras e edifícios.

Pelágio morreu em 559, depois de ter reinado três anos e dez meses no meio dos cismas que haviam separado da sua sede a Igreja do Oriente e uma parte do Ocidente.

João III

63º Papa

Obscuridade da história de João III. – Eleição do pontífice. – Dois bispos gauleses são condenados à deposição pelos seus crimes. – Apelam para o Santo Padre, que os restabelece nas suas sedes. – São condenados pela segunda vez pelo concílio de Chalons. – Morte do Papa João III.

As crônicas da Igreja no fim do sexto século são estéreis de acontecimentos, e a história dos pontificados mais importantes pela sua duração acha-se desenvolvida em algumas páginas.

Depois da morte de Pelágio, foi eleito para lhe suceder João, por alcunha Catelino. O novo pontífice terminou as basílicas de S. Filipe e de S. Tiago, começadas no tempo do seu sucessor, e enriqueceu-as com mosaicos e pinturas cujos assuntos eram tirados das Escrituras Santas. Fez a dedicatória daquele templo e julga-se que instituiu a festa dos apóstolos Filipe e Tiago. O cemitério dos mártires foi, em seguida, aumentado pelos seus cuidados; ordenou que nos dias de domingo a igreja de Latrão forneceria ao clero daquele oratório o pão, o vinho e as luzes.

Tinham decorrido já seis anos depois da eleição do pontífice, quando dois bispos do reino de Gontran escandalizaram o povo com a sua vida abominável. O príncipe fez reunir em Leão um concílio que declarou depostos os dois prelados por crimes de adultério, de violações e de assassínios.

Longe de se submeterem a essa decisão, aqueles dois padres indignos acusaram o sínodo de ter exorbitado dos seus poderes e apelaram para o papa, que teve a audácia de os restabelecer nas suas sedes. Desse modo, a corte de Roma justificava as ações mais condenáveis, quando aqueles que as tinham praticado contribuíam para aumentar o poder pontifical.

Os prelados culpados, vendo-se apoiados pelo Santo Padre, perseveraram nos seus excessos e foram tais as suas devassidões que o clero de Borgonha anatematizou-os de novo numa assembleia reunida em Chalons, na qual foram declarados bispos prevaricadores, traidores à pátria e criminosos de lesa-majestade.

Alguns autores afirmam que João III não aprovou o quinto concílio ecumênico. O cardeal Norris demonstrou que essa asserção era contrária à verdade e o padre Francisco Pagi partilha essa opinião; ambos apoiam as suas opiniões sobre os testemunhos de autores estimados, mas que não têm, todavia, a autenticidade que exige a história.

O pontífice morreu em 572, depois de um reinado de treze anos, e foi enterrado na basílica de S. Pedro de Roma.

Bento I

64º Papa

Incerteza sobre as causas da vagatura da Santa Sede. – Eleição de Bento I. – Fome em Roma. – A cidade santa é salva pelos carregamentos de cereais vindos do Egito. – Não é conhecida exatamente a duração do pontificado de Bento. – Morte do pontífice. – É enterrado em S. Pedro de Roma.

Depois da morte do pontífice João, a Santa Sede ficou vaga durante dez meses. Fleury, na sua história da Igreja, atribui a longa duração daquele interregno à influência funesta das devastações que os lombardos exerciam na Itália; contudo, é mais verossímil atribuir a causa às rixas que precediam sempre a eleição dos papas.

Bento I, por alcunha Bonose, romano de nascimento e filho de Bonifácio, tendo triunfado dos seus competidores, subiu à cadeira de S. Pedro. No tempo do seu pontificado, a miséria do povo era extrema e Roma teria sucumbido aos horrores da fome, se o imperador Justino II não tivesse enviado do Egito navios carregados de trigo para socorrer a cidade santa.

As ações do Santo Padre ficaram sepultadas no esquecimento; sabe-se unicamente que morreu em 577, depois de ter ocupado o trono apostólico pelo espaço de quatro anos. Foi enterrado na igreja de S. Pedro de Roma.

No pontificado de Bento I, vivia S. Santulo, sacerdote de Nocera, sobre o qual existe uma lenda assaz curiosa. Depois da pilhagem da cidade pelos lombardos, Santulo fora levado para o cativeiro com muitos outros fiéis dentre eles, achava-se um diácono condenado ao derradeiro suplício por ter quebrado um ídolo. Na véspera do dia marcado para a execução, tendo obtido o santo a permissão de visitar o mártir na sua prisão, mudou com ele o vestuário e o fez evadir. Pela manhã, quando os bárbaros reconheceram a piedosa fraude, romperam em ameaças contra Santulo e levaram-no à presença dos juízes, que decidiram fosse ele decapitado em lugar do diácono. Santulo ouviu pronunciar a sua sentença sem dar o mais leve sinal de receio e pediu unicamente o favor de orar por alguns instantes antes da sua execução, o que lhe foi concedido. Como ele permanecia muito tempo prostrado com a face no chão, o executor, cansado de esperar e pensando que ele procurava demorar o suplício, estendeu o braço armado com o machado para ferir o padre. Então Santulo exclamou: "S. João, impedi esse crime!" No mesmo instante, o braço do algoz permaneceu elevado, sem movimento algum.

Todos os espectadores, cheios de espanto, aproximaram-se do executor e reconheceram que o seu braço se havia transformado em pedra.

Os lombardos, cheios de terror por aquele prodígio, deitaram-se aos pés do ministro querido de Deus e ofereceram-lhe bois, cavalos, ornamentos e até mesmo uma parte do ouro que tinham tirado em Nocera. Santulo recusou aqueles ricos presentes e pediu unicamente a liberdade dos fiéis que eles conservavam cativos. Estes foram imediatamente para a sua pátria com o Santo Padre, seu libertador.

Pelágio II

65º Papa

Considerações sobre as eleições dos bispos durante o sexto século. – Os imperadores reservam para si o direito de confirmar as nomeações dos prelados. – Eleição de Pelágio II. – Recebe os monges do Monte-Cassino. – O papa quer envolver os reis francos numa guerra contra os lombardos. – O imperador Maurício envia socorros à Itália. – Childeberto recebe uma soma considerável para expulsar os lombardos da Itália. – Faz a paz com esses povos. – O pontífice quer trazer de novo a união à Igreja. – Teimosia dos bispos da Itália. – São perseguidos por ordem do papa Pelágio. – O imperador proíbe as violências contra os cismáticos. – Gregório de Antioquia é acusado de incesto. – Justifica-se pelo juramento. – João, arcebispo de Constantinopla, toma o título de bispo universal. – Morte de Pelágio. – Decretos que lhe são atribuídos. – Juízo sobre esse pontífice.

Os pontífices de Roma tinham aumentado consideravelmente as suas riquezas desde o princípio do sexto século, declarando-se os dispensadores da quarta parte dos bens da Igreja, e, em breve, puderam formar um partido poderoso na cidade santa. As eleições perderam, então, o seu caráter religioso; os ambiciosos que queriam elevar-se ao trono de S. Pedro prodigalizaram o ouro às facções e as rixas degeneraram em sedições.

Até aquela época, os príncipes não se tinham ocupado com a escolha dos pontífices; mas, vendo aumentar a autoridade da Santa Sede, assustou o poder dos papas e resolveram não mais permitir que o clero e o povo fossem independentes nas eleições dos bispos.

Sob o pretexto especioso de que essa liberdade ocasionava sedições, massacres e algumas vezes levava os concorrentes a formarem alianças secretas com os inimigos do Estado para sustentarem as suas pretensões, os imperadores ordenaram que os prelados eleitos pelo consenso dos sufrágios dos leigos e dos seculares não poderiam ser sagrados e exercerem as suas funções sacerdotais sem a sua aprovação. Reservaram-se principalmente o direito de confirmar as eleições dos bispos de Roma, de Ravena e de Milão, e deixaram aos seus ministros os cuidados das outras sedes.

Contudo, quando um eclesiástico eminente, reconhecido ao príncipe, tinha sido escolhido pelo povo para chefe dessas dioceses, sagravam-no solenemente sem esperar a resposta do imperador. Sucedeu o mesmo quando a guerra e a peste interrompiam as comunicações entre o Oriente e o Ocidente. Foi assim que teve lugar a eleição de Pelágio II, sucessor de Bento I. Roma, sitiada pelos inimigos, estava de tal forma vigiada que ninguém podia sair do recinto da cidade; o estado deplorável da Igreja obrigou o clero a consagrar o seu chefe sem ter obtido a autorização de Tibério. Todavia, depois do levantamento do cerco, enviaram o diácono Gregório a Constantinopla para fazer aprovar pelo imperador a entronização do novo pontífice. Os imperadores gregos conservaram o direito de confirmar as eleições dos prelados da Itália até ao meado do oitavo século.

Pelágio era romano de nascimento e filho de Vinigildo. No princípio do seu reinado, os lombardos devastaram a Itália, massacraram os ministros da religião e arruinaram o mosteiro de Monte-Cassino. Os religiosos desse convento que puderam escapar ao gládio dos bárbaros encontraram asilo em Roma, onde o papa lhes permitiu que edificassem um novo retiro próximo do palácio de Latrão.

A fim de pôr cobro às incursões das hordas que devastavam as cidades latinas, Pelágio pediu tropas a Tibério; desgraçadamente, a guerra que o príncipe sustentava contra os persas tornou inútil essa negociação; temendo, se enfraquecesse o seu exército, não poder defender o império contra inimigos formidáveis, recusou-se a enviar soldados em socorro da Itália. Então o pontífice voltou os olhos para outro lado, procurou o auxílio dos reis francos e pediu-lhes que declarassem a guerra aos lombardos. Os seus projetos foram frustrados nas

Gálias, do mesmo modo que haviam sido em Constantinopla; e as suas cartas dirigidas ao bispo de Arles e ao prelado de Auxerre a fim de obter a proteção de Gontran não produziram efeito algum.

Depois da morte de Tibério II, o novo imperador Maurício foi mais favorável a Pelágio que o seu predecessor. Por solicitação do diácono Gregório, enviou tropas a Pelágio e fez mesmo um tratado com Childeberto II, rei da Austrásia, ao qual pagou 50 mil soldos de ouro para expulsar os lombardos da Itália. O chefe franco avançou logo contra eles, mas foi impedido na sua marcha, e os lombardos compraram a sua aliança por uma quantia duplicada daquela que lhe fora paga pelo imperador grego. Childeberto aceitou a negociação e suspendeu as hostilidades, sob pretexto de que esperava novos reforços. Em seguida, voltou para as Gálias e a península romana ficou entregue à mercê dos seus conquistadores.

Os bispos que se tinham separado da comunhão da Santa Sede, por ocasião do quinto concílio, perseveraram na sua cisão, apesar dos esforços que João III e Bento I tinham empregado para os unir. Pelágio II, solicitado pelo seu diácono Gregório, empreendeu contra eles uma nova luta e queria obrigá-los a voltarem para o seio da Igreja ortodoxa. Escreveu aos prelados de Istria, heréticos teimosos, e pediu-lhes que enviassem deputados a Roma, a fim de se tomar uma decisão relativamente ao cisma que escandalizava a cristandade. Aqueles responderam que não se reuniriam à sede apostólica, desonrada pelos papas que persistiam em erros culpados e queriam impô-los aos fiéis. O metropolitano de Aquileia acusou mesmo o Santo Padre de ter traído a fé de Cristo e de anatematizar a doutrina dos concílios. Esse primado, imitando o exemplo que lhe haviam deixado os seus predecessores, Paulino e Macedônio, opôs-se vigorosamente às pretensões de Pelágio; e com o andar dos tempos, o seu sucessor, Severo, foi como ele, inabalável na defesa dos três capítulos.

Tendo em vão o pontífice empregado contra eles todos os recursos da sua eloquência e a ameaça dos raios eclesiásticos, recorreu então ao poder temporal, e Smaragdo, governador da Itália, secundou a intolerância criminosa do papa, perseguindo o clero de Istria. Expulsou Severo da sede de Aquileia, arrancou-o da sua catedral e levou-o prisioneiro a Ravena, assim como três outros prelados e um ancião chamado Antônio, defensor zeloso da Igreja. Essas desgraçadas vítimas das violências de Smaragdo à força de tormentos foram entregue nas mãos dos algozes e obrigaram-nos a comunicar com um dos escravos do Santo Padre, João, o Apóstata, bispo de Ravena, que no outro tempo aprovara os três capítulos e fora separado da corte de Roma por esse crime. Depois da sua abjuração, Severo e os outros prisioneiros obtiveram a permissão de voltarem para Grada, mas os povos e o clero cismáticos, considerando-os como apóstatas, não quiseram recebê-los na cidade, nem mesmo comunicar com eles.

Os heréticos, convencidos da excelência da sua doutrina, resistiram com firmeza às perseguições de Pelágio e, animados pelo entusiasmo religioso, proclamavam-se abertamente defensores dos três capítulos, a fim de obterem as palmas do martírio. A coragem que eles demonstravam nos suplícios determinou o imperador a suspender as execuções. Ordenou a Smaragdo que fizesse cessar as violências praticadas contra eles e que reprimisse o fanatismo do Santo Padre até o dia em que a Itália estivesse livre dos lombardos e tivesse recuperado a sua liberdade. Nessa época, ele prometia convocar os bispos do Ocidente para um concílio a fim de decidir sobre os culpados e continuar as perseguições.

Três anos depois, isto é, em 589, Gregório de Antioquia, acusado de incesto com sua irmã, justificou-se por juramento em um sínodo reunido em Constantinopla. O acusador do prelado foi proclamado caluniador, condenado ao exílio, arrastado ignominiosamente pelas ruas da cidade e ferido pelo algoz com um nervo de boi guarnecido de pontas agudas. A assembleia perante a qual Gregório se justificara fora presidida por João, patriarca da cidade imperial, que assumiu o título de bispo universal para mostrar que os chefes do clero do Oriente estavam submetidos à sua autoridade. Logo que Pelágio foi instruído das pretensões ambiciosas do padre João, enviou cartas a Bizâncio, declarando que, em virtude do poder dado a S. Pedro, anulava os atos do sínodo de Constantinopla e proibia aos diáconos do imperador assistirem ao ofício divino celebrado por um orgulhoso que destruía a igualdade da Igreja e assumia um título tão contrário à humildade episcopal.

Nesse mesmo ano, Recarede, rei dos visigodos, depois de ter adotado publicamente, e de acordo com os grandes do reino, a religião católica, reuniu um concílio em Toledo, para o qual foram convocados os senhores e os prelados de todos os países da sua obediência, a fim de condenarem a heresia ariana de que os povos estavam infectados. Setenta e quatro bispos e seis embaixadores de prelados assistiram àquele sínodo presidido em pessoa pelo rei. Abriu-se a sessão pela leitura de uma profissão de fé, assinada pelo príncipe e pela rainha Bado, sua mulher, na qual se achavam formuladas acusações violentas contra as doutrinas de Ário e dos seus cúmplices, e terminava por uma apologia dos quatro grandes concílios ecumênicos reconhecidos pela Igreja. Em seguida, o rei convidou os padres a deliberarem sobre as reformas capazes de remediar as desordens. O concílio decretou que os padres e os bispos, em vez de viverem publicamente com suas mulheres como faziam antes, usassem de maior mistério nas suas relações carnais e não dormissem nos quartos de suas mulheres. Foi-lhes igualmente proibido dar a morte às crenças que deviam à luz do dia a uniões ilícitas. Os padres obrigaram-se pelos clérigos, sob pena das maiores censuras, a não perseguirem os seus confrades, nem os leigos, perante os juízes seculares, mas sim chamá-los aos tribunais eclesiásticos, uso que em breve se espalhou por toda a cristandade.

Tinham apenas terminado as sessões do concílio quando foi convocada uma nova assembleia, em Narbona, na parte das Gálias que pertencia aos godos, para julgar as doutrinas arianas. Foram nela tomadas diferentes decisões contra os heréticos; entre outras, foi-lhes proibido considerarem a quinta-feira como um dia de festa, porque no Paganismo era esse dia consagrado a Júpiter; proibiram-nos igualmente de trabalharem aos domingos, sob pena, para os homens livres, de pagarem dez soldos de ouro, e para os escravos, receberem cem açoites. Essas diversas invasões do clero no poder secular mostram com que solicitude os padres se apressavam em usar das prerrogativas que lhes haviam sido concedidas pelo concílio de Toledo.

Naquela época, os prelados tinham já a pretensão de querer que os reis aprendessem deles o modo por que deviam governar os povos. Finalmente, os padres do concílio terminaram as suas sessões ridículas por um decreto que ordenava aos fiéis cantar o *Gloria Patri* depois do último versículo dos Salmos, para mostrar que condenavam o arianismo. Tais foram as grandes coisas que ilustraram o reinado de Recarede, o Católico.

A Europa estava então devastada por uma enfermidade contagiosa desconhecida aos homens, que lhe deram o nome de parte do corpo que estava atacada por aquele mal cruel. Pelágio foi atacado dela e morreu em 590, depois de ter ocupado a Santa Sede durante doze anos e três meses.

Ivo e Chartres de Graciano mencionam muitos decretos atribuídos a Pelágio, e Dupin assevera que são autênticos. Na primeira dessas decretais, o Santo Padre proíbe a eleição dos frades para governarem a Igreja, considerando as funções do clero secular como distintas do pontífice; os prelados vivendo com os seculares devem conhecer as ações e os interesses do mundo, enquanto os religiosos, seguindo as regras da vida monástica na quietação do claustro, não adquiriram a experiência necessária e são incapazes de dirigirem os fiéis. Na segunda decretal permite, em consideração ao pequeno número de pessoas que se consagram à clericatura, dar ordens àqueles que tivessem filhos das suas criadas depois da morte das mulheres legítimas, recomendando, contudo, que se encerrasse num convento a mulher culpada, a fim de que fizesse penitência pela culpa do padre.

Os historiadores afirmam que este pontífice mereceu o título de santo por maior número de virtudes, que não tiveram muitos que a Igreja canonizou, e colocam-no entre os bispos mais recomendáveis que ocuparam a cadeira de S. Pedro.

S. Gregório I

66º Papa

Nascimento de Gregório. – Seu caráter. – Retira-se para um mosteiro. – Astúcia dos beneditinos. – Zelo de Gregório pela conversão dos ingleses. – É ordenado diácono e enviado em embaixada a Constantinopla. – Volta a Roma. – Governa o seu mosteiro com grande severidade. – Sua caridade para com o povo. – Eleição de Gregório. – Recusa o pontificado. – Gregório é descoberto numa caverna onde se ocultara. – É elevado à Santa Sede. Acusam-no de hipocrisia. – Intolerância do pontífice. – Compõe diálogos sobre milagres grosseiros e fábulas ridículas. – Contendas entre o papa e o patriarca de Constantinopla. – Guerra com os lombardos. – Roma é sitiada. – Gregório propõe a paz aos lombardos. – Lisonjas do Papa à rainha Brunehaut. – Conversão dos ingleses. – A religião coloca os príncipes acima dos povos. – Gregório é acusado de ter *envenenado um bispo. – Superstições grosseiras dos marselheses. – Pompa das cerimônias religiosas. – Descoberta do purgatório. – Incontinência do clero. – Condenação dos agnoítas. – Males de Gregório. – As cabeças de seis mil crianças recém-nascidas são encontradas nos viveiros do papa. – Lisonjas criminosas do pontífice para com Focas. – Morte de Gregório. – Seu caráter. – Seu funeral. – Fábula sobre o livramento de Trajano. – Milagre ridículo sobre a comunhão. – Gregório persegue os encantadores e os feiticeiros. – Destrói por fanatismo os monumentos pagãos. – Queima as obras dos autores profanos. – A política dos padres envolve o mundo nas trevas da ignorância.*

O pai de Gregório, chamado Gordiano, era membro do senado e possuía imensas riquezas; sua mãe, Sílvia, canonizada depois pela Igreja, era de família patrícia e descendia em linha reta do papa Félix IV.

O nosso primeiro historiador, Gregório de Tours, contemporâneo de S. Gregório, assevera que Roma não encerrava um homem mais instruído do que esse bispo no conhecimento das letras e na arte da palavra. "Desde a sua infância, diz o historiador, cingia-se às máximas graves e profundas dos autores antigos; gozava com a convivência dos velhos e mostrava, pelo estudo da sabedoria, um espírito e um raciocínio cheios de madureza. Destinado pelo seu nascimento às mais importantes dignidades do império, ensinaram-lhe a retórica, a jurisprudência, e, quando chegou à idade viril, os seus talentos valeram-lhe o título de senador. A habilidade que ele mostrou naquele cargo chamou a atenção do imperador Justino, o Jovem, que o nomeou pretor de Roma, magistratura principal da cidade.

Então Gregório, querendo reunir o amor das letras ao da virtude, cultivou a ciência e a piedade, no meio das grandezas, esperando que a sua alma resistisse às vaidades do clero. Mas compreendeu em breve que é difícil servir a Deus no meio das pompas da Terra, e os seus pensamentos voltaram-se para o santo retiro do claustro. Tornando-o a morte de seu pai possuidor de tesouros consideráveis, que os seus antepassados tinham amontoado durante muito tempo, encontrou-se nessa situação de espírito em que o mundo se coloca entre Deus e o homem.

Contudo, senhor de escolher a mais ilustre aliança de Roma e do império, e de se elevar até os degraus do trono, não hesitou na sua resolução; despiu o seu traje deslumbrante de ouro e de pedrarias, renunciou às suas grandes dignidades, empregou as suas imensas riquezas em fundar conventos na Sicília e deu aos religiosos desses piedosos retiros rendas que os dispensavam de recorrer ao pão da esmola.

O seu próprio palácio foi transformado em mosteiro e dedicou-o a Santo André.

Finalmente, convencido da excelência da fé cristã, distribuiu aos pobres as suas baixelas de ouro e de prata, os seus móveis preciosos; vestiu o hábito grosseiro dos monges e abandonou o mundo.

Ação mais admirável do que a abdicação dos reis, que depõem a coroa, quando não podem aguentar-lhe o peso!"

As diversas ordens religiosas disputaram entre si a honra de terem tido o pontífice na sua regra, e os beneditinos mostraram-se mais ardentes na luta. Barônio e Antônio Gallon, sacerdote erudito do Oratório de Roma, opuseram-se às pretensões desses religiosos, e a polêmica que se travou a esse respeito descobriu todas as astúcias e ardis da ordem de S. Bento. O padre Gallon exumou das bibliotecas desses religiosos um grande número de atas falsas fabricadas no mosteiro de Monte-Cassino e impressas em Veneza. Esses títulos tinham as assinaturas apócrifas dos papas e dos príncipes, e atribuíam numerosos domínios, e mesmo cidades inteiras, aos frades desse convento.

S. Gregório permaneceu muitos anos sob a direção de Valentino, que ele chamara para junto de si a fim de governar o claustro de Santo André, para onde se retirara, e a sua intenção era passar a vida inteira na humildade e na obediência. Contudo, depois da morte de Valentino, tendo sido eleito pelos religiosos superiores do mosteiro, cedeu aos seus rogos e aceitou o cargo de abade. No fervor do seu zelo pela religião, condenava-se aos rigores do jejum mais absoluto e aplicava-se de tal forma ao estudo dos livros sagrados, que enfraqueceu o corpo e caiu numa grande prostração. Sua mãe, retirada num lugar chamado Cella Nova, onde depois se edificou uma capela e o célebre convento de S. Labas, enviava-lhe para o alimentar legumes crus molhados em água, que lhe eram levados num vaso de prata. Conta-se que, não tendo Gregório mais que dar, ofereceu-o a um pobre que lhe pedia esmola.

As suas abstinências causaram-lhe, em breve, horríveis sofrimentos corporais, que todavia não o impediram de escrever ou ditar as opiniões e os sentimentos que lhe inspirava a leitura dos livros sagrados.

Um dia, atravessando a praça do mercado dos escravos, reparou em alguns mancebos de uma beleza notável e de extraordinária alvura, que estavam expostos à venda. O santo perguntou de que país vinham aqueles desgraçados e o vendedor respondeu que os comprara na Grã-Bretanha e que estavam envoltos ainda nas trevas do Paganismo. Essa resposta fez soltar um profundo suspiro a Gregório: "Que assunto de lágrimas para um cristão, exclamou ele, pensar que o príncipe do abismo prende ainda ao seu império povos de uma forma tão correta e perfeita! Por que razão terão eles uma alma privada dos tesouros da graça, que é o que dá aos homens a verdadeira beleza?"

Em seguida, dirigiu-se ao palácio de Latrão e pediu ao pontífice Bento que enviasse missionários à Inglaterra, a fim de levarem ali a palavra de Deus. Não querendo nenhum eclesiástico desempenhar aquela perigosa missão, Gregório ofereceu ao Santo Padre partir sozinho para aquelas paragens longínquas. O papa só acedeu à sua súplica depois de muitos rogos, receando que o clero e o povo não promovessem uma sedição ao saberem que Gregório sairia da cidade santa.

O venerável abade saiu de Roma durante a noite, para evitar os obstáculos que poderiam opor-se à sua viagem. Apesar dessas precauções, sabendo os romanos da sua ausência, reuniram-se tumultuosamente. Depois de deliberarem, formaram-se em três bandos ameaçadores para tomarem as ruas por onde Bento se dirigia à catedral; e quando ele passava, gritaram: "Acautelai-vos, Santo Padre, porque ofendestes o bem-aventurado apóstolo Pedro e causastes a ruína da nossa cidade, permitindo a Gregório que se ausentasse dos nossos muros." Bento, atemorizado com aqueles gritos e temendo uma sedição mais violenta, obrigou-se a enviar correios para chamar o zeloso missionário. Gregório, que estava apenas a 30 milhas de Roma, foi trazido em triunfo. No ano seguinte, foi nomeado diácono da Igreja, mas recusou-se, todavia, a abandonar a solidão e permaneceu encerrado no seu mosteiro de Santo André. Finalmente, pela elevação de Pelágio II ao trono pontifical, tendo sido escolhido como embaixador da Santa Sede a Constantinopla, para obter do imperador socorros contra os lombardos, abandonou o seu retiro e partiu acompanhado por muitos religiosos da sua comunidade.

À sua chegada, teve de combater a doutrina do patriarca Eutíquio, que ensinava que depois da ressurreição o nosso corpo deixava de ser palpável e tornava-se mais sutil que o éter, opinião considerada, então, pela Igreja latina como um resto da heresia de Orígenes.

Durante a sua estada na corte imperial, o legado travou relações de amizade com os homens mais recomendáveis e granjeou a sua estima pela profundeza do seu raciocínio e pela pureza dos seus costumes. Em seguida, foi chamado a Roma pelo pontífice, ao qual deu conta do feliz sucesso das suas negociações.

Pelágio, em reconhecimento, quis tê-lo junto a si na qualidade de secretário, mas Gregório suplicou ao Santo Padre que lhe permitisse voltar para o seu retiro de Santo André. Foi, pois, viver de novo com os seus monges e submeteu-os a uma disciplina tão rigorosa que a sua severidade, degenerando em crueldade, promoveu uma rebelião entre os religiosos. O abade voltou afinal a sentimentos de humanidade e a sua caridade fez-lhe encontrar recursos infinitos para aliviar as misérias do povo durante os flagelos que acabavam de transformar a cidade santa numa solidão horrível. Empenhou os bens do convento para sustentar os cidadãos arruinados pelas cheias do Tigre e, à frente dos seus monges, percorreu as ruas de Roma levantando os cadáveres dos desgraçados que tinham sucumbido à peste.

Tendo Pelágio sucumbido à epidemia, o senado, o clero e o povo elevaram ao soberano pontificado o diácono Gregório, em reconhecimento da sua caridade e dos serviços que prestara a Roma. Contudo, Gregório por humildade recusou aquele glorioso cargo, bem diferente nisso dos padres ávidos que ambicionavam as dignidades. Escreveu mesmo ao imperador para lhe suplicar que não confirmasse a sua eleição e fizesse ordenar o mais digno em seu lugar. O Santo Padre, convencido de que a corte de Constantinopla acederia ao seu pedido, resolveu esconder-se a todos os olhos até à época da exaltação de um papa, a fim de poder voltar para o seu mosteiro de Santo André. O governador de Roma interceptou a carta de Gregório e por ordem sua espalharam-se emissários pelos campos para descobrirem o retiro do pontífice. Afinal, esses pastores encontraram-no numa taberna e trouxeram-no para a cidade, onde foi consagrado, apesar da sua resistência.

O procedimento de Gregório não conseguiu preservá-lo de suspeitas de dissimulação e de hipocrisia, e autores recomendáveis afirmam que o orgulhoso diácono quisera juntar à honra da dignidade suprema a glória de a ter recusado. Sem admitir essa acusação contra Gregório, diremos, contudo, que a ambição mais desenfreada se oculta algumas vezes sob as aparências da humildade.

A cerimônia da consagração teve lugar na basílica de S. Pedro, e os romanos elevaram ao trono da Igreja um homem piedoso, esclarecido, capaz de propagar a instrução dos fiéis pelas suas obras, pelas suas prédicas e cuja política hábil devia dispor favoravelmente o espírito dos soberanos para com os interesses temporais da religião.

Naquela época, os bispos, depois da sua ordenação, enviaram a sua profissão de fé e cartas sinodais aos chefes das grandes sedes; Gregório, para se conformar com o uso, convocou um concílio e dirigiu as suas cartas aos prelados mais consideráveis do clero do Oriente e do Ocidente.

Não imitando o exemplo dos seus predecessores, que viviam em habitações suntuosas, cercados de numerosos escravos, conservou apenas ao seu serviço clérigos e religiosos, a fim de que o seu palácio fizesse lembrar a austeridade dos mosteiros. As rendas da sua igreja eram empregadas em aliviar os pobres, e os seus dias, consagrados à instrução dos fiéis.

Logo no começo do seu pontificado, a sua solicitude estendeu-se até o clero da Sicília, ao qual ordenou que convocasse todos os anos um concílio para regular os negócios eclesiásticos. Escreveu em seguida a Justino, governador daquela província, queixando-se da sua negligência e ameaçando acusá-lo ao imperador, apesar da amizade que os unia, de ter causado a ruína de uma cidade imensa não fornecendo os trigos destinados ao povo de Roma. Porque naqueles séculos de barbárie, a imprevidência dos príncipes ou dos governadores ocasionava muitas vezes pestes e fomes que dizimavam os desgraçados povos.

S. Gregório quis aproveitar o profundo terror que os flagelos tinham inspirado nos espíritos para chamar a si os heréticos, e nas suas declamações mostrava-lhes as portas do inferno abertas para os receber. Todavia, os seus planos frustraram-se e as suas exortações sobre o rigor do julgamento de Deus não impediram que os bispos de Ístria perseverassem nas suas desordens e no seu cisma. Empreendeu igualmente reformar o procedimento escandaloso dos padres em toda a cristandade, mas o clero opôs-lhe obstáculos invencíveis na Espanha, na Lombardia, em Nápoles e mesmo na França.

O pontífice convocou um concílio na cidade santa para julgar Severo, patriarca de Aquileia, ao qual o imperador Maurício dera ordem de se submeter às decisões de Gregório. Apesar dos perigos a que se expunham, os bispos da província convidaram Severo a resistir às vontades do soberano; escreveram a Maurício que o pontífice latino não podia ser seu juiz, sendo já seu acusador; queixaram-se das violências que ele exercia contra eles e queria obrigá-los a rejeitar os três capítulos que a quinta assembleia ecumênica tinha aprovado.

O imperador, temendo que os cismáticos se entregassem nas mãos dos lombardos, escreveu ao papa que a confusão em que estava sepultada a Itália não permitia usar de rigor para com os prelados; que era necessário esperar uma ocasião mais oportuna para os submeter e encarregou Romano, exarca de Ravena, de impedir toda e qualquer perseguição contra eles, com recomendação expressa de cumprir as suas ordens. Gregório, vendo assim aniquilarem-se os projetos que concebera para a reunião dos chefes do clero de Ístria, exclamou: "As armas dos bárbaros fazem menos mal à religião do que a fraqueza criminosa do exarca e do imperador." Assim, Gregório, que condenara a perseguição contra os judeus, queria, contudo, obrigar os heréticos a entrarem para o grêmio da igreja ortodoxa.

Sendo-lhe interdito o caminho do rigor, recorreu às carícias, às seduções e aos presentes: dirigiu cartas a um grande número de cismáticos e acabou por obter a reunião deles à sua sede. Contudo, como é difícil aos homens terem princípios constantes no seu modo de proceder sobre assuntos contrários à razão, o papa, dominado pela sua intolerância, misturando ainda o fanatismo com a religião, quis que se carregassem de impostos aqueles que se recusavam a aderir às suas opiniões e ordenou a Colombo, bispo da Numídia, e ao governador da África que reprimissem o orgulho e a insolência dos donatistas. Em seguida, procurou a aliança dos lombardos, a fim de obter a sua proteção para as províncias do Ocidente e para a cadeira de S. Pedro. Finalmente, tendo morrido o rei Autaris, escreveu à rainha Teodolinda e pediu-lhe em nome do Cristo que consentisse na sua união com o príncipe de Turim, para aumentar a glória da religião, convertendo o monarca à fé católica.

Seduzido pelos encantos da sua nova esposa, o jovem duque consentiu em abraçar o Cristianismo e, com o seu exemplo, arrastou para a sua crença aqueles dos seus súditos que eram ainda idólatras ou arianos.

Gregório sentiu uma grande alegria com o sucesso da sua política e, numa carta dirigida a Teodolinda, exalta as virtudes dessa rainha, faz grandes elogios ao ardor do seu zelo e agradece-lhe o ter destruído o arianismo, reunindo os lombardos à Igreja romana.

Por esse tempo, o imperador publicou um decreto pelo qual era proibido aos funcionários públicos, assim como aos cidadãos marcados na mão esquerda como soldados alistados, entrarem na classe do clero secular. O papa, atento sempre aos interesses da Santa Sede, escreveu a Maurício: "Eu, que estou abaixo do verme que se enterra na areia, não posso deixar de elevar a voz quando ouço proclamar uma lei oposta aos preceitos de Deus. Vós deveis saber que o poder só foi concedido aos soberanos para dirigirem os reinos da Terra e não o reino dos céus; contudo, as ordens que vós destes dizem respeito às coisas sagradas. O vosso decreto, senhor, causou-me uma profunda aflição; contudo, submisso às decisões imperiais, enviei para todas as partes do Oriente e do Ocidente os vossos éditos, que acho condenáveis. Assim, cumpro o duplicado dever de cristão, obedecendo ao monarca e declarando-lhe abertamente a minha opinião sobre a injustiça das suas ações."

No mesmo ano de 593, o Santo Padre fez o primeiro uso da autoridade que se queria arrogar sobre as outras Igrejas, restabelecendo nas funções sacerdotais um padre que o metropolitano de Milão tinha excomungado, pretendendo que a Santa Sede tinha o direito de vigiar todas as eleições para que fossem regulares e canônicas.

O arcebispo de Milão submeteu-se, mas o bispo de Ravena foi menos obediente, recusou-se a ceder às advertências de Gregório e adotou para si mesmo o uso de trazer o *pallium*, a fim de mostrar que a sua dignidade não cedia em coisa alguma à do bispo de Roma. S. Gregório levantou-se contra aquela nova pretensão e dirigiu-se ao pastor orgulhoso duas cartas veementes que não conseguiram trazê-lo a sentimentos mais conformes com a humildade evangélica.

Julga-se que teve lugar em fins do ano 593 a publicação dos seus diálogos, obras indignas da severidade sacerdotal, cheias de milagres grosseiros e de fábulas ridículas, que foram recebidas com entusiasmo no império e particularmente na Itália. Os beneditinos afirmam que foram escritos a pedido da rainha Teodolinda, para servirem à conversão dos lombardos, sepultados ainda numa ignorância profunda e cuja inteligência só podia ser ferida por prodígios bizarros ou pelos milagres mais extraordinários. Devemos censurar Gregório por ter empregado o auxílio da superstição para converter os idólatras e, sobretudo, por ter querido obrigar os fiéis a prestarem fé aos seus contos supersticiosos. E, com efeito, tendo-lhe pedido a imperatriz Constantina algumas relíquias de S. Paulo, respondeu ele ao embaixador que não se atrevia a cumprir as suas ordens, porque era impossível tocar ou ver o corpo do bem-aventurado apóstolo sem ser punido imediatamente por essa temeridade sacrílega, e para corroborar esse embuste, narrou-lhe o Santo Padre muitos milagres aos quais parecia prestar toda a crença.

Algum tempo depois, João, chefe do clero de Constantinopla, dirigiu ao pontífice as atas de uma sentença pronunciada contra um padre grego acusado de heresia. Como no relatório ele usava do título de bispo universal, o papa quis reprimir a ambição de João e proibiu-o, em nome da Igreja, de elevar a sua sede acima daquelas dos outros prelados. Maurício escreveu ao Santo Padre em favor do patriarca e convidou Gregório a retratar-se, mas este, que reputava aquela questão de preeminência como um artigo de fé, qualificou de crime a usurpação do título de bispo universal e respondeu ao príncipe: "João encontrará em mim um adversário intratável até o dia em que renunciar ao seu orgulho."

Em seguida, dirigiu cartas sobre o mesmo assunto a Eulógio de Alexandria e a Santo Anastácio de Antioquia, proibindo-lhes de dar a prelado algum o título de universal, e escreveu à imperatriz para se queixar de Máximo de Salona, que desprezava as suas proibições e as suas excomunhões.

Em princípios do ano 595, negócios mais graves do que a contestação do título de ecumênico causaram vivas inquietações ao pontífice. O exarca de Ravena rompera os tratados feitos com os lombardos e apoderara-se de muitas cidades importantes, o que irritara por tal modo Agilulfo, seu rei, que este saiu de Pávia, sua residência ordinária, marchou sobre Perusa com um exército poderoso, saqueou-a e, apesar do respeito que professava pelo Santo Padre, foi pôr cerco a Roma. O papa, temendo os efeitos da vingança do imperador se consentisse na aliança com os bárbaros, não ousou abrir as portas da cidade e resolveu suportar os horrores de um cerco. Animou os romanos a uma defesa vigorosa, a fim de ganhar tempo e esperar os socorros que o imperador devia enviar da Grécia; e afinal, como se viu reduzido às últimas extremidades, mandou fazer ao rei Agilulfo propostas de paz que foram aceitas, e os lombardos retiraram-se com uma boa presa, levando todo o ouro que existia na cidade santa.

Maurício censurou severamente Gregório de ter pactuado com os seus inimigos e dirigiu-lhe uma carta na qual chama simplicidade à confiança do Santo Padre, na sua veneração pela sua pessoa sagrada. O papa, ferido na sua vaidade, mostrou que a humildade sacerdotal raras vezes triunfa do orgulho e lançou sua ira ao monarca por tê-lo acusado de ignorância e de simplicidade.

Sua santidade expediu, em seguida, cartas ao rei Childeberto e à rainha Brunehaut, sob o pretexto aparente de lhes recomendar um padre que ela enviava aos bispos das Gálias, mas na realidade para solicitar o seu auxílio.

João, inimigo irreconciliável do pontífice, morrera, e Maurício elevou à sede de Constantinopla um padre chamado Ciríaco, homem de um caráter pacífico. Tendo o novo patriarca convocado um concílio, segundo o uso, enviou ao Santo Padre a sua carta sinodal e a sua profissão de fé. Os deputados foram recebidos com honra pelo pontífice e, apesar do título de universal que o patriarca assumia ainda, respondeu àquela carta advertindo com brandura Ciríaco que renunciasse ao nome soberbo e profano de bispo universal. Ao mesmo tempo, mandou retirar da corte imperial o seu legado, o diácono Sabiniano, e enviou para o substituir naquele cargo difícil o padre Anatólio, ao qual proibiu, todavia, comunicar com o patriarca até o momento em que o prelado declarasse renunciar ao título de ecumênico.

As epístolas de Gregório, escritas ao imperador e aos chefes do clero de Alexandria e de Antioquia, a fim de justificar as ordens que dera ao seu enviado, provam que ele rejeitava como falsa a história de Sozomenes e que não aprovava os louvores que o autor prodigaliza a Teodoro de Mopsuesta.

Essas cartas deixavam supor que nem sequer acreditava na existência de Eudóxio, antigo chefe dos puros, cuja seita remontava ao reinado de Constantino, preferindo, por uma singularidade inconcebível, incorrer nas censuras de uma ignorância grosseira dos escritores sagrados, à vergonha de reconhecer por herético uma das maiores luzes da Igreja. Mas as ações de Gregório estabelecem de um modo tão incontestável a vastidão dos seus conhecimentos, que obrigam a atribuir à sua política os desvarios do seu espírito, e nos obrigam a convir que ele era capaz de ousar tudo para conservar à religião a auréola de majestade com que a queria cercar.

Quando era apenas abade do mosteiro de Santo André, Gregório empregara já todos os seus esforços para estabelecer missões nas ilhas britânicas. Quando foi chefe da Igreja, resolveu pôr em execução os seus projetos. A Inglaterra estava, então, agitada por guerras sanguinolentas, excitadas por Etelberto, que reinava naquele país e que pedira em casamento Aldeberga, filha de Cariberto, rei da França. Esse monarca respondeu que consentiria numa aliança com ele quando tivesse aniquilado o poder do rei Ceolino, de quem era vassalo; tempos depois, tendo Etelberto declarado independente o seu reino de Kent, uniu-se efetivamente com a filha do monarca franco. A jovem princesa era cristã, e como é da natureza do homem ceder sempre às influências da mulher, o rei mostrou, em breve, disposições favoráveis pela nova religião. Aldeberga instruiu logo disso a corte de Roma, e alguns missionários receberam ordem de se dirigir à Grã-Bretanha, junto da rainha.

Depois de uma viagem perigosa, Agostinho, abade de Santo André, chefe da missão, desembarcou nas costas da província de Kent e fez advertir Etelberto de que vinha de uma região longínqua, a fim de o instruir das verdades sublimes que deviam assegurar-lhe uma felicidade eterna. O rei, acompanhado da sua corte, foi ao encontro do missionário, que só quis ouvir em pleno campo, com receio de sucumbir a sortilégios, que julgava impedir com aquela precaução singular.

Agostinho falou muito tempo com o soberano sobre os dogmas sagrados do Evangelho, e o príncipe, depois de ter feito com que lhe explicassem as palavras do religioso, respondeu-lhe: "O que acabo de saber é grande, e as vossas promessas atraem-me para vós; contudo, não estou determinado ainda a abandonar a crença que recebi dos meus antepassados, sobretudo por uma religião fundada sobre o testemunho de homens que me são desconhecidos. Mas como vós empreendeis essa longa e custosa viagem para trazer aos meus povos bens que julgais reais, não vos despedirei sem outra vez vos ouvir e terei cuidado em que sejais tratados com honra nos meus Estados. Se os meus súditos, convencidos pelos vossos discursos, desejarem partilhar as vossas crenças, não me oporei a que se façam batizar."

Os missionários estabeleceram-se em Cantorbery e fizeram um grande número de conversões. Aldeberga, pelo seu lado, instava com o marido para se instruir nos dogmas da religião cristã e ameaçava mesmo de romper com ele as suas relações de esposa, se ele perseverasse na idolatria. O príncipe, fatigado com as observações da rainha, consentiu afinal em receber o batismo. O exemplo do chefe tem sempre uma grande influência sobre os povos bárbaros e, portanto, os ingleses correram em massa para receber a água sagrada que os devia regenerar.

Agostinho foi nomeado bispo da igreja que acabava de fundar; alguns anos depois, o sucesso das suas conversões tinha já recrutado um numeroso clero, que ele pensou em submeter à autoridade do pontífice. Reuniu, então, todos os prelados da Inglaterra para lhes fazer conhecer as ordens que tinha recebido de Roma e, na sua qualidade de legado, abriu a sessão sem mesmo se levantar da sua cadeira. A assembleia, ofendida com a imprudência de Agostinho, criou obstáculos invencíveis à sua vontade, e o célebre Dinoth, abade de Bangor, falou-lhe nos seguintes termos:

"A vossa proposta, orgulhoso prelado, é que nos submetamos ao trono do Apóstolo. Ignorais vós, pois, que estamos já submetidos ao Cristo, ao vosso papa e a todos os cristãos pelos laços do amor e da caridade? Nós cultivamos com ardor a humildade evangélica, empregamos todos os nossos cuidados em socorrer os homens e em torná-los filhos de Deus, e não julgamos ter outro dever a cumprir para com aqueles que vós chamais Santo Padre!

"Que necessidade temos nós de ir buscar um superior a Roma, quando somos governados sob o poder de Jesus Cristo pelo bispo de Gaeléon, que escolhemos para dirigir as nossa igrejas e as nossas consciências? Portanto, não insistais mais, porque recusamos o vosso chefe supremo!"

Agostinho, desesperando vencer a sua resistência, exclamou depois de uma longa discussão: "Visto que recusais a paz que vos proponho com os vossos amigos, abade Dinoth, tereis a guerra com os vossos inimigos, e os seus gládios vos ferirão mortalmente."

Essas palavras foram interpretadas como uma predição que teve cumprimento com o massacre dos monges de Bangor. Contudo, supondo mesmo a realidade dessa profecia, é muito provável que a vingança italiana ou o ódio dos padres concorressem em grande parte para a realização da profecia do prelado.

Gregório escreveu à rainha Brunehaut, agradecendo-lhe a caridade que ela exercera para com Agostinho. Em todas as cartas que o pontífice dirigia a essa mulher abominável, enchia-a de lisonjas empáticas, afirmando que a França era a mais feliz das nações, pois possuía uma rainha dotada com as mais raras virtudes e com as mais brilhantes qualidades. Quer a verdade que se diga que Brunehaut, aliando a superstição à crueldade, espalhava riquezas consideráveis pelo clero para comover a justiça divina; as basílicas e os mosteiros multiplicaram-se por ordem sua, e ela própria prostrava a face no chão quando entrava nos templos para pedir a Deus o perdão dos seus envenenamentos ou dos seus infanticídios!!!

Por esse mesmo tempo, o exarca romano morreu em Ravena; o papa, não tendo mais a temer as investigações de um homem que se opusera sempre às suas invasões e arbitrariedades, pôde, afinal, ocupar-se em estabelecer relações de amizade com os lombardos, e concluiu um tratado com o rei Agilulfo que assegurava uma poderosa proteção à Santa Sede.

Gregório recebeu, em seguida, os deputados dos fiéis de Caprita; o bispo daquela ilha, situada no fundo do golfo de Veneza, queixava-se de ter sido arrastado para o cisma dos prelados de Ístria para a defesa dos três capítulos, e testemunhava o desejo de se reunir à sede de Roma; mas, antes mesmo de ter recebido uma resposta do Santo Padre, mudou de opinião. Então o seu povo, que estava disposto favoravelmente para a união, mandou pedir ao pontífice um outro diretor. O papa escreveu a Mariniano, metropolitano de Ravena, encarregando-o de sagrar um outro bispo em Caprita, se o titular recusasse a sua comunhão, e recomendando-lhe que dispusesse solenemente esse herege, sem inquietar-se com as ordens do imperador Maurício, que proibira as violências contra os cismáticos.

Como se vê, o fanatismo da ortodoxia não respeitava nem a autoridade dos príncipes nem o interesse das nações; e o procedimento de Gregório demonstrava-nos a verdade das seguintes reflexões de Bayle: "Se é verdade que as religiões são unicamente doutrinas humanas, atribuídas a Deus pelos embustes dos padres e impostas às nações pelos poderosos da Terra a fim de as ter sob o julgo de uma obediência passiva e de aproveitar para os seus prazeres o suor e o sangue dos desgraçados povos, é preciso confessar também que os príncipes foram os primeiros a cair nos laços que haviam armado à humanidade."

Para operar a reunião dos heréticos ao trono de S. Pedro, Gregório empregou todos os recursos da sua política. Anatólio, seu legado na corte de Maurício, tinha ordem de acolher favoravelmente os cristãos que se dirigiam a Constantinopla para abjurar o cisma de Ístria; era-lhe recomendado igualmente solicitar para eles a proteção do imperador e obter pensões para os novos convertidos. Desse modo, o interesse, por um lado, e, por outro, o receio dos tormentos, auxiliaram as vistas dos pontífices e produziram numerosas conversões.

Unicamente o bispo Máximo, desprezando o ouro e os raios da Santa Sede, persistiu na heresia, continuou no exercício das funções episcopais na cidade de Solona e acusou mesmo Gregório de ter envenenado o bispo Malchus, que se opunha igualmente aos seus desígnios. O papa respondeu que o prelado morrera subitamente no dia da sua excomunhão, na habitação do notário

Bonifácio, onde fora conduzido depois da sua condenação. Então Máximo chamou ao Santo Padre traidor e hipócrita, envenenador e assassino, e renovou a sua acusação, oferecendo fornecer as provas de que Malchus fora sacrificado ao ódio do Santo Padre.

Gregório, impelido por uma ambição insaciável, quis estender a autoridade pontifical sobre toda a cristandade. Enviou Ciríaco, abade do mosteiro de Santo André, às Gálias, para reunir o clero daquelas províncias e dispô-las a reconhecerem o seu poder. Como o prelado devia parar em Marselha, o papa escreveu ao bispo Sereno: "Dirigimo-vos o nosso embaixador, pedindo-vos que o acolhais com todas as honras devidas à nossa sede.

"Nós vos louvamos em Jesus Cristo, caríssimo irmão, pelo zelo de que destes provas, quebrando as imagens que o vosso povo adorava, e vos aplaudimos por haverdes expulsado do lugar santo os ídolos saídos da mão dos homens, porque eles usurpavam a adoração devida tão somente à Divindade.

Contudo, o vosso ardor levou-vos muito longe; deveríeis tê-los transformado por algumas mutilações em santas representações dos nossos mártires, e conservá-los nos vossos templos; porque é permitido colocar quadros nas igrejas, a fim de que os simples aprendam a conhecer os divinos mistérios da nossa religião que não podem estudar nos livros santos."

Sereno, depois da leitura dessa carta, manifestou a sua surpresa pela doutrina singular que o bispo de Roma expunha nela. "Não é assim que pensavam os padres, disse ele ao enviado de Gregório. "Moisés proibiu formalmente que se fizessem imagens modeladas ou pintadas, nem dar ideia do que quer que seja de material, para não ocupar o espírito dos homens com objetos que se concebem pela inteligência, sem o auxílio de um sentido corporal. S. Clemente de Alexandria afirma que é expressamente proibido exercer uma arte própria para enganar os homens ou fazer qualquer representação do que existe no céu, sobre a terra ou sobre as águas; porque, diz ele, aquele que adora os deuses visíveis e as numerosas gerações desses deuses, é mais desprezível do que os objetos do seu culto. Santo Epifânio não fez pedaços das estátuas de ouro e de prata que representavam o Cristo ou a Virgem? Não proscreveu Orígenes o culto das imagens pela única consideração de que elas são obras de homens de maus costumes? Que diriam todos esses grandes santos se vissem, como nós, expostos nos nossos templos, à adoração insensata da multidão, estátuas do Salvador que são tão somente retratos de mercenários que serviram de modelos aos pintores ou pinturas da Virgem que representam as feições de prostitutas infames?"

Finalmente, acrescentou o piedoso bispo: "O santo concílio de Elvira não decretou que os objetos do culto não deviam ser vistos nas paredes? Essa decisão categórica é a lei que eu devo seguir, é a doutrina dos padres e da Igreja primitiva."

O abade Ciríaco respondeu-lhe que Evágrio, na sua História eclesiástica, referia que o próprio Jesus enviara ao rei Abgavo o seu retrato, pintado no céu, e que essa imagem garantira a cidade de Edesso do furor dos persas, no tempo do império de Justiniano. Essa autoridade não pareceu irrecusável ao prelado, que persistiu nas suas opiniões e proscreveu as imagens da sua igreja.

Mas o povo de Marselha, sepultado então numa profunda ignorância, opôs-se às reformas do bispo e abandonou mesmo a comunhão de Sereno.

O abade Ciríaco dirigiu-se, em seguida, a Autun para entregar a Siagrus, bispo daquela cidade, a carta do papa, que lhe conferia o *pallium* e dava à sua sede o primeiro lugar na província, depois da igreja metropolitana de Lyon. O Santo Padre recomendava aos prelados das Gálias que reunissem frequentemente o clero a fim de regular os negócios eclesiásticos; proibia aos padres terem em suas casas outras mulheres além daquelas autorizadas pelos cânones, e condenava as ordenações simoníacas, assim como a elevação dos leigos às funções episcopais.

Depois de ter desempenhado diversas missões na Gália, Ciríaco dirigiu-se à Espanha, onde devia entregar um grande número de cartas. Uma delas era dirigida a S. Leandro, outra a Cláudio, personagem de uma grande piedade e capitão hábil, e, finalmente, a terceira era destinada ao soberano do país, chamado Recarede. Gregório prodigalizava grandes elogios ao príncipe sobre o zelo que ele manifestara pela religião na conversão dos godos, seus súditos, e, sobretudo, porque recusara o ouro que os judeus lhe ofereciam em troca da revogação das leis cruéis promulgadas contra eles. O pontífice terminava a sua carta por conselhos da mais odiosa política: "Tende cuidado, príncipe" – dizia-lhe ele – "em não vos deixar surpreender pela cólera e em não executar prontamente o que o novo poder vos permite. Castigando os culpados, a cólera deve caminhar ao lado da reflexão e obedecer como um escravo. Quando a razão é senhora das ações de um rei, sabe fazer passar por justiça a mais implacável crueldade e mantém os povos na escravidão."

Para agradecer a Recarede os ricos presentes que ele fizera à igreja pontifical, o papa enviava-lhe uma pequena chave forjada com o ferro das cadeias de S. Pedro, um crucifixo encerrando madeira da verdadeira cruz e cabelos de S. João Batista!!!

Pelo mesmo tempo, Gregório escreveu a João de Siracusa acerca das cerimônias religiosas que ele praticava em Roma e convidando-o a adotá-las na sua igreja. Essa epístola é prova notável de que ele reformara já a celebração do ofício divino e que introduzira um grande número de abusos na religião cristã. O culto, baseado pelos apóstolos na simplicidade das idades primitivas, fora cercado desde o sexto século pela pompa das cerimônias do Paganismo e S. Gregório, cuja política consistia em ferir os sentidos dos homens a fim de os algemar à Igreja pelos laços da superstição, materializou ainda mais o culto do que o tinham feito os seus predecessores. Ordenou novas práticas religiosas, cujo fausto impunha aos povos grosseiros; encheu os templos de quadros e de ornamentos preciosos e temporizou mesmo com as crenças das nações idólatras, introduzindo os seus ritos e os seus dogmas na religião do Cristo.

Alimentando com a leitura dos autores latinos, aprendera de Virgílio "que as almas humanas estão encerradas na prisão obscura dos corpos, onde adquirem uma mancha carnal e que conservam um resto de corrupção mesmo depois de terem saído da vida do mundo". O poeta dissera: "Para purificar-se-lhes faz sofrer diversos gêneros de suplícios; umas, suspensas no éter, são o joguete das tempestades; outras expiam os seus crimes no abismo das águas; a chama devora as mais culpadas e nenhuma é isenta do castigo.

"Há sombras colocadas nos deliciosos campos do Elíseo, onde esperam que uma longa revolução de anos as tenha purificado das manchas da existência terrestre e as tenha restabelecido na sua pureza primitiva, essência suprema, emanação da divindade.

"Depois de mil primaveras passadas nessa habitação profunda, abandonaram-na, e Deus chama-as para as margens do Letes...".

Nos seus diálogos e nos seus salmos da penitência, Gregório exprime-se do seguinte modo: "Quando se libertam da sua prisão terrestre pela morte, as almas culpadas são condenadas a suplícios cuja duração é infinita; os que não cometeram, durante a sua passagem no mundo, senão faltas ligeiras, atingem a vida eterna depois de regenerados pelas chamas purificadoras..." Confrontando essas duas passagens, vê-se evidentemente que o Santo Padre tomou do Paganismo o dogma do purgatório, que era desconhecido aos apóstolos, aos primeiros fiéis e do qual não se encontra vestígio algum, quer nas obras dos doutores das Igreja, quer nas orações dos mortos, em uso desde o tempo de Tertuliano.

S. Gregório, sempre fiel à sua política invasora, aproveitava habilmente os usos dos pagãos para os conquistar para o Cristianismo, como ele próprio testemunha numa carta dirigida a Agostinho, apóstolo da Inglaterra.

Depois de diferentes considerações sobre o modo por que os prelados deviam consagrar ao serviço divino os templos profanos, diz ele: "Guardai-vos de derrubar esses edifícios; basta quebrar os ídolos que eles encerram e purificar o recinto com água consagrada. Em seguida, podeis elevar altares cristãos e colocar as relíquias sob as abóbadas santificadas. Lembrai-vos também de que é necessário roubar ao demônio os monumentos do seu culto e não aniquilá-los; além disso, conservando-os, sereis útil à causa de Deus, porque os pagãos, cujos passos pisam muitas vezes o limiar desses recintos, converter-se-ão a fim de orarem ainda nesses lugares habituados à sua voz; e aqueles que têm o hábito de imolar vítimas ao inferno serão desviados dos seus sacrifícios ímpios pelo esplendor das vossas cerimônias religiosas.

No dia de dedicatória ou da morte dos santos mártires, cujos restos sagrados serão depositados na nova igreja, fareis tabernáculos com ramos de árvores em torno do templo e a festa será celebrada com festins piedosos. Nessas solenidades, permitireis aos povos que imolem animais, segundo o uso antigo, para que eles deem graças a Deus e não aos maus espíritos. Conservareis algum dos seus antigos usos, e então consentirão eles mais facilmente em praticar o novo culto que nós queremos impor-lhes.

O pontífice aplicou-se igualmente a reformar a salmodia da Igreja; compôs o famoso cântico gregoriano do qual todos os escritores fazem o maior elogio; alguns autores afirmam mesmo que não havia nada de mais admirável do que a concepção do seu antifonário. Apesar dos sofrimentos que o afligiam e das ocupações do governo, regulou ele mesmo a música dos salmos, dos hinos, das orações, dos versículos, dos cânticos, das epístolas, dos evangelhos, dos prefácios e da oração dominical. Instituiu a academia de Chantres, onde os leigos estudavam a música religiosa até entrarem no diaconato. O Santo Padre era o professor principal dela, e por muito tempo se conservou, no palácio de

Latrão, o leito sobre o qual, estando doente, ele ensinara o canto dos hinos sagrados e o açoite com que ameaçava os jovens leigos e os meninos do coro que faltavam ao compasso.

Gregório, tendo sabido que fora convocado um concílio em Constantinopla pelos inimigos da Santa Sede, apressou-se em prevenir os bispos principais dos projetos ambiciosos de Ciríaco. O Santo Padre exortava-os a manterem a autoridade de Roma sobre Bizâncio e a recusar ao patriarca o título orgulhoso de bispo universal.

Ao mesmo tempo, dirigia uma carta ao imperador Maurício para lhe agradecer as 30 libras de ouro que enviara aos pobres de Roma: "Partilhamos fielmente, dizia o Santo Padre, as vossas esmolas pelas famílias desgraçadas, pelos eclesiásticos necessitados e pelas religiosas que recolhemos na nossa cidade e que fugiam à perseguição. Além disso, para fazer cessar os murmúrios da milícia e para vos granjear ações de graças, mandamos pagar às tropas os soldos em dívida há muitos meses."

No ano seguinte, o pontífice reuniu um sínodo para condenar a seita dos agnoítas. Esses hereges sustentavam que Jesus Cristo, pela sua encarnação, tendo tomado a natureza humana, gozava das mesmas faculdades que os outros homens, e que no decurso da sua vida mortal não poderia obter o dom das línguas nem a revelação do juízo final. Eulógio de Alexandria declarou-se igualmente contra a nova heresia e Gregório escreveu-lhe a esse respeito: "Admirei a vossa doutrina, cuja conformidade com a dos padres me faz compreender que o Espírito Santo se revelou do mesmo modo em todos os idiomas. É, pois, manifesto que o homem que não é nestoriano não pode ser agnoíta. Não deixeis esfriar o vosso zelo pela ortodoxia, vós a quem a saúde do corpo dá forças para cumprir a vontade da inteligência, e proscrevei corajosamente os heréticos. E quanto a mim, sinto que sucumbo aos sofrimentos que me afligem; há perto de dois anos que os meus pés não pisam o chão, e nos dias de festas solenes apenas posso permanecer de pé por alguns instantes para celebrar o ofício sagrado. Pesa-me a vida e espero e chamo a morte como o único remédio para os males que me consomem."

E, com efeito, os sofrimentos do Santo Padre, consequência das austeridades que ele se impusera, aumentavam todos os dias e ele escrevia a uma dama romana chamada Justiniana, atacada do mesmo mal que o consumia: "Vós sabeis o quanto a minha saúde é vigorosa e a minha organização robusta, mas o mal atroz da gota consumiu-me como o verme do túmulo. Se essas dores incessantes puderam assim aniquilar-me o corpo, que será do vosso, tão frágil, sofrendo essa cruel enfermidade?"

Gregório, apesar dos seus sofrimentos contínuos, não deixava de vigiar pelos interesses da Igreja romana: proibiu aos bispos diminuírem os domínios e as rendas ou alterar os títulos dos mosteiros e tirou-lhes a jurisdição sobre os conventos das suas dioceses. Ordenou aos monges que se sujeitassem a todos os rigores das suas regras e publicou um decreto que ordenava aos padres que se separassem das mulheres com as quais viviam. A severidade do pontífice teve consequências terríveis e causou um número prodigioso de infanticídios.

Um historiador refere que um ano depois da publicação desse edito, tendo Gregório dado ordem de pescarem nos viveiros que ele mandara construir para conservar o peixe, foram tiradas da água seis mil cabeças de crianças recém-nascidas. O Santo Padre compreendeu então que seu decreto era contrário às leis da natureza, revogou-o imediatamente e impôs uma penitência severa para obter de Deus o perdão das crueldades abomináveis de que se haviam tornado culpados os padres da sua Igreja e das quais ele era a causa principal.

Nessa época, Gregório reenviou para a Inglaterra o eclesiástico Lourenço, que o bispo Agostinho deputara a Roma havia três anos: encarregou-o das suas respostas às perguntas que lhe haviam sido dirigidas pelo prelado dos Cantorbery e entregou-lhe cartas para o rei de Kent e para sua mulher, a rainha Berta, que ele chama Aldeberga. Agradece àquela princesa a proteção que concedeu a Agostinho, compara-a a Santa Helena, mãe de Constantino, de quem Deus se servira para converter os romanos à fé cristã exortá-la a firmar o rei, seu esposo, na religião e convida-a a ocupar-se, sobretudo, em trazer para o Cristianismo os seus súditos.

"As vossas boas obras, diz-lhe ele, são conhecidas não somente na nossa cidade apostólica, onde se pede com ardor pela duração do vosso reinado, mas também em Constantinopla, onde a fama as levou até o trono do imperador."

Recomenda ao rei Etelberto conservar fielmente a graça que recebeu pelo batismo; abolir o culto dos ídolos ao qual os povos se mostravam presos ainda; estabelecer bons costumes na sua corte, empregando as ameaças, as carícias e, principalmente, com o seu exemplo; finalmente, pede-lhe que deposite plena confiança no bispo Agostinho e que siga fielmente as instruções da Igreja.

No ano seguinte, escreveu nos seguintes termos aos prelados da província de Bizâncio: "é muito louvável, meus irmãos, respeitar os seus superiores; contudo, o receio de Deus não autoriza que se dissimulem as suas culpas. Há muito tempo que tenho conhecimento das acusações feitas contra Clementino, vosso primado, e não pude verificar se eram legítimas; o cuidado dos meus povos e a vigilância que me é necessário empregar contra os inimigos que nos cercam não me deixam uma hora para examinar queixas tão graves. Exortamos-vos, pois, a que vos informeis com zelo do procedimento do nosso irmão; se for culpado, é preciso que seja punido segundo os cânones; se é inocente, deveis justificá-lo. Aquele dentre vós que mostrar nesse julgamento infâmia ou fraqueza fique sabendo que Deus o condenará pelos mesmos crimes que tiver querido subtrair à nossa justiça."

Na França, a rainha Brunehaut e o rei Teodorico, seu neto, empregavam a mediação de S. Gregório a fim de concluírem a paz com o império. Consultavam igualmente o Santo Padre sobre o ponto de disciplina relativo a um bispo da França que sentia na cabeça dores tão violentas que o tornavam insensato e o impediam de desempenhar as funções episcopais. O pontífice deu as suas instruções ao metropolitano de Lyon sobre o procedimento que ele devia ter para com o seu sufragâneo, nessa circunstância particular. Na sua resposta a Brunehaut, seguiu a sua política habitual para com os poderes do século, dirigindo grandes elogios àquela princesa sobre a sua piedade e baixas lisonjas sobre a munificência que ela empregava para com o clero. No fim da carta, prevenia-a de que concedia os privilégios pedidos para os dois mosteiros que ela fundara em Autun. As atas desses conventos encerram cláusulas singulares que foram declaradas apócrifas por um grande número de historiadores.

No Oriente, Focas apoderara-se do trono imperial depois de ter feito degolar Maurício e seus filhos. O usurpador enviou o seu retrato a Gregório, que o colocou com o da imperatriz Leôncia, na capela de S. Cesário, no palácio de Latrão. Sua Santidade escreveu em seguida ao monarca, felicitando-o pela sua feliz elevação ao trono. Maimburgo, depois de ter traçado um quadro horrendo dos crimes de Focas, exprimiu-se do seguinte modo sobre a política de Gregório: "Confesso que todos aqueles que lerem as três epístolas dirigidas àquele príncipe e a Leôncia, sua mulher, sentirão uma indignação igual à que eu sinto pelo pontífice romano. A causa vergonhosa dessas lisonjas era a declaração feita pelo imperador Maurício em favor do patriarca de Constantinopla, na contestação levantada pelo Santo Padre acerca do título de bispo universal. Tendo o papa, com a morte do soberano legítimo, a esperança de ganhar, o novo soberano empregou todos os recursos do seu espírito e da sua política para obter de Focas um decreto que elevasse a sua sede superior à de Bizâncio."

No começo do ano 604, a rainha Teodolinda instruiu a corte de Roma do nascimento e do batismo de seu filho Adoaldo; ao mesmo tempo, submeteu ao Santo Padre algumas observações do abade Secundino sobre o quinto concílio e pediu-lhe que resolvesse as questões que o prelado lhe dirigia. Gregório felicitou a rainha por ter feito batizar numa Igreja católica um príncipe destinado a reinar sobre os lombardos e terminou do seguinte modo a sua resposta: "Estou por tal forma acabrunhado pelos sofrimentos da gota que não posso andar, como bem vos afirmarão os vossos deputados. Se Deus me conceder alguns dias menos dolorosos, responderei mais detalhadamente às perguntas do abade Secundino. Entretanto, dirijo-lhe as decisões do concílio, convocado no reinado do imperador Justiniano; lendo-as, reconhecerá ele a falsidade das asserções avançadas contra a Santa Sede. Deus nos guarde de aceitar o erro de herético algum ou de nos afastar dos sentimentos de S. Leão e dos quatro concílios.

"Envio ao príncipe Adoaldo, vosso filho, um crucifixo feito com a madeira da verdadeira cruz, e à princesa, vossa filha, um Evangelho, encerrado numa caixa da Pérsia, e três anéis consagrados. Dai graças da vossa parte ao rei vosso marido, pela paz que nos deu, e pedi-lhe que vo-la conserve."

Essa carta foi a última que Gregório escreveu. O Santo Padre morreu em 12 de março de 604, depois de um reinado de treze anos e alguns meses. O seu corpo foi depositado sem pompa, próximo da antiga sacristia da basílica de S. Pedro, na extremidade do grande pórtico, onde estavam já os túmulos de muitos pontífices. Os seus restos foram conservados com o *pallium*, com o relicário que ele trazia ao pescoço e com o cinto de que se servia nas cerimônias da Igreja.

O diácono João deixou-nos um retrato de Gregório, que traçara segundo as antigas pinturas do mosteiro de Santo André, em que o papa estava representado com seu pai e sua mãe. "A sua estatura era proporcionada e elegante; o seu rosto tinha formas regulares: a barba era loura e pouco basta. Era calvo e, contudo, do alto da cabeça junto à testa, nasciam dois anéis de cabelos que frisavam naturalmente, caindo sobre as fontes. Tinha a fronte vasta, os sobrolhos elevados e estreitos, o nariz pronunciadamente aquilino e as ventas dilatadas, a boca vermelha, os lábios grossos, a barba elevada. O seu olhar era suave, as mãos formosas e os dedos artisticamente modelados. O pintor representara-o com uma casula parda sobre a dalmática, tendo na mão esquerda o livro sagrado dos Evangelhos, e, por modéstia, proibira ele que lhe pusessem sobre a cabeça a auréola luminosa que era dada aos santos, para os distinguir dos outros fiéis."

E quanto às qualidades de espírito, todos os historiadores concordam em dizer que Gregório era engenhoso para apresentar a moral cristã e para fazer adotar aos heréticos e aos idólatras. Possuía um fundo inesgotável de pensamentos ascéticos e exprimia-os com nobreza, mais por períodos do que por sentenças. O que ele diz é sempre verdadeiro e sólido; mas os lugares comuns e as máximas vulgares abundam nos seus escritos; é muitas vezes difuso nas suas longas dissertações e pretensioso nas suas alegorias; finalmente, encontra-se sempre nele o estilo do reitor.

Alguns autores afirmam que era dotado de uma extrema modéstia e que se afligia sinceramente com a glória literária que adquirira. Tendo sabido que seu tio Maurício, bispo de Ravena, fazia recitar publicamente no ofício da noite os seus comentários sobre Jó, queixou-se disso ao prelado e proibiu aos padres lerem alguma das suas obras nas igrejas. Conta-se igualmente, como prova da sua modéstia, que ele escreveu a Eulógio, patriarca de Alexandria: "A vossa beatitude diz-me que executará o que lhe ordenei. Peço-vos que retireis a palavra ordem, porque eu sei quem vós sois e quem eu sou; vós sois meus irmãos em dignidade e meus pais em merecimento. Eu não vos dei ordens; fiz-vos conhecer simplesmente o que me pareceu útil à religião. Não me glorificarei jamais do que poderia ferir a grandeza de meus irmãos e a minha glória e a da Igreja."

Outros autores recomendáveis asseguram, pelo contrário, que se mostrou cioso da sua reputação de escritor; narram eles que um certo religioso grego, chamado André, que se encerrara numa cela, próximo da basílica de S. Paulo, tinha composto muitos discursos debaixo do nome do pontífice, a fim de lhes dar uma grande importância; que o ardil do monge fora descoberto e que Gregório, irritado por lhe terem atribuído semelhante linguagem, fez punir o falsário com o maior rigor.

Segundo o direito estabelecido nas Igrejas ortodoxas do Oriente, o pontífice repartia as rendas da Santa Sede em quatro partes; a primeira pertencia-lhe, a segunda era dada aos padres, a terceira, aos pobres e a última, à fábrica.

Respondendo a muitas perguntas que lhe dirigira Agostinho, bispo dos ingleses, confirma a partilha já aprovada por muitos papas e acrescenta que a parte das rendas atribuída ao prelado não pertencia a ele só, mas a todos os seus servidores, e que ela devia servir para as despesas de hospitalidade, então em uso nas habitações episcopais.

S. Gregório recomendava ao povo a submissão aos superiores; contudo acrescentava que a obediência não devia arrastar uma aprovação cega às ordens dos príncipes.

"É preciso advertir os povos, escrevia ele, para não levarem tão longe a deferência que devem aos seus chefes, com receio de que não sejam levados a respeitar os crimes dos seus reis." Esse princípio, ao qual ele mesmo faltou repetidas vezes, pareceu de uma necessidade tão grande que o colocaram como uma regra no direito canônico. Assim, a Igreja admite a resistência aos poderes injustos; chama obediência indiscreta àquela que não é autorizada pelos apóstolos e decide que se devem julgar os atos dos reis e recusar a execução de medidas contrárias aos grandes interesses da humanidade.

Paulo e João, dois diáconos que escreveram no nono século a história de Gregório I, referem devotamente que esse pontífice, impressionado com a exatidão que o imperador Trajano mostrara administrando justiça, orou pelo repouso da alma daquele grande príncipe e obteve de Cristo o favor de o fazer sair do inferno para entrar no reino dos céus.

Garantem igualmente a realidade desse outro milagre que teve lugar na basílica de S. Pedro: uma mulher romana, aproximou-se da mesa santa e o pontífice, ao apresentar-lhe a eucaristia, recitou a fórmula ordinária: "Possa o corpo do nosso Senhor Jesus Cristo dar-vos a remissão de todos os vossos pecados e a vida eterna." Tendo essas palavras sacramentais feito sorrir a comunhante, o Santo Padre retirou o pão consagrado que lhe apresentava e deu-o ao diácono para o tornar a pôr sobre o altar. Depois de ter celebrado o ofício divino, mandou chamar a mulher, que era a padeira da igreja, e perguntou-lhe que pensamento culpado lhe perturbara o espírito no momento de receber o sacramento do altar. A mulher respondeu: "Não pude reprimir um sorriso, ouvindo-vos dar a um bocado de pão, que eu mesma amassei, o nome do corpo de Jesus Cristo." Gregório, vendo a incredulidade daquela mulher, começou a orar e recomendou ao povo que orasse com ele. Acabada a oração, levantou-se, descobriu a hóstia colocada sobre o corporal e encontrou-a transformada em carne, com manchas de sangue. "Aproximai-vos agora, disse ele à pecadora, e olhai para o pão consagrado que vos dou, o qual é real e verdadeiramente o sangue e a carne de Cristo." Em seguida, ordenou aos assistentes que se prostrassem e pedissem a Deus que o pão da eucaristia retomasse a sua forma ordinária, a fim de que aquela mulher, que parecera tocada por aquele prodígio, pudesse comungar; e um novo milagre se operou à voz do pontífice!!!

D. Diniz de Santa Marta, que refutou a fábula da salvação de Trajano, cita esta como uma prova irrecusável da transubstanciação. O mesmo religioso combate as imputações dos historiadores que acusam Gregório de ter sido supersticioso, apoiando a sua opinião sobre este mandamento do Santo Padre: "Soube que se espalham entre os fiéis os erros dos judeus relativamente à defesa de trabalhar aos sábados; se fosse necessário observar à letra o preceito do sábado, seria necessário também praticar a circuncisão, apesar da vontade do apóstolo S. Paulo."

Não somente o pontífice era supersticioso e acreditava nos magos, mas era também intolerante e fazia perseguir os encantadores e os feiticeiros. Máximo, bispo de Siracusa, ignorante como todos os prelados daquela época, encontrara na sua diocese gregos infectados de um malefício desconhecido; atribuindo o seu poder imaginário ao demônio, mandou-os prender e instaurou-lhes processo; mas morreu antes de ter podido julgá-los. O papa escreveu, então, ao diácono Cipriano que continuasse com as perseguições. "Enviai-nos os culpados, quando os tiverdes convencido dos seus crimes. Se os recursos da sua arte infernal vos esconderem a verdade, castigai-vos severamente, mesmo quando o juiz secular se oponha à vossa justiça: é preciso ferir sem misericórdia todos aqueles que estão possessos do espírito das trevas."

A intolerância do pontífice revelou-se igualmente por atos de crueldade e de vandalismo; destruiu os monumentos da magnificência romana, incendiou a biblioteca Palatina, fundada por Augusto, e fez queimar na praça pública as obras de Tito Lívio, porque esse autor, nos seus escritos, levanta-se contra os cultos supersticiosos; aniquilou as obras de Afrânio, de Naevius, de Ênio e de outros poetas latinos, dos quais não restam senão fragmentos; mostrou-se constantemente inimigo declarado de todas as ciências humanas; prescreveu de Roma os livros pagãos e levou o seu ódio contra os sábios até o ponto de excomungar Didier, arcebispo de Viena, porque o santo prelado permitiu que se ensinasse a gramática na sua diocese.

Por isso, os historiadores daquela época afirmam que os padres foram mais funestos às letras do que as guerras dos godos e dos vândalos, e que devemos ao seu fanatismo essa ignorância profunda que se derramou durante muitos séculos por todas as províncias do império. Gregório não somente aniquilou as obras dos filósofos de Alexandria e de Roma que demonstravam a astúcia dos primeiros ministros cristãos e que podiam esclarecer as nações, como também a Igreja militante, seguindo os exemplos do chefe, atacou com furor tudo quanto tinha o nome de ciência e de arte. Os manuscritos mais raros foram queimados; os quadros de um preço inestimável foram destruídos; as obras primas de escultura foram despedaçadas ou mutiladas e os edifícios admiráveis desabaram sob o machado dos padres. Finalmente, a religião nova estabeleceu o seu trono sobre as ruínas dos mais nobres tesouros da Antiguidade, para fundar o seu poder sobre a ignorância e sobre o embrutecimento dos povos!!!

História Política do Sexto Século

Tolerância do imperador Anastácio. – Revolta de Vitaliano. – Ignorância e crueldade de Justino I. – Guerra com os persas. – Traição de Zeliobez, rei dos hunos. – Morte de Justino. – Elevação de Justiniano. – Sua paixão por Teodora. – Desposa-a. – Qualidades desse imperador. – Valor de Belisário. – Ingratidão do príncipe. – Justiniano manda arrancar os olhos a Belisário, que morre de miséria e de pesar. Proezas do eunuco Narsés. – Devassidão de Teodora. – Superstição de Justiniano. – Enfermidades e vícios de Justino II. Desgraças de Narsés. – Vinga-se do imperador unindo-se a Alboin, rei dos lombardos. – Guerra dos persas. – Caráter de Tibério II. – Qualidades desse príncipe. – Maurício condena Focas a ser açoitado publicamente e manda arrancar-lhe a barba. – Focas usurpa o império. – Manda degolar Maurício sobre os cadáveres dos seus cinco filhos. – Os filhos do Clóvis dividem entre si a França. – Reinado de Childeberto. – Chereberto. – Crueldade de Chilperico. – História de Fredegunda e de Brunehaut. – Seus debochese seus crimes. – Morte de Fredegundes. – Suplício de Brunehaut. – Clotário II. – Guerra contra os saxônios.

  Anastácio reinou por um período de vinte e sete anos no Oriente. Aboliu a venalidade dos cargos que o seu predecessor tinha introduzido, levantou uma muralha que se estendia aos dois mares para defender Constantinopla contra os búlgaros e, a fim de impedir as incursões dos persas, construiu a cidade de Darás. Com o governo sensato de Anastácio, o império recuperara toda a sua força; mas a tolerância do príncipe pelas diversas seitas religiosas promoveu o ódio dos católicos, que incitaram sedições violentas em que cem mil habitantes perderam a vida, e o fanatismo serviu à ambição de um general católico chamado Vitaliano, que assumiu o título de imperador e marchou contra o seu soberano. Preparava-se ele para fazer o cerco de Constantinopla, quando foi vencido por Marino e obrigado a fugir vergonhosamente.

No decurso do seu reinado, Anastácio mudou as decisões do concílio de Calcedônia e acrescentou três novos artigos às atas desse sinódio. Assevera-se que alguns padres lhe haviam dito que Deus, para o punir do seu orgulho, dar-lhe-ia uma morte terrível. E, com efeito, morreu no ano 513, fulminado pelo raio.

Justino I, por alcunha o Velho, foi quem lhe sucedeu. Esse príncipe tinha perto de 68 anos quando subiu ao trono; era filho de um aldeão da Ilíria, e de simples soldado elevara-se ao cargo de comandante das guardas do imperador. A sua ignorância era tão grande que não podia sequer assinar as suas ordens, segundo o uso dos príncipes, e era obrigado a confiar o cuidado do governo ao questor Probo, que dispunha de todos os cargos e de todas as honras.

Um autor antigo fala de Justino pelo seguinte modo: "Coisa alguma foi respeitada por esse velho estúpido; mandou degolar os mais ilustres cidadãos para se apoderar das suas riquezas, perseguiu a seita ariana com furor e aboliu as melhores leis. Esse soberano, dado por Deus na sua cólera, foi mais terrível que a própria peste; todos os dias, novas vítimas inundavam com o seu sangue os pátios do palácio imperial ou eram estranguladas no fundo dos seus cárceres, e ninguém podia evitar os golpes funestos da sua crueldade. Não se contentou com arruinar o império, quis ainda conquistar a Itália e a África, a fim de envolver os habitantes dessas províncias numa desgraça igual à dos seus súditos.

Dez dias depois da sua elevação ao trono, condenou à morte o eunuco Amâncio, sem poder acusá-lo de outro crime senão o de ter censurado a João, patriarca de Constantinopla, os furores do seu fanatismo.

O usurpador Vitaliano tinha recebido a promessa solene do esquecimento do passado e, para garantia da sua palavra, o príncipe participara com ele dos santos mistérios. Contudo, apenas terminou o ofício divino, Justino mandou massacrar o rebelde no seu palácio."

Em breve, entre o imperador e Teodorico, o Grande, levantaram-se graves discussões acerca da perseguição dos arianos; e muitos senadores de Roma que tinham sido acusados de entreterem relações secretas com a corte de Constantinopla, entre outros Bócio e Simaco, foram condenados à morte pelo rei dos ostrogodos.

Justino teve, em seguida, de sustentar uma guerra terrível contra Kobad, rei dos persas; como não esperava terminá-la felizmente com as suas próprias forças, chamou em auxílio do império Zeliobez, chefe dos hunos, cuja aliança comprou. Esse bárbaro, na esperança de receber do monarca persa uma quantia mais forte do que aquela já paga pelos gregos, recusou-se a cumprir os seus compromissos e conduziu os seus soldados à Pérsia. O imperador enviou logo embaixadores à corte inimiga para instruir Kobad da traição de Zeliobez. Esse príncipe mostrou uma grandeza de alma extraordinária; longe de aprovar as máximas dos soberanos e de se servir dos traidores, fez comparecer o huno na sua presença, condenou-o ao suplício para o punir da sua astúcia, ordenou o massacre das tropas bárbaras e concedeu a paz a Justino.

Uma nova prova da ingratidão do imperador promoveu em breve uma segunda guerra entre os dois Estados: Zate, rei dos lazarinos, povos submetidos aos persas, tendo sacudido o jugo de Kobad, quis mudar de religião para se assegurar da proteção do império, e dirigiu-se a Constantinopla, onde Justino o acolheu com alegria e o fez batizar, assim como o seu jovem filho. O rei da Pérsia perdoou a Justino aquele procedimento, que atribuía ao fanatismo religioso. Mais tarde, receando sucumbir a uma grave enfermidade de que estava atacado e temendo pelo seu sucessor a ambição pérfida dos grandes dos seus estados, ofereceu a tutela do seu filho ao imperador, que a recusou, por conselho do ministro Proclo. Kobad, indignado com aquela recusa, que lhe considerava um ultraje, jurou um ódio eterno ao império e declarou aos gregos uma guerra de extermínio.

Para lhe resistir, Justino viu-se obrigado a associar no trono seu sobrinho Justiniano. Apenas haviam começado as hostilidades, morreu o imperador na idade de 67 anos, de um ferimento antigo que se reabriu em seguida a uma orgia.

Flávio Anício Justiniano I, cognominado o Grande, nascido em Bedérina, era filho de Sabattio e de Vigilância, irmã de Justino; depois da morte de seu tio, foi proclamado soberano pelo senado e pelo exército.

Logo que se viu senhor absoluto de Constantinopla, apesar das justas representações de sua mãe, desposou uma cortesã chamada Teodora, que tinha já um filho do seu primeiro matrimônio com um árabe. A sua paixão por essa mulher, cuja beleza era incomparável, foi tão grande que afrontou a desesperação de Vigilância, sua mãe, a qual morreu de dor por ver realizar-se aquela infame união. Teodora justificou as previsões da imperatriz mãe e entregou-se a mais desenfreada libertinagem; incestuosa com seu filho, incestuosa com sua irmã, entregava-se a libertinagens monstruosas em festas noturnas com as damas da sua corte. Os historiadores dizem que, para variar os seus prazeres vergonhosos, saía à tarde com Comiton, sua irmã, e levava aos ombros os tapetes sobre os quais se prostituíam ambas publicamente nas ruas de Constantinopla.

Justiniano possuía uma vasta inteligência; formou hábeis ministros e grandes capitães, que pelo seu mérito o ajudaram, durante um reinado de 40 anos aproximadamente, a aumentar a prosperidade e os recursos do Estado. As guerras felizes que ele terminou contra os bárbaros e a proteção que concedeu às artes e às ciências mereceram-lhe na história o primeiro lugar entre os príncipes ilustres do sexto século. Mandou edificar a igreja de Santa Sofia, obra-prima de arquitetura bizantina, levantou 52 fortalezas nas margens do Danúbio, reparou os antigos castelos e olhou com o mesmo cuidado pela segurança da Trácia. Sob a direção de Triboniano, fez reunir pelos mais hábeis jurisconsultos todas as leis romanas e publicou-as em uma obra onde estão classificadas com um grande método. Esse trabalho serve ainda de base à legislação moderna. Belisário e Narsés, seus generais, levaram o terror das suas armas a todos os povos inimigos do império; os vândalos, os eslavos e os búlgaros sucumbiram sob o gládio do primeiro, e Narsés restituiu a Itália ao império.

Apesar das grandes ações do seu reinado, Justiniano mereceu a censura da posteridade pela sua ingratidão para com aqueles que lhe haviam prestado os maiores serviços. O seu exemplo mostra o quanto é frágil o favor dos príncipes, e quão pouco os homens devem contar com o reconhecimento dos reis. O capitão ilustre que lhe conservara o trono submetendo os sediciosos de Constantinopla, que proclamavam já imperador Hipátio, neto de Anastácio, o general que dominara a Itália, a Pérsia e a África, Belisário, enfim, a glória dos romanos, sucumbiu sob a calúnia de infames oficiais do palácio, foi condenado a ter os olhos arrancados pelo algoz, e esse grande homem morreu de pesar e de miséria!

O eunuco Narsés, persa de nação, sucedeu a Belisário no comando dos exércitos; pela sua coragem e pela sua habilidade, continuou as conquistas do seu predecessor e alcançou sobre os godos a grande vitória de Tagines, em que Totila, rei daqueles bárbaros, recebeu um ferimento mortal. Em seguida, fez entrar a península romana sob o domínio grego, fundou o exarcado de Ravena e obrigou os papas a pagarem um tributo ao príncipe para obterem a confirmação da sua eleição à Santa Sé.

No decurso do seu reinado, Justiniano ocupou-se com ardor das contendas religiosas que agitavam o clero; deixou-se arrastar pelo fanatismo a atos de intolerância, e privou dos seus bens e dos seus cargos aqueles que professavam o arianismo, a fim de aumentar a riqueza dos padres com essas confiscações odiosas. Submetido às práticas pueris da religião, como todos os espíritos supersticiosos, não comia na quaresma senão ervas cozidas com sal e vinagre, e a água era a sua única bebida. As discussões teológicas absorviam quase todos os seus instantes, e o seu conselho, composto de homens da Igreja, ocupava-se não dos negócios do Estado, mas unicamente de disputas religiosas e de questões de dogmas.

O seu zelo levou-o mesmo a publicar um decreto para rejeitar três capítulos das decisões do concílio de Calcedônia. Essa ordenança promoveu cismas numerosos em todas as províncias do império, e o Santo Padre acusou o imperador de favorecer a heresia dos acéfalos, pois aprovava a doutrina do sínodo, cujos cânones acabava de melhorar. Os povos estavam sobrecarregados de impostos para satisfazerem a rapacidade de sua mulher, e ele condenava à morte ou ao exílio os cidadãos ricos de quem a imperatriz queria herdar. Finalmente, morreu na idade de 83 anos.

Justino II sucedeu a seu tio Justiniano. Os primeiros atos do seu poder faziam pressagiar um reinado favorável. Mas, em breve, o príncipe se entregou inteiramente aos excessos das suas paixões; pilhava as províncias para aumentar os seus tesouros, raptava as mulheres para as encerrar nos seus palácios, condenava à morte os seus pais ou maridos para abafar as queixas, e as suas crueldades enchiam os povos de terror. Enfermidades cruéis, resultados de suas lascívias, levaram-no à loucura, e a imperatriz Sofia, sua mulher, tomou então as rédeas do governo. Reparou as faltas que ele havia cometido e obteve um tratado de paz com o monarca persa, que recusou generosamente combater uma mulher e um imperador insensato.

Os historiadores censuram severamente Sofia pela sua ingratidão para com Narsés. Essa princesa, desejando confiar a Longino, seu favorito, o comando de Ravena, escreveu ao general eunuco que devia largar a espada de capitão para voltar a Constantinopla e pegar na roca e fiar com as donzelas do palácio. Narsés, na sua justa indignação, respondeu que faria uma teia que nem ela, nem Justino II, nem os seus sucessores poderiam desfazer nunca; e, com efeito, promoveu uma aliança com Alboim, rei dos lombardos, que estabeleceu o seu domínio na Itália e preparou a expulsão dos gregos.

Tibério II, que fora declarado césar pelo senado, foi proclamado imperador pelo povo depois da morte de Justino. Esse príncipe tinha o espírito elevado, os sentimentos nobres; era liberal com os pobres e fazia esmolas excessivas. Um dia, representando-lhe a imperatriz que os benefícios que ele espalhava pelos desgraçados o obrigariam, em breve, a reduzir os grandes à miséria, o príncipe respondeu: "Não receeis coisa alguma, senhora, os vossos cofres não estarão vazios nunca enquanto os pobres tirarem deles."

Além disso, as suas riquezas tinham sido consideravelmente aumentadas pela descoberta de um tesouro imenso enterrado pelos antigos imperadores num subterrâneo do palácio, pela confiscação dos avultados bens de Narsés, de que a imperatriz se apoderara.

Maurício, genro de Tibério, foi proclamado césar depois de uma vitória que alcançou sobre os persas, na qual foi morto o rei Chosroes.

Pela morte de Tibério II, sucedeu-lhe Flávio Maurício; ao subir ao trono, este príncipe deu provas de uma grande clemência; concedeu a vida a um rei sarraceno chamado Alamandaro, que o traíra, e contentou-se em exilá-lo para a Sicília com sua mulher e seus filhos. Contudo, Maurício é considerado pelos historiadores como um príncipe déspota e de uma avareza excessiva; concordam, todavia, que foi obrigado a sobrecarregar os povos de impostos para pagar somas enormes ao chefe dos Avaros, que tinham avançado até debaixo dos muros de Constantinopla, depois de terem devastado 40 cidades da Dalmácia.

Em fins do seu reinado, um general chamado Focas foi acusado de ter formado uma conspiração contra a sua pessoa. O imperador mandou prender o culpado, condenou-o a ser esbofeteado publicamente pela mão do algoz e mandou-lhe arrancar todos os cabelos da barba. Depois do suplício, Focas fugiu de Constantinopla, reuniu-se ao exército que lhe era dedicado, fez revoltar as tropas contra Maurício, marchou em seguida sobre a capital e tomou-a de assalto.

Focas, feito imperador pela audácia, quis tirar uma vingança retumbante do ultraje que recebera. Ordenou que os cinco filhos de Maurício fossem trazidos à sua presença e mandou-os degolar aos olhos de seu pai. A ama tentou subtrair ao furor do assassino um dos jovens príncipes, sacrificando o seu próprio filho, mas o desditoso Maurício opôs-se à ação sublime daquela mãe e mandou entregar o seu verdadeiro filho ao bárbaro Focas. Esse rasgo admirável excitou a piedade dos próprios algozes, e só o tirano permaneceu inflexível e mandou degolar o jovem príncipe. Em seguida, o pai teve a cabeça cortada sobre os cadáveres de seus filhos.

O mais velho dos filhos do imperador achava-se na Pérsia por ocasião do massacre da sua família, mas foi preso em Niceia e condenado à morte; os amigos, os parentes e os servidores de Maurício foram igualmente decapitados, assim como a imperatriz Constantina e as suas três filhas, apesar da promessa que Focas fizera ao patriarca Ciríaco, de poupar aquelas desgraçadas.

Esse usurpador, sem qualidades brilhantes nem mérito notável, era deforme, impudico e entregara-se às suas devassidões noturnas com mancebos que mandava raptar nas ruas de Constantinopla. Governou o império pelo espaço de oito anos e, segundo referem os historiadores, mandou matar mais cidadãos inocentes do que nenhum dos seus predecessores.

Durante o sexto século, a Itália, as Gálias, a Espanha e a Germânia, invadidas pelas nações bárbaras, acabam de perder a memória do nome romano. O império do Oriente sustenta-se ora comprando a paz, ora combatendo as hordas selvagens que o vêm inundar. Grandes capitães, Belisário, Narsés e Prisco, repelem-nas para os gelos e pântanos do norte; mas, depois da morte desses generais, voltam elas mais numerosas ainda até os muros de Constantinopla, e os imperadores envilecidos, degradados, impotentes para as repelir, conservam apenas, a preço de ouro, uma sombra da autoridade dos césares.

Os pontífices, no meio dessa confusão, não descuram os interesses temporais da Santa Sede. Por uma política hábil e por uma prudência consumada, preparam o poder formidável que há de elevar a cadeira de S. Pedro acima do trono dos reis; e, em breve, os povos, envoltos nas trevas da ignorância e algemados pelas cadeias da superstição, serão condenados à mais vergonhosa escravidão.

Na França, Clóvis acabava de terminar uma carreira manchada de traições e de assassínios, deixando quatro filhos por herdeiros dos seus Estados, Childeberto, rei de Paris; Clodomiro, rei de Orleans; Clotário, rei de Soissons; e Thierry, rei da Austrásia. Os primeiros anos que se seguiram à morte desse chefe bárbaro foram assaz pacíficos; em seguida, a guerra, a traição e o assassínio sucederam a alguns instantes de calma e sepultaram as províncias em desordens espantosas.

Clodomiro, sustentado por Childeberto e por Clotário, quer apoderar-se do reino de Borgonha sob o pretexto especioso de reclamar os domínios dependentes do feudo de Clotilde, sua mãe. Marcha contra Sigismundo e, encobrindo a sua traição com o véu da justiça, faz anunciar aos povos que vem castigar um rei sanguinário que massacrara os seus próprios filhos. Clodomiro, à frente do seu exército, invade os Estados do seu inimigo, surpreende Sigismundo, sua mulher e os seus filhos, algema-os e, para que não reste herdeiro algum que castigue o seu crime, manda-os amarrar juntos e deitar em um poço. Os borguinhões indignados armam-se à pressa e, guiados por Gondemar, fazem uma carnagem espantosa nos soldados de Clodomiro; este mesmo perde a vida na peleja, e a sua cabeça, espetada no ferro de uma lança, horroriza as suas tropas, que são derrotadas completamente.

Por esse mesmo tempo, Thierry reuniu-se a Clotário para tirar a Thuríngia ao duque Hermanfroy; em seguida, desejando aproveitar sozinho os despojos do vencido, resolveu fazer assassinar seu irmão. Mas o rei de Soissons, advertido por um dos conjurados, conseguiu escapar às ciladas do seu inimigo e alcançou os seus Estados.

Depois da morte de Thierry sucedeu-lhe Teodoberto, seu filho; e as guerras continuam; à frente das suas tropas, o jovem príncipe retoma o Velay, o Rovergue e o Gevandau, províncias de que os visigodos se haviam apoderado no reinado de seu pai. Vitiges, rei dos ostrogodos, é obrigado a comprar a sua aliança, abandonando-lhe as províncias que possuía nas Gálias e os seus direitos sobre a cidade de Roma. Justiniano, que precisava de um aliado poderoso nas Gálias, quis igualmente prender esse príncipe ao partido do império; concedeu-lhe grandes vantagens e reconheceu, por um tratado autêntico, que os francos eram legítimos possuidores das províncias meridionais e que os seus navios tinham o direito de navegar no Mediterrâneo.

Morto Teodoberto, seu filho natural Teodobaldo, fruto dos seus amores com uma concubina chamada Deutéria, subiu ao trono de Metz. Esse príncipe ganhou sobre os dinamarqueses a primeira vitória marítima de que fala a história; o exército da terra desses bárbaros foi vencido pelos francos, enquanto a armada destruía o seu exército naval. Em seguida, Teodobaldo, descontente do imperador, rompeu a aliança que seu pai formara com Justiniano e preparou-se para lhe fazer uma guerra de extermínio; marchava ele já sobre Constantinopla, à frente das suas tropas vitoriosas, quando a morte o colheu no meio dos seus projetos e retardou em mil anos ainda a ruína do império do Oriente.

Childeberto, príncipe cruel e supersticioso, o mesmo que auxiliara Clodomiro no assassínio de Sigismundo e da sua família, declarou a guerra ao rei dos visigodos, Amalaric, que mandou assassinar. No ano seguinte, formou uma aliança com seu irmão e com Teodoberto para repartirem entre si o reino de Gondemar. Em seguida, juntando o parricídio a todas as suas crueldades, adormeceu a vigilância de Clotilde com uma astúcia abominável e massacrou os seus jovens sobrinhos, cujos Estados dividira já com seu irmão Clotário. Uma dessas crianças que escapara ao massacre foi encerrada em um mosteiro, onde se distinguiu pela sua grande piedade, e a Igreja venera-o hoje sob o nome de S. Cloud. Childeberto levou as suas armas até a Espanha e voltou dessa expedição com a estola de S. Vicente, que depositou em uma basílica edificada em honra do santo e na qual foi enterrado. Os monges fazem-lhe grandes elogios, porque se mostrou cheio de caridade para as igrejas e zeloso pela religião cristã. Acrescentam que na guerra que teve lugar entre esse príncipe e Clotário, no momento em que os dois exércitos estavam na presença um do outro e prontos para travar peleja, caiu subitamente uma tempestade horrível sobre o campo de Childeberto e encheu de um tão grande terror os soldados que estes se recusaram a combater. Então os dois reis, impressionados com aquele prodígio e temendo a cólera do céu, concluíram a paz e firmaram uma amizade eterna. Childeberto morreu depois de um reinado de quarenta e sete anos, e deixou os seus Estados a Clotário, não tendo filhos de sua mulher Ultrogote.

O último dos filhos de Clóvis, único senhor pela morte de Childeberto, das conquistas dos francos, estabeleceu a sua residência em Paris para vigiar mais facilmente os seus Estados. Esse príncipe, digno de seu pai e de Clotilde, deu no decurso do seu reinado numerosos exemplos de uma crueldade atroz; massacrou ele próprio os seus dois sobrinhos, cravando-lhes uma faca no peito. As suas lascuras excederam as dos reis mais depravados; enteteve seis mulheres nos seus palácios; desposou as duas irmãs, Ingonde e Arezonde; violou publicamente a viúva de Clodomiro, cujos filhos degolara; e a formosa Radegunda, sua cativa, amarrada por ordem sua ao seu leito, teve de receber à força as carícias do assassino de seu irmão.

Finalmente, a dissolução dos seus costumes levou-o a abusar da mulher de seu filho Chramno, príncipe corajoso, de um espírito notável e de uma grande beleza. O jovem príncipe revoltou-se e marchou contra seu pai à frente de um exército formidável. Clotário, sustentado por tropas aguerridas, bateu o exército do filho e aprisionou este. O desditoso Chramno foi amarrado nu a um banco, açoitado por muitas horas em presença dos soldados e, em seguida, encerrado com sua mulher e seus filhos em uma cabana à qual lançaram fogo. Clotário quis assistir àquele espetáculo até que o incêndio tivesse abafado os derradeiros gritos de angústia de seus desgraçados filhos.

Em breve, o receio dos tormentos do inferno encheu de terror o monarca, e apoderou-se dele uma febre ardente que em poucos dias o levou à sepultura. Clotário morreu depois de reinar cinquenta anos, manchado de adultérios, violações e assassínios. Foi enterrado em Soissons, na basílica de S. Medard, que ele mandara edificar para abrandar a cólera divina.

Os seus quatro filhos, Cariberto, Gontran, Sigeberto e Chilperico, dividiram entre si os Estados.

Logo que Cariberto, rei de Paris, subiu ao trono, repudiou sua mulher Ingoberga para desposar a sua amante Miroflida, filha de um operário. Fora apenas consumado o matrimônio e concebia ele já uma paixão incestuosa por sua própria irmã, a quem tirou do mosteiro onde ela tomara o véu. A posse extinguiu o ardor dos seus desejos; abandonou a irmã para desposar uma pobre jovem que encontrara guardando rebanhos no campo e que ele violara em um momento de paixão brutal. As libertinagens do príncipe eram tão escandalosas que Germano, bispo de Paris, foi obrigado a dirigir-se ao palácio para lhe fazer algumas admoestações. Não tendo a severidade e a justiça das suas exortações podido tocar o espírito de Cariberto, o prelado declarou o monarca sacrílego e incestuoso, e riscou-o da comunhão dos fiéis.

Cariberto morreu pouco tempo depois e deixou o reino a seus irmãos, que, não podendo concordar sobre a partilha da cidade de Paris, combinaram em receber as rendas sucessivamente e fizeram o juramento de não penetrarem para dentro dos muros daquela capital. Apesar dessa precaução, a desinteligência não tardou a manifestar-se entre os filhos de Clotário. Childeberto, rei da Austrásia, foi expulso de Reims, capital dos seus Estados, por Chilperico; o vencido reuniu as suas tropas e, por seu turno, apoderou-se dos Estados do seu agressor.

Tendo-o seus irmãos obrigado a restituir as províncias que ele invadira, voltou as suas armas contra Gontran; a fortuna enganou o seu furor, e as suas tropas foram completamente derrotadas. Afinal, depois de ter reinado 13 anos, sucumbiu sob o punhal dos assassinos enviados por seu irmão Chilperico.

Ficava para o vingar sua mãe Brunehaut! Essa princesa, filha de Atanagildo, rei dos visigodos, tinha abandonado o arianismo para ser rainha da Austrásia; a princípio virtuosa, os primeiros anos do seu reinado decorreram praticando ela atos de caridade e de devoção; mas o assassinato de sua irmã Galsuinta pela infame Fredegenda, amante de Chilperico, operou uma terrível mudança no caráter de Brunehaut e tornou-se a origem dos seus ódios implacáveis e o sinal das suas desordens abomináveis. Aquelas duas mulheres, rivalizando em lascívias, incestos, envenenamentos e parricídios, horrorizaram a Gália por trinta e dois anos à força de assassinatos!!!

Os furores da filha de Atanagildo exaltavam-se com a recordação da vingança; Fredegunda, pelo contrário, empregava na execução de todos os seus crimes os cálculos de uma fria ambição. Na sua mocidade, simples escrava ao serviço de Andonéria, primeira mulher de Chilperico, Fredegunda atraiu os olhares do príncipe, seduziu-o com a sua beleza e tornou-se sua concubina. A rainha, bela, supersticiosa e ignorante, gemia com a indiferença de seu marido, sem poder penetrar a causa dela; tinha já três filhos e ia dar à luz um quarto, quando o rei empreendeu uma expedição contra os povos da Saxônia.

Durante a sua ausência, Fredegunda convidou Andoreia a levar o jovem príncipe à fonte do batismo, sob o pretexto de que aquela cerimônia lhe faria ganhar de novo a ternura do príncipe. A desditosa quebrava, ela mesma, sem sequer o saber, os laços que a uniam a Chilperico, porque a Igreja, proibindo ao pai e à mãe serem pais espirituais de seus próprios filhos, fulminava os mais terríveis anátemas contra aqueles que não se submetiam aos cânones. Os reis podiam violar os seus juramentos, quebrar os laços da mais respeitável união, massacrar a sangue frio os cativos, assassinar militarmente milhões de homens, saciarem-se de ouro e de sangue, cometer incestos e parricídios; todos os crimes lhes eram permitidos e podiam ser resgatados junto de Deus por doações aos bispos e segundo as tarifas da corte de Roma; mas, se ousavam infringir as proibições da Igreja e partilharem o leito com a mulher que levara seus filhos às fontes sagradas do batismo, eram excomungados sem esperança de perdão e votados, sem piedade, à condenação eterna! Por isso, Chilperico, no seu regresso, sacrificando aos prejuízos da época, apressou-se a em repudiar Andonéria, a fim de evitar as cóleras eclesiásticas.

Contudo, Fredegunda viu frustradas as suas esperanças de subir ao trono; o príncipe, mais avaro do que apaixonado, enviou embaixadores ao rei Atanagildo para lhe pedir em casamento Galsuinta, irmã de Brunehaut. Aquele monarca não ousou recusar a aliança do seu temível vizinho, e a jovem princesa, apesar das lágrimas de sua mãe e dos seus pressentimentos funestos, foi levada a Chilperico, ou antes, entregue à sua cruel concubina. Chilperico, fascinado pelas imensas riquezas que a sua esposa lhe trazia, jurou sobre umas relíquias não a repudiar nunca; e, com efeito, a sua amante infame impediu-o de ser perjuro.

Ao princípio, Fredegunda pensou nos meios de se desfazer da sua rival e de arrancar ao príncipe a promessa de possuir um dia o título de rainha, e, para conseguir esse fim, recusou-se a partilhar com Galsuinta o leito de Chilperico; em seguida, quando a paixão do seu amante esteve excitada até o furor, entregou-se nos seus braços às mais inebriantes voluptuosidades. Nos seus transportes amorosos, o rei prometeu a morte de sua mulher e, no dia seguinte, enviou um dos seus cortesãos ao leito da rainha com ordem de a estrangular. Fredegunda tinha-o prevenido; Galsuinta fora morta durante a noite, e o seu corpo estava envolvido já em um lençol.

Esse crime foi em breve conhecido nas Gálias e promoveu a indignação geral. Sigeberto e Brunehaut juram vingar o assassínio de sua irmã, levantam um exército e, em quinze dias, invadem o reino de Soissons. Abandonados pelos seus aliados e repelidos pelos povos, os assassinos são reduzidos à última extremidade. Mas Fredegunda era dotada de uma firmeza inabalável no crime e de uma energia selvagem no perigo; arma o braço de dois mancebos, que ela seduzira com os prestígios da religião e, com a esperança de uma fortuna imensa, e sobretudo exaltando as suas paixões com voluptuosidades delirantes. Forma-se uma conjuração, e Sigeberto morre assassinado pelos satélites de Fredegunda.

Logo em seguida, o cerco de Tournay é levantado, o exército inimigo retira-se, as cidades do reino de Soissons voltam para a autoridade do seu príncipe, e o Nero dos francos invade, por seu turno, os Estados de seu irmão e submete-os às suas armas. Então, excesso de baixeza e de ignomínia! A irmã de Galsuinta, a viúva de Sigeberto, ofereceu a sua mão a Chilperico! A concubina não pôde destruir essa união senão representando ao príncipe que restava apenas degolar uma criança para se tornar senhor do reino da Austrásia. Gondebaud impediu a execução dos seus infames projetos, fazendo fugir de Paris o jovem príncipe da idade de 5 anos, que ele proclamou rei na cidade de Metz, sob o nome de Childeberto II.

Chilperico, enganado na sua ambição, pilhou os tesouros de Sigeberto e fez encerrar Brunehaut em Ruão, depois de a ter separado das suas duas filhas; ao mesmo tempo, enviou tropas para o Maine e deu ordem a Meroveu, seu filho mais velho, para invadir o Poitou. O jovem chefe, nutrindo um ódio secreto contra seu pai e contra Fredegunda, tinha jurado vingar o assassínio de sua mãe, a desditosa Andonéria; em vez de se dirigir a Poitiers, entra em Ruão, declara-se protetor de Childeberto e, para assegurar a sua vingança, desposa sua tia Brunehaut, apesar do grau de parentesco que tornava incestuosa essa união. Em breve, porém, o infeliz Pretextato, bispo da cidade, que abençoara o matrimônio, e o próprio príncipe pagaram com a vida aquela rebelião.

Fredegunda triunfava; do seu primeiro matrimônio só restava a Chilperico um filho chamado Clóvis, que a madrasta perseguiu com um ódio implacável. Contudo, não ousava praticar um novo assassinato, apesar do seu império sobre o espírito de seu marido, sem ter aplanado o caminho. A superstição e a ignorância daqueles tempos bárbaros auxiliaram os seus projetos criminosos. Os Estados de Chilperico acabavam de ser devastados pelas cheias dos rios, pela fome e por doenças epidêmicas, consequência ordinária daqueles flagelos. O próprio rei estivera em perigo de morte, e os filhos de Fredegunda tinham sucumbido, todos vítimas de contágio.

Essa mulher cruel aproveitou o terror geral para acusar o príncipe Clóvis de ter atraído todas aquelas calamidades sobre seu pai e sobre seus irmãos, por intermédio de uma feiticeira com a qual entretinha relações amorosas. A jovem foi acusada de sortilégio e de malefício, presa e condenada às mais horríveis torturas até que o excesso de sofrimento lhe tivesse arrancado uma confissão falsa do seu poder mago. Munida dessa prova, a madrasta obteve do rei a ordem de prender seu filho e de o fazer comparecer à sua presença.

Fredegunda, não querendo confiar a outros o cuidado da sua vingança, representou ela mesma o papel de magistrado, interrogou o príncipe e, não podendo arrancar-lhe palavra alguma que o comprometesse, cobriu-o de ultrajes, esperando, pela sua audácia e pelos seus insultos, irritar o caráter impetuoso de Clóvis e levá-lo a ameaças e excessos contra seu pai. Não tendo obtido sucesso algum a sua astúcia infernal, veio o crime em seu auxílio, e uma manhã foi o príncipe encontrado enforcado na sua prisão. Disseram a Chilperico que o filho pusera termo aos seus dias porque se reconhecia culpado; a feiticeira foi condenada ao fogo, os oficiais de Clóvis foram igualmente enforcados naquela proscrição cruel, e Fredegunda apoderou-se dos bens de suas vítimas.

Contudo, a morte de Clóvis não tranquilizava completamente a rainha sobre o futuro; com seu último assassinato, o filho de Sigeberto tornava-se o herdeiro do trono de Chilperico, e, prevendo que um dia poderia ela cair sob o poder daquele senhor irritado, quis assegurar a proteção do próprio filho da sua rival e propôs-lhe fazê-lo reconhecer por Chilperico herdeiro dos seus Estados, se consentisse em envenenar sua mãe Brunehaut. Chilperico repeliu aquelas propostas, e esse fato causou uma nova guerra na qual foram degolados milhares de homens para sustentarem os interesses de duas criminosas prostituídas. Então Fredegunda procurou um apoio no rei dos godos e ofereceu-lhe em casamento sua filha Rigonda. O bárbaro aceitou a aliança de Chilperico; a jovem noiva partiu para os Estados do seu esposo seguida de 50 carros carregados com os seus tesouros e de quatro mil homens de escolta. Apesar dessa guarda numerosa, Didier, conde de Toulouse, atacou os francos, derrotou-os, pilhou as riquezas da noiva e obrigou Rigonda a voltar para a corte de seu pai.

Os historiadores afirmam que essa princesa era de uma impudicícia igual à de Fredegunda. A mãe e a filha, dizem eles, disputavam-se os amantes ou os enfeites e enchiam o palácio com questões escandalosas ou excessos que igualavam as orgias de Messalina. Fredegunda, num acesso de ciúme, chegou mesmo a atentar contra a vida de Rigonda; um dia, mandou-a chamar ao seu quarto de dormir e, censurando-lhe com doçura artificiosa por ser tratada por ela com muito rigor, ofereceu-lhe em paga das suas carícias e de suas condescendências riquíssimos colares e estofos preciosos encerrados num grande cofre. A jovem princesa curvou-se sem desconfiança para examinar as joias que lhe eram prometidas, mas a abominável Fredegunda, saltando ligeira da cama, fechou com violência a tampa do cofre sobre a cabeça de Rigonda e, se não tivessem sido ouvidos os gritos da desgraçada, a mãe teria estrangulado a filha pelas suas próprias mãos!!!

O próprio Chilperico foi vítima, afinal, dessa mulher abominável. O rei tinha estabelecido a sua residência em Chelles, próximo de Paris, algum tempo depois do último parto de Fredegunda que lhe dera um filho a quem haviam posto o nome de Clotário. Uma manhã, por fins do mês de dezembro, o príncipe, que julgavam ter ido à caça, subiu ao quarto da rainha sem se fazer anunciar; ela estava só, tratando de seu vestuário, e o rei, que entrara de mansinho para a surpreender, bateu-lhe na cintura com uma varinha que levava na mão. A rainha, tomando o rei pelo seu amante que ela esperava, disse sem se voltar: "Um cavalheiro como tu, Landry, não deve atacar nunca por detrás as damas."

O príncipe, imóvel de espanto, não respondeu nada à rainha e saiu do seu aposento. Fredegunda deu logo pelo engano e, para conjurar a tempestade que se ameaçava, mandou chamar Landry, contou-lhe a sua imprudência, ordenando-lhe que escolhesse entre a morte de Chilperico ou a vingança de um marido implacável. Na volta da caçada, alguns assassinos atacaram o rei, que caiu ferido e foi atacado com 20 punhaladas. Assim morreu esse monstro, cujos crimes tinham obrigado os povos a desertarem do solo da pátria para emigrarem aos reinos vizinhos! Infeliz como guerreiro, Chilperico não venceu os seus inimigos senão com assassinatos; covarde, num século em que a coragem era ainda a virtude dos reis, foi sempre vencido por seus irmãos. Finalmente, os seus crimes mereceram-lhe o nome de Nero da França, e, como o imperador romano, fez versos e teve a pretensão de ser homem de letras.

Depois da morte de Chilperico, os rei de Borgonha e da Austrásia reivindicaram a sua sucessão. Gontran preveniu seu sobrinho, entrou em Paris com um exército numeroso e tomou posse do reino, em nome do jovem Clotário. Childeberto, obrigado a retirar-se para Meaux, pediu a seu tio a partilha dos Estados de Chilperico e rogou-lhe que lhe entregasse Fredegunda, a fim de a punir do assassínio de seu marido e dos de Galsuinta, de Sigeberto e dos filhos da rainha Audovera. Mas Gontran deixara-se seduzir por essa mulher artificiosa, que lhe prometera a regência e o persuadira de que o jovem Clotário, da idade de quatro meses, era realmente o filho de Chilperico, e não o fruto de seus amores com Landry. O príncipe despediu os deputados de Childeberto, declarando-lhes que tomava a rainha e o seu filho debaixo da sua proteção.

Fredegunda quis, em seguida, desfazer-se dos seus inimigos, e armou muitos assassinatos para ferir Brunehaut e o rei da Austrásia: mas os seus emissários foram presos e enforcados. Em breve, a morte de Gontran deixou pela segunda vez a rainha sem apoio; pela sua astúcia soube ela juntar ainda, em torno de seu filho, os grandes, os soldados e os povos estúpidos, que consideravam então a pessoa dos reis como inviolável e sagrada. Pôs-se à frente do exército, levando nos braços o filho que lhe servia de égide e, com o seu exemplo, animou as suas tropas, que derrotaram as do rei de Austrásia e asseguraram o reino de Neustria a Clotário.

Alguns meses depois da sua derrota, Childerberto II morreu envenenado. Ignora-se se foi por ordem de Fredegunda ou instigação da rainha Brunehaut; contudo, a posteridade atribuiu o crime àquela última, que há muito tempo ambicionava governar só, em nome de seus netos. E, com efeito, Brunehaut tomou a regência do reino e declarou a guerra à sua rival. Nessa nova luta, sofreu ela a vergonha de uma segunda derrota, mais funesta ainda do que a primeira; perdeu todos os seus tesouros, as melhores tropas do seu exército e pôde apenas salvar-se com cem homens da sua guarda.

Depois desse brilhante sucesso, Fredegunda morreu, deixando a sua memória em execração para todos os povos.

Brunehaut, livre da sua terrível inimiga, ficou afinal só na ensanguentada arena, onde, durante tanto tempo, haviam disputado ambas o prêmio do crime; essa rainha infame, impelida pelo furor das suas paixões, assinalou o seu reinado com os mais desenfreados debouches, com as mais inauditas crueldades. O seu exemplo deve ensinar às nações que o poder supremo é tão terrível nas mãos das rainhas como nas mãos dos reis! Ambiciosa, Brunehaut, para conservar o poder sobre os povos da Austrásia, ora lisonjeava as paixões dos jovens reis, filhos de Childeberto, ora os incitava um contra o outro, ou corrompia os seus costumes, concorrendo ela própria para os seus vergonhosos prazeres. A sua corte era composta de mulheres perdidas, e algumas vezes, dizem as crônicas, Brunehaut partilhava os seus debouches, a fim de fazer assignar aos príncipes, em momentos de embriaguez, a ordem de degolar os homens sensatos e prudentes, que os fariam corar da sua atroz depravação.

Brunehaut, já velha, concebera uma paixão ridícula por um jovem chamado Protado; a megera, desejando elevar o seu favorito acima dos reis, tornou-o cúmplice dos seus crimes e preparou a ruína da monarquia, nomeando-o *maire* ou administrador do palácio. A autoridade e a insolência desse homem chegaram a um tão alto grau que os grandes dos Estados, invejosos do seu crédito, revoltaram-se contra Teodoberto, mandaram degolar Protado e obrigaram o príncipe a expulsar Brunehaut dos seus Estados. Mas essa mulher, que praticara já a máxima dos tiranos, "dividir para reinar", banida por Teodoberto, refugiou-se junto de Thierry e persuadiu-o de que seu irmão era um bastardo que Faiseube, sua mãe, tivera dos seus amores com um jardineiro. Essa revelação provocou uma guerra terrível entre os dois irmãos; o rei de Austrásia foi vencido e enviado a Chalons-sur-Saone, onde Brunehaut o fez assassinar; os dois filhos do príncipe foram massacrados e ela mesma esmagou o mais novo deles de encontro à parede. Justa punição de Deus que Teodoberto merecia pela sua crueldade para com Bilichilda, sua primeira mulher, que ele sufocara para desposar a sua concubina Teudichilda.

Thierry concebeu, em seguida, pela filha de seu irmão um amor incestuoso, que ele queria santificar pelo matrimônio. Brunehaut, para prevenir essa aliança, foi obrigada a confessar a legitimidade do desditoso Teodoberto e proibiu ao rei de Borgonha que se casasse com sua sobrinha. Tendo o príncipe declarado que resistiria às suas ordens e que efetuaria o matrimônio, ela administrou-lhe uma bebida envenenada que o matou depois de uma doença longa e cruel. Thierry deixou quatro filhos sob a tutela de Brunehaut.

A vingança divina devia finalmente ferir aquela mulher criminosa. Clotário, à frente de um poderoso exército, marchou sobre Metz e alcançou uma vitória fácil sobre homens que execravam Brunehaut. A rainha, entregue ao vencedor pelos seus criados, foi conduzida ao campo inimigo e compareceu suplicante na presença do filho de Fredegunda.

Clotário, digno de pertencer àquele século bárbaro, ordenou que Brunehaut fosse exposta aos ultrajes dos soldados, aplicada durante três dias à tortura e atada à cauda de um cavalo selvagem que a levou através dos bosques e das rochas. Os fragmentos horrendos do seu cadáver foram, em seguida, entregues às chamas, numa fogueira, e as cinzas lançadas ao vento.

Muitos autores afirmam, pelo contrário, que os restos mortais, recolhidos pelos padres, foram encerrados numa urna e depositados em Autun, na abadia de Sr. Martinho.

Assim terminou, depois de quarenta e oito anos de crimes, a luta travada entre Brunehaut e Fredegunda, que parecia triunfar da sua rival na pessoa de Clotário, seu filho.

Brunehaut não mostrava, no decurso de sua vida, nenhum sinal dessa espécie de energia que não é desconhecida aos maiores culpados. Criminosa sem caráter e sem elevação caiu no poder de um monstro que não exerceu para a punir senão um ato de política bárbara que ela teria exercido contra ele, se as suas armas tivessem ficado vitoriosas.

Sétimo Século

Sabiniano

67º Papa

Eleição de Sabiniano. – Sua severidade para com os pobres. – Acusa S. Gregório de ter comprado o título de santo. – Quer fazer condenar como heréticos os livros do seu predecessor. – O Espírito Santo sob a forma de uma pomba. – S. Gregório aparece ao pontífice e fere-o mortalmente.

Durante o sétimo século, os bispos de Roma começam a estender o seu domínio espiritual e temporal; empregando alternadamente a astúcia e a audácia, curvam humildemente a cabeça diante dos senhores do império, quando estes são poderosos; e revoltam-se contra a sua autoridade, quando os veem vencidos pelos seus inimigos ou na impossibilidade de os castigar. É verdade que os imperadores atraíram, pelas suas culpas, o ódio dos povos e o desprezo do clero; em primeiro lugar, abaixando-se até sustentarem teses teológicas, aceitando e abraçando as contendas mais ridículas sobre os dogmas do Catolicismo; e, em segundo lugar, o que é mais odioso ainda, levando o furor das controvérsias até perseguir os desgraçados que tinham opiniões diferentes das dos príncipes. No meio dessas disputas ociosas, os interesses materiais das províncias eram descuidados, e, naturalmente, os cidadãos que estavam separados das crenças do monarca habituavam-se a considerá-lo como um inimigo e procuravam sacudir o jugo.

Os papas aproveitaram essa predileção dos papas pelas questões religiosas e tornaram as disputas entre ele e os seus súditos mais violentas e acerbadas, ora colocando-se do partido dos príncipes, ora adotando as opiniões dos súditos. Adquiriram, assim, um poder real que souberam tornar cada vez mais formidável, apoiando-se sobre o fanatismo e sobre a superstição.

A consequência desse estado de coisas foi que as trevas da ignorância cobriram o mundo inteiro; os papas chegaram ao ponto de proibirem aos fiéis que aprendessem a ler, sob pena de excomunhão. Por ordem sua, os monumentos dos tempos antigos caíram sob o machado dos padres; os mais preciosos manuscritos foram lançados às chamas pelas mãos desses vândalos cobertos com a tiara, e a humanidade teve de velar as faces para chorar os ricos tesouros que lhe eram roubados.

Assim se achavam, desconhecidas, aviltadas, conspurcadas, as sublimes doutrinas de Jesus Cristo; assim se achava interpretada a intenção do Revelador! Os papas substituíam os seus caprichos às leis do Evangelho e serviam-se da autoridade que tinham usurpado, empregando fraudulentamente o nome do Cristo, para oprimir os homens. Finalmente, a sua audácia era tanta que ousavam dizer: "Povos, escutai! Nós, que somos os intérpretes da ciência suprema, declaramos-vos que a verdade sai da nossa boca, que temos o direito de vos impor as nossas crenças, e aquele que não pregar, que não ensinar o que nós pregamos e o que nós ensinamos será excomungado, embora seja o próprio Cristo!!"

O pontífice que começa a série dos bispos romanos do sétimo século é Toscano Sabiniano, filho de Bônus, que era de um nascimento ilustre e que atraíra sobre si o desprezo dos romanos por causa dos seus hábitos dissolutos. O bibliotecário Anastácio diz-nos que ele fora núncio de S. Gregório na corte do imperador Maurício e que foi eleito pelo clero, que o considerava não como o mais digno de governar a Igreja, mas como o mais capaz de aumentar o poder dos padres e o esplendor do trono pontifical.

O seu modo de proceder foi bem diferente daquele que seguira o seu predecessor; porque, por ocasião de uma fome que desolara a cidade apostólica, mandou vender os trigos que Gregório distribuía aos desgraçados a título de dom gratuito. Ora, como os pobres não podiam dar um soldo de ouro por 30 medidas de trigo e morriam de fome aos milhares junto dos celeiros de abundância da Santa Sede, os notáveis dirigiram-se em procissão ao palácio de Sabiniano suplicando-lhe em nome do Cristo que não deixasse morrer de miséria aqueles que o Santo Padre devia sustentar nos mosteiros, durante as aflições da carestia. Todavia, sem mesmo os querer escutar, o pontífice mandou-os expulsar da sua presença, gritando-lhes: "Longe daqui, miseráveis! Julgais-me disposto a imitar o exemplo do último papa e a comprar-vos a troco das minhas prodigalidades o título de santo?"

Nero censurava igualmente os seus antepassados de terem esgotado os fundos das economias em liberalidades excessivas para com os cidadãos. Singular aberração do espírito humano! Um Sabiniano e um Nero ousavam arvorar-se em censores dos atos dos seus predecessores, como se não tivessem de recear, por seu turno, o juízo da posteridade!

Sabiniano, possuidor dos tesouros de S. Pedro, não contente em mostrar-se tão duro para com os pobres quanto Gregório fora caridoso, quis aniquilar as obras que lhe haviam adquirido uma tão grande reputação e pretendeu que estavam manchadas de heresia. O sínodo convocado pelo Santo Padre dera já ordem de as entregar às chamas, quando um diácono, chamado Pedro, levantou-se do seu banco, assegurando debaixo de juramento que durante a vida de Gregório vira o Espírito Santo sob a forma de uma pomba pousar na cabeça do santo e ditar-lhe as suas obras. Esse incidente singular impediu Sabiniano de executar a sua empresa.

Afinal, a insensibilidade do papa, a sua ambição insaciável, tornaram-no por tal modo odioso aos romanos, que se formou uma conjuração contra a sua vida. Um grande número de padres penetraram secretamente no seu aposento e assassinaram-no.

Um autor desse tempo refere uma outra versão sobre a sua morte. Pretende ele que, no momento em que Sabiniano se ocupava em contar os seus tesouros num aposento secreto, S. Gregório apareceu ao pontífice, lançou-lhe em rosto as desgraças de Roma e ordenou-lhe que mudasse de procedimento; e que, em vista da sua recusa, bateu-lhe na cabeça com tão grande violência que o Santo Padre morreu do seu ferimento em 15 de fevereiro de 605, depois de ter reinado seis meses. Julga-se que o seu corpo foi lançado para fora dos muros da cidade santa.

Bonifácio III

68º Papa

Vagatura da Santa Sede. – Eleição de Bonifácio. – Ambição do pontífice. – O tirano Focas dá-lhe o título de bispo universal. – Concílio reunido em Roma. – Despotismo de Bonifácio. – Morte do Santo Padre.

As contestações e as rixas que se seguiram à morte de Sabiniano prolongaram pelo espaço de um ano a Vagatura da sede de Roma.

Afinal, venceu a facção de Bonifácio III, o qual recebeu a ordenação episcopal e foi elevado à cadeira apostólica. Nascido na cidade santa e diácono dessa igreja, fora enviado, no pontificado de Gregório, à corte do imperador na qualidade de núncio. Esse papa orgulhoso foi o primeiro que ousou usar o título de bispo universal, recusado durante tanto tempo pelos pontífices romanos aos patriarcas gregos.

Nessa época, Focas governava o império; o príncipe, irritado contra Ciríaco, que lhe recusara a entrada no templo depois do assassínio da imperatriz Constantina e de suas filhas, resolveu, para se vingar do prelado, elevar a sede de Roma acima da de Bizâncio, e nomear Bonifácio bispo universal de todas as Igrejas da cristandade.

O pontífice convocou logo um sínodo e fez confirmar o título que o imperador acabava de lhe dar, declarando a predominância da sua Igreja sobre a de Constantinopla. Esse mesmo concílio proibiu que se renovassem as intrigas que tinham lugar na eleição dos papas e ordenou que o clero, os grandes e o povo se reuniriam três dias depois da morte dos bispos de Roma para nomear os seus sucessores.

Bonifácio decretou igualmente que a nomeação dos prelados, em todos os reinos, não seria canônica senão depois da confirmação da corte de Roma. A sua bula começava por estas palavras: "Nós queremos e ordenamos que F. seja bispo, e que lhe obedeçais em tudo quanto ele vos ordenar, sem hesitação..."

Assim, a autoridade dos sucessores do pescador Simão aumentou em um só dia pela vontade de um abominável assassino, e os papas elevaram-se da obediência ao despotismo.

Mas Bonifácio não gozou muito tempo do poder absoluto; morreu no mesmo ano da sua eleição, em 12 de novembro de 606. Os seus restos foram depositados na basílica de S. Pedro de Roma.

Bonifácio IV

69º Papa

Vagatura da Santa Sede. – Eleição de Bonifácio IV. – Origem do pontífice. – O templo do Panteão mudado em Igreja cristã. – Viagem do bispo de Londres a Roma. – O concílio declara que os monges podem ser promovidos às sedes episcopais. – Comparação curiosa do Santo Padre. – Os monges parecem-se com os querubins. – O papa transforma em mosteiro a sua habitação. – Morte de Bonifácio IV.

As desordens precursoras da eleição dos pontífices recomeçaram com a morte de Bonifácio III, apesar dos decretos do último concílio, e retardaram pelo espaço de dez meses a nomeação de um novo papa. Afinal, as intrigas e a simonia elevaram ao trono pontifical um padre da Igreja romana, que tomou o nome de Bonifácio IV. O Santo Padre, filho de um médico chamado João, fora recolhido na sua mocidade por uns frades que o instruíram na ciência das Escrituras Sagradas. Por isso, e para mostrar-se reconhecido aos seus antigos companheiros, encheu-os de riquezas e espalhou os seus favores por todas as ordens religiosas.

O tirano Focas, desejando conservar o apoio do bispo de Roma, ofereceu a Bonifácio o templo do Panteão, construído por Mário Agripa, genro de Augusto, trinta anos antes da era cristã, e consagrado noutro tempo a todas as divindades do Paganismo. O pontífice aceitou com solicitude o oferecimento do imperador e transformou aquele edifício admirável em uma basílica cristã, que dedicou solenemente à Virgem, sob o nome de Nossa Senhora da Rotunda.

Mellito, bispo de Londres, veio nessa época à Itália e assistiu ao concílio convocado por Bonifácio em 610, para determinar os regulamentos e a forma de governo das igrejas da Inglaterra.

Holstênio afirma que o sínodo publicou um decreto que autorizava os monges a fazerem-se nomear bispos e a desempenharem as funções sacerdotais. O mesmo autor cita uma carta de Bonifácio IV ao rei Etelberto, na qual ameaça com excomunhão os sucessores do príncipe que se opusessem à ordenação dos religiosos: "A profissão monástica, acrescenta o pontífice, é a mais favorável aos homens para os preparar para o ministério da palavra do Cristo; pela santidade da vida do claustro, merecem eles ser comparados aos anjos, e como os anjos são os mensageiros de Deus no céu, assim também os monges devem ser os seus ministros na Terra. Além disso, não se assemelham eles aos querubins gloriosos pelas formas exteriores? O capuz que lhes cobre a cabeça é semelhante a duas asas brilhantes; as longas mangas das suas túnicas formam duas outras asas, e pode-se afirmar que as extremidades do vestuário que lhes cobre o corpo representam ainda duas asas. Têm eles, pois, seis asas como os serafins e pertencem à primeira hierarquia dos anjos."

O Santo Padre levou o fanatismo monástico a ponto de transformar em convento a sua casa paterna. Afinal, morreu em 614, depois de sete anos de pontificado; como o seu predecessor, foi enterrado em S. Pedro de Roma.

Deodato I

70º Papa

Eleição do pontífice. – Origem de Deodato. – Milagre surpreendente do Santo Padre. – Cartas que lhe são atribuídas. – Incerteza sobre a duração do seu pontificado. – Morte do papa. – Reflexões sobre a sua santidade.

Depois da morte de Bonifácio IV, Deodato foi eleito papa. Era filho de um subdiácono da Igreja de Roma, que lhe dera uma educação piedosa; e desde a sua mocidade, adquirira, pela sua humildade e costumes regulares, uma grande reputação de santidade.

Por ocasião da sua elevação ao trono da Igreja, uma lepra endêmica fazia estragos horríveis sobre os pobres, sempre numerosos na cidade santa. Essa enfermidade cruel comunicava-se sem o contato, mas simplesmente pelo hálito daqueles que estavam infectados dela; apesar desse perigo, o virtuoso pontífice visitou os enfermos e mostrou uma caridade evangélica a fim de aliviar os seus sofrimentos.

Uma piedosa lenda acrescenta que, um dia, Deodato, querendo animar o clero a imitar o seu exemplo, beijou um leproso na fronte, e o enfermo sarou imediatamente. As outras ações do pontífice são inteiramente ignoradas.

Atribui-se-lhe uma carta direta a Gordiano, bispo de Sevilha; mas é evidentemente apócrifa, pois a sede dessa cidade foi ocupada por Izidoro desde o ano 600 até 636, intervalo que encerra o reinado de Deodato. O autor desse documento declara que, segundo os decretos da Santa Sede, o marido e a mulher que levassem seus filhos à fonte do batismo deviam ser separados sob pena de excomunhão; acrescenta, contudo, que, depois de terem cumprido a penitência imposta pela Igreja e pago uma multa ao tesouro de S. Pedro, poderão reunir-se, submetendo-se de novo ao sacramento do matrimônio.

Ignora-se a época exata em que Deodato subiu ao trono apostólico, e não é também mais certa a duração do seu pontificado. Julga-se que ele morreu no mês de novembro do ano 617 e que seu corpo foi colocado na basílica de S. Pedro.

Deodato deixou a reputação de um homem sábio e virtuoso, e a afeição que mostrou sempre pelos pobres mereceu-lhe, com justiça, o nome de santo. É o primeiro pontífice do qual existem bulas seladas em chumbo.

No reinado desse papa, os persas fizeram a conquista de Jerusalém e da Palestina inteira; imolaram milhares de padres e de virgens consagradas a Deus; queimaram todas as igrejas; apoderaram-se de uma grande quantidade de vasos sagrados e de relicários preciosos; e escravizaram o patriarca Zacarias e um povo imenso. Mas o que, sobretudo, espalhou uma dor universal entre os cristãos, foi a perda da preciosa cruz de ouro que encerrava um pedaço da verdadeira cruz. Essa relíquia sagrada foi roubada à adoração dos fiéis; de todos os instrumentos da paixão do Salvador, restaram tão somente uma esponja e uma lança, que foram enviadas a Constantinopla.

Bonifácio V

71º Papa

Eleição do pontífice. – Sua origem. – Suas cartas. – Conversa da princesa Etelburga e de seu irmão Etelberto, rei de Kent. – Bonifácio envia presentes ao rei e à rainha de Northumbre. – Declara que as igrejas serão um lugar de asilo aos celerados. – Morte de Bonifácio V. – Milagres publicados por João Mosch. – S. Riquier recusa a absolvição ao rei Dagoberto.

Bonifácio V era originário de Nápoles e cardeal do título de S. Sixto; foi escolhido para suceder a Deodato I, no mês de dezembro do ano 617. Ignora-se a maior parte dos atos do seu pontificado.

Beda menciona três cartas que o papa escreveu no decurso do seu reinado. Uma é dirigida a Justo, metropolitano de Cantorbery; nela, felicita o prelado pelo sucesso dos seus trabalhos apostólicos e exorta-o a preservar nas suas missões a fim de converter os povos da Inglaterra. Concede-lhe o poder de ordenar bispos, com a finalidade de facilitar a propagação do Evangelho e, para recompensar o seu zelo, envia-lhe o *pallium*.

Nessa época, Edouino, quinto soberano de Northumbre, desposara a princesa Etelburga, irmã de Etelburgo, rei de Kent. A condição principal do matrimônio era que a jovem rainha, que abraçara já a religião cristã, poderia fazer-se acompanhar por monges encarregados de explicar ao monarca os novos dogmas, a fim de o converter; mas, se o príncipe persistisse nas crenças dos seus antepassados, devia ela gozar de uma inteira liberdade de consciência e ter a faculdade de conversar com os padres do seu séquito e praticar os seus atos de devoção.

Sabendo Bonifácio as favoráveis disposições de Edouino, escreveu-lhe: "Rei de Northumbre, agradeço ao verdadeiro Deus ter esclarecido o vosso espírito, fazendo-vos compreender a nulidade dos ídolos. Possa em breve a vossa alma ser ferida pelos raios de graça, a fim de que o vosso exemplo arraste os outros príncipes da Inglaterra e os faça abandonar as superstições do Paganismo, para deporem aos pés de Cristo a sua sabedoria e o seu poder."

Uma outra carta do Santo Padre era dirigida à rainha; felicitava-a ele de se ter colocado, assim como Etelbergo, seu irmão, na classe dos fiéis da Igreja; exortava-a a aplicar-se, com o seu exemplo e com as suas práticas, a convencer o soberano, seu esposo, das verdades da palavra evangélica e a torná-lo mais ardente pela propagação da fé. Enviava-lhe presentes, em nome do apóstolo S. Pedro, protetor do reino de Northumbre, que consistiam numa camisa bordada de ouro e num rico manto destinado ao rei Edouino, e para ela, Etelburga, num espelho de prata e num pente de marfim, enriquecido com cinzeladuras e relevos de ouro.

O papa, querendo, como os seus predecessores, servir-se da religião para entender a autoridade temporal da Santa Sede, fez publicar em todos os Estados cristãos uma bula ordenando que os malfeitores, quaisquer que fossem os seus crimes, não poderiam ser arrancados das basílicas onde se tivessem refugiado. As igrejas eram já um lugar de asilo inviolável para todos os celerados, mas Bonifácio V foi o primeiro que converteu em lei aquele uso estabelecido pela política dos padres.

O Santo Padre morreu em 25 de outubro de 625, depois de ter ocupado a cadeira pontifical durante sete anos e dez meses. Foi enterrado na catedral de S. Pedro de Roma.

No seu pontificado, apareceu o famoso livro de João Mosh, chamado o *Prado Espiritual*, em que o burlesco entra em luta com o cinismo. Esse João Mosh era um anacoreta egípcio que, depois de ter fugido do seu país no tempo da invasão dos persas, obtivera a direção de um convento em Roma. Na sua obra, inculca-se como testemunha ocular de todos os prodígios que relata. É útil, para bem dar a conhecer o espírito daquele século, apresentar a tradução literal de alguns desses milagres. "Numa viagem que fiz a Sicília, diz o legendário, travei amizade com um padre que viu descer o Espírito Santo sobre o altar, à hora do sacrifício divino; nunca esse eclesiástico se podia resolver a celebrar missa antes de ter sido visitado por aquela gloriosa pessoa da Trindade; de modo que, quando isso não sucedia, esperava ele até quase à noite, antes de celebrar o ofício. Próximo de Egino, na Sicília, fui testemunha de um outro milagre bem singular que confundiu os inimigos da nossa santa religião: um stylita católico mandou pedir a um monge da comunhão consagrada por um padre da sua crença; este, julgando ter feito um prosélito, apressou-se em levar-lhe pessoalmente a hóstia. Então, o católico fez ferver água na nossa presença, e quando o líquido estava em ebulição, deitou dentro a hóstia, que logo se derreteu; em seguida, pegou numa parte imperceptível de uma hóstia consagrada por um padre ortodoxo, deitou-a no mesmo líquido fervendo e imediatamente a água perdeu o seu calor. Para se vingar da sua derrota, o stylita severiano lançou-se sobre o seu adversário, arrancou-lhe o resto da hóstia enrolou-os nos dedos, deitou-o por terra e pisou-o aos pés; mas subitamente caiu um raio que o reduziu a pó, e a eucaristia, deslumbrante de luz, subiu lentamente para o céu." O *Prado Espiritual* é inteiramente composto de narrações semelhantes, ora burlescas, ora obscuras, e sempre extraordinárias. João Mosch dedicou a sua obra a Sofrônio, seu discípulo querido, o que levou alguns historiadores a citarem este último como o autor da obra. Depois da sua morte, o seu corpo foi transportado para Jerusalém e depositado no mosteiro do abade S. Teodósio.

Na França, existia um outro monge chamado S. Riquier, fundador do famoso mosteiro de Ceutulo; esse cenobita piedoso, que fora convertido à religião cristã por dois padres chamados Caido e Friscor, levava tão longe o fanatismo da penitência que não comia senão duas vezes na semana pão de centeio misturado com cinza, e só dormia uma noite em quatro. Essa existência fez grande ruído na província, e os fiéis correram de todas as partes para receberem a sua bênção. Dentre outras visitas, diz-se que ele recebeu a de Dagoberto, que vinha pedir a absolvição dos seus pecados; mas o santo recusou conceder-lha e declarou-lhe que jamais as portas do céu se abririam diante dos reis opressores dos povos.

Honório I

72º Papa

Eleição de Honório. – Adalwado, rei dos lombardos, é destronado, e o ariano Ariovaldo é proclamado soberano. – O pontífice quer restabelecer Adalwado no trono. – O exarca Isácio repele as queixas do papa. – Conversão do rei Edouino. – Honório dirige cartas aos povos da Escócia. – Festa da Exaltação da Cruz. – História do monoteísmo. – O papa torna-se herético. – Carta de Honório. – O concílio condena o pontífice. – Infalibilidade da Santa Sede. – Morte do papa Honório.

Honório, filho de um cônsul chamado Petrônio, era originário da Campânia. Apenas instalado na Santa Sede, soube que os lombardos tinham expulso o seu rei Adalwado, soberano ortodoxo, e que Ariovaldo, príncipe ariano, acabava de ser proclamado em seu lugar.

Receando a influência do novo monarca sobre a religião de seus povos, o pontífice escreveu a Isácio, exarca de Ravena, a fim de que ele restabelecesse no trono o rei deposto e que ordenasse aos bispos italianos que tinham aprovado aquela resolução, que se dirigissem à corte de Roma, para serem julgados e condenados segundo os cânones da Igreja. Mas o exarca, mais prudente e sensato do que o Santo Padre, nem sequer respondeu ao seu pedido e fez um tratado de aliança com Ariovaldo.

Em fins do ano 625, o rei de Northumbre, cedendo às solicitações da rainha Etelburga e às práticas do metropolitano de Cantorbery e de Paulino de York, determinou-se a abraçar a religião cristã. Honório recompensou aqueles dois prelados por aquela brilhante conversão, autorizando-os a usarem o *pallium*. Em seguida, enviou uma carta a Edouino exortando-o a que se instruísse nos dogmas da religião, propagando-os entre os habitantes das províncias de Norfolk e de Suffolk. Escreveu igualmente aos escoceses convidando-os a seguirem nas suas cerimônias o uso de Roma e a conformarem-se com as decisões do concílio de Niceia para celebrar a festa da Páscoa.

Nesse intervalo, o imperador Heráclio tinha vencido os persas e entrava então triunfante em Constantinopla, trazendo consigo os cristãos que estavam em escravidão, aos quais mandara restituir a liberdade. Trazia igualmente a verdadeira cruz que Chosroes roubara de Jerusalém 14 anos antes. Essa preciosa relíquia foi depositada na catedral de Constantinopla, enquanto o imperador não a podia levar para Jerusalém. No ano seguinte, no começo da primavera, embarcou para a Palestina, a fim de agradecer a Deus por suas vitórias no próprio lugar da sua paixão. Quando fez a sua entrada na cidade santa, o patriarca Zacarias veio ao seu encontro à frente do clero e recebeu das suas mãos a cruz do Salvador, que estava ainda encerrada no seu estojo de ouro, tal qual fora levada. O santo prelado examinou os selos, reconheceu que estavam intactos e, depois de ter aberto o estojo com as chaves, retirou o lenho sagrado que mostrou aos assistentes. A Igreja latina celebra o aniversário desse glorioso acontecimento no 14º dia de setembro, sob o nome de exaltação da Cruz. A Igreja grega celebra no mesmo dia uma festa análoga, não em honra do regresso da Santa Cruz, mas recordando a aparição do Labarum, no tempo de Constantino, o Grande. Essa última versão fez supor que a verdadeira cruz fora realmente destruída pelos persas, e que o fato atribuído a Heráclio era apenas uma invenção dos bispos de Roma.

Em breve, a heresia dos monotelitas veio causar um novo escândalo na Igreja, com a publicação da famosa *Ecthese* do imperador Heráclio. Começava ele pelas seguintes palavras: "Querendo conformar-nos com a sabedoria dos Santos Padres, não reconhecemos em Jesus Cristo, verdadeiro Deus, se não uma só vontade..." Essa proposição audaciosa lançou na Igreja uma grande confusão, e diremos, com Santo Agostinho, que nesses tempos de trevas a religião era obscurecida pela multidão de escândalos que se elevavam contra ela.

Ciro, venerável bispo de Alexandria, desejando fazer cessar as disputas, convocou um grande concílio que examinou as opiniões dos monotelitas e decretou que essas opiniões eram conformes às doutrinas dos ortodoxos. As decisões da assembleia foram resumidas em nove artigos; o sétimo, que é o mais notável, estabeleceu que os padres reconheciam, com Sérgio, patriarca de Constantinopla, que existe em Jesus Cristo uma só vontade ou operação; essa opinião era adotada pelos prelados, sob o pretexto especioso de trazer os severianos à união.

Sérgio, pelo seu lado, convocou um sínodo na sua diocese; fez aprovar as atas do concílio reunido por Ciro. Mas Sofrônio, monge de Jerusalém, condenou esse erro, que ele tratava de heresia, e quis obrigar os patriarcas de Alexandria e de Constantinopla a uma retratação solene. Sérgio, que conhecia o espírito rábula dos monges, dirigiu-se ao pontífice romano para que ele obrigasse o religioso a guardar silêncio sobre questões que podiam fazer correr rios de sangue em todo o Oriente.

Honório respondeu ao patriarca: "A vossa carta instrui-nos das novas disputas de palavras, suscitadas por um tal Sofrônio, noutro tempo monge e atualmente bispo de Jerusalém. Nós aprovamos o nosso irmão Ciro, prelado de Alexandria, que ensina convosco que existe uma só operação em Jesus Cristo; e censuramos severamente esse religioso, que foi para junto de vós combater as vossas doutrinas e cujo orgulho foi humilhado pela força da vossa eloquência. A carta que vós nos dirigis mostra que as vossas decisões são ditadas com muita circunspeção e previdência, e nós vos louvamos por haverdes aniquilado a palavra nova que podia escandalizar os espíritos simples.

"Seguindo o vosso exemplo, confessamos uma só vontade no Cristo, porque Deus, pela sua encarnação, não recebeu a mácula original; tomou tão somente a natureza humana como ela fora criada antes de a ter corrompido o pecado. A ciência dos concílios e das Escrituras não autoriza a ensinar uma em vez de duas operações, e a nossa inteligência não concebe essa dupla faculdade na vontade divina e humana do Cristo.

"Devemos rejeitar a palavra operação, porque parece exprimir ao mesmo tempo a causa e o efeito, e porque levaria os fiéis a confundirem a obra com a vontade que a produziu. Contudo, se condeno o sentido duplicado dessa palavra, é por causa do escândalo que ela introduziria na Igreja, permitindo aos espíritos simples o confundir-se com os nestorianos e os eutíquios; por isso que importaria pouco admitir a palavra operação. Professamos convosco esses sentimentos do mesmo modo que vós os ensinareis unanimemente conosco.

"Aqueles que atribuem uma ou duas naturezas ao Cristo e afirmam que ele efetuou uma ou duas operações ultrajam a vontade de Deus; porque o Criador, não tendo podido ser criado, não poderia ter uma ou duas naturezas.

Declaro-vos esse princípio a fim de vos mostrar a conformidade da minha fé com a vossa e para que permaneçamos animados sempre do mesmo espírito.

"Escrevemos aos nossos irmãos Ciro e Sofrônio, para que eles terminem essas contendas ociosas e para que não insistam mais sobre os novos termos, vontade ou operação. Convidamo-los a dizerem conosco que o Cristo é um só Deus, que com o auxílio de duas naturezas opera o que é divino ou que é humano. Ordenamos igualmente aos enviados, que nos trouxeram a epístola sinodal do bispo de Jerusalém, de não falar de ora em diante nas suas operações; e eles prometeram conformar-se com a nossa vontade, se o patriarca de Alexandria deixasse de falar ou de escrever sobre a unidade da operação de Jesus Cristo."

As cartas do pontífice foram recebidas sem oposição pelos prelados do Oriente; e a heresia dos monotelitas, sustentada por toda a Igreja grega, achou-se mais poderosa ainda pela proteção de Honório I.

O papa morreu em 638, depois de um pontificado de doze anos, segundo a cronologia do bibliotecário Anastácio.

Honório, durante o seu reinado, dera um patriarca ortodoxo aos maronitas, segundo uma versão árabe.

Vicelino assevera que esse papa se distinguiu pela pureza dos seus costumes e pela sua caridade para com os pobres. Pelo menos, conformou-se com o espírito do século, que fazia consistir as virtudes e o mérito dos pontífices no seu amor pela fundação de igrejas ou mosteiros, porque deu mais de três mil libras romanas aos conventos, e mandou cobrir o zimbório de S. Pedro com lâminas de cobre que tirou do templo de Júpiter Capitolino, e renovou os vasos sagrados dessa catedral.

Honório, morto em cheiro de santidade, não foi censurado por nenhuma autoridade eclesiástica, mas alguns anos depois, o sexto concílio geral declarou que esse pontífice partilhara completamente a impiedade de Sérgio. As suas cartas foram lançadas publicamente às chamas com as dos outros monotelitas, e os padres bradaram: "Anátema sobre Honório, o herético." O sétimo e oitavo sínodos ecumênicos confirmaram o julgamento e declararam que os papas não eram infalíveis!!!

Severino

73º Papa

Eleição de Severino. – Origem do pontífice. – É assaltado no palácio de Latrão. – Os soldados pilham os tesouros da Santa Sede. – Suspeita-se de o papa ter sido monotelita. – Seu caráter. – Renova o mosaico de S. Pedro de Roma. – Incerteza sobre a duração do seu pontificado. – Morte de Severino. – Vagatura da Santa Sede.

Depois da morte de Honório, um bispo chamado Severino, romano de nascimento, foi eleito para o soberano pontificado, mas não pôde exercer as funções sacerdotais senão no ano seguinte, porque a sua eleição não fora confirmada pelo imperador.

O Santo Padre, pela sua obstinação em recusar a sua aprovação à *Ecthese* de Heráclio, excitara a cólera do cartulário Maurício, e este reuniu os soldados e falou-lhes nos seguintes termos: "Camaradas, Honório morreu sem vos pagar os soldos atrasados, e os seus tesouros engrossaram com somas enviadas de Constantinopla para o pagamento das tropas. O sucessor desse padre avaro, desprezando solenes compromissos, recusa saldar uma dívida legítima e repele as nossas justas reclamações. Agora, se queremos receber o preço do sangue que derramamos pelo império, temos apenas um único meio, isto é, empregar a força e fazer justiça pelas nossas próprias mãos."

Furiosos por esse discurso, os soldados pegaram em armas e correram ao palácio de Latrão para o pilhar; as portas maciças resistiram aos seus esforços por espaço de três dias, e Severino, à frente do seu clero, defendeu corajosamente os tesouros da Igreja. Afinal, extenuados pela fadiga e pelos ferimentos, os servidores do papa pediram para capitular. Maurício suspendeu o ataque, acalmou a sedição e, fazendo-se acompanhar pelos juízes de Roma, penetrou nas abóbadas daquele rico edifício. Puseram-se selos nas salas dos ornamentos, dos vasos, das coroas, na câmara do tesouro, nas galerias cheias de riquezas imensas, enviadas pelos imperadores e pelos reis, ou depositadas pelos patrícios e pelos cônsules para alimentação dos pobres ou resgate dos cativos. Então, descobriu-se quanto as intenções dos piedosos donatários haviam sido desprezadas, pois os seus presentes, ocultos entre os tesouros dos papas, serviam não para aliviar as misérias dos homens, mas para entreter o luxo e a devassidão do clero romano.

O cartulário escreveu ao exarca de Ravena para lhe dar conta do que tinha executado, e Isácio veio logo a Roma, a fim de confirmar, dizia ele, a eleição de Severino à sede episcopal daquela cidade. Afastou os chefes do clero que poderiam sublevar o povo contra os atos do despotismo militar e exilou-os para diferentes províncias. Em seguida, fez cercar pelas suas tropas as proximidades do palácio de Latrão, e durante oito dias os soldados foram ocupados a tirar o ouro, os móveis, as alfaias e os vasos preciosos que enchiam a habitação dos pontífices. Severino, compreendendo então que o poder da espada era mais temível do que o da cruz, determinou subscrever à Ecthese do imperador, e em compensação, recebeu do exarca a autorização de governar a Igreja.

Muitos historiadores pretendem que o pontífice não fora monotelita e não partilhara a heresia do príncipe. Outros apoiam-se em provas irrecusáveis e citam uma carta de Ciro, patriarca de Alexandria, que indica positivamente a remessa da *Ecthese* de Heráclio ao soberano pontífice de Roma e a sua adesão forçada depois do ataque do palácio de Latrão pelos soldados de Maurício. Está, pois, provado que Severino foi um papa herético, a menos que não se objete que não estando ordenado ainda por ocasião da sua abjuração, o Espírito Santo não poderá comunicar-lhe as luzes da infalibilidade; o que submeteria então a vontade divina ao capricho dos príncipes. Além disso, esse pontífice fez-se estimar pelas suas virtudes, pela sua doçura, pelo seu amor aos pobres e pelo cuidado que teve em renovar os famosos mosaicos da catedral. A duração do seu reinado não está determinada com exatidão; contudo a opinião geral fixa a época da sua morte em 640. Foi enterrado na basílica de S. Pedro de Roma.

Depois da morte de Severino, a Santa Sede permaneceu vaga durante quatro meses e vinte e nove dias, em virtude das intrigas de Heráclio, que fazia demorar as eleições para ter tempo de submeter os gregos e os latinos à sua *Ecthese*. Contudo, a dificuldade para o imperador não era fazer aceitar as suas crenças pelo monotelismo, aos cristãos do Oriente, dispostos sempre a discutir e a procurar modificações aos dogmas, mas Heráclio queria, além disso, impor as suas opiniões aos bispos latinos.

Estes, sentindo-se apoiados pela nobreza e pelo povo, repeliram a adoção da *Ecthese* e procuraram nomear um pontífice que partilhasse os seus sentimentos. Pelo seu lado, os agentes do imperador, em conformidade das ordens que tinham recebido, puseram em prática a intriga e a corrupção, e conseguiram fazer rejeitar os candidatos que se recusassem a obrigar-se antecipadamente a conformarem-se com as vontades de Heráclio. S. Sofrônio, patriarca de Jerusalém e um dos que eram mais opostos ao príncipe, suscitou para esse efeito uma polêmica violenta com os monotelitas; percorrera mesmo o Oriente para remexer as bibliotecas e compusera já três enormes volumes com passagens dos padres favoráveis à sua opinião, quando, no momento em que se preparava para vir a Roma a fim de apresentar aqueles trabalhos ao clero italiano, caiu perigosamente enfermo e previu que o seu fim estava próximo. Chamou então a Jerusalém Estevão de Dória, o primeiro dos seus sufragantes, subiu com ele ao calvário, e depois de o ter feito jurar sobre a hóstia consagrada que lhe obedeceria fielmente, disse-lhe: "Ide ter com os bispos de Itália e não cesseis de os apertar até que eles tenham condenado as novidades ímpias que Heráclio quer introduzir no Catolicismo."

Estevão de Dória obedeceu ao seu metropolitano e pôs-se imediatamente a caminho para Roma.

João IV

74º Papa

Eleição de João IV. – Nascimento do pontífice. – Ecthese do imperador Heráclio. – João condena a heresia dos monotelistas. – O papa envia dinheiro à Dalmácia para resgatar cativos. – As relíquias dos santos mártires, Venâncio, Anastácio e Mauro, são levadas a Roma. – Disputas dos monges e dos frades. – Morte de João IV.

João IV, filho do escolástico Venâncio, nascera na Dalmácia. Foi nomeado bispo de Roma pelo povo, pelo clero e pelos grandes, e, tendo a sua eleição sido confirmada pelo chefe do império, subiu logo à cadeira pontifical.

Antes de prosseguir a narração das guerras religiosas, é necessário dar a definição da *Ecthese* de Heráclio, que causava então grandes desordens na Igreja. Esse famoso edito começava por uma profissão de fé ortodoxa sobre a Trindade; em seguida, explicava ele a encarnação, estabelecendo distinção das duas naturezas e conservando a unidade das duas pessoas. O autor concluía do seguinte modo: "Nós atribuímos à palavra de Deus, isto é, ao Verbo encarnado, todas as operações divinas e humanas do Cristo. Segundo a doutrina dos concílios, dizemos que um só poder executa essas duas operações, e que elas procedem, uma e outra, do Verbo encarnado, sem divisão, nem confusão, nem sucessão. Não empregamos o termo 'uma operação', apesar de que ele se encontra nos escritos dos padres, porque poderia parecer estranho aos espíritos simples e porque nós receamos que os nossos inimigos não se apoderem dele para combater a crença estabelecida da dupla natureza de Jesus Cristo. Rejeitamos do mesmo modo o termo 'duas operações', porque essa expressão não se encontra nas obras dos doutores da Igreja e porque aquele que o admitisse seria levado a reconhecer no Cristo duas vontade contrárias, isto é, duas pessoas, uma querendo a execução do sacrifício da cruz, a outra opondo-se ao suplício. Pensamento ímpio e oposto à doutrina dos padres! O herético Nestório, dividindo a encarnação, não ousou dizer que os dois filhos de Deus imaginados por ele tivessem duas vontades; reconhece, pelo contrário, uma só volição nessas duas pessoas. Assim, os católicos que não concebem senão uma natureza no Cristo não podem admitir nele dois poderes que se combatem. Logo, nós confessamos com os padres uma só vontade no Verbo encarnado, e julgamos que a sua carne, animada por uma alma, possuindo a atividade da razão, não efetuou jamais uma ação particular e oposta ao Espírito divino que lhe está unido hipostaticamente."

Essa exposição do monotelismo assim formulada fora composta pelo patriarca Sérgio, e decretada sob o nome do imperador Heráclio, que a apoiou com toda a sua autoridade, até a sua morte. Depois do falecimento deste príncipe, a face política das coisas mudou no Oriente. Heráclio deixara a Constantino, seu filho, as rédeas do império; mas antes que este pudesse firmar-se no trono, a imperatriz Martina, auxiliada pelo patriarca Pirro, mandara envenenar o jovem príncipe, para colocar em seu lugar Heracleonas, seu último filho. O senado e o povo puniram os assassinos, colocaram no trono um novo imperador, e obrigaram Pirro a resignar a sede de Constantinopla em favor do patriarca Paulo, partidário fanático do monotelismo.

A Igreja do Ocidente renovou os seus esforços para extinguir os cismas e fulminou anátemas terríveis contra os gregos. João IV, por instigação de Estevão de Dória, reuniu um numeroso concílio e fez condenar a *Ecthese*, assim como os seus autores e aderentes. Os bispos da África apressaram-se em seguir aquele exemplo, e os pastores das províncias da Bizacena, da Numídia e da Mauritânia não poupavam nas suas sentenças nem os monofisitas antigos nem aqueles que lhes haviam sucedido.

Depois da reunião do concílio, o papa deu-se pressa em expedir as atas para a corte de Constantinopla, com uma carta apostólica, na qual sua santidade procurava atenuar a enormidade da heresia do seu predecessor Honório, confessando, todavia, que ele partilhara os erros dos cismáticos. Essa apologia singular, em que os fatos mais autênticos eram negados pelo papa João, terminava do seguinte modo: "Soubemos que foi enviado a Constantinopla um escrito para obrigar os bispos do Ocidente a condenarem o concílio de Alcedônia e a carta de S. Leão; mas os esforços dos inimigos de Deus foram estéreis, e nós desejamos que o imperador, inspirado pelo Espírito Santo, declare-se afinal pela ortodoxia e faça rasgar publicamente a infame *Ecthese* de Heráclio, que está ainda afixada na porta de todas as basílicas da nova Roma, com grande escândalo dos fiéis."

No ano seguinte, João IV enviou o abade Martinho, homem piedoso e fiel, com somas consideráveis para resgatar os cristãos cativos entre os povos eslavos. Encarregou-o, ao mesmo tempo, de fazer transportar da Ilíria e da Dalmácia as relíquias dos santos mártires, Venâncio, Anastácio e Mauro, e quando esses restos sagrados foram trazidos para Roma, o papa recebeu-os com grande pompa e depositou-os num oratório que fez levantar no centro da basílica de Latrão.

Nesse pontificado, o clero secular e o clero regular excitaram violentas disputas religiosas e perseguiram-se reciprocamente com um ódio implacável. Os eclesiásticos, não podendo sofrer que os monges tivessem o direito de estabelecer padres nas igrejas que lhes haviam sido dadas pelos bispos, queixaram-se ao papa do escândalo desses abusos; mas o político João IV recusou-se a admitir as suas reclamações e confirmou solenemente os privilégios concedidos aos religiosos, em consideração pelos serviços que os monges haviam prestado sempre à Santa Sede.

Depois de um reinado de 18 meses e alguns dias, o pontífice morreu em Roma, em 641, e foi enterrado na catedral de S. Pedro.

Teodoro I

75º Papa

Eleição do pontífice. – Sua origem. – Carta do pontífice ao patriarca de Jerusalém. – Condena a Ecthese de Heráclio. – O metropolitano da ilha de Chipre anatematiza a Ecthese. – Carta do arcebispo ao papa. – Paulo de Constantinopla despreza as admoestações do Santo Padre. – O papa nomeia Estêvão de Dória seu vigário na Palestina. – Retratação de Pirro. – Profissão de fé do patriarca de Constantinopla. – O Typo. – Condenação de Pirro. – Excomunhão de Paulo, patriarca de Constantinopla. – Morte de Teodoro I.

Teodoro subiu à cadeira de S. Pedro algum tempo depois da morte de João IV; a sua eleição foi confirmada pelo exarca de Ravena. Esse papa era grego de origem e filho de um patriarca de Jerusalém. No começo do seu pontificado, recebeu as cartas sinodais de Paulo, recentemente eleito para a sede de Constantinopla, e a dos bispos que tinham consagrado a sua ordenação.

O Santo Padre respondeu ao patriarca nos seguintes termos: "A leitura das vossas cartas, meu querido irmão, fez-nos conhecer a pureza da vossa fé; mas surpreendeu-nos que elas não condenam o edito afixado, com grande escândalo dos fiéis em todas as ruas da vossa cidade. Os dogmas confirmados por tantos concílios não devem ser emendados por Heráclio nem por Pirro; porque os padres que os formularam teriam usurpado o nome de santos e deveriam ser destituídos da beatitude celeste.

"O nosso espanto aumentou sabendo que os prelados que vos sagraram tinham chamado três vezes santo ao herético Pirro. Largando a sede de Constantinopla, esse padre indigno serviu-se do pretexto da sua idade avançada e das suas enfermidades, e nós sabemos que ele obedeceu ao terror que lhe inspira o ódio do povo. Por isso, o abandono voluntário da sua Igreja não lhe tira o episcopado; e durante toda a sua vida, se ele não for condenado regularmente, tereis a recear um cisma, ou temer que ele não reivindique a sede que vós ocupais.

"Nessa ideia, queríamos diferir a recepção das vossas cartas até ao momento de Pirro ser deposto; contudo, por um sentimento de afeição para com a vossa pessoa, demos as nossas instruções ao arquidiácono Serico e a Martinho, diácono e apocrisiário, para nos representar num concílio que vós reunireis, a fim de examinar canonicamente a causa desse herético. Não adieis a sua condenação sob pretexto de que não podeis julgar equitativamente um bispo ausente; a sua presença no sínodo não é necessária, pois vós possuís os seus escritos. Além disso, não têm os seus excessos escandalizado os fiéis? Não deu ele louvores a Heráclio? Crime abominável, pois esse príncipe censura a fé dos padres. Não aprovou ele, com a sua assinatura, a *Ecthese* infame que encerra um pretendido símbolo? Não surpreendeu a vigilância de muitos bispos, fazendo-os subscrever, com o seu exemplo, esse documento condenável? Finalmente, não mandou ele afixá-lo insolentemente, nas ruas de Constantinopla, desprezando as severas advertências do nosso predecessor!

"Por isso, quando houverdes examinado essas acusações na vossa assembleia, excomungá-lo-eis e o despojareis do sacerdócio, não somente para a conservação da fé, como também para a segurança da vossa ordenação. Se os seus partidários opuserem obstáculos à vossa justiça e quiserem promover um cisma, tornareis impotentes os seus esforços, obtendo do imperador uma ordem que obrigue o culpado a apresentar-se na sua presença, como já pedimos ao príncipe."

Os conselhos de Teodoro não foram escutados, e o patriarca Paulo afetou mesmo um desdém injurioso pelas admoestações da Santa Sede.

Sérgio, metropolitano da ilha de Chipre, escreveu ao pontífice queixando-se do procedimento do clero de Constantinopla. Pelo que lhe dizia respeito, declarava reconhecer a primazia da Igreja de Roma, fundada sobre o poder dado ao apóstolo S. Pedro; glorificava-se da sua adesão à fé de S. Leão, e anatematizava a *Ecthese* afixada na capital grega. "Até este dia, diz ele na sua carta, guardamos silêncio sobre os erros dos nossos irmãos, esperando que eles abandonariam a heresia para abraçarem a doutrina da Igreja católica; mas a sua obstinação nos obrigou a romper com eles para seguir as opiniões de Arcádio, nosso santo tio, conformando-nos com a comunhão ortodoxa de vossa grandeza. Tais são os vossos sentimentos, os do nosso clero e os das nossas províncias!"

Estevão, chefe da diocese de Dória e primeiro sufragâneo de Jerusalém, dirigiu igualmente queixas ao papa sobre as desordens que a facção de Paulo de Constantinopla causava na Palestina. "Sérgio, escreve ele, prelado de Joppé, depois da retirada dos persas, apoderou-se do vigariato de Jerusalém sem forma alguma eclesiástica e unicamente apoiado pelos magistrados seculares, chegando mesmo a ordenar muitos bispos da dependência daquela sede. Contudo, estes, reconhecendo quanto a sua eleição era irregular e desejando serem conservados nos seus bispados, ligaram-se ao patriarca da cidade imperial, aprovando a nova doutrina."

O pontífice, para agradecer a Estevão a sua submissão, nomeou-o seu vigário na Palestina, e pelas mesmas cartas concedeu-lhe o poder de fazer cessar as desordens das igrejas daquela província, demitindo os prelados eleitos irregularmente por Sérgio de Joppé. Estevão executou as ordens do Santo Padre; contudo recusou-se a preencher as sedes vagas, não reconhecendo em Teodoro o direito de criar bispos sem direito a permissão do príncipe.

Os prelados da África declararam-se, em seguida, contra o monotelismo e dirigiram as suas cartas à corte de Roma. O abade Máximo, homem célebre pela santidade de seus costumes e pela pureza da sua fé, empreendeu em pessoa a conversão de Pirro, e foi tal a força dos seus raciocínios, que numa conferência obrigou-o a retratar-se. Dez anos mais tarde, o venerável Máximo expiará por um suplício atroz a sua dedicação à Igreja, e o algoz será um pontífice de Roma!

O heresiarca convertido abandonou a África e veio à Itália para pedir a Deus o perdão dos seus pecados. Segundo o costume, fez as suas devoções sobre os túmulos dos apóstolos e, em seguida, foi admitido a apresentar ao Santo Padre um escrito no qual eram anatematizadas as doutrinas que ele mesmo ou os seus predecessores tinham sustentado contra a fé.

Essa manifestação pública do regresso de Pirro para a ortodoxia encheu de júbilo Teodoro; franqueou-lhe os tesouros de S. Pedro, para fazer liberalidades ao povo, e mandou-o sentar em um dos lados do altar, honrando-o como bispo de Constantinopla. O Santo Padre embolsou-o, em seguida, de todas as suas despesas e forneceu-lhe as somas necessárias para sustentar com fausto a sua dignidade de patriarca.

Assim Pirro, privado voluntariamente da sua sede, arrependeu-se em breve de ter abdicado do poder e abjurou as suas crenças para voltar de novo às grandezas! Tão ardente é o desejo de mandar nos padres e tantas são as contradições inexplicáveis que oferece o espírito eclesiástico!

A sua apostasia arrastou consigo a derrota dos outros bispos orientais. Os três primados, Columbo de Numídia, Estevão de Bizacena e Reparato de Mauritânia, dirigiram uma carta sinodal ao pontífice, com a aprovação de todos os seus sufragâneos, em favor de Pirro, e reclamaram a sua reinstalação na sede de Constantinopla.

Paulo, ameaçado com a demissão e apertado pelos legados do pontífice, que o exortaram a explicar em que sentido entendia ele o símbolo de uma só vontade em Jesus Cristo, resolveu afinal enviar à corte de Roma uma carta dogmática para decidir a questão que dividia a cristandade. Depois de ter glorificado a sua caridade para com os fiéis e a sua paciência para com os seus inimigos, que o cobriam de injúrias e de calúnias, declarou a sua fé sobre a encarnação e acrescentou: "Nós acreditamos que a vontade do Cristo é uma, porque a nossa inteligência repele o pensamento de atribuir a Deus uma ação dupla e ensinar que ele se combate a si próprio, admitindo duas pessoas nele. Contudo não queremos confundir essas duas naturezas, a fim de estabelecer uma para revogar a existência da outra. Mas dizemos que a sua carne, animada por uma alma razoável e enriquecida com toda a sua onipotência divina pela hipóstase, tem só uma valição inseparável daquela do Verbo, que o faz efetuar todas as suas ações.

"Assim, a carne não faz operação alguma que lhe seja natural, e não pode obrar pelo seu próprio impulso contra a ordem do Verbo, obedece à lei e não produz senão fenômenos que emanam dele. Não queremos blasfemar a humanidade do Cristo dizendo que esta foi dominada pela necessidade da natureza e que, repelindo os sofrimentos da cruz, merecia a mesma repressão que o apóstolo S. Pedro.

"Eis o sentido em que interpretamos a recusa da paixão e das palavras do Evangelho: 'Eu desci do céu não para fazer a minha vontade, mas sim a daquele que me enviou.' Tomamos negativamente estas palavras; acreditamos que o Cristo não exprime o que é e que diz somente o que não é, como nesta passagem: 'Não cometi nem pecado nem iniquidade.'" Paulo, para dar mais força às suas decisões, cita em seu favor a autoridade dos padres e termina assim: "Os bispos Sérgio e Honório, um da nova, outro da antiga capital do império, eram da opinião que eu professo." Nomeia mesmo o patriarca de Constantinopla antes do pontífice romano, para mostrar a supremacia da metrópole grega sobre a Santa Sede.

Esta carta não fez cessar o descontentamento do papa e não suspendeu as disputas dos prelados do Ocidente e da África. Então Paulo convidou o príncipe para fazer cessar as desordens, a publicar um edito que pusesse termo às disputas e impusesse silêncio aos dois partidos.

Nesse decreto, chamado *Typo*, o imperador estabeleceu em primeiro lugar a questão, referiu sumariamente as razões pró e contra o monotelismo e, em seguida, acrescentou: "Proibimos aos nossos súditos católicos o disputarem de futuro, sobre os dogmas de uma vontade e uma operação, ou de duas operações e duas vontades. Aprovamos o que foi decidido pelos padres sobre a encarnação do Verbo, declarando seguir as doutrinas ensinadas pelas Santas Escrituras e os concílios ecumênicos, e pelas obras que são a regra da Igreja. Proibimos igualmente acrescentar coisa alguma aos dogmas e procurar interpretá-los segundo sentimentos irreligiosos ou interesses particulares.

"Queremos que o estado de tranquilidade que reinava antes dessas discussões seja restabelecido, como se elas não tivessem existido; e para não deixar pretexto algum àqueles que querem disputar indefinidamente, demos ordem de arrancar os escritos afixados nos vestíbulos da catedral de Constantinopla e das outras metrópoles do império."

"Aqueles que ousarem desobedecer à presente ordenança, serão submetidos ao terrível julgamento de Deus e incorrerão na nossa indignação. Os patriarcas, os bispos e os outros eclesiásticos serão depostos; os religiosos, excomungados e expulsos dos seus mosteiros; os grandes perderão as suas dignidades e os seus cargos; os cidadãos notáveis serão despojados dos seus bens, e os outros, punidos corporalmente e banidos dos seus Estados."

O imperador Constante não foi mais feliz que os seus predecessores e não pôde fazer cessar as agitações da Igreja, porque os padres são teimosos no mal; sustentam os erros mais extravagantes e mais singulares, e depois de debatidos por largo tempo, adotam-nos como artigo de fé e impõem-nos à humanidade crédula.

Além disso, a necessidade de dominar as consciências, de governar os homens pela superstição, atormenta sem cessar os eclesiásticos; eles procuram provar a importância da oração ao deísta, que considera as momices religiosas como ultrajes à Divindade; sustentam a existência do paraíso e do inferno ao materialista que nega a existência da alma; finalmente, nos países onde possuem o poder, exercem sobre as crenças um despotismo que condenariam se outros o empregassem contra eles.

Teodoro mostrou uma grande intolerância nas disputas etnológicas do monotelismo; e pela simples suspeita de que Pirro, retirado em Ravena depois da sua retratação, professava de novo a heresia, reuniu alguns bispos na basílica de S. Pedro e pronunciou contra o patriarca um anátema terrível.

Assevera-se mesmo que profanou o vinho do cálice sagrado, misturando-o com a tinta de que se serviu para assinar a condenação de Pirro. Os autores eclesiásticos justificam essa ação sacrílega, sob pretexto de que esse uso era particular aos prelados gregos. A existência desse costume prova pelo menos que os cristãos do Oriente não admitiam ainda o dogma da presença real na eucaristia e que não acreditavam na transubstanciação. Se eles acreditassem que o pão e o vinho eram o corpo e o sangue de Deus, teria o pontífice ousado, na presença de um sínodo, misturar o Cristo com uma matéria profana?

O cardeal Barônio pretende que Teodoro condenou, num novo concílio, o formulário do imperador Constante e anatematizou o patriarca de Constantinopla. Contudo, os autores que referiram a convocação desse concílio não falam do *Typo* nem da excomunhão de Paulo, o que nos deve fazer presumir que ele foi anatematizado pouco tempo depois, e só quando o Santo Padre compreendeu que as cartas e as advertências dos seus legados não poderiam jamais trazer aquele prelado à fé romana.

Logo que Paulo soube da sua deposição, mandou fechar a igreja dos ortodoxos, situada no palácio de Placídia; proibiu aos núncios, que viviam naquela suntuosa habitação, celebrarem o ofício divino e perseguiu-os com encarniçamento, assim como os bispos católicos e os simples fiéis. Uns foram banidos, outros lançados em masmorras, e muitos açoitados com varas, a ponto de lhes rasgarem as carnes.

Enquanto os seus embaixadores estavam expostos ao furor dos seus inimigos, o pontífice ocupava-se em fazer transferir os corpos dos santos mártires, Primo e Feliciano, para a magnífica basílica de Santo Estêvão, e fazia elevar uma capela a S. Silvestre no palácio de Latrão, e uma outra ao bem-aventurado mártir Eufes, fora da porta de S. Paulo.

Apesar dos cuidados com que tratava da sua polêmica contra os monotelitas, que lhe absorviam quase todos os seus instantes, Teodoro não perdia ocasião alguma de estender a influência da sede de Roma sobre as Igrejas do Ocidente; entretinha relações ativas com o clero espanhol e fazia prevalecer as suas opiniões no sétimo concílio de Toledo; correspondia-se igualmente com os eclesiásticos das Gálias e dirigia as deliberações do terceiro concílio que foi convocado naquele país por ordem de Clóvis II.

Por instigação sua, Santo Eloy e Santo Oven fizeram aprovar os símbolos de Niceia e impediram assim que se propagasse na França a heresia monotelista. Teodoro levou mesmo a sua solicitude às províncias dos Países Baixos, onde o Santo Oven trabalhava na conversão dos infiéis com Mommolin, Ebertran e Bertin. Foi ainda por conselhos seus que esses missionários converteram alguns senhores influentes e fundaram diversas casas religiosas, entre outras o célebre mosteiro Sithiano ou S. Bertin, no qual, um século mais tarde, o usurpador Pepino, o Gordo, encerrara o último herdeiro da dinastia merovingiana.

No meio daquela vida ativa, o pontífice foi atacado de uma doença grave, da qual morreu em 649, depois de um reinado de aproximadamente oito anos, sendo enterrado na igreja de S. Pedro.

Martinho I

76º Papa

Eleição de Martinho I. – Sua origem. – Concílio convocado em Roma. – Discurso do papa. – Segunda sessão do concílio de Latrão. – Exame da Ecthese. – Julgamento do concílio. – Carta do papa ao imperador. – O príncipe quer mandar prender o pontífice. – Corrupção do clero. – Martinho é raptado de Roma. – Sua estada na ilha de Naxas. – Interrogatório feito ao pontífice. – Insultos feitos ao papa. – Paulo de Constantinopla obtém o perdão do papa. – Martinho I é exilado. – Morte do pontífice romano.

Martinho I era de nascimento distinto e originário de Tudertum ou Todi, na província da Toscana. Desde a mais tenra idade, fora confiado a mestres hábeis que souberam desenvolver as felizes disposições que ele tinha para o estudo. Terminou o curso de filosofia e adquiriu um conhecimento perfeito da arte da eloquência; contudo, levando-o a sua piedade a examinar a vaidade das coisas humanas, pensou que o saber de um orador e de um filósofo era um escolho perigoso para a salvação da alma. Então, determinou renunciar às grandezas do século e consagrar-se inteiramente Deus, abraçando o estado eclesiástico, no qual, além disso, esperava obter um lugar honroso.

Em todas as funções que desempenhou, o santo ministro mostrou um grande zelo pela religião e distinguiu-se pelas suas luzes e pela sua profunda sabedoria. Mês e meio depois da morte Teodoro, apesar das intrigas de seus competidores, foi nomeado pontífice pelo povo, pelo clero e pelos grandes de Roma, e a sua eleição foi logo confirmada pelo imperador Constante, que ordenou aos seus agentes que empregassem toda a sua influência para o novo chefe da Igreja favorável ao *Typo*. Mas a pureza da sua fé e os conselhos de S. Máximo, que estava então na cidade apostólica, determinaram-no a tomar uma resolução contrária; e para destruir as derradeiras esperanças dos heréticos, reuniu no palácio de Latrão, na capela do Salvador, chamada Constantiana, um concílio de 500 bispos, e submeteu ao seu julgamento todas as questões religiosas que agitavam as igrejas.

O sínodo permaneceu reunido muitos meses e teve cinco sessões, das quais cada uma é chamada *"Secretarium"* no estilo da época, ou por causa do lugar, ou porque os prelados convocados eram os únicos que tinham o direito de entrar na assembleia. A primeira sessão teve lugar em 5 de outubro de 649! Teofilato, protonotário da Igreja romana, pediu a palavra e suplicou ao pontífice que expusesse o motivo da convocação do concílio. Martinho exprimiu-se nos seguintes termos: "Meus irmãos, temos de examinar os erros introduzidos na cristandade pelos patriarcas de Alexandria e de Constantinopla, Ciro e Sérgio, e pelos seus sucessores, Paulo e Pirro. São decorridos oito anos depois da publicação dessa bula de escândalo, em que Sérgio decidia em nove proposições diferentes, que existia em Jesus Cristo uma só pessoa, em que a divindade e a humanidade se confundiam; heresia condenável que fortificava os erros dos acéfalos. Em seguida, esse patriarca pronunciou anátema contra aqueles que não partilhavam a sua crença criminosa; e não somente espalhou essa doutrina, como também compôs, em nome do imperador Heráclio, essa famosa *Ecthese* de escândalo. Pretende ele, segundo Apolinário, o Ímpio, que existe no Cristo uma só vontade, como consequência de uma só operação: ousou afixar essa bula sacrílega nas portas da sua igreja, e fazê-la aprovar por muitos chefes do clero cuja religião surpreendeu.

"Pirro, sucessor desse patriarca, subscreveu igualmente aquele edito criminoso, e, com o seu exemplo, muitos prelados ilustres foram arrastados para o cisma. Mais tarde, tendo-o o arrependimento conduzido aos nossos pés, apresentou uma súplica, escrita pelo seu próprio punho, para abjurar a heresia que ele e os seus predecessores tinham sustentado contra a fé católica; mas, depois, voltou de novo à mesma heresia, e fomos obrigados a puni-lo do seu crime com uma deposição canônica.

E quanto ao novo patriarca Paulo, aceitou abertamente a *Ecthese* de Sérgio e empreendeu provar a sua ortodoxia; para o punir da sua audácia, pronunciamos o nosso anátema contra ele. À imitação de Sérgio, surpreendeu ele a religião do príncipe, e persuadiu-o que publicasse, sob o nome de *Typo*, um decreto que destruiu a fé católica, proibindo aos fiéis empregar os termos 'uma ou duas vontades', o que deixa supor que Jesus Cristo não tem vontade e que não efetua operação alguma. Ainda mais longe de ser tocado pelo arrependimento ao saber a sua deposição, entregou-se à violência sacrílega; mandou fechar a nossa igreja do palácio de Placídia, encarcerou os legados da nossa sede, mandou açoitar os padres ortodoxos e, finalmente, condenou à tortura um grande número de monges.

Os nossos predecessores empregaram toda a prudência e caridade cristã, usando de súplicas e admoestações, para com os bispos de Constantinopla; mas esses prelados fecharam o seu espírito aos conselhos e admoestações apostólicas. Julguei, pois, necessário reunir-vos, a fim de juntos todos na presença de Deus, que vos vê e nos julga, deliberemos sobre os culpados e sobre os seus sacrílegos erros. Que cada um pronuncie, pois, livremente segundo as inspirações do Santo Espírito."

Foi lida publicamente a carta do metropolitano de Ravena, que se desculpava de não ter podido comparecer ao sínodo; em seguida, regularam-se as formas pelas quais se devia proceder a condenação dos monotelitas.

A segunda sessão teve lugar em 8 do mesmo mês. O Santo Padre ordenou que a acusação contra os heréticos seria formulada pelas partes interessadas ou pelo notário da Igreja romana. Teofilato usou da palavra nos seguintes termos: "Declaro à vossa beatitude que Estevão, bispo de Dória, primeiro sufragâneo de Jerusalém, está à porta da basílica onde estamos reunidos, e pede para comparecer vossa presença." O pontífice deu ordem para que o admitissem no concílio.

As portas foram abertas, e o prelado, introduzido pelo mestre de cerimônias, apresentou a sua memória ao sínodo. O notário Anastácio fez a leitura dela, traduzindo-a do grego em latim. Continha a memória as explicações das primeiras agitações no Oriente, os artigos publicados por Ciro, na Alexandria, a carta de S. Sofrônio, que lhe ordenava o dirigir-se a Roma para fazer condenar os heréticos, e terminava recordando as queixas que ele fizera já a Teodoro contra Sérgio de Joppé. Citaremos as últimas palavras da sua memória: "Executei as ordens do Santo Padre defunto para com os prelados heréticos, e não consenti em admiti-los à comunhão ortodoxa senão depois de ter recebido a sua retratação assinada pela sua mão. Todas essas abjurações foram entregues ao papa Martinho I.

"Agora suplico-vos, meus irmãos, queirais executar o pedido que a minha humildade vos dirige em nome dos prelados, dos povos católicos do Oriente e do glorioso Sofrônio; pedimos-vos que dissipeis com vossa luzes os restos da heresia e que façais suceder a caridade evangélica ao fanatismo cego que impele os fiéis a guerras intermináveis."

O sínodo recebeu igualmente as queixas de grande número de abades, padres ou monges gregos, que pediam a condenação dos monotelitas. Em seguida, leram-se as antigas memórias dirigidas à Santa Sede contra Ciro, Sérgio e seus aderentes. Então o pontífice, levantando-se da sua cadeira, exprimiu-se nos seguintes termos: "Basta de queixas contra os culpados, meus irmãos. Faltar-nos-ia o tempo se quiséssemos produzir perante vós todas as reclamações que nos foram apresentadas pelos ortodoxos. Estamos assaz edificados sobre a culpabilidade dos heréticos, e podemos adiar para a sessão seguinte o exame canônico dos escritos de cada um dos acusados."

Tendo-se reunido a assembleia nove dias depois, começou a sessão pelo exame das obras de Teodoro, bispo de Pharan. Martinho citou muitas passagens dos padres que condenavam os erros daquele prelado. Os sete artigos de Ciro de Alexandria foram examinados, em seguida, assim como a carta de Sérgio de Constantinopla, que os aprovava, pronunciando anátemas contra aqueles que não reconheciam em Jesus Cristo uma só operação teândrica. Comentou-se a passagem de S. Diniz, bispo de Atenas, citada por Ciro, e tirada da carta de Caio, que terminava assim: "Finalmente, o Cristo não praticou nem ações divinas como Deus, nem operações humanas como homem, mas mostrou às nações uma nova espécie de operação de um ser encarnado, a que se pôde chamar atos teândricos."

Essas palavras eram realmente de S. Diniz, o Areopagita; e o pontífice, não podendo explicá-las, acusou Ciro e Sérgio de terem falsificado aquela passagem, empregando no seu sétimo artigo os termos de "nova operação", em vez de "operação teândrica", que deviam ser empregados. Tentou demonstrar que Sérgio destruíra o sentido dessas palavras, suprimindo na sua carta a palavra teândrico para escrever tão somente a de operação. Observações dignas do teólogo mais sutil!

Edificavam-se desse modo os fiéis, com disputas prolongadas e violentas, fundadas sobre termos que o espírito sofístico dos gregos tinha introduzido na linguagem da Igreja. Martinho, depois de ter sustentado que a palavra teândrico encerrava necessariamente a ideia de duas operações, acrescentou: "Se essa expressão significa uma só operação, quer ela dizer que é simples ou composta, natural ou pessoal. Se é simples, o Pai possui-a também; e se a possui será como o filho, Deus e homem. Admitindo essa operação composta, declaramos o Filho de uma substância diferente da do Pai, porque o Pai não poderia compreender uma operção composta. Se a dizemos natural, declaramos a carne consubstancial ao Verbo, pois executa a mesma operação; assim, em vez da trindade, proclamaríamos a quaternidade. Admitindo a operação teândrica como sendo pessoal, separamos, pelo contrário, o Filho e o Pai, pois eles são distintos pelas operações pessoais.

"Finalmente, os heréticos pretendem que a união da natureza divina e humana encaminha a operação teândrica para a unidade; noutros termos, confessam eles que o Verbo, antes da sua união com a carne, possuía duas operações, e que depois da sua hipóstase não efetuou senão uma; por consequência, aniquilou uma das suas operações, confundindo-as juntamente. Essas contradições provam que S. Diniz, pela palavra composta de que se serviu, quis designar a união das duas operações na mesma pessoa, e que pôde dizer sensatamente que Jesus Cristo não efetuou nem as ações divinas como Deus, nem as ações humanas como homem, mas sim que nos mostra a união perfeita das operações e das naturezas. O sublime dessa união é o fazer executar humanamente as ações divinas, e divinamente as ações humanas; porque a carne do Cristo, animada por uma alma razoável e unida a ele pessoalmente, operava os milagres que maravilharam os povos, e pela sua virtude onipotente submetia-se voluntariamente aos sofrimentos que nos deram a vida do céu. Assim, possuía ele o que nos é natural, de um modo sobre-humano, e diremos, como S. Leão, que cada natureza operava no Cristo o que ela tem de particular, mas com a participação da outra."

Essa explicação singular da operação teândrica foi aprovada sem oposição pela assembleia. Leu-se, em seguida, a *Ecthese* de Heráclio, e declararam-se falsos e mentirosos os extratos dos dois concílios de Constantinopla, convocados pelos patriarcas Sérgio e Pirro, que afirmavam que a *Ecthese* fora aprovada pelo pontífice Severino.

A quarta sessão do sínodo teve lugar em 19 de outubro. Martinho analisou as contradições que resultavam dos documentos lidos na sessão precedente, e explicou os artigos nos quais Ciro anatematiza os homens que não dizem com ele que Jesus Cristo obra por uma só operação. "Sérgio e Pirro aprovam essa doutrina, acrescentou ele, e, contudo, esses três prelados aderem à *Ecthese,* que proíbe pronunciar os termos de uma ou duas operações. Desse modo, repelem-se a si mesmos do seio da Igreja, porque é contraditório dizer uma operação e proibir que se pronuncie."

O soberano pontífice caía num grave erro, porque atribuía à *Tese* uma proibição que se encontrava no *Typo*, e que, por ignorância da questão ou por astúcia oratória, colocava os heréticos em contradição consigo mesmo, enquanto o edito de Heráclio apoiava o monotelismo, e que esses prelados tinham podido aprovar-se sem contradizerem nem anatematizarem a si mesmo.

Finalmente, na última sessão, tendo o pontífice mandado trazer os livros dos padres, fez ler as passagens opostas à heresia, e depois da leitura falou do seguinte modo: "Meus irmãos, é necessário fazer conhecer a toda a Terra que os inovadores caluniam os padres e os concílios que ensinaram duas vontades, duas operações e duas naturezas em Jesus Cristo; os padres não só decidiram, como também o provaram pelo número, pelos nomes, pelos pronomes, pelas qualidades, pelas propriedades, por todos os meios possíveis. Aprovamos, pois, essa doutrina sem lhe acrescentar nem cortar coisa alguma.

A fim de tornar mais sensível a conformidade dos sentimentos dos inovadores com os heréticos, o papa comparou as palavras de uns e de outros e concluiu dizendo que os primeiros eram mais culpados que os segundos, pois queriam persuadir aos espíritos simples que seguiam os escritos dos Santos Padres, enquanto os heréticos declaravam abertamente que os combatiam. Apoiou as suas conclusões com a autoridade de S. Cirilo e de Gregório Nazianzeno, e demonstrou que o Cristo tomara pela sua encarnação a natureza humana toda inteira, e, por consequência, a vontade que é essencial à alma razoável.

Depois de uma longa deliberação, o concílio pronunciou o seu julgamento em 20 cânones; condenou todos aqueles que não confessavam a Trindade e a encarnação do verbo, e que se recusavam a reconhecer Maria como mãe de Deus, e o Cristo como consubstancial a seu Pai e à Virgem, sua mãe. Os padres decidiram que Jesus Cristo era por si mesmo uma natureza do Verbo encarnado; que as duas naturezas subsistiam distintas nele, que estavam unidas hipostaticamente e conservavam as suas propriedades, e que ele executava duas vontades e duas operações, uma divina e outra humana; finalmente, condenaram aqueles que rejeitassem esses dogmas ou que não pronunciassem anátemas contra os heréticos que atacassem a Trindade e a encarnação.

Sabélio, Ário, Orígenes, Dídimo, Evagro, Teodoro de Pharan, Ciro de Alexandria, Sérgio de Constantinopla e seus sucessores, Pirro e Paulo, foram excomungados. Fulminaram-se os mais terríveis anátemas contra aqueles que aceitassem a *Ecthese* de Heráclio ou *Typo* de Constanto; contra os padres que se submetessem às disposições pronunciadas pelos ímpios maculados de monotelismo, e contra os heréticos que sustentassem que a sua doutrina era semelhante à dos padres, ou que expusessem novas fórmulas sobre a encarnação. A assinatura da sentença é concebida nos seguintes termos: "Eu, Martinho, pela graça de Deus, bispo da santa Igreja católica e apostólica da cidade de Roma, assinei como juiz essa definição que confirma a fé ortodoxa, assim como a condenação de Teodoro, prelado de Pharan, de Ciro de Alexandria, de Sérgio de Constantinopla, dos patriarcas Pirro e Paulo, seus sucessores, de seus escritos heréticos, da *Ecthese* e do *Typo* ímpio que eles publicaram em Bizâncio."

As atas do concílio foram escritas em latim e em grego, a pedido dos monges da Palestina, e o pontífice enviou-as às Igrejas do Oriente e do Ocidente, com muitas cartas sinodais. Dirigiu circulares a todos os fiéis da cristandade, para os instruir do erro dos monotelitas e da necessidade de reunirem um concílio para condenar essa heresia. "Nós enviamos, escreve ele, as atas do sínodo a todos os cristãos, a fim de justificar o nosso procedimento perante Deus e tornar indesculpáveis aqueles que nos recusarem a obediência que nos devem. Não escuteis os inovadores e não temais o poder desses homens coroados, cuja vida passa como erva que se murcha, e dos quais nenhum foi crucificado por nossa causa."

Em seguida, informou o imperador das decisões do concílio, dizendo: "Os nossos adversários, senhor, ousaram escrever aos bispos da África que vós tínheis publicado o *Typo* a fim de suspender a violência das nossas discussões teológicas, e para deixar à verdade o tempo de se estabelecer. A desgraça dessas desordens deve recair sobre esses mesmos, que se afastavam dos preceitos da Igreja; porque os padres afirmam que a mais pequena mudança na exposição das verdades divinas é condenável aos olhos de Deus. Enviamo-vos as atas do concílio com a sua tradução em grego e pedimo-vos a leitura atenta delas, a fim de que as vossas leis piedosas prescrevam os heréticos e façam triunfar as doutrinas dos Santos Padres e dos concílios."

Nessa época, o novo bispo de Tessalônica, Paulo, enviou as suas cartas sinodais à corte de Roma, e o pontífice julgou-as monotelitas. Contudo, a pedido dos seus deputados, consentiu em suspender os efeitos da excomunhão em que aquele prelado havia incorrido; censurou unicamente o erro no qual ele tinha caído e dirigiu-lhe, pelos seus legados, a profissão de fé que ele devia seguir. Paulo, receando que a submissão ao Santo Padre não lhe atraísse a inimizade dos bispos do Oriente, enganou os mandatários de Martinho e entregou-lhes uma exposição das suas crenças, na qual, falando da vontade e da operação do Cristo, eliminara a palavra "natural", assim como a fórmula de anátema pronunciada contra os heréticos.

Os legados da corte de Roma, seduzidos pelos artifícios e pelas lisonjas do bispo de Tessalônica, aceitaram aquele escrito, que levaram ao pontífice. Martinho, tendo reconhecido a astúcia, encheu-se de cólera contra os seus enviados, chamou-lhes traidores, sacrílegos, infames, e mandou-os encerrar num mosteiro onde fizeram penitência, metidos num saco e com a cabeça coberta de cinzas. Em seguida, escreveu a Paulo esta carta ameaçadora: "Sabei, bispo astuto e impostor, que estais deposto de toda a dignidade sacerdotal até o dia em que confirmareis por escrito, sem restrição alguma nem omissão, o que nós temos decidido no nosso concílio, e em que tiverdes anatematizado os novos heréticos, a sua *Ecthese* sacrílega e o seu *Typo* odioso.

"Se vós desejais voltar para a nossa comunhão, deveis imediatamente reparar a falta que cometestes contra os cânones, não vos reconhecendo nas vossas cartas por súdito o vigário da Santa Sede." Martinho dirigiu ao mesmo tempo uma ordem ao clero de Tessalônica, proibindo toda a comunicação com Paulo, se ele persistisse na heresia, e nomeando um outro bispo.

Amando ou Santo Amando, prelado de Maestrichet, enviara uma carta ao papa para o instruir das desordens dos eclesiásticos da sua diocese e para lhe fazer conhecer que queria abandonar a sua sede, a fim de fugir aos escândalos que não podia evitar. Martinho respondeu-lhe: "Soubemos que os padres, os diáconos e os outros eclesiásticos caem nos pecados vergonhosos da fornicação, de sodomia e de bestialidade. Aqueles dentre esses infames que forem surpreendidos uma só vez no pecado, depois de terem recebido as ordens sagradas, deverão ser depostos, sem esperança de serem reintegrados, e passarão o resto da vida cumprindo uma severa penitência. Não tenhais, pois, compaixão alguma dos culpados, porque nós não queremos em frente do altar senão ministro cuja existência tenha sido pura.

Não vos é, porém, permitido abandonar as funções da vossa dignidade para viver no retiro por causa dos pecados dos outros; deveis, pelo contrário, dominar a vossa afliação e permanecer na sede episcopal para edificação dos cristãos da Gália.

Convidai o bispo Sigeberto a enviar-nos bispos, que consentirão em encarregar-se da legação da Santa Sé junto do imperador, para entregar ao príncipe as atas do nosso concílio e as da vossa assembleia.

Fizemos dar ao vosso deputado as relíquias que nos pedíeis; pelo que diz respeito aos livros, como a nossa biblioteca é pobre, não esteve em nosso poder entregá-los ao vosso mandatário, e a sua partida precipitada impediu-nos de mandar tirar cópias das obras que estão nos nossos arquivos."

Martinho dirigiu carta ao rei Clóvis II, pedindo-lhe que enviasse a Roma dois prelados do seu reino, que acompanhariam a Constantinopla uma embaixada à qual ele queria dar um caráter de solenidade. Santo Eloy e Santo Ouen, que haviam sido designados em primeiro lugar pelo príncipe para se dirigirem junto ao papa, não puderam cumprir essa missão, porque os detiveram nas Gálias razões de Estado.

Executando todas essas reformas, o Santo Padre não tinha previsto a tempestade que o seu zelo formara no Oriente. O imperador Constante, instruído de que o pontífice procurava um apoio contra a sua autoridade, resolveu fazer executar o seu edito do *Typo* nas suas províncias da Itália e abaixar, afinal, o orgulho da corte de Roma. Enviou Olímpio, seu favorito, na qualidade de exarca, com ordem de se assegurar do exército e de se apoderar de Martinho. Se encontrasse resistência nos soldados, devia temporizar, seduzir pouco a pouco as tropas com liberalidades e distinções; e finalmente, quando o momento lhe parecesse favorável, devia fazer raptar o pontífice do seu palácio e enviá-lo a Constantinopla.

Olímpio desembarcou na Itália durante a convocação do concílio de Letran; seguindo as suas instruções, convidou uma parte dos bispos a separar-se da comunhão do papa, mas, tendo sido frustadas as suas tentativas e não ousando empregar ainda a violência, recorreu à traição. No momento em que o Santo Padre lhe apresentava a comunhão na igreja de Santa Maria-Maior, o exarca fez um sinal convencionando, e o seu escudeiro puxou do gládio para massacrar o pontífice. Por um milagre surpreendente, acrescentam os historiadores sagrados, Martinho tornou-se invisível, e o escudeiro cegou. Olímpio, assombrado com aquele prodígio, prostrou-se aos pés do pontífice e descobriu-lhe as ordens que recebera do imperador; em seguida, passou à Sicília para combater os sarracenos e formou um reino independente.

O exarca foi assassinado secretamente alguns tempos depois, e Constante nomeou para lhe suceder dois oficiais: Teodoro, cognominado Calíopas, e um criado do palácio, chamado também Teodoro, mas cujo sobrenome era Pelaro. Tinham ambos ordens de raptar de viva força o pontífice, acusando-o perante o povo de heresia e de crimes de Estado, censurando-lhe o não ter honrado Maria como mãe de Deus, e o ter enviado cartas e dinheiro aos sarracenos.

Martinho, instruído dos seus projetos pelos seus espiões, retirou-se com o clero para a igreja de Latrão, no mesmo dia em que os oficiais do império entraram em Roma. Não visitou o exarca, e sob pretexto do seu estado de doença, enviou alguns padres para o cumprimentar. O exarca respondeu-lhe: "que queria adorar o pontífice como era de uso, e que no dia seguinte, domingo, dia do Senhor, iria ao palácio patriarcal, onde esperava vê-lo." O termo adorar, naquela época, não representava a ideia que lhe atribuímos na nossa língua; significava simplesmente honrar; e o hábito de uma adoração real e sacrílega, como se pratica em Roma nos nossos dias, era desconhecida aos bispos dos primeiros séculos.

No dia seguinte, a missa foi celebrada na basílica de Latrão pelo Santo Padre; mas o exarca, temendo o furor do povo, não ousou tentar o rapto, apesar do número das suas tropas. Enviou unicamente na segunda-feira de manhã o seu cartulário com alguns soldados ao palácio de Latrão, para se queixar da desconfiança que lhe testemunhavam. "Acusam-vos, Santo Padre, disse-lhe o oficial, de ocultardes armas e pedras para a vossa defesa e de ter encerrado gente de guerra no vosso palácio pontifical."

Martinho pegou-lhe nas mãos e fê-lo visitar a sua habitação, para que ele verificasse a falsidade dessas acusações. "Os nossos inimigos, acrescentou o pontífice, têm-nos sempre caluniado; à chegada de Olímpio, acusavam-nos também de estarmos cercados de homens armados para repelir a força pela violência. Em breve, porém, reconheceu ele que púnhamos tão somente em Deus a nossa confiança."

O exarca, seguro do nenhum perigo que podia trazer consigo a prisão, pôs-se à frente das suas tropas e fez cercar a basílica. À aproximação dos soldados, o pontífice, apesar de enfermo, mandou que o colocassem num leito à porta mesmo da igreja; aqueles, sem consideração alguma por tão venerável ancião, nem pela santidade do lugar, penetraram no templo, quebraram as lâmpadas, e, no meio do ruído e do tinir das armas, Calíopas, mostrando aos padres e aos diáconos a ordem do imperador, ordenou-lhes que depusessem Martinho como indigno da tiara e que ordenassem um outro bispo no seu lugar.

Um gesto, uma palavra do Santo Padre, e o sangue ia ser derramado. Martinho, porém, levantou-se tranquilamente, apoiando-se em dois jovens eclesiásticos, e saiu lentamente da basílica. Os padres precipitaram-se imediatamente sobre os guardas, exclamando: "Não, o Santo Padre não sairá destes muros! Anátema contra vós, mercenários de um tirano, destruidores da fé cristã! Anátema contra vós!" O pontífice estendeu a mão, e o clero, obedecendo, veio colocar-se ao seu lado.

Martinho entregou-se, em seguida, aos soldados do exarca; mas, no momento em que eles se preparavam para o levar, os padres e os diáconos precipitaram-se de novo sobre a tropa e, cercando o Santo Padre, gritavam: "Nós não o abandonamos, é o nosso pai; vivamos ou morramos com ele!" Então o pontífice dirigiu esta súplica a Calíopas: "Senhor, permiti àqueles do meu clero que me amam que me sigam na minha escravidão." Acompanharam-no todos ao seu palácio, que foi logo mudado em prisão, e cujas portas foram guardadas pelos soldados do exarca Teodoro.

Na noite seguinte, enquanto o clero se entregava ao sono, raptaram o Santo Padre e fizeram-no sair de Roma, acompanhado unicamente por seis servos dedicados. O seu rapto foi tão precipitado que não pôde levar consigo nenhuma das coisas necessárias para uma longa viagem, a não ser uma simples taça para beber. A sua escolta, embarcada no Tibre, chegou na quarta-feira, 19 de junho, às 10 horas da manhã, ao Porto, onde tornou a partir no mesmo dia, e no 1º de julho entrava em Misena. O pontífice foi, em seguida, conduzido à Calábria, e finalmente levado para a ilha de Naxos, onde permaneceu um ano inteiro.

Durante toda a viagem, Martinho, atacado por uma disenteria cruel, não pudera sair do navio, que se transformara em sua prisão.

Os bispos e os fiéis de Naxos enviaram-lhe presentes para aliviarem os seus males; mas os soldados que o guardavam apoderavam-se das suas provisões, enchiam-no de ultrajes e espancavam mesmo os cidadãos, repelindo-os com cólera e bradando: "Morte àqueles que amam este homem, porque são inimigos do Estado!"

Finalmente, Constante deu ordem de o levarem a Constantinopla; e em meados de setembro do ano 654, o Santo Padre entrou no porto da cidade imperial. Por um dia inteiro, Martinho permaneceu a bordo, deitado em roupas ordinárias e sujas, e posto em espetáculo a todo o populacho, que lhe chamava herético, inimigo de Deus, da Virgem e do príncipe. À tarde, um escriba chamado Sagoleva e grande número de guardas desceram-no para um barco e levaram-no para a prisão chamada Prandearia, onde permaneceu três meses sem socorro algum. Julga-se que ele escreveu na sua prisão as duas cartas que chegaram até os nossos dias.

Na primeira, justifica-se ele junto do imperador das acusações formuladas contra si, e invocava o testemunho que o clero romano dera da pureza da sua fé na presença do exarca e protesta que defenderá, enquanto lhe restar um sopro de vida, as decisões do seu concílio. "Não enviei, escrevia ele, nem cartas nem dinheiro aos sarracenos; prestei unicamente alguns socorros aos servos de Deus que vinham desses países buscar esmolas para os cristãos infelizes. Creio na gloriosa Maria, virgem e mãe do Cristo, e declaro anátema, neste mundo e no outro, contra aqueles que se recusam a venerá-la e adorá-la como um ente superior a todas as criaturas." A sua segunda carta termina dizendo: "Há quarenta dias, senhor, que não posso obter um banho para o meu corpo enfraquecido. Sinto-me gelado pelo sofrimento, porque o mal que me devora as entranhas não me concedeu repouso algum nem sobre o mar nem sobre a terra. As minhas forças sucumbem, e quando peço um alimento salutar que possa reanimar-me, sofro uma recusa insultante. Contudo imploro a Deus, quando me tiver retirado desta vida, que procure aqueles que me perseguem para os trazer à penitência."

Afinal, foi tirado da sua prisão e levado à presença do senado, reunido para o interrogar. O chanceler Bucoleão, encarregado de presidir ao conselho, ordenou-lhe que se levantasse e apostrofou-o do seguinte modo: "Miserável! O nosso soberano oprimiu a tua pessoa, apoderou-se das riquezas da tua Igreja, ou procurou unicamente tirar-te a dignidade de bispo?"

O pontífice permaneceu calado.

Bucoleão prosseguiu ameaçando-o: "Visto que a tua voz não ousa elevar-se na nossa presença, vai responder-nos a dos teus acusadores." Imediatamente Doroteu, patrício de Cilícia, grande número de soldados, André, secretário de Olímpio, e alguns guardas do séquito desse exarca avançaram para o meio do conselho. No momento em que o Evangelho foi aberto para receber os seus juramentos, Martinho disse aos magistrados: "Peço-vos, senhores, em nome do Cristo que nos ouve, que deixeis falar esses homens sem os fazer jurar sobre as Santas Escrituras; que eles digam contra mim o que lhes é ordenado, mas que não percam as suas almas por um juramento condenável."

Contudo, as testemunhas juraram fazer conhecer a verdade aos juízes. Doroteu foi o primeiro a expor nos seguintes termos: "Se o pontífice tivesse 50 cabeças, deviam cair todas sob o gládio das leis, para castigo dos seus crimes, porque juro que ele corrompeu o Ocidente e se tornou cúmplice do infame Olímpio, inimigo mortal do nosso príncipe e do império."

Interrogado por Bucoleão, o pontífice respondeu: "Se quereis ouvir a verdade, eu a vou dizer. Quando o Typo foi enviado a Roma..." O prefeito Troilo interrompeu-o exclamando: "Acusam-vos dos crimes contra o Estado; não faleis da fé, porque se não trata disso nesta assembleia, visto que todos nós somos cristãos e ortodoxos como os romanos." "Mentis, replicou o Santo Padre, e no dia terrível do julgamento, eu me levantarei entre Deus e vós, para pronunciar anátema e maldição contra a vossa abominável heresia."

Troilo, concentrando em si todo o seu furor, continuou o interrogatório: "Prelado audacioso, disse ele, quando o infame Olímpio punha em execução os seus projetos criminosos, para que recebestes o juramento dos soldados desse traidor? Por que, em vez de lhe prestar o auxílio da vossa autoridade, não denunciastes as suas perfídias, opondo o vosso poder à sua vontade?"

O papa respondeu ao prefeito: "Na última revolução, quando o monge George, que foi nomeado prefeito, abandonou o campo e penetrou em Constantinopla para realizar os seus desígnios audaciosos, onde estáveis vós e aqueles que me escutam? Não somente não resististes a esse sedicioso, mas ainda aplicastes os seus discursos e expulsastes do palácio aqueles cuja expulsão ele ordenava. Por que, quando Valentino se revestiu com púrpura e se apoderou do trono, em vez de opor o vosso poder ao seu poder, obedecestes à sua lei? Por vosso turno confessai que é impossível resistir à força.

"Como poderia eu ter-me oposto a Olímpio, que comandava todos os exércitos da Itália? Fui eu que o fiz exarca? Fui eu que lhe dei tropas, tesouros e o poder soberano sobre a península romana? Mas essas palavras são inúteis, a minha perda está resolvida: portanto, permiti que eu guarde silêncio. Peço-vos que disponhais da minha vida segundo as vossas intenções, porque Deus sabe que o meu suplício me valerá uma santa recompensa."

O presidente declarou levantada a sessão e dirigiu-se ao palácio para fazer o seu relatório ao imperador. Martinho foi levado da sala do conselho e colocado no pátio, próximo das cavalarias do príncipe, no meio dos guardas. Em seguida, fizeram-no subir a um terraço, para que o soberano o pudesse ver dos seus aposentos, levado pelos soldados, na presença de todo o senado e de uma multidão numerosa. Tendo Bucoleão saído dos aposentos do príncipe, aproximou-se de Martinho para lhe dar conhecimento da sua sentença. "Bispo de Roma, disse-lhe ele, vê como Deus te entregou nas nossas mãos; quiseste resistir ao imperador e tornaste seu escravo; abandonaste o Cristo, e ele abandona-te agora." Então, dirigindo-se ao executor, acrescentou: "Rasga o manto deste pontífice." E, voltando-se para os soldados: "Eu vo-lo entrego, fazei em pedaços o seu vestuário." Em seguida, ordenou à multidão que o amaldiçoasse. Somente alguns desgraçados gritaram anátema ao papa, e os outros assistentes, baixando a cabeça, retiraram-se cheios de tristeza.

Os algozes tiraram-lhe o *pallium* sacerdotal e os outros ornamentos eclesiásticos, que dividiram entre si, deixando-lhes apenas uma túnica sem cinto, que rasgaram de ambos os lados para lhe expor o corpo nu às injúrias do ar e aos olhares ávidos da soldadesca de Constantinopla. Puseram-lhe um arco em roda do pescoço e prenderam-no ao braço do algoz para mostrar que estava condenado ao último suplício. Martinho foi levado, indo na sua frente o executor empunhando o gládio de morte, desde o palácio até o pretório; aí foi algemado e lançado numa prisão onde estavam assassinos; uma hora depois, transferiram-no para a prisão de Diomedes. Durante o trajeto, o seu guarda puxava por ele com tanta força, que, ao subir a escada, a pedra rasgou-lhe as pernas e os degraus ficaram ensanguentados. O pontífice caiu ofegante e fez esforços inúteis para se levantar; então os soldados estenderam-no sobre um banco, onde permaneceu nu, exposto a um frio rigoroso. Afinal, as mulheres de dois carcereiros, tendo compaixão do pontífice, tiraram-no da sua prisão, pinçaram-lhe as feridas e deitaram-no num leito para reanimar os membros entorpecidos. O papa ficou ali até a noite sem poder falar e sem recuperar o sentimento da existência.

Tendo sido instruído o eunuco Gregório, prefeito do palácio, das crueldades exercidas contra o Santo Padre, sentiu compaixão dele, mandou-lhe alimentos pelo mordomo da sua casa, e ele próprio, saindo do palácio, penetrou na prisão de Martinho, mandou-lhe tirar as algemas e convidou o papa a ter coragem e a esperar uma melhor sorte. E, com efeito, no dia seguinte, por conselhos seus, o imperador foi ter com o patriarca Paulo, cuja vida se extinguia nos sofrimentos de uma enfermidade cruel, para lhe dar parte do suplício do pontífice e perguntar-lhe se era necessário mandá-lo executar. Paulo, longe de aplaudir a crueldade do príncipe, soltou um profundo suspiro, voltou-se para o lado da parede e permaneceu calado. Pouco depois, murmurou estas palavras: "Os tormentos desse desgraçado vão aumentar ainda os da minha condenação." Perguntando-lhe o imperador a razão por que falava daquele modo, o prelado, levantando a cabeça, respondeu: "Príncipe, é deplorável exercer uns tais rigores contra os padres que Deus entregou em vosso poder. Em nome do Cristo, suplico-vos que façais cessar os escândalos e as crueldades da vossa justiça, ou então temei o fogo das chamas eternas!..." Essas palavras encheram de terror Constante e determinaram-no a ordenar que cessassem os rigores praticados contra Martinho.

Tendo morrido o patriarca alguns dias depois, Pirro quis elevar-se de novo à sede de Bizâncio, mas o ato de retratação que ele dera ao papa Teodoro foi publicado pelos grandes e pelos padres que se opunham à sua reintegração, julgando-o indigno do sacerdócio, como anatematizado pelas metrópoles grega e latina. Antes de tomar uma decisão, o imperador quis conhecer o procedimento desse prelado, durante a sua estada em Roma; enviou Demóstenes, oficial da bolsa, com um escriba, para interrogar o Santo Padre na sua prisão, e perguntou-lhe quais haviam sido os atos do patriarca Pirro na Itália. Martinho respondeu aos enviados do príncipe: "O patriarca dirigiu-se à nossa sede apostólica sem ali ter sido chamado; depois de ter assinado pelo seu próprio punho a abjuração da sua heresia, apresentou-a humildemente a Teodoro, nosso predecessor, que recebeu Pirro como bispo, restituiu-lhe o seu cargo na Igreja e conservou-o na sua dignidade, pondo à sua disposição os tesouros de S. Pedro."

Os oficiais retiraram-se depois dessa resposta.

O papa permaneceu três meses ainda na prisão do Diomedes. Afinal, Sagoleva, um dos principais magistrados de Constantinopla, veio dizer-lhe uma manhã: "Santo Padre, tenho ordem de vos transferir para a minha habitação e conduzir-vos esta noite para o lugar que me for indicado." Martinho, dirigindo-se àqueles que estavam próximo dele, exclamou: "Meus irmãos, chegou o momento da despedida; dai-me o ósculo da paz." Em seguida, estendendo as mãos trêmulas, deitou-lhes a bênção, acrescentando: "Não choreis, mas alegrai-vos com a alegria que Deus me prepara."

À noite, vieram os esbirros buscá-lo à casa do magistrado e conduziram-no até o porto, onde o embarcaram num navio que se fazia de vela para a ilha de Chersonese. Um mês depois da sua chegada, Martinho escreveu a um eclesiástico de Constantinopla, queixando-se do abandono em que se achava. "Aquele de quem confio esta carta, dizia o Santo Padre, veio de Bizâncio reunir-se a nós, e a sua presença causou-me uma grande alegria, apesar da decepção que senti sabendo que não trazia socorro algum da Itália. Contudo, louvei a Deus, que mede os nossos sofrimentos como é do seu agrado; não esqueçais, porém, meu irmão, que nos falta o alimento, e é tão grande a fome neste país que não podemos obter pão por preço algum. Preveni os nossos amigos de que nos é impossível viver, se não nos enviar, em breve tempo, subsídios e provisões".

"Estou tanto mais sensível à indiferença do clero, pois não cometi ação alguma que justifique o desprezo que ele mostra pela minha pessoa. Além disso, S. Pedro, que sustentou indistintamente todos os estrangeiros, não deve deixar-nos morrer de fome, a nós que estamos no exílio e na aflição por haver defendido as doutrinas da Igreja de que éramos o chefe."

"Designei-vos as coisas necessárias às minhas necessidades; peço-vos que as cumpram, mas enviem com a vossa exatidão habitual, porque não tenho nada absolutamente para combater as minhas frequentes enfermidades."

Numa outra carta, exprime ele as suas queixas com dolorosa amargura. "E estamos não somente separados do resto do mundo, como também privados na vida espiritual; porque os habitantes deste país são todos pagãos e não têm compaixão alguma dos nossos sofrimentos. Os barcos que abordam aqui para carregar de sal não nos trazem nenhuma das coisas necessárias à vida, e só tenho podido comprar uma única medida de trigo por quatro soldos de ouro. Aqueles que se prostravam noutro tempo diante de nós, para adquirirem dignidades, hoje nem sequer se inquietam com a nossa sorte. Os padres de Roma mostram pelo seu chefe uma ingratidão e uma insensibilidade deploráveis e deixam a nossa pessoa sem o mais pequeno socorro no exílio. O dinheiro está aos montes no tesouro da Igreja; os trigos, os vinhos e os outros subsídios acumulam-se nos seus domínios, e, contudo, nós permanecemos no mais completo abandono! De que terror se apoderam, pois, todos esses homens, que os impedem de cumprirem os mandamentos de Deus? Sou eu um inimigo deles? Como ousarão eles comparecer ao tribunal do Cristo, se esquecem que são como nós, formados do pó?"

"Não obstante, perdoo-lhes os meus sofrimentos e peço a Deus que os conserve firmes na fé ortodoxa e, particularmente, o pastor que os governa hoje. Abandono a Deus o cuidado do meu corpo e espero da sua misericórdia inesgotável, que não tardará em livrar-me das penas terrestres."

E, com efeito, o pontífice morreu em 16 de setembro de 655 e foi enterrado num templo dedicado à Virgem, próximo da cidade de Chersonese, onde a sua memória permaneceu por muito tempo em grande veneração. A Igreja grega honra Martinho como confessor, e a Igreja latina colocou-o na ordem dos mártires. Alguns autores afirmam que as suas relíquias foram trazidas para Roma e depositadas numa basílica, consagrada, havia muito tempo já, a S. Martinho de Tours.

Eugênio I

77º Papa

O imperador faz o papa eleger o pontífice Eugênio. – Os legados do papa comunicam com os monotelitas. – Firmeza do abade S. Máximo. – Carta sobre a perseguição de que ele foi vítima. – Morte do pontífice Eugênio. – O ourives Santo Eloy.

Eugênio, romano de nascimento e filho de Rufiniano, fora elevado à Santa Sede por ordem do imperador Constante, na época em que Martinho estava encerrado nos cárceres de Constantinopla. O príncipe, desejando que a eleição do novo pontífice parecesse consagrada canonicamente, convidou Martinho a dar a sua demissão de chefe da Igreja apostólica. Apesar da recusa daquele, a eleição de Eugênio foi celebrada com pompa na basílica de S. Pedro.

Alguns autores, pensando reabilitar a memória desse papa, supuseram que Martinho I enviou da ilha de Naxos autorização para consagrar em seu lugar o bispo que acabava de ser eleito; mas as cartas do pontífice ortodoxo desmentem essa opinião.

Depois da sua ordenação, Eugênio enviou legados encarregados de instruções secretas para encetarem negociações com os monotelitas de Constantinopla.

S. Máximo, o ilustre abade de Crisople, opunha sempre uma resistência corajosa aos progressos da heresia. Foi então preso por ordem do príncipe, e depois de alguns meses de prisão rigorosa, foi levado à presença dos magistrados para sofrer um interrogatório. Tendo-lhe o juiz ordenado que explicasse qual seria o seu modo de proceder no caso de que os romanos se unissem aos bizantinos, respondeu: "Se vós não confessais as duas vontades e as duas operações do Cristo, os enviados da cidade santa não comunicarão com eles; além disso, se eles se tornassem culpados de uma ação sacrílega, participando a vossa comunhão, a fé da Santa Sede apostólica conservaria a sua pureza, porque eles não seriam portadores de cartas sinodais!"

Os juízes replicaram: "Estais no erro e nas trevas; os apocrisiários do pontífice Eugênio estão desde ontem dentro dos nossos muros; e amanhã, dia do Senhor, na presença do povo, comunicarão com o chefe do nosso clero e saberão todos que éreis vós que pertervíeis, noutro tempo, os fiéis do Ocidente; por isso que eles comungam conosco, quando vos não achais entre eles.

"Voltai a sentimentos mais sensatos, e que o exemplo de Martinho vos ensine a temer a justiça do imperador!"

O abade Máximo respondeu com firmeza: "A regra que quero seguir é a do Santo Espírito, que anatematiza, pela boca do Apóstolo, os papas e os próprios anjos, quando eles ensinam uma outra fé que não a pregada por Jesus Cristo."

O seu discípulo Anastácio, instruído da ordem que o papa dera de excomungar o seu mestre e fazê-lo perecer se persistisse em condenar o erro dos monotelitas, escreveu aos monges de Cagliari, na Sardenha: "Os nossos adversários resolveram finalmente não seguir a doutrina dos padres; e, na sua ignorância, navegam num oceano de contradições. Depois de terem sustentado durante muito tempo que não convinha dizer nem uma nem duas operações, reconhecem hoje duas e uma, isto é, três."

"Antes deles, nenhum dos antigos heréticos ousara defender esse erro grosseiro, que os padres, os concílios e a simples razão proscrevem. Contudo, fizeram-no aprovar pelos legados do indigno pontífice Eugênio e perseguem, em seu nome, os fiéis que se opõem à destruição da fé."

Máximo tornou-se, com efeito, a vítima da sua dedicação à ortodoxia da Igreja; o imperador, por instigação do bispo de Roma, ordenou que o monge seria açoitado publicamente em todas as ruas da cidade, e, depois dessa flagelação, mandou-lhe cortar a língua e a mão direita.

As outras ações do papa ficaram inteiramente desconhecidas; morreu a 2 de junho de 658 e foi enterrado na basílica de S. Pedro, onde os padres afirmam que o seu corpo está conservado. Os frades portugueses pretendem, pelo contrário, que há muito tempo que as suas relíquias foram transportadas para a sua província.

Os autores eclesiásticos teceram grandes elogios à elevada piedade de Eugênio e à sua liberalidade para com as igrejas. Por isso, os reformadores do martirológio lhe concederam as honras da canonização!

Fixa-se na mesma época a morte de Santo Eloy, ilustre bispo de Noyon. Esse venerável prelado era de Cadillac, aldeia situada a duas léguas de Limoges. Como desde a sua mais tenra idade manifestara decidida propensão para o desenho, seu pai fizera-o entrar para casa do prefeito da moeda, na cidade de Limoges, onde fez coisas tão notáveis em ourivesaria que chamou a atenção de Robbon, tesoureiro de Clotário II, que quis tê-lo ao pé de si e o empregou na verificação das moedas. O rei, tendo ocasião de apreciar os talentos daquele artista hábil, nomeou-o seu monetário.

Dagoberto, que sucedeu ao rei Clotário II, dispensou a mesma afeição a Santo Eloy; elevou-o à dignidade de tesoureiro e encarregou-o da direção de todos os trabalhos importantes que se executavam em ourivesaria, entre outros, cadeiras de ouro, enriquecidas com pedrarias e baixos relevos, que deviam ornar o túmulo de S. Germano. Mas, em breve, Eloy, escandalizado com as devassidões da corte, resolveu fugir do mundo e foi encerrar-se num mosteiro, onde não saiu senão para dirigir o bispado de Noyon.

Concorda-se, geralmente, em reconhecer que ele desempenhou os deveres da sua dignidade episcopal com a mais escrupulosa exatidão, entregando-se ao mesmo tempo às suas ocupações artísticas. Muitas das suas obras existiam ainda antes da revolução de 1789.

Em consequência de uma viagem que empreendera no Brabante para converter os idólatras, Santo Eloy morreu na cidade de Noyon e foi enterrado na catedral, onde, segundo os legendários, praticou um grande número de milagres, dos quais não garantimos de modo algum a autenticidade.

Vitaliano

78º Papa

Eleição de Vitaliano. – Envia os seus legados a Constantinopla. – Vitaliano coloca órgãos nas igrejas de Roma. – O imperador Constante vem à Itália. – Pilhagem de Roma. – Igreja da Inglaterra. – Carta do pontífice. – Negócio de João de Lappe. – O papa envia um arcebispo à Inglaterra. – O bispo de Ravena despreza as ordens do pontífice. – Vitaliano excomunga o bispo de Ravena. – O prelado excomunga o papa. – Morte de Vitaliano. – O seu nome é riscado dos dípticos de Constantinopla.

Tendo morrido o pontífice Eugênio, foi eleito, para lhe suceder, Vitaliano, filho de Anastácio, nascido em Sígnia, na Campânia. Depois da sua exaltação, o novo Papa enviou legados a Constantinopla para entregarem ao príncipe a sua profissão de fé, e o clero dirigiu igualmente uma carta sinodal, suplicando ao imperador que confirmasse a eleição.

O padre Pagi afirma que Vitaliano não escreveu ao patriarca Pedro, então chefe do clero de Bizâncio; Fleury é de opinião contrária. Em todo caso, esses autores concordam que os enviados do Santo Padre aprovaram o *Typo* do príncipe e foram recebidos com honra na corte imperial. Constante, lisonjeado com essa prova de condescendência, tornou-se favorável à Igreja de Roma. Fez cessar as perseguições contra os ortodoxos, aumentou os privilégios dos pontífices e deu à basílica de S. Pedro um livro dos Evangelhos coberto de ouro e ornado de pedras preciosas. O patriarca de Constantinopla, monotelita zeloso, testemunhou também com provas de munificência a alegria que sentia pela sua união com o papa: e numa carta que lhe escreveu, cita diferentes passagens dos padres que haviam sido alteradas a fim de estabelecer a unidade de vontade de operação em Jesus Cristo.

Em 660, o pontífice introduziu nas igrejas o uso dos órgãos para aumentar a pompa das cerimônias religiosas.

Dois anos depois, em 662, o imperador Constante tomou a resolução de passar à Itália, a fim de colocar a sede do governo fora do alcance dos ataques dos inimigos do império, que levavam as suas excursões até debaixo dos muros de Bizâncio. Dirigiu-se a Tarento, em seguida a Nápoles; mas, tendo sofrido um revés na sua tentativa sobre Benevente, que era pelos lombardos, marchou sobre a cidade apostólica. O papa, à frente do clero, veio ao encontro do príncipe, que apresentou as suas ofertas a S. Pedro e permaneceu doze dias na antiga capital dos césares.

Em seguida, o imperador Constante, na sua qualidade de chefe do Estado, precedeu regularmente à pilhagem de Roma, a fim de aumentar os seus tesouro que estavam esgotados pelas guerras. Tirou dos templos todos os ornamentos de ouro e de prata, as estátuas, as balaustradas e até o aço dos pórticos, chegando mesmo a arrancar o manto de Santa Maria dos Mártires. A maior parte dessas riquezas foi remetida para a Sicília, onde o príncipe resolvera estabelecer a sua residência.

Na mesma época, Egberto, rei de Kent, e Oswi, rei de Northumbre, enviaram deputados à Santa Sede para consultar o papa sobre pontos de disciplina religiosa e, entre outros, sobre a época da celebração da festa da Páscoa. Instruíam-no igualmente da morte do metropolitano de Cantorbery e pediam-lhe que enviasse um prelado para preencher a sede vaga.

Os embaixadores estavam encarregados de suplicar ao Santo Padre que fizesse cessar as dissensões levantadas pelos seus representantes, que queriam sujeitar as igrejas da Inglaterra ao ritmo romano. Wigardo, chefe da deputação, conhecendo a avareza do pontífice, apoiou a sua reclamação com ricos presentes e somas consideráveis, encerrados em vasos de ouro e de prata. O pontífice apressou-se em responder ao rei Oswi, mas, ao passo que louvava o seu zelo pela religião, exortava-o a conformar-se com as tradições da Igreja apostólica, quer para a celebração da festa da Páscoa, quer para as outras cerimônias sagradas. "Enviamos, acrescentava ele, para vos agradecer as vossas ofertas, relíquias dos bem-aventurados S. Pedro e S. Paulo, dos mártires, S. Lourenço, S. João, S. Gregório e S. Pancrácio; e presenteamos a rainha, vossa esposa, com uma cruz de ouro e uma chave forjada com ferro das cadeias de S. Pedro."

Uma peste violenta devastava, então, a Itália; Wigardo e os outros deputados do rei de Kent e de Northumbre sucumbiram ao flagelo, e o papa viu-se obrigado a enviar por legados a sua resposta.

Alguns anos depois desses acontecimentos, João, bispo de Lappe, na ilha de Creta, veio a Roma para conjurar Vitaliano que lhe fizesse justiça, reformando uma sentença pronunciada contra ele pelo seu metropolitano Paulo e pelos outros prelados de Creta.

O Santo Padre convocou um sínodo no palácio de Latrão, a fim de examinar a causa do bispo, assim como as atas do concílio que tinha condenado João. A assembleia declarou unanimemente que o julgamento era irregular; censurou os rigores de que o acusado fora vítima e acusou Paulo de rebelião por ter recusado ao seu sufragâneo o poder submeter-se à apelação da corte de Roma. "Esse crime, por si só, acrescentavam os eclesiásticos italianos, merecia o anátema e prejudicaria a autoridade das mais sábias deliberações."

João foi reintegrado na sua sede, e o pontífice ordenou ao arcebispo Paulo que indenizasse o escândalo daquela deposição injusta, com uma reparação solene feita ao prelado da Igreja de Lappe. Este, declarado solenemente inocente, foi reintegrado nas suas honras e dignidades. À sua partida da cidade santa, Vitaliano entregou-lhe duas cartas, dirigidas uma a Vasco, cartulário de Constantinopla, e a outra a George, bispo de Siracusa, para que esses senhores o apresentassem ao imperador durante a sua estada na Sicília.

Vitaliano ocupou-se, em seguida, da nomeação de um prelado para a sede de Cantorbery, segundo o pedido que lhe fizera Egberto, rei de Kent. Mandou chamar a Roma Adriano, abade do convento de Neridan, próximo de Nápoles, para lhe oferecer a diocese de Cantorbery, porque esse monge lhe fora designado como muito instruído nos dogmas da religião, conhecendo todos os pontos da disciplina do clero regular ou secular, e possuindo perfeitamente as línguas grega e latina. Adriano, mais filósofo do que monge, recusou aquela importante dignidade e propôs para o substituir André, religioso do seu convento, homem venerável pela excelência da sua doutrina e pela gravidade da sua idade; este recusou, declarando que as suas enfermidades corporais o impediam igualmente de aceitar a missão do Santo Padre.

Então Adriano apresentou um outro monge, chamado Teodoro, nascido em Tarsa, na Cilícia. Esse beneditino, em virtude de estudos profundos, adquirira um grande saber nas letras divinas e humanas; falava com pureza o grego e o latim; juntava a costumes irrepreensíveis hábitos de obediência passiva às ordens dos seus superiores. Teodoro foi nomeado arcebispo de Cantorbery, e o abade Adriano consentiu em segui-lo à Inglaterra para catequizar os novos daquela ilha e para acabar de os submeter à autoridade da Igreja romana.

Vitaliano convidou S. Bento Biscop, que fazia a sua quarta peregrinação, a voltar para a sua pátria, a fim de servir de guia e de intérprete ao novo prelado Teodoro. Biscop obedeceu às ordens de Vitaliano e deixou a cidade santa em 27 de maio de 668, tomando o caminho da Inglaterra com o metropolitano de Cantorbery e o abade Adriano. Desembarcaram os três em Marselha e dirigiram-se a Arles para entregar ao arcebispo João as cartas que o pontífice lhe dirigia. O prelado acolheu favoravelmente os viajantes e conservou-os na sua diocese até que recebessem de Ebroin, *maire* do palácio, a permissão de atravessar as Gálias.

Logo que o rei de Kent soube que os enviados do Santo Padre se dirigiam para o seu reino, deputou um embaixador a corte do monarca francês, a fim de obter a autorização de os fazer conduzir ao porto de Quentaric, em Ponthieu, hoje Saint-Josse-sur-mer.

Teodoro, doente pelas fadigas da viagem, foi obrigado a ficar alguns meses naquela cidade; passou, em seguida, à Inglaterra, onde tomou posse da sede de Cantorbery. Governou essa igreja pelo período de vinte e um anos. Esse prelado obteve, com o andar dos tempos, a supremacia da sua sede sobre as outras igrejas, apesar de que o arcebispado de York fora independente noutro tempo por Gregório I. Teodoro terminou as discórdias religiosas do país, fazendo com que os ingleses consentissem em receber o rito romano. Durante o tempo do seu episcopado, dominou os príncipes e os padres, fez-lhes compreender os benefícios da instrução e fundou escolas onde ele mesmo professava. A ciência, vulgarizada pelos seus esforços, progrediu sob o céu nebuloso da Inglaterra e preparou a existência social dessa grande nação.

No Oriente, operava-se uma revolução contrária; a teologomania apoderara-se do espírito dos gregos e impelia-os a extravagâncias tais que, por ocasião da subida ao trono do seu novo imperador Constantino Rogonat, tinham exigido imperiosamente que seus dois irmãos fossem coroados ao mesmo tempo que ele; essa tríplice unção sagrada e a obediência a três príncipes ao mesmo tempo eram, segundo eles, uma consequência rigorosa da sua crença na Trindade santa e da adoração das três pessoas divinas. Constantino, que via assim roubarem-lhe uma parte da autoridade suprema em consequência de ideias religiosas que ele não partilhava, quis trazer os gregos a crenças mais em relação com os seus interesses. Portanto, perseguiu os monotelitas, favoreceu os seus adversários e, tendo morrido Pedro, patriarca de Constantinopla, nomeou, para o substituir, Tomás, diácono de Santa Sofia, que era todo dedicado à corte de Roma. Entretanto, e como as invasões incessantes dos sarracenos interrompiam toda e qualquer comunicação entre a Igreja latina e a Igreja grega, o novo patriarca não pôde enviar nem ao papa nem aos bispos latinos a sua carta sinodal.

Pouco tempo depois, teve lugar a célebre disputa entre o pontífice de Roma e o bispo Mauro. Vitaliano tinha ordenado ao metropolitano de Ravena que se dirigisse à corte de Roma, a fim de ser examinado sobre os seus atos e sobre a sua fé; mas o prelado, apoiado com o favor do exarca, recusara-se a comparecer e, tendo o pontífice declarado exautorado das suas honras e riscado da comunhão dos fiéis, ele, por seu turno, pronunciara um anátema terrível contra o papa.

Vitaliano, furioso de se ver excomungado por um eclesiástico que ele considerava como seu vassalo, ganhou para a sua causa todos os bispos da Itália e, num grande concílio, fez exautorar Mauro das funções sacerdotes.

O metropolitano não quis recorrer a clemência pontifical; opôs um desdém ultrajante às cóleras da Igreja apostólica e proibiu ao seu clero o submeter-se, direta ou indiretamente, aos decretos do bispo de Roma. Publicou igualmente uma bula de excomunhão, na qual acusava o orgulhoso sucessor de S. Pedro de querer aniquilar as liberdades da Igreja para fundar uma tirania criminosa; e na qual anunciava mesmo que empregaria a força temporal para se opor à ambição invasora do bispo romano.

Vitaliano curvou-se diante da firmeza do prelado de Ravena e, temendo que o espírito de emancipação se propagasse no clero, suspendeu os efeitos do seu ressentimento e pareceu esquecer a rebelião do audacioso Mauro.

Os beneditinos atribuem ao papa uma carta apócrifa, e, sem dúvida, escrita por esses frades, a fim de legitimar a posse dos castelos e das imensas terras que eles reivindicavam nas províncias da Sicília. Eis a linguagem que eles põem na boca de Vitaliano: "Meus irmãos, soube com grande aflição que os vossos mosteiros e os vossos bens foram arruinados pelas correrias dos sarracenos, e que muitos dentre vós caíram sob o gládio daqueles povos ímpios. Envio para vos consolar alguns religiosos de Monte-Cassino; exorto-vos a que lhes obedeçais e a trabalhar com eles para o restabelecimento das vossas abadias e para reparar as desordens dos vossos domínios..."

Esse pontífice ortodoxo e ambicioso morreu em 672, depois de um reinado de treze anos, e foi enterrado em S. Pedro.

João, patriarca de Constantinopla, restabelecera o nome do bispo de Roma nos sagrados dípticos; mas Teodoro, que lhe sucedeu, obteve de Constantino Rogonat a autorização de riscar Vitaliano do catálogo sagrado.

Deodato II

79º Papa

Origem do pontífice. – Sua educação nos claustros. – Eleição de Deodato. – Concede grandes privilégios à abadia de S. Martinho de Tours. – Caráter do pontífice. – Morte do papa Deodato. – É enterrado em S. Pedro.

Deodato, a quem diferentes autores chamam o pontífice Adeodato, era romano de nascimento e filho de Joviano. Foi colocado, muito novo ainda, no mosteiro de Santo Erasmo, situado no monte Célio, onde os religiosos tomaram cuidado da sua educação. Com o andar dos tempos, em reconhecimento aos frades que o tinham educado, aumentou as edificações do convento e organizou a comunidade, que pôs sob a direção de um abade.

Depois da morte de Vitaliano, o senado, o clero e o povo escolheram-no para seu sucessor ao trono de S. Pedro; o imperador confirmou a eleição e ele foi imediatamente sagrado bispo da cidade santa.

A história guarda silêncio sobre os atos do seu pontificado; as crônicas referem unicamente que durante o seu reinado Santo Agirico, padre e abade do mosteiro de S. Martinho de Tours, efetuou uma peregrinação a Roma, para apresentar ao papa um diploma que Crodoberto ou Roberto, metropolitano da sua diocese, havia concedido ao clero regular de S. Martinho, cuja confirmação solicitava.

Deodato, não querendo tirar à autoridade dos bispos os conventos que dependiam das suas igrejas, repeliu a princípio o pedido de Santo Agírico; mas, tendo-lhe o religioso mostrado nos arquivos da corte apostólica muitos exemplos desses abusos de poder, cedeu aos seus rogos e aprovou o diploma de Roberto.

Essa autorização não contém às cláusulas que estavam então em uso para assegurar aos monges a liberdade de viverem independentes e conforme às suas regras; por isso, Lannoy rejeitou esse documento como apócrifo, apoiando a sua opinião sobre a fórmula mencionada por Marculfo e usada nessa época para os códigos religiosos; contudo o padre Lecointre, cuja exatidão e erudição fazem autoridade para alguns, não receia afirmar a autenticidade do privilégio da abadia.

Deodato, segundo a opinião do bibliotecário Anastácio, era caridoso para com os pobres, acessível a todos os desgraçados, de um caráter sereno e de uma bondade extrema.

Ordenou 14 padres, dois diáconos e 46 bispos; é tudo quanto se sabe dos atos do seu pontificado, que durou aproximadamente cinco anos.

Deodato morreu em 676 e foi enterrado na basílica de S. Pedro de Roma.

Domnus I

80º Papa

Eleição do pontífice. – Sua origem. – O patriarca de Constantinopla escreve-lhe em favor do monotelismo. – Incertezas sobre a resposta do Santo Padre. – O bispo de Ravena submete-se ao papa. – O imperador Constantino empreende pacificar a Igreja. – Convoca um concílio geral. – Carta do príncipe ao papa. – Morte de Domnus.

Depois da morte de Deodato, a Santa Sé permaneceu vaga durante muitos meses, porque o clero, o povo e os senhores de Roma estavam divididos pelas rivalidades dos padres, ávidos da autoridade suprema. Afinal, os sufrágios reuniram-se sobre Domnus; e logo que a sua eleição recebeu a sanção imperial, subiu ao trono da Igreja. Onufro dá ao pontífice o nome de Domnus e diz que era romano de origem e filho do padre Maurício.

Teodoro, patriarca de Constantinopla, que se havia declarado em favor da heresia dos monotelitas, dirigiu a sua carta sinodal ao novo papa para o felicitar da sua eleição; escreveu-lhe unicamente para lhe perguntar quais eram as suas opiniões relativamente à reunião das Igrejas do Oriente e do Ocidente. A resposta de Domnus foi destruída pelos padres, o que faz presumir que não era ortodoxa.

Além disso, o pontífice mostrava-se de uma extrema indulgência para com os heréticos; em Roma mesmo, concedeu um favor assinalado aos monges sírios dos mosteiros de Boécia, que professavam abertamente o erro dos nestorianos; e a sua indecisão sobre o dogma era tal que, segundo dizem muitos historiadores eclesiásticos, Sua Santidade declarava que lhe era impossível pronunciar-se sobre a questão que dividia a Igreja, sem omitir proposições contraditórias ou errôneas, e o escritor Platino diz mesmo que Domnus confessava ingenuamente aos padres que compunham o seu conselho que não podia compreender como o filho de Deus podia ter duas naturezas, duas vontades e duas operações, porque uma semelhante doutrina era completamente oposta à unidade ensinada pelo Evangelho, e que confessavam ser ao mesmo tempo a essência da divindade do Cristo.

Nos princípios do ano 678, tendo o imperador concluído a paz com os sarracenos, quis fazer cessar as desordens que agitavam a cristandade; mas, prevendo os obstáculos que a ignorância e a teimosia dos bispos gregos e latinos oporiam às suas diligências conciliadoras, rodeou-se de sábios conselheiros a fim de deliberar com eles sobre as medidas a tomar para trazer de novo a tranquilidade à Igreja.

Segundo os seus conselhos, ordenou aos titulares das primeiras sedes do império, a Teodoro, chefe do clero de Bizâncio, e a Macário, patriarca de Antioquia, que se dirigissem à corte para lhe dar a conhecer os erros que dividiam, havia muito, os ministros da religião.

Os dois prelados, voltando a sentimentos de equidade pelo nobre procedimento do monarca, esqueceram a sua rivalidade e as suas disputas e confessaram ao príncipe que o espírito de controvérsia natural aos gregos os lançara nas consequências exageradas dos dogmas ou dos mistérios da religião e lhes haviam feito adotar interpretações falsas sobre a doutrina ensinada pelos padres.

Afirmaram que os termos sacramentais empregados nas discussões teológicas eram os únicos pretextos de que se serviam os prelados para promover os cismas que separavam as Igrejas, e que uma assembleia ecumênica daria remédio a todos esses males.

Constantino resolveu, então, convocar um concílio geral e escreveu ao papa: "Pedimos, Santíssimo Padre, que nos envieis homens prudentes e instruídos; deverão eles trazer consigo as obras cuja autoridade seja necessária para decidir todas as questões religiosas com os patriarcas Teodoro e Macário. Prometemos plena segurança pela sua liberdade e pela sua vida, quaisquer que sejam as determinações tomadas pela assembleia a que queremos presidir.

"Esperamos ser justificados no julgamento de Deus, em virtude da sinceridade do nosso zelo pela religião; pomos nele toda a nossa confiança e pedimos que abençoe os esforços que fazemos para obter a união entre os cristãos do nosso império; contudo, não empregamos nunca senão o poder da palavra para os convencer e condenamos aqueles que querem usar de violência para submeter a consciência dos homens.

O chefe do nosso clero pediu-nos autorização para riscar dos sagrados dípticos o nome do pontífice Vitaliano e conservar o de Honório. Não aprovamos esse pedido, desejando manter uma igualdade perfeita entre os eclesiásticos do Oriente e do Ocidente e mostrar que os temos, a uns e a outros, por ortodoxos, até que as questões suscitadas entre eles tenham sido decididas pelas autoridades do nosso sínodo.

Foi dada ordem por nós ao patrício Teodoro, exarca da Itália, de isentar de todas as despesas os padres e os doutores que mandardes a Constantinopla, e mandá-los escolher por navios de guerra, se essa medida for julgada necessária para a segurança das suas pessoas."

Essa carta não foi parar nas mãos do pontífice Domnus; o Santo Padre tinha morrido nos fins do ano 678, antes de terem chegado a Roma os embaixadores do príncipe.

Durante o seu reinado, o papa obtivera a submissão do novo arcebispo de Ravena, Reparato, que, comprado secretamente pelos presentes do pontífice, pedira para ficar sob a obediência da corte de Roma. Em virtude disso, o Santo Padre solicitara do imperador a ab-rogação do decreto que tornava a metrópole de Ravena independente da Santa Sede, o que não sofrera oposição alguma.

Domnus mandou lajear de mármore e guarnecer de colunas o pátio de honra que havia em frente da igreja de S. Pedro. A basílica dos Apóstolos, situada no caminho de Óstia, e a de Santa Eufêmia, na via Apiana, foram igualmente reparadas pelos seus cuidados.

Agatão

81º Papa

Origem de Agathão. – Sua educação. – Eleição do pontífice. – Desordens da Igreja da Inglaterra. – Wilfrido, bispo de York, é expulso da sua igreja. – Sua viagem a Roma. – Um concílio examina a causa do prelado. – Wilfrido é reabilitado pelo sínodo. – Wilfrido volta à Inglaterra. – Privilégio concedido a S. Bento Biscop. – Agathão recebe a carta dirigida a Domnus I pelo imperador Constantino. – Resposta do Santo Padre ao príncipe e a seus irmãos Heráclio e Tibério. – Carta do concílio de Roma sobre a ignorância do clero. – Chegada dos legados ao Oriente. – Concílio de Constantinopla. – Excomunhão lançada pelo concílio contra a memória do pontífice Honório I. – História notável das 18 sessões. – O imperador diminui o imposto que os papas pagavam pela sua ordenação. – Morte de Agatão. – Reflexões sobre este papa.

Agatão, o Napolitano, fora educado nos mosteiros reputados, então, como escolas em que o estudo das práticas piedosas e a ciência dos dogmas da religião eram bem ensinados. Os senadores, o clero e o povo romano fizeram recair todos os seus sufrágios sobre Agatão; e ele justificou, depois, plenamente, pela sua habilidade, a preferência que lhe haviam dado.

Depois da sua exaltação, o novo papa entregou-se aos cuidados da Igreja da Inglaterra, agitada pela ambição e pelas desordens dos padres, que haviam conseguido expulsar da sua sede Wilfrido, prelado de York. O ilustre perseguido tomou a resolução de pedir justiça ao Santo Padre contra os seus sufragantes e empreendeu a viagem de Roma. As fadigas da sua peregrinação foram atenuadas pelos cuidados generosos de Agisa, rei dos povos da Frisa, e de Berchter, soberano dos lombardos, que lhe deram escoltas para o garantir das ciladas e dos perigos de que poderia ser vítima. O pontífice, instruído já da condenação injusta do bispo inglês, acolheu favoravelmente as suas queixas e convocou um concílio de 50 prelados, a fim de examinarem o julgamento e considerarem, ao mesmo tempo, por um ato de vigor, o domínio que a Santa Sede começava a exercer sobre o clero da Grã-Bretanha.

André de Óstia e João de Porto foram encarregados de examinarem, com outros eclesiásticos, os documentos do processo de S. Wilfrido; terminado o seu trabalho, deram eles conhecimento dele à assembleia e exprimiram-se nos seguintes termos: "Meus irmãos, não encontramos Wilfrido culpado de crime algum que mereça o castigo que ele sofreu por sentença real, e admiramos, pelo contrário, o sábio procedimento que ele teve para com o seu soberano. Não procurou promover uma sedição para se manter no seu bispado e contentou-se com apelar para a corte de Roma, onde Jesus Cristo estabeleceu a primazia do sacerdócio e um tribunal supremo para todos os membros do clero."

O papa ordenou que Wilfrido fosse introduzido na sala do sínodo para ouvir as suas queixas. Este, depois de ter lido a sua memória, na qual tomava o título de bispo de Saxe, falou com força contra a sentença real que o declarara deposto da sua sede. "Eu não acusarei, disse ele, o metropolitano Teodoro de ter prestado fé, levianamente, a relatórios mentirosos, porque ele foi enviado às nossas províncias pela Santa Sede e porque eu considero como infalíveis aqueles que o Santo Padre escolheu no seu rebanho. Portanto, meus padres, obrigo-me solenemente perante vós, no caso de que a vossa assembleia reconheça equitativa a minha deposição, a submeter-me humildemente às suas vontades; se a condenação pronunciada contra mim for julgada contrária aos sagrados cânones, pedir-vos-ei que expulseis da minha diocese os impostores que a governam e ordeneis que os sufragantes de uma sede arquiepiscopal sejam eleitos, de futuro, entre os eclesiásticos da mesma Igreja."

O concílio respondeu por unanimidade que ele seria reintegrado no seu bispado e que os prelados encarregados de suportar com ele o penoso fardo das funções sacerdotais seriam nomeados num sínodo formado pelo seu clero e consagrados por Teodoro. Ao mesmo tempo, foi pronunciado anátema contra os leigos e seculares, qualquer que fosse a sua dignidade, e contra os reis que se opusessem à execução dessa sentença.

Wilfrido voltou para a sua província, levando um grande número de relíquias de santos, apóstolos e mártires para a edificação dos fiéis da Grã-Bretanha.

No ano seguinte, S. Bento Biscop fez a sua quinta peregrinação a Roma, para obter do pontífice um privilégio que assegurasse a independência do seu mosteiro e lhe desse autorização para ensinar o canto gregoriano aos seus monges, e celebrar a missa com as cerimônias italianas. João, primeiro chantre da igreja de S. Pedro e abade de S. Martinho, foi encarregado de acompanhar Biscop para ensinar a música sagrada aos monges ingleses e para verificar, ao mesmo tempo, a ortodoxia das igrejas do reino. Saíram, pois, da cidade santa, levando ele, como Wilfrido, uma quantidade prodigiosa de relíquias, de livros piedosos e de imagens, que deviam expor à adoração dos fiéis na nova basílica que o infatigável peregrino consagrara ao bem-aventurado apóstolo Pedro.

A carta que Constantino enviara no ano precedente a Domnus I foi entregue ao pontífice por Epifânio, secretário do príncipe. O Santo Padre reuniu logo um concílio a fim de responder ao imperador. Restam apenas duas cartas das atas dessa assembleia; uma é de Agatão; a segunda é escrita em nome do sínodo, e ambas dirigidas a Constantino e a seu irmão Heráclio e Tibério, que usavam o título de augustos. "Recebemos, escrevia o Santo Padre, os despachos que dirigistes ao vosso predecessor para o exortar a examinar a ortodoxia da fé. No nosso desejo de resolver essa importante questão, procuramos eclesiásticos capazes de pronunciarem sabiamente sobre o dogma da encarnação; mas não foi possível encontrar em toda a Itália senão homens grosseiros, tais como a desgraça do tempo em que vivemos permite encontrar. Tendo, pois, tomado conselho com todos os nossos irmãos, determinamos enviar-vos, como os mais instruídos da nossa Igreja, os veneráveis bispos Abundâncio e João; os nossos caros filhos Teodoro e George, padres; João, diácono, e Constantino, subdiácono; Teodoro, padre e legado da sede de Ravena, e muitos outros monges servos de Deus, que assistirão ao sínodo geral que tendes convocado na vossa cidade imperial. Não procuraremos apresentá-los como luminares da Igreja, porque não é possível encontrar um conhecimento exato das Santas Escrituras naqueles que vivem no centro das nações bárbaras e que compram o pão de cada dia com o trabalho dos seus braços.

"Mas, se ignoramos a ciência dos textos sagrados, em compensação guardamos com religiosa simplicidade a fé primitiva que os nossos predecessores nos deixaram, pedindo a Deus, por única luz, o conservar nos nossos corações a memória das suas palavras e das suas decisões. Indicamos aos nossos deputados algumas passagens dos Santos Padres, e marcamo-las nos livros, para que nos sejam apresentadas quando vós o ordenardes. Assim, a religião dessa Igreja apostólica, vossa mãe espiritual, ser-vos-á explicada, não com a eloquência profana que os nossos enviados não conhecem, mas com a sinceridade, e a convicção das crenças que temos professado desde o berço. Nós vos saudamos em Jesus Cristo!"

O pontífice exprime, em seguida, a sua fé sobre a encarnação; afirma que as três pessoas divinas têm uma só natureza e uma só vontade, e que o Verbo, tendo revestido a forma humana sob o nome de Jesus, possui duas naturezas, duas vontades e duas operações. Cita muitas passagens da Escritura, comentadas pelos padres, e refere as definições do concílio de Calcedônia e a da quinta assembleia ecumênica; assegura que a Santa Sede não sustentou nunca a heresia, que não se afastou jamais do caminho da verdade cristã, e que as suas decisões foram recebidas sempre como a palavra divina de S. Pedro. Afinal, termina essa longa carta exortando o imperador a servir-se do seu poder para sustentar a integridade da fé católica e para livrar a Igreja dos seus inimigos. "Se o bispo de Constantinopla, acrescenta ele, ensinar a nossa doutrina, não haverá mais divisão entre os fiéis; se ele abraçar, pelo contrário, o monotelismo, dará contas disso ao julgamento de Deus."

Na sua carta sinodal, os prelados que compunham a assembleia dirigem-se aos príncipes e falam-lhes do seguinte modo: "Senhores, ordenastes-nos que enviássemos a Bizâncio eclesiásticos cujos costumes sejam exemplares e cuja inteligência tenha sido alimentada com a leitura dos textos sagrados. Apesar de que pareçam edificantes as ações exteriores dos padres, nós não podemos responder pela pureza da sua vida privada; contudo, esperamos que o procedimento dos nossos deputados será conforme a moral cristã. Quanto à sua ciência, reduz-se ela às práticas da religião; porque no nosso século, as trevas da ignorância cobrem o mundo, e as nossas províncias são continuamente devastadas pelo furor das nações. No meio das invasões, dos combates e das pilhagens dos povos bárbaros, não podemos sequer ensinar a ler aos simples leigos. Os nossos dias são cheios de angústias, e cultivamos uma terra tinta com o sangue do homem; finalmente, resta-nos tão somente a fé em Jesus Cristo por único bem e por única luz."

Os legados do pontífice chegaram a Bizâncio, e Constantino recebeu-os na capela de S. Pedro, no palácio imperial. Os legados apresentaram ao príncipe as cartas da corte de Roma, e foi extrema a surpresa do monarca quando reconheceu, por um simples exame, a grosseira ignorância dos padres da Igreja latina. Contudo, exortou-os, em conformidade com as instruções que eles tinham recebidos do papa, a prepararem as questões que o concílio ia examinar, e a discutirem com tranquilidade segundo as regras da justiça. Deu-lhes por habitação o palácio de Placídia e ordenou ao tesouro que fornecesse aos legados as somas necessárias para sustentarem a sua dignidade.

Alguns dias depois, foram convidados para se dirigirem à basílica de Nossa Senhora de Blaquernes, e o príncipe, desejando mostrar toda a sua deferência pela Santa Sede, enviou-lhes cavalos ricamente ajaezados e um numeroso cortejo. O sínodo reuniu-se em seguida no palácio do soberano, na sala do Domo. Treze dos principais oficiais da coroa cercavam o imperador, que presidia em pessoa a assembleia.

Um dos legados da corte de Roma foi o primeiro a usar da palavra e exprimiu-se nos seguintes termos: "Tem decorrido já a metade de um século, meus irmãos, depois de que Sérgio, patriarca desta cidade, introduziu na linguagem da religião expressões novas que alteram a natureza da fé. O seu erro foi condenado pela Santa Sede, e os pontífices têm exortado continuamente os prelados que a professavam a repeli-la como ímpia e sacrílega. Contudo, apesar dos anátemas dos papas, a heresia propagou-se até os nossos dias na Igreja grega.

"Agora confiamos que ela cessará de perturbar a cristandade e suplicamos ao nosso magnífico imperador que ordene ao clero de Constantinopla que formule as suas crenças sobre a encarnação do Verbo, a fim de que possamos combatê-las."

Os bispos de Bizâncio e de Antioquia desenvolveram a proposição, e fizeram a leitura das atas do concílio de Éfeso, em favor das suas conclusões.

Na segunda sessão, a assembleia tomou conhecimento das decisões do concílio de Calcedônia que, segundo a observação dos legados, eram inteiramente contrárias ao monotelismo. Na terceira, reconheceu-se por apócrifa uma epístola de Menas dirigida ao papa Vigílio, e da qual se tinham apoderado os heréticos para provarem, com a autoridade desse antigo patriarca de Constantinopla, que não existia realmente senão uma só vontade em Jesus Cristo.

Nas sessões seguintes, leram-se as cartas do papa Agatão; mas o bispo de Antioquia opôs vitoriosamente às argumentações do pontífice dois volumes das passagens extraídas dos padres. O diácono de Ravena, tendo-se levantado do seu banco, dirigiu-se ao imperador: "Notai, senhor, que em todas essas citações, Macário, Estevão, seu discípulo Pedro, bispo de Nicomédia, e Salomão de Claneia, não referem texto algum que estabeleça a vontade única da Trindade e do Cristo; alteraram mesmo, ou eliminaram as passagens que condenavam os monotelistas. Suplicamos, pois, que mandeis trazer do palácio patriarcal dessa cidade os livros originais, e mostraremos à assembleia, cotejando os extratos produzidos perante ela, que foram truncados ou interpolados.

"Pelo nosso turno, citaremos as obras dos padres e provaremos claramente que eles afirmam as duas vontades e as duas operações do Verbo depois da sua união hipostática com a natureza humana."

Os patriarcas George e Macário pediram, na sétima sessão, cópia das cartas do papa Agatão, para verificar os textos sobre os quais ele fundava as suas conclusões; em seguida, submeteram-se ao sínodo dois discursos atribuídos ao pontífice Vigílio e dirigidos ao imperador Justiniano e à imperatriz Teodora, os quais encerravam estas palavras: "Anatematizamos Teodoro de Mopsuesta, que se recusa a reconhecer Jesus Cristo como uma hipóstase, uma pessoa, e executando uma só operação."

Estevão, monge e padre de Roma, levantou-se e exclamou: "Esses escritos são uma impostura; porque, se Vigílio tivesse ensinado a unidade de volição e aprovado-a, o concílio teria empregado o termo — uma operação – na definição do sínodo."

Na reunião seguinte, o chefe do clero de Constantinopla emitiu igualmente a sua opinião: "Tenho cotejado com as obras que estão nos meus arquivos as decisões do papa Agatão e dos prelados do Ocidente, e devo dizer que os testemunhos dos padres são ali mencionados com religiosa exatidão. Confesso, pois, altamente, que acredito sem restrição em tudo quanto elas contêm."

A assembleia exprimiu a sua adesão a esses sentimentos por aclamação ruidosa. Em seguida, foi examinada a doutrina geral dos heréticos, e o concílio pronunciou esta sentença: "Depois de ter examinado com profunda atenção as cartas dogmáticas de Sérgio de Bizâncio a Ciro de Alexandria, e as respostas do pontífice Honório I a Sérgio, declaramos havê-las encontrado em contradição com a doutrina dos Apóstolos, com os decretos das assembleias ecumênicas, com os sentimentos dos padres da Igreja, e conformes em todos os pontos à falsa ciência professada pelos heréticos.

"Condenamo-los, pois, como sendo capazes de corromper as almas dos fiéis; e repelindo esses dogmas ímpios, anatematizamos os autores, Sérgio, Ciro, Pirro, Paulo, Pedro, Teodoro e o pontífice Honório I, como heréticos, ímpios e sacrílegos."

Essa condenação de Honório foi o escolho da infalibilidade pontifical. Portanto, não podendo os partidários do papado negar a regularidade e a autenticidade de uma sentença confirmada pela corte de Roma e pronunciada sob a presidência dos legados da Santa Sede por um sínodo ortodoxo, fizeram todos os esforços para provar que aquele papa não tinha errado. "Admitindo mesmo como patente a condenação de Honório, diz um desses historiadores, deve sempre dizer-se que não foi ele o inventor da heresia, que nem sequer fez uma definição dela e não a propôs nunca como ensinamento à Igreja universal. A glória da sede apostólica consiste especialmente no privilégio concedido a S. Pedro e aos seus sucessores de obrarem com prudente habilidade, que faz com que não definam coisa alguma, receando emitir decisões contrárias à fé."

E, com efeito, é essa a tática que os papas têm empregado sempre, desde Honório, para conservarem a sua ortodoxia.

Na décima quarta sessão, descobriu-se que as atas do quinto concílio estavam cheias de alterações e de interpolações. Afinal, pronunciou-se o anátema contra o monotelita Polícono, que tivera a imprudência de propor justificar a sua fé pela ressurreição de um morto.

Constantino, padre da diocese de Apameia, tendo querido emitir a sua opinião sobre a tolerância religiosa, foi acusado de maniqueísmo e expulso da assembleia.

A definição da fé do sínodo foi publicada na última reunião em presença do imperador e dos principais oficiais da sua corte. Foi também declarado que se aderia aos cinco concílios precedentes, e os símbolos de Niceia e de Constantinopla foram trazidos de novo. As cartas do papa Agatão foram aprovadas como sendo conformes às decisões da assembleia ecumênica de Calcedônia e à doutrina de S. Leão e de S. Cirilo. O mistério da Encarnação foi explicado pelos padres, que demonstraram a existência em Jesus Cristo de duas vontades naturais e de duas operações; e foi proibido ensinar uma outra doutrina, sob pena de interdição, de excomunhão e de anátema.

Assim terminaram as discussões do concílio, depois de 19 sessões. Constantino, para assegurar a execução desses decretos, publicou uma ordenança concebida nos seguintes termos: "Aquele que desobedecer a presente constituição, se for bispo, padre ou monge, será deposto, e os seus bens confiscados; se for simples cidadão, será banido de Constantinopla e de todas as cidades do nosso império."

Muitos autores eclesiásticos afirmam que esse príncipe mereceu as honras da canonização, sustentando a fé da Santa Sede e outorgando aos padres ortodoxos o poder de exercerem um rigor salutar contra os heréticos. Louvam-no igualmente por ter concedido aos legados do pontífice um decreto que diminuía a soma que os papas pagavam aos monarcas gregos na época das ordenações.

Alguns meses depois desse triunfo, Agatão foi atacado de uma enfermidade cruel, da qual morreu em 1º de dezembro de 681. Tinha reinado aproximadamente quatro anos, e o seu corpo foi inumado na basílica de S. Pedro.

Os legendários falam com grande veneração da pureza dos seus costumes, da sua humildade, da sua extraordinária caridade e, sobretudo, do inestimável dom dos milagres de que o Santo Padre era dotado. Chamam-lhe Agatão o Taumaturgo, e contam que, durante uma peste violenta que devastou a Itália, quando era tesoureiro das economias de S. Pedro, curou, com a simples imposição das mãos, uma grande quantidade de pestíferos e ressuscitou um grande número de mortos!

Leão II

82º Papa

Origem de Leão. – Sua educação. – Eleição do pontífice. – Recebe os legados na sua volta de Constantinopla. – Leão manda prender os monotelitas conduzidos a Roma por ordem do imperador. – O papa envia as atas do concílio de Bizâncio às igrejas da Espanha. – Leão anatematiza o seu predecessor, o pontífice Honório. – Carta do pontífice ao imperador. – Obtém para a sua sede o direito de confirmar as eleições do bispado de Ravena. – Morte de Leão II.

Leão nascera em Cedelle, pequena cidade dos Abruzos, num cantão de Val-de-Sicília; seu pai chamava-se Paulo e exercia a profissão de médico. Destinado desde a sua mocidade ao estado eclesiástico, Leão ocupou-se da leitura dos textos sagrados, e por uma aplicação assídua, adquiriu um conhecimento profundo das Santas Escrituras, sobretudo para o século de ignorância em que ele vivia.

Depois da morte de Agatão, o clero, o povo e os grandes de Roma elevaram-no ao trono de S. Pedro, como o único padre capaz de ocupar dignamente a cadeira pontifical. O primeiro uso que ele fez da sua autoridade foi reunir um sínodo, a fim de receber e aprovar as decisões do concílio geral de Constantinopla que lhe eram trazidas pelos delegados da Santa Sede.

As cartas do imperador terminavam por estas palavras: "Mandamos ler publicamente os escritos do vosso predecessor, e foram julgados conformes às Santas Escrituras, aos decretos dos concílios e às obras dos padres.

"Então, recebemos a sua palavra como se fora a do próprio Apóstolo, e a nossa assembleia foi unânime em aclamá-la. Contudo, Macário, patriarca de Antioquia, recusou-se teimosamente a submeter-se à autoridade das decisões do papa. Agatão obrigou-nos a depô-lo da sua sede; mas ele e seus aderentes pediram-nos que os enviasse à vossa corte, a fim de apelarem, para a vossa sabedoria e para as vossas luzes, do julgamento pronunciado contra eles. Acedemos ao seu pedido e deixamos à vossa justiça paternal o cuidado de punir ou recompensar."

Em vez de escutar as reclamações dos monotelitas, Leão mandou-os encerrar nos cárceres dos mosteiros e aplicou-lhes a tortura. Anastácio, padre, e Leôncio, diácono de Bizâncio, vencidos pelos tormentos, consentiram em anatematizar aqueles que tinham partilhado as suas crenças, e no dia da Epifânia receberam solenemente a comunhão do pontífice, depois de lhe terem entregado, de joelhos, uma profissão de fé, escrita pelo seu punho. Não sucedeu o mesmo com o patriarca Macário; esse corajoso eclesiástico foi inabalável, e, no meio das mais cruéis torturas, recusou-se constantemente abjurar as suas crenças.

Por essa mesma época, vieram enviados do clero espanhol apresentar à corte de Roma as atas do décimo segundo concílio de Toledo e pedir ao papa que se dignasse a aprovar as grandes mudanças que haviam tido lugar no seu país. Eis aqui o que se tinha passado: Wamba, rei dos visigodos, em consequência de convulsões horríveis produzidas por uma beberagem envenenada que lhe havia administrado seu filho Ervige, enlouquecera e havia sido encerrado num mosteiro dependente da diocese de Toledo. Como depois recuperara a razão e era de recear que se lhe metesse na cabeça reivindicar o trono, os embaixadores vinham suplicar à Sua Santidade de confirmar a abdicação que lhe fora arrancada no seu estado de demência e de declarar santa e legítima a usurpação de Ervige, seu assassino e seu sucessor.

Em troca desse ato de condescendência, os embaixadores estavam encarregados de oferecer a Leão uma importante quantia de dinheiro. Sua santidade aderiu a tudo quanto lhe pediam e, como prova da sua comunhão, enviou ao novo rei e ao seu clero muitas cartas para os instruir das decisões publicadas pelo concílio de Constantinopla. "Esta assembleia geral, escrevia Leão, condenou justamente a memória dos heréticos Sérgio, Teodoro, Pirro, Ciro, Pedro, e, particularmente, a do infame papa Honório I, que em vez de extinguir à nascença a chama da heresia, como lho ordenara a dignidade da sede apostólica, excitou-a pela sua apostasia."

"Não vos enviamos as atas do sínodo, porque não estão traduzidas ainda completamente do grego ao latim; contudo, fazemos remeter-vos a definição do concílio e o edito de promulgação publicado pelo príncipe Constantino. Pedimos-vos que as façais conhecer aos prelados e aos povos da vossa província, aprovar pelos bispos e dar ao nosso legado as vossas assinaturas, para as depositar junto da confissão do bem-aventurado S. Pedro."

Constantino, subdiácono regionário da Santa Sede, que assistira ao sexto concílio, foi enviado à corte de Constantinopla para exercer o cargo de apocrisiário. A carta que ele estava encarregado de apresentar ao imperador continha esta passagem notável: "Príncipe, tivemos por muito agradável o edito publicado por vossa grandeza; dá ele um grande poder às decisões da assembleia ecumênica e forma como que um gládio de dois gumes para exterminar os heréticos."

Leão II morreu algum tempo depois, enquanto se ocupava em traduzir as atas do sínodo geral de Bizâncio, e foi enterrado na igreja de S. Pedro.

Os historiadores Anastácio e Platino fixam a época da sua morte em fins do ano 683.

Baillet, na sua obra da *Vida dos Santos*, assegura que esse pontífice era cheio de piedade; louva igualmente a firmeza que ele mostrou proibindo aos habitantes de Ravena celebrarem o aniversário de Mauro, o antigo metropolitano, que em outro tempo se libertara da autoridade da Igreja romana, e afirma que Leão obrigou os sucessores desse prelado a entregarem à Santa Sede a ordenança que eles haviam obtido do imperador e que assegurava a sua independência.

Bento II

83º Papa

Origem do pontífice. – Sua eleição. – O imperador concede a Leão II um privilégio que assegura a independência dos papas. – Concílio de Toledo. – O imperador envia ao pontífice cabelos de seus filhos Heráclio e Justiniano. – Esses príncipes são colocados sob a proteção de S. Pedro. – O patriarca Macário persevera na heresia. – Morte do pontífice. – Conversão milagrosa do jovem senhor Ansberto.

O sucessor de Leão II era romano de nascimento e filho de um cidadão chamado João. Ligado à Igreja desde a sua infância, o jovem Bento dirigiu os seus estudos para as ciências profanas, sem contudo pôr de parte as Escrituras sagradas e o canto religioso. Foi eleito bispo de Roma pela assembleia dos eclesiásticos, dos grandes e do povo; mas não pôde exercer as funções pontificais senão onze meses depois da sua nomeação, porque a corte de Constantinopla não tinha confirmado ainda a sua eleição.

Bento escreveu ao imperador para lhe dirigir as queixas do clero sobre as demoras que sofria a confirmação dos bispos, quando os bárbaros interceptavam as comunicações entre as duas cidades. O príncipe, seduzido pelos louvores e pelas lisonjas do Santo Padre, que lhe chamava "luz deslumbrante do mundo e regenerador da fé...", acedeu aos seus rogos e publicou um edito que permitia ao clero, aos cidadãos e ao exército consagrarem os papas sem esperar pela aprovação dos imperadores.

Logo que o pontífice viu a sua autoridade estabelecida no Oriente, escreveu para Espanha ao seu legado, ordenando-lhe que reunisse um concílio em Toledo, para fazer aprovar pelos prelados daquele país as decisões do sínodo ecumênico de Constantino Pogonat. Os 17 bispos da província cartaginense dirigiram-se à assembleia, examinaram-se as atas da reunião geral de Constantinopla; os padres deram a sua aprovação aos decretos do concílio e enviaram a Bento II uma carta sinodal que explicava as suas crenças. Tendo o Santo Padre notado nessa profissão de fé as expressões *"A vontade engendra a vontade"* e *"Há três substâncias em Jesus Cristo"*, dirigiu representações ao seu legado para fazer retratar aqueles erros, mas os prelados responderam que não os modificariam, porque eram essas as suas opiniões e que as observações do papa não mudariam as suas convicções.

No ano seguinte, o imperador, para manifestar a sua amizade ao papa, mandou levar à corte de Roma cabelos de seus filhos Heráclio e Justiniano. O pontífice recebeu favoravelmente o presente do monarca em nome de S. Pedro e considerou-se, desde então, como o pai adotivo dos jovens príncipes, segundo o uso dos tempos antigos.

Bento II, a pedido dos enviados de Constantino, empreendeu a conversão de Macário, patriarca de Antioquia, que perseverava no cisma, apesar das perseguições e das torturas que lhe haviam feito sofrer.

Mandou-o recolher do seu exílio e, durante seis semanas, fê-lo sair todos os dias da sua prisão para entrar em controvérsia com S. Bonifácio, que se obrigara a fazê-lo abjurar a sua heresia. O prelado, opondo uma resistência inabalável às promessas e às ameaças, repeliu todos os avanços da Santa Sede e fez juramento de defender por toda a sua vida as crenças do monotelismo. O pontífice ocupou o trono dez meses completos e morreu no princípio do ano 685. O seu corpo foi inumado na igreja de S. Pedro.

O bibliotecário Anastácio refere que Bento II afetava uma grande humildade; que era brando, paciente e liberal, que reparou as basílicas de S. Pedro e de S. Lourenço de Lucina; que fez grandes embelezamentos nas de S. Valentino e de Santa Maria dos Mártires, e que deixou 30 libras de ouro ao clero e aos mosteiros de Roma. O martirológio coloca-o no número dos santos cuja memória celebra a Igreja.

Nessa época, teve lugar a conversão de Santo Ansberto e a sua entrada para o mosteiro de Fontenelle. Esse santo varão, segundo a versão que nos deixaram os bolandistas, nascera em Chaussy, aldeia do Vexin. As suas qualidades pessoais e a influência da sua família, que era da primeira nobreza, abriram-lhe uma brilhante carreira, e o chanceler Roberto ficou tão encantado do seu mérito que quis fazê-lo desposar sua filha Angudrema. Essa jovem, que não partilhava as mesmas ideias de seu pai e que desejava consagrar-se a Deus, passou muitas noites em oração e obteve do céu que o rosto se lhe cobrisse de lepra. Ansberto rejeitou-a por mulher, e ela pôde então entrar para o convento do Oratório, onde recebeu o véu das mãos de Santo Ouen.

E quanto a Ansberto, continuou a frequentar os jovens senhores e as formosas damas da corte, que obtiveram para ele a sobrevivência de Roberto no cargo da chancelaria. Depois, pensou de novo em casar-se e pediu a mão da filha de um rico senhor. Mas, apenas lhe foi concedida, o rosto da jovem se cobriu de uma lepra horrível. O jovem chanceler, cheio de terror, abandonou bruscamente a corte e foi encerrar-se na abadia de Fontenelle com a resolução inabalável de se consagrar a Deus; vendeu os seus imensos bens e empregou-os na fundação de mosteiros e hospitais.

Em breve, a sua reputação de santidade se estendeu por todas as províncias do reino; e vagando a Igreja episcopal de Rouen, os habitantes dessa cidade pediram-no para seu bispo. Promovido àquela sede, Ansberto votou-se inteiramente a pregar o Evangelho, a aliviar os pobres, e condenou com voz eloquente as prodigalidades e as devassidões da corte. Pepino de Heristal, *maire* do palácio, descontente com a severidade do prelado, fê-lo arrancar da sua sede pelos seus satélites, que o conduziram para um mosteiro do Hainaut, onde, por ordem do príncipe, os monges o fizeram sofrer tratos tão cruéis, que morreu deles alguns meses depois da sua chegada.

João V

84º Papa

Origem de João V. – Eleição e ordenação do pontífice. – Seu caráter. – Os seus sofrimentos obrigam-no a não se levantar da cama durante todo o tempo do seu pontificado. – A igrejas da Sardenha colocam-se de novo sob a dependência da Santa Sede. – O papa ordena 13 bispos. – Morte do pontífice.

João V, filho de Ciríaco, nascera na Síria, da província de Antioquia. Durante o reinado do pontífice Agatão, as suas luzes, a sua firmeza e a sua moderação tinham-no feito nomear legado da Santa Sede para assistir ao sínodo ecumênico de Constantinopla. Depois da morte de Bento II, foi eleito papa e ordenado pelos bispos de Óstia, de Porto e de Velitre.

As suas enfermidades e um padecimento crônico obrigaram-no a não se levantar da cama todo o tempo que durou o seu pontificado; nas festas solenes, podia apenas fazer-se conduzir aos ofícios. Mostrou, contudo, grande energia e uma grande atividade para governar a Igreja, e opôs-se com vigor às pretensões dos bispos de Cagliari, que tinham usurpado o direito de confirmar as eleições dos prelados da Sardenha.

O metropolitano Citonato, tendo ordenado Novellus como bispo da igreja das Terras, sem ter obtido para isso a autorização de Roma, João V, exumou dos arquivos do palácio de Latrão um decreto do papa S. Martinho que proibia aos arcebispos de Cagliari nomearem os seus sufragâneos; e reuniu um concílio que obrigou Novellus a colocar-se sob a obediência da Santa Sede, por um ato autêntico.

Apesar dos seus grandes sofrimentos, conservava-se de pé para fazer as ordenações, e, durante um ano que durou o seu reinado, consagrou 13 bispos.

Entretinha igualmente relações ativas com as Igrejas do Oriente e do Ocidente; e os autores referem que ele dirigiu muitas cartas aos principais bispos da França que, depois da morte de Santo Ouen, o glorioso discípulo e fiel companheiro de Santo Eloy, estavam em dissidência. Respondeu também a S. Julião de Toledo, que lhe dirigia as atas de um novo concílio reunido naquela cidade, e lhe mandara entregar o seu *Tratado dos Prognósticos*, ou *Considerações das coisas Futuras*.

Essa obra, que chegou até os nossas dias, é uma dissertação singular e ridícula sobre a origem, natureza e efeitos das chamas do purgatório. Foi considerada como muito ortodoxa por João V, que queria até ordenar o estudo dela nas escolas eclesiásticas. Afinal, a intensidade do mal que afligia o pontífice aumentou, e o enfermo caiu num estado de abatimento moral que lhe não permitia ocupar-se mais das coisas deste mundo. João V morreu em 686 e foi enterrado na basílica de S. Pedro.

Conon

85º Papa

O clero e o exército disputam entre si, em Roma, a eleição de um pontífice. – O ancião Conon é elevado ao trono de S. Pedro. – Carta do imperador Justiniano II ao novo papa. – Fraqueza do Santo Padre. – Peregrinação de S. Kiliano. – Vingança do missionário contra a família do duque Gosberto. – Morte do papa Conon.

O imperador Constantino, conferindo à sede de Roma a liberdade de escolher o seu chefe, queria assegurar a tranquilidade da Igreja e impedir os cismas escandalosos causados pelas rixas vergonhosas dos padres; o seu edito produziu um resultado bem diferente, dando, pelo contrário, um novo alimento à ambição dos eclesiásticos e multiplicando as desordens e as disputas.

Depois da morte de João V, dois padres, Pedro e Teodoro, prodigalizaram ouro às facções e excitaram violentas sedições para subirem ao trono pontifical. Pedro reuniu os chefes do exército na basílica de Santo Estêvão e enviou soldados que expulsaram o seu competidor da igreja de Latrão, fechando as portas; este reuniu todos os seus partidários e quis que o clero procedesse à sua eleição, mesmo no pórtico do templo.

Parecendo iminente uma colisão, os bispos dos dois partidos combinaram de entrar no palácio episcopal e, para evitar toda e qualquer contestação entre os concorrentes, reuniram os seus sufrágios sobre Conon, ancião venerável, de um espírito simples e pacífico, e proclamaram-no pontífice. Logo que o novo papa foi conhecido, os magistrados e os príncipes cidadãos vieram saudá-lo com as suas aclamações; só o exército diferiu ainda aprovar a sua eleição; mas, vendo que o clero e o povo a tinham sancionado, os soldados abandonaram os interesses de Teodoro e confirmaram a escolha que fora feita de Conon.

O pontífice, nascido na Sicília, era de uma família originária da Trácia; desempenhara constantemente os empregos subalternos da Igreja, e a sua inteligência, ocupada sempre com os detalhes das práticas religiosas, tornava-o incapaz de compreender as máximas políticas de um governo tão maquiavélico como o da sede de Roma. Contudo, soube ganhar as boas graças do imperador; e Justiniano II, a pedido seu, publicou sucessivamente muitos decretos em favor da Igreja; em primeiro lugar, renunciou ao tributo que lhe pagavam os patriarcas de Brutium e de Lucânia; em seguida, ordenou à milícia que restituísse os feudos e domínios da Itália e da Sicília, de que os chefes se tinham apoderado como penhores dos serviços por eles prestados à corte de Roma. Finalmente, o príncipe levou a deferência para com o Santo Padre a ponto de lhe escrever a carta seguinte: "Tenho sabido que as atas do sexto concílio estavam em poder dos oficiais da nossa coroa e, não julgando que a guarda de documentos tão sagrados deva ser confiada a magistrados, tiramo-lhos.

"Convocamos os patriarcas, o legado de vossa beatitude, o senado, os metropolitanos, os bispos, os oficiais do palácio, as vossas guardas, os chefes das diferentes armas, que se achavam em Constantinopla, e fizemos ler na sua presença as decisões do sínodo ecumênico; esses documentos foram selados na sua presença, e conservamo-los na nossa habitação imperial, a fim de que não possam ser alterados pelos heréticos. Advertimos vossa santidade das medidas que julgamos necessário tomar para assegurar a sustentação da ortodoxia na Igreja do Oriente..."

Alguns meses depois da recepção dessas cartas, Conon nomeou para reitor do patrimônio da Sicília, Constantino, diácono de Siracusa. Esse eclesiástico, pelas suas exações escandalosas, excitou a indignação do povo, que se levantou contra ele. O governador da província, para pacificar os habitantes e prevenir uma revolta geral, viu-se obrigado a encarcerar o sacerdote culpado e apresentar as suas queixas à corte imperial, não somente contra o reitor, como também contra o chefe da Igreja romana.

Atribui-se à mesma época a peregrinação de Kiliano à cidade santa. Tendo o papa experimentado a fé e a doutrina do bispo irlandês, deu-lhe, em nome de S. Pedro, o poder de instruir e de converter as nações infiéis. Kiliano voltou em seguida a Wirtzburgo, onde catequizou o duque Gosberto, fê-lo abandonar o culto de seus antepassados e ministrar-lhe o batismo. A duquesa Geilana de Gosberto, assustada com as prodigalidades de seu marido, que dissipava toda a herança dos filhos em estabelecimentos pios ou em presentes aos mosteiros, dirigiu violentas recriminações sobre esse assunto ao santo missionário. Este, para se vingar da princesa e para se pôr ao abrigo da sua cólera, quis fazê-la repudiar pelo marido, usou o império que exerce sobre o espírito do duque e, para fazer com que ele consentisse no divórcio, persuadiu-o de que a sua união com Geilana era incestuosa, segundo as leis da Igreja, visto que ela era sua parente em sexto grau. O novo convertido, dominado pelo padre irlandês, prometeu obedecer e pediu somente para cumprir esse penoso sacrifício na sua volta de uma expedição que devia fazer contra os povos situados para lá do Mein. Mas, durante a ausência do marido, Geilana não perdeu o seu tempo, ordenou ao missionário que saísse dos seus Estados e, em consequência da sua recusa, mandou-o decapitar.

A crônica acrescenta que Deus permitiu, para vingar a morte de S. Kiliano, que aquela mulher criminosa fosse subitamente atacada de um mal singular que lhe causava dores por tal modo horríveis, que chegava a devorar as mãos nos seus acessos de raiva; que, além disso, o duque Gosberto, na sua volta, foi massacrado pelos seus servos; que Hetan, seu filho mais velho, foi expulso dos seus Estados pelos francos orientais; que os seus outros filhos foram igualmente massacrados, e que assim não ficou existindo um único descendente daquela raça criminosa.

A saúde de Conon, já vacilante, enfraquecia de dia para dia depois da sua eleição. Em breve, sucumbiu o pontífice sob o peso das funções episcopais e morreu no começo do ano 687, depois de um reinado de onze meses e três dias. Foi enterrado na basílica de S. Pedro.

Sérgio I

86º Papa

Cisma na Igreja romana. — Sedição para a eleição de um pontífice. — São proclamados ao mesmo tempo três papas na cidade santa. — Sérgio compra o pontificado e dá por penhor as coroas de ouro de S. Pedro. — Origem e educação do pontífice. — Vinga-se de Pascal, seu competidor. — Santo Wilfrido é perseguido na Inglaterra. — Batismo e morte do rei Cedwalla. — Concílio de Toledo. — Os bispos espanhóis acusam de ignorância o papa e o clero de Roma. — O famoso concílio "in Trullo" publica muitos decretos contra a ambição dos pontífices. — O matrimônio dos padres é sustentado pelo concílio. — Jurisdição dos bispos. — Decretos sobre os monges, sobre os casamentos e sobre os enfeites. — Os bispos do sínodo proíbem aos fiéis que se casem com suas mães ou irmãs. — Sérgio rejeita o concílio. — O imperador quer fazer raptar Sérgio de Roma. — O exército de Ravena protege o pontífice. — Conversão dos povos da Frísa. — O papa é acusado de adultério. — Milagre narrado na legenda de Santo Adelmo. — Vitiza, rei da Espanha, recusa reconhecer a soberania da sede de Roma. — Morte de Sérgio.

Durante a última enfermidade de Conon, o arquidiácono Pascal apoderara-se das riquezas que o papa legara ao clero e aos mosteiros e oferecera-as a João, exarca de Ravena, se ele quisesse apoiar a sua eleição. Este deixou-se seduzir facilmente pelo engodo do ouro e enviou logo tropas a Roma para cercar a cidade e favorecer os projetos ambiciosos do arquidiácono.

Contudo, depois da morte do Santo Padre, o povo dividiu-se em muitas facções. O arcipreste Teodoro, à frente de alguns sediciosos, penetrou no palácio de Latrão e fez-se eleger pontífice; pelo seu lado, Pascal fez-se proclamar sucessor de Conon ao trono de S. Pedro. Cada um dos partidos pegou em armas, disposto a sustentar pela força o bispo que tinha nomeado; o massacre tivera mesmo princípio no vestíbulo da basílica de Júlia, quando os principais magistrados, a maior parte do clero, a milícia e os cidadãos notáveis, resolveram obrar do mesmo modo como fora feito por morte de João V; dirigiram-se ao palácio imperial e proclamaram soberano pontífice um padre chamado Sérgio, que era estranho às duas facções. Sérgio apoderou-se dos seus dois competidores, Pascal e Teodoro, e obrigou-os a jurar-lhe obediência.

Em breve, foi ele mesmo expulso da cidade santa pelos inimigos de Teodoro e obrigado a refugiar-se em Ravena. João Platino, então exarca, propôs ao Santo Padre restabelecê-lo no trono pontifical, se ele consentisse em dar-lhe os tesouros que lhe haviam sido prometidos pelo seu competidor Pascal. Sérgio, ávido do poder como o são habitualmente todos os padres, consentiu na transação e foi trazido em triunfo para a cidade de Roma, no meio das tropas do exarca.

Para cumprir as suas promessas, Sua Santidade despojou as igrejas dos seus ornamentos, vendeu uma grande parte dos vasos, candelabros, custódias, e empenhou nas mãos dos judeus as próprias coroas de ouro que estavam suspensas sobre o altar de S. Pedro. Em seguida, Sérgio procurou desfazer-se dos seus antigos rivais: o arquidiácono Teodoro, que era o mais temível, foi acusado de malefícios, de encantamentos, de sortilégios, de relações com o espírito maligno; é encerrado num mosteiro onde morreu envenenado.

Sérgio, filho de Tibério, nascera em Palermo, na Sicília; servira a princípio a Igreja como menino do coro; em seguida como acólito, e fora finalmente ordenado padre do título de Santa Suzana por Leão II. As Escrituras Sagradas e as obras dos padres eram quase desconhecidas ao novo papa, visto que passara a maior parte da sua vida a cantar as salmodias da Igreja e a celebrar o ofício divino nas capelas dos cemitérios da cidade santa.

Durante a entronização do novo papa, Santo Wilfrido chegava à Inglaterra e apresentava a Ecfrid, rei de Northumbre, o decreto da Santa Sede que o restabeleceria no seu bispado.

O príncipe que o depusera recusou-se restituir-lhe as suas dignidades e reuniu os principais senhores do seu reino, eclesiásticos e seculares, para fazer reformar as decisões da corte de Roma. Em conformidade com as decisões da assembleia, as atas do sínodo italiano foram anuladas, Wilfrido declarado súdito rebelde e encerrado numa prisão. As crônicas referem que os soldados encarregados de guardar o santo bispo ouviam todas as noites a voz dos anjos, que entoavam com ele os salmos sagrados, e que viam luzes resplandecentes na sua prisão. Ecfrid, cheio de espanto por aquele milagre, mandou pôr em liberdade o santo e quis integrá-lo no seu bispado; mas o metropolitano Teodoro opôs-se abertamante à vontade do soberano, declarando que Wilfrido, antes de ocupar de novo a sua sede, devia renunciar ao decreto do papa. O prelado respondeu que o reconhecimento o obrigava a recusar as provas da clemência do rei, e que preferia a morte à apostasia de que se tornaria culpado, abandonando os direitos sagrados do pontífice e da Santa Sede.

Nessa época, Cedwalla, rei de Wessex, arrastado pelo fanatismo religioso, abdicou solenemente a dignidade soberana e empreendeu uma peregrinação a Roma para receber o batismo diante do sepulcro dos Apóstolos. Quando o príncipe chegou às portas da cidade santa, o pontífice Sérgio foi ao seu encontro com um numeroso clero e, tendo-o conduzido à basílica de S. Pedro, derramou a água regeneradora na fronte do monarca, na presença dos senadores, dos bispos e de um povo imenso. Alguns dias depois dessa cerimônia, Cedwalla, atacado de um mal desconhecido, morreu subitamente; o papa apoderou-se das imensas riquezas que aquele príncipe tinha trazido, mandou-lhe fazer magníficas exéquias e gravou epitáfios latinos e gregos no mármore que cobria o seu túmulo.

Nesse mesmo ano, o 15º concílio de Toledo reuniu-se na Espanha para ouvir a leitura de um longo discurso sobre as queixas dirigidas aos prelados espanhóis pelo papa Bento II. S. Juliano, que presidia o sínodo, usou a palavra nos seguintes termos: "Na profissão de fé que enviamos a Roma, o papa escandalizou-se com a expressão 'A vontade engendra a vontade' e a nós pediu a explicação dela. Declaramos, pois, que quisemos designar desse modo a faculdade que engendra a volição e o ato efetuado que se chama vontade, do mesmo modo que o Verbo é a sabedoria da sabedoria, ou a realização do pensamento de Deus. E quanto à Segunda proposição – há três substâncias em Jesus Cristo –, quisemos significar por essas palavras que o Salvador é composto de divindade, de alma e de corpo, ou de três princípios, que se acham reunidos pela sua encarnação. Contudo, concordamos que se podem reconhecer apenas dois, o princípio divino e humano e que a alma e o corpo se confundiram para formarem uma só substância, a da humanidade.

"As nossas decisões são, pois, conformes às dos padres, e esperamos que sejam confirmadas pelo novo clero de Roma, se nessa Igreja resta ainda algum conhecimento dos livros santos; mas em todo caso, devemos recusar a retratação que exige um pontífice ignorante."

As atas deste sínodo foram aprovadas por Sérgio, como o certifica Rodrigo, metropolitano de Toledo, nas obras que ele nos deixou.

Em 692, teve lugar a morte do célebre Teodoro, que aspirava a libertar-se do domínio do bispo de Roma. O papa designou para o substituir no arcebispado de Cantorbery, Britualdo, abade do mosteiro de Ravy, na província de Kent. Este eclesiástico foi o primeiro inglês que ocupou aquela sede e governou o clero da Grã-Bretanha durante trinta e sete anos. Dissolvidas as duas últimas assembleias ecumênicas, sem publicarem cânones, os patriarcas gregos dirigiram representações ao imperador Justiniano, para obterem a autorização de formarem uma nova assembleia que seria considerada como continuação do último sínodo, a fim de completar as atas do concílio. Paulo de Constantinopla, Pedro de Alexandria, Anastácio de Jerusalém, George de Antióquia, Basílio de Gortyna, os legados da Santa Sede e mais de 200 bispos reuniram-se no palácio imperial, na sala do Dômo, chamada em latim *Trullus*. Deu ela o seu nome ao sínodo conhecido na Igreja sob o título de Concílio *"in Trull"*. Os padres propuseram determinar os decretos que podiam servir de regras à disciplina das igrejas do Oriente e do Ocidente; e depois de ter rejeitado as Constituições atribuídas a S. Clemente, aprovaram os cânones de Niceia, de Ancyra, de Neocesarea, de Gangres, de Antioquia, de Laodicca, de Constantinopla, de Éfeso, de Calcedônia, de Sargia e de Cartago, assim como as Epístolas canônicas de S. Diniz e de S. Pedro de Alexandria, de Gregório Nazianzeno, de Santo Anfilóquio e de muitos outros padres e de muitos padres da Igreja.

Em seguida, um prelado ilustre usou da palavra sobre a importante questão do casamento dos padres: "Meus irmãos, disse ele, venho lembrar-vos que devemos ocupar-nos de um assunto cuja importância é extremamente grave, e que exige profundas meditações. É de absoluta necessidade que a vossa assembleia se exprima de um modo positivo sobre uma questão que divide as duas Igrejas do Oriente e do Ocidente, e que desenvolvamos as razões que determinaram a vossa sabedoria a publicar um decreto contrário às opiniões da sede de Roma. Os eclesiásticos romanos firmam-se na letra da regra, e os bizantinos limitam-se a interpretarem-lhe o espírito; a fim de evitar os excessos de uns e de outros, devemos procurar estabelecer leis equitativas que assegurem a pureza de costumes no clero, mostrando-nos, todavia, menos rígidos que a Igreja de Roma e mais severos que a de Constantinopla.

"Ordenaremos que os eclesiásticos, que foram casados duas vezes e estão ainda sob o jugo da sua segunda união, sejam depostos, e aqueles cujos matrimônios tenham sido anulados, conservem as suas dignidades, mas permaneçam interditos de todas as funções eclesiásticas.

"Os cânones proibirão que se consagrem como bispos, padres ou diáconos aqueles que contraíram segundo matrimônio, aqueles que sustentam concubinas, os que casaram com viúvas ou mulher repudiada, cortesã, escrava ou comediante. Nos cânones dos apóstolos é permitido aos leitores e aos chantres casarem depois da sua ordenação; essa autorização estender-se-á de futuro aos subdiáconos, aos diáconos e até mesmo aos padres.

Antes de consagrar um eclesiásticos, o clero latino faz-lhe prometer que cessará todas as relações íntimas com sua mulher; quanto a nós, pelo contrário, conformar-nos-emos com a sabedoria do antigo cânon apostólico, manteremos o casamento daqueles que pertencem às ordens sagradas e não os privaremos das suas companheiras. Se forem dignos de pertencer à Igreja, não serão excluídos pelo fato de se acharem ligados por um laço íntimo, e não se lhos fará prometer que guardarão o celibato, o que seria condenar o casamento, que o próprio Deus instituiu e abençoou com a sua presença.

Assim, os bispos que, desprezando os cânones dos apóstolos, ousarem privar um eclesiástico dos direitos de uma união legítima, serão depostos e anatematizados. A separação deverá existir unicamente para os prelados, e suas mulheres serão obrigadas a viverem num mosteiro afastado do seu domicílio. Proibiremos igualmente aos bispos da África a da Síria que conservem, com grande escândalo dos povos, no interior dos seus palácios, as concubinas que os habitam."

Nos outros cânones, o concílio proíbe aos eclesiásticos terem tabernas ou hospedarias, assistirem aos espetáculos ou corridas de cavalos, ou de representações cênicas, de usarem na cidade, ou em viagem, outro traje que não seja o que convém ao seu estado, e usarem os cabelos compridos como os seculares.

Os padres permitiam aos fiéis a entrada de crianças nos conventos desde a idade de dez anos, apesar de S. Basílio ter autorizado a entrada nos mosteiros tão somente aos dezessete anos, e declaravam que os homens perdidos de libertinagem, os ladrões e os assassinos podiam ser recebidos nos mosteiros, que eram retiros piedosos, fundados pelos penitentes, quaisquer que fossem os seus crimes. Proibiam que se enfeitassem com trajes preciosos e pedrarias as donzelas que pronunciassem votos, e, finalmente, anatematizavam como sacrílegos os seculares que mudassem o destino dos claustros consagrados pela autoridade de um bispo.

Foi mantida a jurisdição dos chefes de diocese sobre as igrejas dos campos e confirmou-se a decisão do concílio de Calcedônia, que concedia à sede de Constantinopla as mesmas prerrogativas que à de Roma. A assembleia declarou que os prelados desapossados pelas incursões dos muçulmanos conservariam, contudo, a sua dignidade, a sua categoria, e o poder de ordenar os bispos e de presidirem na igreja. Foi essa a origem dos bispos *in partibus*.

Em seguida, segundo as regras dadas por S. Basílio a Anfilóquio, foi proporcionada a penitência aos pecados e às forças do culpado, e decretou-se que os hereges que apresentassem a sua abjuração assinada pelo seu punho tornariam a entrar para o grêmio da Igreja, depois de terem recebido a unção da santa crisma na fronte, no nariz, nos olhos, na boca e nas orelhas.

Foi proibido celebrar as liturgias e batizar nos oratórios particulares sem a autorização dos bispos; e o sínodo ordenou as disposições seguintes: "Os padres não receberão salário algum por administrar a sagrada comunhão, e os fiéis não receberão a eucaristia em vaso de ouro ou de qualquer outra matéria preciosa; será ela depositada nas suas mãos encruzadas uma sobre a outra, porque o mundo não encerra substância alguma tão preciosa como o corpo do homem, que é o templo verdadeiro de Jesus Cristo. O pão e o vinho não serão administrados da santa mesa aos mortos, porque o Salvador, instituindo o sacramento do altar, disse aos apóstolos: "Bebei e comei, é isto a minha carne e o meu sangue", e um cadáver não pode cumprir o mandamento encerrado nessas palavras divinas. Durante os quarenta dias que precedem o tempo da Páscoa, celebrar-se-á a missa dos pré-santificados, e o oficiante estará em jejum, mesmo na quinta-feira santa.

"Os bagos de uva não serão dados com a eucaristia; devem abençoar-se separadamente como premissas, e no altar deixarão de ser oferecidos o mel e o leite.

É proibido misturar água no vinho da comunhão, apresentar no templo viandas cozidas, tomar por alimento ovos e queijo nos domingos e sábados da Quaresma, e beber o sangue de um animal qualquer, sob pena de deposição para os eclesiásticos e de anátema para os seculares. A semana da Páscoa deve ser passada em festas e em devoções, e ninguém poderá assistir aos espetáculos públicos."

"Condenamos as refeições chamadas ágapes, porque nesses banquetes, em que as taças brilhantes se esgotam em honra do Cristo, da Virgem e dos Santos, debaixo mesmo das abóbadas da igreja, a licença substituiu a caridade com que os primeiros cristãos celebraram esses festins religiosos. Proibimos que se vendam, nas basílicas, alimentos, licores e outras mercadorias, e fulminamos anátema contra o homem e contra a mulher que se tornem adúlteros no santuário.

Proibimos que se maculem ou lacerem os livros da Escritura Santa ou dos padres, e que se vendam aos mercadores de perfumes, a menos que não estejam incorretos ou já destruídos pelos vermes. Não se fará sinal algum da cruz nos degraus ou em terra pisada pelos pés do homem, e é ordenado expressamente que se represente o Cristo sob a forma humana, como sendo preferível à de cordeiro, que lhe dão ainda os pintores e os estatuários.

Os cânticos nos templos deverão ser feitos sem que se eleve a voz e encerrarão expressões convenientes; não mais se lerão as lendas escandalosas dos confessores e dos mártires, fábulas inventadas pelos inimigos da verdade, que quiseram desonrar a memória dos santos que a Igreja venera."

O sínodo proibiu em seguida os jogos de parar, a dança nos teatros, as arlequinadas, os combates contra os animais e as momices dos saltimbancos que se pretendiam possessos pelo diabo. Condenou a seis anos de penitência os adivinhos, os domesticadores de ursos, os feiticeiros e os vagabundos que, sob o hábito de ermitas, usavam os cabelos compridos. Os padres recusaram-se a tolerar os disfarces cômicos, satíricos e trágicos; proscreveram a dança pública das cortesãs, as invocações que o povo dirigia a Baco na época da maturidade das uvas e as bacanais que se executam no fim do dia, ao terminarem os trabalhos da vindima. Proibiram também que se acendessem fogos de palha, por ocasião de lua nova, em frente das habitações, uso antigo que os povos tinham respeitado. Aboliram o costume de distribuir bolos pelas festas do Natal para celebrar o parto feliz da Virgem, pretendendo que os padres e as assembleias ecumênicas tinham decidido que Maria fora mãe sem efetuar o ato do parto. Foi proibido aos padres abençoarem uniões incestuosas entre um pai e suas filhas, entre um irmão e suas irmãs, entre aqueles que eram padrinhos de batismo, entre cunhados e cunhadas, entre católicos e heréticos.

Finalmente, a assembleia proibiu, sob pena de excomunhão, fazer pinturas imorais, frisar os cabelos e tomar banhos na companhia de cortesãs.

Justiniano subscreveu pelo seu próprio punho a todos os cânones apresentados pelo concílio; só o lugar para a assinatura do papa foi deixado em branco; os patriarcas de Alexandria, de Constantinopla, de Antioquia, todos os bispos, e mesmo os legados da corte de Roma, puseram a sua assinatura. Os decretos foram, em seguida, dirigidos ao Santo Padre, que se recusou a aprová-los, declarando que eram atentatórios à autoridade e à dignidade da sua sede. O imperador, furioso com a resistência do pontífice, que tornava assim inúteis muitos meses de grandes trabalhos, enviou Zacarias para raptar Sérgio. Mas o papa, instruído desse projeto, fez distribuir dinheiro às milícias de Ravena, do ducado da Pentápole e das províncias vizinhas, e com o seu apoio empreendeu opor-se à vontade de Justiniano. Os soldados, sempre dóceis e submissos àqueles que lhes pagam, seguiram fielmente as instruções do pontífice; no mesmo dia da chegada de Zacarias, penetraram na cidade santa, enchendo o ar com os seus clamores, e vieram ameaçar o enviado do príncipe até debaixo das janelas do seu palácio. Zacarias, assustado com aquela demonstração, fugiu da sua habitação, correu ao Vaticano e foi refugiar-se no quarto do Santo Padre, pedindo-lhe com lágrimas que o livrasse do furor das tropas.

No mesmo instante, o exército de Ravena, que recebera igualmente as ordens do clero, entrou pela porta de S. Pedro e, avançando até o palácio de Latrão, pediu em grandes gritos para ver Sérgio, Tendo sido fechadas as portas à aproximação dos soldados, estes ameaçaram arrombá-las. Então Zacarias, não vendo meio algum de escapar ao perigo, meteu-se debaixo do leito do pontífice. O papa tranquilizou o desditoso Zacarias; em seguida, ordenou que se fizesse entrar a milícia para o pátio do palácio e, apresentando-se no limiar da basílica de Teodoro, dirigiu-se para a cadeira dos apóstolos, a fim de que toda a gente o pudesse ver. Recebeu com honra os cidadãos e os soldados, serenou os espíritos e despediu as tropas assegurando-lhes que a sua liberdade não estava já ameaçada. Contudo, o tumulto não cessou completamente senão depois da expulsão do enviado do imperador.

Alguns anos depois desses acontecimentos, Pepino de Heristel, *maire* do palácio na corte de Dagoberto III, empreendeu converter ao Cristianismo os povos da Frisa; para esse efeito, enviou à cidade santa Wilbrod, apóstolo zeloso, para o fazer sagrar bispo daquelas nações bárbaras. Sérgio, tendo recebido os presentes e as cartas de Pepino, sagrou Wilbrod metropolitano de Ultrecht, sob o nome de Clemente, e vendeu-lhe um grande número de imagens e de relíquias para as expor à adoração dos novos fiéis nos templos pagãos que estavam já transformados em igrejas.

Na mesma época, Vitiza, rei da Espanha, recusou ao pontífice o tributo que os soberanos daquela província pagavam à Santa Sede; proibiu aos seus súditos, sob pena de morte, reconhecer a autoridade dos papas, e Sérgio, cuja habilidade acabava de trazer de novo à obediência o arcebispo de Aquileia, viu frustrados os seus planos perante a firmeza do monarca espanhol, cujas igrejas não dependeram mais da metrópole latina. Não terminaremos a vida de Sérgio sem narrar como um novo exemplo da imprudência e da velhacaria dos frades o milagre de que Santo Adelmo pretende ter sido testemunha, durante a sua estada na corte do Santo Padre, e que refere do seguinte modo: "O papa acabava de ser acusado de incontinência e até mesmo de adultério pelos padres heréticos, que ofereciam fornecer as provas do crime e apresentar a jovem religiosa da qual ele tinha abusado; mas aprouve a Deus confundir a calúnia dos maus e, como eles traziam uma criança nascida de oito dias, que sustentavam ser filho do pontífice, este depositou a criança nas minhas mãos e derramou por sobre ela a água regeneradora. Tendo terminado a cerimônia do batismo, ordenou-me, na presença de todos os assistentes, que perguntasse à criança quem era seu pai. Interroguei o recém-nascido, com o coração cheio de zelo e pela vontade de Deus; respondeu-me ele: "O pontífice Sérgio não é meu pai!!!..."

O papa morreu no mês de setembro de 701, depois de um reinado de quatorze anos, e foi enterrado na basílica de S. Pedro. Muitos autores asseguram que foi ele o primeiro pontífice que fez cantar no cânon da missa estas palavras: "Cordeiro de Deus, que apagais os pecados do mundo, tende compaixão de nós." Reparou muitas basílicas e, numa delas, fez construir um túmulo magnífico, onde depositou o corpo do bem-aventurado S. Leão.

História Política do Sétimo Século

Considerações sobre a história do sétimo século. – Reflexões sobre o desenvolvimento do Cristianismo no Ocidente. – Moisés, Jesus e Maomé, descendentes de Abraão. – História de Maomé. – Sua pátria e sua família. – Infância milagrosa do revelador. – Casamento do profeta. – Suas viagens e seus estudos. – Coloca a pedra preta no templo de Kaabah. – Inveja dos chefes da sua tribo. – Aparição do anjo Gabriel. – Maomé recebe de Deus a missão de pregar o Alcorão. – Perseguições contra o Profeta. – Profecias de Maomé. – Os Koreischitas querem assassinar o enviado de Deus. – fuga de Maomé ou a Hegira. – Maomé. – Guerras e vitórias do Profeta. – Maomé apodera-se da Meca e destrói ídolos do templo da Kaabah. – Morte do Profeta. – É santificado pelos seus sectários. – Sua doutrina. – Paraíso voluptuoso de Maomé. – História do império do Ocidente no sétimo século. – Crueldades do imperador Focas. – Chosroes II declara-lhe guerra. – Os crimes do tirano Focas promovem a indignação dos grandes e do povo. – Heráclio torna-se senhor do império. – Suas proezas. – Sua morte. – Constantino II sucede a Heráclio. – Morre envenenado pela imperatriz Martina, sua mãe. – Martina coloca no trono Heracleonas. – O senado de Constantinopla condena a infame Martina a ter a língua arrancada, e manda cortar o nariz do jovem Heracleonas. – Constante II sobe ao trono do Oriente. – Vícios desse imperador. – Constantino IV eleva-se ao império. – Os muçulmanos fazem grandes conquistas na Ásia Menor. – Morte de Constantino IV. – Justiniano II, cognominado Rinotinela. – É destronado por Leôncio. – Tibério Apsimaro usurpa o trono. – Faz mutilar Leôncio e encerra-o num mosteiro. – História dos reis da França do sétimo século. – Reinado de Clotário II, filho da infame Fredegunda. – Sua infância, suas perfídias, seus assassínios. – Dagoberto I apodera-se da herança de seu pai Chariberto, e faz envenenar seu sobrinho. – Seu luxo, sua depravação, sua hipocrisia. – O poder dos maires do palácio aumenta no seu Reinado. – Clóvis II perde nas libertinagens toda a sua energia. – Guerras civis. – A jovem escrava Bathilde é rainha da França. – Clóvis morre executado pelos excessos. – Clóvis III sucede a Clóvis sob a tutela da rainha Bathilde. – Qualidades dessa princesa. – Hipocriásia do infame Ebroin, maire do palácio. – Faz coroar Thierry. – Conspirações contra esse príncipe e contra o maire Ebroin. – São encerrados num mosteiro. – Reinado de Childerico IV. – É massacrado pelos senhores da sua corte. – Ebroin foge do seu mosteiro. – Crueldades e exações do maire do palácio. – Martírio de S. Leger. – Thierry sobe de novo ao trono. – Pepino de Heristel é declarado duque da Austrásia. – Morte de Ebroin. – O rei Thierry é vencido pelo duque Pepino, que se faz declarar maire do palácio. – Pepino exerce o poder real. – Thierry, encerrado no seu palácio, morre com o epíteto de rei ocioso. –Clóvis III, segundo rei ocioso. – Childeberto III. – Reflexões sobre a história dos reis da segunda raça.

Durante o último século, o império, dividido por cismas numerosos, extenuado pelas guerras incessantes dos inimigos que o cercam, deixa aniquilar o poder que conservava sobre a península romana; a política odiosa dos pontífices e as incursões dos bárbaros submetem ao domínio da Santa Sede a Espanha, as Gálias, a Inglaterra e um grande número de reinos.

Mas, enquanto o Paganismo se desmorona no Ocidente para dar lugar à religião cristã, o Oriente vê levantar uma crença nova. Em breve o Alcorão e o Evangelho dividirão entre si o mundo; e Maomé, saído, como o Cristo, dessa antiga nação de pastores nômades descendentes de Abraão, promoverá no Oriente a mais surpreendente das revoluções religiosas.

Moisés, Jesus, Maomé! Todos três, filhos da raça semítica e de Abraão vieram revelar as religiões sublimes, que prenderam os povos às crenças da Bíblia, do Evangelho e do Alcorão, livros sagrados que são unicamente o desenvolvimento e a aplicação dos preceitos traçados pelo dedo de Jeová, no monte Sinai, nas tábuas de pedra.

Moisés, o legislador dos hebreus, dominou trinta e quatro séculos de revoluções, e os seus dogmas espalharam-se por todo o universo com os fragmentos da nação judaica; Maomé inculcou-se como o profeta dos povos que vivem sob um céu ardente; o Cristo tornou-se o Deus das nações que vivem nas zonas glaciais.

Antes de proferirmos o nosso juízo sobre as causas morais da decadência do culto cristão no Oriente, e a fim de poder seguir a política invasora e pérfida dos pontífices de Roma no Ocidente, é indispensável conhecer a história do Profeta.

Maomé ou Mohammed nasceu em Meca no ano 570; da família dos Koreisch, descendentes de Ismael, que possuíam, depois de uma longa série de anos, a soberania da sua cidade e a intendência do Kabaah, templo fundado pelo próprio patriarca Abraão, segundo as antigas tradições. A infância do profeta é cercada de prodígios que os legendários árabes se divertem em relatar. Órfão desde o berço, foi educado por seu tio Abou Thaleb, que lhe ensinou a ciência do negócio; aos 12 anos, conversava ele já com os monges cristãos e admirava-os pela profundeza e sabedoria dos seus discursos. Alguns anos depois, fez as suas primeiras armas em uma guerra que a sua tribo sustentou contra os havezenitas, e excedeu os velhos guerreiros pelo seu sangue frio e pela sua coragem.

Chegando à virilidade, desposou uma viúva rica chamada Khadidjah, e ocupou-se em estender as suas relações comerciais na Abissínia, no Egito, e mesmo na Palestina. Dirigia ele mesmo as suas caravanas desde os platôs do Iêmen até a Síria, e nas suas numerosas viagens adquiriu um conhecimento exato dos costumes e do gênio das populações que pisam as areias da Arábia. Muitas vezes, atravessando o deserto, saciou a sede ardente com a água salobra dos poços que se veem surgir junto dos raros grupos de palmeiras, e, por única alimentação, durante longos dias de marcha, não teve mais do que tâmaras secas.

Essa vida laboriosa acrescentou valiosos bens à fortuna de sua mulher; então Maomé abandonou os trabalhos que tinham feito prosperar as suas riquezas para se entregar inteiramente ao estudo da poesia árabe e para comentar os escritos dos poetas da sua nação.

Nessa época, os primeiros cidadãos da Meca reconstruíram pelas suas próprias mãos a Kaabah, incendiada pela imprudência de uma mulher; terminado o edifício, elevou-se uma contestação entre os chefes, que pretendiam a honra de colocar no ângulo exterior do templo o penhor da aliança que Deus fez com os homens, ou a pedra negra que o patriarca Abraão depositara em outro tempo na Kaabah. Ia correr o sangue nos degraus sagrados, quando, por uma inspiração celeste, combinaram em tomar, por juiz da sua contenda, o primeiro homem que o acaso levasse à mesquita. Maomé apareceu e foi declarado árbitro.

O profeta ordenou aos quatro *scheilas* da tribo que colocassem a pedra sobre um rico tapete e a elevassem à altura da cabeça, sustentando uma das pontas do tecido precioso; em seguida, pegou ele mesmo na pedra e colocou-a no ângulo consagrado para a receber. Essa ação ousada colocava Maomé à testa das tribos. Os koreischitas, furiosos por verem usurpado desse modo o poder que exerciam sobre o povo, juraram a perda do profeta e designaram-no como um ambicioso que queria alcançar o domínio soberano.

Para escapar à sua vingança e destruir as suas calúnias, Maomé resolveu viver no isolamento; recusou-se mesmo a ver os seus parentes e retirou-se para uns lugares escarpados, passando longas vigílias a contemplar o espetáculo inspirador do céu do Oriente. Uma noite, enquanto ele meditava à entrada da caverna do monte Hora, foi cercado subitamente por uma luz deslumbrante, e apareceu-lhe o anjo Gabriel, tendo um livro de ouro na mão direita. "Levanta-te, profeta, disse ele, e lê neste Alcorão as verdades eternas que Deus ordena que anuncies aos homens."

Maomé obedeceu: o passado, o presente e o futuro da humanidade feriram os seus olhares. Aceitou a missão divina que lhe era anunciada, e o anjo deixou-o, chamando-lhe "Apóstolo de Deus"!

Depois de desaparecer a visão, o profeta sentiu no seu espírito uma força e uma luz novas. Voltou para a sua habitação e contou os prodígios que o haviam impressionado. Imediatamente, sua esposa estremecida, o seu jovem primo Ali e o seu escravo Zaide, ao qual restituiu a liberdade, converteram-se à sua doutrina. Abou-Bekr, Abdal-Rahman, Saad, Zobair e alguns outros dos seus amigos partilharam igualmente as suas crenças. Mas a fé não penetrara ainda no seu coração e, durante alguns anos, não ousou ensinar os seus dogmas além do círculo dos familiares que se aproximavam dele. Afinal, uma segunda visão inflamou o seu espírito; o mesmo enviado de Deus ordenou-lhe que propagasse o Islamismo em todas as nações.

Desde esse instante, Maomé pregou publicamente na Meca. Mas, como se manifestava com energia contra o culto dos ídolos, os sacerdotes e os koreischitas reuniram-se em conciliábulo e resolveram massacrar o ousado inovador.

Abou Thaleb, guiado pela inspiração de Deus, conseguira penetrar nas suas reuniões e apressou-se em prevenir seu sobrinho do perigo que o ameaçava, convidando-o a acabar com suas prédicas. O profeta, repelindo esses conselhos dados pela fraqueza, respondeu que não abdicaria da sua missão, mesmo quando para o fazer parar colocassem o sol à sua direita e a lua à sua esquerda. A sua firmeza robusteceu a fé de seu tio, que jurou partilhar os seus perigos.

Apesar das perseguições dos seus inimigos, Maomé continuou a catequizar o povo nas praças da cidade, e a sua eloquência converteu ao islamismo um grande número de homens, de crianças, de velhos e de mulheres.

Um outro de seus tios, chamado Hamzal, que se tornara muçulmano, feriu com o seu sabre um magistrado que ousara lançar a mão a Maomé; Omar, o mais encarniçado de seus inimigos, foi iluminado subitamente pela leitura de uma passagem do Alcorão e abjurou a idolatria no momento mesmo em que buscava o enviado de Deus para o matar. Os koreischitas, assustados com aquelas conversões que aumentavam todos os dias o número de prosélitos, resolveram exterminá-lo antes de que eles fossem bastante poderosos para repelirem a violência pela força. Expulsaram-nos de Meca e obrigaram-nos a retirar-se para a Abissínia. O próprio profeta, para escapar à morte, foi obrigado a refugiar-se em uma montanha com os haschemitas e os mathalabitas.

Senhores da cidade, os koreischitas reuniram os habitantes, fizeram-nos jurar que não contratariam coisa alguma nem comunicariam com os sectários de Maomé, e depositaram a ata desse anátema no templo da Kaabah. O profeta fez-lhes dizer que Deus, irritado pelas suas blasfêmias, permitiria que esse decreto infame fosse roído por um verme em todas as partes onde o nome sagrado não estava escrito. A princípio, recusaram-se acreditar na presciência do seu inimigo; contudo, dirigiram-se à mesquita e, vendo que o fato tivera lugar segundo a profecia, retrataram o juramento solene pronunciado contra os muçulmanos; apesar da oposição do chefe koreischita Abou Labeb, abriram as portas da cidade aos exilados.

Aquele ano foi fatal a Maomé, que lhe chamou no seu Alcorão o tempo do luto, porque a morte lhe roubou Khadidjah, sua mulher, e seu tio Abou Thaleb; a perda desses entes queridos deixou-o quase sem apoio, exposto aos ultrajes dos homens que se diziam noutro tempo seus amigos. Todavia, a sua coragem não recuou diante das perseguições; continuou as suas prédicas veementes e ordenou, em nome daquele que o enviava, que se quebrassem os ídolos. Abou

Labech, para vingar os seus deuses, fez insultar o profeta pelos seus partidários e tentou mesmo sublevar contra ele o zelo religioso das tribos árabes que se dirigiam ao templo de Meca.

Então Maomé enviou um dos seus discípulos para junto dos habitantes de Yatreb, que se haviam convertido à sua fé, para lhes pedir auxílio contra os koreischitas. O enviado recebeu o seu juramento de fidelidade em nome do profeta, e, pela primeira vez, Maomé ordenou aos seus sectários que fizessem uso do gládio para secundar o poder da sua palavra. Os seus projetos partiram em seguida furtivamente com os muçulmanos que saíam de Meca, e vieram aumentar o número das tropas dos seus novos aliados.

Os koreischitas, instruídos da aliança secreta que Maomé formara com os habitantes de Yatreb, resolveram mandá-lo massacrar, a fim de prevenirem a sua fuga da Meca e para impedirem que ele estabelecesse a sua residência entre um povo inimigo. Reuniram-se em conciliábulo e decidiram que homens escolhidos pela sorte, em cada divisão da tribo, dirigir-se-iam de noite ao domicílio de Maomé e o feririam com os seus punhais, a fim de que o povo não pudesse atribuir o crime a nenhum deles particularmente. Mas Deus revelou ao Profeta a conjuração que se tramava contra a sua vida; Maomé trocou o seu vestuário com o do seu primo Ali; e graças a esse disfarce e à obscuridade, escapou aos assassinos que cercavam já a sua habitação.

Saiu precipitadamente da cidade, caminhou durante a noite e, ao nascer do sol, refugiou-se numa caverna da montanha de Tour.

Essa fuga ou Hégira, segundo os muçulmanos, é o acontecimento mais notável da vida de Maomé, e começam a contar os anos a partir dessa época memorável, que corresponde a 16 de julho de 622 da era de Jesus Cristo.

Tendo o Profeta escapado ao perigo que o ameaçava, dirigiu-se a Yatreb, onde a sua entrada foi um triunfo para os seus sectários; e o povo, que o esperava havia muito tempo, pediu-lhe que desse à sua pátria o nome de Medina al Naby, ou Cidade do Profeta. Tal foi o princípio do poder de Maomé, e o começo de uma religião que devia espalhar-se por quase todas as partes do mundo, submetendo mais de 200 milhões de homens à sua lei.

Os primeiros cuidados de Maomé em Medina foram estabelecer a concórdia e uma perfeita união entre os crentes daquela cidade e aqueles que se haviam refugiado nela; tirou sucessivamente adeptos de cada um desses corpos e formou com eles pares que uniu espiritualmente por um laço sagrado e indissolúvel. Ele mesmo deu o exemplo desse parentesco místico, escolhendo para seu companheiro e para seu irmão Ali, que deixara na sua cidade natal exposto ao punhal dos seus inimigos e que viera reunir-se a ele em Yatreb. Edificou, em seguida, uma mesquita para o exercício do culto do islamismo e ordenou aos muçulmanos que se voltassem para o lado da Meca, prestando homenagem a Deus, em vez de se prostrarem do lado de Jerusalém, segundo o antigo uso dos povos árabes.

Encarregou os muezins de chamarem os crentes à oração, em alta voz, do cimo dos minaretes, achando indigno da gravidade das cerimônias religiosas que o som dos instrumentos anunciasse o serviço divino; e, finalmente, instituiu o jejum do mês do Ramadã.

Maomé, senhor já de uma província, armou os seus sectários e pensou em conquistar novos povos; começou, então, longa série de combates e de vitórias que prepararam a dominação dos seus Califas na Ásia, na África e numa grande parte da Europa. Os koreischitas foram os primeiros que experimentaram o esforço das suas armas; roubou-lhes grande número de caravanas e derrotou-os em Bedr, na margem do mar Vermelho. Em seguida, submeteu as tribos de Asad, de Nodair, de Ghaftan; tomou de assalto a cidade de Daumat-al Djandal, capital dos árabes estabelecidos na fronteira da Síria, e abandonou a pilhagem às suas tropas.

A Arábia tremia já diante das suas armas. Os koreischitas, batidos em muitos encontros, não ousavam já marchar contra ele e permaneciam encerrados em Meca; mas os seus inimigos implacáveis, não podendo vencê-lo, resolveram empregar a traição para ferir os discípulos do Profeta; espalharam os seus partidários pelas cidades, apunhalaram os crentes durante a noite e, muitas vezes, tentaram assassinar o próprio Maomé. Contudo, tendo sido frustradas todas as suas tentativas e vendo perdidas as suas esperanças criminosas, sublevaram os kenanitas, os gftanitas e os judeus koraiditas, reuniram um exército de mais de dez mil homens e vieram pôr cerco a Medina.

Informado dos seus preparativos de guerra, Maomé pusera a cidade em estado de defesa e fizera-a cercar com um entrincheiramento; pôs-se à frente das tropas e foi acampar numa colina com três mil crentes, a fim de defender as aproximações da cidade. Os dois exércitos permaneceram em presença um do outro mais de vinte dias, durante os quais travaram apenas ligeiras escaramuças. Afinal, tendo os principais chefes dos korischitas ousado desafiar os muçulmanos em combate singular, três dentre eles caíram sob a cimitarra temível de Ali, genro de Maomé. Esses três combates desgraçados inspiraram um grande terror nos infiéis; em seguida, como que por ordem de Deus e para aumentar a confusão, levantou-se no horizonte um vento leste que veio cair com violência sobre os inimigos. Os seus estandartes foram arrancados do chão, as tendas despedaçadas, e os entrincheiramentos derrubados. Os muçulmanos foram, pelo contrário, respeitados pelo elemento destruidor.

Todos esses prodígios exaltavam o fanatismo dos sectários do Profeta e abatiam a coragem dos seus adversários; por isso, sob pretexto de uma questão de preeminência que dividiria os chefes confederados relativamente ao comando geral, as tribos debandaram e voltaram para os seus lares. Maomé publicou, logo que o anjo Gabriel lhe ordenara que fosse destruir os koraiditas, que em menoscabo da aliança que lhes haviam jurado, tinham reunido-se aos seus inimigos para o aniquilar. E, com efeito, marchou contra eles, sem dar às suas tropas tempo para descansarem; perseguindo-os com vigor, bloqueou-os nas suas principais fortalezas e obrigou o seu exército a entregar-se à descrição, depois de vinte e um dias de cerco; e para incutir um terror salutar nos povos vencidos, mandou degolar 700 homens da tribo, reduziu à escravidão as mulheres e as crianças, repartiu os seus bens com os muçulmanos e voltou a Medina, não tendo perdido senão um dos seus discípulos durante a campanha.

O Profeta declarou em seguida a guerra à mais antiga das tribos da Arábia, a dos mostalékitas; depois de os ter submetido, avançou contra a tribo judaica de Kaibar, tomou de assalto todas as praças fortes dessa nação, apoderou-se de seus tesouros e fez morrer Kenana, que se arrogava o título de rei dos judeus. Nessa nova expedição, perdeu apenas 20 dos seus soldados.

Em virtude de suas vitórias, a maior parte dos povos que se submetiam ao poder das suas armas abraçava o islamismo, e a sua religião estendia-se com uma rapidez surpreendente pelas suas conquistas ou pelas dos seus tenentes. Contudo, os habitantes de Meca não tinham abraçado ainda o islamismo, e apesar de terem concluído com o Profeta umas tréguas de dez anos, mostravam-se sempre os seus mais violentos inimigos.

Maomé, tendo sabido que eles haviam fornecido socorro aos bekritas para atacarem os kozaitas, seus aliados, resolveu castigá-los; marchou contra eles à frente de dez mil homens e veio acampar em ordem de batalha próximo da sua cidade.

Abou Sofyan, que saíra como explorador para reconhecer a posição dos muçulmanos, caiu nas suas mãos e foi conduzido ao Profeta, que lhe concedeu a vida e lhe ordenou que abraçasse o islamismo imediatamente. Fez desfilar diante do novo convertido o exército muçulmano, e mandou-o prevenir o exército de Meca que não lhe restava tomar outro partido senão a submissão às suas ordens e uma pronta conversão à sua fé. Ao mesmo tempo, fez publicar que todos aqueles que se retirassem para as casas dos crentes, para a habitação de Abon Sofyan ou para a Kaabah, seriam poupados pelos seus soldados.

Tomadas todas essas disposições, Maomé deu o sinal do combate, e o seu exército pôs-se em movimento: os koreischitas, que tinham avançado para fora dos muros, foram repelidos e perseguidos até dentro da cidade, e todos aqueles que opuseram alguma resistência foram massacrados sem piedade. Um terror completou a derrota geral dos inimigos; os habitantes fugiram para as montanhas, ganharam o mar e salvaram-se no Iêmen. Essa vitória custou tão somente a vida a dois muçulmanos.

Logo que se viu senhor de Meca, Maomé mandou trazer à sua presença os principais dentre os koreischitas, e perguntou-lhes que tratamento esperavam dele. Aqueles responderam: "Não podemos esperar senão ações generosas daquele que é o enviado de Deus" – "Ide, replicou ele despedindo-os, sois livres."

Assim que o sossego se restabeleceu completamente, o Profeta dirigiu-se à colina de Al-Safa, onde foi entronizado como soberano espiritual e temporal, e recebeu o juramento de fidelidade de todo o povo reunido.

Depois dessa cerimônia, marchou para a Kaabah, tocou e beijou a pedra preta; quebrou todos os ídolos em número de 360, sem poupar as estátuas de Abraão e de Ismael, apesar do seu respeito por esses dois patriarcas, e para acabar de purificar o reino sagrado, voltou-se para todos os lados bradando: "Deus é grande! Deus é grande! Deus é grande!" Fez as abluções muçulmanas e a oração dentro e fora do Templo, e terminou essa solenidade por um discurso dirigido ao seu imenso auditório.

A redução de Meca trouxe consigo a conquista de um grande número de cidades que abraçaram o islamismo; e, em breve, desde os platôs do Iêmen até as fronteiras da Síria, os árabes de todas as tribos foram convertidas pela força das suas armas ou pelo poder da sua palavra. Acabou de publicar o Alcorão, instituiu as cerimônias do seu culto e consolidou o seu domínio.

Finalmente Maomé, temido pelos abissínios, egípcios, persas e dos gregos, ficou senhor absoluto da Arábia e do futuro das nações do Oriente.

Contudo, o Profeta, depois de ter feito triunfar a sua religião e lançado os fundamentos do mais poderoso império do mundo, não gozou por muito tempo da sua grandeza e da sua glória; morreu no 11º ano da Hégira, na idade de 63 anos. O seu corpo está conservado em Medina, sua pátria adotiva, onde os fiéis vão ainda em peregrinação para adorar o seu túmulo.

Há mais de doze séculos que Maomé foi glorificado pelos seus sectários como o filho estremecido de Deus; e a teologia muçulmana ensina que é ele o mediador do gênero humano, o príncipe dos apóstolos, o selo dos profetas, o eleito, o glorioso, o ser para o qual se efetuou a criação do universo, e a mais nobre, a mais perfeita das obras do Criador.

A sua religião é fundada sobre os dogmas da unidade de Deus, da imortalidade da alma e das penas e recompensas de uma vida futura. Não repeliu nem condenou as crenças de Moisés e de Jesus; empregou, pelo contrário, a Bíblia e o Evangelho na composição do Alcorão. A sua doutrina, apesar das suas numerosas imperfeições, é mais moral que a dos judeus, e a sua lei, mais completa que a dos cristãos. O Alcorão encerra ao mesmo tempo o dogma, a moral e o culto; trata da teologia, da guerra, da propriedade, das relações do homem e da mulher; finalmente, é por si só um código religioso, civil e militar.

Entre os seus preceitos gerais, Maomé ordena aos crentes a purificação ou as numerosas abluções d'água, e mesmo de areia, quando se está no deserto; ordena o jejum do Ramadã e proíbe aos seus fiéis, durante esse tempo, o tomarem o mais pequeno alimento até que o sol tenha descido do horizonte; nas festas do Beirão, pelo contrário, permite aos maometanos esquecerem nos festins as abstinências do Ramadã.

O Profeta fez uma lei da esmola e obriga os seus discípulos a darem todos os anos aos pobres a quadragésima parte dos seus bens mobiliários; recomenda-lhes a peregrinação de Meca, e impõe a todo o muçulmano livre e em boa saúde, efetuá-lo pelo menos uma vez na sua vida; finalmente submeteu os crentes a práticas religiosas e ordena-lhes a oração cinco vezes por dia.

O uso dos vinhos e das bebidas embriagantes é proibido aos fiéis; mas, como uma compensação, o Profeta permite-lhe desposarem quatro mulheres ao mesmo tempo e possuírem nos seus haréns um número ilimitado de concubinas.

Entre os orientais, a poligamia, remontando ao berço da civilização, não podia ser abolida por Maomé, que conhecia a natureza impiedosa dos povos dessas regiões ardentes; o islamismo santificou as paixões em vez de as proscrever, e a continência foi condenada pelos crentes como a luxúria o fora pelos cristãos. Por isso, a vida do justo segundo o Alcorão difere tanto da vida do justo segundo o Evangelho, como o paraíso de Jesus difere do paraíso de Maomé.

"Aqueles que forem recebidos no reino de meu Pai, diz o Filho de Maria, gozarão de uma beatitude infinita, contemplando eternamente a sua face, no meio dos serafins."

"Os homens que morrerem debaixo de minha lei, exclama o Profeta, habitarão o jardim de delícias; repousarão em leitos ornados de pedrarias, próximos de uma água corrente e límpida, entre os lótus sem espinhos e as bananeiras carregadas de frutos. Em torno deles circularão formosíssimas crianças de uma eterna mocidade, empunhando taças e vasos cheios de vinhos deliciosos, com os quais não experimentarão a mais ligeira perturbação. Ao seu lado, houris sem véus, semelhantes ao jacinto e ao coral, de olhos negros, brilhantes como a pérola na sua concha, embriagá-los-ão continuamente com ardentes carícias, e a sua virgindade permanecerá eterna, apesar da sua ciência da voluptuosidade..."

No império do Oriente, as crueldades dos usurpadores da coroa dos césares começam a história do sétimo século. Depois da sanguinolenta execução do imperador Maurício e de seus filhos, o tirano Focas, único senhor em Constantinopla, não deixou de perseguir com as suas proscrições os parentes e os amigos do príncipe que ele havia destronado. As suas violências estenderam-se sobre os cidadãos opulentos, cujo único crime consistia em possuírem riquezas que tentavam a sua cupidez, ou em desempenharem cargos cuja importância ele temia; e cada dia era marcado pelos suplícios de senhores, de eclesiásticos ou de magistrados. Então, todos os cidadãos virtuosos fugiram da corte daquele monstro, saíram precipitadamente de Bizâncio e deixaram o trono sem guias e sem defensores.

O rei persa, Chosroes II, aproveitando a fraqueza em que se achava o império, declarou a guerra a Focas; apoderou-se das cidades de Damasco de Marde, de Amida, de Edessa, de Mabug; conquistou a Mesopotâmia, a Síria e a Palestina, e afinal, tendo o seu exército tomado de assalto Jerusalém, pilhou todas as igrejas, passou ao fio da espada 90 mil cristãos e levou a cruz do Salvador para a capital dos Magos.

Durante essas expedições sanguinolentas, o imperador grego passava as noites entregue a infames libertinagens, e pagava às suas cortesãs com o ouro que arrancava das suas vítimas. A sua tirania abominável promoveu o ódio geral; e o povo, esse verdadeiro dispensador das coroas, veio gritar mesmo nos degraus do palácio: "Morte ao tirano Focas, que arruina o império com as suas exações!" A voz do povo é sempre a voz de Deus, quando ele pede a morte dos tiranos. O próprio Prisco, genro do imperador, partilhando a justa indignação dos cidadãos, escreveu ao governador da África e obrigou-se a preparar-lhe os meios de se apoderar do trono. O general grego fez logo embarcar seu filho Heráclio, com uma grande armada que se dirigiu a Constantinopla.

Logo que os navios passaram à vista da cidade, Focas foi apanhado por Prisco e despojado dos ornamentos da dignidade imperial; as suas próprias guardas amarraram-lhe as mãos, meteram-no num barco e entregaram-no a Heráclio. O vencedor mandou-lhe cortar os pés e as mãos, fez-lhe arrancar as partes naturais e ordenaram afinal ao algoz que lhe cortasse a cabeça. O cadáver assim mutilado foi levado a Constantinopla, arrastado pela praça pública e lançado numa fogueira.

Heráclio foi logo proclamado imperador pelo seu exército e pelos cidadãos de Bizâncio, que viam nele um libertador. E, com efeito, o príncipe restabeleceu a ordem no governo, comprou a paz dos avaros, que tinham avançado até aos muros da capital, e marchou contra os persas. O seu exército, desembarcando próximo de Antioquia, derrotou os inimigos, repeliu-os para além do Taurus, penetrou no país dos alainos e, depois de se ter aliado com os khazars, Heráclio fez em pedaços três novos exércitos persas e alcançou a importante vitória de Nínive. Um dos seus generais apoderou-se dos muros exteriores de Dastagerd e de Etesiphon e forçou Siroés, o novo monarca persa, a restituir-lhe a santa cruz.

O poderoso reino dos persas não mais se levantou depois daquela série de desastres; os muçulmanos, que tinham auxiliado Heráclio nas suas guerras, fizeram mais tarde a conquista dele e transformaram a Pérsia em província árabe.

Terminada a guerra, o imperador vitorioso voltou para os seus Estados e tratou de firmar a paz da Igreja, agitada então com as discussões teológicas. Declarou-se em favor da heresia do monotelismo, e publicou o seu edito, chamado *Ecthese*, para sustentar a doutrina sobre a unidade da vontade e sobre a natureza do Verbo encarnado.

Enquanto ele se ocupava em resolver as questões religiosas, os sarracenos faziam uma incursão nas províncias do império e, sob a guia de Kalel, apoderavam-se da Síria, da Mesopotâmia, da Palestina, e arvoravam o estandarte sagrado do Profeta no túmulo do Cristo.

Heráclio reuniu logo algumas tropas e marchou contra os árabes; mas estes, superiores em número, bateram o seu exército e obrigaram-no a retroceder para as costas da Europa. O príncipe não sobreviveu à sua vergonha; acabrunhado por aquele desastre, extenuado pelos sofrimentos de uma hidropisia cruel, morreu aos 66 anos, terminando, assim, um reinado de trinta anos de glória.

Sucedeu-lhe seu filho Constantino III. Apenas elevado ao trono, o tesoureiro Filagro instruiu o jovem monarca de que Heráclio confiara grandes riquezas ao patriarca Pirro, com ordem de as entregar depois da sua morte à imperatriz Martina, sua mãe, a fim de lhe assegurar uma existência independente e honrosa. O patriarca, chamado ao palácio, confessou a exatidão da revelação de Filagro e, ao mesmo tempo, protestou que cumpriria o seu juramento e só entregaria o depósito à mãe do seu soberano. Contudo cedeu às ameaças de um castigo severo e entregou ao tesoureiro as riquezas que lhe haviam sido confiadas.

Irritada com a violência que fora feita ao patriarca, Martina jurou castigar seu filho e o seu infame conselheiro, e a sua vingança não se fez esperar. Como o príncipe, enfraquecido já por uma doença pertinaz, retirara-se para um dos seus palácios do Bósforo a fim de respirar um ar mais puro, Martina comprou o apoio das suas tropas, sempre prontas a venderem-se, e enviou satélites seus que envenenaram Constantino. Martina fez logo proclamar imperador o seu outro filho, chamado Heracleonas, da idade de 16 anos, e sob o nome do jovem monarca governou o Estado e exerceu sobre o povo uma tirania e um despotismo abomináveis.

Afinal, o senado, fatigado com a sua proscrição, acusou a imperatriz de ter feito assassinar seu filho mais velho e de se ter abandonado a amores incestuosos com o seu outro filho Heracleonas. Foram ambos presos, julgados e condenados a terem a língua arrancada, o nariz cortado e acabarem os seus dias na Capadócia.

Em seguida, foi colocado no trono do Oriente o filho de Constantino III, que contava apenas 11 anos. Durante a sua menoridade, os sarracenos conquistaram as províncias mais importantes da Ásia; e quando o imperador chegou à idade de poder comandar em pessoa os seus exércitos contra eles, o poder daqueles bárbaros aumentara de tal modo que o soberano não pôde resistir às suas armas. Vencido por mar e terra, Constante teve de refugiar-se em Constantinopla; os árabes vieram assaltar a capital do império e obrigaram o príncipe a abandonar-lhes todas as riquezas do tesouro, e a pagar-lhes um tributo considerável. Constante teve mais de sustentar uma guerra terrível contra os eslavos; felizmente, derrotou-os em uma grande batalha.

A tranquilidade do Estado parecia assegurada, quando o imperador, seguindo o exemplo de Heráclio, excita novas agitações, querendo intrometer-se nas discussões teológicas; declarou-se em favor do monotelismo e fez raptar o papa Martinho I, que condenava a heresia. O pontífice resistiu corajosamente às longas perseguições exercidas contra ele e recusou-se abandonar a ortodoxia da Igreja.

Constante não se limitou a exercer crueldades inúteis contra um dos mais dignos ministros cristãos; encheu ainda a capital de exações, de libertinagem e de crimes. No seu reinado, nenhum cidadão estava seguro da sua existência, se possuía algumas riquezas; mulher alguma podia subtrair-se às suas violências, se tivesse fixado a sua atenção. Apesar do ódio que o seu procedimento excitava contra ele, parecia desejar o favor do povo e mostrava-se cioso em excesso da estima dos bizantinos. Não perdoou mesmo a seu irmão ter merecido a amizade destes e fê-lo assassinar secretamente para o punir, dizia ele, de que lhe roubava o amor dos seus súditos. Constante, vendo tão somente nas ruas da sua capital rostos gelados pelo terror ou irritados pelo desespero, receou ser assassinado e resolveu transferir a sede do império para a cidade de Siracusa. Como os seus tesouros estavam esgotados, passou à Itália, a fim de se apoderar das riquezas daquele país para poder sustentar o luxo da sua corte. Roma foi entregue à pilhagem, e os seus generais tiveram ordem de levantar contribuições forçadas na África.

Depois dessas devastações, as províncias foram reduzidas a uma miséria tão atroz que os homens suicidavam-se e as mulheres degolavam os filhos para escaparem aos horríveis tormentos da fome.

O ódio universal fez afinal explosão: André Troilo, à frente de um ajuntamento de povo, penetrou no palácio imperial e apunhalou o tirano, que foi surpreendido no banho. Assim morreu esse imperador, depois de um reinado de vinte e seis anos.

Seu filho, Constantino IV, vulgo o Barbudo, foi quem lhe sucedeu e restabeleceu a sede do império em Constantinopla. Muitos oficiais da Sicília, aproveitando o seu afastamento, proclamaram imperador um rico cidadão de Siracusa, chamado Mizius; mas o monarca voltou imediatamente, sufocou a revolta e apoderou-se do usurpador, que foi decapitado com os seus cúmplices. A severidade de Constantino não impediu novas sedições, e seus irmãos Tibério e Heráclio obrigaram-no a associá-los no governo do Estado. Com o andar dos tempos, o receio que lhe inspiravam aqueles dois príncipes, que pareciam cansar-se de somente usarem ao lado dele do título de augustos, sem tomarem parte nos negócios do Estado, determinou-o a cometer dois fratricídios. Fê-los acusar perante o senado de conspiração contra a sua autoridade e obteve, por meio de falsos depoimentos, que fossem condenados a terem os olhos arrancados e a língua cortada. Esses dois infelizes sobreviveram por poucos dias àquele atroz suplício, e Constantino, por esse crime, ficou senhor único do poder supremo.

Enquanto se ocupava desse modo em firmar o seu domínio, os árabes tinham feito a conquista da Sicília, reuniam os seus numerosos navios nos portos de Smirna e de Cizique, e preparavam-se para vir atacar Constantinopla. A armada dos sarracenos veio desembarcar as suas tropas nas praias europeias; e Bizâncio, rigorosamente sitiada, viu-se em vésperas de ser obrigada a abrir as suas portas aos muçulmanos vencedores. Mas Deus não tinha decidido ainda a ruína do império do Oriente; o engenheiro Galínico, saído da classe do povo, descobriu a composição terrível do fogo artificial e incendiou os navios inimigos. Um número prodigioso de muçulmanos perdeu a vida nas águas do Bósforo, e o resto do exército, perseguido pelos generais do imperador, foi forçado a comprar a paz pagando tributos extraordinários.

Essa vitória não assegurou ainda a tranquilidade do Estado; os búlgaros, expulsos das suas províncias pelos khazars, atravessaram o Danúbio e vieram devastar as terras do império. Constantino não pôde evitar os estragos daqueles povos, senão lhes entregando a Moesia, onde se estabeleceram.

Livre, enfim, de todos os seus inimigos, o príncipe cometeu o erro de seguir os exemplos que lhe haviam legado os seus predecessores e entregou-se às discussões religiosas. Declarou-se contra o monotelismo, reuniu um concílio geral e fez condenar a heresia; em seguida, perseguiu os iconoclastas com o maior rigor, e enviou mesmo a Roma o patriarca de Antioquia, a fim de que o Santo Padre dispusesse da liberdade de Macário, se ele recusasse abjurar o erro.

Constantino morreu depois de um reinado de dezessete anos, deixando o trono a seu filho Justiniano II, da idade de 16 anos. O primeiro uso que o novo imperador fez do poder supremo foi, imitando o exemplo de seu pai, fazer mutilar seus irmãos, para que nesse estado fossem declarados indignos de governar; em seguida, confiou os cargos importantes do Estado a homens cruéis e lascivos. Nomeou tesoureiro da coroa Estevão, eunuco persa, homem abominável, que açoitava com disciplina os oficiais do palácio e levava a audácia a ponto de ameaçar a imperatriz com o castigo usado nas escolas para a primeira infância. A intendência das rendas públicas foi confiada a Teodoro, antigo monge, cujo espírito sanguinário inventava suplícios bárbaros para arrancar aos desgraçados cidadãos o preço dos impostos que não podiam pagar. Digno ministro de um tirano odioso, percorria as províncias com um bando de soldados, perseguia os principais habitantes, fazia-os pendurar nas árvores dos seus domínios e queimava-os a fogo lento, a fim de os obrigar a descobrir os tesouros que eles tinham escondidos.

Enquanto os seus oficiais desolavam a nação com bárbaras exações, o imperador, entregue a devassidões infames, exercia a sua crueldade contra os principais senhores da sua corte; e ousou mesmo mandar encerrar numa masmorra o patrício Leôncio, para o punir de ter atraído o favor da nação e de ter adquirido demasiada glória no comando dos exércitos. Mas, como o povo não abandona aqueles que se declaram seus defensores, formaram-se ajuntamentos, os cidadãos pegaram em armas e o tirano foi obrigado a restituir a liberdade ao ilustre capitão.

Por hipocrisia, Justiniano fingiu ter-lhe restituído toda a sua confiança e nomeou-o governador da Grécia, ordenando-lhe que partisse durante a noite. Os amigos e os partidários do patrício, receando a perfídia de Justiniano, dirigiram-se secretamente, de noite, à habitação de Leôncio, convidaram-no a não empreender a sua perigosa viagem e, para dar força aos seus raciocínios, trouxeram-lhe um mago que lhe fez a seguinte profecia: "Leôncio, morrerás esta noite pela tua covardia, ou reinarás pela tua coragem." Vencido pelas instâncias dos amigos e cedendo à superstição, o patrício armou os seus escravos e apresentou-se com eles no pretório, anunciando aos guardas a chegada do imperador. À sua voz, as portas abriram-se; os seus partidários penetraram nos aposentos interiores e amarraram o prefeito; em seguida, correram às prisões, soltaram todos os presos e deram-lhe armas.

À frente daquele exército improvisado, Leôncio percorreu as ruas de Constantinopla, despertando os cidadãos e fazendo gritar pelos soldados: "Cidadãos, correi todos à basílica de Santa Sofia." O povo correu todo para ali. Quando o dia começou a aparecer, o patriarca Calínico subiu ao púlpito, e, depois de ter feito um discurso aos numerosos assistentes, exclamou: "Meus irmãos, eis chegado o dia que há de iluminar com a sua luz a queda de um príncipe e o triunfo de um outro." Imediatamente, os amigos do patrício proclamaram Leôncio imperador, e a multidão fez ressoar o templo com as suas ruidosas aclamações.

Em seguida, dirigiram-se para o palácio; os guardas do príncipe foram degolados; Justiniano foi arrancado dos braços de uma concubina e arrastado, quase nu, até os pés do feliz vencedor, que lhe perdoou a morte e o condenou unicamente ao exílio, depois de lhe ter mandado cortar o nariz, segundo o uso da época; o eunuco Estêvão, seu favorito, sofreu o mesmo suplício. Fora encontrada nele uma ordem do seu infame senhor para que largasse fogo a Constantinopla e fizesse perecer em uma noite todos os habitantes daquela imensa cidade pelo fogo ou pelo ferro.

O novo soberano enviou uma esquadra numerosa, sob as ordens do patrício João, para repelir os sarracenos, que acabavam de se apoderar de Cartago. Os muçulmanos, derrotados em muitos encontros, foram obrigados a abandonar as cidades que tinham conquistado. Contudo, esses reveses não fizeram perder a coragem ao seu califa, que armou um grande número de navios e expulsou, afinal, os gregos de todo o litoral da África.

João, fugindo diante do gládio vitorioso dos árabes, embarcou precipitadamente para bordo dos seus navios e fez-se de vela para as costas da Grécia. Durante a viagem, uma tempestade violenta obrigou-o a arribar à ilha de Cândia, onde permaneceu muitos meses. Os soldados, a quem faltavam víveres, e irritados por uma derrota que atribuíam à incapacidade do seu capitão, sublevaram-se contra ele, demitiram-no do comando, e, cedendo às sugestões de um ambicioso, resolveram libertar-se de toda e qualquer autoridade e proclamaram imperador um dos seus chefes, chamado Apsimaro.

Quando essa notícia chegou a Constantinopla, Lúncio tomou todas as medidas necessárias a fim de resistir às empresas do seu competidor; a cidade foi abastecida para sustentar um prolongado sítio, e uma milícia corajosa guarneceu todas as suas fortificações. Enquanto ele se ocupava desses preparativos de guerra, uma epidemia cruel veio devastar a sua capital e, em poucos meses, uma grande parte dos habitantes e quase todo o seu exército sucumbiram ao contágio.

Apsimaro, que chegara com a esquadra aos muros de Constantinopla, atacara uma fortaleza chamada Arcos, que a princípio lhe parecera fácil tomar de assalto; mas, tendo sofrido uma resistência viva e julgando que seriam impotentes todos os seus esforços para se apoderar da praça, recorreu à traição e corrompeu os oficiais que guardavam as muralhas de Blaquernes. Os seus soldados penetraram na cidade por um aqueduto, e Constantinopla foi entregue à pilhagem. Leôncio foi conduzido à presença do vencedor, que lhe mandou cortar ali mesmo o nariz e o condenou a acabar os seus dias num mosteiro. Apsimaro dirigiu-se em seguida ao palácio imperial e tomou posse do trono sob o nome de Tibério III.

Assim, enquanto o império do Oriente estava submetido a tiranos execráveis, chamados pelos povos estúpidos, príncipes, reis e imperadores, as Gálias serviam de arenas sanguinolentas aos chefes bárbaros, que disputavam entre si o poder supremo.

Clotário II, filho de Landry e da infame Fredegunda, começa a série dos reis da França do sétimo século. Na idade apenas de 16 anos, empreende, apesar da sua extrema mocidade, governar por si mesmo o seu reino de Soissons; pérfido, audacioso e pertinaz como sua mãe, reúne tropas e quer apoderar-se dos estados de seus primos Thierry e Teodoberto. Os dois príncipes, instruídos dos seus projetos, ligam-se para a sua defesa comum e marcham contra o exército de Clotário; o jovem ambicioso, vencido numa grande batalha, é forçado a implorar a clemência dos dois reis que ele quisera despojar dos seus reinos.

Thierry e Teodoberto deixaram-se vencer pela sua submissão e conservaram-lhe a coroa, exigindo unicamente um resgate. Cheios de confiança no reconhecimento e nos juramentos de Clotário, marcharam com todas as suas forças contra os gascões, que se haviam revoltado; submeteram aqueles povos e deram-lhes por governador Genialis, que foi o primeiro a assumir o título de duque da Gascunha.

Enquanto se entregavam aos cuidados dessas conquistas, rebentou entre eles uma desavença; então o filho de Fredegunda, aproveitando o seu afastamento e a sua discórdia, levantou novos exércitos e penetrou nas províncias de Thierry. Este correu logo para punir Clotário e bateu-o uma segunda vez; contudo concedeu-lhe a paz, sob a condição de que permaneceria neutro na guerra que tinha declarado a Teodoberto.

O rei de Soissons julgou que efetuaria mais facilmente os seus projetos, quando os dois irmãos tivessem enfraquecido as suas tropas; sustentou, pois, o juramento que prestara e esperou pelos acontecimentos. Os dois príncipes travaram-se numa horrível peleja debaixo dos muros da cidade de Colônia; o exército de Teodoberto foi completamente derrotado, e ele mesmo feito prisioneiro e enviado a Brunehaut, que o mandou degolar.

Clotário pensou então em marchar com as suas tropas contra o fratricida, que comprara a vitória com a perda dos seus melhores soldados. Mas a rapidez da sua marcha foi inútil, o veneno antecipara-o; e Thierry morreu em resultado de uma bebida que sua avó lhe administrara. O rei de Soissons não suspendeu a sua expedição; bateu os bandos que Brunehaut reunira à pressa, fez prisioneira a rainha e, como já dissemos, por ordem sua, foi aquela mulher abominável despojada dos seus vestidos, exposta durante três dias e três noites à brutalidade dos soldados, aplicada a torturas inauditas e, finalmente, amarrada à cauda de cavalo selvagem, que a arrastou por entre rochas e penedias.

Em seguida, apoderou-se dos filhos de Thierry; os dois mais velhos foram massacrados, o terceiro fugiu da sua prisão e o mais novo foi encerrado num mosteiro.

Esses crimes tornaram Clotário senhor absoluto dos três reinos; deu a Dagoberto, seu filho, a Austrásia e a Nêustria com o título de rei, e, em breve, arrependendo-se de o ter elevado ao trono, quis fazer a guerra para reaver os Estados que lhe havia abandonado.

No seu reinado, o poder dos *maires* aumentou consideravelmente com a criação de tribunais de justiça, chamados *placita*, cujos rigores excitavam o ódio dos grandes e do povo contra o príncipe.

Clotário era cruel e inexorável, era rei; decepou ele mesmo a cabeça de um capitão saxônio que fizera prisioneiro; mandou ferir com o gládio todas as crianças do sexo masculino dessa valorosa nação, cuja estatura se elevava à altura da sua espada, para não deixar um único vingador à Saxônia. Finalmente, morreu na idade de 45 anos, e o seu corpo foi depositado na igreja de Saint-Germain de Près.

Depois da morte de Clotário, seu filho mais velho, Dagoberto, apoderou-se da coroa e não cedeu a seu irmão Chariberto senão uma pequena parte dos Estados de seu pai. Contudo, o príncipe, que tinha mais um apanágio do que um reino, tomou o nome de rei e estabeleceu a sua corte em Toulose. Não conservou, porém, o seu título vão por muito tempo e morreu em Blaye, deixando os seus Estados ao mais velho dos seus filhos. Dagoberto, cioso mesmo dessa sombra de realeza, resolveu a morte de seu sobrinho e o jovem príncipe foi envenenado. Senhor de toda a França por esse último crime, entregou-se, como seu pai, a todos os excessos; encheu os palácios de concubinas, repudiou a rainha Gomatrudes e desposou três mulheres ao mesmo tempo. Conta-se que fazia raptar para as suas orgias todas as jovens cuja beleza atraíra o seu olhar e que prodigalizava os seus tesouros para dar festas suntuosas às suas cortesãs e aos seus validos.

O luxo da sua corte chegara a um ponto extraordinário para o século e formava um contraste notável com a miséria do povo. Os senhores usavam, sobre vestidos magníficos, largos cintos recamados de pedrarias; o traje do príncipe deslumbrava os olhares, e o seu trono de ouro, obra prima do ourives Santo Eloy, passava por uma das maravilhas da época. Esse príncipe infame e cruel, devoto e luxurioso, hipócrita e avaro, desenfreado nas suas paixões, passou toda a sua vida entre as voluptuosidades do seu serralho, ou com as mãos juntas numa capela, recitando o seu rosário.

Tendo Dagoberto abandonado as rédeas do governo aos *maires* do palácio, o poder desses oficiais elevou-se acima da autoridade real. O príncipe ocupava-se unicamente em edificar basílicas, em fundar mosteiros ou em dotar os conventos, o que lhe valeu ser glorificado pelos monges e pelos padres. Afinal, depois de ter ocupado o trono pelo período de dezesseis anos, morreu em Epinay e foi enterrado em S. Diniz, igreja que ele fundara e que depois se tornou a sepultura dos reis da França. Os seus dois filhos herdaram os seus imensos Estados.

Sigeberto III, que fora coroado rei da Austrásia cinco anos antes da morte de seu pai, conservou essa província e empregou todos os tesouros do seu reino em fundar casas religiosas e em fazer transcrever os regulamentos que os monges deviam observar. Morreu em Metz, depois de um reinado de vinte e quatro anos, deixando um filho que Grimoaldo, *maire* do palácio, encerrou num convento depois de tonsurado.

Clóvis II, o mais novo dos filhos de Dagoberto, teve em partilha os Estados de Borgonha e de Nêustria; a sua menoridade tornou mais formidável que antes a ambição dos grandes senhores e favoreceu o poder odioso dos *maires* do palácio. Aproveitando a fraqueza do jovem príncipe, os governadores das províncias promoveram guerras civis em todas as Gálias; e quando Clóvis chegou à idade de governar em pessoa, não teve força nem coragem bastante para reprimir as desordem. Archcamboud, *maire* do palácio, levou a insolência a ponto de lhe impor por mulher legítima a escrava Bathilde, que ele comprara a um pirata, e a quem manchara com as suas carícias.

Esse príncipe, fraco e pusilânime, teve, contudo, a coragem de uma boa ação que lhe granjeou o amor de seus súditos. Tendo sido dissipados os tesouros do Estado pelas concussões dos ministros, deu ele ordem, em uma crise de fome, que se tirassem as lâminas de ouro e de prata que cobriam os túmulos de S. Diniz e dos outros mártires; mandou que se cunhasse dinheiro e comprou cereais que distribuiu aos pobres da capital. O supersticioso Clóvis fez abrir em seguida o túmulo do santo e tirou uma parte das relíquias para as colocar no oratório do seu palácio, a fim de se preservar da influência do espírito maligno. Os monges, irritados por verem despojada a sua igreja, acusaram Clóvis de se entregar a lascívias monstruosas com seus cortesãos e representaram-no ao povo como um tirano abominável. Anunciaram mesmo que Deus o ferira de demência para o punir de ter arrancado um braço do corpo de S. Diniz. E, com efeito, caindo o rei doente com uma febre promovida pelos seus excessos, essa fábula tomou um caráter de verdade aos olhos do vulgo. Clóvis morreu algum tempo depois, em convulsões horríveis, e ninguém duvidou de que Satanás se tivesse apoderado da sua alma. Clotário III, seu filho mais velho, sucedeu-lhe nos reinos de Borgonha e de Nêustria, sob a tutela de sua mãe Bathilde e sob a direção de Ebroin, *maire* do palácio. A princesa, que subira ao trono saindo da escravidão, não esqueceu a sua primeira condição; aliviou as misérias do povo, governou o Estado com sabedoria e firmeza, reprimiu as violências dos grandes e assegurou o reino da Austrásia ao seu outro filho Chilperico. Mas a superstição da época entregou-a às seduções dos padres; estes, por instigação de Ebroin, convidaram-na a renunciar ao mundo para se retirar para o mosteiro de Chelles, que ela tinha fundado. Logo que a rainha abandonou o cuidado do reino, o *maire* ocultou o príncipe no interior dos seus palácios, e cercou-o de cortesãs e de validos, a fim de ficar único senhor do poder; contudo, era tão grande e poderoso no espírito dos povos o prestígio da hereditariedade do trono, que Ebroin não ousava ainda se apoderar da coroa. Além disso, o corajoso bispo S. Leger opunha-se com firmeza aos seus projetos ambiciosos. Finalmente, o *maire* do palácio, fatigado com as admoestações do prelado, resolveu desfazer-se de um censor incômodo e, um dia, invadiu o palácio episcopal com mão armada, arrancou S. Leger da sua habitação, ordenou aos seus soldados que lhe arrancassem os olhos, cortassem as orelhas, o nariz e os beiços, e o arrastassem para a próxima floresta de Autun, o que foi executado com grande crueldade. Felizmente, o conde de Varinque, que habitava um castelo nas proximidades da cidade, teve conhecimento do que se passava e veio durante a noite com a sua gente tirar o desditoso do lugar onde o haviam deixado nu e coberto de sangue. Fê-lo transportar para o mosteiro de Fécan, onde, graças aos cuidados inteligentes dos monges, conseguiram salvá-lo. Clotário III, extenuado pelas suas voluptuosidades, morreu no fim do seu décimo oitavo ano.

Thierry, seu irmão segundo, foi proclamado soberano por Ebroin, em menoscabo das leis do reino, que designavam por sucessor a Teodorico, irmão mais velho do príncipe. Então, o ódio que os grandes, o clero e o povo votavam ao *maire* do palácio fez explosão. Um monge do sétimo século refere assim os acontecimentos dessa revolução: "Tendo o rei Clotário III, chamado por Deus, saído desta vida, ficou o trono vago. Ebroin, que deveria ter convocado solenemente os grandes e elevar ao trono Teodorico, irmão mais velho do rei, recusou reuni-los; ordenou mesmo aos nobres que estavam a caminho que voltassem para trás, e mandou fechar as portas do palácio, a fim de proceder à entronização do soberano da sua escolha.

"Os senhores, temendo que ele meditasse a sua ruína, reuniram-se em conselho, declararam nula a nomeação de um príncipe feita sem a sua aprovação e ofereceram a coroa de Nêustria e de Borgonha a Childerico, que tinha já em partilha o reino da Austrásia; em seguida, perseguiram a ferro e a fogo aqueles que não quiseram aprovar a sua decisão.

"O tirano Ebroin, pelo seu lado, proclamara rei o jovem Thierry; mas, temendo a cólera dos grandes e do povo, refugiou-se vergonhosamente numa igreja, debaixo do altar, que era considerado como um asilo inviolável. O seu palácio foi invadido pelo povo, as suas riquezas foram pilhadas e os imensos tesouros que tinha amontoado oprimindo os cidadãos foram consumidos pelas chamas em poucas horas. Entre os seus inimigos, os mais encarniçados queriam persegui-lo mesmo no retiro sagrado que ele profanava; mas os bispos, e particularmente o venerável S. Leger, que se achava então na cidade, intercederam por ele e obtiveram que tivesse a vida salva. Foi exilado para o mosteiro de Luxenil, a fim de expiar pela penitência os seus numerosos crimes. O rei que ele coroara teve igualmente os cabelos rapados e foi encerrado na abadia de S. Diniz. Então Childerico II reuniu sobre a sua cabeça as três coroas da Gália."

No começo do seu reinado, Childerico abandonou uma parte da Austrásia ao filho de Sigeberto, Dagoberto II, herdeiro legítimo daquela província, que fora destronado pelo usurpador Grimoaldo, e essa ação generosa mereceu-lhe o amor dos povos. Mas o poder supremo mancha os mais nobres caráteres e, em breve, o jovem rei se entregou à libertinagem, praticou exações, crueldades e sublevou contra si a nação inteira. Formou-se uma conjuração entre os senhores da corte, e ele foi assassinado na volta de uma caçada.

À notícia da sua morte, Ebroin fugiu do mosteiro de Luxenil, reuniu um exército de bandidos, que aumentou chamando para o seu lado os assassinos de todos os países. À frente daquelas hordas selvagens, percorreu em todos os sentidos os três reinos, pilhando, devastando, violando as mulheres, degolando os velhos, queimando as crianças, incendiando cidades inteiras e praticando tais horrores que os desgraçados que haviam escapado do massacre acreditavam na vinda do anticristo.

Teodorico, irmão de Clotário III, quis reivindicar a coroa e foi assassinado em S. Cloud; o tesouro real foi pilhado, e Ebroin proclamou rei da Austrásia, sob o nome de Clóvis, uma criança que apresentava como sendo filho de Clotário. Depois da coroação desse novo rei, o *maire* do palácio, elevado ao maior cúmulo do poder, lembrou-se de que S. Leger existia ainda no fundo do mosteiro de Fécan e, como temia a oposição desse prelado, determinou fazê-lo julgar por um sínodo de bispos que lhe estavam vendidos. S. Leger foi arrancado do seu retiro, conduzido, algemado de pés e mãos, à presença de uma assembleia de eclesiásticos prevaricadores e condenado à pena de morte. Antecipadamente, Ebroin mandou-o aplicar à questão ordinária; e só depois de ter martirizado aquele desditoso com todos os gêneros de tortura, foi que o entregou ao algoz para que lhe cortasse a cabeça. Digna recompensa que um tal monstro reservava àquele que o protegera noutro tempo contra o furor popular e lhe salvara a vida.

Nesse mesmo conciliábulo, o *maire* do palácio fez depor o bispo de Chalons, amigo de S. Leger, e Varmer, duque de Champagne e bispo de Troyes; o primeiro foi estrangulado, e o segundo, enforcado.

Por seu turno, Thierry saiu da abadia de S. Diniz e tornou a ocupar o trono de Borgonha e de Nêustria. Ebroin dirigiu-se então para Soissons com os seus bandos e obrigou o jovem príncipe a reintegrá-lo na dignidade de *maire* do palácio. Nesse mesmo tempo, Dagoberto II, que governava na Austrásia, foi assassinado pelos seus súditos, o que tornava Thierry único senhor das Gálias; mas os autrasianos, receando a dominação cruel de Ebroin, declararam que não queriam mais reis, e nomearam Pepino de Heristal, duque de Austrásia. "Esse chefe, dizem as antigas crônicas, começou a reinar nessa província com a autoridade real. Depois da morte de Ebroin, empreendeu uma guerra contra Thierry, derrotou o seu exército e obrigou-o a dar-lhe o título e a autoridade de *maire* do seu palácio. Esse último golpe destruiu para sempre a poder dos descendentes de Clóvis. Os tratados de paz e as guerras eram feitas em nome de Pepino; os impostos eram levantados por ordem sua, e os cargos do Estado dados também a criaturas suas; e o covarde Thierry, encerrado no fundo do seu palácio, consumindo os dias nas mais vergonhosas depravações, tornava-se o objeto do desprezo dos seus povos, que o alcunharam de ocioso."

Depois dele, Clóvis III, seu filho mais velho, reinou por cinco anos. Childeberto III, irmão do jovem príncipe, sucedeu-lhe em seguida e ocupou o trono pelo período de dezesseis anos. Esses dois príncipes morreram, como seu pai, carregados com o desprezo da nação.

Oitavo Século

João VI

87º Papa

Quadro dos negócios eclesiásticos no oitavo século. – Profunda ignorância do clero. – Os papas autorizam um culto supersticioso e libertam-se da dominação dos príncipes. – Ingratidão dos papas para com os imperadores. – Eleição de João VI. – Desordens na Itália. – Estado da Igreja da Inglaterra. – Viagem de Santo Wilfrido a Roma. – O concílio examina as acusações dirigidas contra o santo bispo. – Wilfrido é justificado. – O papa obriga-o a voltar para Inglaterra. – Morte de João VI.

Quanto mais se progride na história eclesiástica, maiores são os escândalos do procedimento dos pontífices de Roma e do esquecimento em que põem os sábios preceitos dos apóstolos e as máximas dos primeiros fiéis, para adotarem os costumes do Paganismo e um grande número de práticas supersticiosas opostas à doutrina do Cristo. Por isso, o oitavo século admirara tanto pela infâmia dos príncipes que governavam os povos como pela orgulhosa audácia dos papas que tinham assento na cidade santa.

Os Estados do Ocidente são devastados pelos sarracenos, que, depois de terem conquistado a Ásia e a África, subjugaram ainda uma parte da Europa; entre os reis sucedem-se guerras desastrosas, os impérios todos estão em revolução; para aumentar as calamidades, o clero acende os fachos do fanatismo, impele os homens para as práticas de uma superstição inacreditável e, no meio da desolação geral, procura dominar o mundo inteiro.

Os papas, em vez de manterem a disciplina eclesiástica e a pureza da fé, autorizam com o seu exemplo a libertinagem dos padres e monges; a Santa Sede prossegue na sua política de invasão, não para fazer cessar as desgraças dos povos, mas para fazer pesar sobre as nações uma tirania mais terrível ainda que a dos reis. Já os imperadores gregos são obrigados a implorar o auxílio dos pontífices para se manterem na Itália, e os reis dos lombardos mendigam a mesma proteção para conservarem as suas conquistas.

Depois da morte de Sérgio I, a cadeira de S. Pedro ficou vaga durante cinquenta dias, e foi em seguida ocupada por João VI, padre de origem grega. O imperador Apsimaro enviou ao novo pontífice o patrício Teofilato, exarca de Ravena, convidando-o a sustentar os interesses da corte de Constantinopla contra o rei dos lombardos. Mas a chegada do embaixador promoveu entre os romanos uma violenta sedição; os soldados cercavam a sua habitação para se apoderarem da sua pessoa e darem-lhe a morte, tudo pelo ódio que votavam ao imperador. João VI dirigiu-se ao meio do tumulto, exortou a multidão e conseguiu suspender os efeitos do furor do povo. Teofilato, aproveitando um momento de quietação, embarcou imediatamente e voltou vergonhosamente para Constantinopla.

Algum tempo depois, o pontífice, ganho pelos presentes de Apsimaro, ousou exprimir sentimentos favoráveis ao império; então Gilulfo, duque de Benevente, tomou a resolução de o trazer, pelo medo, para o partido dos lombardos. Invadiu imediatamente a Campânia, saqueou as cidades, devastou os campos, incendiou os domínios do clero e cativou um grande número de cidadãos. O Santo Padre, não podendo reprimir aquelas violências, pediu ao duque de Benevente que lhe concedesse a paz; os embaixadores eram portadores de somas consideráveis que lhe ofereceram para comprar a sua aliança e para obter a liberdade dos cidadãos que ele arrancara aos seus lares e às suas famílias.

No ano seguinte, a Igreja da Inglaterra foi perturbada outra vez por Santo Wilfrido, que, na sua dedicação pela corte de Roma, recusava obediência ao metropolitano de Cantorbery, sob pretexto de que a sua sede era independente, em virtude de um privilégio ou de uma carta que lhe fora concedida pelo pontífice Agatão. Wilfrido, condenado por uma assembleia dos prelados da Grã-Bretanha, apelou da sua decisão para o papa, passou o mar uma segunda vez, acompanhado por alguns dos seus sufragantes, e veio em pessoa apresentar a sua petição a João VI, que o recebeu com grandes honras. Enquanto se examinava a causa, os deputados de Bertualdo, arcebispo de Cantorbery, chegaram à Itália e entregaram igualmente à Santa Sede uma acusação contra Wilfrido.

Tendo sido convocado um concílio para ouvir as reclamações dos dois partidos, o acusado compareceu perante padres e exprimiu-se nos seguintes termos: "O Santo Papa Agatão publicou um decreto que os seus piedosos sucessores Bento e Sérgio confirmaram, o qual assegura a nossa autoridade sobre a sede de York e sobre os mosteiros dos reinos de Northumbre e de Mércia. Oferecemos em pleno sínodo prestar ao metropolitano Bertualdo o respeito que lhe é devido como primaz da Inglaterra, estabelecido nessa alta dignidade pela Santa Sede; mas podemos nos recusar, canonicamente, a submeter-nos a um julgamento de deposição pronunciado contra nós, sem apelar para as vossas luzes."

Depois de ter ouvido os enviados do metropolitano de Cantorbery e examinado todos os documentos do julgamento, a assembleia declarou Wilfrido plenamente justificado e absolveu-o. O papa escreveu, em seguida, aos reis Ethelred e Alfrid: "Príncipes de Mércia e de Northumbre, pedimo-vos que advirtais o bispo Bertualdo de que rejeitamos a sua acusação caluniosa contra Wilfrido, e que este último é mantido pela nossa autoridade em todos os direitos que lhe foram concedidos pelos nossos predecessores."

O santo prelado de York tornou a passar o mar, levando de Roma um grande número de relíquias, de imagens, de bandeiras e de estofos de púrpura e de seda para ornamento das igrejas da Inglaterra.

João VI morreu a 10 de janeiro do ano 705, pouco tempo depois da partida de Wilfrido.

João VII

88º Papa

Eleição do pontífice. – Autoriza com o seu silêncio as atas do concílio "in Trullo", reunido em Constantinopla. – Ariberto dá ao papa os Alpes Cotianos. – Ações atribuídas a João VII. – Morte do soberano pontífice.

Terminada as exéquias de João VI, o povo, os grandes e o clero de Roma reuniram-se na basílica de S. João de Latrão, para escolher um pontífice. Todos os sufrágios se fixaram sobre um padre grego de nação que passava por sábio naqueles tempos de ignorância. Esse novo papa foi ordenado sob o nome de João VII.

O imperador Justiniano, que acabava de subir ao trono, dirigiu-lhe dois metropolitanos encarregados das atas do concílio *"in Trullo"* e de uma carta na qual o conjurava que reunisse imediatamente um sínodo de bispos latinos, a fim de aprovar os regulamentos publicados pelos padres.

João receou excitar o ressentimento do príncipe condenando os seis volumes de cânones que lhe eram dirigidos e não quis, todavia, comprometer a sua autoridade aprovando atos que as Igrejas da Itália tinham declarado contrariar a dignidade da corte de Roma; então reenviou os documentos a Constantinopla, sem lhes fazer a mais pequena mudança e sem decidir coisa alguma, deixando Justiniano livre para interpretar o seu silêncio como uma aprovação dos seus decretos, que eram universalmente recebidos pelas Igrejas do Oriente. Esse fato é o único que a história nos conservou desse pontificado efêmero.

O Santo Padre morreu no ano 707, depois de um reinado de dezoito meses. Foi enterrado na catedral, em frente de uma capela que ele elevara à Virgem:

as paredes dessa basílica eram ornadas de pinturas em mosaicos de um grande preço, que haviam sido executadas por ordem sua.

João VII reparou, além disso, muitas igrejas e, particularmente, a de Santa Maria, onde estabeleceu o seu domínio. Dotou-a com um grande número de quadros, dentre os quais figurava o seu retrato; deu ao clero vasos sagrados de ouro e de prata, e um cálice de ouro maciço pesando mais de vinte libras e enriquecido com pedras preciosas.

Paulo, diácono, refere que, nesse pontificado, Alberto II, cujo pai usurpara o trono dos lombardos, desejando alcançar o favor dos papas, aumentou os seus domínios com o patrimônio dos Alpes Cotianos, e que o ato dessa doação, escrito em letras de ouro, foi entregue a João VII pelos embaixadores do monarca.

Sisínio

89º Papa

Vagatura da Santa Sede. – Eleição de Sisínio. – Suas enfermidades. – Ações do pontífice. – Morre depois de um pontificado de vinte dias. – É enterrado em S. Pedro de Roma. – História de S. Bonnet, bispo de Clermont.

Depois de que fora restituída à Igreja romana a liberdade das eleições, os principais chefes do clero italiano, depois da morte dos pontífices, colocavam-se à frente dos partidos para se apoderarem da cadeira de S. Pedro, e as suas rixas ocasionavam muitas vezes longos interregnos. Então os cidadãos sensatos, para porem de acordo todos os competidores, escolhiam padres que não pertenciam a nenhuma da facções.

João VII tinha morrido havia três meses e nenhum dos partidos conseguira vencer os seus adversários; o senado e o povo de Roma determinaram-se afinal elevar à Santa Sede o bispo Sisínio, sírio de nação e filho de um sacerdote grego chamado João.

Esse venerável prelado, acabrunhado de enfermidades, era sujeito a acessos de gota tão violentos que nem sequer podia levar as mãos à boca.

Apesar dos seus sofrimentos, sua santidade mostrou uma grande firmeza de alma, desenvolveu uma atividade surpreendente no governo da Igreja, distribuiu numerosas esmolas aos pobres, tentou introduzir uma reforma nos costumes do clero e empreendeu mesmo levantar os muros de Roma que caíram em ruínas.

A morte feriu-o subitamente no meio dos seus trabalhos apostólicos, depois de um pontificado de vinte dias, no mês de fevereiro do ano 708; foi enterrado em S. Pedro.

No reinado de Sisínio, S. Bonnet, bispo de Clermont, veio em peregrinação a Roma para visitar os túmulos dos apóstolos e para obter do soberano pontífice a confirmação do seu título de bispo, que lhe era vivamente contestado pelos eclesiásticos da sua diocese, por causa das rixas que haviam tido lugar por ocasião da sua eleição.

Como o prelado trazia ricos presentes em expiação do seu erro, o papa mostrou-se indulgente e confirmou a sua nomeação, sob a condição de que consagraria todos os produtos do seu bispado às funções pias ou a esmolas.

S. Bonnet executou tão religiosamente a penitência que lhe era imposta, que foi chamado o pai dos pobres e mereceu ser canonizado.

Constantino I

90º Papa

Brigas para as eleições dos papas. – Exaltação de Constantino. – Desavenças do pontífice e do arcebispo de Ravena. – Félix é assassinado na sua metrópole, algemado e conduzido a Constantinopla. – O legado da Santa Sede manda arrancar-lhe a língua e tirar os olhos com um ferro em brasa. – Peregrinação dos fiéis a Roma. – Novas crueldades do pontífice. – O imperador fê-lo entregar o patriarca Calínico. – Viagem do papa a Constantinopla. – É recebido pelo príncipe com grandes honras. – Revolta de Filipico Bardanés. – Apodera-se do trono e manda queimar publicamente as atas do concílio que condenava os monotelistas. – O papa excita sedições em Roma. – Anastácio eleva-se ao império. – Restabelece os decretos do santo concílio. – Cartas do imperador e do patriarca de Bizâncio. – Zelo do príncipe Anastácio pela Igreja. – Triunfo do papa. – Morte do pontífice Constantino.

Nessa época, os padres e os monges, expulsos das suas igrejas pelos árabes e pelas frequentes revoluções que desolavam o império, refugiaram-se na Itália e em Roma. Por isso a Santa Sede, no começo do oitavo século, foi constantemente ocupada por padres gregos, que eram em grande maioria na Itália. Depois da morte do sírio Sisínio, foi eleito para lhe suceder um prelado da mesma nação que foi consagrado sob o nome de Constantino.

Feito soberano pontífice pelas intrigas dos seus amigos, Constantino apressou-se em cumprir as promessas que fizera antes da sua eleição, e o arcebispado de Ravena foi dado ao diácono Félix, que fora um dos mais zelosos agentes do seu partido. O novo patriarca, vendo-se sentado na cadeira mais importante da Itália, quis firmar a independência dela e recusou-se a renovar à Igreja romana as promessas de fidelidade e de obediência que os seus predecessores tinham feito.

Reuniu tropas, fortificou a cidade de Ravena e preparou-se para resistir às cóleras do pontífice pelo poder das armas. Constantino, compreendendo a inutilidade dos seus anátemas contra um eclesiástico tão poderoso, enviou legados ao imperador Justiniano para lhe pedir tropas, a fim de submeter o sacerdote rebelde. O príncipe fez partir logo o patrício Teodoro à frente de um exército; a cidade foi tomada de assalto e Félix, preso pelos soldados, algemado e conduzido a Constantinopla, onde o encerraram num cárcere. Afinal, por ordem do prelado, tiraram-no da prisão, arrancaram-lhe a língua, tiraram-lhe os olhos e exilaram-no. Essa crueldade, exercida por instigação de Constantino, foi o prelúdio de execuções mais terríveis ainda.

O legado obteve do fraco Justiniano a ordem de mandar arrancar os olhos ao patriarca Calínico; e, depois do suplício, o infeliz prelado foi enviado a Roma, onde o Santo Padre exerceu contra ele todas as torturas que a crueldade engenhosa de um padre pode inventar.

Durante esse século, as peregrinações eram já consideradas como a obra mais meritória aos olhos de Deus. Os homens, cuja vida fora manchada por lascívias ou por crimes, podiam resgatar as suas iniquidades fazendo uma viagem à cidade santa. Os nobres, os duques e os próprios reis vinham prostrar-se diante do túmulo dos apóstolos, imploravam o perdão dos seus pecados, ofereciam ricos presentes a S. Pedro e recebiam em troca a absolvição dos pontífices de Roma.

Kenred, príncipe dos mercínos, e o rei dos saxônios orientais, chamado Offa, cedendo à predileção geral, abandonaram os seus reinos e dirigiram-se à Itália, levando consigo imensos tesouros destinados ao Santo Padre. Constantino prestou-lhes grandes honras, cercou-os de frades hipócritas e, com prédicas continuadas sobre as desgraças da outra vida, assustou o espírito grosseiro daqueles príncipes e determinou-os a abraçarem a vida monástica. Ambos morreram algum tempo depois, condenando, porventura, o fanatismo que lhes fizera esquecer suas mulheres, seus filhos e até mesmo os seus reinos.

No ano seguinte, 710, o papa cedeu afinal às instâncias do imperador, que lhe suplicava viesse a Constantinopla para regular os negócios da Igreja do Oriente, e o pontífice embarcou em Porto, acompanhado de dois bispos, três padres e alguns monges. Constantino dirigiu-se para a Grécia, passou o inverno em Otranto e entrou, em seguida, na cidade imperial, onde Justiniano o esperava.

Tibério, filho do imperador, e o patriarca foram ao encontro do Santo Padre na distância de sete milhas da cidade, acompanhados pelos grandes do império, pelo clero e por um grande número de cidadãos. À sua chegada, Constantino celebrou uma missa solene na Igreja de Santa Sofia, e depois da cerimônia, o mesmo cortejo o trouxe ao palácio de Placídia, preparado para o receber: Anastácio assevera que o imperador, na presença de todo o povo, beijou os pés do papa, e que o povo admirou a humildade daquele príncipe. Faz notar essa ação singular e glorifica Justiniano de ter, o primeiro, dado aos poderosos da Terra o exemplo de beijar as sandálias do bispo de Roma!

Durante a sua permanência na corte de Bizâncio, o Santo Padre aprovou as atas do concílio *"in Trullo"* e conferenciou muitas vezes com o monarca sobre os interesses da Igreja e do Estado. Justiniano preparava então uma expedição contra os habitantes de Chersonése, que o tinham querido mandar assassinar na época em que ele se refugiara entre eles. Constantino, prevendo as dificuldades de uma tal empresa contra os povos aguerridos, tentou desviar o príncipe do seu projeto; mas as suas justas observações foram inúteis, e as tropas receberam ordem de partir para aquela península afastada.

Apenas chegados aos muros da cidade, os soldados, fatigados por marchas forçadas, irritados contra os seus chefes, cuja imprevidência os deixara expostos a todas as privações, revoltaram-se contra os seus generais, fraternizaram com os cidadãos e proclamaram imperador, sob o nome de Filipico, o armênio Bardanés, o general que fora exilado noutro tempo por Justiniano para a mesma praça que eles vinham assaltar.

O novo soberano marchou logo sobre Constantinopla à frente do exército que tinha escolhido por chefe; tomou de assalto a capital e, tendo-se apoderado de Justinia no, mandou-lhe cortar a cabeça, ficando senhor único do império.

O papa, que estava já a caminho para a Itália, recebeu à sua chegada a Roma uma carta do usurpador que lhe ordenava que aprovasse o monotelismo e rejeitasse o sexto concílio geral, ameaçando, no caso de recusa, perseguir os eclesiásticos ortodoxos. E, com efeito, apenas firmado no trono, Filipico convocou uma assembleia de bispos, na qual o sexto sínodo foi anatematizado; e os decretos que haviam sido publicados pelos padres foram condenados a serem queimados publicamente em frente do palácio imperial.

Bardanés nomeou, em seguida, prelados monotelitas para governar as igrejas gregas, e restabeleceu nos dípticos sagrados os nomes de Sérgio, de Pirro, de Honório e outros heréticos.

Pelo seu lado, Constantino apressou-se em colocar na basílica de S. Pedro um quadro imenso contendo os seis concílios gerais; ordenou aos fiéis que os venerassem como inspiração do Espírito Santo; e proibiu que se pronunciasse o nome do usurpador nas orações públicas, que se recebessem cartas suas, o seu retrato e até mesmo as moedas cunhadas com a sua efígie.

Colocando-se assim abertamente em oposição a Filipico Bardanés, o soberano pontífice não tinha unicamente o projeto de se separar da Igreja grega, queria também romper os laços que ligavam a Santa Sede ao império e, sob pretexto de ortodoxia, dar um novo alimento aos ódios secretos que dividiam a Itália e a Grécia, e fazer com que os sucessores do apóstolo pudessem sacudir o jugo dos imperadores do Oriente.

O povo de Roma, extremo sempre nas suas cóleras como nas suas alegrias, auxiliou a política do pontífice e decretou que nem o título nem a autoridade do herético Bardanés seriam reconhecidos. O senado proibiu que se recebessem os seus estatutos, os seus retratos, que se pronunciasse o seu nome nas solenidades religiosas, e não quis reconhecer o novo governador chamado Pedro, enviado por Filipico. Sustentado pelo clero, Cristóvão, o antigo titular, tentou manter-se na cidade; mas Pedro resistiu-lhe com mão armada e o sangue correu sobre os degraus do palácio pontifical.

Então o papa, que excitara a revolta, satisfeito por ver que o seu poder balançava já o do soberano, avançou até o meio dos rebeldes, cercado dos seus bispos, revestido com os ornamentos sacerdotais e precedido de cruzes e bandeiras. Esse aparato imponente feriu o espírito supersticioso do povo e dos soldados; o sossego foi restabelecido, e Pedro, não ousando contar mais com a dedicação das suas tropas, retirou-se para Ravena.

Soube-se, em seguida, por cartas vindas da Sicília, que o usurpador fora deposto e que Anastácio, príncipe ortodoxo, fora elevado ao império. O novo monarca restabeleceu os decretos do sexto concílio e dirigiu a Constantino a sua profissão de fé e as cartas sinodais de João, que ele nomeara patriarca de Constantinopla. O prelado escreveu à corte de Roma nos seguintes termos: "Levamos ao vosso conhecimento, Santíssimo padre, que o tirano Bardanés colocara na nossa sede um homem que nem mesmo pertencia à corporação da Igreja bizantina e que partilhava os erros do seu senhor.

"Resistimos a princípio às ameaças do tirano, recusando-nos reconhecer o seu bispo; mas as súplicas dos fiéis determinaram-nos, em seguida, a consagrá-lo, a fim de evitar ao nosso povo as desgraças de uma perseguição.

"Acusamo-nos igualmente de ter anatematizado o sexto sínodo geral, e arrependemo-nos de ter praticado uma ação tão condenável.

"O vosso legado dar-vos-á testemunho da nossa dor nessa circunstância, em que fomos forçados a abjurar a fé que professamos abertamente perante vós. Ele vos dirá também que afrontamos as ordens de Bardanés, para conservar preciosamente no vosso domicílio as atas do concílio que encerravam as assinaturas dos bispos e do imperador Constante.

"Ousamos, pois, esperar que o nosso procedimento não seja condenado pela vossa sabedoria e pedimos que nos dirijais as vossas cartas sinodais, como penhor de uma caridade recíproca."

Os historiadores não falam da resposta do papa e referem unicamente que o diácono Agatão anexou uma cópia da epístola de João às atas do sexto sínodo.

Os enviados do imperador Anastácio foram recebidos com grandes honras pelo Santo Padre, assim como os novos oficiais, que vinham em nome do príncipe tomar posse do governo da Itália. Tinham eles ordem de proteger, em todas as circunstâncias, a Santa Sede, manter a integridade da fé e assegurar os privilégios da cidade e da Igreja de Roma.

Alguns meses depois, o antigo metropolitano de Ravena, que fora mutilado cruelmente e deposto da sua sede no começo desse pontificado, reconciliou-se com Constantino e foi chamado do seu exílio. Félix foi admitido a prostrar-se aos pés do papa para lhe entregar o seu ato de submissão e renovar o seu juramento de obediência, o que não pôde fazer senão por sons inarticulados. Deu ao tesouro de S. Pedro uma soma enorme para a sua ordenação e obteve ser reintegrado no seu arcebispado, em despeito dos cânones que proibiam conservar nas ordens os prelados privados da vista e da língua.

Bento, arcebispo de Milão, veio igualmente em peregrinação a Roma e disputou à Santa Sede o direito de consagrar os chefes do clero de Pávia. Apesar da equidade das suas reclamações e da moderação das suas admoestações, foi condenado pelo papa, que se declarou juiz e parte na sua própria causa.

Constantino morreu pouco tempo depois e foi enterrado no começo do ano 715, na catedral de S. Pedro. Foi ele o primeiro que reuniu um concílio para autorizar o uso de colocar imagens nas basílicas.

Gregório II

91º Papa

História de Gregório antes do seu pontificado. – Os lombardos apoderam-se da cidade de Cumes. – O papa compra a traição do duque João. – A Igreja da Baviera. – Viagem de S. Corbiniano a Roma. – Gregório II funda um grande número de mosteiros. – Esgota os tesouros da Igreja e dissipa os bens dos pobres para enriquecer os frades. – Viagem de Wilfrido a Roma. – Cartas do papa. – Concílio de Roma. – Querem assassinar o pontífice. – Gregório excita uma revolta geral na Itália. – Guerra das imagens. – Hipocrisia do papa. – Atentados do papa contra o imperador. – Nova revolta na Itália. – Furor dos romanos. – Disputas entre os bispos. – Insolência do pontífice. – Morte de Gregório. – Milagre das três esponjas.

Gregório era filho do patrício Marcelo e romano de nascimento. Educado na habitação patriarcal de Latrão, sob as vistas do pontífice Sérgio I, entregou-se desde a sua mocidade ao estudo das Santas Escrituras e da eloquência sagrada e profana. Falava com elegância e facilidade notáveis, e o seu talento oratório fez-lhe merecer o cognome de Diálogo. Em Bizâncio, excitara ele a admiração dos bispos, dos grandes e do príncipe, pela sabedoria dos seus discursos e pela pureza dos seus costumes.

Em recompensa aos serviços que prestara à Igreja, foi elevado sucessivamente aos cargos de subdiácono e de bibliotecário; finalmente, quarenta dias depois da morte de Constantino, o clero escolheu-o como o mais digno de ocupar a cadeira de S. Pedro.

Gregório empreendeu levantar os muros de Roma; mas em breve foi obrigado a abandonar esse projeto útil para pensar na defesa da Itália. Nessa época, os imperadores do Oriente não se ocupavam com as províncias da Itália senão para levantar contribuições e, quando as tinham arruinado, deixavam-nas expostas quase sem defesa às incursões dos lombardos. Esses povos, no começo do pontificado de Gregório, apoderaram-se da cidade de Cumes e estabeleceram-se na província; tendo-lhes o Santo Padre enviado embaixadores para reclamar a rendição de uma cidade que pertencia ao império, ofereceu somas consideráveis para os indenizar das despesas da guerra; mas eles recusaram.

Sendo inúteis todas as negociações, ameaçou-os com a cólera de Deus e fulminou contra eles uma excomunhão terrível. Nem os rogos, nem os anátemas puderam mudar a determinação dos lombardos.

Gregório pôs então em ação os recursos da política e da traição; escreveu ao duque João, governador de Nápoles e aliado dos lombardos, oferecendo-lhe 30 mil libras de ouro para tentar um golpe de mão sobre Cumes. João executou imediatamente as ordens do papa; introduziu tropas na cidade durante a noite, degolou os sentinelas, expulsou os lombardos e ficou senhor da cidade.

Essa ação ousada aumentou a influência de Gregório e permitiu-lhe estabelecer sobre bases sólidas o edifício do despotismo papal. Enviou grande número de espiões às cortes de Constantinopla, da França e da Inglaterra, e preencheu todas as sedes estrangeiras com padres da sua Igreja.

Pelos seus cuidados, o Cristianismo fez grandes progressos na Germânia; e dois dos seus favoritos, George e Doroteu, diáconos de S. Pedro, foram encarregados de se dirigir à Baviera, com longas instruções para os cristãos daquela província. As capitulares do pontífice eram concebidas nos seguintes termos: "Depois de terdes entregado as vossas cartas ao duque soberano do país, consultareis com ele a fim de reunir em assembleia os padres, os magistrados e os principais da nação. Em seguida examinareis os eclesiásticos e dareis em nosso nome o poder de celebrar o santo ofício, de servir ou cantar a missa, àqueles em quem encontrareis a ordenação canônica e a fé pura, ensinando-lhes contudo os ritos e as tradições da Igreja romana.

"Proibireis o exercício de qualquer função do culto àqueles que julgardes indignos do sacerdócio, e nomear-lhes-eis sucessores. Tende o cuidado de dar a cada igreja um clero numeroso para que se possa celebrar dignamente a missa, os ofícios do dia e da noite e fazer a leitura dos livros santos.

Quando estabelecerdes bispados, regulareis as dependências de cada sede e tereis em conta a distância dos lugares e a jurisdição dos senhores. Se criardes três bispados, ou um maior número deles, reservareis a sede principal para um metropolitano que nós enviaremos de Roma."

Consagrareis os novos prelados pela autoridade de S. Pedro e lhes recomendareis que não façam ordenações ilícitas, que conservem os bens das suas dioceses, dividindo-os em quatro partes que empregarão conforme determinam os cânones. Administrarão o batismo pela Páscoa ou pelo Pentecostes, e não em qualquer outro tempo, fora os casos de necessidades. Não condenarão o casamento sob pretexto de incontinência e não autorizarão a lascívia sob pretexto de matrimônio.

Proibirão o divórcio, a poligamia, as uniões incestuosas; ensinarão que o estado monástico é preferível ao estado secular, e a continência, mais meritória aos olhos de Deus do que a mais casta união. Não chamarão imundas as viandas necessárias à alimentação do homem, exceto aquelas que tenham sido imoladas aos ídolos. Proscreverão os encantamentos, os malefícios, os augúrios e as observações dos dias fastos e nefastos."

Catequizareis os prelados e os principais eclesiásticos, para que possam ensinar aos fiéis os dogmas da ressurreição dos corpos e a eternidade das penas do inferno; finalmente, ordenar-lhes-ei que combatam as falsas doutrinas espalhadas nas suas províncias, sobre os demônios, que, segundo as crenças populares, devem reassumir a sua dignidade primitiva de arcanjos de Deus, depois de uma longa série de séculos."

Os legados seguiram pontualmente as suas instruções e submeteram à dominação da Santa Sede as novas igrejas da Germânia.

S. Corbiniano, de Chartres, empreendeu a viagem de Roma no mesmo ano 716, para confessar ao papa as suas penas interiores e o seu receio de que as ofertas e as visitas das donzelas não fossem causa da sua condenação eterna, despertando no seu coração os desejos da carne. Gregório apressou-se em tranquilizar aquela consciência timorata e provou ao religioso que ele próprio recebia nos seus aposentos todas as formosas damas da cidade.

Fez passar o santo monge por todos os graus da clericatura, ordenou-o bispo, deu-lhe o *pallium* e permitiu-lhe pregar o Evangelho por todo o mundo.

Corbiano submeteu-se aos deveres da sua nova dignidade; e, depois de ter prestado juramento de obediência à Santa Sede, voltou à França a fim de propagar a palavra de Deus e, sobretudo, para reformar os costumes dos monges, que haviam chegado ao último grau de corrupção e de infâmia.

Gregório II tentou introduzir as mesmas reformas nos conventos italianos; reedificou o mosteiro de Monte-Cassino, arruinado pelos lombardos havia mais de um século, e resolveu restabelecer naquele retiro sagrado a severidade da regra de S. Bento, a fim de formar religiosos que pudessem servir de exemplo aos outros monges. Petronax e muitos irmãos do convento de Latrão foram designados para habitar o novo mosteiro, e, em seguida, reuniram a si alguns solitários que viviam com grande simplicidade. Petronax foi nomeado superior e tornou-se o sexto abade dessa comunidade depois da morte de S. Bento, seu fundador. Fez reconstruir completamente a abadia, aumentou a antiga basílica de S. Martinho e consagrou um altar em honra da Virgem e dos santos mártires Faustino e Jovita.

No seu zelo, o papa restabeleceu igualmente os mosteiros vizinhos da igreja de S. Paulo, cujos edifícios estavam abandonados havia um grande número de anos, e povoou-os de monges "para entoarem louvores a Deus de dia e de noite". Transformou em convento o hospital dos velhos situado por detrás da basílica de Santa Maria Maior e reedificou o claustro de Santo André de Bárbara, cujos muros estavam em ruínas. O seu fanatismo pelos conventos chegou a um tal extremo que, depois da morte de Honesta, sua mãe, mudou o seu domicílio para um mosteiro que dedicou à Santa Ágata. Consignou a essa igreja rendas consideráveis, um grande número de casas na cidade, muitos domínios, terras, ornamentos, vasos sagrados de ouro e de prata, e um tabernáculo de prata do peso de 720 libras.

Todas essas liberalidades eram feitas à custa dos povos, para entreter na ociosidade monacal os adultérios, os ladrões e os assassinos que queriam escapar à justiça humana dedicando-se a Santa Sede.

O zelo que o pontífice mostrou pela reforma do clero regular não mudou os costumes dos conventos; pelo contrário, o favor que ele concedia às comunidades religiosas multiplicou ao infinito o número dos monges e aumentou a devassidão e os escândalos.

Em 720, Wilfrido, sacerdote inglês, veio a Roma e pediu ao pontífice o poder de trabalhar na conversão das nações pagãs. Gregório ordenou que fosse recebido com distinção na sua habitação hospitaleira, e, tendo-o mandado chamar a S. Pedro, passou um dia inteiro em conferência com ele para discutir sobre as matérias de religião e sobre o meio de submeter os infiéis. Depois disso, consentiu em nomeá-lo bispo dos povos entre os quais devia pregar o Evangelho. Em 30 de novembro, o santo monge foi ordenado solenemente sob o nome de Bonifácio e prestou um juramento pelo qual se obrigava a defender a pureza da fé e a unidade da Igreja contra todos os inimigos da religião; a submeter-se à Santa Sede, a concorrer para o engrandecimento da autoridade pontifical, e não comunicar com os prelados que estavam em oposição com a corte de Roma.

Gregório entregou-lhe um volume de cânones eclesiásticos ou de regras para o seu modo de proceder e confiou-lhe cartas que deviam assegurar-lhe a proteção dos bispos e dos príncipes franceses. Na primeira, que era dirigida a Carlos Martel, o Santo Padre pedia o auxílio desse conquistador, a fim de tornar aproveitável a corajosa missão de Wilfrido, que devia converter os infiéis da parte oriental do Reno. Numa outra carta, exortava os bispos, os padres, os diáconos, os duques, os condes e todos os cristãos a tratarem com honra Bonifácio e os eclesiásticos do seu séquito, a dar-lhes dinheiro, víveres e todos os socorros necessários para levarem a efeito a sua piedosa empresa, ameaçando com anátemas aqueles que se recusassem concorrer por todos os meios a para aquela obra meritória.

Uma terceira carta era destinada aos fiéis da Turíngia e, particularmente, aos seus príncipes. O papa, felicitando-os de terem resistido aos pagãos que queriam fazê-los partilhar a idolatria, recomendava-lhes perseverança na fé, dedicação à Igreja romana e obediência a Bonifácio. Finalmente, a última era escrita aos idólatras; Gregório representava-lhes a excelência da religião cristã, exortando-os a derrubarem os templos do Paganismo, a converterem-se ao Evangelho, a batizarem-se e a edificarem igrejas e um palácio para o santo apóstolo.

Algum tempo depois da ordenação de Bonifácio, o pontífice reuniu na igreja de S. Pedro um concílio composto de 22 bispos e de todo o clero de Roma. Os padres condenaram os matrimônios legítimos e, sobretudo, os dos padres com religiosas consagradas a Deus, ou com viúvas de eclesiásticos. O papa pronunciou anátema contra os fiéis que desposassem uma sacerdotisa, uma religiosa, uma comadre, a mulher de seu irmão, de seu pai ou de seu filho, uma sobrinha, uma prima, uma parente ou uma aliada. Excomungou, particularmente, Adriano e uma diácona chamada Epifânia, que haviam se casado em menoscabo dos seus juramentos de castidade e das leis da Igreja. O Santo Padre condenou os cristãos que consultavam os auspícios, os adivinhos e os encantadores; proibiu aos clérigos que deixassem crescer os cabelos e declarou excomungados os senhores que usurpavam as terras da Santa Sede.

No pontificado de Gregório, as guerras das imagens começaram com um novo furor. Essas contendas ridículas haviam sido excitadas de princípio por Filipico Bardanés, monotelista zeloso, que fizera tirar das basílicas o quadro do sexto concílio; em seguida, pelo papa Constantino, que anatematizara o imperador e restabelecera o culto das imagens nas igrejas, para obedecer, dizia ele, às ordens que um santo bispo inglês recebera do próprio Deus numa visão.

Tendo Bardanés sido derrubado do trono por Anastácio, a política do novo senhor do império mudou a crença dos fiéis e favoreceu a ortodoxia. Para ser agradável a Constantino, o príncipe permitiu aos seus súditos prestarem honras divinas às pinturas e às estátuas, e, no seu reinado, a adoração das imagens invadiu o Oriente e o Ocidente.

Leão, o Isauriano, ao subir ao trono, indignou-se por ver os povos crédulos prostrarem-se diante das imagens que enchiam as basílicas; empreendeu destruir aquele culto sacrílego. Gregório condenou abertamente as ordens do monarca, dirigiu-lhe censuras insultantes, e anunciou que combateria com todo o seu poder a perseguição promovida contra o Cristianismo. Leão tentou trazer o pontífice a sentimentos mais caridosos e enviou-lhe embaixadores. O papa recusou-se a receber as cartas do príncipe e expulsou de Roma os seus enviados.

Irritado pela insolência de Gregório, o imperador deu ordem a Jourdain, seu cartulário, a João, subdiácono, e a Basílio, capitão das suas guardas, que partissem para Roma e se apoderassem do pontífice, vivo ou morto. Chegando à cidade santa, os oficiais de Leão mostraram as suas ordens a Marino, governador de Roma, e combinaram com ele para se apoderarem do pontífice e mandarem-no assassinar; mas, no momento da execução, Marino, que estava já enfermo, foi atacado de uma paralisia. Essa tentativa frustrada fez algum ruído na cidade; o pontífice, prevenido pelos seus espiões, acautelou-se, organizou uma revolta, e, depois de tomadas todas as medidas, os padres apoderaram-se de João e de Jourdain, aos quais cortaram a cabeça. Basílio não pôde escapar ao seu furor senão refugiando-se num mosteiro, onde vestiu o hábito religioso.

Para vingar o assassínio dos seus oficiais, o príncipe fez partir para a Itália, como exarca, o patrício Paulo, à frente de um exército formidável. Este tinha ordem de investir Roma, de depor Gregório, de se apoderar da sua pessoa e de o enviar a Constantinopla. Mas o papa fez pregar a rebelião em toda a península, pelos seus frades, prodigalizou o ouro às milícias, sublevou os venezianos e os napolitanos, e dirigiu-se mesmo ao rei dos lombardos e aos seus duques, implorando a proteção das suas armas.

As prédicas dos monges produziram maravilhas sobre os povos supersticiosos e ignorantes. Em Roma, expulsaram-se os magistrados, degolaram-se os guardas do prefeito, rasgaram-se as insígnias do império; em Nápoles, o governador, seu filho, os oficiais e os soldados foram massacrados; em Ravena, o exarca Paulo, sua mulher e suas filhas foram decapitados; finalmente, a Itália inteira, excitada pelo pontífice, resolveu libertar-se do domínio dos imperadores gregos.

Sob pretexto de um grande zelo pela adoração das imagens, os lombardos aproveitaram aquelas agitações e apoderaram-se das terras do imperador, como pertencendo a um excomungado. Leão ofereceu-lhes somas consideráveis, comprou a sua aliança e obteve deles não somente que se retirariam das províncias invadidas, mas que se reuniriam às suas tropas para porem cerco à cidade santa.

Por seu turno, Gregório II enviou ricos presentes a Luitprando, rei dos lombardos, e desligou-o da causa de Leão. O monarca ariano propôs então ser árbitro entre o imperador e o papa; por intermédio dele, obteve a Santa Sede a paz com condições favoráveis, e uma tranquilidade aparente sucedeu por alguns instantes as violências deploráveis que haviam agitado a Itália.

Pouco tempo depois, recomeçou a guerra com mais furor do que nunca. Leão pretendia que a adoração prestada às pinturas e às estátuas fosse a mais culpada das idolatrias, e queria sujeitar os fiéis a proscreverem um culto condenado pelo clero, pelos grandes e pelo próprio povo de Constantinopla. O patriarca Germano, escravo da Santa Sede, foi o único que ousou resistir às ordens do príncipe, e, no excesso de um zelo fanático, afixou nas portas da sua igreja uma carta pastoral na qual declarava que, tendo estado sempre em uso na Igreja o culto das imagens, estava pronto a sofrer o martírio para o defender. Em seguida, enviou embaixadores a Roma a fim de instruir o papa da resistência que ele opunha às vontades do tirano herético e pedir-lhe os seus conselhos.

O pontífice respondeu nos seguintes termos: "O vigor com o qual vós confessastes a fé na presença do iconoclasta Leão encontrará a sua recompensa num mundo melhor.

"Contudo, meu irmão, não esqueçais que, para firmar o nosso domínio sobre os povos, devemos evitar combater muito abertamente as crenças estabelecidas assim, direis aos fiéis que a homenagem prestada às representações colocadas nos templos cristãos não tem nada de comum com as práticas do Paganismo que nos acusam de imitar; procurareis fazer-lhes compreender que no nosso culto é necessário considerar a intenção e não a ação. Além disso, não existe semelhança alguma entre as estátuas dos pagãos e as nossas pinturas: chamam-se ídolos as imagens de um ser que não existe nem existiu nunca, ou que não se encontra senão nas fábulas e nas invenções dos mitólogos.

Mas pode ser negada a existência de Deus? Não viveu a Virgem entre os homens? E Jesus não se encarnou no seu seio? Não obrou ele milagres, não sofreu o suplício da cruz e os seus apóstolos não viram depois a sua ressurreição?

Provesse a Deus que o céu, a terra, os mares, os animais e as plantas, pudessem narrar essas maravilhas pela palavra, pela escrita, pela pintura e pela escultura!

Se há ímpios que acusam a Igreja de idolatria porque ela venera as imagens, que sejam considerados como cães cujos latidos ferem em vão os ouvidos do dono, e digamo-lhes como os judeus: 'Israel, tu não aprovaste as coisas sensíveis que Deus te havia dado para te levar a ele; preferiste a vaca de Samaria, a vara de Aarão, a pedra da qual tinha saído a água, Baal, Beelphegor e Artaste, ao santo tabernáculo de Deus; finalmente adoraste a criatura como Jeová'."

Gregório convocou um novo concílio em Roma e, na presença de um grande número de bispos, anatematizou pela segunda vez o imperador; proibiu a todos os povos que pagassem qualquer tributo; desobrigou-os do juramento de fidelidade; ordenou-lhes, em nome da religião, que pegassem em armas e expulsassem do trono o herético Leão, como estando deposto do poder soberano pela vontade de Deus.

Às imprecações do soberano pontífice, a Itália respondeu pegando em armas; os venezianos quebraram os retratos do príncipe, queimaram as suas ordenanças, deitaram ao mar os seus oficiais e juraram que morreriam pela defesa da religião e do papa. Em Roma, os homens, as mulheres, as crianças juraram sobre a cruz de morrerem pelas imagens; na Campânia, foram massacrados o novo duque de Nápoles e seu filho, que se haviam declarado em favor do príncipe; nas cinco cidades da Pentápole, os oficiais do império foram degolados pelos próprios padres, e o estandarte da revolta tremulou por toda a parte.

No meio desses massacres, o hipócrita Gregório espalhava esmolas, ordenava procissões ao seu clero, caminhava descalço pelas ruas da cidade santa, beijava o pó e recitava longas orações em frente das basílicas para pedir a Deus o fim das hostilidades. Ao mesmo tempo, glorificava os seus partidários, exortava-os a conservarem a fé e ocultava sob a máscara da humildade religiosa a ambição que o devorava e o ódio que votava a todos os partidos. Os seus legados convidavam o rei Luitprando e os duques lombardos a marcharem com as suas tropas contra Ravena, onde se encerrara o patrício Eutíquio, e ao mesmo tempo outros embaixadores partiam secretamente de Roma para sublevar contra os lombardos o patriarca de Grade, o duque Marcelo e os povos da Venécia e de Ístria.

Afinal, triunfara a Santa Sede. Leão, ameaçado com o furor dos adoradores de imagens, que tinham já tentado assassiná-lo no seu próprio palácio, e temendo ver a península romana desligar-se do império, dirigiu cartas ao pontífice para lhe fazer conhecer que se submeteria às decisões de um concílio e lhe pedia que o convocasse.

Gregório não permitiu que os enviados do imperador entrassem em Roma; não quis mesmo tocar na carta que eles traziam e mandou-a ler por um subdiácono. Eis a sua resposta ao monarca: "O chefe universal da Igreja, o sucessor dos apóstolos, o vigário de Cristo, pede a Deus Pai que envie Satanás à Terra para arrancar do trono o iconoclasta odioso que persegue a fé."

O papa morreu pouco depois desses acontecimentos e foi enterrado em S. Pedro de Roma em 13 de fevereiro de 731.

Houve padres assaz audaciosos para colocarem na ordem dos santos um pontífice que, durante quinze anos, oprimira a Itália com assassínios e carnagens, e que arrancara à credulidade dos povos 2160 soldos de ouro para enriquecer os frades!

O padre Pagé refere um milagre que, segundo a sua opinião, bastaria por si só para elevar Gregório ao céu como os apóstolos. "O duque Eudes, escreve ele, solicitava havia muito à corte de Roma para obter relíquias; o Santo Padre acedeu aos seus rogos e mandou-lhe três esponjas que serviam para lavar as mesas do palácio de Latrão. Gregório obtivera de Deus que aquelas esponjas tornassem invulneráveis as tropas que combatessem na guerra contra os sarracenos! E, com efeito, acrescenta o venerável monge, quando as esponjas chegaram ao campo, foram cortadas em pequenos bocados distribuídos aos soldados, e todos aqueles que as comeram não foram nem feridos nem mortos."

Gregório III

92º Papa

Eleição e caráter de Gregório III. – Suas cartas audaciosas ao imperador Leão III. – Concílio de Roma contra os iconoclastas. – O imperador arma-se contra o papa, mas a sua armada é dispersada pelas tempestades. – Revoltas na Itália. – O papa é atacado pelos lombardos. – Gregório implora o socorro de Carlos Martel e envia-lhe ricos presentes. – O príncipe francês recusa-se a socorrer o papa. – Sucesso das missões de Bonifácio na Germânia. – Carta que lhe dirige Gregório. – Viagem de Bonifácio a Roma. – Morte de Gregório III. – Ações do pontífice.

A Santa Sede permaneceu vaga durante trinta e cinco dias, que foram empregados em celebrar as exéquias de Gregório II. Depois das cerimônias, o povo de Roma, levado como por uma inspiração divina, tirou dentre a multidão o padre Gregório e elegeu-o pontífice; por isso que usava o mesmo nome do seu predecessor.

O novo papa era sírio de nação, e, segundo a opinião de Anastácio, passava por ser muito regular nos seus costumes e muito instruído nas Santas Escrituras; conhecia as línguas grega e latina e exprimia-se com elegância. Alguns autores antigos chamam-lhe Gregório, o Jovem; outros historiadores tomam-no algumas vezes pelo seu predecessor; por isso que ele seguiu a mesma política e entregou-se aos mesmos excessos para defender o culto escandaloso das imagens contra a imperador Leão.

No começo do seu pontificado, tendo-lhe o príncipe dirigido uma carta para o felicitar pela sua elevação ao trono de S. Pedro, Gregório respondeu nos seguintes termos: "Encontramos nos nossos arquivos cartas seladas com o vosso selo imperial e assinadas pela vossa mão; confessáveis, então, a nossa santa fé em toda a sua pureza, anatematizando aqueles que ousassem opor-se às decisões dos padres, qualquer que fosse a classe a que pertencessem. Por que razão mudaram hoje completamente os vossos pensamentos? Quem vos obriga a retroceder depois de haver caminhado dez anos no verdadeiro caminho?

"Até aos últimos anos do pontificado de Gregório II, não empreendestes coisa alguma contra o culto das imagens; agora afirmais que elas fazem as vezes dos ídolos do Paganismo no templo do Cristo e chamais idólatras àqueles que as adoram. Ordenais que se quebrem as estátuas dos santos e que se lancem fora da casa de Deus os seus fragmentos, e não temeis o justo castigo do vosso procedimento, que escandaliza não somente os cristãos, mas também os povos infiéis!

Por que não cumpris com os deveres da vossa dignidade e não interrogais, como imperador, os homens sábios e cheios de experiência? Ensinar-vos-iam eles o modo pelo qual se deve interpretar o mandamento feito por Deus, de recusar a nossa adoração às obras dos homens. Os padres da Igreja e os seus concílios deixaram-nos tradições santas; por que vos recusais a seguir os seus ensinamentos? Por que não recebeis o seu testemunho e persistis, pelo contrário, no erro, na ignorância e na presunção?

Pedimo-vos que abandoneis as inspirações do orgulho e que escuteis humildemente os discursos sensatos que dirigimos ao vosso espírito simples e grosseiro.

Deus proibiu que se preste um culto às obras do homem, porque os habitantes idólatras da terra prometida adoravam animais de ouro, de prata, de pau, e toda a espécie de criaturas dizendo: 'Eis as nossas divindades.' Mas existem coisas que o próprio Deus designou à nossa veneração; as tábuas da lei, a arca santa e os querubins eram adorados pelos judeus, apesar de serem a obra de um artífice. Do mesmo modo, as representações materiais dos nossos mistérios devem ser honradas pelos fiéis, e não se devem condenar aqueles que as excetuam ou aqueles que as veneram.

Quando o Verbo se encarnou, quando fez a sua entrada triunfante em Jerusalém, os homens viram-no, tocaram-lhe, e, por certo, o representaram tal qual ele se manifestou na sua presença. Sucede o mesmo com S. Tiago, com Santo Estêvão e com os outros mártires; as suas imagens espalhadas pelo mundo inteiro expulsaram os ídolos do demônio.

Nós não representamos Deus Pai, porque é impossível pintar a natureza divina que não podemos conhecer; se a conhecêssemos, representá-la-íamos nos nossos quadros. Vós censurais-nos de prestar homenagem a tábuas, a pedras e a paredes; mas o culto que nós lhe prestamos não é servil, é um culto relativo e não absoluto. Se a matéria se transforma em imagem e representa o Salvador, nós dizemos: 'Filho de Deus, socorrei-nos, salvai-nos'. Se é uma imagem da

Virgem, dizemos: 'Santa Maria, intercedei para com o vosso Filho, a fim de que ele salve as nossas almas!' Finalmente, se é um mártir, acrescentamos: 'Santo Estevão, que derramastes o vosso sangue por Jesus Cristo, intercedei por nós!' Não pomos a nossa esperança nessas imagens, não as consideramos como divindades; servem elas unicamente para chamarem a atenção dos espíritos.

Entregai-vos, pois, ao erro quando condenais as representações expostas nas igrejas à veneração dos fiéis; e os cristãos são autorizados pelo vosso procedimento a chamar-vos heréticos e perseguidores.

Não cessaremos de vos repetir que os imperadores devem abster-se dos negócios eclesiásticos e aplicar-se tão somente aos governos; porque a união dos príncipes e dos bispos assegura o poder da Igreja e dos reis, submete os povos a essa dupla e irrefragável autoridade e mantém o nosso domínio sobre a credulidade dos homens. Contudo, não devemos comprar a união dos tronos de César e de S. Pedro, pela destruição da doutrina evangélica; e pois que vós perseguis as imagens, não poderia nunca haver paz entre vós.

Escreveste-nos para que convocássemos um concílio ecumênico a fim de examinar as questões que nos dividem; mas suponde que ele está reunido; onde se encontra o imperador que deve presidir as sessões, segundo o uso, para recompensar os que falam da verdade? Vós mesmos sois o culpado que seria necessário condenar! Não vedes que a vossa empresa contra as imagens é unicamente presunção, ignorância, barbárie? Não deveis acusar senão a vós mesmos do escândalo, das desordens, das sedições, dos assassinatos e das guerras civis que têm desolado a Itália!

Não é necessário um sínodo para julgar os vossos crimes; todo o Ocidente se retirou da vossa obediência; as vossas estátuas e os vossos retratos foram despedaçados e pisados aos pés; os vossos decretos, rasgados na praça pública e os vossos oficiais, degolados ou expulsos da Itália.

Os lombardos, os sarmatas e os outros povos do Norte devastaram a decápode; Ravena ficou em seu poder, depois de ter sido pilhada; as vossas praças mais fortes foram tomadas de assalto, sem que as vossas ordenanças e as vossas armas impotentes tenham podido defendê-las.

Todavia, vós julgais poder assustar-nos ainda com vossas ameaças, dizendo: 'Enviarei a Roma as minhas guardas para quebrarem as imagens da catedral; farei algemar o papa Gregório e castiga-lo-ei como o nosso predecessor Constantino castigou o pontífice Martinho'.

Príncipe, sabei que não temermos as vossas violências; estamos em segurança na Itália; abaixai, pois, o orgulho da vossa cólera perante a nossa autoridade, e compreendereis afinal que os sucessores de S. Pedro são os mediadores, os árbitros soberanos da paz entre o Oriente e o Ocidente."

Leão dirigiu novas cartas ao Santo Padre, fazendo-lhe propostas sensatas. Gregório respondeu ao príncipe: "Vós afirmais que possuís o poder temporal e espiritual; por que os vossos antepassados reuniram na sua pessoa a dupla autoridade do império e do sacerdócio? Eles podiam falar assim porque fundaram e enriqueceram as igrejas e as protegeram; contudo, nos seus reinados, estiveram elas submetidas sempre à direção dos bispos. Mas vós, que as despojastes, que lhes quebrastes os ornamentos, como ousareis reclamar o direito de as governar? O demônio que se apoderou da vossa inteligência obscurece todas as vossas ideias, e o seu orgulho fala pela vossa boca.

Sabei, pois, vós, cuja ignorância e vaidade são tão grandes, que Jesus Cristo veio à Terra tão somente para separar o sacerdócio e o império, o espírito e a carne, Deus e César, o papa e o imperador! Não é permitido ao bispo olhar para o palácio dos reis; assim, também é proibido ao príncipe enviar soldados grosseiros ao santuário da Igreja.

As eleições do clero, as ordenações dos prelados, a administração dos sacramentos, a distribuição dos bens dos pobres, a jurisdição eclesiástica, pertencem aos padres; o direito de governar as províncias, de levantar impostos, de enriquecer os cortesãos, de degolar os povos, é o que constitui o poder dos reis, e nós não reivindicamos nenhuma dessas prerrogativas.

Que cada um de nós conserve o poder que Deus lhe concedeu e não procure usurpar aquele que ele lhe recusa. Cessai, pois, de derrubar as imagens colocadas nos nossos templos, querendo reformar o nosso culto, acusando-nos de adorarmos a matéria. As nossas próprias basílicas, que são elas: pedras, madeiras e cal, que a mão do homem consagrou a Deus. Por que não as destruís vós, como quebrais a pedra, o pau das nossas estátuas e o cimento das nossas pinturas? Porque aos cristãos são necessárias igrejas onde venham prostrar-se perante o altar do Cristo.

Deixai, pois, os fiéis empregarem as riquezas que tiram a Satanás para ordenarem a casa de Deus; não priveis os pais e as mães da doce satisfação de mostrarem aos seus filhos, recentemente batizados, as imagens edificantes dos santos, dos mártires, da Virgem e de Jesus Cristo, e não desvieis os simples da veneração que consagram às representações das santas histórias, para os sepultar na ociosidade e no deboche."

Gregório, depois de ter dirigido essas cartas a Leão, convocou um concílio a fim de condenar canonicamente os distribuidores de imagens. Os metropolitanos de Grade e de Ravena, 92 bispos, todo o clero de Roma, os senadores, os cônsules e o povo assistiram a essa assembleia, na basílica de S. Pedro. Depois de longas deliberações, o sínodo ordenou que aqueles que desprezassem as imagens ou que profanassem os ornamentos sagrados do culto seriam anatematizados e separados da comunhão dos fiéis. O decreto foi assinado solenemente por todos os membros do concílio. Em seguida, os membros do clero das províncias da Itália dirigiram petições ao imperador, reclamando o restabelecimento dos quadros e das estátuas nos templos.

Leão, irritado pela audácia e pela insolência do papa, exasperado contra os prelados e contra o povo da península romana, resolveu punir esses padres rebeldes e tirar deles uma vingança terrível. Armou uma esquadra numerosa e dirigiu-a sobre a Itália; infelizmente, em viagem, os seus navios, assaltados por tempestades violentas, encalharam nas costas ou foram obrigados a voltar para Constantinopla. O Santo Padre, recebendo aquela notícia, ordenou preces públicas e deu graças a Deus pelo milagre patente que acabava de salvar a sua Igreja do iconoclasta.

O imperador ocupou-se, em seguida, é de reorganizar um exército e armar uma nova esquadra. Entretanto, para começar o castigo dos rebeldes, dobrou a capitação da Calábria, da Sicília, e confiscou, em todas as províncias submetidas à sua obediência, as terras do patrimônio de S. Pedro, cujo rendimento se elevava a 224 mil libras de ouro.

No Oriente, o príncipe condenou ao exílio os padres sediciosos e mandou encarcerar muitos bispos; mas nenhum deles foi executado, apesar de que a Igreja indica o energúmeno João de Damasco como vítima da sua crueldade e o colocou no martirológio. Contudo, Leão, abalado no seu trono pelas revoltas dos pontífices, perdeu pouco a pouco as mais belas províncias dos seus povos, que o designavam sob o nome de anticristo.

Gregório não tardou muito em arrepender-se de ter perdido o apoio do império; os lombardos, não tendo mais a recear as tropas gregas, resolveram assaltar toda a Itália e fizeram entrar tropas numerosas na Campânia. Para suspender essa invasão, não teve outro recurso senão lançar a discórdia entre os seus inimigos, fazer revoltar Trasimundo, duque de Spoletto, contra Luitprando, rei dos lombardos.

Ao primeiro sinal da rebelião, Luitprando marchou com seu exército contra o duque de Spoletto e derrotou completamente as suas tropas; este, perseguido pelo seu inimigo, refugiou-se junto do Santo Padre, que lhe seu asilo e o acolheu com grande distinção. O rei lombardo, furioso contra o papa, intimou-o para que lhe entregasse o rebelde, ameaçando declarar imediatamente a guerra aos romanos. A sua intimação foi repelida, sob pretexto de que a caridade cristã ordenava sofrer as perseguições mais violentas antes do que violar os deveres da hospitalidade. Então o rei, irritado pela traição do Santo Padre, penetrou à frente das suas tropas no território da Igreja e veio pôr cerco à cidade de Roma.

Nessa extremidade, Gregório não ousou dirigir-se ao imperador para obter socorros; enviou deputados a Carlos Martel, reclamando em nome de Jesus Cristo o apoio dos francos contra os lombardos, que haviam jurado devastar a cidade, massacrar o pontífice e exterminar todo o seu clero. Os embaixadores estavam encarregados de entregar, ao duque dos franceses, ricos presentes, relíquias preciosas e as chaves do sepulcro do Apóstolo.

Essa legação foi a primeira que entrou no reino da França. "E quisesse Deus, para felicidade dos povos, acrescentar um autor protestante, que os ultramontanos não tivessem vindo ali nunca, ou que se tivessem mandado enforcar os primeiros que se apresentavam, ameaçando, com um acolhimento igual, todos aqueles que depois quisessem correr o risco de uma tal embaixada!" Contudo, Carlos mostrou-se pouco disposto a socorrer a cidade santa; então, o pontífice escreveu-lhes esta segunda carta: "Estamos numa aflição extrema, meu filho, porque as economias que nos restavam o ano passado para a alimentação dos pobres e iluminação das igrejas tornaram-se agora a presa de Luitprando e de Hildebrando, príncipes dos lombardos. Destruíram todas as herdades de S. Pedro e roubaram o gado que elas continham. Recorremos ao vosso poder e dirigimo-nos à vossa religião; contudo, até hoje não recebemos ainda de vós consolação alguma. Receamos que tenhais prestado fé às calúnias que esses reis criminosos têm espalhado contra nós, porque parecem seguros de que nos recusareis todo o socorro; e para aumentar os nossos males e a nossa humilhação, afrontam o vosso poder e mancham a vossa coragem.

"Vós recorrestes, dizem eles, a Carlos Martel, para vos defender! Que ele venha, pois, agora com seus francos, que tenta arrancar-vos das nossas mãos, se quer que os campos da Itália se alimentem com o sangue das suas hordas ferozes! Príncipe, não vos ressentireis vós dos insultos que vos dirigem? Os filhos da Igreja das Gálias não farão esforço algum para defender a sua mãe espiritual? Querendo eles reunir-se aos nossos inimigos para zombar do príncipe dos apóstolos, dizendo-nos que S. Pedro deve ele próprio defender a sua casa e o seu povo e vingar-se dos seus inimigos, sem recorrer às armas dos príncipes?

"É verdade, meu caro filho, que o apóstolo poderia aniquilar com seu gládio terrível os bárbaros que desolam a sua cidade; mas o seu braço é suspenso por Deus, que quer experimentar o coração dos seus fiéis e reserva-vos a glória de nos preservar da desolação que nos ameaça.

Conjuramo-vos, pois, pelas dores da Virgem, pelos sofrimentos do Cristo, pela justiça de Deus no julgamento derradeiro e pela vossa salvação, que não nos deixeis perecer, preferindo a amizade do rei dos lombardos à do príncipe dos apóstolos!"

Carlos Martel não se deixou comover com as súplicas do pontífice; enviou unicamente uma pequena soma de dinheiro para aliviar a miséria do povo de Roma, que sofria as consequências da perfídia de Gregório para com o príncipe lombardo.

Na mesma época, o monge inglês chamado Wilfrido, ordenado bispo no pontificado precedente e que fora à Germânia, escreveu para Roma advertindo o Santo Padre do sucesso da sua missão e pedindo-lhe conselhos. O papa respondeu-lhe do seguinte modo: "Demos graças a Deus, meu irmão, sabendo pelas vossas cartas que tínheis convertido mais de cem mil almas à fé cristã, quer pela vossa eloquência, quer pelo socorro das armas de Carlos, príncipe dos francos. Concedemo-vos a nossa amizade, e para recompensar o zelo que tendes empregado nos vossos trabalhos apostólicos, damos o *pallium* e o título de arcebispo.

"Não afrouxeis o vosso ardor, meu caro irmão, e, apesar da vossa idade avançada, continuai a obra santa que empreendestes. Deveis pregar o Evangelho por toda a parte que onde Deus vos abrir o caminho; porque o apóstolo é como a luz que ilumina o mundo e passa sem poder parar.

Continuai submetendo ao Cristo e à autoridade da vossa sede os povos da Germânia. E pelo poder nós recebemos de S. Pedro, damos o poder de consagrar bispos que trabalharão sem cessar convosco na instrução dos povos que se fizeram cristãos.

Ordenareis aos vossos padres que administrem um segundo batismo, sob a invocação da Trindade Santa, àqueles que tiverem sido batizados pelos pagãos ou por um padre idólatra que se sacrifica a Júpiter e come carnes imoladas.

Nos casamentos, fareis observar aos fiéis os graus de parentesco até a sétima geração e proibireis que desposem uma terceira mulher. Os padres recusarão a santa comunhão aos parricidas e aos incestuosos, e ordenar-lhes-ão que se abstenham por toda a sua vida de carne e de vinho; far-lhes-ão observar um jejum rigoroso às segundas, terças e sextas-feiras; finalmente, não lhes darão a absolvição senão em perigo da morte. Os senhores que vendem os seus escravos aos pagãos para os sacrifícios humanos serão submetidos à penitência imposta aos homicidas. Os bispos impedirão os novos cristãos de comerem carne de cavalo e de cão; finalmente, proscreverão os adivinhos, os feiticeiros; proibirão os augúrios, os encantamentos, assim como os sacrifícios celebrados em honra dos mortos ou para a santificação dos bosques e das fontes.

"Concedemos o direito de jurisdição sobre todo o clero que tiverdes estabelecido, e desejamos que avanceis a época da viagem que deveis fazer à Itália, para receber a nossa bênção e conferenciar conosco sobre os interesses da nascente Igreja da Germânia."

Bonifácio acedeu aos desejos do Santo Padre e veio a Roma, onde foi cheio de honras por Gregório que o fez sentar à sua direita, na presença dos grandes e dos bispos. Contudo, acrescenta um historiador, os favores do pontífice não devem ser considerados como a recompensa do zelo que o venerável ancião mostrara pela religião, mas somente como o preço da dedicação que ele manifestara pela Santa Sede, e como o salário das máximas de obediência que ele propagara entre os bárbaros.

Já a corte de Roma pensava em estabelecer o princípio da soberania e da infalibilidade do papa; Gregório ousou dizer em pleno concílio que a sua sede estava acima dos tronos da Terra e que os pontífices não estavam sujeitos ao julgamento dos mortais!

O monge inglês, depois de ter visitado os túmulos dos santos mártires, despediu-se do pontífice e saiu de Roma carregado de presentes e de relíquias.

Gregório III, segundo o bibliotecário Anastácio, praticou um grande número de ações piedosas: "Reparou, diz esse autor, todas as igrejas da cidade apostólicas, particularmente a de S. Pedro; colocou em torno do santuário seis colunas preciosas, que o exarca Eutíquio lhe havia dado, e coroou-as com arquitraves revestidas de prata e ornadas com as figuras de Jesus, dos seus apóstolos e de sua santa Mãe, no meio de virgens; de distância em distância o santuário era guarnecido de flores-de-lis de ouro, de candelabros de prata e de riquíssimas caçoletas. A capela consagrada aos santos fora ornada de pinturas admiráveis, e da abóbada, que era de prata rematada por uma coroa de ouro, pendia uma cruz enriquecida de diamantes que ficava suspensa sobre o altar. Entre duas colunas de porfírio fora colocada uma estátua da Virgem Maria, uma pátena, um cálice e dois vasos de um tamanho colossal.

"A basílica de Santa Maria Maior encerrava uma imagem da Virgem Maria com o menino Jesus igualmente de ouro maciço; finalmente, a igreja de Santo André recebera das liberalidades do pontífice uma estátua mais preciosa ainda que as precedentes. O peso de ouro dessas diferentes ofertas elevava-se a mais de 173 libras, e o da prata, a mais de 530 libras.

"Gregório reedificou muitos mosteiros em ruínas, construiu outros, dotou-os com domínios numerosos e desempenhou os bens que haviam sido alienados por monges devassos. Estabeleceu abades e religiosos em muitas capelas, para orarem de dia e de noite, e ordenou que, de futuro, o subdiácono oblacionásio de S. Pedro fornecesse às novas igrejas as luzes e as oblações, isto é, o pão, o vinho e as velas para celebrar o ofício divino. Levantou uma grande parte das muralhas de Roma e pagou do seu bolsinho essa despesa enorme. Finalmente, deu somas consideráveis ao duque de Benevente e de Spoletto para resgatar um castelo fortificado que defendia uma posição importante dos Estados da Santa Sede."

Gregório morreu em fins do ano 741, depois de um reinado de dez anos, e antes de ter concluído a paz com Luitprando, rei dos lombardos. Foi enterrado na basílica de S. Pedro. Como o seu predecessor, os padres colocaram-no no catálogo dos santos.

Muitos historiadores eclesiásticos pretendem que, sob o pontificado de Gregório III, os muçulmanos exerceram violentas perseguições contra os cristãos da Ásia, da África e da Espanha, e fizeram um grande número de mártires. Essas acusações são da mais evidente falsidade, pois que está provado pelos testemunhos dos autores contemporâneos que os Kalifas restabeleceram os patriarcas da Antioquia, de Alexandria e deram mesmo um bispo aos nubienses que professavam o Cristianismo; que na Espanha, sobretudo, os árabes protegiam abertamente os conventos de homens, como o atesta de um modo irrecusável a salvaguarda concedida por dois chefes muçulmanos aos habitantes da cidade de Coimbra. Eis esse documento notável:

"Os cristãos pagarão uma capitação duplicada da dos árabes; cada igreja contribuirá com um tributo anual de 25 libras de prata; a dos mosteiros será de 50, e as catedrais pagarão o dobro. Os cristãos terão um conde da sua nação em Coimbra e em Goadatha, para a administração da justiça; unicamente não poderão fazer executar a pena de morte sem a autorização do sheik ou alcaide árabe.

Se um cristão matar um muçulmano ou lhe fizer injúria, será julgado equitativamente segundo a lei árabe. Se abusar de uma donzela árabe, abraçará o Islamismo e desposará aquela que tiver seduzido, ou será condenado à morte. Se abusar de uma mulher casada, sofrerá o suplício reservado aos adúlteros. Os bispos cristãos não amaldiçoarão os chefes muçulmanos nos seus templos nem nas suas orações, e não celebrarão o sacrifício da missa senão à porta fechada, sob pena de uma multa de 10 libras de prata.

O mosteiro de Rohan não será submetido a imposto algum, porque os monges nos indicam a caça quando caçamos nas suas terras, e porque recebem cordialmente os adoradores do Profeta. Queremos que possuam em paz os seus bens, que venham dar liberdade a Coimbra, que não lhes seja exigido direito algum sobre as mercadorias que venderem ou comprarem, a fim de testemunhar aos cristãos a nossa indulgência para com aqueles que não se mostram rebeldes ao nosso domínio paternal."

Depois da leitura de semelhante documento cuja autenticidade é irrecusável, é realmente impossível prestar fé às narrativas absurdas de perseguições exercidas pelos muçulmanos.

Zacarias

93º Papa

Eleição de Zacarias. – Posição difícil da Santa Sede. – Paz com os lombardos. – Entrevista de Zacarias e de Luitprando. – O papa dá ao rei um suntuoso festim. – Primeira época da grandeza papal. – Igreja de Germânia. – Carta de Zacarias aos bispos franceses. – Queixas contra o papa. – O pontífice desmembra, por inveja, o bispado de Treves. – Decisão sobre o batismo. – Desordens do clero nas províncias francesas. – Impostores na Germânia. – Concílio de Roma. – Perseguição contra o padre Virgílio. – O rei dos lombardos, seduzido pelo papa, abandona o manto real pelo hábito monacal. – Carlomano, irmão de Pepino, faz-se monge para evitar a condenação eterna. – Fundação da célebre abadia de Fuldes. – Pepino, o Breve, maire do palácio, pede a Zacarias a autorização de usurpar o trono dos merovíngios. – Childerico III é deposto e encerrado num mosteiro. – Pepino usurpa a coroa da França. – O imperador concede muitos domínios do império à Igreja romana. – Segunda entrevista de Zacarias e de Luitprando. – Morte de Zacarias.

Para suceder a Gregório III, foi eleito o padre Zacarias, grego de nação, que recebeu a ordenação em 28 de novembro de 741, na qualidade de soberano pontífice.

A história deixou ignorar quais as intrigas pelas quais Zacarias subiu ao trono apostólico; refere unicamente que a Santa Sede, ameaçada por inimigos poderosos, estava exposta aos maiores perigos e que o Santo Padre foi obrigado a empregar todos os recursos da sua política para salvar a Igreja da cólera dos lombardos e do ódio do imperador. Por um lado, Constantino, cognominado Coprônimo, filho de Leão, o Iconoclasta, herdara os ricos domínios que seu pai tirara dos papas e continuava a guerra contra os rebeldes da Itália e contra o culto das imagens; por outro lado, os franceses, consultando menos o fanatismo dos padres do que o interesse da nação, recusaram tomar parte nessas guerras deploráveis e deixaram Luitprando devastar a Itália e atacar a cidade de Roma.

Assim, a Santa Sede, que quisera libertar-se da autoridade imperial, era punida da sua rebeldia pelas próprias consequências da vitória e ia cair inevitavelmente sob o jugo terrível dos lombardos.

Zacarias, para sair dessa posição difícil, recorreu à astúcia, às negociações e determinou-se afinal a uma traição infame para com Trasimundo, duque de Spoletto, o mesmo que o seu predecessor impelira à revolta; enviou embaixadores ao rei Luitprando, encarregados de lhe oferecer em seu nome ricos presentes e fazer-lhe o juramento de entregar Trasimundo à vingança dos lombardos. Com essa condição, o príncipe prometeu concluir uma aliança e fazer a restituição de quatro cidades importantes, que a Santa Sede perdera na guerra. Zacarias reuniu, então, as suas tropas às de Luitprando e marchou contra o infeliz duque de Spoletto.

Trasimundo compreendeu muito tarde a falta que cometera concedendo a sua confiança a um padre. Vendo-se traído pela corte de Roma, fez a sua submissão ao rei e entrou para um mosteiro.

O príncipe, não tendo mais a temer o seu inimigo, diferiu o cumprimento da promessa que fizera a Zacarias e reteve, pelo contrário, em seu poder as cidades de que se apoderara. Tendo ficado sem efeito todas as reclamações da corte de Roma, o papa, acompanhado de um grande número de bispos, de padres e de diáconos, dirigiu-se a Suterramna, cidade situada a 12 milhas de Spoletto, para conferenciar com Luitprando e pedir a execução dos seus tratados. Foi recebido pelo monarca na igreja de S. Valentim. A unção das suas súplicas e os seus protestos de uma dedicação sem limites mudaram as intenções do soberano, que não somente restituiu as quatros cidades importantes, como também cedeu à Santa Sede os patrimônios de Sabina, de Narni, de Ossimo, de Ancona e muitos outros; confirmou a paz por vinte anos com o ducado de Roma e entregou todos os cativos.

No dia seguinte, o pontífice consagrou um bispo na igreja de S. Valentim e depois da cerimônia convidou Luitprando para a refeição da tarde. As mesas foram cobertas de iguarias delicadas, de frutos da Europa e da Ásia, e os historiadores referem que o Santo Padre excedeu nessa refeição os festins suntuosos de Vitélio e de Luculo.

Zacarias voltou em seguida a Roma, reuniu o povo e ordenou preces públicas para dar graças a Deus pelo sucesso das suas traições; e, durante muitos dias, o clero e os cidadãos se dirigiram processionalmente do antigo Panteão para a basílica de S. Pedro, entoando cânticos de alegria em honra do Cristo e do seu infame vigário!

Entramos agora na época mais notável da grandeza papal, e a história nos mostrará os bispos de Roma abandonando os princípios do Evangelho, pisando aos pés os preceitos e a moral de Jesus Cristo, entregando-se a todos os excessos da depravação, arrancando o diadema da fronte dos reis, esmagando, finalmente, os desgraçados povos com a sua tirania execrável.

Na Itália, a Igreja estava triunfante; no Oriente, a contenda entre os iconoclastas e os iconólatras continuava perturbando o império. Constantino Coprônimo, que, segundo os autores cristãos, era um monstro nascido da cópula de dois animais ferozes, não saía do laboratório dos seus magos ou da torre dos seus astrólogos senão para ordenar perseguições contra os seus súditos que prestavam honras às pinturas ou às estátuas. Esse tirano, que não era nem cristão, nem judeu, nem pagão, não acreditava senão nos prestígios da feiticeira, e depois de ter consultado as entranhas das vítimas ou evocado os manes dos seus antepassados, não havia crueldade de que não fosse capaz.

Na Germânia, o missionário Bonifácio, apesar da sua idade avançada, continuava fazendo numerosas conversões. Depois da morte de Gregório, o santo arcebispo escrevera ao pontífice para o seu juramento de obediência e a promessa que fizera à Santa Sé de consagrar os últimos dias da sua vida submetendo a ela os numerosos prosélitos da Germânia. Instruía Zacarias da criação de muitos bispados, pedia-lhe que confirmasse esses estabelecimentos e o autorizasse a convocar em sínodo o seu novo clero. "Sabei, Santo Padre, acrescentava ele, que o duque dos franceses, Carlomano, pediu-me para reunir um concílio na parte do reino que está debaixo do seu poder e prometeu-me trabalhar no restabelecimento da disciplina eclesiástica. Esse príncipe julga que para reformar os costumes do clero gaulês é necessário ordenar frequentes reuniões dos seus chefes e dos senhores; porque há oitenta anos que a França não tem convocado concílios nem nomeado metropolitanos. As sedes episcopais estão entregues a leigos avaros, a eclesiásticos devassos ou a rendeiros públicos, como bens profanos. Contudo, antes de empreender essa reforma, desejo ter as vossas instruções e conhecer os cânones que regulam a administração dos bens da Igreja e os costumes dos eclesiásticos."

Zacarias, na sua resposta, aprova o estabelecimento dos novos bispados e autoriza a convocação de um sínodo na França. Recomenda a Bonifácio suspender as funções sacerdotais aos bispos, aos padres e aos diáconos que tenham casado com muitas mulheres, ou que tenham caído no pecado da carne com virgens consagradas a Deus.

Por ordem de Carlomano, o concílio reuniu-se na Germânia em 21 de abril de 742, e todas as decisões foram submetidas à aprovação do pontífice romano. Zacarias respondeu por uma carta sinodal dirigida aos bispos franceses, para os glorificar das medidas enérgicas que eles tinham tomado, expulsando das suas sede os prelados cismáticos, concubinários, sodomitas e assassínos. "Que vitórias, acrescenta o papa, pode esperar um povo, quando o Deus dos exércitos é implorado por padres sacrílegos, cujas mãos impuras, depois de terem sido manchadas na luxúria e na libertinagem, profanam o corpo divino de Jesus Cristo? E como ousam esses mesmos homens apresentarem-se como ministros de um Deus de paz, quando trazem nas suas vestes os vestígios ensanguentados das vítimas que degolaram?

Mas, se vós tendes padres puros, isentos de crimes e, sobretudo, se obedeceis a Bonifácio, que vos instrui em nosso nome, todas as nações infiéis cairão sob o vosso gládio, e, depois da vitória, Deus recompensar-vos-á, dando-vos a vida eterna.

Alguns anos depois, o apóstolo inglês escreveu de novo a Zacarias para o consultar sobre fatos deveras singulares. Damos fielmente a tradução dessa carta que reproduz os costumes da época. Gregório III tinha-nos autorizado a designar para nosso sucessor um padre que lhe havíamos apresentado; mas, depois da morte do vosso glorioso predecessor, o irmão desse padre, em seguida a uma orgia, matou o tio do duque dos franceses; e, segundo a lei dos francos, a vingança é permitida a todos os parentes do morto sobre o assassino e sobre os membros da sua família. Assim, aquele que nós tínhamos designado para nos suceder tem de fugir, e, portanto, pergunto-vos, Santíssimo Padre, o partido que devo tomar.

Submeto uma nova dificuldade à vossa decisão: um homem de um nascimento ilustre apresenta-se a nós, afirmando com juramento que comprara a Gregório III a autorização de desposar uma parente sua de terceiro grau, apesar de que ela tivesse feito voto de castidade. Pediu-nos a bênção nupcial sob pretexto de que a sua consciência não estava tranquila e oferece pagar-nos a permissão para o matrimônio.

No seu país, a união que ele contraiu passa por um incesto abominável aos olhos do povo grosseiro; por isso, eu atribuo o seu regresso à penitência não a um motivo de religião, mas ao receio de uma reprovação geral.

Queixaram-se igualmente alguns prelados da avareza da corte de Roma; pretendem eles que na cidade santa todos os cargos são postos em almoeda; e apesar do seu desejo de obterem o *pallium*, declaram que não ousaram pedi-lo, porque não eram bastante ricos para pagar. Repelimos essas calúnias e condenamos o seu erro; e para melhor os convencer, pedimos-vos que concedas essa prova de dignidade ao nosso irmão Grimn, metropolitano de Rouen."

Zacarias respondeu ao arcebispo Bonifácio: "Não permitiremos nunca, meu irmão, que em nossa vida se eleja um bispo em vosso lugar, o que seria uma infração aos cânones. Pedi a Deus, durante a vossa vida, que vos dê um sucessor digno, e na hora da morte podereis designá-lo na presença de todo o povo, a fim de que se dirija a nós para ser ordenado. Esse favor, concedemo-lo tão somente a vós, para recompensar o zelo que tendes manifestado constantemente pela Santa Sede.

"Submetestes ao nosso juízo um caso de união que não pode ser aprovado sem violação dos cânones; contudo, confesso, para vergonha da vossa sede, que os nossos predecessores venderam essas licenças para aumentarem os dinheiros de S. Pedro, quando estavam esgotados pelas guerras ou pelas prodigalidades dos pontífices. Vós, porém, obrastes prudentemente, repelindo a acusação de simonia que padres criminosos dirigiam contra nós e fulminado anátema contra aqueles que vendessem os dons do Santo Espírito."

Nessa época, a sede de Treves era mais antiga da Alemanha e a mais considerável em extensão, pelo que era chamada a segunda Roma. Zacarias, invejoso da importância daquela igreja e sob pretexto de recompensar o santo bispo Bonifácio, desligou dela as cidades de Mayence, de Colônia, de Liége, de Utrecht, de Strasburgo, de Worms e de Spira, para formar um arcebispado cuja sede foi estabelecida em Mayence. Em virtude desse desmembramento, a maior metrópole da Alemanha tornou-se a menor e a menos considerável pela jurisdição espiritual.

Bonifácio tomou posse imediatamente da sua diocese; mas encontrou, no clero daqueles países, uma ignorância tão profunda que os padres nem sequer sabiam latim. Um deles, chamado à presença do bispo para batizar a uma criança, serviu-se desta fórmula: "*Baptiso te in nomine Patria et Filia et Spiritua Sancta.*"

O prelado, escandalizado com o estado de abjeção dos seus novos padres, escreveu ao Santo Padre perguntando se devia administrar um segundo batismo quando o primeiro parecia irregular. Zacarias respondeu-lhe: "Não devemos batizar pela segunda vez aqueles que receberam já a água santa do batismo, porque uma simples ignorância da língua não introduz um erro religioso nas palavras; basta, para tornar o sacramento regular, que ele seja administrado em nome da Trindade Santa. Contudo, a fim de evitar o escândalo que dá um clero tão grosseiro, reunireis um concílio que decidirá quais as medidas necessárias a tomar para introduzir a disciplina e a ciência na vossa igreja."

Tendo se reunido o sínodo, Bonifácio apressou-se em dirigir as atas ao pontífice e instruiu-o nos seguintes termos, dos desregramentos dos padres da Gália: "Há trinta anos que estou a serviço da Santa Sede e não faltei nunca em submeter-lhe o que me sucede de agradável ou desagradável, para que ela me auxilie com os seus conselhos. Devo, portanto, dar-vos a conhecer as perseguições de que tenho sido vítima presidindo o concílio dos francos, como vós me havíeis ordenado.

"Os falsos bispos, os padres infames e sodomitas, os seculares impudicos e assassinos abundam nesse país. Um deles, o prelado Adalberto, pretende que veio um anjo da extremidade da terra trazer-lhe relíquias maravilhosas em virtude das quais pode ele obter de Deus tudo quanto lhe pedir; ousa afirmar com juramentos abomináveis que recebe frequentes vezes cartas de Jesus Cristo, e com essa astúcia sacrílega, captou a confiança das famílias, seduziu mulheres, iludiu os espíritos crédulos e fez com que lhe dessem somas de dinheiro que deveriam pertencer aos bispos legítimos. Não somente Adalberto se declara santo e profeta, como também, no seu orgulho, ousou igualar-se aos apóstolos e consagrar igrejas em sua honra. Levantou cruzes e capelas nos campos, próximo de fontes, nas florestas e nos rochedos, para fazer abandonar as antigas basílicas e desviar, em seu proveito, as ofertas dos simples. Vende aos fiéis as suas unhas e os seus cabelos como relíquias preciosas que devem adorar; e blasfema da nossa santa religião desprezando o sacramento da confissão. Aos homens que vêm cair-lhe aos pés para confessarem as suas culpas, diz ele: 'Conheço os vossos pecados, é inútil confessá-los; os vossos mais recônditos pensamentos são-me revelados; erguei-vos, ide em paz e recebei a minha absolvição'.

Um outro padre herético, chamado Clemente, rejeita a autoridade dos cânones, dos concílios, dos tratados e das decisões dos padres; chama impostores a S. Jerônimo, Santo Agostinho e S. Gregório; repele os seus dogmas como sendo erros grosseiros capazes de corromper os homens e opostos ao verdadeiro espírito da moral de Jesus Cristo. Clemente sustenta que poder algum tem direito de o depor do episcopado, apesar de que vive em concubinagem, tendo dois filhos adulterinos, e apesar de ter sofrido a circuncisão; finalmente, esse padre indigno introduz o Judaísmo na Igreja e permite aos fiéis desposarem a filha de um irmão ou de uma irmã; ensina que o Salvador, descendo aos infernos, libertou todos os condenados que ali se achavam, mesmo os infiéis e os idólatras; e que no dia do julgamento derradeiro tirará dali todos aqueles que tiverem recebido a eucaristia, porque, acrescenta ele, o Cristo não pode deixar arder eternamente nas chamas do inferno as almas que resgatou com o preço do seu sangue.

Era-nos impossível tolerar com o nosso silêncio esses escândalos, e suplicamos, Santíssimo Padre, que escrevais ao duque Carlomano, para que esses dois hereges sejam presos, aplicados às torturas, e que ninguém lhes fale nem comunique com eles".

Logo que Zacarias recebeu a carta do arcebispo Bonifácio, apressou-se em convocar um concílio em Roma. Os falsos prelados Adalberto e Clemente foram excomungados, e as atas do sínodo, enviadas ao primado das Gálias. "Nós vos exortamos, meu irmão, escrevia o pontífice, a suportar com coragem as perseguições dos maus padres e a preservar no vosso procedimento.

Não se viu a própria Roma manchada de escândalos pelo seu clero? Não enodoaram a cadeira de S. Pedro pontífices culpados de adultérios, de incestos, de assassínios e de envenenamentos? Mas Deus, na sua bondade, dignou-se afinal a conceder-nos a paz e consolar-nos.

Ordenai jejuns e procissões, e nós juntaremos às vossas as nossas orações, apesar de indignos que somos, a fim de chamar sobre vós a clemência de Jesus Cristo. Entretanto, e apesar de pordes em Deus a vossa confiança, não abandoneis os socorros do poder temporal para chamar a vós os heréticos ou persegui-los se eles repelirem a verdade.

Aprovamos todas as decisões do vosso concílio; depomos e anatematizamos Adalberto e Clemente. Segundo o vosso desejo, escrevemos ao duque Carlomano, pedindo-lhe que punisse severamente esses eclesiásticos indignos, para a edificação das igrejas que são administradas por bispos e padres impostores.

Sabemos que homens infames, escravos vagabundos, criminosos de homicídios, de roubos, de adultério e de outros crimes abomináveis, transformaram-se em ministros de Jesus Cristo, vivem sem conhecer a autoridade da vossa sede e apoderam-se das igrejas. Por toda a parte onde encontrardes esses agentes de Satanás, privai-os do sacerdócio e submetei-os à regra monástica, a fim de que terminem a sua vida escandalosa numa sincera penitência.

Proscrevei, sobretudo, o filósofo Virgílio, esse padre escocês que ousa sustentar que existe um outro mundo e outros homens na Terra, outros sóis e outras luas no céu; que afirma que para ser cristão basta seguir a moral do Evangelho e praticar os preceitos do Salvador, sem mesmo ter recebido o batismo. Que ele seja expulso da Igreja, despojado do sacerdócio e encerrado numa masmorra; fazei-o passar, finalmente, por todas as torturas inventadas pelos homens, porque não se encontrará nunca uma punição assaz terrível para castigar um infame cuja doutrina sacrílega destrói a santidade da nossa religião. Pedimos já ao duque de Baviera que nos entregasse esse apóstolo, para o julgar solenemente e para o punir segundo o rigor dos cânones. Não acedendo o príncipe ao nosso pedido, escrevemos ao sacerdote uma carta ameaçadora proibindo-o de que erguesse a voz na presença dos fiéis na casa de Deus."

Virgílio foi, com efeito, perseguido cruelmente pelos escravos da Santa Sede, que chamavam idolatria sacrílega e teoria do sábio escocês sobre a Terra, que ele sustentava ser redonda e habitada em toda a sua superfície. Oito séculos mais tarde, a doutrina dos antípodas ensinada por esse padre filósofo fecundará o gênio de Cristóvão Colombo e acrescentará um novo continente ao antigo mundo.

Mas Roma, na sua ignorância, não podia supor que houvesse uma outra ciência além da religião; que existissem outros mundos senão aqueles autorizados pelos cânones, aprovados pelos padres e pregados pelos apóstolos. Os soberanos, mais ignorantes ainda que os eclesiásticos, não reconheciam outras verdades além daquelas que eram ensinadas pela Igreja; submetiam-se cegamente às decisões dos pontífices, consultavam-nos nas suas empresas e, algumas vezes mesmo, abandonavam as suas coroas para tomarem assento nos conselhos dos papas, com o báculo na mão, a mitra na cabeça ou um hábito sobre os ombros.

Assim o rei dos lombardos, Ratchis, preferiu às grandezas do trono uma cela no mosteiro de Monte-Cassino; o irmão de Pepino, Carlomano, renunciou igualmente do mundo, veio em peregrinação à cidade santa e, depois de ter enriquecido com o dinheiro de S. Pedro, recebeu das mãos do pontífice o hábito de S. Bento, encerrando-se num convento. Esse grande príncipe fazia a cozinha, cuidava das estrebarias e trabalhava no jardim, a fim de humilhar o seu orgulho e salvar a sua alma das chamas do inferno. Deve-se a ele a fundação da famosa abadia de Fuldes, da qual Bonifácio nos fez a descrição numa carta dirigida ao pontífice: "Em uma vasta floresta, no meio de um sítio selvagem, elevamos um mosteiro e para ali enviamos religiosos que vivem segundo a regra de S. Bento, numa severa abstinência, privando-se de carne, de vinho e de cerveja; não têm servos e ocupam-se de trabalhos manuais. Esse retiro foi fundado por nós com os socorros das almas piedosas, sobretudo com o auxílio do irmão Carlomano, em outro tempo príncipe dos francos. É nosso propósito, salvo a vossa aprovação, ir descansar a nossa velhice naquela santa habitação, esperando a hora da nossa morte."

Pepino, tornado senhor absoluto na França depois da retirada de seu irmão, ocupou-se em associar Roma aos seus interesses. O padre Ardobano, portador de uma autorização dos bispos e dos abades, e dos senhores da Gália, veio consultar o papa sobre muitos pontos de disciplina eclesiástica que diziam respeito à ordem episcopal, à penitência dos homicidas e às uniões ilícitas. O embaixador devia, ao mesmo tempo, informar sua santidade que Mayence fora escolhida para metrópole do reino. Nas suas instruções secretas, o *maire* do palácio encarregara Ardobano de oferecer ricos presentes ao Santo Padre e assegurar-se das intenções da corte de Roma a seu respeito, para o momento em que ele usurpasse a coroa da França. O pontífice recebeu o deputado dos franceses em audiência solene; respondeu as suas cartas dos prelados e dos senhores, convidando a todos a fazerem o seu dever; os seculares combatendo contra os infiéis, e os eclesiásticos auxiliando-os com as suas orações e com os seus conselhos.

Em seguida, dirigiu cartas particulares a Pepino para animar os projetos desse ambicioso, autorizando-o, em nome da religião, a depor sem demora Childerico III e a apoderar-se da coroa. O *maire* do palácio, seguro do apoio do clero, declarou a deposição do monarca fraco, mandou-lhe rapar a cabeça, assim como a seu filho Thierry, e encerrou-os, um no mosteiro de Sitiano, o outro num convento da Normandia.

Zacarias previra bem que a sua política garantia à Santa Sede a proteção de uma dinastia nascente, e que em troco da sanção que lhe dava a essa usurpação, o novo príncipe o ajudaria a rebaixar os lombardos e a libertar-se inteiramente da dominação dos imperadores. E, com efeito, os soberanos de Constantinopla foram em breve reduzidos a implorar o apoio dos papas; e Constantino Coprônimo, que fora expulso do trono pelo usurpador Artabaso, não conseguiu reaver a coroa senão com o auxílio da Santa Sede. Esse príncipe, em reconhecimento, abandonou ao papa muitos domínios do império. O exarca Eutíquio, João, metropolitano de Ravena, e os povos da Pentápoles e da província de Emília reclamaram pela sua vez a poderosa proteção de Zacarias, a fim de suspender as armas vitoriosas dos lombardos.

Sob pretexto de poder apreciar melhor a causa das suas queixas, o pontífice dirigiu-se a Ravena, acompanhado de uma corte numerosa. À sua chegada, os cidadãos e o clero saíram da cidade para o receber, gritando: "Abençoado seja o pastor que deixou o seu rebanho para vir livrar-nos a nós que íamos perecer!" Alguns dias depois, Zacarias enviou embaixadores a fim de prevenir o príncipe lombardo da sua chegada aos seus Estados. Luitprando mandou ao seu encontro uma escolta composta dos senhores da sua corte para receber o Santo Padre com todas as honras devidas à sua dignidade e à sua posição.

Na sua entrevista com o rei, Sua Santidade reclamou a execução dos tratados, a retirada das tropas que ocupavam a província de Ravena, a restituição à Santa Sede das cidades de que os seus generais se haviam apoderado e, particularmente, a entrega de Cezena. O monarca, receando atrair a inimizade de Zacarias, acedeu aos seus rogos, consentiu em restituir a cidade de Ravena, os dois terços do território de Cezena e guardou apenas para a segurança das suas tropas uma praça fortificada, que prometeu restituir ao exarca depois do regresso dos seus embaixadores, que estavam em Constantinopla para tratar a paz com o imperador.

Depois de ter elevado a cadeira pontifical ao mais alto grau de poder, durante um reinado de onze anos, Zacarias morreu no mês de março do ano 752 e foi enterrado na basílica de S. Pedro.

O palácio patriarcal de Latrão foi quase inteiramente reconstruído por esse pontífice; aumentou-o com salas imensas lajeadas de mármore e enriquecidas com pinturas e mosaicos. As lendas referem que, cavando-se os alicerces daquele admirável edifício, os operários encontraram uma cabeça humana enterrada muito profundamente na terra e admiravelmente conservada. Sendo levada essa cabeça ao papa, afirmou este ser a do bem-aventurado S. George.

Por ordem sua, foi a preciosa relíquia depositada num relicário magnífico, sobre o qual se gravou uma inscrição grega; o povo crédulo, o clero hipócrita e os senhores de Roma levaram-na em seguida, em procissão, para a diaconia de S. George do Véu de Ouro, onde depois praticou numerosos milagres!!!

Estevão II

94º Papa

Eleição do pontífice. – Morre de uma apoplexia fulminante depois de um reinado de três dias e sem ser consagrado.

Depois da morte do papa Zacarias, os romanos elegeram para ocupar a Santa Sé um padre chamado Estevão, que tomou logo posse do palácio patriarcal de Latrão.

Dois dias depois, na ocasião em que o novo papa saía do leito para dar algumas ordens, perdeu subitamente os sentidos e caiu morto aos pés dos seus diáconos.

Muitos historiadores recusam-se a contar Estevão II no número dos pontífices, porque não fora consagrado; mas Onufro, Panvini, o cardeal Barônio e o padre Petau seguiram um método diferente, pensando que a consagração não acrescenta coisa alguma à dignidade de um padre eleito canonicamente, e que é realmente papa desde que a sua nomeação foi feita pelo povo, pelo clero e pelos senhores. Nós não nos conformamos com a sua decisão.

Tal era com efeito a doutrina e o uso da Igreja nos primeiros séculos. O direito de eleição para os ministros da religião do Cristo parecia de numa importância tão absoluta que os subdiáconos, os diáconos, os padres e os bispos eram todos nomeados, sem exceção, pela assembleia dos fiéis. S. Cipriano aumentou ainda a latitude desse poder. "Não somente, diz ele, os fiéis têm por direito divino a faculdade de escolherem os ministros da Igreja, como também podem depor regularmente aqueles que se mostrem indignos do seu ministério depois de serem consagrados; são mesmo obrigados a isso em consciência, porque aqueles que tolerassem um eclesiástico prevaricador, tornar-se-iam culpados para com Deus." O papa S. Leão sustenta que a eleição por si só confere a dignidade de bispo; acrescenta que os fiéis de uma mesma cidade devem concorrer todos para a nomeação do seu pastor; reconhece formalmente o direito de eleição a todos os cristãos; quer que cada um o exerça e o defenda, e fulmina anátema sobre aqueles que tentem roubar esse privilégio ao povo para se arrogarem a nomeação para as diferentes dignidades da Igreja.

Dessas considerações, resulta, evidentemente, que a consagração dos bispos então não era considerada como indispensável para possuir a dignidade episcopal, e que bastava ter obtido regularmente o sufrágio dos cristãos de uma diocese para ser canonicamente o pastor dela. Assim, Estêvão II, apesar da brevidade da sua aparição no trono de S. Pedro, apesar de não ter sido ordenado prelado, não deixou, por isso, de ser realmente papa, e como tal deve ocupar o seu lugar na série cronológica dos sucessores do Apóstolo.

Estêvão III

95º Papa

Eleição de Estêvão III. – Seu nascimento e sua educação. – Envia legados ao príncipe Astolfo. – O rei dos lombardos apodera-se de Ravena e põe fim ao poder dos exarcas na Itália. – Astolfo faz a guerra aos romanos. – Embaixada do rei dos lombardos a Constantinopla. – Concílio dos iconoclastas. – Decisões contra as imagens. – Os romanos são reduzidos às últimas extremidades. – Estêvão pede socorro aos franceses. – Pepino protege o papa. – Entrada do pontífice na França. – Sua entrevista com Pepino. – A guerra da Itália é decidida na assembleia dos senhores franceses. – Pepino faz uma doação à Santa Sede de muitas cidades e territórios a cuja conquista se obriga sobre os lombardos. – Intrigas e maquinações do papa. – Estêvão vinga-se do monge Carlomano, irmão de Pepino, persuadindo a esse príncipe encerrá-lo num claustro assim como os seus filhos. – O pontífice cai enfermo. – Sua cura milagrosa. – Consagra o usurpador Pepino e os seus dois filhos. – Guerra da Itália. – Paz com os lombardos. – Astolfo recomeça a guerra. – O papa implora de novo o socorro de Pepino. – Astúcias do pontífice. – Dirige ao monarca francês cartas escritas por S. Pedro, pela Virgem e pelos santos. – Pepino, iludido com aquele embuste, entra de novo na Itália à frente de um exército. – O papa toma posse do exarcado de Ravena. – Origem do poder temporal dos papas. – Didier, rei dos lombardos. – Morte de Estêvão III.

Depois da morte de Estevão II, o povo, os grandes e o clero reuniram-se na basílica de Santa Maria Maior e proclamaram um pontífice que foi entronizado sob o nome de Estevão III. Era romano de origem e órfão desde os seus mais tenros anos. Os papas, seus predecessores, haviam tomado cuidado da sua infância e feito educar no palácio de Latrão; em seguida, conferiram-lhe todas as ordens eclesiásticas até ao diaconato.

Nas suas diferentes funções, Estevão empregara constantemente o seu crédito para aliviar os sofrimentos dos pobres; por isso, os romanos lhe consagravam uma grande veneração, a ponto de que no dia da sua eleição alguns homens do povo o levaram aos ombros até a igreja de S. Pedro. Alguns autores referem que essa cerimônia era autorizada por um antigo costume; mas Polidoro Virgílio afirma que foi esse o primeiro exemplo de uma entronização tão contraria à humildade apostólica, e censura Estevão por tê-lo dado.

Estevão foi igualmente o primeiro pontífice que selou as suas cartas com chumbo, em vez da cera que os bispos de Roma empregavam em outro tempo para isso.

Três meses depois da sua entronização, o Santo Padre enviou legados ao rei dos lombardos para lhe oferecer ricos presentes em troca de um tratado de paz entre os seus povos e a Santa Sede. Astolfo aceitou as ofertas e jurou uma trégua de quatro anos; em seguida, vendo que o pequeno número de tropas gregas que defendiam a Itália lhe apresentava uma ocasião favorável de tirar o exarcado ao império, rompeu a paz e marchou sobre Ravena. Eutíquio, que comandava em nome do imperador, defendeu-se com coragem durante muitos meses, mas afinal, vencido pelo número dos inimigos, abandonou a sua capital e fugiu para Constantinopla. Ravena sucumbiu sob as armas dos lombardos, e a sua ruína arrastou a queda dos exarcas, que tinham reinado aproximadamente cento e oitenta anos na qualidade de vigários imperiais.

Astolfo, ensoberbecido com o seu primeiro sucesso, resolveu apoderar-se da Itália inteira; e sob pretexto de que a posse de Ravena lhe conferia consequentemente o uso dos direitos concedidos pelo império a esse governo, reivindicou a soberania de Roma, e ameaçou empreender o cerco dela para a colocar debaixo da sua autoridade. O papa enviou, em seguida, os abades de S. Vicente de Vulturne e de S. Bento do Monte-Cassino, para reclamarem a execução dos tratados e a conservação da paz. Mas Astolfo, cheio de desprezo por esses embaixadores de hábito, não quis sequer ouvir as suas propostas, e ordenou-lhes que se recolhessem aos seus mosteiros, com proibição de voltarem a Roma para darem conta da sua embaixada.

Contudo, a guerra foi interrompida momentaneamente pela conversão de Anselmo, cunhado de Astolfo, que abraçou a vida religiosa e obteve do rei, para ele e para os seus monges, a terra de Nonantula, a duas léguas de Modena. Uma abadia e uma igreja foram edificadas pelos cuidados do príncipe em honra dos Apóstolos; Sérgio, metropolitano de Ravena, fez a sua dedicatória numa cerimônia imponente, e Astolfo confirmou a fundação que fizera precedentemente por uma carta em que obriga unicamente os frades a fornecerem-lhe 40 peixes na quaresma, e um número igual no advento. Em seguida, acompanhou a Roma seu cunhado e ofereceu essa doação ao clero, colocando, segundo o uso, o ato sobre a confissão de S. Pedro.

Já os príncipes conheciam a distinção sutil da Santa Sede entre César e a Igreja, pois que, ao mesmo tempo que o monarca se preparava para fazer uma guerra terrível a Estevão III, mostrava, como cristão, uma submissão absoluta ao príncipe dos apóstolos e assistia ao concílio convocado pelo papa para revestir Anselmo com o hábito monacal e dar-lhe o bastão pastoral.

Alguns dias depois dessa cerimônia, João, silenciário do imperador, chegou à cidade santa trazendo cartas para o pontífice e para o rei dos lombardos. Constantino instigava vivamente o príncipe a restituir-lhe as praças que tirara injustamente ao império em menoscabo dos tratados, e perguntava-lhe que condições queria ele propor a fim de evitar uma guerra que devia ser funesta aos dois povos.

Astolfo, desejando ganhar tempo a fim de prosseguir nas suas conquistas e consolidar o seu domínio na Itália, recusou-se a dar uma resposta decisiva ao silenciário e nomeou um embaixador encarregado de acompanhar João à corte de Constantinopla para tratar da paz com o próprio Constantino.

Estevão enviou igualmente muitos deputados ao imperador sob pretexto de lhe enviar as suas cartas, mas, na realidade, para convidar o príncipe a descer à Itália com um exército para a libertar dos lombardos. Constantino, ocupado no Oriente pela guerra contra os árabes e divergente em opiniões com o Santo Padre acerca do culto das imagens, desprezou os rogos que lhe eram dirigidos, abandonou Roma ao rei Astolfo e convocou um concílio ecumênico na sua cidade de Constantinopla para fazer condenar a adoração das imagens.

Trezentos e trinta e oito bispos assistiram a essa assembleia; e, depois de um longo preâmbulo, os padres fizeram a declaração seguinte: "Jesus Cristo libertara os homens da idolatria e ensinara-lhes a adoração em espírito e em verdade; mas o demônio, invejoso do poder da Igreja, procura agora introduzir o culto dos ídolos sob a aparência do Cristianismo, persuadindo os fiéis de que devem prostrar-se diante das criaturas. Portanto, para combater o príncipe das trevas, ordenamos aos padres que tirem dos templos todas as imagens que os mancham, destruindo aquelas que estão expostas à adoração nas basílicas ou nas habitações particulares, sob pena, para os bispos, para os padres e para os diáconos, de deposição; para os monges e leigos, de anátema e sem prejuízo das penas corporais infligidas aos culpados pelas leis imperiais."

Terminado o sínodo, Constantino dirigiu-se em grande pompa à praça pública e fez publicar os decretos da assembleia dos bispos. Imediatamente, os padres iconoclastas correram às igrejas, e, sob pretexto de destruírem as imagens e os ornamentos idólatras, apoderaram-se das cruzes enriquecidas de pedrarias, dos vasos sagrados, das vestes suntuosas, dos véus preciosos e das alfaias de ouro e de prata destinadas ao serviço divino.

O rei dos lombardos, vendo o imperador muito ocupado nos seus Estados com as contendas religiosas, para poder pensar em suspender os seus projetos de conquista, penetrou no território de Roma e, apesar das súplicas do papa, emprazou os habitantes a reconhecerem-no como soberano, se não queriam ser passados ao fio da espada.

Estêvão III, não podendo opor aos lombardos senão legiões pouco aguerridas, conservou-se encerrado na cidade, exortando o povo a implorar a misericórdia de Deus: ordenava procissões com as relíquias dos apóstolos, e ele mesmo, caminhando descalço, com a cabeça coberta de cinzas, trazia aos ombros uma imagem do Cristo que os padres diziam ter sido enviada por Deus à Santa Sede. Abria a procissão um bispo agitando no ar a grande cruz de ouro, à qual haviam prendido, de um lado, o tratado de paz assinado pelo rei dos lombardos; e do outro, uma bula de excomunhão publicada contra o príncipe sacrílego.

Apesar da confiança que o pontífice mostrava ter no céu, contava ainda mais com a eficácia dos exércitos terrestres para fazer parar as tropas de Astolfo; por isso, não esperando mais socorros pelo lado do imperador, resolveu dirigir-se ao rei Pepino para lhe fazer conhecer a desolação da sua Igreja. Estêvão escreveu ao mesmo tempo a todos os duques da França e pediu-lhes que viessem em socorro de S. Pedro, a quem chamava seu protetor, prometendo, em nome do apóstolo, a remissão de todos os pecados que tivessem cometido ou pudessem cometer no futuro; e garantindo-lhes uma felicidade inalterável neste mundo e a vida eterna no outro.

Droctegando, primeiro abade de Gorze, chefe da sua embaixada, tinha saído apenas das terras da Itália, quando o silenciário João voltou a Constantinopla com os legados. Constantino ordenava ao Santo Padre que se dirige à corte de Astolfo, a fim de obter a entrega de Ravena e das cidades que dependiam do exarcado. O papa estava convencido antecipadamente da inutilidade dessa negociação; contudo, consentiu em empreendê-la com o fim de se aproximar da França e ir em pessoa solicitar o auxílio de Pepino. Enviou logo embaixadores à corte de Pávia pedir um salvo-conduto, que o rei lombardo se apressou em conceder-lhe, garantindo-lhe, além disso, que receberia todas as honras devidas à sua posição.

Estêvão saiu de Roma em 14 de outubro de 754, acompanhado dos embaixadores franceses, que tinham voltado com Droctegando no intervalo das negociações. À sua chegada ao território de Pávia, Astolfo fê-lo prevenir que era inútil comparecer na sua presença se queria tratar com ele acerca da restituição do exarcado de Ravena e das outras praças do império que ele ou os seus predecessores haviam conquistado. O pontífice respondeu que receio algum o impediria de cumprir a missão de que o seu príncipe o encarregara, e prosseguiu a sua marcha para a capital dos lombardos.

No dia seguinte, dia fixado para a conferência, Estêvão foi admitido à presença do rei; o papa prostrou-se-lhe aos pés e ofereceu-lhe ricos presentes, suplicando-lhe, em nome de Constantino, que restituísse as províncias de que se havia apoderado. Astolfo persistiu na sua primeira recusa, e o silenciário João, apesar das suas promessas e das suas ameaças, não pôde abalar a resolução do chefe lombardo. Então, os embaixadores franceses declararam-lhe, em nome de Pepino, seu senhor, que tinham ordem de conduzir o papa para as Gálias. O rei compreendeu logo as intenções pérfidas de Estêvão, mas não ousou mandá-lo prender, e foi obrigado a ceder às vontades dos enviados da corte da França.

Depois de ter transposto os Alpes, o pontífice chegou ao mosteiro de S. Maurício em Valais, onde o esperavam alguns senhores franceses para o conduzir a Ponthion, castelo forte situado próximo de Langres, uma das residências da família real. Carlos, filho mais velho de Pepino, viera ao encontro do Santo Padre a uma distância de mais de cinquenta léguas. O rei, a rainha e os jovens príncipes receberam-no a uma légua de Ponthion. Anastácio refere que o monarca francês teve a covardia de caminhar a pé, com a cabeça descoberta durante duas horas, segurando na rédea do cavalo de Estêvão!

No dia seguinte, os romanos vieram apresentar os seus respeitos ao rei e pediram a Deus que o conservasse aos seus povos; no outro dia ofereceram-lhe ricos presentes, assim como aos senhores da sua corte; mas, no terceiro dia, os cânticos de alegria cederam o lugar às lamentações. Estêvão apareceu com todo o seu clero, com a cabeça coberta de cinzas e cingido com um cilício; prostraram-se todos aos pés do monarca, conjurando-o, em gritos lamentosos, pela misericórdia de Deus e pelos merecimentos de S. Pedro e de S. Paulo, para que os livrasse do domínio dos lombardos. O Santo Padre permaneceu prostrado com a face no chão até que Pepino lhe estendesse a mão, exigindo que o próprio rei o levantasse, em sinal da liberdade que lhe prometia.

E, com efeito, a astúcia do pontífice obteve pleno resultado; o soberano consentiu em enviar embaixadores ao príncipe Astolfo pedindo-lhe, em nome dos santos apóstolos, que não exercesse hostilidades contra Roma. Não produzindo, porém, essa embaixada resultado algum, Pepino deixou-se arrastar pelo amor-próprio e empreendeu uma guerra na qual deviam perecer os seus melhores soldados, para sustentar a ambição de um padre hipócrita. O príncipe convocou na cidade de Carisiac ou Quiercy os senhores do seu reino e, na sua presença, decidiu que se iria fazer a guerra na Itália para libertar a santa Igreja; e fez antecipadamente uma doação a S. Pedro de muitas cidades e territórios que estavam ainda sob o domínio dos lombardos. O ato foi lavrado solenemente, e Pepino assinou-o em seu nome e no dos seus dois filhos, Carlos e Carlomano.

Sabendo Astolfo dos preparativos de guerra que a França fazia contra ele, apressou-se em enviar a essa corte o monge Carlomano, irmão de Pepino, a fim de destruir com a sua influência as maquinações de Estêvão III e para dissuadir os senhores da Gália da sua empresa contra a Itália. Megeray afirma que o religioso apresentou a causa dos lombardos com tanta eloquência no parlamento de Quiercy, que se ordenou a ida de um bispo a Pávia para propor um tratado de paz entre o papa e o rei.

Os embaixadores foram recebidos com grandes honras por Astolfo; o príncipe consentiu em não reivindicar a soberania de Roma, mas recusou-se a restituir ao imperador o exarcado de Ravena, pretendendo que esse negócio não dizia respeito nem ao Santo Padre nem ao monarca francês, e que Constantino devia reconquistar pelas suas armas as províncias que a covardia dos seus generais havia feito perder ao império.

Estevão III sustentou então que Ravena e suas dependências não pertenciam àquele que as tinha conquistado; que pertenciam, por direito divino, à Santa Sede, como despojos de um príncipe herético. Carlomano quis representar ao Santo Padre o quanto eram injustas as suas pretensões e que escândalo ele dava aos fiéis reivindicando os despojos de um condenado. Então Estevão para se desembaraçar de um adversário tão perspicaz, tratou de o tornar suspeito ao desconfiado Pepino; acusou Carlomano de nutrir pensamentos ambiciosos e determinou o monarca a encerrá-lo no mosteiro de Viena, e a mandar rapar a cabeça aos seus jovens sobrinhos. Senhor do terreno, obteve facilmente do príncipe a promessa de empregar os exércitos franceses na conquista, por sua conta, do exarcado de Ravena, e, tendo a assembleia de Quiercy terminado as suas deliberações, Estevão veio a S. Diniz para esperar o momento da sua partida.

Durante a sua estada na França, o pontífice caiu enfermo, ou pela fadiga da viagem ou pelo rigor da estação, e em poucos dias o seu mal tornou-se tão grave, que os seus fâmulos desesperaram de salvar-lhe a vida. Contudo, a Santa Sede não devia perder ainda um chefe que compreendia tão bem os seus interesses. As crônicas referem do seguinte modo a sua cura milagrosa: "O papa, quase moribundo, fez que o levassem à igreja de S. Diniz para elevar a Deus as suas últimas orações. Logo que começou a orar, apareceram-lhe no altar os apóstolos Pedro e Paulo e o bem-aventurado S. Diniz. Diniz tinha um turíbulo na mão direita e uma palma de martírio na esquerda, e estava acompanhado por um padre e por um diácono. Em seguida, avançou para Estevão e disse-lhe: 'A paz seja convosco, meu irmão; não receeis coisa alguma, porque voltareis felizmente para a vossa Igreja; levantai-vos e consagrai esse altar a Deus e aos santos apóstolos Pedro e Paulo'."

A visão desapareceu e o pontífice, levantando-se cheio de força e de saúde, celebrou uma missa em ação de graças.

O rei, a rainha, os senhores, o clero, os frades e o povo ficaram maravilhados com aquele milagre. No dia seguinte, o pontífice dedicou, por uma cerimônia imponente, a capela de S. Diniz, em honra de Jesus Cristo e dos apóstolos, e depôs sobre o altar o seu *pallium*, que foi depois conservado como uma relíquia na abadia.

Estevão consagrou em seguida, em uma festa solene, Pepino, seus dois filhos, Carlos e Carlomano, e sua mulher Bertrade; depois de lhes ter imposto as mãos, declarou em nome de Deus que era proibido aos francos e a seus descendentes, sob pena de anátema e de condenação eterna, escolherem de uma outra raça. O Santo Padre criou os dois príncipes patrícios romanos, a fim de os impelir a protegerem a cidade santa. Le Cointe assevera que o batismo de Carlos e de Carlomano fora diferido até essa época para que o papa fosse seu padrinho; e, com efeito, em muitas das suas cartas, Estevão chama-lhes seus filhos espirituais.

Tendo sido resolvida no parlamento a guerra da Itália, o rei da França fez grandes preparativos para assegurar o sucesso das suas armas. Transpôs os Alpes à frente de tropas numerosas e obrigou Astolfo a dar satisfação inteira ao pontífice. O tratado celebrou-se em presença dos embaixadores de Constantino, que tinham vindo reclamar o exarcado para o seu senhor; as suas reclamações foram inúteis e Ravena foi adjudicada à Santa Sede. Assinada a paz, Pepino retirou-se com o seu exército, levando os reféns dos lombardos; e quanto a Estevão, tornou a entrar triunfante em Roma, acompanhado do príncipe Jerônimo, irmão do rei da França.

Mas Astolfo, apenas livre das tropas inimigas, rompeu os tratados que lhe haviam sido extorquidos, apoderou-se de novo do exarcado e marchou sobre Roma. O papa escreveu logo ao monarca francês: "Conjuro-vos pelo Senhor nosso Deus, por sua gloriosa mãe, pelas virtudes celestes e pelo santo apóstolo que vos sagrou rei, que façais restituir à nossa sede a doação que lhe oferecestes. Não tenhais confiança alguma nas palavras enganadoras dos lombardos e dos grandes dessa nação. Os interesses da Igreja estão entregues atualmente nas vossas mãos, e vós dareis contas a Deus e a S. Pedro, no dia do julgamento terrível, do modo por que os houverdes defendido.

"É a vós que Deus tinha reservado essa grande obra depois de tantos séculos! Vossos pais não receberam a honra de uma tal graça, e Jesus Cristo, pela sua presciência, tinha-vos escolhido para fazer triunfar a sua Igreja; porque aqueles que ele predestinou, chamou-os; e aqueles a quem chamou, justificou-os!"

Astolfo permanecia sempre debaixo dos muros de Roma, cujo sítio apertava com vigor. O papa, receando cair em seu poder antes da chegada dos socorros, enviou por mar novos embaixadores para fazer conhecer ao rei da França a extremidade a que estava reduzido. O bispo Georgic, o conde Tomaric e o abade Vernier, soldado intrépido que durante o cerco vestia a couraça e combatia sobre as muralhas, eram os legados da Santa Sede; apresentaram-se perante a assembleia dos senhores francos e falaram eles nos seguintes termos: "Ilustres senhores, estamos amargurados com tristezas infinitas e esmagados sob o peso de uma angústia extrema. As vossas desgraças fazem-nos derramar lágrimas em tão grande abundância, que talvez elas bastem para revelar a nossa dor. O lombardo, no seu furor de demônio, ousa ordenar à cidade santa que abra as suas portas; ameaça-nos, se recusamo-nos a obedecer às suas ordens, de derrubar pedra por pedra as nossas muralhas, e passar-nos todos, homens e mulheres, ao fio da espada.

"Os seus soldados bárbaros incendiaram já as nossas igrejas, quebraram as imagens dos santos, arrancaram dos santuários as ofertas piedosas e tiraram dos altares os véus e os vasos sagrados. Moeram com pancadas os santos monges, embriagaram-se com os cálices sagrados e violaram as nossas jovens religiosas.

"Os domínios de S. Pedro tornaram-se a presa das chamas; os gados foram roubados, as vinhas arrancadas até a raiz, as messes pisadas aos pés dos cavalos, os servos degolados e as próprias crianças feridas pelo gládio no seio de sua mães."

Não somente o Santo Padre ordenara aos seus embaixadores que fizessem narrativas mentirosas para comover os francos, como também, excesso de audácia e de astúcia, inventou um artifício inaudito de que nenhum outro papa ousaria servir-se. Dirigiu a Pepino muitas cartas escritas, dizia ele, pela Virgem, pelos apóstolos, as quais eram enviadas do céu para os franceses. A do chefe dos apóstolos começava assim: "Eu, Pedro, chamado ao apostolado por Jesus Cristo, Filho do Deus vivo, conjuro-vos, Pepino, Carlos, Carlomano, e vós senhores, eclesiásticos e seculares do reino da França a não permitir que a minha cidade de Roma e que o meu povo sejam por mais tempo dilacerados pelos lombardos, se quereis evitar que os vossos corpos e as vossas almas sejam dilacerados no fogo eterno pelas garras de Satanás.

"Ordeno-vos de impedir que as ovelhas do rebanho que o Senhor me confiou sejam dispersadas, se não quereis que ele vos repila e vos disperse como os filhos de Israel.

Não vos entregueis a uma indiferença criminosa e obedecei-me prontamente, então sereis superiores a todos os vossos inimigos neste mundo; vivereis longos anos, desfrutando os bens da Terra, e depois da vossa morte possuireis a vida eterna. De outro modo, sabei que pela autoridade da Trindade Santa, em nome do meu apostolado, sereis privados para sempre do reino de Deus."

Essa epístola de S. Pedro produziu uma grande sensação sobre o espírito grosseiro dos franceses; os chefes reuniram logo as suas tropas, transpuseram os Alpes e avançaram na Lombardia para socorrer a Santa Sede. Astolfo foi obrigado a ceder ainda uma vez ao poder das armas de Pepino e entregou o exarcado ao papa.

Fulrad, conselheiro do rei da França, dirigiu-se a Pentápole e a Emília com os mandatários do soberano lombardo, para fazer reconhecer a autoridade da Santa Sede: Ravena, Rimini, Pesaro, Sano, Cesena, Sinigaglia, Jezi, Forlimpopoli, Forli, Castrocaro, Monte-Feltro, Acerragio, Monte-Lucari, Serravale, Nocera, Sante-Marigni, Bobio, Urbino, Caglio, Luccoli, Eugubio, Comacchio e Narni entregaram as suas chaves ao abade Fulrad, que as depôs com a doação do rei Pepino sobre a confissão de S. Pedro. Tal foi a origem do poder temporal da Igreja romana.

Os francos retiraram-se em seguida da Itália; Astolfo não sobreviveu à vergonha desse tratado e morreu das consequências da queda de um cavalo no princípio do ano 756.

Didier, duque de Ístria, concebeu então o projeto de se fazer rei dos Lombardos; mas Batchis, que reinara n'aquela nação antes de se ter feito monge no convento de Monte-Cassino, fatigado da vida religiosa, saiu do seu mosteiro e reivindicou a herança de Astolfo. Como conhecia a avidez da corte de Roma, pensou a princípio em chamar o papa aos seus interesses e prometeu-lhe não somente não o perturbar na posse de Ravena, mas também enriquecer S. Pedro com muitos domínios consideráveis.

As suas propostas haviam sido já aceitas pelo pontífice, quando os comissários de Pepino ordenaram a Estevão que fizesse recolher Ratchis o Monte-Cassino e proclamar Didier rei dos lombardos. O Santo Padre, obrigado a mudar de partido, fez, contudo, com que o duque comprasse a sua proteção, o qual foi obrigado a ceder à Igreja romana a cidade de Faenza, suas dependências, o ducado de Ferrara e dois outros territórios importantes. Os domínios da Santa Sede acharam-se assim aumentados com quase todas as províncias que o império possuía na Itália.

Estevão soube então que Constantino Coprônimo fizera partir de Constantinopla uma embaixada solene para a corte da França, a fim de fazer propostas ao rei Pepino relativamente ao casamento de sua filha Gisela com o filho mais velho do imperador grego. Como a política do soberano pontífice importava que esses príncipes não tivessem relações entre si, enviou por seu turno um embaixador extraordinário à corte do rei franco para o dissuadir de uma aliança com a família de Constantino Coprônimo, sob pretexto de que esse monarca estava separado da comunhão romana e manchado de heresia. O enviado de Sua Santidade soube tomar um tal ascendente no espírito do imbecil Pepino, que este recusou com efeito as propostas dos gregos, e apesar das instâncias que fizeram os enviados de Constantino para conhecerem os motivos da sua repugnância em contratar um casamento tão vantajoso para as duas nações, não lograram obter outra resposta senão esta: "Que não queria expor-se à condenação eterna autorizando o casamento da sua filha querida com um herético." Os embaixadores, indignados de verem tanta covardia num príncipe que governava uma tão valente nação, despediram-se imediatamente dele e vieram trazer a Constantino Coprônimo a resposta ridícula de Pepino.

O astucioso pontífice venceu o imperador grego, mas Deus não permitiu que ele recolhesse os frutos da sua habilidade; dois meses depois da partida dos envidados de Constantino, morreu no palácio de Latrão em 26 de abril de 757.

Nós podemos exclamar com o Profeta: "Vaidade, vaidade das coisas humanas!" Esse pontífice, que abusara da religião para engrandecer a sua autoridade; que empregara uma astúcia sacrílega e se servira dos nomes sagrados do Cristo, da Virgem e dos Santos para interesses desprezíveis e mesquinhos, perdeu com a vida as suas grandezas, os seus palácios, as suas riquezas e as suas províncias.

Paulo I

96º Papa

Ravena recusa-se a sujeitar-se à lei do celibato. – Zelo do papa Paulo pelas relíquias. – Sua liberalidade para com os monges e as igrejas. – Submissão de Paulo às ordens de Pepino. – Morte do pontífice. – Sua beneficência para com os desgraçados.

Durante os últimos dias da enfermidade de Estêvão, Roma dividira-se em duas facções para a eleição de um novo pontífice. O partido mais numeroso queria nomear Paulo, irmão de Estêvão III; o outro propunha a arquidiácono Teofilato para a Santa Sede. Mas Paulo, mais filósofo do que padre, recusou-se a tomar parte nas intrigas do seu partido, não quis fortificar a sua facção com rixas simoníacas e nem sequer saiu do palácio de Latrão, onde prestava a seu irmão os cuidados que reclamavam os seus sofrimentos.

Contudo, depois da morte de Estêvão, o partido de Teofilato dissipou-se por si mesmo e Paulo foi ordenado pontífice. O novo papa escreveu logo ao rei Pepino a fim de lhe anunciar a dolorosa perda de seu irmão e para o instruir da sua eleição. Prometia ao monarca francês uma fidelidade inabalável em seu nome e em nome do povo romano, para o qual reclamava a sua poderosa proteção.

Pelo tratado concluído com Astolfo e confirmado por Didier, o bispado de Ravena fora reconhecido como devendo ser submetido à Santa Sede, temporal e espiritualmente. O papa, apressado em fazer valer os seus novos direitos, depôs o prelado daquela igreja, que vivia publicamente com a sua mulher legítima, e ordenou-lhe que viesse a Roma para dar contas do seu procedimento.

Contudo, o arcebispo de Ravena obteve a sua reinstalação, prometendo separar-se de sua mulher. E, com efeito, fê-la entrar para um convento da cidade, mas continuou com ela as suas relações criminosas, e as santas religiosas toleraram por fraqueza essa infração às leis da Igreja.

Por fins do ano, a rainha Bertrade deu à luz uma filha que foi chamada Gisela; essa notícia feliz foi anunciada ao pontífice pelo rei da França, que lhe enviava ao mesmo tempo o véu em que fora envolvida a princesa no dia em que recebera o batismo. Ao receber aquele presente, Paulo compreendeu que o monarca queria que ele considerasse Gisela como sua filha espiritual; reuniu, pois, logo o povo na basílica de Santa Petronilha e consagrou em honra de Pepino um altar no qual foi depositado o véu precioso que os senhores franceses lhe tinham trazido. Depois, desejando o Santo Padre aumentar a veneração dos fiéis por aquela igreja, fez transportar para o santuário as relíquias de Petronilha, tiradas da capela do antigo cemitério que tinha o nome daquela santa.

O papa mostrou sempre um zelo exagerado e ridículo pelas relíquias, mandando cavar todos os cemitérios situados fora de Roma para retirar deles todas as ossadas petrificadas. Os cadáveres tirados daqueles horríveis carneiros, foram depositados nos templos e adorados como os restos sagrados de mártires gloriosos. Paulo fez exumar, desse modo, os restos de mais de trezentos personagens que tinham morrido em cheiro de santidade; levou-os ele mesmo solenemente pelas ruas de Roma, encerrados em relicários preciosos cobertos de lâminas de prata e ouro, deslumbrantes de pedrarias, e colocou-os nos mosteiros e nas igrejas. Construiu-lhes capelas até mesmo na sua casa paterna, onde elevou em honra dos papas Estêvão, mártir, e S. Silvestre, confessor, um altar magnífico no qual guardou um grande número daquelas ossadas. Todas essas capelas eram confiadas a comunidades que celebravam o serviço divino de dia e de noite. Infelizmente, o Santo Padre despojou o tesouro dos pobres a fim de assignar aos religiosos rendas consideráveis.

Constantino Coprônimo continuava no Oriente as suas perseguições contra os iconólatras e exercia principalmente os seus rigores contra os solitários e os monges, a quem chamava "os abomináveis". Os legendários eclesiásticos pretendem que ele esgotou contra esses desgraçados todos os suplícios imagináveis; que, entre outros, mandou dar golpes com uma barra de ferro num padre chamado André até que os ossos ficassem esmagados; que, em seguida, mandou-o encerrar num saco e deitar ao mar; que fez esmagar entre duas chapas de aço um abade chamado Paulo; que fez emparedar numa capela 48 monges que morreram de fome naquela infernal prisão. Referem igualmente uma anedota muito singular sobre um religioso do monte S. Maxence, o venerável Estevão, uma das vítimas do imperador grego. Segundo eles, esse monge, que gozava de uma grande reputação de santidade, habitava uma gruta muito pequena, meio descoberta para que aquele que a habitasse estivesse constantemente exposto às injúrias das estações. O seu vestuário consistia em uma simples túnica de pele, sob a qual trazia uma cadeia de ferro cruzada desde os ombros até os rins, e presa pelas extremidades a um cinto igualmente de ferro que segurava uma segunda túnica de couro. A lenda refere que Constantino enviou ao venerável cenobita um oficial da sua corte, encarregado de ricos presentes, para corromper e resolver a quebrar as imagens; mas que Santo Estevão, tendo recusado-se obstinadamente a obedecer ao príncipe, foi acusado de ter relações criminosas com uma dama de qualidade que tinha dado todos os seus bens a um convento de religiosas situado próximo ao monte S. Maxence; que apresentou testemunhas falsas as quais declararam ter visto aquela religiosa, chamada Ana, introduzir, de noite, Estevão na sua cela, e terem adquirido a prova, olhando através das fendas da porta, de que se entregavam ambos ao pecado da carne. Que em consequência dessa declaração, a desditosa Ana foi condenada a ser amarrada nua a uma cruz grega e a ser açoitada pelo algoz nos seios e no ventre até expirar; que Estevão foi trazido a Constantinopla coberto com as suas duas túnicas de couro, algemado de pés e mãos e arrastado pelo executor e seus ajudantes, pelas ruas lamacentas da cidade, até que a carne se despegasse dos ossos; que afinal o seu cadáver foi lançado numa cloaca destinada aos supliciados, situada no lugar onde fora edificada em outro tempo a igreja de Santa Pelágia.

Na Itália, a Igreja estava tranquila e poderosa, graças à proteção dos francos; por isso, em todo o tempo que durou o seu pontificado, Paulo mostrou-se constantemente submisso ao rei Pepino e chegou mesmo a sacrificar os seus sentimentos pessoais aos desejos do monarca. Conta-se que um padre da Igreja romana, chamado Marino, agregado à corte da França, dera a George, embaixador do imperador Constantino, sábios conselhos, mas contrários aos interesses da Santa Sede; e que o pontífice, tendo sido instruído disso, deu a conhecer ao rei todos, o seu sentimento e lhe pediu que exilasse o padre culpado para uma província afastada, a fim de que se arrependesse do seu crime. Pepino, que estava satisfeito dos serviços desse eclesiástico, recusou-se a exilá-lo, e reclamou, pelo contrário, para o seu protegido um bispado e o título de S. Crisógono. Então o papa não pensou mais em castigar Marino, antes se apressou em enviar-lhe as insígnias das suas novas dignidades, exprimindo que antes de tudo desejava ser agradável ao ilustre monarca dos franceses.

Na causa de Remedius, irmão de Pepino, deu ele uma nova prova da sua submissão ao príncipe: o metropolitano de Reims, chamado Remy ou Remedius, conservara na sua diocese Simeão, chantre da Igreja romana, para ensinar o canto religioso aos leigos da sua igreja. Tendo Simeão sido chamado a Roma antes de completar a educação dos leigos, o arcebispo testemunhou o seu descontentamento ao rei. O príncipe escreveu logo ao papa e queixou-se da pouca consideração que ele tivera por Remy. Paulo apressou-se em responder ao monarca irritado: "Senhor, tende a certeza de que, se não fora a morte de George, chefe dos nossos chantres, não teríamos retirado nunca Simeão do serviço de vosso irmão; mas a necessidade imperiosa da nossa Igreja obrigou-nos a praticar assim. Para reparar, quanto possível, a nossa falta, prometemo-vos ter um cuidado extremo nos monges que nos enviastes; serão instruídos perfeitamente no canto eclesiástico, e entregar-lhes-emos todos os nossos livros de música e de ciência: o Antifonário, o Responsal, a Dialética de Aristóteles, as obras de D. Diniz, o Aeropagita, livros de Geometria, de Ortografia, e uma Gramática Latina. Juntaremos a isso, para a rainha vossa esposa, um magnífico relógio noturno."

Algum tempo depois, tendo o papa cometido a imprudência de, em seguida a uma cerimônia religiosa, permanecer durante muitas horas exposto ao sol na igreja de S. Paulo, foi atacado de uma febre violenta, da qual morreu em 21 de junho do ano 767.

Anastácio representa o Santo Padre como um homem de um caráter brando e caridoso; afirma que à noite se dirigia, acompanhado de alguns servos, às habitações dos pobres, para distribuir esmolas; que visitava os enfermos e lhes ministrava todos os socorros necessários; que os prisioneiros tinham quinhão igual nos seus benefícios, que pagava muitas vezes as dívidas dos operários aos credores que, sem piedade, os retinham na prisão, e que finalmente socorria as viúvas, os órfãos e todos aqueles que necessitavam. A Igreja colocou com justiça esse pontífice no número dos santos que ela venera.

Constantino II

97º Papa

Cabalas e violências para a eleição de um papa. — É elevado ao trono pontifical um leigo sob o nome de Constantino II. — Cartas do pontífice a Pepino. — O rei da França recusa-se a reconhecer Constantino. —— Conspiração contra o papa. —— Constantino é expulso da Santa Sede. — Eleição fraudulenta do monge Filipe. — É expulso pelo diácono Estevão. — Eleição violenta de Estevão IV.

Logo que se espalhou a notícia da morte de Paulo, as ambições desmascararam-se completamente para disputarem a cadeira de S. Pedro. Toton, duque de Nepi, tendo resolvido conquistar o trono pontifical, reuniu todos os seus partidários, entrou em Roma pela porta de S. Pancrácio e levou as suas tropas para o seu palácio. Esse procedimento ousado assustou todos os concorrentes, e seu irmão Constantino foi declarado papa, apesar de não ter recebido as ordens sacras.

Em seguida, Toton conduziu-o, com as armas na mão, ao palácio de Latrão, para receber a tonsura clerical das mãos de George, bispo de Preveste. O prelado resistiu, a princípio, às ordens do senhor de Nepi; conjurou-o que renunciasse a uma empresa tão criminosa; mas afinal, cedendo às promessas e aos presentes, conferiu-lhe ao novo pontífice as ordens eclesiásticas até o diaconato, e no domingo seguinte, assistido pelos bispos de Albano e de Porto, consagrou-o chefe do clero de Roma.

Constantino, de posse da cadeira apostólica, escreveu ao rei da França para o instruir da sua eleição, que afirmava ter sido feita malgrado seu e para obedecer às vontades da Providência. Não tendo recebido resposta, dirigiu-lhe uma nova carta, suplicando a Pepino que não prestasse fé às calúnias que os invejosos podiam espalhar contra ele; e para lhe mostrar que lhe empregava um grande zelo pelos interesses da religião, acrescentava: "Avisamo-vos de que, em 12 do mês de agosto último, um padre chamado Constantino entregou-nos a carta sinodal de Teodoro, patriarca de Jerusalém, dirigida ao nosso predecessor Paulo, com as assinaturas dos bispos de Alexandria, de Antioquia e das de muitos metropolitanos do Oriente. Aprovamo-la e fizemos leitura dela no templo, na presença do povo. Enviamo-vos a cópia em latim e em grego para que vos regozijeis conosco de ver os cristãos do Oriente mostrarem um santo ardor pelo culto das imagens."

Pepino, que fora instruído dos sucessos escandalosos da eleição de Constantino, não respondeu à sua segunda carta e recusou-se a aprovar a sua intrusão.

Cristóvão, primiciário da Igreja romana, e seu filho Sérgio, tesoureiro, aproveitando a desinteligência das duas cortes, resolveram elevar um outro papa à cadeira de S. Pedro e formaram uma conjuração contra o pontífice. A princípio, pensaram em assegurar-se o apoio do rei dos lombardos, e para executar mais facilmente o seu desígnio, anunciaram aos seus amigos que queriam acabar os seus dias num mosteiro; em seguida, pediram ao pontífice a permissão de saírem de Roma e de se retirarem para o convento de S. Salvador, situado próximo de Pávia.

Constantino recebera já algumas confidências sobre os projetos hostis daqueles dois padres; contudo, tranquilizado pelos seus protestos de dedicação, contentou-se com fazê-los jurar sobre o Cristo e sobre o Evangelho que não empreenderiam jamais coisa alguma contra a sua autoridade. Cristóvão e Sérgio tomaram, então, o caminho dos Estados dos lombardos; mas, em vez de se dirigirem ao mosteiro, entraram em Pávia e pediram a Didier que lhes concedesse auxílio para libertar a Igreja de Roma, obrigando-se a fazerem nomear um outro pontífice que restituiria ao príncipe as províncias que havia perdido. Didier consentiu em dar-lhes tropas que os acompanharam a Rieti. Pelo seu lado, Sérgio pôs-se à frente dos soldados do ducado de Spoletto e dirigiu-se para Roma durante a noite.

Ao romper do dia, apresentou-se à porta de S. Pancrácio, onde o esperava já um grande número de parentes e amigos, prevenidos da sua marcha. Logo que estes viram os sinais, desarmaram as sentinelas, abriram as portas e subiram às muralhas, arvorando um estandarte para advertir de que se podia entrar na cidade. Contudo, receando os lombardos alguma cilada, ficaram postados no monte Janículo e recusaram-se a penetrar em Roma; afinal, excitados pelas arengas de Sérgio e de Raciperto, um dos seus chefes, desceram a colina.

Toton, recebendo a notícia da entrada dos inimigos, reuniu alguns soldados às pressas e marchou ao encontro dos lombardos; no caminho, reuniram-se-lhe Demétrio e o cartulário Gracioso, dois traidores vendidos aos seus inimigos. Estes, sob o pretexto de lhe servirem de guias, fizeram-no cair numa emboscada ao voltar de uma rua. A um sinal dado, foi cercado de assassinos, e Raciperto jogou-lhe um golpe de lança tão violento que o estendeu logo morto.

No mesmo instante, os soldados debandaram, abandonaram o campo de batalha e correram ao palácio de Latrão. O terror assenhoreou-se de todos os espíritos; Constantino e seu outro irmão Passivo, receando pelas suas vidas, encerraram-se na capela de S. Cesário com o vidama Teodoro, e esperaram com ansiedade o fim dessa revolução terrível. Depois de acalmado o tumulto, os chefes da milícia romana dirigiram-se ao pontífice e conduziram-no a um mosteiro, que era considerado como um asilo inviolável.

Assim, a vitória pertencera aos rebeldes; mas logo no dia seguinte rebentou entre eles a desinteligência, e o padre Waldipert, um dos chefes da revolta, resolveu fazer nomear secretamente um papa, a fim de prevenir os projetos ambiciosos de Sérgio e de seu pai. Reuniu em segredo os diáconos e os padres do seu partido e, depois de lhes ter feito aprovar o seu desígnio, dirigiram-se em massa ao convento de S. Vito e tiraram dele o monge Filipe, que levaram aos ombros até a basílica de Latrão, gritando pelas ruas de Roma: "Filipe é papa, o próprio. Pedro o escolheu."

O novo pontífice ajoelhou-se, segundo o uso, diante de um bispo para receber a consagração; em seguida levantou-se, deitou a bênção ao povo reunido na igreja, dirigiu-se ao palácio para tomar posse da cadeira de S. Pedro, e nessa mesma tarde reuniu à sua mesa os principais dignatários da Igreja e da milícia.

Cristóvão chegou no dia seguinte aos muros de Roma. Logo que teve conhecimento da usurpação que acabava de ter lugar, enfureceu-se e protestou com juramentos atrozes que os lombardos não sairiam da cidade antes de que o papa, nomeado por Waldipert, fosse expulso do palácio patriarcal. Os padres, intimidados pelas ameaças de Cristóvão, declararam a eleição de Filipe simoníaca e sacrílega, arrancaram-lhe as vestes sacerdotais, esbofetearam-no e mandaram-no vergonhosamente para o seu convento.

Sérgio e Cristóvão proclamaram então bispo de Roma o abominável Estevão IV. Os soldados lombardos, com o gládio nu, responderam com aclamações, elevaram nos braços o novo eleito e levaram-no em triunfo ao palácio de Latrão.

No Oriente, as perseguições continuavam sempre contra os adoradores de imagens. O imperador, no seu fanatismo sanguinário, condenava sem piedade aos suplícios mais atrozes os seus servos, os seus amigos e até mesmo os seus parentes. O patriarca Constantino, que batizara os seus dois filhos, não pôde escapar à morte, apesar daquela espécie de laço espiritual que o ligava ao tirano. Furioso por não ter podido submeter o prelado, nem pela perda dos seus bens, nem pelo exílio, nem pelo aprisionamento, o imperador fê-lo comparecer perante uma assembleia de eclesiásticos para ser aí julgado. Antecipadamente, mandou-lhe administrar uma flagelação tão cruel que os músculos dos rins foram cortados, impossibilitando-o de que se sentasse ou permanecesse de pé. Foi necessário levá-lo para a Igreja de Santa Sofia, onde estavam reunidos os padres que deviam pronunciar a sua sentença, e estendê-lo diante do santuário para assistir ao julgamento. Depois de publicado o decreto de condenação, um secretário leu em voz alta a lista dos crimes de que ele era acusado e, a cada documento de acusação, o algoz esbofeteava o desditoso Constantino. Em seguida o patriarca Nicetas, do alto do seu trono de ouro, à luz das velas e ao som dos sinos, anatematizou-o solenemente; depois, todos os bispos passaram por diante de Constantino, arrancando-lhe pedaços das suas vestes sacerdotais e cuspindo-lhe na cara. Depois dessa cerimônia infamante, o infeliz foi arrastado até a porta da basílica, que se fechou sobre ele.

No dia seguinte foi dado em espetáculo no hipódromo; arrancaram-lhe os cabelos, as barbas e as sobrancelhas, envergaram-lhe uma túnica de lã sem mangas, montaram-no um burro com o rosto para a cauda do animal e passearam-no pela cidade, conduzido por seu sobrinho, a que tinham cortado o nariz. Finalmente o imperador mandou-lhe arrancar os olhos, cortar os lábios e a língua e, vendo-o expirante, deu ordem que lhe cortassem a cabeça e que a pendurassem pelas orelhas na praça do Mille, onde permaneceu exposta à vista do povo. O corpo foi arrastado por um pé até a cloaca onde eram lançados os supliciados.

Estevão IV

98º Papa

Origem de Estevão IV. – Crueldades exercidas por Estevão contra o desditoso Constantino. – Arrancaram-se os olhos e a língua aos amigos e parentes do antigo Papa. – O padre Waldipert morre nos suplícios. – Estevão recompensa os ministros das suas vinganças. – Legação na França. – Concílio de Roma. – Constantino é condenado a receber mil golpes na cabeça depois de lhe arrancarem a língua. – Decretos sobre a eleição dos papas. – Usurpação da sede de Ravena. – O pontífice dissuade os príncipes franceses de uma aliança com os lombardos. – Paulo Asiarte, camarista de Estevão IV, liga-se com Didier, rei dos lombardos. – O papa abandona os seus amigos. – Cristóvão e Sérgio são condenados a terem os olhos arrancados, em frente à porta de Roma. – Justiça de Deus. – Ingratidão dos príncipes. – Covardia do papa. – Morte de Estevão.

Estevão, filho de Olívio, era de origem siciliana. Na sua mocidade, deixara a sua pátria para ir para junto de um amigo de seu pai que o apresentou a Gregório III. Colocado por ordem do pontífice no mosteiro de S. Crisóstomo, Estevão instruiu-se no canto eclesiástico e recebeu algumas noções das Santas Escrituras. Por ocasião da morte do seu protetor, o pontífice Zacarias tirou-o do convento, colocou-o no palácio e ordenou-o, em seguida, padre do título de Santa Cecília. Os papas Estevão III e Paulo I conservaram-no igualmente junto das suas pessoas.

Por morte de Paulo, retirava-se ele para a basílica de Santa Cecília e conspirara para se fazer elevar à suprema dignidade da Igreja; mas a eleição de Constantino II entravara os seus projetos. Afinal, a última revolução fizera-o adquirir a posse da tiara pontifical, o alvo de todas as suas intrigas, a recompensa de todas as suas maquinações. Fez-se consagrar sobre o nome de Estevão IV, na igreja de S. Pedro, na presença do clero, dos grandes e do povo. Na basílica, foi lida em voz alta uma confissão dos romanos, que se acusavam de não terem podido impedir a intrusão de Constantino, imploravam o perdão do seu crime e pediam punição dos culpados.

O novo pontífice ordenou imediatamente ao algoz que arrancasse os olhos e cortasse a língua ao bispo Teodoro, vidama e amigo do papa demitido. Depois do seu suplício, o desditoso mutilado foi arrastado para o convento do monte Scaurus e lançado numa masmorra, onde os frades o deixaram morrer de fome.

Estevão entregou, em seguida, aos seus soldados o desditoso Passivo, que não era culpado de crime algum, senão de pertencer à família de Constantino; os sicários do tirano encheram-no de ultrajes, despojaram-no das suas vestes, açoitaram-no, arrancaram-lhe os olhos e encerraram-no ensanguentado nos cárceres do convento de S. Silvestre.

Todas essas execuções não acalmaram o furor de Estevão; e semelhante a um tigre, cuja raiva aumenta no meio da carnagem, o Santo Padre assistiu aos suplícios dos seus inimigos, ordenou os massacres e designou todos os dias novas vítimas!

À frente dos seus levitas, o pontífice penetrou na abadia, onde Constantino fora conduzido pelos magistrados de Roma, e perseguiu-o até junto do santuário. Por ordem sua, arrancaram-no do altar a que ele se abraçara, amarram-no a uma cavalo, com pesos enormes suspensos nos pés, passearam-no pelas ruas da cidade e conduziram-no à praça pública, onde o algoz lhe arrancou os olhos com um ferro em brasa. Depois do suplício, Constantino foi lançado na lama, pisado aos pés dos executores, e permaneceu durante 24 horas exposto a sofrimentos espantosos e sem socorro algum, pois Estevão proibira aos cidadãos o dar-lhe o mais pequeno alívio, e mesmo aproximarem-se do moribundo, sob pena de forca.

Finalmente, no segundo dia, como o paciente vivia ainda, os murmúrios do povo obrigaram os padres a tirar dali a desditosa vítima, que foi levada para um mosteiro.

Estevão dirigiu, em seguida, a sua vingança contra o padre Waldiperto; acusou-o de ter querido assassinar Cristóvão, e esse eclesiástico, que na realidade não era culpado senão de ter feito eleger um outro papa, foi passeado pelas ruas de Roma, montado ao contrário num jumento, com a cauda nas mãos à moda de rédeas. Depois dessa humilhação, foi entregue ao algoz, que lhe arrancou as unhas dos pés e das mãos, e lhe tirou os olhos e a língua. O infeliz padre não pôde suportar a violência dos tormentos e morreu entre as mãos dos executores; contudo, a justiça do papa seguiu o seu curso, o suplício completou-se sobre o cadáver, que em seguida foi lançado nas cloacas fora das muralhas.

Tendo o novo pontífice assegurado por esse modo a posse tranquila do trono de S. Pedro, pensou em recompensar os execráveis ministros das suas vinganças. O soldados, algozes dóceis de todos os tiranos, opressores estúpidos da liberdade dos povos, receberam vinho e dinheiro, e a permissão de voltarem para seu país, carregados com os despojos dos romanos. Gracioso, de simples cartulário que era precedentemente, foi elevado à dignidade de duque de Roma; Sérgio obteve a legação da França e partiu logo à frente de uma embaixada para entregar cartas dirigidas ao rei Pepino e aos príncipes seus filhos.

Estevão, desejando encobrir o escândalo da sua usurpação, pediu ao monarca que enviasse bispos franceses ao concílio que ele tinha convocado para condenar a intrusão do falso pontífice Constantino. Durante a sua viagem, Sérgio soube da morte de Pepino e da coroação de Carlos e de Carlomano; continuou contudo o seu caminho e entregou aos novos soberanos as cartas destinadas a seu pai. Tendo os príncipes acedido ao pedido de Estevão, 12 prelados franceses dirigiram-se a Roma para assistirem ao sínodo.

Singular concílio, convocado não para julgar, mas para condenar! O infeliz Constantino foi levado para a basílica de S. Salvador, no palácio de Latrão, onde estava reunida a assembleia; e quando chegou à presença dos seus juízes, Estevão dirigiu-lhe as seguintes perguntas: "Por que, homem infame, sendo um simples leigo, ousaste elevar-te à dignidade de bispo, por uma intrusão abominável?" O desditoso pôde apenas fazer ouvir a sua resposta por entre lágrimas e soluços: "Eu não fiz coisa alguma, meus irmãos, que não possa ser desculpada por exemplos recentes: Sérgio, leigo como eu, fez-se sagrar metropolitano de Roma; o leigo Estevão foi do mesmo modo ordenado bispo de Nápoles..."

Os prelados de Itália, confundidos com a inteireza das suas razões e receando a censura dos bispos franceses, interromperam-no bruscamente, indignados contra a sua insolência e a sua audácia. O pontífice ordenou ao algoz que lhe desse mil pancadas na cabeça e lhe arrancasse a língua. A execução teve lugar no próprio sínodo, na presença dos prelados!

Depois do suplício, aquele corpo horrivelmente mutilado e quase sem vida foi levado da assembleia e lançado nos cárceres dos monges, onde lhe aplicaram novas torturas!

Examinou-se tudo quanto havia sido feito durante o pontificado de Constantino, e as atas do concílio que tinham confirmado a sua eleição foram queimadas no meio do santuário.

Em seguida, o papa levantou-se da sua cadeira, e prostrou-se por terra soltando gemidos e gritando: *"kyrie eleison"*; os padres e o povo prostraram-se igualmente, acusando-se com Estevão de terem pecado contra Deus, recebendo a comunhão das mãos do abominável Constantino. Terminada essa comédia, os padres proclamaram que o clero, o povo e o pontífice romano estavam absolvidos de todos os pecados, como tendo sido obrigados a ceder à violência.

Além dessa decisão, Estevão IV fez publicar um decreto pelo qual era proibido, sob pena de anátema, a secular algum, quer da milícia ou de outra corporação qualquer, intrometer-se na eleição dos papas que estava reservada aos bispos e ao clero, salvo a ratificação dos cidadãos.

Proibiu-se aos bispos que promovessem ao episcopado qualquer indivíduo que não fosse elevado canonicamente à classe de diácono ou de padre cardeal; foi vedada a entrada em Roma, durante as eleições, aos habitantes dos castelos de Toscana ou de Campânia, e proibiu-se, sob penas severas, aos cidadãos da cidade santa o uso de armas ou paus.

O concílio deliberou igualmente sobre as ordenações feitas por Constantino e publicou sobre esse assunto um decreto concebido nos seguintes: "Ordenamos que os bispos consagrados pelo falso papa desçam outra vez para a posição que ocupavam na Igreja e se apresentem perante o Santo Padre para receberem uma nova investidura das suas dioceses. Queremos que todas as funções sagradas que foram exercidas pelo usurpador sejam reiteradas, à exceção do batismo e da unção da santa crisma. E quanto aos padres e aos diáconos que foram ordenados na Igreja romana, decidimos que voltem para a classe de subdiáconos, e que será facultativo ao papa ordená-los de novo ou deixá-los na sua posição primitiva. Finalmente, exigimos que os leigos tonsurados e graduados por Constantino sejam encerrados em um mosteiro ou façam penitência nas suas próprias habitações."

Quando o sínodo condenou tudo quanto era relativo à causa de Constantino, os padres ocuparam-se em aprovar a carta sinodal que Teodoro, patriarca de Jerusalém, dirigira a Paulo I; em seguida, trataram a questão das imagens. Ordenaram que as relíquias e as representações dos santos seriam veneradas segundo as antigas tradições da Igreja, e que o concílio dos gregos, que censurava o culto das imagens, seria anatematizado.

Afinal, terminados os trabalhos da assembleia, Estevão IV, à frente do seu clero, dirigiu-se em procissão, descalço e entoando hinos religiosos, à basílica de S. Pedro; Leôncio leu as atas do sínodo em voz alta e três bispos italianos pronunciaram anátema contra os transgressores dos decretos que acabavam de ser publicados. O papa, temendo o poder dos duques e dos senhores que ambicionavam os cargos de bispos para eles próprios ou para a sua família, manteve depois com muita firmeza as decisões que a assembleia tinha decretado, e se opôs vigorosamente às nomeações dos seculares.

Pela morte de Sérgio, arcebispo de Ravena, tendo Miguel ousado apoderar-se do palácio episcopal e fazer-se reconhecer como metropolitano, apesar de não ter ordens eclesiásticas, o Santo Padre declarou-o excomungado e nomeou para o substituir o arquidiácono Leão. Durante muitos meses, os dois competidores disputaram entre si a sede episcopal com um encarniçamento deplorável. Tendo o duque Maurício tomado o partido de Miguel, as tropas dos lombardos vieram auxiliar o usurpador, apoderaram-se de Leão e encerraram-no numa estreita prisão em Rimini. Maurício enviou embaixadores a Estêvão IV pedindo-lhe que sagrasse e oferecendo-lhe ricos presentes em paga da sua condescendência. Mas o papa tinha compreendido que, ordenando um senhor protegido pelos lombardos, podia favorecer as suas pretensões sobre Ravena; a política venceu a sua avareza, enviou aos insurgentes os núncios da Santa Sede e os embaixadores do rei Carlos, que influíram tão poderosamente no espírito dos habitantes de Ravena, que Miguel foi expulso do seu palácio e levado a Roma carregado de ferros. O arquidiácono Leão foi tirado da sua prisão de Rimini, por entre as aclamações da multidão, e levado em triunfo até o palácio episcopal.

Didier, enganado nas suas esperanças de se apoderar de novo do exarcado de Ravena, resolve formar uma aliança com os francos e abater o poder dos papas. Os seus embaixadores dirigiram-se secretamente à corte dos reis da França e ofereceram à rainha Bertha a mão da jovem princesa Hermengarda para um de seus filhos.

Estêvão, instruído pelos seus emissários dessa negociação, escreveu logo aos soberanos Carlos e Carlomano para os dissuadir dessa união; disse-lhe que a nação inteira dos lombardos era de um sangue degenerado, que só produzia leprosos e enfermos, indigna, finalmente, de se aliviar com a ilustre nação dos francos. Acrescentava mais: "Lembrai-vos, príncipes, de que estais ligados já pela vontade de Deus, por matrimônios legítimos com mulheres do vosso reino, e que não vos é permitido repudiá-las para desposar outras.

Além disso, sendo o rei Didier inimigo secreto da Santa Sede, é-vos proibida a sua aliança. Lembrai-vos de que o rei, vosso pai, prometeu em vosso nome que permanecereis fiéis à santa Igreja, obedientes e submissos aos papas, e que vós não uniríeis àqueles que não fossem dedicados à cadeira de S. Pedro. Não esqueçais que vós mesmos renovastes essas promessas depois da vossa elevação ao trono. Conjuro-vos, pois, em nome do apóstolo, pelo julgamento de Deus, e por tudo quanto há de mais santo, que não efetueis esse matrimônio, chamando o mais terrível anátema sobre os vossos Estados e sobre as vossas pessoas se resistis à minha súplica."

Carlos, fascinado pelos encantos da princesa, não fez caso das ameaças do Santo Padre e desposou Hermengarda; mas, como as enfermidades da jovem princesa a impediam de ser mãe, foi obrigado a repudiá-la depois de um ano de casado. Didier não ousava ainda empreender coisa alguma sobre as possessões da corte de Roma; contudo, não se apressava em entregar as cidades cuja restituição havia prometido.

Então Sérgio e Cristóvão, os mesmos que tinham vindo mendigar o apoio do rei lombardo contra o infeliz Constantino, reclamaram em nome do papa a execução dos tratados e ameaçaram o príncipe com a cólera dos franceses. Didier, irritado por aquelas reclamações contínuas e pela ingratidão daqueles padres indignos, resolveu empregar, por seu turno, as armas da perfídia. Os seus emissários, ganharam para a sua causa o camarista Paulo Asiarte, que, invejoso do favor de Sérgio e de Cristóvão, entrou com alegria numa conjuração que devia perder os seus inimigos; acusou-os, junto do Santo Padre, de terem formado uma conspiração para se apoderarem do palácio de Latrão e da autoridade soberana.

Estevão, assustado com aquela revelação, entregou-se aos conselhos de Paulo Asiarte e reclamou o auxílio dos lombardos. Didier chegou secretamente a Roma no mesmo dia em que a suposta conspiração devia rebentar: por cuidados seus, graves acusações foram habilmente espalhadas entre o povo contra Cristóvão e Sérgio, que a voz pública designou em breve como os fatores de uma abominável conspiração. Aqueles, conhecendo o caráter implacável de Estevão, quiseram sair de Roma para escapar à vingança do pontífice, mas todas as portas estavam já guardadas pelos soldados lombardos; foram, pois, presos nessa mesma noite e levados à presença do Santo Padre.

Estevão mandou-lhes arrancar os olhos na sua presença pelo mesmo algoz que, em outro tempo, torturaria o desditoso Constantino. A operação foi por tal modo dolorosa que a cabeça de Cristóvão inchou prodigiosamente e causou uma hemorragia da qual morreu no terceiro dia, nos cárceres do mosteiro de Santa Ágata, onde fora encerrado.

Sérgio, mais robusto que seu pai, não sucumbiu àquela execução terrível; foi condenado a permanecer encerrado no palácio de Latrão, mas alguns dias depois, Paulo Asiarte mandou-o estrangular secretamente. Assim perderam a vida os dois autores da elevação do infame Estevão IV!!

O pontífice, num reinado de quatro anos, manchou com os seus crimes o trono de S. Pedro e morreu em 1º de fevereiro de 772, deixando uma memória votada à execração dos homens!

Adriano I

99º Papa

Educação de Adriano. – É elevado à Santa Sede. – Faz sair da prisão as vítimas infelizes da crueldade do seu predecessor. – Astúcia do rei Didier. – Nova guerra dos lombardos. – Informações contra os assassinos de Sérgio. – Morte de Paulo Asiarte. – Embaixada do papa junto do rei Carlos Magno. – Didier marcha sobre Roma. – Carlos Magno passa os Alpes e cerca Pávia. – O rei da França faz a sua entrada em Roma. – Doações à Santa Sede. – Presentes do pontífice à Carlos Magno. – Didier, rei dos lombardos, é feito prisioneiro e encerrado num mosteiro. – Segunda viagem de Carlos Magno a Roma. – Cisma entre os monges. – Os iconoclastas. – Irene trabalha para o restabelecimento das imagens. –— Segundo concílio de Niceia. – Novas doações de Carlos Magno à Santa Sede. – Livros atribuídos a Carlos Magno contra as imagens. – Nova heresia na Espanha. – Concílio do papa rejeita os livros carolinos. – Morte do soberano pontífice.

Adriano era romano de nascimento, filho de um cidadão chamado Teodoro, e de família muito nobre desde a sua mais tenra infância, dera provas da sua vocação cristã, orando de dia e de noite na igreja de S. Marcos, mortificando o corpo pelo jejum, trazendo cilício e fazendo esmolas avultadas. O papa Paulo I, em virtude das informações vantajosas que lhe davam do jovem Adriano, consentiu em recebê-lo no clero; nomeou-o primeiramente notário regionário e, em seguida, subdiácono. Estevão IV ordenou-o diácono, e nessa qualidade foi encarregado de explicar aos fiéis a doutrina do Evangelho. A estima geral que ele adquirira nas diferentes dignidades eclesiásticas fê-lo elevar ao pontificado depois da morte do seu predecessor.

No mesmo dia da sua eleição, Adriano chamou do exílio os magistrados e os padres que Paulo Asiarte e os seus partidários haviam expulso de Roma, e libertou aqueles que jaziam encarcerados. Depois das cerimônias da sua consagração, ocupou-se em restabelecer em Roma o sossego e a tranquilidade que haviam sido perturbados pelas últimas revoluções e ameaçou punir com a maior severidade aqueles que empreendessem excitar novas desordens.

Didier, instruído pelo camarista Asiarte do caráter enérgico que mostrava o novo pontífice, resolveu empregar a astúcia para restabelecer o seu domínio na Itália. Os seus embaixadores vieram felicitar o Santo Padre pela sua exaltação e assegurar-lhe a sua amizade; ao mesmo tempo, prevenia-o do seu desígnio de levar a Roma os seus netos, filhos do príncipe Carlomano, para os fazer sagrar.

Adriano penetrou as intenções pérfidas do lombardo e compreendeu que ele queria levá-lo a um procedimento que excitaria contra a Igreja a cólera da corte da França. O pontífice, empregando pelo seu lado a dissimulação, respondeu aos embaixadores de Didier: "Desejo a paz com todos os cristãos e conservarei fielmente os tratados feitos entre os romanos e franceses e os lombardos. Contudo, não ouso confiar-me cegamente à vossa palavra, porque Didier faltou a tudo quanto havia prometido sobre o corpo de S. Pedro; fez perecer, por um artifício abominável, Cristóvão e Sérgio, os servidores dedicados do nosso predecessor, e chegou mesmo a ameaçá-lo muitas vezes com a espada do monge Carlomano."

Os enviados do príncipe afirmaram, com juramentos solenes, que o seu senhor cumpriria tudo quanto havia prometido a Estevão III. Então o papa pareceu plenamente convencido da sinceridade dos seus protestos e enviou os seus legados à corte de Pávia, a fim de reclamarem a execução dos tratados. Estes, porém, encontraram no caminho os embaixadores que os habitantes de Ravena enviavam ao Santo Padre para prevenir de que Didier se apoderara de muitas cidades do exarcado; que a sua cidade estava bloqueada, e que as tropas inimigas devastavam todo o país próximo. Anunciavam que estavam reduzidos às últimas extremidades e que iam impreterivelmente ser obrigados a capitular se não recebessem socorros prontos em víveres e em soldados.

Paulo Asiarte, chefe da legação, que era criatura dos lombardos, ordenou aos deputados que voltassem a Ravena e prometeu-lhes entregar sem demora os seus despachos ao pontífice; o traidor interceptou as cartas e contentou-se em instruir Adriano do progresso das armas de Didier, prevenindo-o de que o monarca recusava entregar as praças que havia tomado, antes de que seus filhos fossem coroados em Pávia.

O pontífice, suspeitando a perfídia do seu legado, expediu ordens secretas ao arcebispo de Ravena para fazer prender Paulo no seu regresso da Lombardia, como criminoso de alta traição. Ao mesmo tempo, fez reviver a antiga acusação, intentada contra ele pelo assassinato do infeliz Sérgio, que fora estrangulado no dia da morte de Estevão IV, e cujo cadáver havia sido encontrado coberto de feridas, tendo ainda ao pescoço o cinto do camarista.

Tendo Asiarte terminado a sua missão diplomática, preparou-se para regressar a Roma e saiu da Lombardia; mas, na sua passagem por Ravena, foi preso por ordem do arcebispo. Procedeu-se ao seu julgamento e foi condenado a ser decapitado na praça pública. Contudo, o suplício do principal agente do rei Didier não pôde suspender os progressos das suas armas nem impedi-lo de prosseguir no seu desígnio de reunir ao reino o exarcado. Adriano, não podendo resistir às suas tropas, decidiu-se a enviar legados a Carlos Magno para lhe fazer conhecer a causa da opressão dos lombardos e a sua recusa de coroar os filhos de Carlomano; pediu-lhe que tivesse compaixão pela Itália e que livrasse a Igreja romana dos inimigos que a puniam da sua fidelidade para com a França. O ambicioso Carlos Magno, que pensava já em fundar o poderoso império do Ocidente, acolheu favoravelmente as queixas dos romanos e obrigou-se a atravessar os Alpes com os seus soldados para retomar aos lombardos as cidades que Pepino dera a S. Pedro.

Didier, tendo compreendido a impossibilidade de fazer cair o papa nas suas ciladas, saiu, enfim, de Pávia com os príncipes seus netos; e sob pretexto de querer conferenciar acerca da execução dos tratados, dirigiu-se com uma numerosa escolta para a cidade santa. Didier estava determinado a apoderar-se de viva força da pessoa de Adriano; mas este, prevenido dos desígnios daquele príncipe, pelos seus espiões, reuniu logo tropas para defender Roma, fez transportar para o palácio de Latrão os ornamentos e os tesouros das igrejas situadas além dos muros e ordenou que as portas fossem fechadas e barricadas.

Adriano escreveu ao rei conjurando-o, pelos divinos mistérios, a não avançar no território da igreja e ameaçando-o com as cóleras de S. Pedro. Didier, vendo Roma em estado de defesa, não ousou empreender um sítio regular; contentou-se em devastar os campos dos arrabaldes e voltou para os seus Estados. Em seguida, por notícia dos preparativos de guerra de Carlos Magno, apressou-se em preveni-lo de que estava disposto a dar plena e inteira satisfação à Santa Sede.

Os embaixadores que estavam na corte de Roma, Albino, George e Vulfardo, abade de S. Martinho de Tours, convidaram Carlos Magno a rejeitar as propostas do rei lombardo, e, sem mesmo esperar a resposta do monarca, declararam solenemente a guerra a Didier. O exército francês passou logo à Itália e veio bloquear Pávia. Os povos lombardos de Rieti, de Spoletto, de Ossimo, de Ancona e de Foligni, cheios de terror com aquela invasão formidável, resolveram subtrair-se aos horrores da guerra e consentiram em submeter-se à dominação da corte de Roma. Os deputados encarregados de prestarem juramento em seu nome, dirigiram-se à cidade santa e juraram fidelidade ao pontífice Adriano e aos seus sucessores, e obrigaram-se a cortar os cabelos e a barba à moda romana, para mostrar que eram súditos da Igreja. Depois da cerimónia, o papa nomeou duque da província um dos embaixadores, chamado Hildebrando.

Enquanto durou o cerco de Pávia, Carlos Magno fez uma viagem a Roma para assistir à celebração da festa da Páscoa e para conferenciar com o papa. Adriano, prevenido da sua chegada, recebeu-o com grandes honras; os magistrados da cidade, as companhias da milícia, o claro revestido com as vestes eclesiásticas e as crianças da escolas levando ramos de buxo e de oliveira avançaram entoando hinos, ao encontro do monarca francês.

Logo que viu a cruz e as bandeiras, Carlos Magno apeou do cavalo com os senhores que formavam o seu numeroso cortejo, e caminharam todos a pé até a basílica de S. Pedro. O orgulhoso pontífice, de pé, cercado de bispos, de padres e de diáconos, esperava o monarca no limiar do templo. Carlos Magno inclinou-se profundamente, beijou mesmo os degraus da basílica, em seguida abraçou o pontífice, e, tendo-lhe oferecido a mão, entraram juntos na igreja e prostraram-se diante do túmulo do apóstolo. A conferência começou depois das orações; os dois aliados juraram reciprocamente uma amizade e uma paz invioláveis, e na presença de uma numerosa assembleia, confirmaram os seus tratados com juramentos solenes.

Carlos Magno renovou a doação que fora feita a Estevão III, por ele próprio, e por Pepino, seu pai; o seu capelão e o seu notário tiraram uma cópia que ele assinou. Os bispos e os senhores assinaram-na igualmente e, depois de colocada no altar de S. Pedro, juraram todos mantê-la. Por esse ato, os pontífices tornaram-se possuidores da ilha de Córsega, das cidades de Bardi, de Reggio, de Mântua, do exarcado de Ravena, das províncias de Veneza e de Ístria, e dos ducados de Spoletto e de Benevente.

Antes da partida do rei, Adriano fez-lhe presente do código dos cânones da Igreja romana e das decretais. Nas primeiras páginas do livro, o Santo Padre escrevera versos acrósticos em honra do príncipe, e as orações que deviam torná-lo vitorioso dos lombardos. Quando Carlos Magno voltou para o seu acampamento, apertou com vigor o cerco de Pavia, que caiu em breve em seu poder. Didier, feito prisioneiro, teve a cabeça rapada e foi enviado para a França, onde o encerraram no mosteiro de Córbia.

"Em seguida, diz Mezeray, o monarca francês fez uma segunda viagem a Roma, e o papa, seguido de 150 bispos, que chamara para o seu lado a fim de tornar a cerimônia mais imponente, avançou no vestíbulo do palácio de Latrão, no meio de uma multidão imensa, e conferiu ao príncipe o título de patrício, primeira dignidade do império. Concedeu-lhe o direito de dar a investidura dos bispados dos seus estados, e até mesmo de nomear os Papas, para acabar de vez com as cabalas e desordens das eleições".

Os autores italianos afirmam que Carlos Magno renunciou a essa prerrogativa em favor do povo romano, reservando para si unicamente o direito de confirmar as nomeações, como tinham feito os imperadores gregos.

Durante a sua estada em Roma, o rei manifestou uma grande devoção pelo apóstolo S. Pedro; visitou os mosteiros, os cemitérios dos mártires e as igrejas da cidade; por isso os romanos corriam em multidão à sua passagem, e os padres faziam ressoar as abóbadas sagradas com solenes ações de graças em honra do vencedor dos lombardos.

Carlos Magno, chamado de novo aos seus estados para recomeçar lutas sanguinolentas na Espanha contra os sarracenos, e na Alemanha contra os saxões, saiu da Itália. Atravessando o ducado de Benevente, visitou o convento de S.Vicente, que achou dividido em duas facções, em consequência da eleição de um abade. Os competidores Ambrósio Autperto e Poton, eleitos ambos pelos monges, disputavam o governo do mosteiro e causavam grandes escândalos no país. Finalmente, cansados da luta, combinaram em sujeitar-se ao julgamento do monarca. Carlos Magno declarou-se em favor de Ambrósio, cuja eleição lhe parecia mais regular que a do seu adversário. Contudo, pesavam sobre esse religioso acusações por tal modo atrozes que, não querendo decidir de plena autoridade numa causa tão tenebrosa, o rei escreveu a seu respeito ao papa e convidou o abade a dirigir-se imediatamente à corte de Roma.

Autperto seguiu os conselhos de Carlos Magno e pôs-se a caminho para a cidade santa; mas, três dias depois da sua partida, foi assassinado numa estalagem. Poton foi suspeito de ter enviado assassinos em sua perseguição; todavia, o crime não se provou materialmente, e ele continuou governando a abadia. O pontífice, instruído dessas circunstâncias, ordenou-lhe que cessasse todas as funções sacerdotais e que viesse a Roma acompanhado dos principais monges do convento. O abade obedeceu e compareceu perante um conselho extraordinário, composto do possuidor metropolitano de Tarantaize, de quatro abades e dos grandes oficiais da cidade.

Muitos religiosos do seu convento acusaram-no de ter empregado a violência para os impedir de se queixarem a Carlos Magno contra as crueldades e as abominações de que se tornara culpado. Como, porém, não forneciam provas em apoio das suas acusações, o concílio decidiu que não havia motivo para condenar Poton se ele se justificasse por juramento e se fizesse apoiar a sua inocência com o testemunho de dez dos principais religiosos franceses e lombardos. O abade e os seus partidários fizeram logo o juramento que lhes era exigido, e Poton voltou para o seu convento, do qual foi reconhecido legítimo superior.

No ano seguinte, tendo Carlos Magno acabado sua guerra contra os sarracenos e os saxônios, atravessou de novo os Alpes e voltou a Roma para dirigir ações de graças a Deus e para fazer coroar rei da Itália o seu último filho, chamado Carlomano. O jovem príncipe foi batizado na Igreja de S. Pedro; o pontífice assistiu-lhe na fonte batismal, pôs-lhe o nome de Pepino e sagrou-o rei da Itália na presença dos bispos, dos padres, do povo de Roma e dos senhores franceses.

Carlos Magno, nas suas diferentes viagens, conhecera a horrível depravação do clero italiano, e a esse respeito dirigira queixas ao pontífice para que pusesse um freio àqueles desregramentos. O príncipe feria os padres romanos com os nomes mais odiosos; acusava-os de se entregarem ao comércio dos escravos, de venderem donzelas aos sarracenos, de manterem publicamente lupanares e casas de jogo, e de escandalizarem a cristandade com monstruosidades que haviam atraído em outro tempo a vingança de Deus sobre as cidades de Sodoma e de Gomorra.

Adriano tratou de caluniadores e de inimigos da religião todos aqueles que haviam feito a Carlos Magno relatórios tão desfavoráveis sobre os eclesiásticos da Itália; lançou a imputação do odioso comércio dos escravos sobre os gregos, que pirateavam ao longo das costas da Normandia e roubavam as donzelas para as vender aos árabes. Afirmou que, para castigar esses flibusteiros, mandara queimar uma grande parte dos seus navios no porto de Centumcelles. O fato do incêndio dos navios era verdadeiro; mas o Santo Padre exercera aquela vingança contra os gregos, porque eles se tinham reunido aos napolitanos para devastarem os patrimônios e as terras de S. Pedro, e não com intenção de acabar com as suas piratarias. O rei contentou-se com as explicações de Adriano e voltou ao seu reino para reunir os seus numerosos exércitos e marchar a novas conquistas.

Enquanto o pontífice firmava o seu domínio na Itália, os negócios eclesiásticos tomavam no Oriente um caráter de gravidade que chamava toda a atenção de Adriano.

Taraize, criatura da Santa Sede, acabava de ser ordenado patriarca de Constantinopla. Antes de aceitar essa dignidade, o prelado exigira que a imperatriz Irene e seu filho Constantino jurassem solenemente reunir um concílio para julgar a heresia dos iconoclastas. Essa medida que, segundo refere o cardeal Barônio, fora combinada entre Taraize e Adriano, devia ter por resultado não um julgamento equitativo, mas uma condenação certa e o extermínio dos heréticos.

Irene, ignorando essa maquinação, escreveu ao bispo de Roma para o prevenir, em nome do imperador, da determinação que ela tomara de reunir um sínodo universal a fim de decidir a questão do culto das imagens. "Pedimo-vos, Santo Padre, escrevia Irene, que compareçais nessa assembleia importante para confirmar com o vosso testemunho a antiga tradição da Igreja latina relativamente às representações. Prometemos receber-vos com todas as honras e respeito devidos à vossa dignidade. Contudo, se os interesses da vossa sede tornam indispensável a vossa presença em Roma, enviai-nos embaixadores recomendáveis pelos seus talentos e pela sua prudência."

Taraize, pelo seu lado, dirigiu cartas de convocação aos bispos e aos padres de Antioquia, de Alexandria e de Jerusalém. O prelado fazia a sua profissão de fé sobre a Trindade, sobre a encarnação e sobre a invocação dos santos; condenava os heréticos; aprovava os seis concílios ecumênicos e o anátema pronunciado contra os destruidores das imagens; terminava por uma injunção formal a todos os bispos de se dirigirem a Constantinopla ou enviar os seus legados para concorrerem com ele à reunião das igrejas.

Adriano respondeu ao imperador nos seguintes termos: "Príncipe, vosso bisavô, excitado pelos conselhos funestos dos ímpios, tirou as imagens das basílicas dos seus Estados, com grande escândalo dos fiéis. Para fazer cessar o mal, os dois papas Gregórios, nossos ilustres predecessores, haviam-lhe escrito grande número de cartas, com grande aflição da sua alma, suplicando-lhe que restabelecesse o culto sagrado que chamava idólatra; mas ele não acedeu aos seus rogos.

"Depois dessa época, os seus sucessores Zacarias, Estevão III, Paulo e Estevão IV dirigiram em vão a mesma súplica a vosso avô e a vosso pai; finalmente, agora somos nós que vo-lo pedimos como eles, com toda a humildade, que façais observar na Grécia o culto das imagens, segundo a tradição da Igreja. Prostramo-nos aos vossos pés e conjuramo-vos perante Deus que estabeleçais os altares dos santos em Constantinopla e em todas as outras cidades do vosso império. E, se for necessário reunir um concílio para efetuar essa reforma e para condenar a heresia dos iconoclastas, consentiremos nisso, com a condição de que o falso sínodo que declarara o nosso culto idólatra seja anatematizado na presença dos nossos legados. Vós nos enviareis uma declaração com juramento, em nome da imperatriz vossa mãe, e em nome do patriarca Taraize e do senado, de que nos concedeis inteira liberdade de discussão, e de que prestareis aos nossos legados todas as honras que prestareis à nossa própria pessoa, indenizando-os de todas as despesas.

Pedimo-vos igualmente que nos façais restituir os patrimônios de S. Pedro que nos haviam sido dados pelos imperadores vossos antepassados, para as luzes da Igreja, para a alimentação dos pobres e para subsídio dos nossos padres e monges. Reclamamos ainda da vossa piedade o direito de consagrar os metropolitanos e os bispos, que são da nossa jurisdição, direito que os vossos predecessores tinham usurpado em menoscabo das tradições antigas.

Ficamos surpreendidos de saber que se dava ao patriarca de Constantinopla o título de universal; porque a sede da vossa capital não ocuparia mesmo o segundo lugar na Igreja sem o nosso consentimento, e quando lhe chamais ecumênica, pronunciais um sacrilégio.

O vosso patriarca Taraize enviou-nos a sua profissão de fé, que nos foi muito agradável, e apesar de que o novo prelado tenha saído da classe dos seculares para ser elevado imediatamente à dignidade episcopal, aprovamos a sua eleição, e em seu favor consentimos em violar os cânones da Igreja, porque esperamos que ele concorrerá fielmente para o restabelecimento do culto das imagens."

Adriano exalta, em seguida, as virtudes e a glória do rei da França; repete ao príncipe que Carlos Magno, submisso às ordens da Igreja romana, faz-lhe constantemente doações solenes em castelos, em patrimônios, em cidades e em províncias que tira aos lombardos, e que pertenciam à Santa Sede, dizia ele, por direito divino. Acrescenta que o monarca francês submeteu às suas armas todas as nações bárbaras do Ocidente, e que envia todos os dias carros carregados de ouro para o luminar de S. Pedro e para subsídio do clero e dos numerosos conventos de Roma.

Constantino e a imperatriz Irene, sua mãe, acederam a todos os desejos do papa; o concílio foi definitivamente convocado e os bispos do Oriente, assim como os legados do pontífice, dirigiram-se a Constantinopla, onde o concílio começou as suas sessões.

Os iconoclastas, que haviam adivinhado as intenções secretas dos seus adversários, para a sua inteira destruição, amotinaram o povo contra os embaixadores da Santa Sede e obrigaram-nos a sair da cidade. O patriarca, os prelados orientais e os grandes dignatários do império escolheram, então, a cidade de Niceia para continuar o sínodo e convocaram novas sessões na igreja de Santa Sofia.

O concílio era composto de 367 bispos, 20 abades, de um grande número de monges, dos enviados do pontífice e dos comissários do imperador. A questão das imagens foi a primeira examinada, e depois de sete sessões consecutivas, Teodoro, chefe do clero de Tauriana, na Sicília, encarregado pelos padres de resumir os debates da assembleia, usou da palavra nos seguintes termos: "Em nome do Padre, do Filho e do Espírito Santo! Meus irmãos, depois de ter empregado o silêncio das noites para penetrar o nosso espírito das questões que nos estavam submetidas e que haviam sido agitadas nessa assembleia, vimos trazer-vos o fruto dos nossos trabalhos e das nossas vigílias.

"A vossa sabedoria decidiu que as santas imagens, quer pintadas, quer de pão, de pedra, de ouro ou de prata, seriam expostas à veneração dos fiéis, nas igrejas, sobre os vasos, nos ornamentos e vestes sagradas, nas paredes e nas abóbadas, nas habitações particulares e mesmo nos caminhos, a saber: as representações de nosso Senhor Jesus Cristo, da sua santa mãe, dos anjos e de todos os santos. Porque, quanto mais se contemplam essas imagens, mais o povo crédulo é excitado a amar a religião e seus ministros.

Contudo, não se prestará a essas figuras o verdadeiro culto que só convém à natureza divina, mas sim tão somente a saudação e a adoração de honra, aproximando delas o incenso e as luzes, segundo o rito observado relativamente à cruz, aos Evangelhos e às outras coisas sagradas. Tal é a doutrina dos padres e a tradição da Igreja católica. Os cristãos que ousarem ensinar outras crenças serão considerados como heréticos, e ordenamos que sejam depostos se forem eclesiásticos, e excomungados se forem seculares."

Depois dessa decisão do concílio, Constantino e a imperatriz sua mãe restabeleceram as imagens em todas as basílicas gregas e até mesmo nos seus palácios. Os legados do Papa voltaram a Roma e trouxeram as atas do sínodo, que foram traduzidas em latim e depositadas nos arquivos do palácio de Latrão. Essa versão era por tal modo obscura e ininteligível, que nenhum dos notários da corte apostólica a quis ler nem tirar dela cópia; e quando, no século seguinte, o bibliotecário Anastácio teve necessidade de consultar as atas desse sínodo para os seus trabalhos históricos, foi forçado a fazer uma tradução nova sobre o original grego.

Carlos Magno voltou ainda à Itália, a pedido do pontífice, para combater o duque de Benevente, que ousara proibir aos seus súditos que aumentassem o dinheiro de S. Pedro. O infeliz duque foi despojado das suas melhores cidades: Sora, Arces, Aquino, Teano e Cápua; invadidas pelos franceses, foram acrescentadas aos domínios do papa.

Tassilon, duque de Baviera, que tinha incorrido na indignação do rei da França, enviou um bispo e um abade a Roma para pedir ao papa que intercedesse junto do príncipe a fim de obter da sua clemência um tratado de paz. Apesar da justiça do seu ressentimento contra o duque, Carlos Magno acolheu favoravelmente a proposição de Adriano; e para terminar as contestações, consentiu em receber os embaixadores de Tassilon. O papa reclamou imediatamente o preço da sua intervenção; mas, tendo os enviados do príncipe declarado que não estavam autorizados a pagar imediatamente ao pontífice as somas prometidas pelo seu soberano, Adriano, enganado na sua avareza, lançou logo uma excomunhão terrível contra o duque de Baviera e contra todos os seus súditos; declarou que os franceses estavam absolvidos antecipadamente de todos os crimes que pudessem cometer em país inimigo e que Deus lhes ordenava, pelo seu vigário, que violassem as donzelas, que degolassem as mulheres, as crianças, os velhos, e que incendiassem as cidades, passando ao fio de espada os seus habitantes.

Adriano enviou essa bula de anátema ao rei dos francos, que voltara para seus Estados. Ao mesmo tempo, outros deputados vieram entregar-lhe as atas do concílio de Niceia para que as fizesse examinar pelos bispos do Ocidente, que não tinham sido convocados para aquela assembleia universal. Os prelados das Gálias acharam a decisão do clero contrária ao rito da Igreja galicana, que permitia ter imagens nos templos como ornamentos, e não para lhes prestar um culto sacrílego. Compuseram, então, em nome do rei, um escrito dividido em quatro livros, com um grande prefácio no qual se exprimiam do seguinte modo: "Alguns bispos cristãos, reunidos em concílio na Bitínia, ousaram rejeitar como profanas as santas imagens que nossos pais haviam colocado nas basílicas para ornamento dos recintos sagrados e para lembrar ao povo os principais acontecimentos da história cristã. Essa assembleia sacrílega atribuía assim às imagens o que o Senhor disse dos ídolos e dava graças ao imperador Constantino por as ter quebrado para garantir os homens da idolatria.

Depois dessa época, um novo concílio, convocado na cidade de Niceia, caiu num erro oposto; não somente anatematizou o primeiro sínodo declarando-o ímpio, como também pretende obrigar os fiéis a prostrarem-se diante das imagens e a prestar-lhes um culto idólatra.

As atas desse concílio, composto de padres ignorantes e de monges estúpidos, foram-nos apresentadas, e nós apressamo-nos em repelir as doutrinas ridículas que elas ordenam, e empreendemos essa obra segundo a opinião dos bispos do nosso reino, para refutar os erros grosseiros dos padres do Oriente e as proposições mais absurdas do clero de Roma."

Carlos Magno, nos seus livros, proíbe que se chamem santas as imagens que não têm santidade alguma, nem natural nem adquirida. Condena o culto que se lhes presta, e refere, para autorizar a sua opinião, a célebre passagem da Bíblia onde é dito que o patriarca Abraão adorou os filhos de Heth, fazendo observar que essas palavras encerram uma veneração, ou antes uma homenagem mundana, e não uma adoração religiosa. Responde vitoriosamente aos sofismas tirados dos escritos dos padres e alegados pelo concílio de Niceia, sobre a utilidade das representações nas basílicas.

Proscreve o culto, a adoração, a homenagem ou a honra que se prestava às imagens, dobrando os joelhos, inclinando a cabeça ou oferecendo incenso: "Se não é necessário adorar os anjos, diz ele, menos necessário é adorar as imagens, que não têm razão e não são dignas nem de veneração nem de saudação, porque não podem nem ver, nem ouvir, nem compreender..."

Finalmente, o príncipe termina o seu prefácio censurando o procedimento de um abade que ousara sustentar em pleno concílio que valia mais frequentar as tabernas e os lupanares, cometer adultérios, estupros, incestos e até mesmo assassínios, do que abster-se da adoração das estátuas de Jesus Cristo, de sua santa mãe e dos gloriosos mártires. Tal é o conteúdo dos livros carolinos ou da obra atribuída a Carlos Magno sobre o culto das imagens.

Esse mesmo ano foi assinalado por uma nova heresia que se manifestou na Espanha. Elipando, arcebispo de Toledo, consultou Félix, prelado de Urgel, de quem fora discípulo, a fim de saber de que modo ele reconhecia Jesus Cristo como filho de Deus; se o tinha por filho natural ou por filho adotivo; Félix respondeu que, segundo a natureza humana, Jesus Cristo não era senão o filho adotivo de Deus; e que, segundo a natureza divina, era seu filho natural. Tendo Elipando aprovado a decisão do seu mestre, propagou essa doutrina nas Astúrias e na Galícia; Félix, pelo seu lado, espalhou-a para além dos Pirineus, na Setimânia ou província do Languedoc. Adriano, instruído dessa heresia sacrílega, dirigiu uma carta a todos os bispos da Espanha, para os exortar a prevenirem-se contra a nova doutrina que parecia manchar o procedimento da Virgem Maria, e representá-la como uma mulher adúltera. Sua Santidade convidava-os a permanecerem firmes na fé da Igreja ortodoxa e a apelarem para S. Pedro, "que, acrescentava ele, reconhecera positivamente Jesus Cristo pelo filho de Deus Vivo." Referia igualmente as passagens de muitos padres gregos e latinos, a fim de estabelecer com a sua autoridade que o nome de filhos adotivos convém aos cristãos, e não a Jesus Cristo.

Ao mesmo tempo, queixou-se de diferentes abusos que se haviam introduzido nas igrejas da Espanha. E, com efeito, alguns prelados daquela província adiavam a celebração da festa da Páscoa para além do tempo prescrito pelo concílio de Niceia; outros tratavam de ignorantes os fiéis que se recusavam a comer o sangue do porco e as carnes de animais sufocados; um grande número de padres, abusando do texto das Escrituras sobre a predestinação, negavam o livre-arbítrio; finalmente a maior parte dos prelados, conformando-se com os costumes dos judeus e dos pagãos, escandalizavam os cristãos com casamentos ilícitos ou entretinham muitas concubinas em suas casas. Os bispos conservavam nas suas habitações episcopais cortesãs e eunucos, sob pretexto de quererem converter os árabes aproximando-se dos seus costumes, mas, na realidade, para continuarem mais facilmente uma vida de escândalo e de devassidão.

O papa fulminou contra eles anátemas terríveis e ordenou ao metropolitano Elipando que reunisse em Toledo um concílio geral para examinar a sua doutrina sobre a festa da Páscoa. O arcebispo obedeceu, e o concílio declarou, contrariamente às opiniões do pontífice, que se podia ensinar a adoção de Jesus Cristo.

Carlos Magno, que desejava manter a unidade de crenças nos seus Estados, escreveu ao Santo Padre que ele decidisse solenemente sobre essa importante questão. Adriano, intimidado pela decisão dos prelados da Espanha, não ousou reunir um novo sínodo; contentou-se com apontar as passagens dos padres que havia já citado, e tratou de sacrílegos aqueles que queriam argumentar sobre um artigo de fé que S. Pedro confessara dizendo a Jesus: "Vós sois o Cristo, o Filho de Deus 'vivo'. Depois desse argumento, e para evitar toda e qualquer controvérsia, concluiu declarando heréticos todos os cristãos que não pensavam como ele, proclamou-os excomungados em virtude dos poderes que ele recebera do Apóstolo.

As cóleras do papa não intimidaram Carlos Magno; esse príncipe, querendo pôr um termo às querelas dos bispos do Ocidente, convocou um concílio em Frankfurt am Mein, residência real. Os prelados de todas as províncias submetidas ao seu domínio apressaram-se em obedecer às suas ordens, e acharam-se reunidos em número de 300. Juntaram-lhe 300 padres ou monges e os principais senhores da corte imperial. O próprio soberano presidiu à assembleia e fez admirar a sua eloquência nas discussões teológicas.

O resultado das deliberações da assembleia foi enviado aos eclesiásticos da Espanha, sob forma de carta sinodal, e Carlos Magno escreveu-lhes igualmente em seu nome: "Estamos profundamente tocados, senhores bispos, da opressão que os infiéis fazem pesar sobre vós; mas sentimos uma aflição ainda maior pelo erro que reina entre vós, e que nos forçou a reunir em concílio todos os prelados do nosso reino, para declarar a fé ortodoxa sobre a adoção da carne de Jesus Cristo.

"Examinamos os vossos escritos com profunda atenção, e as vossas objeções foram discutidas artigo por artigo no sínodo. Cada bispo, na nossa presença, teve a liberdade de exprimir a sua opinião, e com o auxílio de Deus, essa importante questão está finalmente decidida.

Agora, peço-vos que abraceis com espírito de paz a nossa confissão de fé, e não eleveis as vossas doutrinas acima das decisões da Igreja universal.

Antes do escândalo que vós destes com o erro da adoção, amávamo-vos como nossos irmãos; a retidão das vossas crenças consolava-nos da vossa servidão temporal, e tínhamos resolvido libertar-vos da opressão dos sarracenos.

Não vos priveis, pois, da participação das nossas orações e do nosso auxílio; porque, se depois da admoestação do papa e das advertências do concílio, não renunciardes ao vosso erro, considerar-vos-emos como heréticos e não ousaremos mais ter comunicação convosco.

E quanto à proposição submetida ao nosso julgamento sobre o novo sínodo reunido em Constantinopla, no qual foi ordenado, sob pena de anátema, prestar às imagens dos santos o serviço e a adoração que se presta à Trindade Divina, os padres da nossa assembleia rejeitaram como sacrílega essa doutrina ímpia e repelem o julgamento da corte de Roma."

Infelizmente para a França, os sucessores de Carlos Magno não se conformaram com essa decisão judiciosa; o segundo concílio de Niceia prevaleceu nos séculos seguintes, e o furor das guerras religiosas, excitadas pelos padres, cobriu em breve as províncias de ruínas, de desastres, de incêndios e de massacres.

Os livros atribuídos a Carlos Magno contra o culto das imagens foram levados ao papa por Angilberto, abade de Centulo. Adriano respondeu logo ao rei de França: "Recebemos Angilberto, ministro da vossa capela, que sabemos ter sido educado no vosso palácio, e a quem vós admitis em todos os vossos conselhos, e ele apresentou-nos capitulares assinadas pelo vosso punho. Escutamos favoravelmente o que ele nos submeteu da vossa parte, como se o tivéssemos escutado da vossa boca; e a afeição que consagramos à vossa pessoa obrigou-nos a responder às suas decisões, artigo por artigo, a fim de sustentar a antiga tradição da igreja romana. Contudo, recusamo-nos considerar esses livros como sendo obra vossa, exceto o último, que ordena aos vossos povos obediência à nossa sede.

E, quanto ao concílio de Niceia, recebemo-lo para impedir os gregos de voltarem aos seus erros; mas não demos ainda ao imperador a nossa resposta decisiva; e antes de lhe conceder a paz, exigiremos que ele restitua à Igreja romana a jurisdição de muitos bispados e arcebispados, assim como os patrimônios que nos tinham sido tirados pelos príncipes iconoclastas.

Até agora, as nossas justas reclamações não foram escutadas, e devemos, pois, acreditar que essa indiferença demonstra que os imperadores gregos não são realmente ortodoxos.

Se for da vossa aprovação, escreveremos em vosso nome para dar graças a Constantino e à imperatriz pelo restabelecimento das imagens; instaremos com eles para que nos restituam as nossas jurisdições e os nossos patrimônios; e, se eles persistirem na sua recusa, declará-los-emos heréticos e a todos os seus súditos da Europa e da Ásia, e ameaçá-los-emos com a vossa cólera."

Essa resposta hábil mostra quanto a Santa Sede tinha necessidade de poupar os soberanos da França.

Contudo, apesar das vontades de Carlos Magno e das decisões do sínodo de Frankfurt, o culto das imagens passou na Igreja galicana como um dogma essencial; foi inutilmente que os teólogos tentaram formular distinções na maneira de honrar as representações, e que estabeleceram o culto de latria, que se devia prestar só a Deus, o da hiperdulia, destinado à Virgem e aos seus pretendidos retratos, e o de simples dulia para os santos ordinários; os fiéis persistiram em ver o seu próprio Deus em suas representações e adoraram as estátuas de pão e de pedra, assim como os quadros e toda a sorte de imagens.

Essa adoração, alentada pela corte de Roma, constituía uma verdadeira idolatria, que fora severamente proscrita pelos fundadores do Cristianismo e pelos padres dos primeiros séculos da Igreja, pois que o historiador Filostorge refere que no seu tempo recusou-se a prestar a mínima honra a uma estátua de Cristo, que se pretendia ter sido erigida em Paneade, pequena cidade da Palestina, com consentimento de Herodes, o Tetrarca, e a pedido de uma mulher que Jesus curara de um fluxo de sangue. Essa estátua fora derrubada pelo predecessor de Constantino, o Grande, e depois disso jazia no meio da praça pública, meio enterrada nas ruínas e oculta pelas ervas que cresciam em roda. Quando foi tirada daquele lugar, confinaram-na na sacristia da igreja e ninguém tratou de a adorar. Essa estátua desapareceu milagrosamente, afirmam os padres, no reinado de Juliano.

Enquanto o pontífice se prostrava aos pés de Carlos Magno, um príncipe inglês vinha ajoelhar-se diante do Bispo de Roma para obter o perdão dos seus pecados e a proteção do apóstolo. Offa, segundo rei dos mercianos, depois de ter matado Etelberto, último rei de Estanglia, que atraíra à sua corte sob pretexto de lhe dar a filha em casamento, dirigiu-se a Roma, segundo o uso do século, e pediu ao Santo Padre a absolvição do seu crime. O papa, aproveitando, em benefício da sua avareza, o fanatismo do príncipe, não consentiu em reconciliá-lo com o céu senão debaixo da condição de que ele autorizaria no seu reino a instituição do dinheiro de S. Pedro, e que fundaria retiros religiosos, cujos benefícios poderiam ser vendidos pela Santa Sede. Offa, tranquilizado relativamente à sua salvação eterna, voltou para os seus Estados, fez construir muitos mosteiros em honra de Santo Albano e outros habitantes do céu, e segundo a sua promessa, pôs os rendimentos à disposição do soberano pontífice.

Adriano morreu pouco tempo depois, em 25 de dezembro de 795, depois de ter ocupado a sede de Roma por um espaço de vinte e quatro anos. Empregou sempre uma notável habilidade política no governo da Igreja, e o seu espírito essencialmente fino e inteligente sabia ceder perante as potências, para aumentar a autoridade de Roma e para estender o seu domínio sobre os povos. A avareza era a sua paixão dominante, e, apesar das despesas que fez nas construções de conventos e igrejas, deixou riquezas imensas ao seu sucessor.

Foi enterrado na basílica de S. Pedro.

Leão III

100º Papa

Eleição de Leão III. – Reconhece Carlos Magno por soberano de Roma. – Liberalidade do pontífice para com as igrejas e os mosteiros. – Os despojos dos infelizes hunos são convertidos em vasos sagrados e em ornamentos preciosos para as basílicas de Roma. – Submissão do rei dos mercianos à sede de S. Pedro. – O pontífice concede ao arcebispo de Cantorbery o privilégio de excomungar os reis. – Atentado contra a pessoa do papa. – Encarniçamento dos conjurados. – Arrancam os olhos e cortam a língua ao pontífice. – Leão é horrivelmente mutilado. – Os conjurados encerram-no num cárcere. – Leão é tirado dali durante a noite e levado à França para junto de Carlos Magno. – Seu regresso a Roma. – Informações sobre os assassinos do papa. – Carlos Magno dirige-se à Itália. – Leão III coroa-o imperador dos romanos. – Capitulares sobre os prelados do campo. – Milagres do Cristo de Mantua. – Astúcias do pontífice. – Testamento do Carlos Magno. – Procedimento escandaloso do bispo Fortunato. – Nova conspiração contra a vida do papa. – Sedição dos romanos. – Morte de Leão.

No mesmo dia do funeral de Adriano, Leão III foi elevado ao trono pontifical. O Santo Padre era originário de Roma e habitava desde a sua infância o palácio patriarcal de Latrão. Fora primeiramente ordenado subdiácono e, em seguida, padre do título de Santa Suzana. Nas suas diferentes funções eclesiásticas, Leão adquirira a estima do clero, dos grandes e do povo, que o escolheram, depois da morte de Adriano, como o mais digno de lhe suceder.

Depois de ser entronizado no meio das aclamações gerais, Leão enviou à França legados encarregados de entregar ao rei as chaves da confissão de S. Pedro, o estandarte da cidade de Roma e magníficos presentes, e pedia a Carlos Magno que enviasse à Santa Sede senhores franceses para receber o juramento de fidelidade dos romanos. O príncipe fez partir logo Angilberto com muitos carros cheios de riquezas tiradas aos hunos na pilhagem da sua capital. Ao mesmo tempo, dirigiu ao pontífice cartas concebidas nos seguintes termos: "Lemos com profunda satisfação o decreto da vossa eleição; juntamos o nosso sufrágio ao dos romanos que vos elevaram à cadeira do apóstolo, e reconhecemos com alegria que nos conservais a fidelidade e a obediência que nos são devidas.

"Em testemunho da nossa satisfação, enviamo-vos um dos nossos dedicados servidores encarregado dos presentes que destinamos a S. Pedro. Ele conferenciará convosco sobre todas as coisas que podem interessar à glória da Igreja, à estabilidade da vossa dignidade e à autoridade do nosso patriciado".

Nas instruções dadas ao seu embaixador, o rei da França recomendava que insistisse junto do pontífice para convidar a reformar os costumes do clero italiano, para fazer cessar o tráfico vergonhoso dos cargos sagrados e para que não se despendessem as somas que ele enviava em pensões concebidas a padres devassos.

Segundo os desejos do príncipe, Leão transformou os tesouros dos hunos em vasos de prata, em cálices de ouro e em ornamentos sacerdotais bordados de pérolas e pedrarias. Uma parte das somas em prata cunhada serviu para pagar os embelezamentos do palácio de Latrão, e o Santo Padre mandou ornar a sua habitação com colunas de pórfiro, balaustradas de mármore e pinturas em mosaico. Uma delas representava S. Pedro sentado, tendo sobre os joelhos as três chaves do paraíso; o papa Leão estava à sua direita, Carlos Magno à esquerda, e ambos prostrados aos seus pés. Com uma das mãos, o apóstolo dava o *pallium* ao papa, e com a outra apresentava ao réu um estandarte ornado de seis rosas, sobre o qual havia escrito: "S. Pedro, dai vida ao papa Leão, e a vitória ao rei Carlos."

Quenulfo, soberano dos mercianos e sucessor de Offa, escreveu a Leão para o felicitar por sua elevação ao trono pontifical, pedindo-lhe que o considerasse como seu filho adotivo e prometendo plena obediência às suas vontades. Na sua carta, acrescentava: "Deveis ter sido instruído, Santíssimo Padre, da divisão da diocese de Cantorbery, ordenada pelo nosso predecessor para diminuir a autoridade do metropolitano daquela cidade. O papa Adriano, em vez de sustentar o chefe daquela sede, consentiu, por uma condescendência covarde, em dar o *pallium* ao bispo dos mercianos, a fim de elevar esse prelado à mesma categoria que o arcebispo de Cantorbery. Essa medida causou um grande cisma no nosso reino; e para evitar uma revolução, fomos obrigados a não declarar a nossa preferência. Agora pedimo-vos, Santíssimo Padre, que nos digais que decisão devemos tomar em circunstâncias tão difíceis."

O embaixador do rei inglês era o prelado Atelrade, antigo abade de Malmesbury, que fora nomeado bispo de Winchester, e finalmente metropolitano de Cantorbery. Esse monge astuto, apresentando-se perante o Santo Padre para lhe entregar a carta de Quenulfo, não faltou em oferecer-lhe 120 marcos de ouro para o tesouro da Igreja. O pontífice não somente o restabeleceu primado da Inglaterra, como também lhe conferiu o poder de excomungar os reis e os príncipes da sua jurisdição. Em execução desse decreto, Atelrade, no seu regresso à Grã-Betanha, convocou um sínodo em Becaneld e, na presença dos principais senhores ingleses e do próprio rei, declarou excomungados e votados às chamas eternas os seculares que ousassem pôr mão sacrílega nos bens do clero.

Félix de Urgel continuava a propagar a sua heresia na Espanha, apesar da condenação em que incorrera da parte dos bispos franceses. Então Carlos Magno renovou as suas instâncias junto à corte de Roma e pediu a convocação de um concílio geral para condenar definitivamente o erro. Leão apressou-se em aceder aos desejos do monarca e, por ordem sua, todos os prelados da Itália se reuniram em Roma na basílica de S. Pedro. O pontífice abriu a sessão com o seguinte discurso: "Meus irmãos, num concílio reunido em Ratisbona pelo rei da França, antes do nono reinado, um herético chamado Félix confessou que caíra em erro sustentando que Jesus Cristo era o filho adotivo de Deus segundo a carne.

"O nosso predecessor, para obter essa retratação, tinha sido já obrigado a usar de rigor para com aquele filho rebelde, e a encerrá-lo nas nossas prisões como herético. O receio salutar das torturas fê-lo abjurar a sua doutrina ímpia, e subscreveu mesmo uma profissão de fé ortodoxa, que está depositada ainda no nosso palácio patriarcal. Todavia, depois dessa manifestação pública, o apóstata fugiu para as províncias dos pagãos, onde afronta os anátemas dos nossos concílios, que já o excomungaram e o condenam de novo, hoje, pela minha boca."

Félix, cercado pela veneração universal na sua diocese da Espanha, não se inquietou de modo algum com as cóleras da Santa Sede e perseverou nas suas doutrinas.

Leão tornou-se a vítima das paixões religiosas que quisera excitar contra o prelado espanhol. Dois padres ambiciosos, Pascoal, primiciário, e Canaplo, sacelário, formaram uma conjuração contra a vida do pontífice e fizeram-se ajudar na execução do seu execrável projeto pelos frades, cujo fanatismo estava desenfreado com receio das reformas.

Em seguida a uma procissão solene, no momento em que o pontífice entrava no palácio de Latrão, os conjurados caíram sobre a sua escolta, tiraram-no do cavalo, arrastaram-no pelas barbas, tentaram esmagar-lhe o crânio às pedradas e deixaram-no jazendo por terra, coberto de feridas e não dando o menor sinal de vida. Em seguida, os assassinos, receando não terem consumado inteiramente o crime, levaram o papa para a igreja do convento de Santo Estevão e S. Silvestre, cujas portas fecharam, e aí, no próprio santuário, sobre os degraus do altar, aqueles monstros esforçaram-se por tirar-lhe os olhos e a língua, rasgando-o com as unhas e com os dentes. Afinal, encerraram-no todo ensanguentado no cárcere do mosteiro. Leão permaneceu dois dias inteiros, sem socorro, estendido sobre as lajes da sua prisão; no terceiro dia, o abade Erasmo, um dos conjurados, desceu com os monges para retirar o cadáver e metê-lo num caixão. Como o infeliz respirava ainda, fê-lo transportar para um outro convento a fim de que se não pudesse descobrir o retiro onde os seus cúmplices o conservavam oculto, enquanto não decidiam da sua sorte.

Durante a noite, Albino, fâmulo do papa, instruído por um religioso do lugar onde o Santo Padre estava encerrado, penetrou na sua prisão com alguns servos dedicados, e, tendo-o tirado dali, desceram-no pelas muralhas da cidade e levaram-no para S. Pedro, onde os médicos lhe prodigalizaram todos os cuidados que reclamava o seu infeliz estado. O pontífice conservou o uso dos olhos e da língua, o que fez afirmar a alguns autores que fora curado por um grande milagre. Mas o próprio Leão, na narrativa que deixou daquela horrível aventura, explica que, na sua precipitação, os assassinos tinham cortado apenas uma parte da língua, e não haviam conseguido arrancar os olhos das suas órbitas.

Albino informou o duque de Spoletto daquele horrível atentado e pediu-lhe que viesse a Roma com soldados para proteger o papa e facilitar-lhe os meios de passar à França. Por cuidados seus, o Santo Padre transpôs felizmente os Alpes e dirigiu-se à corte de Carlos Magno, que estava então em Paderborn, na Saxônia, onde o rei o acolheu com grandes testemunhos de afeição e chegou mesmo a derramar lágrimas abraçando-o.

Pascoal e Canaplo, furiosos por verem Leão subtraído à sua vingança, reuniram os seus partidários e queimaram os domínios da Igreja; em seguida, enviaram ao rei deputados encarregados de fazer pesar sobre o Santo Padre as mais atrozes acusações. O príncipe, indignado, expulsou-os da sua corte sem os querer ouvir e fez reconduzir o Santo Padre à Itália, acompanhado dos principais bispos, de muitos condes e de uma escolta imponente.

Em todas as cidades, o pontífice foi acolhido pelas populações como se fosse o próprio S. Pedro, e, quando se aproximou de Roma, o clero, o senado, a milícia, os cidadãos, as mulheres e até mesmo as religiosas, precedidos todos pelas bandeiras santas, dirigiram-se em procissão ao seu encontro, entoando os hinos sagrados. Leão fez a sua entrada triunfante na cidade santa e tomou de novo posse do palácio de Latrão. Alguns dias depois, os prelados e os senhores que o tinham acompanhado reuniram-se em conselho para informar sobre as acusações intentadas contra ele pelo primiciário Pascoal, pelo sacelário Canaplo e pelos seus cúmplices. O pontífice foi declarado inocente, e os seus acusadores condenados a serem fustigados com chibatas, e a acabarem os seus dias numa prisão.

Contudo, a justificação do papa não parecia regular aos cidadãos de Roma, que estavam excitados pelos padres italianos, invejosos do favor que ele concedia aos prelados franceses. Leão, temendo uma nova conspiração, escreveu a Carlos Magno para o instruir dos seus receios e pedir-lhe que avançasse a época da viagem que devia fazer a Itália.

O rei cedeu aos seus rogos e fez a sua entrada em Roma no mês de dezembro do ano 800. Sete dias depois da sua chegada, Carlos Magno convocou o clero, o senado e o povo; expôs perante a assembleia que saíra do seu reino para fazer cessar as imputações caluniosas que padres sacrílegos ousavam espalhar sobre o pontífice; examinou uma por uma todas as acusações contidas no libelo de Canaplo e, em seguida, ordenou àqueles que o cercavam que elevassem sem receio a voz para as sustentar, se lhes parecessem fundadas.

Não tendo respondido pessoa alguma, o pontífice foi admitido para se justificar por juramento perante a imensa multidão que enchia a igreja de S. Pedro. O papa pegou no livro dos Evangelhos, elevou-o acima da cabeça, subiu ao púlpito e disse: "Juro, sobre o Verbo de Deus, que não cometi os crimes de que os romanos me acusaram!"

No dia seguinte, o rei recebeu afinal a recompensa de tudo quanto fizera pela corte de Roma; dirigiu-se em grande pompa à catedral, onde o papa, revestido com as vestes sacerdotais, esperava-o com o seu clero; e aí, em presença dos senhores, dos prelados e dos magistrados da cidade, o Santo Padre colocou na cabeça de Carlos Magno uma coroa de ferro e disse com voz forte: "A Carlos Augusto, coroado pela mão de Deus, imperador dos romanos, vida e vitória!" Longas aclamações ressoaram por sob as abóbadas de S. Pedro, e os assistentes repetiram: "Vida e vitória a Carlos Augusto, coroado, pela mão de Deus, imperador dos romanos." Em seguida, Leão prostrou-se diante do príncipe e adorou-o segundo o uso dos antigos césares, reconhecendo-o por seu soberano legítimo e por defensor da Igreja.

Assim se achou restabelecida, depois de trezentos e vinte e quatro anos de interrupção, a dignidade de imperador romano, extinta no Ocidente desde o ano 476. Terminada a cerimônia, Carlos Magno fez imensas doações às igrejas de S. Paulo, de S. João de Latrão e de Santa Maria Maior; deu à basílica de S. Pedro duas mesas de prata, cálices, pátenas e vasos de ouro enriquecidos de pedrarias, e consignou grandes somas para subsídio dos padres.

No seu regresso à França, o novo imperador ocupou-se em regular os negócios do estado e da Igreja; convocou em Aix-la-Chapelle um concílio nacional, onde Paulino, patriarca de Aquileia, assistiu como legado do papa. A assembleia ocupou-se de diversas questões de disciplina eclesiástica, e, entre os regulamentos que estabeleceu, cita-se como um dos mais notáveis aquele que diz respeito aos prelados do campo. É decretado em nome de Carlos Magno nos termos seguintes: "Temos sido perseguidos com queixas dirigidas contra os prelados do campo, não somente pelo clero, mas também pelos seculares. Os papas, predecessores de Leão III, declararam em muitos sínodos que esses eclesiásticos não têm o poder de ordenar padres, diáconos ou subdiáconos; que não lhes é permitido dedicar igrejas, consagrar virgens e administrar a confirmação; convidam mesmos os nossos predecessores a condená-los a todos e a exilá-los, qualquer que fosse a excelência da sua vida.

"Portanto, segundo a autoridade do pontífice que governa hoje a Santa Sede, segundo a opinião dos nossos prelados e dos nossos outros súditos, decretamos que os prelados do campo não poderão exercer, de agora em diante, nenhuma das funções episcopais, sob pena de deposição."

Por essa época, o metropolitano Fortunato enviou à Roma deputados para solicitar a mediação de Leão e implorar a intervenção do imperador contra João, duque de Veneza, e contra Maurício, seu filho, que queriam expulsá-lo da sua sede. O papa acolheu favoravelmente as cartas e os presentes do arcebispo, e prometeu aos enviados assegurar para o seu senhor a proteção do imperador. Leão determinou-se, com efeito, a empreender uma nova viagem à França, a fim de tratar deste negócio e para obter do príncipe muitas outras decisões relativamente aos interesses temporais da Santa Sede; mas, receando ser entravado no seu projeto pelo duque de Veneza e por seu filho, serviu-se da superstição do tempo para afastar as suspeitas. Fez espalhar o boato de que o Cristo de Mântua deixava cair gotas de sangue que operavam numerosos milagres, e sob pretexto de se certificar da realidade daqueles prodígios, dirigiu-se àquela cidade e dali passou à França.

Carlos Magno estava então em Aix-la-Chapelle; quando teve conhecimento da chegada do papa, enviou logo seu filho Carlos ao seu encontro até S. Maurício em Valais, e ele mesmo se dirigiu a Reims para o receber. Passaram oito dias juntos para tratar de graves questões políticas e religiosas, e afinal o papa retirou-se cheio de presentes. Carlos Magno acompanhou-o, pela Baviera, até a cidade de Ravena.

Algum tempo depois, sentindo o imperador a aproximação da morte, reuniu em Thionville os seus principais senhores, e na sua presença dividiu os seus Estados pelos seus três filhos, Carlos, Pepino e Luiz. Na partilha, o imperador não fez menção do ducado de Roma, cuja disposição reservava para si. Leu o seu testamento e depois de ter feito jurar a execução dele por todos os grandes da sua corte, enviou-o à Santa Sede a fim de que o papa o assinasse para lhe confirmar a autenticidade.

O secretário do príncipe escreveu ao mesmo tempo a Leão em favor do metropolitano Fortunato, que fora expulso da sua sede pelos venezianos e pelos gregos, e pedia-lhe, em nome do seu senhor, que desse ao prelado perseguido a igreja de Polo em Ístria, que estava vaga por morte do bispo Emiliano. O pontífice satisfez o pedido do imperador, sob a reserva, porém, que se Fortunato voltasse para a sua diocese de Grade, restituiria a sede de Polo sem ficar com os bens dessa igreja. Na sua resposta, acrescentava ele: "Visto que desejais conservar a esse prelado indigno os bens e as honras temporais, pedimo-vos igualmente que tomeis cuidado da sua alma; porque o receio que vos lhes inspirais obrigá-lo-á certamente a reformar os seus costumes, que fazem o escândalo dos fiéis. A nossa afeição pela vossa pessoa sagrada e o desejo ardente de contribuir para a salvação da vossa alma ordenam-vos que vos demos esse conselho, porque nós mesmos caímos em erro e pedimos perdão a Deus de ter aceitado em outro tempo os presentes desse padre devasso. Os eclesiásticos da vossa corte foram comprados pelo ouro de Fortunato, e aqueles que ousaram defendê-lo responderão perante Deus pelas desordens que ele praticará na diocese que vós me ordenais lhe confie."

No ano seguinte, foi convocado um novo concílio em Aix-la-Chapelle, por ordem de Carlos Magno, para determinar as atribuições do Santo Espírito; Bernardo, bispo de Worms, e Abelardo, abade de Córbia, foram enviados a Roma para entregar ao papa as decisões do concílio, formuladas por Smargado, abade de S. Miguel em Verdun, nas quais os padres tinham provado pelas Santas Escrituras e pelas opiniões dos antigos que o Espírito Santo procede tanto do Filho como do Pai. Os deputados do monarca apresentaram as suas instruções a Leão e entraram com ele em grandes conferências, sem conseguirem que ele aprovasse as decisões do sínodo francês.

Mas o Santo Padre conservava sempre nas discussões uma brandura e uma modéstia exemplares, limitando-se a refutar as questões que não achava justas. Concordava com eles que não lhe era permitido pronunciar-se contra os usos das outras Igrejas, e que nenhum homem podia avançar uma opinião positiva sobre matérias religiosas que encerram sempre mistérios incompreensíveis. "As trevas santas em que o Cristo envolveu os seus mistérios incompreensíveis, acrescentava o pontífice, são muito densas para que se possa empreender dissipá-las; devemos limitar-nos às coisas claras e palpáveis e não nos precipitarmos nos abismos da teologia, de onde o espírito humano não poderia sair." Aplaudia os decretos de Carlos Magno, em virtude dos quais era proibido, aos prelados da Igreja galicana, caçar, derramar o sangue dos cristãos ou dos pagãos, ter muitas mulheres legítimas e dizerem missas sem comungar, como se praticava geralmente nessa época. Aprovava que o imperador tivesse proibido aos doutores em teologia a faculdade de introduzir novos anjos na liturgia, além de Miguel, Gabriel e Rafael; louvava-o, sobretudo, por ter proibido às religiosas tomarem o véu antes dos 25 anos, assim como aos seculares de se fazerem padres antes dos 30, e a todos os eclesiásticos o empregarem fraudes piedosas para iludir a credulidade dos simples, entregarem-se a operações mágicas, darem-se à intemperança, a venderem aos fiéis a permissão de se embriagarem nas tabernas. Finalmente, declarava que o príncipe procedera segundo o espírito da Igreja, fixando em duas épocas periódicas a convocação dos concílios provinciais e estabelecendo regras severas de procedimento para o clero regular e secular.

Esses regulamentos não eram nem os primeiros nem os únicos publicados nas Gálias sobre matérias eclesiásticas; o grande imperador, que abraçava nas suas vastas concepções todos os melhoramentos espirituais e materiais do seu poderoso império, tinha escrito já um volume inteiro de capitulares sobre toda a espécie de questões religiosas, sem ter, contudo, atingido o alvo a que se propusera, isto é, reprimir os numerosos abusos introduzidos pelos padres. Então, tudo estava confundido do modo mais deplorável, direitos e deveres, privilégios e encargos; por toda a parte se viam tão somente oprimidos e opressores. As imunidades do clero entravavam a cada passo a marcha do poder civil que, por seu turno, impedia muitas vezes a jurisdição sacerdotal. Era, pois, necessário usar de uma prudência excessiva para introduzir algumas reformas na sociedade e levar os padres a consentirem em contribuir, pelos menos, com uma pequena parte das suas rendas enormes para as urgências do Estado. Os exércitos eram comandados por eclesiásticos, e, em troca, os bispados e as abadias eram muitas vezes dirigidos por militares ou favoritos dos príncipes. Os concílios, compostos de homens interessados em conservar aquela ordem de coisas, opunham obstáculos invencíveis às vontades do imperador; por isso, não é para admirar que, apesar da sensatez dos conselhos do papa, os bispos franceses não quisessem abraçar a sua opinião e continuassem a ensinar que o Espírito Santo procedia tanto do Filho como do Pai.

Carlos Magno morrera antes do regresso dos seus embaixadores; a mão de Deus pesara sobre o monarca poderoso cuja fronte era cingida pela coroa dos imperadores e pela dos reis. Em virtude dos seus feitos, colocara o reino da França na primeira ordem das nações; e pelo seu fanatismo, aumentara o poder da Santa Sede, enriquecera as igrejas, os mosteiros e preparara o poder teocrático, que se estendeu, nos séculos seguintes, pela Itália, pela Europa, pelo mundo inteiro, fazendo curvar os povos sob a mais atroz tirania.

Todavia, esse zeloso defensor dos pontífices levou para a tumba a força que reprimia as facções religiosas e que inspirava aos padres e aos monges um temor salutar.

Nessa época, a hipocrisia, a avareza, a luxúria eram as únicas virtudes dos eclesiásticos; por isso, morto o grande rei, quiseram eles subtrair-se ao domínio severo de Leão e fomentar conspirações contra a sua vida. Mas, instruído por uma terrível experiência dos perigos que correm os soberanos que excitaram ódios, o papa conservava-se em guarda contra as conjurações; mandou prender os conspiradores e o algoz, executou-os em frente ao palácio de Latrão. As mulheres foram exiladas, os filhos dos culpados, encerrados nos mosteiros de Roma, e todos os seus bens confiscados em proveito da Santa Sede. Contudo, o terror que lhe causara aquela nova conspiração alterou a sua saúde, e, caindo perigosamente enfermo, morreu em 816, depois de um pontificado de vinte anos, cinco meses e dezesseis dias.

Leão, que duas vezes estivera a ponto de sucumbir sob a vingança dos padres, mostrara-se, contudo, pródigo com eles; enchera de riquezas os monges e o clero, fazendo às igrejas ofertas tão suntuosas que haviam excitado a indignação do povo. Empregou o peso de 453 libras de ouro para o chão da Confissão de S. Pedro e mandou fechar a entrada do santuário com uma balaustrada de prata do peso de 1573 libras. Reedificou o batistério de Santo André, cercou-o de colunas de pórfiro, e, no meio das fontes batismais, colocou uma coluna de ouro, à qual estava presa uma argola de prata. Finalmente, guarneceu as janelas da basílica de Latrão com vidros de diversas cores, luxo desconhecido antes daquela época. Todas as ofertas às basílicas de Roma elevavam-se a mais de 800 libras de peso em ouro e a mais de 20 mil libras de prata; hoje representariam somas de tal modo fabulosas que se duvidaria da realidade dessas despesas, se não fossem atestadas pelos historiadores mais dignos de fé. Leão foi colocado no número dos santos em 1673, e o seu nome incluído no martirológio romano por um decreto da congregação dos ritos.

O cardeal Barônio contesta o milagre da mão ensanguentada sucedido no pontificado de Leão I; afirma que Leão III foi o primeiro papa que introduziu o uso de dar os pés a beijar em vez das mãos, porque sentiu um dia sensações carnais, sob a impressão dos lábios de uma dama romana. "Raro exemplo de humildade cristã, exclama o cardeal Barônio, e meio excelente de prevenir os movimentos da concupiscência!"

Devemos reconhecer nessa asserção a linguagem hipócrita de um padre que procura ocultar o orgulho dos papas sob aparências religiosas; e atribuiremos à vaidade ou à ambição dos bispos de Roma o uso sacrílego de apresentarem os pés à adoração dos fiéis. Os sucessores do Apóstolo quiseram elevar-se sempre acima dos reis e obrigar os povos a prostrarem-se diante deles. Nos primeiros séculos da Igreja, os prelados exigiam que os fiéis se pusessem de joelhos para receberem a sua bênção; o que fizera dizer aos pagãos que as mulheres cristãs adoravam as partes vergonhosas dos seus bispos.

História Política do Oitavo Século

Aventuras de Justiniano II entre os bárbaros. – Sobe de novo ao trono. – Manda matar Apsimaro e Leôncio. – Suas crueldades para com os partidários de Leôncio, que faz perecer no meio de suplícios atrozes. – É vencido pelos búlgaros e degolado com seu filho. – Filipico Bardanés usurpa o império. – Conjuração contra o príncipe; é expulso do trono. – Artêmio, seu secretário, é proclamado imperador. – Reflexões sobre os soberanos do baixo império. – Leão, o Isaurino, declara-se contra o culto das imagens. – Constantino I imita o procedimento de seu pai. – Leão IV opõe-se ao restabelecimento das imagens. – Milagre narrado nas lendas dos monges. – A imperatriz Irene declara-se pela superstição das imagens. – Crueldades e lascívia dessa princesa. – Quer fazer mutilar todos os seus parentes. – Manda arrancar os olhos a seu filho e apodera-se do poder. – Nicéforo Logotete. – Negócios políticos na França. – Dagoberto III. – Pepino de Heristel, maire do palácio. – Sua política. – Enriquece o clero da França. – Sua revolta contra o rei. – Morte de Pepino. – Ambição de Plectrudes sua mulher. – Carlos Martel, encarcerado por sua madrasta, foge da prisão. – É nomeado maire do palácio. – Chilperico II. – Thierry IV. – Carlos Martel faz-se proclamar príncipe dos franceses. – Sua vitória sobre os sarracenos. – Sua guerras. – Reflexões sobre os maires do palácio. – Pepino, o Breve, forma um pacto com o pontífice Zacarias. – O maire do palácio usurpa o trono. – Reflexões sobre a raça dos merovíngios. – Pepino faz consagrar pelo papa a sua usurpação. – Política de Pepino. – Suas traições. – Retrato de Pepino. – Derruba um leão e um touro. – Carlos Magno, rei dos franceses. – Suas guerras contra os saxônios. – Suas ações políticas. – Protege as artes e as letras. – Opiniões dos historiadores sobre esse imperador. – Suas capitulares. – Seus crimes e sua devassidão. – História escandalosa da bela Imma. – Morte de Carlos Magno. – Seu túmulo.

Justiniano II, cognominado Rinotemete, expulso de Constantinopla por Tibério Apsimaro, refugiara-se na cidade de Cherson; como ele exprimia abertamente as suas pretensões ao império, os habitantes recearam que as suas intrigas atraíssem sobre eles alguma calamidade e resolveram matá-lo ou enviá-lo prisioneiro a Apsimaro. Justiniano saiu então de Cherson e veio refugiar-se no forte de Doros, comandado por um dos seus partidários, na fronteira dos godos. O Khan ou chefe dos Khazars, vizinho de Doros, acolheu o príncipe na sua corte e ofereceu-lhe em casamento sua irmã Teodora, com o apanágio da cidade de Fanagora.

Apsimaro, tendo sido instruído dessa aliança, apressou-se em enviar embaixadores ao Khan, com ameaças de invadir os seus Estados se ele não entregasse Justiniano morto ou vivo. O bárbaro, ou com receio ou com a esperança de uma grande recompensa, consentiu em obedecer às ordens do usurpador; e sob pretexto de querer preservar seu cunhado das ciladas dos seus inimigos, deu-lhe uma guarda numerosa que devia impedir a sua fuga. Ao mesmo tempo, escreveu ao comandante das tropas e ao governador do Bósforo de Cítia para que massacrassem o príncipe à primeira ordem que recebessem de Constantinopla.

Teodora foi advertida da trama por um servo dedicado, e preveniu logo seu marido. Justiniano mandou chamar imediatamente à sua presença o governador e o capitão; lançou-lhes em rosto a sua traição e fê-los estrangular no seu palácio. Depois dessa execução, enviou sua mulher ao Khan e embarcou em Tomis. Chegando à Bulgária, o príncipe pediu socorro a Therbelis, rei do país, oferecendo-lhe sua filha Zagora em casamento pelo preço da sua aliança. O bárbaro, seduzido pela notável beleza da princesa, aceitou imediatamente as suas propostas; pôs em armas toda a gente de guerra de que podia dispor e marchou com o sogro sobre Constantinopla.

Em três dias chegaram aos muros da cidade e formaram o seu acampamento em frente ao castelo de Blaquernes. Tendo os habitantes recusado-se a reconhecer Justiniano, foi a cidade declarada em estado de sítio. Depois de um mês de bloqueio, as tropas penetraram nos muros por um aqueduto, e o palácio de Blaquernes foi levado de assalto. Heráclio, pai do usurpador, que governava o castelo, foi enforcado nas muralhas, e o próprio Apsimaro caiu em poder do vencedor. Justiniano, senhor de Constantinopla, fez tirar da sua prisão o infeliz Leôncio, que em outro tempo o derrubara do trono; fê-lo algemar ao braço de Apsimaro, e ambos foram dados em espetáculo ao povo num simulacro de combate, sendo depois decapitados pelo algoz.

Terbelis, que ficara no seu acampamento em frente aos muros de Blaquernes, para não aterrorizar o povo, entrou então na cidade. O príncipe revestiu-o com a púrpura, proclamou-o césar, fê-lo assentar no seu trono e reenviou-o para os seus Estados cheio de presentes. Em seguida mandou buscar a princesa Teodora e seu filho Tibério, e perdoou ao Khan dos Khazars.

Em breve, execuções sanguinolentas assinalaram o novo reinado. O santo patriarca Calínico foi encerrado em Roma, depois de ter tido os olhos arrancados; crueldades horríveis foram exercidas sobre os cidadãos que eram designados como antigos usurpadores; uns foram condenados ao suplício do fogo; outros, ao suplício da água. Estes, entregues ao algoz, pereciam no meio das torturas; aqueles eram degolados durante a noite, ou enforcados nas janelas das suas habitações. Justiniano prosseguiu nas suas vinganças contra os búlgaros e fez massacrar um grande número de habitantes de Cherson. Esse tirano execrável tinha por hábito, sempre que se assoava, mandar matar um dos antigos partidários de Leôncio. Afinal os búlgaros, fatigados pelas suas crueldades, revoltaram-se contra a sua autoridade e armaram uma esquadra para ir atacar Constantinopla. Justiniano veio oferecer-lhes batalha com todas as forças de que podia dispor. O combate foi terrível, mas, tendo o seu navio caído em poder dos inimigos, foi ele degolado com seu filho Tibério, por um dos seus tenentes, cuja mulher violara. O seu reinado fora de vinte e seis anos aproximadamente, e na sua pessoa terminou o império dos Heracliônidas, no ano de 711.

Filipico Bardanés, filho de Nicéforo, tomou então as rédeas do governo. Esse príncipe, apaixonado pelas controvérsias religiosas, quis reformar as decisões dos padres do sexto concílio geral e fez apoiar os seus éditos por João, patriarca de Constantinopla, por Germano, arcebispo de Cizique, e por um grande número de padres e de senadores. As suas liberalidades para com o clero absorveram rapidamente todas as riquezas do império; a sua covardia, junto aos seus desregramentos e à sua negligência, tornou-o desprezível aos olhos dos povos. Alguns ambiciosos aproveitaram o ódio que a nação votava ao seu soberano e organizaram uma conjuração que rebentou no dia do aniversário do nascimento de Bardanés. Nesse dia, o imperador dera uma festa com uma magnificência até ali nunca vista; mostrara-se nas ruas de Constantinopla, precedido de bandeiras e de trombetas, entoando fanfarras em sua honra. De regresso ao palácio de Blaquernes, dera um banquete suntuoso aos oficiais do império, e, depois da refeição, onde, segundo o seu hábito, bebera em excesso, fizera-se transportar, completamente embriagado, para o seu aposento.

Os conjurados, que tinham tomado as suas medidas prevendo o que devia acontecer, aproveitaram a desordem da festa, entraram no palácio, penetraram no quarto de Bardanés, arrancaram-lhe os olhos, cortaram-lhe o nariz e arrastaram-no todo ensanguentado até o hipódromo, de onde foi transportado para um convento.

Artêmio, secretário de Filipico, foi escolhido pelo senado para suceder a esse príncipe e proclamado imperador sob o nome de Anastácio II. O seu primeiro cuidado, logo que empunhou as rédeas do governo, foi perseguir os soldados que tinham atentado contra a pessoa do seu predecessor, para intimidar aqueles que, dali em diante, tivessem o desejo de imitar o seu exemplo, e mandou-os decapitar a todos, depois do que, para não mais se ocupar de Bardanés, fê-lo estrangular secretamente. Feito tudo isso, e bem estabelecido interiormente o seu poder, pensou nos inimigos de fora.

Tendo sabido que os sarracenos ameaçavam os seus Estados com uma grande invasão, preparou-se para a guerra; e para prevenir os horrores de um cerco, fez sair de Constantinopla todos os habitantes que não tinham em reserva três anos de víveres. João, diácono da grande Igreja, teve o comando das tropas e usou do seu poder com tanta arrogância e despotismo que os soldados amotinaram-se, massacraram o general e proclamaram um novo imperador, chamado Teodoro III. Este abdicou pouco tempo depois e retirou-se com seu filho para um convento.

Essas mudanças frequentes de príncipes nos governos absolutos não devem surpreender-nos; e a história do baixo império, como a história moderna, mostra que a ambição torna os homens capazes dos maiores crimes. O egoísmo monstruoso dos imperadores gregos abafava os sentimentos generosos da nação; as ciências e as artes estavam desprezadas, o comércio, abandonado, e o amor à pátria, extinto em todos os corações. Por isso, a fraqueza do império excitou no mais alto ponto a audácia dos bárbaros; os sarracenos, os mais terríveis dentre os povos inimigos, devastaram as províncias, incendiaram as aldeias, pilharam as cidades, massacraram os habitantes e vieram mostrar-se às portas de Constantinopla.

No meio da desolação geral, Leão III, o Isauriano, saído da classe do povo, foi proclamado imperador pelos soldados. Esse príncipe, pela sua coragem, salvou o império e alcançou grandes vitórias sobre os sarracenos. Alguns autores católicos pretendem que ele chamava-se Conon, na sua mocidade, e que se entregava ao comércio de gados, na Isáuria; que um dia, nas suas excursões, tendo encontrado dois judeus que se ocupavam em predizer o futuro, consultou-os sobre o seu destino, e eles lhe anunciaram uma grande fortuna, se seguisse a carreira das armas e se obrigasse, por juramento, a conceder-lhes um favor, que mais tarde reclamariam dele. O jovem Conon deixou-se seduzir por aquela linguagem, entrou imediatamente nas guardas do imperador, de onde chegou ao poder soberano, e apenas instalado no trono, os dois judeus que lhe haviam profetizado a sua grandeza futura vieram emprazá-lo para que cumprisse a promessa solene que lhes havia feito, e lhe pediram a abolição das imagens. Essa fábula ridícula prova unicamente que os padres, que não podiam perdoar-lhe os seus princípios de tolerância religiosa e a pureza da sua fé, procuraram torná-lo odioso a seus povos. Tendo Leão III querido proibir o culto sacrílego das imagens, os bispos ortodoxos excitaram sedições contra ele e entregaram aos bárbaros as mais belas províncias do império, o que lhe causou um violento pesar e o levou ao túmulo em 741.

Sucedeu-lhe Constantino V, seu filho. Esse príncipe fora chamado Coprônimo na sua mocidade, por causa de um acontecimento assaz singular que excitara a cólera do patriarca Germano. Por ocasião da cerimônia do seu batismo, enquanto o prelado o mergulhava na água regeneradora, a pobre criança obedeceu às leis da natureza e manchou a água santa com os seus excrementos. O irascível prelado pretendeu que a religião fora ultrajada pelo jovem príncipe, tirou-o brutalmente das fontes batismais, deu-lhe o sobrenome de Coprônimo, que significa mancha, e profetizou que seria precursor do anticristo e que perturbaria a paz da Igreja, assim como havia perturbado as águas do batismo.

E, com efeito, logo que Constantino tomou assento no trono proscreveu o culto das imagens e, como seu pai, tornou-se odioso aos bispos latinos, e cometeu a falta de dar em casamento a seu filho Leão a princesa Irene, mulher cruel que jurara destruir os iconoclastas.

Enquanto o imperador se ocupava em combater os árabes ou sarracenos, Artabaste, seu cunhado, protetor do culto das imagens, cedendo às solicitações de sua irmã, uniu-se ao patriarca Anastácio e fez-se proclamar soberano. Recebendo a notícia daquela revolução, Constantino retrocedeu, bateu o exército de Artabaste, condenou o usurpador a ter os olhos arrancados e castigou severamente Anastácio. Em seguida, voltou à Ásia, derrotou os sarracenos e reprimiu os búlgaros. Morreu de uma febre ardente no ano de 775.

Suidas chama-lhe "o instrumento do diabo e do anticristo." Victor chama-lhe igualmente "o escravo de todas as sortes de impiedades." Esses dois historiadores acusam-no de ter tratado com extremo rigor os adoradores das imagens e particularmente os monges que se recusavam a conformar-se com as decisões do último concílio, e que promoviam sedições pregando a revolta em nome da Igreja.

O filho de Constantino Coprônimo, Leão IV, subiu ao trono do império depois da morte de seu pai. Foi iconoclasta e morreu envenenado pelos padres no ano de 780. Conta-se a seu respeito uma fábula que devemos à astúcia dos monges. "Esse príncipe, dizem as lendas, tendo visto na igreja de Santa Sofia uma coroa enriquecida de pedras preciosas que fora dada ao clero por Heráclio ou por Maurício, aproximou-se do altar para se apoderar dela e, colocando-a na cabeça, disse: "O ouro e as pedrarias não convêm àquele que ensinou aos homens que a pobreza é o maior dos bens." Mal acabava de pronunciar essas palavras, sentiu que a fronte se lhe cobria de pústulas em todos os sítios onde havia tocado a coroa mística." Leão IV foi amado pelos povos, e o seu reinado decorreu placidamente, apesar das tentativas de revolta de seu irmão Nicéforo, que teve a cabeça rapada e foi exilado para Cherson.

Constantino VI, criado augusto pelo imperador Leão, tinha apenas dez anos quando subiu ao trono. Durante a sua menoridade, sua mãe, a imperatriz Irene, empunhou as rédeas do governo. Os historiadores judiciosos concordam em nos representar essa princesa como a mais cruel e a mais pervertida de todas as mulheres que possuíram o poder supremo; os monges gregos ou latinos e o cardeal Barônio fazem dela, pelo contrário, o tipo mais perfeito das rainhas cristãs, e glorificam-na por ter combatido os destruidores de imagens.

Irene aprendera nas cortes a arte de dissimular os seus verdadeiros sentimentos, mas quando se viu à testa do governo, deu livre impulso às suas paixões e fez pesar sobre os povos o jugo de fanatismo e de terror. Protetora ardente do culto das imagens, perseguiu com encarniçamento os desgraçados iconoclastas; o patriarca Tarásio foi banido de Constantinopla; um concílio reunido em Niceia anulou os antigos cânones, e, à força de astúcia e de intrigas, fez ela com que triunfasse a superstição das imagens.

A fim de conservar a autoridade suprema, recusou para seu filho a aliança de Rotrudes, filha de Carlos Magno, receando que o jovem príncipe, auxiliado por seu sogro, não se determinasse a reclamar o exercício do poder. Ousou mesmo aconselhar a Constantino que mandasse mutilar todos os seus parentes para lhes tirar a esperança de poderem subir ao trono.

Incitado pelo próprio príncipe, o exército sacudiu, enfim, o jugo da imperatriz mãe e proclamou Constantino IV o único senhor de Bizâncio; mas a covardia do imperador e a sua incapacidade obrigaram-no, em seguida, a chamar a sua mãe do exílio e a entregar-lhe de novo a direção dos negócios.

Irene, segunda vez senhora do poder, resolveu pôr-se ao abrigo de um novo capricho de seu filho; para o perder, imaginou torná-lo odioso à nação, e aconselhou-lhe muitas medidas arbitrárias que exasperaram os cidadãos; a indignação geral fez explosão, e aquela mulher cruel, sob pretexto de dar uma satisfação ao povo, mandou arrancar os olhos ao jovem príncipe e encerrou-o numa prisão.

Por esse novo crime, firmou nas suas mãos a autoridade soberana. Contudo, os seus desregramentos e a suas exações fatigaram o senado, e foi enviada para Lesbos pelo tesoureiro Nicéforo, que fora nomeado imperador secretamente por sete oficiais do palácio. Irene morreu de desesperação no exílio, no ano 803. No seu reinado, o jovem Haroun-al-Raschid, herói das *Mil e uma Noites*, avançou até as portas de Nicomédia e obrigou o império a pagar um tributo aos sarracenos.

Nicéforo Logotete, subindo ao trono de um modo indigno, mostrou uma avareza sórdida e uma crueldade bárbara, que faziam lembrar o famoso Constantino, fundador do império do Oriente. O exército da Ásia acabava de saudar imperador o patrício Bardanés que, sentindo-se muito fraco para defender um título que não tinha disputado, apressou-se em abandonar ao seu competidor a dignidade soberana e solicitou, em troca, como um favor, o direito de se encerrar num claustro. Com essa condição, Nicéforo jurou esquecer tudo quanto se tinha passado no exército. Contudo, logo que Bardanés se despediu do seus soldados para renunciar ao mundo, o imperador mandou-o prender e deu ordem que lhe arrancassem os olhos, a fim, dizia ele, de que estivesse menos distraído nas suas orações; em seguida, apoderou-se dos partidários daquele desgraçado e fê-los perecer a todos, até o último, no meio dos mais atrozes suplícios.

Esse príncipe cruel era hábil político e entreteve boas relações com Carlos Magno, que preferia ter por amigo antes do que por vizinho. As suas guerras contra os búlgaros revelam a sua aptidão para o comando dos exércitos; mas, recusando àqueles bárbaros a paz que eles recusavam, cometeu um erro grave, porque eles, impelidos pelo desespero, forçaram o seu acampamento durante a noite e massacraram todo o seu exército. Diz-se mesmo que o crânio de Nicéforo serviu de taça ao chefe búlgaro.

Depois de ter percorrido as páginas sanguinolentas da história dos imperadores do Oriente, devemos esboçar as cruedade e os crimes dos reis francos do oitavo século.

Dagoberto III reinou quatro anos, no meio de desordens e de confusão geral. Morreu em 715, deixando por herdeiro dos seus Estados uma criança ainda no berço, chamada Thierry. Durante o reinado deste príncipe, morreu Pepino De Heristel, neto de Pepino, o Velho, ou de Landen. Esse duque, cognominado também Pepino, o Gordo, sujeitara os réus aos *maires* do palácio, e no seu governo começou a série dos reis ociosos. Político hábil, Pepino soube aproveitar as desgraças da nação para preparar o reinado da sua família; encheu de riquezas os padres orgulhosos, que impunham as suas opiniões aos povos embrutecidos. Os padres, enriquecidos pela sua munificência, elevaram-no, em breve, acima dos próprios reis e auxiliaram-no no seu projeto de se apoderar da autoridade suprema na Austrásia. Durante vinte e seis anos que governou primeiro os Estados da Áustria, e depois os de Borgonha e de Nêustria, lisonjeou os grandes, acariciou o povo, enriqueceu a Igreja e firmou na sua casa o poder que devia derrubar os merovíngios.

Antes de morrer, designou para lhe suceder seu neto Teodoaldo, e confiou a regência do palácio à sua mulher Plectrudes, como tutora do jovem *maire*. Essa princesa ambiciosa havia sido, noutro tempo, repudiada por seu marido por causa de adultério, e só entrara de novo em graça nos últimos anos da vida de Pepino. Logo que assumiu a regência, deu livre impulso ao seu caráter imperioso; encerrou numa prisão Carlos Martel, seu enteado, que lhe fazia sombra, e fez vergar sob a sua tirania os padres, os grandes e o povo. Os francos revoltaram-se em breve contra a dominação daquela mulher; formou-se uma liga, e os neustrianos elegeram um outro *maire* chamado Rainfroy.

Plectrudes, senhora dos tesouros de Pepino, organizou um exército formidável e marchou contra os rebeldes. Rainfroy, a fim de excitar a coragem das suas tropas, confiou-lhes a guarda do jovem rei, que lhe fizera raptar; e era tal o fanatismo pela pessoa dos príncipes naquela época de barbaridades, que a presença de Dagoberto bastou para tornar invencíveis os seus soldados. Plectrudes foi repelida até à floresta de Compiegne. Esse revés não abateu a sua coragem; a traição veio em seu auxílio, o jovem príncipe foi envenenado e o poder da regente tornou-se então maior do que antes da sua derrota.

Carlos Martel fugiu, afinal, da sua prisão, fez-se reconhecer duque dos franceses pelos austrasianos e, à frente das suas tropas, ofereceu aos neustrianos uma grande batalha, na qual os derrotou, assim como aos seus aliados. Essa vitória, chamada de Vincive, assegurou-lhe o império de todos os Estados da Gália. Rainfroy foi obrigado a demitir-se das funções de maire do palácio; Chilperico II foi deposto, e Plectrudes, abandonada pelo seu partido, refugiou-se num mosteiro que ela fundara em Colônia. Depois dessa época, desapareceu da história tão completamente esquecida que se ignora mesmo o ano da sua morte.

A vida de Chilperico II é cheia de alternativas singulares; de príncipe torna-se frade; do convento, sobe de novo ao trono, para ser logo expulso dele por Carlos Martel, que põe em seu lugar Clotário IV. Depois da morte do jovem rei, Chilperico é chamado outra vez ainda pelo *maire* do palácio, e empunha um cetro envilecido. Esse príncipe, inábil e incapaz, viveu no interior dos seus palácios entregue à lascívia e morreu coberto com o desprezo dos seus povos. Foi enterrado em Noyon.

Thierry IV sucedeu-lhe em 720. Seguindo o exemplo do seu predecessor, levou dezessete anos encerrado no fundo dos seus palácios e morreu em 737. Era filho de Dagoberto e fazia-se chamar Thierry de Chelles, porque fora educado na abadia desse nome. É tudo quanto as crônicas referem acerca desse príncipe.

Durante esses dois reinados, Carlos Martel seguiu religiosamente a política de seu pai; exerceu o poder supremo recusando o vão título de rei. Carlos era filho de Alpaíde, concubina de Pepino, o Gordo, e recebera o sobrenome de Martel de um dos seus parentes, ao qual os austrasianos haviam confiado o governo da sua província. Dominou os alemães, os suevos, os saxônios e os bávaros; converteu os frisões à fé católica e reuniu essa província à coroa da França. Mas a vitória, que, sem contradição alguma, ilustrou mais o seu nome foi a que ele alcançou entre Tours e Poitiers sobre os sarracenos, no ano 732. Os árabes ou mouros, que se haviam estabelecido nas costas da Espanha, passaram a Garonne, guiados pelo seu chefe Abd-el-Rahman, e espalharam-se pelo meio da França. Esses povos intrépidos tinham já invadido a Borgonha e a Aquitânia, quando Carlos, reunindo todos os guerreiros francos, marchou ao seu encontro e lhes deu uma batalha terrível. A carnagem durou um dia inteiro, e as crônicas do tempo asseveram que os inimigos deixaram na praça 370 mil mortos. Os autores das diferentes histórias da França atribuíram o sobrenome de Martel, que foi dado ao duque Carlos, à coragem que ele mostrou naquela batalha memorável, esmagando os sarracenos, como se servisse do maço de um ferreiro.

Contudo, os árabes não abandonaram o solo da Gália depois daquela derrota sanguinolenta. Mauronte, um dos seus reis, que estabelecera na Provença a sede de um novo império, chamou em seu auxílio o célebre Amor, poderoso califa da Espanha, e logo novos bandos de sarracenos, atravessando os Pirineus, espalharam-se como torrentes, por todas as províncias meridionais. Carlos Martel, à frente das suas tropas vitoriosas, desceu então à Provença, derrotou os árabes, retomou-lhes Avignon, Nismes, Marselha, e expulsou-os para sempre da França. O vencedor voltou em seguida a sua vingança contra os infelizes habitantes que tinham sido obrigados a sofrerem o jugo dos mouros; permitiu aos soldados a pilhagem das cidades, fez violar as mulheres, ordenou um massacre geral e reduziu a cinzas as mais belas cidades. Agda, Begiers, Nismes e Narbonna foram envolvidas naquela infame proscrição.

Depois da morte de Thierry, Carlos declarou o trono vago, mas, não ousando ainda tomar o título de rei, fez-se nomear príncipe dos franceses. Os historiadores designam-no sob as diferentes denominações: de *maire* do palácio, de lugar-tenente do reino, de patrício, de dique de príncipe. O autor do seu epitáfio é o único que lhe dá o título de rei dos franceses. O papa Gregório III procurara o seu apoio para se subtrair ao domínio dos imperadores gregos e oferecera-lhe mesmo o patriciado e o protetorado de Roma. Essa aliança tornou-se o princípio da grandeza temporal dos papas e da ruína dos reis da França da primeira raça.

Tal foi o resultado da política dos *maires* do palácio! Essa dignidade, na origem, não era senão uma superintendência dos domínios do rei; aquele que se achava revestido dela se chamava major da casa real, governador do palácio e prefeito. Depois da morte de Dagoberto, o poder dos *maires* do palácio aumentou, e a decadência da autoridade soberana começou. O cargo de *maire*, que a princípio fora dado por tempo determinado, foi, em seguida, concedido por toda a vida, até que Pepino o tornou hereditário na sua família. De primeiros criados, os *maires* tornaram-se ministros, comandaram os exércitos e fizeram-se reconhecer como duques e como príncipes dos franceses.

Carlos Martel não gozou por muito tempo do poder que havia adquirido e morreu em Quercy-sur-Oise, em 22 de outubro de 741, na idade de 50 anos. Foi enterrado na abadia de S. Diniz.

Esse príncipe legara aos povos recordações de glória; mas o clero, que ele não poupara muito, não poupou também a sua memória. Santo Eucher, numa lenda, refere que o Espírito divino lhe mostrou numa visão o terrível Martel atormentado, no corpo e na alma, por uma corte de demônios armados com as chamas eternas. O santo visionário acrescenta que, no dia seguinte ao daquela revelação, tendo obtido do rei a permissão de fazer abrir o túmulo de Carlos, encontrara dentro uma enorme serpente cor de fogo que infectava o ar com o seu hálito pestilento.

Depois da morte de Carlos Martel, seus filhos dividiram entre si o governo da Gália. Carlomano teve a Austrásia, a Alemanha e a Turíngia; Pepino, a Nêustria, a Borgonha e a Aquitânia; e Grifon, o mais novo, não obteve de seus irmãos senão um apanágio. Esse último, descontente com aquelas disposições, excitou uma revolta contra seus irmãos e obrigou-os a restituírem a coroa da França a Childerico III, filho de Childerico II; todavia não pôde obter uma partilha mais equitativa da sucessão de seu pai, e seus irmãos despojaram-no mesmo das províncias que lhe tinham abandonado.

Carlomano submeteu, em primeiro lugar às suas armas os alemães, os bávaros e os saxônios que governou com sabedoria; em seguida, os padres, aproveitando a franqueza do seu espírito, atemorizaram-no com contos terríveis que espalhavam sobre a condenação de seu pai, e o determinaram a abdicar do poder real para fazer penitência no convento de Monte-Cassino.

Pepino, ficando senhor único do reino, resolveu tomar afinal o título de rei, alvo constante dos projetos ambiciosos da sua família havia mais de um século. O seu primeiro cuidado foi encerrar num claustro seu sobrinho Drogou; depois mandou rapar a cabeça a Childerico III e condenou-o a acabar seus dias no mosteiro de Sitiano, chamado mais tarde o convento de S. Bertin, onde morreu no ano 754, em cheiro de santidade.

O novo monarca restituiu os numerosos domínios que Carlos Martel havia tirado aos bispos, e com as suas liberalidades convidou-os a auxiliarem as suas diligências junto ao soberano pontífice.

Zacarias, que ocupava nessa época a Santa Sede, queria, como os seus predecessores, subtrair-se à autoridade dos imperadores e salvar a cidade santa da dominação dos lombardos. Pepino, astuto e ambicioso, dirigia-se a um papa, não menos astuto e não menos ambicioso, mas mais avaro do que ele; o tratado foi, em seguidos, concluído, e o *maire* do palácio comprou, a peso de ouro, o direito de se apoderar da coroa da França. Já o povo estava habituado a obedecer às suas ordens, e os grandes submetiam-se à sua autoridade, bem como o clero ao seu poder teve, pois, unicamente de reunir os notáveis da nação, e no começo do ano 752, fez-se proclamar soberano na cidade de Soissons.

Assim, acabou a primeira dinastia dos reis francos, depois de ter reinado por espaço de 300 anos no meio de devassidão, de traições, de assassínios e de parricídios. Os carlovingianos, seus sucessores, mostrar-se-ão tão criminosos como eles, e os povos permaneceram esmagados sob a odiosa tirania dos novos reis.

A política dos *maires* do palácio triunfava. Pepino, o Gordo, fizera a conquista moral e religiosa da França. Carlos Martel, a conquista militar; e Pepino, o Breve, colocava enfim na sua fronte o diadema dos reis. Os seus primeiros cuidados foram abolir o cargo que lhe valera a coroa e consolidar o seu poder, empregando alternadamente a política, a religião e as armas. Convocou, em épocas regulares, as assembleias da nação que tinham sido descuidadas pelos últimos reis e depois do seu reinado, tiveram sempre lugar todos os anos no mês de maio, e mudaram a sua designação de Campos de Março para Campos de Maio.

Em seguida, empreendeu a conquista da Setimânia; as suas tropas devastaram os estados do duque de Aquitânia, invadiram a Saxônia e a Lombardia, e durante um reinado de dezesseis anos, Pepino esteve constantemente em guerra com os príncipes vizinhos dos seus Estados. É a esse monarca, e não a Constantino, como os ultramontanos pretendem, que a Santa Sede deve o exarcado de Ravena. Tendo Estêvão III implorado o auxílio de Pepino contra Astolfo, príncipe dos lombardos, ofereceu-lhe, em troca dos seus serviços, sagrá-lo rei da França na presença do clero, dos grandes e do povo.

Essa cerimônia, para os espíritos grosseiros daqueles tempos de barbárie, imprimia um caráter divino na dignidade real. Pepino aceitou as propostas do pontífice, e duas invasões sanguinolentas foram o preço do pacto sacrílego concluído entre o altar e o trono, com prejuízo dos desgraçados povos. O príncipe, tornado mais poderoso, avassalou o parlamento; declarou que aquela assembleia, que noutro tempo decidia os negócios importantes do Estado, não se ocuparia no futuro senão em regular os costumes ou a polícia; de legislativo, o parlamento tornou-se um simples conselho, e, em seguida, o príncipe lhe tirou mais o direito de julgar os crimes dos nobres, assumindo o poder de punir conforme as exigências da sua política. Afinal, morreu de hidropisia na idade de 54 anos, em S. Diniz, onde foi enterrado em 23 de setembro de 768.

Pepino era de pequena estatura, mas dotado de uma força hercúlea, que naqueles tempos bastava para atrair respeito dos homens. Conta-se que um dia o rei, assistindo, na abadia de Ferrieres, a um combate de animais, ordenou aos senhores da sua corte que separassem um leão e um touro que haviam travado uma luta terrível. Os espectadores estavam gelados de terror, e ninguém ousava obedecer ao rei; então Pepino saltou intrepidamente para a arena, com um golpe de espada cortou a cabeça do leão, e derrubou o touro com um golpe do seu gládio. Em seguida, voltando-se para os francos, exclamou: "Não sou eu digno de vos comandar?"

Depois da sua morte, o reino foi dividido entre seus filhos. Carlomano, que tinha em partilha a Nêustria, a Borgonha e a metade da Aquitânia, renunciou, como seu tio, à coroa para se fazer frade, e morreu em Reims em 771, deixando dois filhos sob a tutela de Geerberge, sua mulher. A sua morte deixou Karl, seu irmão, chamado depois Carlos Magno, senhor de toda a monarquia francesa. Esse rei ambicioso, para cingir a fronte com uma coroa de imperador, começou então uma longa série de guerras que duraram trinta anos.

Em primeiro lugar, Karl marcha contra os saxônios; derrota-os nos campos de Paderborn e pilha o seu famoso templo dedicado ao ídolo Irminsul; em seguida, atravessa o monte Cenis, dentre o exército de Didier, rei dos lombardos, pai de sua primeira mulher, e apodera-se dos seus Estados.

Durante a expedição, os saxônios tentam reconquistar a sua independência e, em breve, são forçados a sofrerem de novo o jugo do vencedor.

Adalgiso, filho de Didier, faz, por seu turno, uma tentativa para recuperar os seus Estados: o seu aliado, o duque de Frioul, é batido pelo rei dos francos, feito prisioneiro e condenado a ter a cabeça cortada. Depois dessa execução sanguinolenta, Karl abandona a Itália, entra de novo na França, atravessa os Pireneus e restabelece o mouro Ibn-al-Arobi em Saragoça. Os hunos, os abaros e os gregos sucumbem sob as suas armas; os saxônios, revoltados pela terceira vez, são exterminados pelo vencedor; as mulheres e as crianças são arrancadas dos seus lares e espalhadas pela Flandres, na Helvécia e nas outras partes dos Estados de Carlos Magno; os obotridas, povos vândalos do Mecklemburgo, são transplantados para a Saxônia.

Os eslavônios são subjugados, por seu turno; os normandos, os ingleses e os dinamarqueses são os únicos que resistem às armas do conquistador e invadem as costas da Gália.

Certamente que Carlos Magno previa já as devastações que aqueles bárbaros exerceriam um dia no seu império, porque visitou os seus portos, fez construir um grande número de navios destinados a guardarem as costas e cruzarem no Oceano e no Mediterrâneo, desde a embocadura do Tibre até a extremidade da Germânia.

A atividade inacreditável que esse príncipe desenvolveu durante um reinado de quarenta e seis anos admira, surpreende o espírito. Os seus exércitos cobriam as Gálias, a Alemanha, a Itália, a Parmônia, atravessavam os Alpes e os Pireneus, e por toda a parte Karl, o Grande, saía vitorioso daquelas lutas terríveis, em que povos inteiros se exterminavam para satisfazer a sua ambição.

A sua vida política é tão cheia de acontecimentos extraordinários como a sua vida militar. Em 774, a corte pontifical reconhece-o patrício e rei da Itália.

Em troca, o príncipe confirma as doações feitas à Santa Sede por Pepino, o Breve. Nas atas que asseguram essas possessões à Igreja de Roma, o chefe dos francos toma já o título de imperador, reserva para si a suserania dos Estados da Igreja e obriga o pontífice a declarar, num sínodo convocado no palácio de Latrão, que, para o futuro, os reis francos terão o direito irrevogável de aprovar ou rejeitar a eleição dos papas.

Numa segunda viagem a Roma, Karl faz sagrar reis da Lombardia e da Aquitânia seus filhos Pepino e Luiz; em seguida, reúne o ducado da Baviera à coroa da França. Mais tarde, preside ao célebre concílio de Frankfurt, e decreta que os bens patrimoniais dos eclesiásticos devem reverter para os seus parentes e não para a Igreja, depois da morte dos padres. Os próprios pontífices são obrigados a obedecerem às suas vontades, e Leão III coroa-o imperador do Ocidente. O exílio e a morte da imperatriz Irene impediram-no de realizar o projeto de reunir na sua pessoa os dois impérios do Oriente e do Ocidente, desposando aquela princesa.

Alguns anos antes da sua morte, Carlos Magno convocou a assembleia dos grandes, do clero e do povo para fazer conhecer as suas últimas intenções. No seu testamento, dividia os seus imensos Estados entre seus filhos e reconhecia, contudo, à nação o direito de escolher um rei digno de a governar, mas isso só depois da morte dos príncipes que acabava de coroar.

Por cuidados seus, a cidade de Bolonha viu o seu porto reparado e o farol inteiramente reconstruído. Fundaram-se escolas e academias em todas as províncias do seu império; e os sábios do mundo inteiro foram chamados à sua corte, para estabelecer uma academia modelo, à qual ele presidia em pessoa. Empreendeu formular uma coleção de leis que pudesse servir para todas as necessidades dos seus súditos, e os seus numerosos éditos atestam o quanto era profunda a sua sabedoria. Fez igualmente muitos regulamentos notáveis para estabelecer as relações religiosas e políticas dos seus povos.

Dava-se o nome de artigos, capítulos ou capitulares a todas as leis que haviam sido feitas no tempo dos reis francos. A raça dos merovíngios deixou um pequeno número deles e esses mesmos, de mínima importância. Carlos Magno elaborou 65, contendo 1151 artigos. Essa espécie de ordenanças abrange todas as matérias. Citaremos alguns fragmentos que farão julgar a civilização da França no oitavo século. "Nenhum homem, eclesiástico ou secular, poderá, quer em tempo de abundância ou em tempo de carestia, vender os víveres mais caros do que o preço que estiver estipulado.

"Queremos e ordenamos que nenhum daqueles que servem no nosso palácio tome a liberdade de receber nele os malfeitores que procuram um refúgio sob o nosso teto imperial, e se escondam aí por causa de roubo, homicídio ou adultério. Se algum homem livre violar a nossa proibição e ocultar um criminoso no nosso palácio, terá de o levar aos ombros até a praça pública, e será amarrado aí no mesmo poste com o culpado.

Aquele que encontrar homens batendo-se no nosso palácio, e não puder ou quiser pôr termo à briga, tomará parte no dano que eles causarem.

Aqueles que nos trouxerem de presente algum cavalo farão marcar nele o seu nome.

Carlos, com o auxílio de Deus, rei dos francos e dos lombardos, e patrício dos romanos; aos leitores religiosos submetidos à nossa dominação... Tendo em vista melhorar o estado das nossas igrejas e querendo animar a cultura das letras, quase inteiramente morta pelo embrutecimento e imperícia de nossos antepassados, convidamos ao estudo das artes liberais todos aqueles que puderem entregar-se a ele. Corrigimos já, com o auxílio de Deus, os livros do Antigo e do Novo Testamento, corrompidos pela ignorância dos copistas, e, não podendo, sofrer que nas leituras divinas, nos ofícios sagrados, introduzam-se solecismos discordantes, desejamos reformar as ditas leituras. Portanto, tínhamos encarregado desse trabalho o diácono Paulo, nosso cliente familiar, ordenando-lhe que percorresse com cuidado os escritos dos padres católicos e que escolhesse nesses férteis campos algumas flores, a fim de formar com elas, por assim dizer, uma só grinalda. Solícito em obedecer às nossas ordens, Paulo leu os tratados e discursos dos diversos padres católicos e, escolhendo os melhores, ofereceu-nos, em dois volumes, leituras expurgadas de erros. Tendo examinado atentamente o texto desses volumes, decretamo-los, por autoridade nossa, e os transmitimos à religião dos vossos bispos para o fazerem ler nas Igrejas do Cristo."

A imparcialidade exige que, depois de ter referido as diversas ações de Carlos Magno, traduzamos as diferentes opiniões emitidas sobre esse monarca pelos historiadores.

Megeray exprime-se do seguinte modo sobre as suas qualidades físicas e morais: "O monarca era de estatura avantajada, e o seu corpo, bem-proporcionado; parecia elegante, apesar de uma ligeira obesidade. Tinha o pescoço curto e grosso, os olhos bem rasgados e brilhantes, o nariz comprido e aquilino, a fisionomia aberta e franca, e andar grave; o porte e o gesto marciais, a voz viril e de um timbre um pouco agudo. O seu espírito era brando e jovial, a sua conversação familiar, fácil e insinuante.

"Laborioso, sóbrio, liberal e cortês, Carlos Magno detestava os lisonjeiros; vestia-se com grande simplicidade no interior do seu palácio, mas nas cerimônias públicas, em que a majestade do Estado era representada pelo soberano, nada igualava a magnificência do seu vestuário. Durante as suas refeições, mandava que lhe lessem a história dos reis, seus predecessores, ou as obras de Santo Agostinho. Depois de jantar, repousava duas ou três horas e interrompia o sono da noite para se entregar ao estudo ou à oração; administrava justiça a toda a hora, mesmo quando se estava vestindo. A primavera e o verão eram consagrados às expedições guerreiras; durante o outono, entregava-se aos prazeres da caça; e o inverno era a época dos grandes conselhos ou dos seus trabalhos literários. Muitas horas do dia ou da noite eram empregadas no estudo sério da astronomia e da teologia, ciências nas quais era muito versado.

"Clemente e caridoso, sabia perdoar aos culpados, e as suas liberalidades estendiam-se até a Síria e a África. Os seus tesouros estavam sempre abertos para os sábios e para os artistas. No seu reinado, a França encheu-se de igrejas, de palácios, de edifícios públicos; os portos de mar foram reparados, os caminhos, alargados, os rios, navegáveis; finalmente Karl estabeleceu em todas as cidades marítimas arsenais imensos, e construiu um grande número de navios."

Outros historiadores, longe de nos mostrarem Carlos Magno como o modelo dos príncipes, acusam-no de ter despojado seus sobrinhos dos seus estados, de ter repudiado a filha de Didier e de ter feito morrer seu sogro. Representam-no como um príncipe cruel e devasso, cuja vida privada era manchada pelos desregramentos mais vergonhosos. Dizem que quatro mulheres legítimas não bastavam à sua incontinência; que tinha cinco concubinas, que seus palácios estavam cheios de prostitutas, que as suas guerras religiosas contra os saxônios e as crueldades que praticou contra esses povos corajosos tinham por alvo uma ambição execrável e o desejo de se fazer reconhecer como imperador do Ocidente pelos pontífices de Roma.

Pretendem eles que, para realizar seus projetos, prodigalizou os tesouros da Gália e fez derramar torrentes de lágrimas e o sangue dos povos; finalmente, que os seus atos de clemência e de generosidade tinham por móvel único o orgulho e a superstição; que era mesquinho, parcimonioso e até mesmo de uma avareza sórdida; que se mostrava cuidadoso em excesso dos seus domínios, da venda das suas matas, dos seus fenos, dos seus frutos e dos seus legumes.

Pasquier, nos seus escritos, chama-o ambicioso, cruel, adúltero, incestuoso, e acusa-o de ter manchado o leito de suas filhas. O monge Aimoin, contemporâneo de Luiz, afirma que esse jovem príncipe, na sua elevação ao império, baniu do palácio as cortesãs que ali tinham ficado depois da morte de Carlos Magno, seu pai, e que encerrou suas irmãs em mosteiros, porque foram convencidas de haver tido relações criminosas com criados e soldados. A crônica do mosteiro de Lorch, que refere a história da formosa Imma e de Eginardo, é ainda uma prova irrefragável das desordens da corte do grande imperador. Damos, em seguida, essa narrativa graciosa, tal qual vem referida numa legenda antiga:

"Eginardo, arquicapelão e secretário do imperador Karl, desempenhava irrepreensivelmente o seu ofício junto do rei e fizera-se querido de todos; era amado sobretudo, com grande ardor, pela filha do príncipe, que fora prometida ao rei dos gregos. Decorrera algum tempo, e o amor aumentava todos os dias nos seus corações; detinha-os o receio, e, com medo da cólera imperial, não ousavam correr o grave perigo de se verem. Contudo, o amor infatigável venceu tudo; o impaciente Eginardo, ardendo num fogo abrasador e não ousando dirigir-se à donzela por meio de um mensageiro, encheu-se de confiança em si mesmo e, secretamente, por meio da noite, dirigiu-se aos aposentos que ela habitava. Tendo batido brandamente à porta e como que para falar à donzela em nome do rei, obteve a permissão de entrar, e então, só com ela, deu e recebeu beijos ardentes, e o seu amor gozou do bem que tanto desejava. Mas quando, ao aproximar da luz do dia, quis voltar para de onde tinha vindo, viu que subitamente caíra muita neve e não ousou sair, receando que os vestígios dos pés de um homem traíssem seu segredo. Os dois amantes, cheios de angústia pelo que tinham feito, permaneciam fechados. Afinal, a sedutora donzela, que o amor tornava audaciosa, propôs ao seu amante levá-lo às costas, antes de romper o dia, até o seu quarto, que era no lado oposto do pátio.

E assim fez.

Ora, o imperador, que, pela vontade divina, passara aquela noite na vigília, tendo-se levantado antes do romper da aurora, olhava por uma das janelas do palácio e viu sua filha caminhando lentamente e vergando sob o peso de um grande fardo. Em seguida, foi grande sua admiração ao ver aquele fardo se transformar num ser humano que se dirigia para os aposentos de Eginardo, enquanto sua filha voltava pelo mesmo caminho. Depois de os ter contemplado a ambos por largo tempo, Karl, admirado e pesaroso, pensou que aquele sucesso era filho da vontade do céu; conteve-se e guardou o silêncio sobre o que tinha visto.

Entretanto Eginardo, atormentado pelo que fizera, e certo de que qualquer forma o caso não ficaria por muito tempo ignorado do rei, seu senhor, resolveu afastar-se de sua amante. Na sua angústia, foi ter com o imperador e pediu-lhe de joelhos uma missão no estrangeiro, dizendo que seus serviços, já valiosos, não haviam tido ainda uma recompensa condigna. O rei, não dando a reconhecer o que sabia, respondeu a Eginardo que em breve daria uma solução ao seu pedido e convocou logo os seus conselheiros, os principais do seu reino e os seus outros familiares. Estando reunida essa magnífica assembleia de diversos senhores, começou ele por queixar-se do ultraje que a majestade imperial recebera do amor criminoso de sua filha com seu secretário, acrescentando que se achava profundamente impressionado com isso. Os assistentes estavam espantados e pareciam duvidar ainda, tanto o caso parecia inaudito e ousado.

O rei, depois de ter observado a afeição que cada um lhe consagrava, falou-lhes do seguinte modo: 'Vós não ignorais que muitas vezes coisas que começam por uma desgraça têm um resultado favorável; não devemos, pois, desolar-nos, mas sim prescrutar piedosamente e respeitar as intenções da Providência, que não se engana nunca e sabe transformar o mal em bem. Não infligirei ao meu secretário, por essa ação deplorável, um castigo, que aumentaria a desonra de minha filha, em vez de a remediar. Julgo, pois, de toda a prudência perdoar a sua mocidade e uni-los em matrimônio legítimo, dando, por essa forma, à sua falta, uma cor de honestidade.'

"Tendo ouvido aquela opinião do rei, todos se alegraram e o encheram de louvores pela brandura de seu julgamento. O príncipe fez comparecer Eginardo na sua presença e disse-lhe: 'Fizeste chegar aos nossos ouvidos queixas de que a nossa real munificência não correspondera ainda dignamente aos vossos serviços. É a vossa negligência que se deve acusar; porque, no meio de negócios tão importantes, cujo peso eu suporto sozinho, não podia adivinhar os vossos desejos e pensar em conceder aos vossos serviços as honras que lhe são devidas. Farei, pois, cessar as vossas queixas com um presente magnífico, dando-vos minha filha em casamento?'

"Imediatamente, por ordem do rei, e no meio de um séquito numeroso, mandaram buscar a formosa Imma; e seu pai, entregando-a a Eginardo, com um rico dote, alguns domínios, muito ouro e prata e uma grande profusão de estofos e móveis preciosos."

Quaisquer que sejam os crimes de Carlos Magno, aparece ele como um dos maiores homens que tenham atravessado a história. A proteção que dispensou às letras, às artes e às ciências, o cuidado que teve na instrução pública, tornam-no recomendável e dispõem-nos a atribuir a causa dos seus vícios à barbárie da época.

A sua velhice foi tão laboriosa quanto o fora a sua mocidade; afinal, morreu em 28 de janeiro de 814, com 71 anos de idade. A sua inumação teve lugar na capital do seu império, em Aix-la-Chapelle; o cadáver foi colocado sentado num trono de ouro, revestido com a púrpura imperial e com um chapéu de peregrino. Puseram-lhe na cabeça uma coroa de ouro, um cálice na mão, uma espada ao lado e, sobre os joelhos, um livro do Evangelho; aos pés, depositaram-lhe um cetro e um escudo de ouro, encheram o túmulo de moedas de ouro, pedrarias e perfumes, e foi selado com selo real.

Por sobre o monumento, elevaram um arco de triunfo, no qual foi gravado o seguinte epitáfio: "Aqui repousam os restos mortais de Carlos Magno, grande e ortodoxo imperador. Dilatou gloriosamente o reino dos francos e governou-o prosperamente pelo período de 47 anos."

Nono Século

Estevão V

101º Papa

Reflexões sobre a história eclesiástica do nono século. – Eleição de Estevão V. – Sua viagem à França. – O imperador Luiz recebe o papa com grandes honras. – Regresso do pontífice a Roma. – Morte de Estevão V.

No começo do nono século, a Santa Sede achava-se liberta do jugo dos imperadores gregos, dos exarcas de Ravena e dos reis dos lombardos. E, com efeito, os papas, coroando Carlos Magno imperador do Ocidente, haviam preparado aos seus sucessores protetores poderosos e interessados, que, para manterem sua tirania sobre os povos, obrigaram todos os bispos a submeterem-se, sem exame, às decisões da corte de Roma.

Ao mesmo tempo, porém, operou-se na religião uma mudança singular; as santas tradições foram desprezadas, e ultrajada a moral do Cristo; a ortodoxia da Igreja consistia tão somente na soberania do papa, na adoração das imagens e invocação dos santos, no cântico sagrado, na solenidade das missas, na pompa das cerimônias, na consagração dos templos, no esplendor das basílicas, nos votos monásticos e nas peregrinações.

Roma impunha o seu fanatismo e as suas superstições a todas as outras Igrejas; a moral, a fé e a verdadeira piedade eram substituídas pela cupidez, pela ambição e pela luxúria; a ignorância do clero era tão profunda que se exigia unicamente dos príncipes e dignatários eclesiásticos que soubessem cantar a oração dominical, o símbolo e os cânones da missa. A proteção que Carlos Magno dispensara às letras foi impotente para mudar os hábitos vergonhosos dos padres, para os fazer sair do embrutecimento em que estavam sepultados, e os papas que quiseram formar indivíduos aptos e capazes tiveram de educar nos seus palácios as crianças que mostravam aptidão para as ciências.

Estevão V, que era de uma das famílias mais consideradas de Roma, foi admitido no palácio patriarcal de Latrão, segundo o costume da época, a fim de completar a sua educação. O pontífice Leão ordenou-o subdiácono e, mais tarde, conferiu-lhe o diaconato, quando reconheceu que o jovem eclesiástico era digno da sua proteção pela aplicação constante que votava aos seus estudos.

Depois da morte do papa, Estevão reuniu os sufrágios unânimes do clero, dos grandes e do povo, e foi designado para lhe suceder no trono de S. Pedro. O primeiro cuidado do novo pontífice foi enviar os seus legados junto do imperador Luiz para lhe pedir uma entrevista.

Este modo de proceder era exigido pelos interesses da Santa Sé, que estava ameaçada pelo imperador do Oriente; e como o perigo era iminente, Estevão resolveu dirigir-se à França, sem esperar o regresso dos seus enviados, nem mesmo a resposta de Luiz. Sabendo o monarca francês que o Santo Padre se pusera a caminho para os seus Estados, enviou imediatamente correios extraordinários a seu sobrinho Bernardo, rei da Itália, com ordem de acompanhar o pontífice de além dos Alpes; ao mesmo tempo, enviou embaixadores e guardas que lhe serviram da escolta até Reims.

À chegada de Estevão, o imperador ordenou aos grandes dignatários do seu reino, ao arquicapelão Hildebalco, a Teodulfo, bispo de Orleans, a João, metropolitano de Arles, e a muitos outros prelados, que se dirigissem ao encontro do papa, em grande cerimônia. Ele mesmo avançou com a sua corte até o mosteiro de S. Remi e, quando avistou o pontífice, apeou do cavalo e prostrou-se diante dele, dizendo: "Abençoado seja aquele que vem em nome do Senhor." Estevão pegou-lhe na mão, respondendo: "Bendito seja Deus que nos deixou ver um segundo Davi." Então abraçaram-se e dirigiram-se à metrópole, onde foi cantado um *Te Deum*. Um e outro oraram por largo tempo em silêncio; afinal, o papa levantou-se e, com voz retumbante, entoou cânticos de alegria em honra do rei da França.

No dia seguinte, entregou à rainha e aos grandes oficiais da corte os presentes que trouxera de Roma, e no domingo seguinte, antes de celebrar o serviço divino, sagrou de novo o imperador, colocou-lhe na cabeça uma coroa de ouro enriquecida de pedrarias e apresentou-lhe uma outra destinada a Hermengarda, a quem deu o nome de imperatriz.

Durante a sua estada em Reims, Estevão entreteve-se todos os dias com Luiz sobre negócios da Igreja e obteve dele tudo quanto lhe pediu, fazendo mesmo restituir a liberdade aos assassinos que haviam atentado contra a vida de Leão III.

Há todo o lugar de crer que os regulamentos dados então por este imperador para a pretendida reforma dos eclesiásticos regulares foram o fruto das suas conferências com o Santo Padre. Esses decretos diziam respeito, sobretudo, aos abusos que se haviam introduzido na Igreja relativamente aos cônegos e cônegas. Depois de S. Crodegang, o primeiro reformador dessa ordem, os religiosos e religiosas que faziam parte dela haviam caído na depravação mais singular; no mesmo convento viviam homens e mulheres entregando-se sem pudor às mais vergonhosas libertinagens, à luxúria, à embriaguez, à preguiça, e tinham a impudência de educar publicamente e de conservar na sua companhia os filhos dos seus adultérios e dos seus incestos. Luiz, por instigação sempre do papa, decretou que habitariam conventos separados e autorizou-os unicamente a conservarem casas, a título de propriedades comuns, onde lhes permitiu que reunissem de dia as pessoas que lhes fossem agradáveis. Determinou, além disso, a quantidade de carne e de vinho que deviam consumir, a fim de pôr um termo à sua glutonaria.

Proibiu-lhes igualmente que usassem o hábito monacal e ordenou que adotassem por insígnia da sua dignidade uma romeira preta, que ainda hoje é um distintivo de cônego.

Finalmente, o pontífice regressou à Itália cheio de honras e de presentes, mas não gozou por muito tempo nem do favor do monarca francês nem da autoridade pontifical. Morreu em 22 de janeiro de 817, tendo ocupado a Santa Sede pelo espaço de sete meses.

Pascoal I

102º Papa

Eleição de Pascoal. — Luiz dirige admoestações aos romanos. — Novas doações feitas à Igreja. — Fábula ridícula sobre Santa Cecília. — O papa mandar arrancar os olhos e a língua a dois padres romanos que haviam permanecido fiéis à França. — Luiz ordena um inquérito a esse respeito. — O pontífice justifica-se por juramento dos assassínios de que é acusado. — Morte do papa Pascoal.

Pascoal, filho de Bonoze, educado, como seu predecessor, no palácio patriarcal de Latrão, recebera de Leão III o governo do mosteiro de Santo Estevão, situado próximo à Igreja de S. Pedro. Era encarregado de distribuir esmolas aos pobres de Roma e, particularmente, aos peregrinos dos países longínquos. Essas funções granjearam-lhe riquezas consideráveis, que empregou mais tarde em cabalas para alcançar o papado.

Depois da morte de Estevão, a Santa Sede permaneceu vaga por alguns dias; o povo e o clero, tendo-se reunido, elegeram o padre Pascoal, que se fez sagrar sem esperar a chegada dos comissários do imperador. O papa, conhecendo a fraqueza do monarca francês, nem sequer se deu ao trabalho de se desculpar por aquela falta de cortesia e atribuiu a culpa aos romanos, que o tinham obrigado a sagrar-se imediatamente, para que pudesse exercer as funções pontificais. Então Luiz notificou aos cidadãos de Roma que tomassem cuidado, no futuro, de ferirem assim a majestade imperial, e que observassem mais religiosamente os usos dos seus antepassados.

Mas esse príncipe pusilânime arrependeu-se em seguida de ter mandado escrever palavras tão severas; e para resgatar a sua culpa, renovou o tratado de aliança que confirmava à Santa Sede as doações de Pepino e de Carlos Magno, seu avô e seu pai; aumentou mesmo os domínios da Igreja e reconheceu a soberania absoluta do pontífice sobre muitos patrimônios da Campânia, da Calábria, dos campos de Nápoles e de Salerno, assim como a jurisdição dos papas sobre a cidade e o ducado de Roma, sobre as ilhas de Córsega, de Sardenha e de Sicília. E quanto a esta última província, presume-se que foi acrescentada ao ato de soberania por uma interpolação fraudulenta, porque é certo que a Sicília, nessa época, não pertencia aos príncipes franceses e que fazia parte dos Estados do império do Oriente. Finalmente, Luiz, renunciando aos privilégios da sua coroa, assegurou aos romanos o direito de livre eleição e concedeu-lhes a autorização de não enviarem legados à França senão depois da consagração dos papas.

A corte de Roma tornou-se então uma potência formidável; não somente os papas possuíam rendas imensas, mas ainda os soberanos do Ocidente punham os seus exércitos às suas ordens, arruinavam os impérios, exterminavam os povos em nome de S. Pedro e enviavam os despojos dos vencidos para aumentar as riquezas do clero romano e para alimentar a preguiça e a lascívia dos frades. Os pontífices não se contentavam em tratar de igual a igual os príncipes; recusavam-se a receber os seus enviados e abrir as suas mensagens.

Assim, tendo o imperador do Oriente Leão V, e Teodoro, patriarca de Constantinopla, dirigido a Pascoal apocrisiários encarregados de o consultar sobre o culto das imagens, o Santo Padre recusou-se a vê-los e fê-los expulsar vergonhosamente de Roma. Os embaixadores foram obrigados a voltar para Bizâncio com seus despachos.

Pascoal, animado pelos elogios de Teodoro Studita, adorador zeloso das imagens, teve a imprudência, depois daquele excesso de audácia, de enviar legados a Constantinopla para ordenar ao imperador e ao patriarca que restabelecessem o culto das imagens, ameaçando-os com a sua cólera, se persistissem na sua heresia. Por seu turno, o príncipe usou de represálias para com os enviados do pontífice; mandou-os açoitar em todas as praças da cidade, e, para se vingar do Santo Padre, mostrou uma severidade extrema para com os iconoclastas.

Pascoal, desejando sustentar a sua luta com o imperador, fez publicar que todos os cristãos de Constantinopla que tivessem sofrido pela fé da igreja seriam acolhidos em Roma e sustentados à custa de S. Pedro. Para esse efeito, restabeleceu a basílica de S. Praxedes e fundou para os orientais um imenso mosteiro, no qual se celebrava de dia e de noite o ofício divino na língua grega; consignou ao convento rendimentos consideráveis em terras e edifícios, ornou esplendidamente o interior da igreja e colocou no altar-mor um tabernáculo de prata do peso de 800 libras.

Todas essas liberalidades esgotaram os seus tesouros, e como os fiéis mostravam má vontade em despojar-se a favor dos estrangeiros, o papa imaginou um expediente singular para fazer afluir as esmolas. Mandou reedificar a igreja de Santa Cecília, que caíra em ruínas, e fê-la ornar com grande magnificência; em seguida, colocou no altar-mor o relicário da santa, mas sem as relíquias. No domingo seguinte, convocou o povo às matinas na catedral e, enquanto estava prostrado, fingiu sucumbir a um sono sobrenatural.

Apenas adormecido, Santa Cecília apareceu em pessoa ao Santo Padre, em toda a sua glória, e falou-lhe nos seguintes termos: "Padres impuros e pontífices sacrílegos procuraram já os meus despojos mortais; mas os seus olhos abriram-se na obscuridade, e as suas mãos perderam-se nas trevas, porque Deus tinha decidido que só a vós estava reservado encontrar o meu corpo." Pronunciando essas palavras, designou-lhe com a mão um lugar do cemitério de Pretextato, e a visão desapareceu.

Pascoal acordou no mesmo instante e instruiu os padres daquela visão milagrosa; em seguida, dirigiu-se com o seu clero ao lugar indicado; pegou ele mesmo numa enxada, cavou a terra e descobriu o corpo da santa envolto em um tecido de ouro; aos seus pés estavam roupas recentemente impregnadas de sangue, e aos seu lado os ossos de Valeriano, seu esposo. O papa mandou colocar aquelas relíquias milagrosas num relicário deslumbrante de pedrarias e fê-las transportar solenemente para a igreja que ele fundara em honra de Santa Cecília.

Depois daquela descoberta maravilhosa, as ofertas dos fiéis e os presentes dos peregrinos afluíram à nova igreja e vieram aumentar as riquezas do Santo Padre.

O mesmo milagre, renovado muitas vezes pelos sucessores do pontífice, tem encontrado sempre homens símplices e crédulos.

"Este primeiro sucesso, diz um autor antigo, convidou o Santo Padre a fabricar santos para vender os seus ossos a toda a cristandade, e esse comércio produziu-lhe fabulosas somas de dinheiro." O escritor devia ter acrescentado que esse tráfico abominável se estendeu rapidamente entre os frades, que criaram milhares de santos e tiveram loja aberta para a venda do lenho da verdadeira cruz, cabelos e pelos das partes vergonhosas de S. José, de S. João Batista, da Virgem etc. E, devemos dizê-lo, nos séculos seguintes, no reinado de S. Luiz, alguns padres tiveram a audácia de vender ao duque d'Anjou, irmão do rei, abominação e sacrilégio!, o prepúcio de Jesus Cristo e expô-lo numa igreja à adoração dos fiéis.

Enquanto o soberano pontífice se ocupava em aumentar os tesouros da Santa Sede, os muçulmanos trabalhavam em aumentar a extensão do seu império e faziam valer, como prova indubitável da excelência da sua fé sobre a dos cristãos, a rapidez das suas conquistas. O imperador Leão, imaginando que a idolatria de seus súditos era a causa única das suas contínuas derrotas, em vez

O campo da mentira

de empregar a sua energia combatendo os árabes, tratou exclusivamente de fazer a guerra às imagens. Para esse fim, reuniu a si dois inimigos encarniçados da iconolatria, João Hilos e o monge Antônio, que se ocuparam em compulsar todos os livros que tratavam da questão das imagens. Terminado o inquérito, os dois padres vieram declarar ao príncipe que estava incontestavelmente provado que o pretendido pretexto que obrigava os cristãos a adoraram as representações das coisas sagradas não se encontrava escrito em parte alguma. Leão mandou chamar o patriarca Nicéforo, ordenou-lhe que se declarasse contra o culto das imagens, e, recusando-se ele a obedecer, ameaçou-o de mandar quebrar todas as estátuas que ornavam as igrejas, assim como os quadros que cobriam as paredes das basílicas. Tendo o prelado persistido na sua resistência, a execução seguiu de perto a ameaça; não somente Leão destruiu as estátuas e as pinturas das igrejas, como perseguiu os fiéis que eram suspeitos do crime de iconolatria. O patriarca Nicéjoro foi exilado, e a sua sede dada ao ignaro Teodósio, que se esforçou para manter as ordenanças do soberano, empregando alternativamente todos os meios de corrupção e de intimidação. Teodósio convocou, em seguida, em concílio os mais fogosos bispos iconoclastas e fulminou com eles anátemas terríveis contra os seus inimigos. Alguns mesmo, tendo de julgar muitos prelados que por simplicidade ou ignorância seguiam os erros da corte de Roma, chegaram a ponto de lhes baterem, em plena assembleia, com os pés, com as mãos e com os próprios báculos. O furor do proselitismo levou-os a decretarem que todos os cidadãos, suspeitos de iconolatria, teriam a língua cortada e os olhos arrancados. Os ortodoxos resistiram às perseguições e esperaram com paciência que a morte de Leão V lhes permitisse usarem de represálias.

Nessa época, Lotário, filho mais velho do imperador Luiz, viera a Roma para se fazer sagrar pelo pontífice, e escandalizaram-no as desordens que existiam na cidade santa e, particularmente, no palácio do papa, que parecia um lupanar dessas cidades malditas devoradas noutro tempo pelo fogo do céu; fez severas admoestações a Pascoal, e ameaçou-o, em nome do imperador seu pai, com entregar o exame das suas ações à autoridade de um concílio. O pontífice prometeu reformar os seus costumes; mas, logo que o jovem príncipe saiu da Itália, mandou prender Teodoro, primiciário da Igreja romana, e Leão, o nomenclador, dois padres venerandos que ele acusava de o terem prejudicado junto de Lotário. Fê-los conduzir ao palácio de Latrão, e na sua presença mandou-lhes arrancar os olhos e a língua; em seguida, entregou-os nas mãos do algoz para serem decapitados.

Luiz, instruído dessa execução sanguinária, enviou o abade de S. Wast e Humphroy, senhor de Coése, para abrirem um inquérito contra o papa; mas já o astuto Pascoal expedira dois legados à corte da França para pedir ao monarca que não prestasse fé às calúnias que o representavam como o autor de um crime no qual ele não tomara parte alguma. As explicações dos embaixadores abalaram as convicções do príncipe; contudo, Luiz fez partir os seus dois comissários para Roma com plenos poderes.

Estes nem sequer tiveram tempo para tomar informações sobre o procedimento do papa; à sua chegada, Pascoal apresentou-se no seu palácio, cercado de todo o seu clero, e pediu para se justificar por juramento, em pleno concílio e na sua presença. No dia seguinte, reuniu no palácio de Latrão 34 bispos vendidos à Santa Sé, assim como um grande número de padres, de diáconos e de frades; e, perante essa assembleia, jurou que estava inocente da morte do primiciário e do nomenclador. Então os enviados da França pediram que lhes fossem entregues os assassinos; o pontífice repeliu a sua reclamação sob pretexto de que os culpados eram da família de S. Pedro, e que era do seu dever protegê-los contra todos os soberanos do mundo; além disso, acrescentou ele, "Leão e Teodoro foram justamente condenados por crime de lesa-majestade".

Em seguida, o Santo Padre enviou uma nova embaixada composta por João, bispo, pelo bibliotecário Sérgio, e por Leão, senhor da Nubeia, a fim de convencer o monarca da sinceridade dos seus protestos. O imperador Luiz não julgou conveniente, para a dignidade da Igreja, levar mais longe as investigações, temendo ver-se forçado, para punir um crime, a entregar ao algoz a cabeça de um pontífice assassino.

No seu regresso a Roma, os legados encontraram Pascoal perigosamente enfermo, vindo a morrer em 11 de maio de 824, depois de um reinado de sete anos e três meses. O pontífice foi enterrado no cemitério de Santa Praxedes, pois que os romanos se opuseram a que fosse inumado na catedral de S. Pedro.

Pascoal foi colocado depois na ordem dos santos, e a Igreja venera a sua memória em 14 de maio de cada ano.

Eugênio II

103º Papa

Eleição de Eugênio II. – Viagem de Lotário a Roma. – Obriga o papa a restituir as riquezas roubadas aos cidadãos pelos seus predecessores. – Constituição de Lotário. – Reprime a avareza e a ambição dos pontífices. – Carta do imperador Miguel sobre as superstições das imagens. – Os bispos franceses, reunidos em concílio, rejeitam a autoridade do papa. – Desordens e ignorância profunda do clero. – Concílio de Roma. – Morte do pontífice.

Depois da morte de Pascoal, os romanos dividiram-se em duas facções e proclamaram dois pontífices. Um padre chamado Zinzinus tinha no seu partido os nobres, os magistrados e o clero; Eugênio, seu competidor, apresentava-se como o eleito do povo. Como essa segunda facção era a mais poderosa, Zinzinus foi obrigado a abdicar do papado e ceder o lugar a Eugênio, que se assentou no trono de S. Pedro. O novo pontífice era romano de origem e filho de Boemundo. O bibliotecário Anastácio diz formalmente que a simplicidade, os bons costumes e a humildade de Eugênio o tornavam muito recomendável.

Depois da sua ordenação, Sua Santidade informou o rei da sedição que se levantara em Roma por ocasião da sua eleição, pedindo-lhe que mandasse castigar os culpados. O imperador enviou Lotário para que ele desse uma conta exata de todo esse negócio, e fez acompanhar seu filho pelo venerável Hilduíno, abade de S. Diniz e arquicapelão.

A sua chegada à cidade santa, tendo o príncipe feito anunciar que ouviria todas as queixas dos cidadãos, famílias inteiras vieram lançar-se aos seus pés, reclamando justiça contra a Santa Sede, e Lotário pôde julgar o quanto os indignos predecessores de Eugênio tinham sido pródigos em condenações injustas, unicamente para se apoderarem das riquezas do povo. Ordenou ao Santo Padre que restituísse às famílias as terras e os domínios que tinham sido confiscados injustamente; e, para prevenir novos abusos, fez publicar a constituição seguinte na presença do povo reunido na catedral de S. Pedro.

"É proibido, sob perda da vida, ofender aqueles que estão colocados sob a proteção especial do imperador.

Os pontífices, os duques e os juízes deverão administrar ao povo uma justiça equitativa. Nenhum homem, livre ou servo, impedirá o exercício do direito de eleição dos chefes da Igreja, que pertencia aos romanos, segundo a antiga concessão que lhes foi feita por nossos pais.

Queremos que sejam estabelecidos comissários pelo papa, a fim de nos avisarem todos os anos de que modo é a justiça administrada aos cidadãos e como é observada a presente constituição. Queremos bem que se pergunte aos romanos em que lei querem viver, a fim de serem julgados segundo a lei que tiverem adotado, o que lhes será concedido pela nossa autoridade imperial.

Finalmente, ordenamos a todos os dignatários do Estado que compareçam na nossa presença e prestem juramento de fidelidade nos seguintes termos: 'Juro ser fiel aos imperadores Luiz e Lotário, apesar da fé que prometi à Santa Sede; e obrigo-me a não permitir que se eleja um papa não canonicamente, nem que seja consagrado antes de ter renovado perante os comissários dos soberanos o juramento que é presentemente formulado pelo pontífice atualmente reinante, Eugênio II'."

Aventino afirma que essa constituição restabeleceu a tranquilidade em Roma e fez cessar as desordens que agitavam toda a Itália, pela ambição, avareza, astúcia e crueldades dos papas.

No seu regresso à França, Lotário encontrou os embaixadores do imperador Miguel, por alcunha o Gago, encarregados de o instruírem na nova vitória que ele alcançara sobre o usurpador Tomás e do feliz fim das guerras civis que tinham desolado o império. Os enviados gregos entregaram a Luiz cartas da sua corte relativamente ao culto das imagens, que era sempre a grande questão religiosa.

Fazemo-vos saber, escrevia Miguel, que um grande número de padres e de frades, por instigação dos bispos de Roma, afastam-se das tradições apostólicas e introduzem novidades condenáveis no culto cristão. Tiram as cruzes das basílicas e substituem-nas por imagens, diante da quais acendem lâmpadas e queimam incenso. Os devotos e os símplices envolvem em roupas esses ídolos e aceitam-nos como madrinhas dos seus filhos; oferecem-lhes os primeiros cabelos dos recém-nascidos e prostram-se diante deles entoando cânticos e implorando o seu auxílio.

Os padres, no seu fanatismo, raspam as tintas dos quadros e misturam essas matérias profanas no vinho da eucaristia que dão aos fiéis; outros eclesiásticos depositam o pão consagrado nas mãos das estátuas de pedra e administram-no, em seguida, aos que comungam; muitos monges ousam celebrar os divinos mistérios sobre tábuas com figuras de santo e chamam a esses altares, mesas privilegiadas.

Para remediar o escândalo desses abusos, os imperadores ortodoxos e os novos bispos tinham reunido um concílio para decidir que as imagens seriam colocadas nos templos em altura conveniente, a fim de impedir que os fanáticos acendessem lâmpadas em sua honra ou lhes oferecessem incenso. Mas os padres, a quem essa superstição condenável enriquecia, não quiseram reconhecer a autoridade dos nossos sínodos, apelaram para a sede de Roma, e os pontífices, na esperança de partilharem com eles as ofertas dos fiéis, colocaram-se do seu partido e caluniaram a Igreja grega. Desprezamos refutar as matérias infames dos bispos de Roma, e declaramo-nos unicamente a nossa fé ortodoxa. Confessamos a trindade de um Deus em três pessoas, a encarnação do Verbo, as suas duas vontades e as suas duas operações. Pedimos nas nossas orações a intercessão da Santa Virgem, Mãe de Deus, e de todos os santos, e veneramos as suas relíquias; reconhecemos a autoridade das tradições apostólicas e as ordenanças de seis concílios ecumênicos; finalmente, apesar da nossa justa indignação contra a corte de Roma, consentimos em reconhecer a sua supremacia sobre as outras Igrejas. Enviamos mesmo ao papa Eugênio um Evangelho, uma pátena e um cálice guarnecido de ouro e de pedrarias, para serem oferecidos à basílica de S. Pedro pelos nossos embaixadores, aos quais vos pedimos façais acompanhar até Roma."

Luiz mandou-os conduzir à Itália com uma escolta numerosa, da qual fazia parte Fortunato, patriarca de Grade, que devia ser julgado pelo pontífice, relativamente aos debochos que o haviam feito expulsar da sua sede pelos venezianos e pelos gregos.

Durante a estada dos enviados de Miguel, os bispos franceses, Freculfo e Adgário, pediram ao Santo Padre, em nome de Luiz, a autorização de reunir um concílio nas Gálias para examinar a questão das imagens. Não tendo Eugênio ousado recusar o seu consentimento, apressaram-se em instruir disso o imperador, que ordenou aos bispos do seu reino se reunissem em Paris no primeiro de novembro do ano seguinte.

Nessa assembleia, tomou-se conhecimento da carta do papa Adriano dirigida ao príncipe Constantino e à sua mãe, a imperatriz Irene; os padres censuraram o pontífice de ter ordenado aos gregos a adoração das imagens e rejeitaram o concílio de Niceia e o sínodo dos iconoclastas como tendo um e outro conciliábulos sacrílegos. Aprovaram os dogmas ensinados nos livros carolinos e chamaram ímpias as respostas que Adriano dirigira a Carlos Magno sobre essas capitulares.

Finalmente, terminadas as discussões, Amalário e Holitgário, bispo de Cambraia, foram encarregados de levar a Luiz, em nome da assembleia, a carta seguinte: "O ilustre imperador, vosso pai, mandando que lhe lessem as atas do sínodo de Niceia, encontrou nelas muitas coisas condenáveis; dirigiu a esse respeito observações judiciosas ao papa Adriano, a fim de que o pontífice censurasse, pela sua autoridade, os erros dos seus predecessores; mas este, favorecendo aqueles que sustentavam a superstição das imagens, longe de obedecer às ordens do príncipe, protegeu os iconólatras.

"Portanto, apesar do respeito devido à Santa Sede, somos forçados a reconhecer que, nessa grave questão, enganou-se ele completamente, e que as explicações que deu dos livros sagrados são opostas à verdade e destroem a pureza da fé.

Sabemos quanto deveis sofrer vendo que os pontífices romanos, essas potências da Terra, têm-se afastado dos preceitos divinos e caído no erro; contudo, não nos deixaremos influir por essa consideração, porque se trata da salvação de nossos irmãos.

Pedimo-vos, pois, ó príncipe, que dirijais repreensões severas às Igrejas de Roma e de Constantinopla, a fim de fazer recair sobre elas o escândalo da dupla heresia da adoração ou do desprezo das imagens; porque é condenando abertamente os iconoclastas e os iconólatras que introduzireis de novo a ortodoxia e que assegurareis a salvação dos povos."

Assim, os cristãos da Gália não somente repeliam o dogma da infalibilidade dos papas, pois dois imperadores muito religiosos, Carlos Dagno e Luiz, e um grande número de prelados reconheciam que a Santa Sede se enganara completamente na questão das imagens; mas se recusavam, ainda, a submeter-se aos decretos de um sínodo universal que fora, contudo, aprovado pelo papa e ao qual haviam assistido os seus legados.

Os protestantes tiraram disso logicamente a seguinte consequência: "Se príncipes, bispos e concílios puderam rejeitar o culto das imagens como uma prática supersticiosa e idólatra, sem serem heréticos e sem incorrerem na excomunhão, podemos nós, livremente, hoje seguir esse exemplo; porque o que é permitido uma vez pelos dogmas religiosos deve sê-lo sempre, pois as leis divinas não podem ser reformadas pelo capricho dos homens como as leis políticas".

As desordens e a devassidão do clero, nesses séculos de trevas, tinham destruído inteiramente a disciplina eclesiástica; a corrupção dos costumes era assustadora, sobretudo nos conventos de frades e de religiosas.

Eugênio II empreendeu reformar os abusos e convocou um sínodo de todos os prelados da Itália; 60 bispos, 18 padres, seis diáconos e um grande número de eclesiásticos e de frades obedeceram às ordens do Santo Padre. Essa assembleia reunia todos os prelados mais capazes da Itália; contudo, a sua ignorância era tão profunda que foram obrigados a copiar o prefácio das atas de um concílio convocado no tempo de Gregório II, para lhes servir de discurso de introdução. Eis os decretos que eles publicaram: "Serão estabelecidas escolas nos bispados, nas paróquias e nos outros lugares onde forem reconhecidas indispensáveis. Construir-se-ão claustros junto das catedrais e será ordenado aos eclesiásticos estudarem e viverem ali em comum sob a direção de um superior nomeado pelo bispo da diocese.

"Os curas não poderão ser encarregados do governo de uma paróquia senão com o consentimento do povo, e os padres não serão ordenados senão por um único título, a fim de não serem obrigados a habitar em casas seculares, ao abrigo da inspeção dos seus chefes.

É proibido aos eclesiásticos ocuparem-se de usura, de caça ou dos trabalhos de cultura. Aparecerão sempre em público revestidos com os seus hábitos sacerdotais, para estarem prontos constantemente para desempenhar as funções do seu ministério e para não se acharem expostos aos insultos dos seculares que poderiam desconhecê-los sob o traje secular.

"É expressamente proibido aos prelados aproveitarem-se dos bens das paróquias ou lançar impostos sobre os diocesanos; contudo, é-lhes permitido aceitar as ofertas dos fiéis, a fim de aumentarem as riquezas da Igreja.

"Os eclesiásticos serão dispensados de comparecerem perante a justiça, a menos que os seus depoimentos ou testemunhos sejam absolutamente necessários. Nos processos em que tiverem parte, far-se-ão substituir por advogados encarregados de os defender, exceto nas acusações criminais nas quais são autorizados a comparecer em pessoa, se o interesse da causa o exigir."

Eugênio II morreu algum tempo depois de ter presidido a esse sínodo e foi enterrado em S. Pedro no dia 27 de agosto de 827.

Alguns autores eclesiásticos afirmam que o pontífice distribuía pela sua própria mão socorros aos enfermos, às viúvas e aos órfãos. E, com efeito, o cuidado extremo com que ele tratou, durante os três anos do seu reinado, de abastecer Roma com trigos da Sicília, deu-lhe o nome de Pai dos pobres; título até então desprezado pelos seus orgulhosos predecessores.

Os decretos publicados pelo último concílio e que eram inspirados por um grande espírito de sabedoria não tiveram, infelizmente, o poder de reformar os costumes corrompidos dos padres, nem de os excitar ao estudo. O clero não mudou coisa alguma nos seus hábitos viciosos e permaneceu sepultado, como antes, numa tão profunda ignorância, que se citavam como homens muito instruídos aqueles dentre os bispos que sabiam batizar segundo as regras, os que podiam explicar em língua vulgar o *Pater* e o Credo, e os que possuíam a chave do calendário da Igreja.

E quanto aos outros eclesiásticos, não sabiam sequer distinguir os nomes dos anjos e dos demônios, e invocavam solenemente nas ladainhas, Uriel, Raquel, Tobiel, Inias, Tubinac, Sabaoc e Simiel, declarados todos espíritos das trevas pelo pontífice Zacarias.

Nas igrejas, no dia da festa do Natal, anunciavam aos fiéis que o Verbo entrara no mundo pelo ouvido da Virgem santa, e que na sexta-feira santa se fora para o céu pela porta de ouro. Quase todos os padres eram antropomórficos, isto é, acreditavam em Deus corporal; não conheciam nem o símbolos dos apóstolos, nem o da missa, nem o de Santo Atanásio, nem mesmo a oração dominical.

Os sermões dessa época deviam, necessariamente, ressentir-se da ignorância do clero. Contentamo-nos com traduzir uma passagem de um discurso do pregador mais afamado no reinado de Luiz, que é considerado como um modelo de eloquência pelo cronista que o transmitiu. Será fácil, segundo esse exemplo, avaliar o que deviam ser os sermões dos pregadores ordinários. "Meus irmãos, dizia ele aos seus ouvintes, o diabo, com os seus grandes chavelhos, não pescava antigamente senão a linha; hoje recolhe o peixe às redes. Antigamente tinha alguma honestidade na vida do matrimônio; agora é tudo matéria. Noutro tempo, os homens de 30 e mesmo de 40 anos sabiam apenas o que era o ato de fornicação; hoje, rapazes e moças, desde a idade de 15 e mesmo de 12 anos, divertem-se nisso uns com os outros e seriam capazes de dar lições aos próprios pais. Por toda a parte o diabo pesca nas águas turvas e reúne na sua caldeira os fornicadores, os ladrões, os usuários, as prostitutas e as rameiras. Vós todos, gente de má vida que me escutais, vós sois os ajudantes do grande Lúcifer na sua pescaria. Sabei, pois, a recompensa que vos espera na outra vida. Rangereis todos os dentes quando os diabos vos ferirem com as suas varas de fogo, exatamente na parte que tiver pecado; por isso, mulheres luxuriosas e mancebos sodomitas que me escutais, ficai advertidos e tomai as vossas precauções para resguardar as vossas partes vergonhosas. Há apenas um meio de vos livrardes do inferno: é dar dinheiro à Igreja!..."

Valentim

104º Papa

Origem de Valentim. – Sua educação. – É protegido por Eugênio II. – Opinião dos historiadores sobre a eleição do pontífice. – Elogio de Valentim. – Sua morte.

Valentim, romano de nascimento, era filho de um cidadão chamado Pedro. Fora educado no palácio patriarcal de Latrão, e o pontífice Pascoal I, para recompensar o jovem eclesiástico da sua assiduidade no estudo, ordenara-o subdiácono. Eugênio II consagrou-lhe uma afeição tão viva que os romanos afirmavam que o pontífice era o verdadeiro pai de Valentim; consagrou-o arquidiácomo, conferiu-lhe uma autoridade absoluta sobre todos os eclesiásticos da sua corte, e encheu-o de favores e de riquezas. Os bispos, invejosos do poder do favorito, espalharam boatos infames sobre Valentim, que acusavam de entreter relações criminosas com o papa.

Contudo, a influência de Valentim era tão grande que, depois da morte do seu protetor foi elevado à Santa Sede pelos sufrágios do clero, dos grandes e do povo.

Muitos autores afirmam que a sua eleição não foi isenta das rixas empregadas em todos os tempos pelos eclesiásticos que cobiçavam a tiara; citam, para apoio da sua asserção, que os padres que haviam nomeado Valentim chefe da Igreja receavam de tal modo que um outro papa fosse proclamado pelos da facção oposta, que se apressaram em entronizá-lo antes mesmo de o terem consagrado, ação contrária a todos os costumes da Igreja. Outros sustentam, pelo contrário, que o novo pontífice opôs-se com todo o seu poder à sua eleição, e que foram obrigados a tirá-lo à força da igreja de S. Cosme e de S. Damião, onde se ocultara para não aceitar a alta dignidade à qual acabava de ser promovido.

O bibliotecário Anastácio exprime-se do seguinte modo sobre esse pontífice: "A sua mocidade foi diferente da dos outros padres; longe de procurar os prazeres, fugia da dissipação e isolava-se, a fim de se entregar inteiramente ao estudo da sabedoria e da religião. Por isso tornou-se o modelo que as mães de família apresentavam aos seus filhos, e adquiriu uma reputação de santidade entre os fiéis de Roma.

Elevado à cadeira do apóstolo, onde apareceu apenas por um instante, Valentim mostrou aos fiéis as virtudes admiráveis do Cristianismo reunidas ao espírito de tolerância; mas a morte, que não respeita nem as dignidades nem as grandezas, feriu-o em breve tempo, e a Igreja perdeu um dos seus melhores pontífices em 10 de outubro de 827, depois de um reinado de cinco semanas."

Gregório IV

105º Papa

Eleição de Gregório IV. – Traslado das relíquias de S. Gregório e de S. Tibúrcio. – Disputas violentas entre o papa e os monges do convento de Farse. – Os comissários de Luiz condenam o pontífice a restituir as terras usurpadas pela Santa Sede. – Revolta dos filhos do imperador Luiz. – Gregório atraiçoa o príncipe. – Luiz é deposto e encerrado num mosteiro. – Generosidade do rei para com a Igreja romana. – Morte de Gregório IV.

Gregório era romano de origem, filho de um patrício chamado João; o pontífice Pascoal conferira-lhe o subdiaconato e o sacerdócio.

Platino refere que, depois da morte de Valentim, o diácono Gregório, elevado ao trono de S. Pedro pelos sufrágios unânimes do clero e do povo, recusou a princípio aquela alta dignidade. Popebroch afirma, pelo contrário, que Gregório, de um caráter baixo e pérfido, foi suspeito de ter apressado a morte do seu predecessor, e que obteve a Santa Sede por meio da violência. "Os romanos, diz esse historiador, não quiseram consentir na sua ordenação, com receio de se exporem ao ressentimento de Luiz, e enviaram embaixadores ao monarca pedindo-lhe que nomeasse comissários encarregados de examinar a validade da eleição. Quando os enviados franceses se dirigiram à cidade santa, o político Gregório encheu-os de presentes, comprou a sua presença, na véspera da Epifania, na igreja de S. Pedro. Contudo, algum tempo depois, o imperador, esclarecido pelos relatórios dos seus ministros sobre o procedimento do pontífice, escreveu-lhe uma carta severa e ameaçou-o com a deposição, se não reparasse o escândalo da sua eleição por um procedimento exemplar."

Desde então, Gregório votou ao príncipe um ódio implacável, cujos efeitos veremos nos últimos anos do seu reinado.

A princípio, ocupou-se em fazer reparar as igrejas de Roma que caíam em ruínas; edificou um grande número de mosteiros que dotou com imensas riquezas arrancadas aos povos pelo gládio dos reis ou pela astúcia dos padres. Em seguida, fez transportar para uma das galerias da basílica de S. Pedro o corpo de Gregório, o Grande, e mandou-o colocar debaixo do altar de uma capela dedicada a esse santo, que era toda de mosaico sobre fundo de ouro. Nessa capela, celebrava-se todos os anos a festa desse pontífice, e, durante a cerimônia, os fiéis beijaram o *pallium*, o relicário e o cinto com os quais ele fora enterrado. Os corpos de S. Sebastião e de S. Tibúrcio foram depositados na mesma capela.

Gregório IV reedificou a igreja de S. Marcos, que fora seu título, e decorou-a magnificentemente; fez colocar no altar-mor um tabernáculo de prata do peso de mil libras e mandou transportar para o santuário o corpo de Santo Hermes. Antes da inumação do mártir, cortou-lhe um dedo, que enviou de presente a Eginardo, o antigo secretário de Carlos Magno. Todavia, os cuidados que ele empregava em reconstruir os templos em ruínas não o impediam de estender a sua solicitude aos negócios temporais. Fez levantar os muros de Óstia e fortificou o porto, que foram desmantelados pelos sarracenos, nas suas excursões sobre as ilhas ou sobre as costas vizinhas da embocadura do Tibre. Essa cidade foi cercada de altas muralhas, defendidas por bastiões guarnecidos de fossos profundos; fechou-a com imensas portas guarnecidas de grades e fez colocar sobre as muralhas máquinas formidáveis para repelir os ataques dos inimigos. A nova cidade foi chamada Gregoriópolis.

Durante a estada dos comissários do imperador em Roma, Ingoaldo, abade de Farse, trouxe-lhes uma carta de Luiz que lhes ordenava um exame imparcial das queixas dirigidas contra os papas Adriano e Leão, que eram acusados pelo abade do mosteiro de Santa Maria de se terem apoderado de cinco domínios de uma grande extensão, pertencentes ao seu convento. Ingoaldo fez valer junto dos embaixadores os passos que dera já nos pontificados de Estevão, de

Pascoal e de Eugênio, e representou-lhes que, não tendo podido obter justiça, dirigira-se finalmente ao imperador.

Os comissários instruíram o papa das ordens que tinham recebido e intimaram-no para se fazer representar perante o seu tribunal. Um advogado foi imediatamente enviado de Roma para apresentar a defesa da Santa Sede; este repeliu a reclamação de Ingoaldo como atentatória à dignidade do papa, e afirmou solenemente, em nome de Gregório, que os domínios em litígio não tinham pertencido nunca ao mosteiro de Santa Maria. O abade, levantando-se então da sua cadeira, chamou sacrílegos e mentirosos ao pontífice e ao seu defensor, e mostrou os títulos das doações que haviam sido feitas ao seu convento pelo rei Didier, e confirmadas por Carlos Magno.

Em presença de provas tão autênticas, os comissários foram obrigados a condenar a corte de Roma e restituir os bens de que se apoderara injustamente; mas o advogado recusou-se a submeter-se à decisão, e o papa, aprovando essa resistência, declarou que se dirigiria em pessoa à França para fazer anular o julgamento dos comissários. Apesar da declaração de Gregório, o príncipe ordenou que se executasse sem demora a sentença pronunciada contra a Santa Sede; Ingoaldo tomou posse dos seus domínios, e o ato que lhos conferiu foi depositado nos cartórios de Farse para conservação dos direitos do mosteiro.

Gregório havia jurado já um ódio implacável a Luiz por ocasião das ameaças que ele lhe dirigira na época da sua eleição; esse último acontecimento encheu-o de furor, e pôs de parte todas as considerações no modo de proceder para com o monarca. Em primeiro lugar, excitou os filhos contra o pai; em seguida, quando Lotário se declarou em plena rebelião, o Santo Padre veio à França para apoiar a causa do príncipe e assegurar o sucesso da rebelião, colocando aqueles filhos culpados sob a proteção da Igreja.

A Crônica de S. Diniz, falando desses acontecimentos, pretende "que os demônios do inferno inspiraram todos os filhos de Luiz, e que o próprio Satanás mandou vir o bispo de Roma, sob o pretexto da caridade, como se quisesse restabelecer a paz entre o imperador e seus filhos, mas na realidade a fim de excomungar o monarca e os bispos que se opusessem às vontades abomináveis dos seus filhos desnaturados".

Logo que Gregório atravessou os Alpes, os prelados que haviam permanecido fiéis ao desditoso Luiz escreveram ao papa para o obrigarem a sair da França; recordaram-lhe os juramentos que ele fizera ao monarca, lançaram-lhe em rosto a traição de que ele se tornava culpado para com o seu príncipe, vindo perturbar o seu reino e intrometendo-se nos negócios do Estado que não eram da sua competência, e declaram-lhe que, se ele empreendesse feri-los com a interdição, voltariam contra ele próprio as excomunhões e os anátemas, e iriam destituí-lo solenemente das funções sagradas.

O pontífice, assustado com aquela oposição formidável, resolveu sair da França, e preparava-se já para regressar a Roma, quando dois frades, criaturas de Lotário, para o tranquilizarem, puseram-lhe debaixo dos olhos as passagens dos padres e os cânones dos concílios italianos que o declararam juiz supremo de todos os cristãos. Então, o orgulho venceu o receio, e a sua audácia não conheceu mais limites. Gregório ousou escrever aos bispos do partido do imperador uma carta, na qual eleva o poder da Santa Sede acima dos tronos e sustenta que aqueles que receberam o batismo, qualquer que seja a sua categoria, devem-lhe inteira obediência. "Se eu jurei fidelidade ao rei, diz ele, não posso cumprir melhor o meu juramento do que promovendo a paz no Estado; e vós não deveis acusar-me de perjuro, vós que sois culpados desse crime para comigo."

Pelo seu lado, Lotário espalhava proclamações contra o seu pai, mas em termos menos veementes que os do soberano pontífice; queria unicamente, assegurava ele, castigar os maus conselheiros de que seu pai estava cercado e impedir que a tranquilidade do reino fosse comprometida pelos seus conselhos insensatos.

Sob pretexto de designar ao imperador os homens que devia exilar da sua corte, Gregório dirigiu-se ao acampamento de Luiz para restabelecer a concórdia, segundo as máximas do Evangelho, entre o pai e os filhos. Permaneceu muitos dias junto do imperador e, ao passo que lhe fazia mil protestos de uma dedicação inalterável, assegurou-se da adesão das suas tropas por meio de presentes, promessas ou ameaças, e na mesma noite da sua partida, todos os soldados passaram para o campo de Lotário.

No dia seguinte, Luiz, instruído daquela odiosa traição, compreendeu que não podia resistir por mais tempo aos projetos criminosos de seus filhos; despediu os servos fiéis que haviam ficado junto da sua pessoa, dirigiu-se ao campo dos príncipes e entregou-se nas suas mãos. A planície onde se passaram esses acontecimentos é situada entre Bale e Strasburgo; depois, foi chamada o Campo da Mentira em memória da infâmia do pontífice.

Luiz foi recebido por seus filhos com grandes demonstrações de respeito; em breve, porém, separaram-no de Judite, sua esposa, cuja guarda confiaram de Luiz, rei da Baviera. Em seguida, por instigação de Gregório IV, declararam-no prisioneiro e destituído da dignidade imperial. Despojaram-no das suas insígnias reais, revestiram-no com os hábitos destinados aos penitentes públicos, e foi obrigado, na presença de uma multidão imensa, a confessar em voz alta crimes que não perpetrara. Lotário mandou-o encerrar no mosteiro de S. Medard, em Soissons, apoderou-se da autoridade soberana e fez com que lhe prestassem juramento o clero, os senhores e o exército, como imperador do Ocidente e como rei da França.

Depois de ter dirigido e consagrado essa infame usurpação, o papa voltou triunfante à Itália. Contudo, a autoridade dos filhos de Luiz não foi de longa duração; os povos, indignados pelo procedimento de Lotário, revoltaram-se contra ele e restabeleceram o imperador no trono. Por seu turno, resolveu Luiz vingar-se do pontífice e enviou logo a Roma S. Anscário, metropolitano de Hamburgo, acompanhado dos prelados de Soissons e de Strasburgo, e do conde Gerold, a fim de interrogar o Santo Padre sobre a parte que tomara na conjuração dos príncipes franceses.

Gregório protestou por juramento a pureza das suas intenções, renovou a certeza da sua dedicação pela pessoa do rei, obrigou-se a servi-lo contra seus filhos e encheu de presentes os enviados da França. O pusilânime Luiz consentiu em esquecer o passado; perdoou a seus filhos e levou a indulgência a ponto de interpor a sua autoridade para proteger a Santa Sede contra Lotário, seu filho, que, furioso pela nova traição do papa, ordenara aos seus oficiais que tratassem com grande severidade os padres da Igreja romana e o próprio Santo Padre.

Luiz escrevia do seguinte modo a seu filho: "Lembrai-vos, príncipe, de que, dando-vos o reino de Itália, recomendei-vos que tivésseis o maior respeito pela santa Igreja romana, e que vós jurastes defendê-la contra os seus inimigos e não deixá-la exposta aos ultrajes dos estrangeiros. Fazei, pois, cessar as violências dos vossos soldados contra o clero de Roma. Ordeno-vos que façais preparar víveres e habitações para o meu séquito e para mim, porque quero ir em peregrinação aos túmulos dos apóstolos; e espero que, à minha chegada à cidade santa, tenham cessado todas as queixas contra as vossas tropas."

O nobre e generoso procedimento de Luiz, nessa circunstância, bastaria para manchar eternamente a memória do pontífice abominável, que se servira do véu da religião para armar os filhos contra seu pai!

Esse padre, infame, astuto, pérfido, sacrílego, sem princípios e sem fé, ocupou a cadeira de S. Pedro pelo período de dezesseis anos e, afinal, morreu em princípios do ano 844.

Sérgio II

106º Papa

História de Sérgio, por alcunha Focinho de Porco. — Agitações causadas pela eleição de Sérgio. — Viagem do rei Luiz a Roma. — Audácia do pontífice. — A eleição do papa é confirmada. — Sérgio e seu irmão vendem publicamente os cargos da Igreja. — O povo romano presta juramento de fidelidade ao imperador. — Luiz é coroado rei dos lombardos. — Rapto da formosa Hermengarda, filha de Lotário. — Desavenças entre o imperador e seus irmãos. — Concílio de Pávia. — Nomenoé apodera-se da soberania da Bretanha. Incursões dos sarracenos na Itália. — O milagre de Monte-Cassino. — Morte de Sérgio.

Sérgio era romano de nascimento; perdera seu pai em tenra idade, e sua mãe tivera um cuidado extremo na sua educação. Infelizmente, foi-lhe ela roubada em consequência de uma epidemia, e o jovem Sérgio ficou órfão.

O papa Leão III admitiu-o na escola dos chantres, onde se distinguiu por progressos rápidos e por uma grande aptidão para o trabalho. O seu protetor, criando-lhe afeição, fê-lo acólito; Estevão IV nomeou-o, em seguida, subdiácono;

Pascoal I ordenou-o sacerdote do título de S. Silvestre; e, finalmente, Gregório IV fê-lo arcipreste.

Por morte desse pontífice, os senhores e o povo reuniram-se para lhe dar um sucessor. Mas o número dos ambiciosos era tão considerável que os partidos flutuavam na indecisão e não se pronunciavam por nenhum dos competidores. O irmão de Sérgio, aproveitando habilmente a disposição dos espíritos, fez espalhar entre o povo o nome do arcipreste, e os seus partidários proclamaram que Sérgio era o único digno da tiara. Ganhos assim por surpresa, os sufrágios recaíram todos sobre o feliz arcipreste.

Um diácono chamado João disputava igualmente a cadeira de S. Pedro; furioso de ter sofrido um revés nos seus projetos, pôs-se à frente dos soldados e arrombou as portas do palácio de Latrão, a fim de proceder a uma nova eleição. Os prelados e o povo precipitaram-se após os facciosos no domicílio patriarcal; tiraram o diácono da igreja onde se refugiara; expulsaram os seus partidários e, depois de acalmado o tumulto, os cidadãos de Roma dirigiram-se à basílica de S. Martinho, que era o título de Sérgio. Este foi conduzido com grandes honras ao palácio de Latrão; uma grande multidão de padres e de monges acompanhava-o, entoando hinos sagrados, e nesse mesmo dia foi consagrado solenemente e entronizado na presença do povo. Anastácio refere que, durante a noite que seguiu a essa cerimônia imponente, caiu uma tão grande quantidade de neve que a cidade santa, no dia seguinte, parecia estar revestida de uma túnica sem mancha alguma, em sinal de regozijo e de presságio favorável para o novo reinado.

Antes da sua eleição, o papa chamava-se *Os porci*, Focinho de porco; depois da consagração, mudou esse nome ridículo e tomou o de Sérgio. Atribui-se a essa circunstância a origem do uso que se conservou depois para os papas, de adotarem um novo nome, subindo à cadeira de S. Pedro.

O diácono João, em castigo por sua rebeldia, fora encerrado numa estreita prisão; os magistrados encarregados do seu julgamento queriam condená-lo ao exílio; os eclesiásticos, sempre mais ferozes que os outros homens, achavam o castigo muito suave e pediam que lhe arrancassem os olhos e a língua. Sérgio opôs-se a todas as medidas cruéis, fez restituir a liberdade ao prisioneiro e restabeleceu-o no diaconato.

No meio dessas desordens, o novo pontífice, ansioso por receber a consagração, não pudera esperar o consentimento de Lotário para se fazer ordenar; o imperador, irritado por esse ato de desobediência, resolveu enviar a Roma seu filho mais velho Luiz, acompanhado de seu tio Drogon, bispo de Metz, a fim de testemunhar o seu descontentamento à Santa Sede e para proibir que no futuro se ousasse consagrar os papas sem a sua autorização.

Antes da sua partida, o jovem Luiz foi declarado rei da Itália, e Lotário deu-lhe um séquito magnífico para o acompanhar ao seu reino. Logo que Sérgio recebeu a notícia da chegada do príncipe, enviou ao seu encontro os magistrados de Roma, os alunos das escolas, as companhias da milícia com os seus chefes, entoando todos os cânticos em honra do jovem soberano, e levando as bandeiras na frente do cortejo, como se praticava na recepção dos imperadores. Luiz atravessou a cidade santa no meio de um cortejo imenso e avançou para o vestíbulo de S. Pedro, onde se achava o pontífice Sérgio, cercado do seu clero, revestido com vestes deslumbrantes de ouro e de pedrarias.

Depois de o rei subir os degraus do templo, os dois soberanos abraçaram-se e entraram ambos no pátio de honra, de mãos dadas. A um sinal do Santo Padre, as portas interiores, que eram de prata maciça, fecharam-se como que por si mesmas; então Sérgio, voltando-se para o príncipe, disse-lhe: "Senhor, se vindes aqui com a vontade sincera de contribuir com todos os esforços para a salvação do Estado e da Igreja, far-vos-ei abrir as portas sagradas; senão, não entrareis no templo do apóstolo."

Tendo o príncipe afirmado que as suas intenções não eram hostis à Santa Sede, logo as portas se abriram diante deles e penetraram ambos no recinto da basílica, no meio das bênçãos do povo que fazia ressoar pelas abóbadas os seus gritos de alegria, e os padres entoavam o cântico: "Bendito seja aquele que vem em nome do Senhor!" Em seguida, prostraram-se ambos diante da Confissão de S. Pedro, e, quando terminaram as orações, Sérgio acompanhou Luiz até o pórtico do templo, onde se separaram.

Contudo, apesar dos protestos pacíficos feitos pelo jovem monarca, os soldados da sua escolta, acampados em torno da cidade, tinham ordem de devastar os campos, a fim de castigar os romanos por terem ordenado um papa sem esperar pela chegada dos comissários do imperador. Os prelados e os senhores franceses chegaram mesmo a reunir-se para examinarem se a eleição de Sérgio era regular, e se devia ser expulso do trono pontifical o audacioso arcipreste. Essa assembleia, composta de 23 bispos, de um grande número de abades e de senhores, estava por tal modo indignada com as rixas e maquinações do Santo Padre, que Angilberto, metropolitano de Milão, acusou abertamente Sérgio de ter excitado, pela sua ambição, todas as desordens que desolavam a cidade santa, e declarou que se separava da sua comunhão.

Viguier afirma igualmente que, no reinado de Sérgio, os padres tinham toda a licença, e acrescenta: "O papa tinha um irmão chamado Bento, homem de um caráter brutal, que se apoderou da administração eclesiástica e política da cidade de Roma. Pela sua avareza, promoveu desordens internas e externas, e esmagou o povo com exações. Vendia publicamente os bispados, e aquele que oferecia maior preço era sempre o preferido. Finalmente, tornou tão usual a simonia entre o clero italiano, que não existia naquela província corrompida um único bispo ou padre, animado de intenções louváveis, que não dirigisse queixas ao imperador, para impedir aquele tráfico abominável.

"Então a divina Providência, cansada daquelas abominações, enviou o flagelo dos pagãos para se vingar dos crimes da corte de Roma. Os sarracenos, impelidos pela mão de Deus, vieram até os terrenos da Igreja, fizeram perecer um grande número de homens e devastaram as cidades e os castelos."

Tal era a situação atroz de Roma seis meses depois da entronização de Sérgio. Contudo, o jovem príncipe, seduzido pelos presentes e pelas adulações do pontífice, confirmou a sua eleição, apesar da opinião dos seus conselheiros, e exigiu unicamente que os cidadãos de Roma renovassem o seu juramento de fidelidade para com ele próprio e para com seu pai. A cerimônia teve lugar na basílica de S. Pedro; os senhores italianos e franceses, o clero, o povo e o pontífice juraram, perante o corpo do apóstolo, inteira submissão ao imperador Lotário e a seu filho; depois do que Luiz recebeu a coroa e a espada das mãos de Sérgio, que o proclamou rei dos lombardos.

Drogon, bispo de Metz, que favorecera a Santa Sede nesse negócio difícil, recebeu em recompensa dos seus bons ofícios somas enormes e o título de vigário apostólico, com plena autoridade sobre os metropolitanos das igrejas situadas para além dos Alpes, e o direito de reunir concílios gerais.

A discórdia que reinava entre os filhos de Luiz não se extinguira depois da sua morte, e os ódios rebentaram, enfim, por ocasião do rapto da formosa Hermengarda, filha de Lotário, raptada por um senhor chamado Gisaberto, vassalo do rei Carlos, o Calvo. Lotário acusou seus irmãos Carlos e Luiz, o Germânico, de terem autorizado o rapto de sua filha, e ameaçou-os com uma guerra terrível. Luiz justificou-se dessa acusação por juramento; Carlos, pelo contrário, tendo respondido a seu irmão que não temia as ameaças, fez com que recaísse sobre ele toda a cólera do imperador.

Para assegurar a sua vingança, Lotário empreendeu, em primeiro lugar, reintegrar na sede de Reims o prelado Ebbon, que noutro tempo fora expulso da sua diocese por causa dos seus crimes, e fora substituído pelo célebre Hinemar, e fez prometer a Ebbon que empregaria toda a influência da religião para desligar os povos da sua obediência ao rei de Nêustria; em seguida, ocupou-se em fazer pronunciar pelo papa a reabilitação do indigno arcebispo.

Sérgio, dócil às ordens do imperador, escreveu ao rei Carlos que citara os bispos Godeband, metropolitano de Ruão, e Hinemar, para que comparecessem na cidade de Troyes, onde deviam dirigir-se os legados da Santa Sede, para examinarem num concílio a causa do prelado deposto. O príncipe opôs-se à partida dos seus bispos, objetando que não estavam em segurança num país inimigo, e indicou a cidade de Paris para o lugar da reunião. Tendo os legados consentido naquela mudança, o sínodo reuniu-se para julgar os dois prelados. Ebbon não compareceu perante os bispos, nem sequer enviou cartas para motivar a sua ausência. Então os padres declararam que lhe interdiziam, até que comparecesse na sua presença, toda a pretensão sobre a diocese de Reims, com proibição de tentar empresa alguma contra o seu sucessor.

Ebbon, intimidado com a sentença do sínodo, desligou-se inteiramente da causa de Lotário; apesar das solicitações do soberano, recusou-se a apelar para a Santa Sede, e viveu ainda cinco anos no retiro e na obscuridade.

Tendo o imperador visto frustrados os seus projetos contra o arcebispo de Reims, forjou novas intrigas e animou a revolta de Nomenoé, duque dos bretões. Esse senhor ambicioso levantara um exército contra Carlos, o Calvo, e queria fazer-se declarar rei da Bretanha apesar dos bispos da província, que eram dedicados ao rei de Nêustria e recusavam-se a sagrá-lo. Nesse século de superstições e de ignorância, as nações reputavam os padres como os únicos dispensadores das coroas, e os príncipes não eram reconhecidos legítimos soberanos senão depois de terem recebido o diadema das mãos dos bispos. Lotário, conhecendo a avareza do Santo Padre, convidou o duque a fazer partir para Roma uma brilhante embaixada encarregada de oferecer magníficos presentes a Sérgio, em troco do restabelecimento da realeza da Bretanha. Efetivamente, o procedimento de Nomenoé obteve pleno resultado, o pontífice declarou as suas pretensões justas e legítimas, e ordenou aos bispos bretões que o sagrassem rei, sob pena de deposição e de anátema. O duque reuniu então os prelados da sua província, e com as suas ameaças obrigou-os a executarem as ordens do pontífice.

Desse modo, a França transformara-se numa arena sanguinolenta, em que os descendentes de Carlos Magno se disputavam o primeiro lugar e rivalizaram em crimes e atentados.

A Itália, mais infeliz ainda sob a tirania dos papas, achava-se entregue sem defesa à avareza dos padres e à crueldade dos sarracenos.

Os mouros, depois de terem subido o Tibre, vieram cercar Roma e espalharam-se pelos campos; as igrejas de S. Pedro e de S. Paulo foram pilhadas, e o magnífico altar de prata que ornava o sepulcro do apóstolo Pedro tornou-se a presa daqueles bárbaros; apoderaram-se da pequena cidade de Fondi e, depois de terem passado os habitantes ao fio da espada, queimaram-na e fizeram cativas as mulheres. Tendo Lotário enviado tropas contra eles, estabeleceram o seu campo próximo de Gaeta, esperaram corajosamente os franceses e derrotaram-nos.

Essa vitória aumentou a audácia dos sarracenos; penetraram mais avante na Itália e dirigiram-se para o convento de Monte-Cassino, célebre pelas imensas riquezas que encerrava. Chegando à vista do mosteiro, os mouros armaram as suas tendas nas margens de um reino que se podia facilmente passar a vão, e que os separava de Monte-Cassino, adiando para o dia seguinte a pilhagem daquela rica abadia, a fim de que não lhes escapasse coisa alguma.

Os monges, que se achavam sem defesa à mercê dos árabes, esperavam tão somente a morte; na sua desesperação, dirigiram-se descalços, com a cabeça coberta de cinza, à igreja de S. Bento, para passarem a noite em oração e invocarem a proteção do seu bem-aventurado fundador. Então, por um milagre surpreendente, no momento em que entoavam os hinos sagrados, o céu cobriu-se de nuvens e caiu uma chuva tão abundante que o rio transformou-se numa torrente, e no dia seguinte tornou-se impossível aos inimigos atravessá-lo! É pelo menos desse modo que a lenda narra a salvação milagrosa do mosteiro.

Furiosos por verem escapar-lhes aquela riquíssima presa, os sarracenos cevaram a sua raiva nos infelizes habitantes dos campos; queimaram as herdades, roubaram os gados, violaram as mulheres, fizeram perder a vida, no meio de suplícios, dos frades que encontraram, e finalmente devastaram a Itália inteira até ao final do reinado de Sérgio. O pontífice morreu subitamente em 27 de janeiro de 847, depois de ter ocupado a Santa Sede durante três anos. Foi enterrado em S. Pedro.

Nas Galias, um frade mendicante, chamado Gothescalc, procurava levantar uma heresia e ensinava a doutrina da predestinação, isto é, que, segundo a sua opinião, os homens não podiam corrigir-se dos seus erros nem dos seus hábitos de pecado por causa de um poder oculto que os arrastava, malgrado seu, à sua perda, e porque Deus os predestinava tanto para o mal como para o bem em toda a eternidade. O célebre Raban-Maur, arcebispo de Mayença, combateu vigorosamente essas doutrinas perniciosas, e fez condenar o heresiarca em muitos concílios, sem consideração pelos laços de afeição que o prendiam ao frade Gothescalc. Ambos tinham, com efeito, passado um grande número de anos no mosteiro de Fulde, de que Raban se tornara diretor.

Foi desse piedoso retiro que saíram os mais ilustres doutores do nono século, para espalharem as luzes por toda a Gália, entre outros Valogrido Strabon e Lopo de Ferriéres. Durante vinte anos, Raban permaneceu à frente dessa comunidade célebre, que não contava com menos de 270 monges, e fez-se amar de todos pela sua cordura, pela sua piedade e pelo seu espírito de concórdia e de conciliação. Contudo, o amor das ciências e do retiro fez-lhe tomar subitamente a resolução de renunciar à sua dignidade de abade, e retirou-se para o monte S. Pedro, para uma pequena habitação isolada, onde compôs grande cópia de obras muito notáveis sobre filosofia e sobre diferentes ramos de conhecimentos sagrados e profanos. Na idade de 70 anos, foi nomeado arcebispo de Mayença; obrigado contra a vontade a aceitar o cargo do episcopado, desempenhou-o gloriosamente até a sua morte, cuja época fixa é difícil de designar.

Leão IV

107º Papa

Entronização de Leão. – Orgulho do pontífice. – O milagre do basilisco. – Astúcia dos padres. – Leão faz construir muralhas em torno de Roma. – Derrota dos sarracenos pelos aliados do papa. – A cidade leonina. – Cerimônias usadas para a dedicatória das novas cidades. – Fundação de Leópolis. – Julgamento do prefeito Graciano, acusado de querer libertar-se da dominação francesa. – Morte de Leão. – Opiniões dos historiadores sobre o seu caráter.

Leão era filho de um senhor italiano chamado Rodoaldo; seus pais haviam-no colocado no mosteiro de S. Martinho, situado próximo da igreja de S. Pedro, a fim de que adquirisse naquele retiro piedoso o conhecimento das

Escrituras sagradas. O jovem religioso foi recomendado a Gregório IV, que o chamou para o palácio de Latrão e o ordenou subdiácono, juntando-o à sua pessoa. Sérgio II consagrou-lhe igualmente afeição, ordenou-o padre do título dos Quatro Coroados e encheu-o de riquezas e de honras.

Por morte do seu protetor, Leão disputou o papado, segundo alguns autores; na opinião de outros, foi elevado à Santa Sede pelos sufrágios unânimes e contra a sua vontade. Todavia, concordam todos que, depois da sua eleição, dirigiu-se ele ao palácio patriarcal, seguido de um cortejo magnífico, que deu os pés a beijar ao clero, aos senhores e aos cidadãos notáveis. Os romanos não ousaram ordenar o novo pontífice sem a autorização de Lotário, e a Santa Sede permaneceu vaga, por assim dizer, durante dois meses.

Contudo, a aproximação dos bárbaros, que ameaçavam atacar Roma pela segunda vez, determinou o conselho da cidade a não esperar por mais tempo os comissários do imperador, e o papa foi consagrado por três bispos. O primeiro ato do Santo Padre depois da sua entronização foi reparar a igreja de S. Pedro, que fora devastada pelos árabes; ornou-a com cruzes de ouro, cálices, candelabros de prata, cortinas e tapeçarias de estofos preciosos; mandou colocar, no frontispício da Confissão ou do pretendido sepulcro de S. Pedro, retábulos de ouro enriquecidos com pedrarias e pinturas em esmalte representando o seu retrato e o de Lotário. O sepulcro era guarnecido de largas molduras ricamente trabalhadas, e todos esses ornamentos eram encimados por um imenso tabernáculo de prata do peso de 1600 libras.

Esses embelezamentos, e os subsídios que consignou aos padres daquela basílica, elevam-se a mais de 3816 libras de peso em prata e a mais 216 libras de ouro. Para fazer apreciar o escândalo das prodigalidades do pontífice para com o seu clero e a insaciável avareza dos padres de Roma, bastará mencionar dois fatos dessa época desgraçada. "No concílio de Toulouse, convocado em 846, a contribuição que cada cura era obrigado a fornecer ao seu bispo compunha-se de uma medida de trigo, outra de cevada, outra de vinho e um cordeiro, avaliado tudo em dois soldos." O segundo exemplo da miséria pública é buscado da vida de Carlos, o Calvo. "O príncipe publicou um edito em 864 para ordenar uma nova fabricação de moedas e, como por esse decreto a moeda antiga era depreciada e deixava de ter curso, ordenou ele que seriam tiradas do seu cofre 50 libras de prata para serem espalhadas pelo comércio."

Pode-se, pois, julgar em que embrutecimento e em que miséria os reis e os padres tinham sepultado as nações, pois o cálice e a pátena de uma igreja de Roma valia mais ela só que todo o numerário dos comerciantes de um grande reino! Compreende-se dificilmente que haja homens que tenham descido a um tal grau de abjeção e que se tenham deixado espoliar pela avareza dos soberanos; chega-se mesmo a ter vontade de duvidar desses fatos extraordinários, se os historiadores contemporâneos não os citassem com uma ingenuidade que garante a verdade das narrativas.

Os cronistas da época atribuem ao Santo Padre a morte de um dragão terrível, terror da cidade santa. É esta a legenda: "Um basilisco do comprimento de trinta pés e da grossura de dois pés e meio retirara-se para uma caverna próxima da igreja de S. Lúcia, onde ninguém ousava aproximar-se, porque o hálito do monstro causava a morte. Contudo, o pontífice dirigiu-se em procissão, à frente do seu clero, à caverna onde se ocultava o basilisco; e logo que o animal ouviu a voz do Santo Padre, morreu lançando uma grande quantidade de chama pela boca!..."

Esse milagre não impediu os árabes de continuarem as suas devastações nas costas da Itália, roubando as cidades e pilhando os campos. Leão, temendo que eles viessem até Roma e desejando pôr a basílica de S. Pedro ao abrigo de qualquer surpresa, fê-la cercar de muralhas e de bastiões, e resolveu mesmo executar o projeto formado por um dos seus predecessores, de construir uma cidade próxima a essa igreja. Dirigiu-se, em primeiro lugar, ao imperador Lotário, que aprovou os planos da nova cidade e enviou somas consideráveis para acelerar as construções; em seguida, reuniu os notáveis de Roma e consultou-os sobre as medidas a tomar para a execução dos trabalhos. Segundo a sua opinião e no interesse geral, mandaram-se chamar os servos das cidades e dos domínios que pertenciam aos senhores e aos mosteiros.

Quatro anos inteiros foram empregados nos trabalhos da fundação; o pontífice visitava todos os dias os operários, sem que o impedissem o frio, o vento ou a chuva; ao mesmo tempo, levantou os antigos muros de Roma, que caíam em ruínas, e fez construir 15 torres, das quais duas eram colocadas nas margens do Tibre e fechavam o rio com grossas correntes. Não estavam terminados ainda os trabalhos quando se soube do desembarque dos sarracenos na ilha de Sardenha.

A essa notícia, Leão, receando ser atacado em breve por aqueles bárbaros, pediu socorro aos habitantes de Nápoles, de Amalfi e de Gaeta. O seu pedido foi escutado, e Cesaréu, filho de Sérgio, senhor da milícia napolitana, foi encarregado de levar tropas ao pontífice para se opor ao desembarque dos árabes. O Santo Padre veio a Óstia a fim de receber os seus aliados; acolheu os chefes napolitanos com grandes demonstrações de amizade e deu os pés a beijar aos soldados; em seguida, celebrou uma missa solene e deu a comunhão a todo o exército. Apenas terminara a cerimônia, apareceram no alto-mar as velas dos sarracenos; as tropas, entusiasmadas com aquelas circunstâncias, que consideravam como um presságio feliz, soltaram gritos de alegria à vista dos navios inimigos; mas o Santo Padre, menos confiante nos prodígios celestes, esquivou-se durante a noite e tornou a entrar vergonhosamente em Roma.

Ao romper do dia, os sarracenos operaram o seu desembarque na costa; os napolitanos, escondidos atrás dos rochedos, deixaram desembarcar tranquilamente uma parte dos inimigos e, em seguida, aparecendo de improviso, caíram sobre os árabes e fizeram uma carnagem horrível. Quase todos foram passados ao fio da espada, e, tendo-se levantado nesse mesmo momento uma grande tempestade, o resto da armada foi completamente dispersada. Aqueles que abordaram às ilhas vizinhas foram perseguidos pelos napolitanos; uns morreram enforcados nas árvores das florestas, outros foram conduzidos à Roma e condenados a trabalhar nas muralhas.

Esses novos reforços de operários aceleraram os trabalhos da basílica de S. Pedro, e a nova cidade foi acabada em 27 de junho de 849. Então o Santo Padre, querendo terminar a sua obra com uma cerimônia imponente, convocou todos os bispos da Itália, o clero de Roma, os grandes e o povo, e, à frente de uma multidão imensa, dirigiu-se aos muros da circunvalação, descalço e com a cabeça coberta de cinzas. A procissão rodeou umas poucas vezes as muralhas entoando hinos e cânticos; em cada estação, o pontífice regava os edifícios com água lustral e pronunciava uma oração diante das portas da cidade; finalmente, a missa foi celebrada na igreja de S. Pedro, e Leão fez distribuir ricos presentes aos operários, e mesmo aos sarracenos que tinham tomado parte nos trabalhos. Terminada a dedicatória, a nova cidade recebeu o nome de cidade Leonina.

O Santo Padre ocupou-se igualmente em fortificar Porto, que ficava exposta às invasões dos infiéis; mas, enquanto se entregava a esses trabalhos, um grande número de corsos, expulsos do seu país pelos mouros, vieram refugiar-se em Roma e suplicaram ao pontífice que os tomasse sob a sua dominação, obrigando-se por juramento, por eles e seus descendentes, a conservarem uma fidelidade inviolável à Santa Sede. Leão acolheu favoravelmente esse pedido e ofereceu-lhes para residência a cidade de Porto, onde se estabeleceram com as suas mulheres e filhos, e deu-lhes terras, bois, cavalos, víveres e dinheiro. O ato desta doação foi confirmado por Lotário e por seu filho, que o veio depositar sobre a Confissão de S. Pedro, na presença dos grandes, do clero e do povo. Em seguida a essa magnífica cerimônia, o Santo Padre concedeu ao metropolitano Hinemar a autorização de usar constantemente o *pallium*, ornamento de distinção com que os arcebispos se deviam cobrir unicamente nas grandes solenidades.

Em breve, a solicitude do pontífice estendeu-se sobre os infelizes habitantes de Centunceles, que há quarenta anos tinham sido expulsos da sua cidade pelos sarracenos e cujas habitações haviam sido completamente arrasadas. Desde essa época que viviam refugiados nas florestas, como animais selvagens, e o papa, impressionado com a sua grande miséria, penetrou nos seus retiros, prodigalizou-lhes socorros e mandou edificar, para os receber, uma cidade nova, que chamou Leópolis e que dedicou solenemente, com as mesmas cerimônias que haviam sido praticadas com a cidade Leonina. No século seguinte, tornando-se essa cidade muito pequena para conter a população que aumentara prodigiosamente, os habitantes abandonaram-na para voltarem à antiga Centunceles, a que chamaram *Civita-Vecchia,* ou cidade velha.

Enquanto Leão se ocupava em reparar os desastres que os sarracenos tinham feito na Itália, Daniel, chefe da milícia de Roma, dirigia-se junto do imperador Luiz e acusava o prefeito Graciano de ter formado o projeto de se libertar da dominação dos franceses. Essa revelação irritou o príncipe contra os romanos; reuniu tropas às pressas e, sem avisar nem o pontífice, nem o senado, dos seus projetos, invadiu a cidade santa à frente do seu exército. Apesar da hostilidade desse procedimento, o papa recebeu Luiz com grandes honras, nos degraus da basílica de S. Pedro, e fez-lhe um discurso cheio de unção e de sensatez para lhe perguntar a causa do seu descontentamento. O monarca recusou-se a responder às observações de Leão e ordenou-lhe que convocasse imediatamente um concílio, a fim de julgar o procedimento de Graciano, que era acusado do crime de lesa-majestade.

No dia marcado, o imperador, o papa e os senhores romanos e franceses dirigiram-se com grande pompa ao novo palácio de Leão; a sessão foi aberta por Daniel, que compareceu como acusador de Graciano. Este repeliu vitoriosamente todas as acusações e convenceu o seu adversário de calúnia; então o Santo Padre, em nome da assembleia, declarou que o caluniador seria entregue ao acusado, conforme a lei romana. Contudo, a pedido de Luiz, a sentença foi retratada e o culpado evitou o justo castigo do seu crime. Foi esse o último decreto publicado pelo pontífice, que morreu no princípio do ano 853, depois de um reinado de seis anos.

Muitos autores católicos exaltam a inocência da vida de Leão, a pureza dos seus costumes, a sua piedade sincera, a sua liberdade e a sua instrução. Outros escritores igualmente recomendáveis pelas suas luzes, afirmam que o Santo Padre fundara um mosteiro de religiosas na sua própria habitação e que se entregava com elas às mais abomináveis devassidões; acusam-no de ter tido uma avareza sórdida, e citam para apoiar a sua opinião o testemunho do célebre abade Lopo de Ferriére.

E, com efeito, esse religioso, tendo sido enviado a Roma como embaixador, teve o cuidado de se munir de magníficos presentes, porque, diz ele, sem essa precaução indesculpável, ninguém poderia aproximar-se de Leão IV. Finalmente, esses historiadores pretendem que o cuidado da sua segurança pessoal, e não a sua solicitude pelos povos, foi o único móvel dos imensos trabalhos que ele mandou executar na província romana.

História da Papisa Joana

A existência da papisa Joana provada por testemunhos autênticos e irrecusáveis. — Nascimento de Joana. — Opiniões sobre o seu verdadeiro nome. — Seus primeiros amores com o jovem frade. — Joana disfarça-se de homem para entrar no convento do seu amante. — Passa à Inglaterra e torna-se notável pelo seu profundo saber. — Suas viagens na Grécia. — Morte do seu amante. — Joana dirige-se a Roma. — A sua grande reputação de santidade e de eloquência espalha-se por toda a Itália. — Entronização da papisa. — Milagres sucedidos durante o seu pontificado. — A papisa consagra padres, ordena bispos e apresenta os pés à adoração dos fiéis, segundo o uso dos pontífices. — O imperador Lotário abraça, pelos seus conselhos, a vida monástica. — Luiz

II, filho de Lotário, recebe a coroa imperial das mãos de Joana. – Seus amores com um cardeal. – Acha-se grávida. – Os demônios fazem ameaças terríveis à papisa. – Visões de Joana. – No meio de uma procissão solene a papisa Joana, montada num cavalo ricamente ajaezado, revestida com os ornamentos pontificais, precedida pela cruz e acompanhada pelo clero romano, é atacada pelas dores do parto, e dá à luz uma criança na presença de todo o povo. – Morte da papisa. – Confusão do clero. – Os padres sufocam o filho de Joana. – História da cadeira furada. – Exemplos de mulheres disfarçadas de trajes de homem. – Santa Tecla, amante de S. Paulo. – A bela Eugênia elevada à dignidade de abade num convento de beneditinos. – Aventuras singulares do monge Teodoro na sede patriarcal de Constantinopla.

Durante muitos séculos, a história da papisa Joana havia sido reputada pelo próprio clero como incontestável; mas, com o andar dos tempos, os ultramontanos, compreendendo o escândalo e o ridículo que o reinado de uma mulher devia lançar sobre a Igreja, trataram de fábula digna do desprezo dos homens esclarecidos o pontificado dessa mulher célebre. Autores mais justiceiros defenderam, pelo contrário, a reputação de Joana e provaram, com testemunhos os mais autênticos, que a papisa havia ilustrado o seu reinado com o brilho das suas luzes e com a prática das virtudes cristãs.

O fanático Barônio considera a papisa como um monstro que os ateus e os heréticos tinham evocado do inferno por sortilégios e malefícios; o supersticioso Florimundo Raxmond compara Joana a um segundo Hércules que teria sido enviado do céu para esmagar a Igreja romana, cujas abominações tinham excitado a cólera de Deus. Contudo, a papisa foi vitoriosamente defendida por um historiador inglês chamado Alexandre Cook; a sua memória foi vingada por ele das calúnias dos seus dois adversários, e o pontificado de Joana retomou o seu lugar na ordem cronológica da história dos papas. As longas disputas dos católicos e dos protestantes acerca dessa mulher célebre deram um atrativo poderoso à sua história, e somos obrigados a entrar em todos os detalhes de uma existência tão extraordinária.

Eis aqui de que maneira o jesuíta Labbé, um dos inimigos da papisa, enviava o seu cartel de desafio aos cristãos reformados: "Dou o mais formal desmentido a todos os heréticos da França, da Inglaterra, da Holanda, da Alemanha, da Suíça e de todos os países da Terra, para que possam responder com a mais leve aparência de verdade a demonstração cronológica que publiquei contra a fábula que os heterodoxos narraram sobre a papisa Joana, fábula ímpia cujas bases destruí de um modo invencível..." Os protestantes, longe de ficarem intimidados com a impudência do jesuíta, refutaram vitoriosamente todas as alegações, demonstraram a falsidade das suas citações, destruíram todo o edifício das suas astúcias e das suas mentiras, e, apesar dos anátemas do padre Labbé, fizeram sair Joana dos espaços imaginários em que o fanatismo a tinha envolvido.

No seu libelo, o padre Labbé acusava João Hus, Jerônimo de Praga, Wiclef, Lutero e Calvino de serem os inventores da história da papisa; mas provou-se-lhe que, tendo Joana subido à Santa Sede perto de seis séculos antes da aparição do primeiro desses homens ilustres, era impossível que eles tivessem imaginado essa fábula; e que, em todo o caso, Mariano, que escrevia a vida da papisa mais de cinquenta anos antes deles, não poderia tê-la copiado das suas obras.

A história, cujas vistas morais se elevam acima dos interesses das seitas religiosas, deve, pois, ocupar-se em fazer triunfar a verdade sem se inquietar com as cóleras sacerdotais; e, além disso, a existência dessa mulher célebre não deve ferir, de modo algum, a dignidade da Santa Sede, porque Joana, no discurso do seu reinado, não imitou as astúcias, as traições a as crueldades dos pontífices do século.

Crônicas contemporâneas estabelecem, com toda a evidência, a época do reinado de Joana; e as suas asserções merecem tanto mais crença que esses historiadores sendo prelados, padres e monges, todos zelosos partidários da Santa Sede, eram interessados em negar a aparição escandalosa de uma mulher no trono de S. Pedro. Verdade é que muitos autores do nono século não fazem menção dessa heroína; mas atribui-se, com justa razão, o seu silêncio à barbárie da época e ao embrutecimento do clero.

Uma das provas mais incontestáveis da existência de Joana existe exatamente no decreto que foi publicado pela corte de Roma, proibindo que se colocasse Joana no catálogo dos papas. "Assim, acrescenta o sensato Launay, não é justo sustentar que o silêncio que se guardou sobre essa história, nos tempos que seguiram imediatamente o acontecimento, seja prejudicial à narrativa que mais tarde foi feita. É verdade que os eclesiásticos contemporâneos de Leão IV e de Bento III, por um zelo exagerado pela religião, não falaram nessa mulher notável; mas os seus sucessores, menos escrupulosos, descobriram afinal o mistério..."

Mais de um século antes de Marianno escrever os manuscritos que deixou à abadia de Fulde, diferentes autores tinham já narrado muitas versões sobre o pontificado da papisa; mas esse sábio religioso esclareceu todas as dúvidas, e as suas crônicas foram aceitas como autênticas pelos eruditos conscienciosos, que estabelecem as verdades históricas sobre os testemunhos de homens cuja probidade e luzes são incontestáveis. E, com efeito, toda a gente concorda em reconhecer que Mariano era um escritor judicioso, imparcial e verídico; a sua reputação está tão bem, que a Inglaterra, a Escócia e a Alemanha reivindicaram a honra de serem a pátria dele; além disso, o seu caráter de sacerdote e a dedicação que mostrou sempre pela Santa Sede não permitem que se suspeite de parcialidade contra a Igreja católica.

Mariano não era nem um ente fraco nem um visionário; pelo contrário, era muito esclarecido, muito instruído, cheio de firmeza, de religião e tinha dado provas incontestáveis da dedicação que consagrava à corte de Roma, defendendo com grande coragem o papa Gregório VII contra o imperador Henrique IV.

Não é possível, pois, recusar a autoridade de um semelhante testemunho; de outro modo não existiria um único fato histórico ao abrigo das contestações, ou que se pudesse considerar como evidente.

Por isso, os jesuítas, que têm procurado pôr em dúvida a existência da papisa, compreendendo a força que os escritos desse historiador davam aos seus adversários, quiseram acusar de inexatidão as cópias das obras de Mariano. Mabillon, sobretudo, pretende que existem exemplares nos quais não se trata da papisa; para refutar essa asserção, basta consultar os manuscritos das principais bibliotecas da Alemanha, da França, de Oxford e do Vaticano. Além disso, está provado que os manuscritos autógrafos do religioso, que foram conservados na França durante muitos séculos na biblioteca do Domo, contêm realmente a história da papisa.

É igualmente impossível admitir que um homem do caráter de Mariano Scotus tivesse mencionado nas suas crônicas uma aventura tão singular, se não fosse verdadeira. Contudo, admitindo que fosse capaz de uma tal impostura, é provável que os papas, que governavam então a Igreja, tivessem guardado silêncio sobre uma tal impiedade? Gregório VII, o mais orgulhoso dos pontífices e o mais apaixonado pela pretensão à infalibilidade da Santa Sede, teria sofrido que um frade desonrasse a corte de Roma com tanta insolência? Victor III, Urbano II, Pascoal II, contemporâneos de Mariano, teriam deixado impune esse ultraje? Finalmente, os escritores eclesiásticos do seu século e, sobretudo, o célebre Alberico de Monte-Cassino, tão dedicado aos papas, teriam deixado de se levantar contra uma tal infâmia?

Assim, segundo os testemunhos mais irrecusáveis e mais autênticos, está demonstrado que a papisa Joana existiu no nono século; que uma mulher ocupou a cadeira de S. Pedro, foi o vigário de Jesus Cristo na Terra e proclamada soberana pontífice de Roma!!!

Uma mulher assentada na cadeira dos papas, ordenando-lhe a fronte a tiara e tendo nas mãos as chaves de S. Pedro é um acontecimento extraordinário, de que os fatos da história oferecem um único exemplo! E o que mais admira ainda o espírito não é o ter podido uma mulher elevar-se pelos seus talentos acima de todos os homens do seu século, pois que houve heroínas que comandaram exércitos, governaram impérios, encheram o mundo com a fama da sua glória, da sua sabedoria e das suas virtudes; mas que Joana, sem exércitos, sem tesouros, não tendo outro apoio senão a sua inteligência, fosse assaz hábil para enganar o clero romano e fazer com que lhe beijassem os pés os orgulhosos cardeais da cidade santa; é isso o que a coloca superior a todas as heroínas, porque nenhuma delas se aproxima do que há de maravilhoso numa mulher feita papa.

Numa vida tão extraordinária como a de Joana, devemos mencionar todos os acontecimentos que nos foram transmitidos pelos historiadores e entrar no detalhe das ações dessa mulher notável.

Eis a versão de Mariano Scotus sobre o nascimento da papisa: "Em princípios do nono século, Karl, o Grande, depois de ter subjugado os saxônios, empreendeu converter esses povos ao Cristianismo e pediu à Inglaterra padres eruditos que o pudessem auxiliar nos seus projetos. No número dos professores que passaram à Alemanha, contava-se um padre inglês acompanhado de uma menina que roubara à sua família para ocultar o seu estado de gravidez. Os dois amantes foram obrigados a interromper a sua viagem e a parar em Mayence onde, em breve, a jovem inglesa deu à luz uma filha, cujas aventuras deviam ocupar um dia os séculos futuros; essa criança era Joana."

Não se conhece com exatidão o nome que ela usou na sua infância: a filha do padre inglês é igualmente chamada Agnes por alguns autores, Gerberta ou Gilberta por outros, e finalmente Joana pelo maior número. O jesuíta Sevarius pretende que lhe chamavam também Isabel, Margarida, Doroteia e Justa. Não estamos melhor instruídos acerca do sobrenome que ela adotou; asseguram uns que ela acrescentava ao seu nome a designação de Inglês; querem outros juntá-lo ao nome de Gerberta, e um autor do décimo quarto século chama-lhe Magamma na sua crônica, para exprimir, certamente, a ousadia e a temeridade de Joana, à imitação de Ovídio, que se serve da expressão *"magnanimus Phaethon"*.

Esses mesmos autores apresentam menos contradições relativamente ao lugar do seu nascimento; pretendem alguns que ela nascera na Grã-Bretanha, outros designam Mayence, outros finalmente Engelkein, cidade do palatinado, célebre pelo nascimento de Carlos Magno; mas o maior número reconhece que Joana era de origem inglesa, que foi educada em Mayence e que nasceu em Eugelkein, aldeia situada na vizinhança daquela cidade.

Joana tornara-se uma formosa jovens, e o seu espírito, cultivado pelos cuidados de um pai muito instruído, tomara um desenvolvimento tal, que ela admirava pelas suas respostas todos os doutores que se aproximavam dela. A admiração que ela inspirava aumentou ainda o seu ardor pela ciência, e aos 12 anos a sua instrução igualava-se à dos homens mais distintos do palatinado. Todavia, quando chegou à idade em que as mulheres começam a amar, a ciência foi insuficiente para satisfazer os desejos daquela imaginação ardente, e o amor mudou os destinos de Joana.

Um jovem estudante de família inglesa e frade da abadia de Fulde foi seduzido pela sua beleza e apaixonou-se loucamente por ela. "Se ele a amou com extremo, diz a crônica, Joana, pelo seu lado, não foi nem insensível nem cruel. Vencida pelos protestos, arrastada pelas inspirações do seu coração, Joana consentiu em fugir da casa paterna com o seu amante; deixou o seu nome verdadeiro, vestiu-se de homem e seguiu o jovem abade para a abadia de Fulde. O superior, enganado com aquele disfarce, recebeu Joana no seu mosteiro e colocou-a sob a direção do sábio Raban Maur.

Algum tempo depois, o constrangimento em que se achavam os dois amantes fez-lhes tomar a determinação de saírem do convento e irem para a Inglaterra continuar os seus estudos. Em breve, tornaram-se os maiores eruditos da Grã-Bretanha, e em seguida resolveram visitar novos países, a fim de observarem os costumes dos diferentes povos e estudar-lhes as línguas.

O Cardeal, amante da Papisa Joana.

Em primeiro lugar, visitaram a França, onde Joana, debaixo sempre do hábito monacal, disputou com os doutores franceses e excitou a admiração dos personagens célebres da época, a famosa duquesa Setimânia, Santo Anscário, o frade Bertran e o abade Lopo de Ferriére. Depois dessa primeira viagem, os dois amantes empreenderam visitar a Grécia; atravessaram as Gálias e embarcaram em Marselha num navio que os conduziu à capital dos helenos, a antiga Atenas que é o foco mais ardente das luzes, o centro das ciências e das belas-letras, possuindo, ainda, escolas e academias, excitada em todo o universo pela eloquência dos seus professores e pelo profundo saber dos seus astrônomos e dos seus físicos.

Quando Joana chegou a esse magnífico país, tinha 20 anos e achava-se em todo esplendor da sua beleza; mas o hábito monástico ocultava o seu sexo a todos os olhares, e o seu rosto, empalidecido pelas vigílias e pelo trabalho, dava-lhe mais ares de um formoso adolescente do que de uma mulher.

Durante dez anos, os dois ingleses viveram sob o formoso céu da Grécia, cercados de todas as ilustrações científicas e prosseguindo os seus estudos em filosofia, teologia, letras divinas e humanas, artes e histórias sagradas e profana. Joana aprofundara, compreendera e explicara tudo; e juntando a conhecimentos universais uma eloquência prodigiosa, enchia de espanto aqueles que eram admitidos a ouvi-la.

No meio dos seus triunfos, Joana foi ferida por um golpe terrível; o companheiro dos seus trabalhos, o seu amante estremecido, aquele que havia muitos anos não se separara dela, foi atacado por uma enfermidade súbita e morreu em poucas horas, deixando a desditosa só e abandonada na Terra.

Joana tirou do seu próprio desespero uma nova coragem; venceu a sua aflição e resolveu sair da Grécia. Além disso, era-lhe impossível ocultar por mais tempo o seu sexo num país onde os homens usavam as barbas crescidas, e escolheu Roma para lugar do seu retiro, porque o uso ordenava aos homens raparem a barba. Talvez que não fosse esse unicamente o motivo que determinou a sua preferência pela cidade santa; o estado de agitação em que se achava então aquela capital do mundo cristão podia oferecer à sua ambição um teatro mais vasto do que a Grécia.

Logo que chegou a cidade santa, Joana fez-se admitir na academia à que chamavam a escola dos gregos, para ensinar as sete artes liberais e, particularmente, a retórica. Santo Agostinho tornara já muito ilustre aquela escola; Joana aumentou-lhe a reputação. Não somente continuou os seus cursos ordinários, como também introduziu cursos de ciências abstratas que duravam três anos, e nos quais um imenso auditório admirava o seu prodigioso saber. As suas lições, os seus discursos e mesmo os seus improvisos eram feitos com uma eloquência tão arrebatadora, que o jovem professor era citado como o mais belo gênio do século, e que, na sua admiração, os romanos lhe conferiram o título de príncipe dos sábios.

Os senhores, os padres, os monges e, sobretudo, os doutores honravam-se de serem seus discípulos. "O seu procedimento era tão recomendável como os seus talentos; a modéstia dos seus discursos e das suas maneiras, a regularidade dos seus costumes, a sua piedade, diz Mariano, brilhavam como uma luz aos olhos dos homens. Todos esses exteriores eram uma máscara hipócrita sob a qual Joana ocultava projetos ambiciosos e culpados; por isso, no tempo em que a saúde vacilante de Leão IV permitia aos padres forjarem intrigas e cabalas, um partido poderoso declarou-se por ela, e publicou altamente pelas ruas da cidade que só ela era digna de ocupar o trono de S. Pedro."

E, com efeito, depois da morte do papa, os cardeais, os diáconos, o clero e o povo elegeram-na, por unanimidade para governar a Igreja de Roma! Joana foi ordenada na presença dos comissários do imperador, na basílica de S. Pedro, por três bispos; em seguida, tendo revestido as vestes pontificais, dirigiu-se acompanhada de um imenso cortejo ao palácio patriarcal e assentou-se na cadeira apostólica.

Por muito tempo, os padres discutiram a seguinte e importante questão: "Joana foi elevada ao santo ministério por uma arte diabólica ou por uma direção particular da Providência? Uns pretendem que a Igreja deve sentir uma grande humilhação por ter sido governada por uma mulher. Outros sustentam, pelo contrário, que a elevação de Joana à Santa Sede, longe de ser um escândalo, devia ser glorificada como um milagre de Deus, que permitira aos romanos procedessem à sua eleição, para revelar que haviam sido arrastados pela influência maravilhosa do Espírito Santo."

Joana, elevada à suprema dignidade da Igreja, exerceu a autoridade infalível de vigário de Jesus Cristo com tão grande sabedoria que se tornava a admiração de toda a cristandade. Conferiu ordens sagradas aos prelados, aos padres e aos diáconos; consagrou altares e basílicas; administrou os sacramentos aos fiéis, deu os pés a beijar aos arcebispos, aos abades e aos príncipes; finalmente, desempenhou com honra todos os deveres dos pontífices. Compôs prefácios de missas e grande número de cânones, que foram interditos pelos seus sucessores; dirigiu com grande habilidade os negócios políticos da corte de Roma, e foi por conselhos seus que o imperador Lotário, já muito velho, decidindo-se a abraçar a vida monástica, retirou-se para a abadia de Prum, a fim de fazer penitência dos crimes com que manchara a sua longa carreira. Em favor do novo monge, a papisa concedeu à sua abadia o privilégio de uma prescrição de cem anos, cujo ato é mencionado na coleção de Graciano. O império passou, em seguida, para Luiz II, que recebeu a coroa imperial das mãos de Joana.

Contudo, essa mulher que inspirava um tão grande respeito aos soberanos da Terra, que subjugava os povos às suas leis, que atraíra a veneração do universo inteiro pela superioridade das suas luzes e pela pureza da sua vida, essa mulher vai em breve quebrar o pedestal da sua grandeza e espantar Roma com o espetáculo de uma queda terrível!

Algumas crônicas religiosas referem que esse ano de 854 foi assinalado por fenômenos milagrosos em todos os países da cristandade. "A terra tremeu em muitos reinos; uma chuva de sangue caiu na cidade de Bresseneu ou Bresnau.

Na França, nuvens de gafanhotos monstruosos, armados de dentes compridos e acerados, devoraram todas as colheitas das províncias que atravessaram; em seguida, impelidos por um vento sul para o mar, entre o Havre e Calais, foram todos submergidos; mas os seus restos impuros lançados na praia espalharam no ar uma tal infecção, que engendrou uma epidemia a qual matou uma grande parte dos habitantes.

Na Espanha, o corpo de S.Vicente, que fora arrancado do seu túmulo por um frade sacrílego que o queria vender aos pedaços, voltou, uma noite, da cidade de Valência, para uma pequena aldeia próximo de Montauban, e parou nos degraus da igreja, pedindo em voz alta para se recolher no seu relicário.

Todos esses sinais, acrescenta o piedoso legendário, anunciavam infalivelmente a abominação que devia manchar a cadeira evangélica."

Joana, entregue a estudos sérios, conservara um procedimento exemplar depois da morte do seu amante. No princípio do seu pontificado, praticou as virtudes que lhe haviam merecido o respeito e a afeição de todos os romanos; mas depois, ou por propensão irresistível, ou porque uma coroa tenha o privilégio de perverter os mais belos caráteres, Joana entregou-se aos gozos do poder soberano e quis partilhá-los com um homem digno do seu amor. Escolheu um amante, assegurou-se da sua discrição, encheu-o de honras e de riquezas e guardou tão bem o segredo das suas relações, que só por conjecturas se pôde descobrir o favorito da papisa. Alguns autores pretendem que ele era camareiro, outros asseveram que era conselheiro ou capelão; o maior número afirma que era cardeal de uma igreja de Roma. Todavia, o mistério dos seus amores permaneceria coberto por um véu impenetrável, sem a catástrofe terrível que pôs termo às suas noites de voluptuosidade. A natureza zombava de todas as previsões dos dois amantes: Joana estava grávida!

Conta-se que um dia, enquanto presidia ao consistório, foi trazido à sua presença um endemonizado para ser exorcizado. Depois das cerimônias do uso, perguntou ela ao demônio em que tempo queria ele sair do corpo daquele possesso. O espírito das trevas respondeu imediatamente: "Eu vo-lo direi, quando vós, que sois pontífice e o pai dos pais, deixardes ver ao clero e ao povo de Roma uma criança nascida de uma papisa."

Joana, assustada com aquela revelação, apressou-se em terminar o conselho e retirou-se para o seu palácio, mas apenas se recolhera aos seus aposentos interiores, o demônio apresentou-se diante dela e lhe disse: "Santíssimo Padre, depois do vosso parto, pertencer-me-eis em corpo e alma; e apoderar-me-ei de vós para que vos queimeis comigo no fogo eterno."

Essa ameaça terrível, em vez de desesperar a papisa, reanimou o seu espírito e fez nascer no seu coração a esperança de acalmar a cólera divina com um arrependimento profundo. Impôs-se rudes penitênciais, cingiu os membros delicados com um cilício grosseiro e dormiu sobre as cinzas; finalmente, os seus remorsos foram tão ferventes que Deus, tocado das suas lágrimas, enviou-lhe uma visão.

Apareceu-lhe um anjo e ofereceu-lhe, em nome de Jesus Cristo, para castigo do seu crime, ser entregue às chamas eternas ou ser reconhecida como mulher diante de todo o povo de Roma. Joana aceitou o opróbrio e esperou corajosamente o castigo que o seu procedimento sacrílego havia merecido.

Na época das rogações, que corresponde à festa anual que os romanos chamavam Ambarralia e que era celebrada com uma procissão solene, a papisa, segundo o uso estabelecido, montou a cavalo e dirigiu-se à igreja de S. Pedro, revestida com os ornamentos pontificais, precedida pela cruz e pelas bandeiras sagradas, acompanhada dos metropolitanos, dos bispos, dos cardeais, dos padres, dos diáconos, dos senhores, dos magistrados e de uma grande multidão de povo; em seguida, saiu da catedral com aquele séquito pomposo para se dirigir à basílica de S. João de Latrão.

Mas, tendo chegado a uma praça pública, entre a basílica de S. Clemente e o anfiteatro de Domiciano, chamado Coliseu, assaltaram-na as dores do parto com tal violência, que caiu do cavalo. A infeliz torcia-se pelo chão com gemidos horríveis, até que, conseguindo rasgar os ornamentos sagrados que a cobriam, a papisa Joana, no meio de convulsões tremendas e na presença de uma grande multidão, deu à luz uma criança!!! A confusão e a desordem que essa aventura escandalosa causou entre o povo exasperou a tal ponto os padres que estes impediram que a socorressem, e, sem consideração pelos sofrimentos atrozes que a torturavam, cercaram-na como que para a ocultar a todos os olhares e ameaçaram-na com a sua vingança.

Joana não pôde suportar o excesso da sua humilhação e a vergonha de ter sido vista por todo o povo numa situação tão terrível; fez um esforço supremo para dizer o último adeus ao cardeal, que a amparava nos braços, e a sua alma voou para o céu.

Assim morreu a papisa Joana, no dia das rogações, em 855, depois de ter governado a Igreja de Roma durante mais de dois anos.

A criança foi sufocada pelos padres que cercavam a mãe; contudo, os romanos, em memória do respeito e da dedicação que durante tanto tempo haviam consagrado a Joana, consentiram em prestar-lhe os últimos deveres, mas sem pompa, e colocaram o cadáver da criança no mesmo túmulo. Joana foi enterrada não no recinto de uma basílica, mas no mesmo lugar onde sucedera aquele acontecimento trágico.

Ali edificou-se uma capela, ornada com uma estátua de mármore representando a papisa vestida com os hábitos sacerdotais; com a tiara na cabeça e tendo nos braços uma criança. O pontífice Bento III mandou quebrar essa estátua em fins do seu reinado, mas as ruínas da capela viam-se ainda em Roma no décimo quinto século.

Grande número de visionários preocuparam-se gravemente em investigar o castigo que Deus infringira à papisa depois da sua morte; uns consideraram a ignomínia dos seus últimos momentos como uma expiação suficiente, o qual estava de acordo, além disso, com a opinião vulgar de que os papas, qualquer que fossem os seus crimes, não podiam ser condenados. Outros, menos indulgentes que os primeiros, afirmam que Joana foi condenada por toda a eternidade a ficar suspensa de um dos lados das portas do inferno, e o seu amante do outro lado, sem nunca se poderem reunir.

O clero de Roma, ferido na sua dignidade e cheio de vergonha por aquele acontecimento singular, publicou um decreto proibindo aos pontífices atravessarem a praça pública, onde tivera lugar o escândalo; por isso, depois dessa época, no dia das rogações, a procissão, que devia partir da basílica de S. Pedro para se dirigir à igreja de S. João de Latrão, evitava aquele lugar abominável, situado no meio do seu caminho, e faziam um longo rodeio.

Essas precauções eram suficientes para manchar a memória da papisa; mas o clero, querendo impedir que um semelhante escândalo pudesse jamais se renovar, imaginou, para entronização dos papas, um uso singular e maravilhosamente apropriado à circunstância, o qual teve o nome da cadeira furada.

O sucessor de Joana foi o primeiro que se submeteu a essa prova, na qual se empregava o seguinte cerimonial: Logo que era eleito o pontífice, conduziam-no ao palácio de Latrão para ser consagrado solenemente. Em primeiro lugar, assentava-se numa cadeira de mármore branco, colocada no pórtico da igreja, entre as duas portas de honra; essa cadeira era, porém, furada, e deram-lhe esse nome porque o Santo Padre, ao levantar-se dela, entoava o seguinte versículo do Salmo 113: "Deus eleva do pó o humilde, para o fazer assentar-se acima dos príncipes!"

Em seguida, os grandes dignatários da Igreja davam a mão ao papa e conduziam-no à capela de S. Silvestre, onde se achava a outra cadeira de pórfiro, furada no fundo, na qual faziam assentar o pontífice. Os primeiros historiadores eclesiásticos não fizeram menção nunca de uma só cadeira daquela natureza, enquanto os cronistas mais estimados falam sempre em duas cadeiras furadas que designam como sendo do mesmo tamanho, de forma semelhante, uma e outra de um estilo muito antigo, sem ornatos nem almofadas.

Antes da consagração, os bispos e os cardeais faziam colocar o papa sobre essa segunda cadeira, meio estendido, com as pernas separadas, e permanecia exposto nessa posição, com os hábitos pontificais entreabertos, para mostrar aos assistentes as provas da sua virilidade; finalmente, aproximavam-se dele dois diáconos, asseguravam-se pelo tato que os olhos não eram iludidos por aparência enganadora e davam disso testemunho aos assistentes gritando em voz alta: "Temos um papa!" A assembleia respondia: *"Deo gratias"* em sinal de reconhecimento e de alegria. Então os padres vinham prostrar-se diante do pontífice, levantavam-no da cadeira, cingiam-lhe os rins com cinto de seda, beijavam-lhe os pés e procediam a entronização. A cerimônia terminava sempre por um esplêndido festim e por uma distribuição de dinheiro aos frades e às religiosas.

É mencionada a cerimônia das cadeiras furadas na consagração de Honório III, em 1061; na de Pascoal II em 1099; na de Urbano VI, eleito no ano de 1378. Alexandre VI, reconhecido publicamente em Roma pelo pai dos cinco filhos de Rosa Vanozza, sua amante, foi submetido à mesma prova. Finalmente subsistiu ela até o décimo sexto século, e Cressus, mestre de cerimônias de Leão X, refere exatamente no jornal de Paris todas as formalidades da prova das cadeiras furadas a que o pontífice foi submetido.

Depois de Leão, deixou ela de ser praticada, ou porque os padres compreenderam o ridículo de um uso tão inconveniente, ou porque as luzes do século não permitiam mais um espetáculo que ofendia a moral pública. As cadeiras furadas, que não eram necessárias, foram tiradas do lugar onde estavam colocadas e levadas para a galeria do palácio de Latrão que conduz à capela. O padre Mabillon, na sua viagem de Itália em 1685, fez a descrição dessas duas cadeiras, que examinou com a maior atenção, e afirma que eram de pórfiro, e semelhantes na fórmula a uma cadeira para enfermos.

Os ultramontanos, confundidos pelos documentos autênticos da história e não podendo negar a existência da papisa Joana, consideraram toda a duração do seu pontificado como uma vagatura da Santa Sede, e fazem suceder a Leão IV o papa Bento III, sobre o pretexto de que uma mulher não pode desempenhar as funções sacerdotais, administrar os sacramentos nem conferir ordens sagradas. Mais de 30 autores eclesiásticos alegam esse motivo para não contarem Joana no número dos papas; mas um fato essencialmente notado vem dar um desmentido formal à sua opinião.

Em meados do XV século, tendo sido restaurada a catedral de Siena por ordem do príncipe, mandou-se esculturar em mármore os bustos de todos os papas até Pio II, que reinava então, e colocou-se no seu lugar, entre Leão IV e Bento III, o retrato da papisa, com esse nome: "João VIII, papa mulher!" Esse fato importante autorizaria, pois, a contar Joana como o 108° pontífice que tivesse ornado a Igreja, se o uso não fosse mais potente que a verdade. Contudo, nem por isso fica menos provado que o reinado da papisa é autêntico, em que uma mulher ocupou gloriosamente a cadeira sagrada dos pontífices de Roma.

Alguns neocatólicos rejeitam ainda a verdade e recusam-se a admitir a autenticidade de todas essas provas, sob pretexto de que Deus não poderia permitir que a cadeira de S. Pedro, fundada pelo próprio Jesus Cristo, fosse assim ocupada por uma mulher impudica.

Mas então perguntaremos nós como é que Deus pode sofrer as profanações sacrílegas e as abominações dos bispos de Roma! Não permitiu o Cristo que a Santa Sede fosse manchada por papas heréticos, apóstatas, incestuosos e assassinos? Não era ariano S. Clemente; Anastácio, nestoriano; Honório, monotelita; João XXIII, ateu, e Silvestre II não dizia que vendera a sua alma ao demônio para ser papa?

Barônio, esse defensor zeloso da tiara, é o próprio a dizer que Bonifácio VI e Estevão VII eram celerados infames, monstros abomináveis, que encheram a casa de Deus com os seus crimes, e acusa-os de terem excedido tudo quanto os mais cruéis perseguidores da Igreja fizeram sofrer aos fiéis.

Genebrardo, arcebispo de Aix, afirma que, durante perto de dois séculos, a Santa Sede foi ocupada por papas de um desregramento tão espantoso que eram dignos de serem chamados apostáticos e não apostólicos, e acrescenta que as mulheres governavam a Itália e que a cadeira pontifical se transformara numa roca. E, com efeito, as cortesãs Teodora e Marósia, monstros de lubricidade, dispunham, segundo o seu capricho, do lugar de vigário de Jesus Cristo; colocavam no trono de S. Pedro os seus amantes ou os seus bastardos, e os cronistas referem sobre essas mulheres fatos tão singulares, tão monstruosos, e narram libertinagens tão revoltantes, que se torna impossível traduzi-los na nossa história.

Desse modo, visto que a clemência de Deus tolerou todas essas abominações na Santa Sede, pode igualmente permitir o reinado de uma papisa.

Além disso, Joana não é nem a primeira e nem a única mulher que revestiu o hábito sacerdotal; Santa Tecla, disfarçada em trajes eclesiásticos, acompanhava S. Paulo em todas as suas viagens; uma cortesã chamada Margarida disfarçou-se de padre e entrou para um convento de homens, onde tomou o nome de Frei Pelágio; Eugênia, filha do célebre Filipe, governador de Alexandria no reinado do imperador Galiano, dirigia um convento de frades, e não descobriu o seu sexo senão para se desculpar de uma acusação de sedução que lhe fora intentada por uma jovem.

A crônica da Lombardia, composta por um monge de Monte-Cassino, refere igualmente, segundo um padre chamado Heremberto, que escrevia trinta anos depois da morte de Leão IV, a história de uma mulher que fora patriarca de Constantinopla.

"Um príncipe de Benevente, chamado Archiso, diz ele, teve uma revelação divina na qual um anjo o advertiu que o patriarca que ocupava então a sede de Constantinopla era uma mulher. O príncipe apressou-se em instruir o imperador Basílio, e o falso patriarca, depois de ter sido despojado de todas as suas vestes diante do clero de Santa Sofia, foi reconhecido por uma mulher, expulso vergonhosamente da Igreja e encerrado num convento de religiosas."

Depois da narrativa de todos esses fatos, que foram conservados nas lendas para edificação dos fiéis, não deveriam confessar os padres que Deus permitiu o pontificado da papisa para abaixar o orgulho da Santa Sede e para mostrar que os vigários do Cristo não são infalíveis?

Além disso, a história de Joana não se aproxima da história da Virgem Maria? A mãe do Cristo não concebeu e não deu à luz sem deixar de ser virgem, e não governou sobre o próprio Deus, por isso que a Escritura nos diz: "Jesus Cristo era submisso à sua mãe."

Se, pois, o criador de todas as coisas não desdenhou obedecer a uma mulher, por que razão queriam ser os seus ministros mais orgulhosos do que um Deus todo poderoso e recusarem-se a curvar a fronte diante de uma papisa?

Além disso, até o sétimo século, os fiéis tinham reconhecido sacerdotisas, porque os atos do concílio de Calcedônia dizem formalmente que as mulheres podem receber as ordens do sacerdócio e serem sagradas solenemente como os leigos. S. Clemente, sucessor imediato dos apóstolos de Jesus, fala detalhadamente numa epístola sobre as funções das sacerdotisas: diz que devem celebrar os santos mistérios, pregar o Evangelho aos homens e às mulheres e despi-los para os ungir em todo o corpo, na cerimônia do batismo.

Aton, bispo de Verceil, refere nas suas obras que as sacerdotisas, na Igreja primitiva, presidiam nos templos, faziam instruções religiosas e filosóficas e que tinham debaixo das suas ordens diaconisas que as serviam, como os diáconos faziam aos padres. Santo Atanásio, bispo de Alexandria, e S. Cipriano explicam-se mais detalhadamente ainda acerca dessas mulheres; queixam-se de que muitas dentre elas, afastando-se das regras que lhes eram impostas, praticavam a garridice, empregavam os enfeites, os ornatos, pintavam o rosto, não tinham nem reserva nem pudor nas suas palavras, frequentavam os banhos públicos e banhavam-se completamente nuas, de mistura com padres e jovens diáconos.

Não era, pois, um fato novo na Igreja a elevação de uma mulher ao sacerdócio, quando apareceu a papisa Joana: muitas outras mulheres antes dela haviam sido consagradas sacerdotisas, recebido o dom do Espírito Santo e exercido as funções eclesiásticas. Por que razão procuram os adoradores da púrpura romana contestar a exatidão desses fatos históricos e irrecusáveis? Porque querem aniquilar até a própria recordação da existência de uma mulher célebre? A razão é simples: a majestade do sacerdócio, a infalibilidade pontifical, as pretensões da Santa Sede, a dominação universal, todo esse edifício de superstição e de idolatrias sobre as quais está colocada a cadeira de S. Pedro desaba diante de uma mulher papisa!!!

Bento III

108º Papa

Bento III, sucessor da papisa Joana. – Os deputados do imperador querem eleger Anastácio. – O pontífice Bento é expulso do palácio de Latrão a pauladas. – Os bispos recusam-se a consagrar Anastácio. – Anastácio, por seu turno, é expulso vergonhosamente do palácio patriarcal. – Consagração de Bento. – Etelulfo, rei de Essex, na Inglaterra, põe o seu reino sobre a proteção da Santa Sede. – Desordens do diácono Humberto, cunhado do rei Lotário. – O arcebispo de Reims acusa o diácono Humberto de libertinagens vergonhosas. – Morte de Bento.

O pontífice que sucedeu à papisa Joana era romano de nascimento; seu pai tinha-o colocado no palácio de Latrão entre os jovens clérigos que estudavam o canto religioso e os livros sagrados. Gregório IV ordenou-o subdiácono, e o predecessor de Joana consagrara-o padre do título de S. Calixto.

Depois da morte da papisa, o clero e o povo correram em multidão a S. João de Latrão para proceder a uma nova eleição e apagar o escândalo do parto de Joana com a nomeação de um papa cuja elevada piedade pudesse restituir à Santa Sede todo o seu brilho e majestade.

Bento III foi declarado, pelos sufrágios unânimes, digno de ocupar a cadeira de S. Pedro; imediatamente, o clero se dirigiu à basílica de S. Calixto para buscar o novo papa e conduzi-lo ao palácio de Latrão. À chegada dos bispos, Bento, que estava de joelhos entregue às suas orações, levantou-se para os saudar; mas, logo que soube da sua nomeação à suprema dignidade da Igreja, caiu de joelhos diante deles e exclamou, derramando copiosas lágrimas: "Suplico-vos, meus irmãos, que não me tireis a minha igreja; a minha fronte não é capaz de suportar o peso da tiara."

Apesar das suas súplicas, o povo levou-o em triunfo ao palácio patriarcal, e Bento subiu ao trono do apóstolo por entre aclamações gerais. Depois dessa cerimônia, foi publicado o decreto da eleição e enviado ao imperador Luiz II por dois deputados, Nicolau, bispo de Anagnia, e Mercúrio, senhor da Sicília romana.

No caminho, os embaixadores encontraram Arcênio, prelado de Engúbio, que, desviando-os do partido de Bento, fê-los entrar numa conspiração que tinha por fim eleger Anastácio, padre ambicioso, que precedentemente fora deposto de suas funções sacerdotais por Leão IV. Os legados da Santa Sede, seduzidos pelas promessas de Anastácio, voltaram à Itália, anunciando que o monarca francês recusara retificar a ordenação de Bento, e que resolvera enviar comissários encarregados de suas ordens.

E, com efeito, os deputados de Luiz II chegaram aos Estados da Igreja e pararam em Horta, cidade situada a 40 milhas de Roma, para conferenciarem com Anastácio. O Santo Padre, instruído das suas posições hostis, dirigiu-lhes cartas cheias de submissão para os fazer abraçar a sua causa; encarregou os bispos Gregório e Maion da sua mensagem. Mas, por solicitação de Anastácio, os embaixadores franceses mandaram prender os mandatários do pontífice, sem os querer ouvir, e conservaram-nos prisioneiros; o papa deputou-lhes Adriano e o duque Gregório, que sofreram o mesmo tratamento rigoroso. Finalmente, os comissários de Luiz avançaram com Anastácio para lá de Ponte-Male, pararam defronte à basílica de S. Lúcio Mártir, e em nome do seu senhor ordenaram ao senado, ao clero e aos cidadãos que viessem ter com eles.

Depois do serviço divino, os delegados do príncipe marcharam para a cidade santa, protegidos por tropas numerosas. Anastácio, que conduzia o cortejo, entrou em primeiro lugar na igreja de S. Pedro para queimar o quadro de um concílio sobre o qual estava inscrita a sua deposição; em seguida, fez invadir o palácio de Latrão e ordenou aos seus satélites que arrancassem Bento do trono pontifical. Ele próprio o despojou dos ordenamentos pontificais, encheu-o de injúrias, bateu-lhe com o seu báculo de bispo e entregou-o a dois padres que haviam sido depostos do sacerdócio por Joana, em virtude da enormidade de seus crimes. Estes, para obterem os favores do novo senhor, prenderam com cordas o desditoso Bento e expulsaram-no do palácio a pauladas.

Finalmente, Anastácio, ficando senhor do palácio patriarcal, declarou-se papa e subiu à cadeira de S. Pedro na presença do clero e dos soldados. Roma ficou então entregue à maior consternação e terror; os bispos e os padres batiam nos peitos, derramando lágrimas, e permaneciam postados nos degraus dos altares, invocando a proteção de Deus Todo-Poderoso. Em breve, um surdo rumor espalhou-se pela cidade; os cidadãos reuniram-se na igreja Emiliana e juraram todos resistir à opressão dos tiranos. Os comissários, instruídos dessa revolta, fizeram cercar os soldados a basílica em que os padres e os cidadãos estavam reunidos; os oficiais avançaram para os bispos, que entoavam salmos sagrados, e apresentaram-lhes as pontas das espadas, gritando com furor: "Entregai-vos, miseráveis; reconhecei Anastácio por soberano pontífice!" Os prelados responderam com firmeza: "Feri, se o ousais, mas nós não receberemos nunca por chefe da Igreja um homem deposto e anatematizado por um papa e por um concílio!"

Essa resposta enérgica intimidou os oficiais; retiraram-se para uma capela e deliberaram sobre o partido que deviam tomar numa tal circunstância; opinando todos pela violência, tornaram a entrar no santuário com os seus soldados, e, dirigindo-se outra vez aos bispos, ameaçaram fazê-los massacrar ali mesmo sobre o altar, se recusassem a consagrar Anastácio. Os cidadãos precipitaram-se então sobre os oficiais e arrancaram-lhes as espadas; representaram os comissários do imperador a injustiça do seu procedimento e propuseram dar-lhes a conhecer as traições do indigno ministro.

Cheios de espanto, os franceses consultaram uns aos outros e consentiram em sair da igreja. Então os prelados e o povo acompanharam-nos até a basílica de S. João de Latrão, gritando: "Queremos o bem-aventurado papa Bento; é ele que nós desejamos." Os deputados de Luiz II renderam-se, afinal, a essa manifestação unânime da vontade dos romanos e renunciaram à esperança de fazer consagrar o seu protegido; e reuniram o clero numa sala do palácio patriarcal, a fim de deliberar sobre o partido a tomar para terminar aquelas desordens. A discussão foi longa e tempestuosa; mas os eclesiásticos deram razões tão poderosas contra a eleição de Anastácio que os franceses cederam à sua opinião. "Aceitai, pois, por papa aqueles que vós elegestes, disse o chefe da embaixada, e colocai-o na igreja que vos convier escolher; nós mesmos expulsaremos o seu competidor dos aposentos pontificais, visto que esse indigno mereceu a disposição pelos seus crimes e pelas suas lascívias."

E com efeito, foram enviados guardas ao palácio de Latrão, e Anastácio foi arrancado vergonhosamente da cadeira pontifical.

Em seguida, os bispos dirigiram-se em procissão à prisão de Bento III, montaram-no num cavalo e levaram-no em triunfo à igreja de Santa Maria Maior, onde passaram três dias e três noites em jejum e orações. Aqueles que tinham seguido o partido de Anastácio dirigiram-se igualmente à basílica, para beijar os pés ao papa e confessarem a sua culpa. Bento recebeu uns e outros com bondade, perdoou-lhes e abraçou-os. Restabelecida assim a paz na Igreja, o clero levou o pontífice para o palácio de Latrão, e no domingo seguinte foi consagrado solenemente na igreja de S. Pedro.

Em 856, Etelulfo, rei da Inglaterra, fez uma peregrinação a Roma e veio colocar os seus Estados sob a proteção do papa; ofereceu a S. Pedro uma coroa de ouro do peso de 40 libras e magníficos presentes; fez grandes liberalidades ao clero e ao povo e construiu novos edifícios para a escola inglesa, que fora reduzida a cinzas. De volta à Grã-Bretanha, o rei devoto reuniu um concílio em Winchester, na basílica de S. Pedro, e publicou um decreto para que no futuro a décima parte das terras dos seus Estados pertencesse à Igreja, e fosse isenta de todos os encargos; restabeleceu o dinheiro de S. Pedro em todo o seu reino e, finalmente, deixou por testamento uma renda de 300 marcos de ouro, pagável todos os anos à Santa Sede.

Nessa mesma época, o abade Lopo de Ferriére enviou ao pontífice dois monges peregrinos, que ele desejava fazer instruir nos costumes da Igreja romana, a fim de poder restabelecer o rito ultramontano na sua abadia.

O Santo Padre recebeu igualmente os embaixadores de Miguel III, imperador do Oriente, que traziam em nome do seu senhor presentes consideráveis destinados à basílica do apóstolo. O príncipe grego pedia na sua carta que o Santo Padre aprovasse a sentença de deposição que ele promulgara contra Gregório, bispo de Siracusa, na Sicília, o que Bento confirmou sem exame.

Por requisição de Hinemar, metropolitano de Reims, o Santo Padre aprovou o sínodo que havia sido convocado em Soissons, cujas decisões tinham sido rejeitadas por Leão IV; o arcebispo suplicava ao mesmo tempo ao pontífice que citasse para o seu tribunal o diácono Huberto, irmão de Thietberge, esposa do rei Lotário, padre infame que transformara em lupanar um convento de religiosas, do qual auferia grandes rendas, fazendo um tráfico vergonhoso com a virgindade das freiras. Acusava-o igualmente de entreter relações criminosas com a rainha sua irmã. Como Hinemar estava encarregado por Lotário de solicitar na corte de Roma a punição do culpado e reclamar um castigo que estivesse em relação com a enormidade dos crimes do diácono, escreveu ao soberano pontífice para lhe dar explicações muito detalhadas sobre a natureza das relações incestuosas da bela Thietberge com seu irmão.

Entre outras coisas, o piedoso arcebispo explicava à sua santidade que a rainha confessava que, desde a sua mais tenra infância, fora corrompida pelo diácono Huberto, que abusara dela à moda dos habitantes da antiga Sodoma; que se achara grávida em consequência daquelas relações monstruosas, e que seu irmão, para ocultar a sua falta, destruíra o fruto dos seus amores, logo que ele vira a luz do dia. Sobre esse assunto, o metropolitano exprimia dúvidas a respeito da sinceridade da confissão da rainha; entrava numa sábia dissertação para estabelecer que uma mulher não podia conceber numa fornicação contra a natureza; citava as passagens mais obscenas dos padres que haviam escrito sobre a matéria, para sustentar a sua opinião e para combater os casuístas que haviam tomado a defesa dos culpados e que pretendiam que o diácono e sua irmã estavam suficientemente purificados do ato que lhes censuravam, fazendo abluções. O metropolitano passava detalhadamente em revista todos os fatos narrados no Antigo e no Novo Testamento que se referiam ao caso, e tirava a seguinte conclusão: "Que era notório que uma mulher não podia conceber por meio de uma tal operação; que nenhum exemplo autorizava uma tal suposição, e que a rainha, reconhecendo na sua própria confissão que se tornara mãe das obras de seu irmão, ficava estabelecido de um modo irrecusável que o diácono abusara de sua irmã de todos os modos, e que o filho que Thietberge dera à luz era o fruto dos seus amores incestuosos. Jamais, acrescentava o douto prelado na sua carta ao Santo Padre, viu-se uma mulher conceber sem ter tido relações íntimas com um homem, senão a Santa Virgem, que foi a única entre as mulheres a gozar desse privilégio, e que, por uma permissão especial de Deus, foi mãe – *vulva non adaperta* – conservando a membrana, como a possui toda donzela que não foi corrompida." Reparando afinal na inconveniência de semelhantes dissertações, o metropolitano termina sua epístola, pedindo ao Santo Padre que lhe perdoe as descrições nas quais se viu obrigado a entrar. Adverte-o de que não tivera a intenção de recordar os mistérios da virgindade das donzelas ou os segredos das mulheres àqueles que as conhecem, nem desmascará-los àqueles que os ignoram, mas que quis somente apoiar a sua acusação contra o irmão de Thietberge com a opinião dos padres da Igreja e com os textos das Escrituras Santas.

Huberto recebeu ordem de comparecer Roma antes do prazo de trinta dias, a fim de se justificar das acusações dirigidas contra ele e sob pena de sofrer as censuras eclesiásticas se faltasse a esse apelo; mas Bento III morreu em 10 de março de 858, antes da convocação do sínodo.

Nicolau I

109º Papa

Eleição de Nicolau. – Luiz, o Germânico, vem beijar os pés do Santo Padre. – União das Igrejas de Brema e de Hamburgo. – Tratado de Retramne ou Bertran sobre a eucaristia. – Seita dos estercoranistas. – Fócio usurpa a sede de Constantinopla. – Cartas do imperador e de Fócio. – O papa envia legados a Constantinopla. – Os legados aprovam a elevação de Fócio à sede patriarcal. – Incesto da rainha Thietberge com o diácono Huberto, seu irmão. – Adultérios de Ingeltrudes, mulher de Bóson. – Negócio de João, arcebispo de Ravena. – Lotário repudia a rainha Thietberge. – Carlos, o Calvo, perdoa ao raptor de sua filha Judith. – Regresso dos legados da Santa Sede; Nicolau excomunga-os. – Condenação de Fócio e de Gregório de Siracusa. –

Concílio de Metz. – O papa anula os decretos do concílio de Metz, a que chama uma assembleia de ladrões e assassinos. – Excomunhão lançada contra a bela Ingeltrudes. – Os bispos franceses acusam o pontífice de ser o protetor de todas as abominações de Roma; comparam a cidade santa ao inferno e o pontífice Nicolau a Satanás. – O imperador vem a Roma. – Hilduíno, bispo de Cambraia, entra completamente armado na igreja de S. Pedro à frente dos seus soldados. – As tropas do imperador Luiz pilham as igrejas de Roma e violam as religiosas. – Orgulho do pontífice. –— Cartas aos príncipes Luiz e Carlos. – Lotário perdoa a rainha Thietberge. – Nicolau excomunga Waldrade, segunda mulher de Lotário. – Conversão dos búlgaros. – Fócio excomunga o Papa num concílio ecumênico. – Salomão, rei da Bretanha. – Discussões entre a rainha Thietberge e Lotário. – Concílio de Troyes. – Fócio expulsa o imperador Basílio da comunhão dos fiéis. – Inácio é restabelecido na sede de Constantinopla. – Nicolau reclama do rei da Germânia as rendas dos patrimônios de S. Pedro. – Morte do pontífice Nicolau. – Excesso de orgulho e de presunção do papa. – Compara-se ao próprio Deus e eleva-se acima do julgamento dos homens.

Nicolau era romano de nascimento e filho de um pobre médico; o papa Sérgio II havia o recolhido no palácio patriarcal e nomeara-o subdiácono. Bento III consagrou, por seu turno, uma tão viva afeição ao jovem padre que o juntou à sua pessoa na qualidade de secretário íntimo e o encarregou dos negócios mais secretos da Igreja. Depois da morte do seu protetor, Nicolau prestou-lhe os últimos deveres, amortalhou-o pelas suas próprias mãos e, ajudado por grande número de diáconos, levou-o com um respeito filial e religioso até ao lugar da sepultura.

A Santa Sede permaneceu vaga durante um mês inteiro, enquanto os romanos esperavam a chegada do imperador Luiz para nomearem um pontífice. Logo que o príncipe penetrou nos muros da cidade santa, o clero, os grandes e o povo reuniram-se para proceder à eleição e, tendo Nicolau reunido a maioria dos sufrágios, foi declarado soberano pontífice de Roma, conduzido ao palácio de Latrão e consagrado na presença do imperador.

Essa cerimônia foi feita com uma magnificência extraordinária, e o Santo Padre mostrou, nessa circunstância, mais imprudência e mais orgulho do que todos os seu predecessores. Foi ele o primeiro que ordenou que a entronização dos papas fosse feita com todo o esplendor e, para deixar à posteridade um exemplo da sua audácia e da fraqueza do imperador, exigiu que Luiz se dirigisse a pé ao seu encontro, que segurasse nas rédeas do seu cavalo e que o conduzisse assim desde a basílica de S. Pedro até o palácio de Latrão. Finalmente, o monarca devoto, antes de se despedir do papa, rojou a fronte no chão e beijou as suas sandálias!!!

Algum tempo depois da sua elevação à Santa Sede, Nicolau transformou em arcebispado as igrejas de Brema e de Hamburgo e deu-as ao seu favorito

Auscário; Gonthier, metropolitano de Colônia, opôs-se a princípio a essa decisão, sustentando que não era de equidade elevar o arcebispado a uma sede que era da sua dependência; mas, em seguida, cedendo às solicitações do rei e dos bispos, consentiu nessa reunião, para não levar o escândalo à Igreja. Terminadas as disputas, Luiz enviou a Roma Salomão, bispo de Consância, e o padre Norfuld, discípulo de Anscário; estes foram recebidos com grandes honras por Nicolau, e alcançaram o decreto que elevava Anscário a uma sede arqui-episcopal, com o título de legado da Santa Sede e com o direito de pregar o Evangelho aos suecos, aos dinamarqueses, aos eslavos e a todas as nações vizinhas desses povos.

Nessa época, Ratramne ou Bertram, padre e monge de Córbia, homem profundamente instruído nas Escrituras Sagradas escreveu, a rogo de Carlos, o Calvo, um tratado "do corpo e do sangue de Jesus Cristo". Inúmeras disputas teológicas sobre a eucaristia dividiam então o clero da França; e o rei, querendo fazer cessar essas desordens, confiara o cuidado de decidir a questão ao homem que ele julgava o mais instruído do seu reino. O religioso de Córbia combatia o dogma da transubstanciação, sustentando que no sacramento do altar o corpo de Cristo não estava realmente presente sob as espécies do pão e do vinho, e que os fiéis o recebiam na comunhão espiritualmente e não materialmente.

Essa doutrina ímpia, que se afastava dos princípios ensinados pela Igreja, excitou a cólera dos fanáticos, que sustentavam que Jesus Cristo não somente estava presente no sacramento do altar, mas que participava da natureza do pão e do vinho, e que, com essas substâncias, obedecia ele à lei da digestão e passava aos excrementos, opinião esta que fez dar aos seus sectários o nome de stercoranistas.

Enquanto na França se discutia sobre a presença real de Deus no sacramento do altar, a Igreja de Constantinopla era escandalizada pelas desordens dos seus chefes; Santo Inácio fora expulso da sua sede por causa do seu orgulho e de seu fanatismo, e o imperador elevara à dignidade de patriarca o célebre Fócio, que era um simples leigo.

Como os padres murmuravam da irregularidade da sua eleição, empreendeu ele fazê-la retificar pelo Santo Padre e enviou embaixadores para apresentar a sua justificação em Roma. Na sua carta a Nicolau, o patriarca explicava nos seguintes termos a sua elevação à sede de Constantinopla: "Participo-vos, Santíssimo Padre, que o meu predecessor renunciou à dignidade episcopal para se retirar para um mosteiro, onde encontrou o repouso que a sua idade avançada e as suas enfermidades lhe tornavam necessário. Para o substituir, o clero, os metropolitanos e o nosso gracioso imperador vieram procurar-me, impelidos por uma força sobrenatural; e, sem escutarem as minhas desculpas, sem mesmo me darem tempo para recusar, obrigaram-me a aceitar à dignidade de patriarca, não atendendo nem às minhas lágrimas nem à minha desesperação."

Miguel III dirigia ao mesmo tempo ao pontífice cartas confidenciais e mandava-lhe oferecer pelos seus embaixadores somas consideráveis para a confirmação de Fócio. Nicolau recebeu com honra os enviados do príncipe e do patriarca, e aceitou os presentes; mas, usando de circunspeção, evitou decidir o negócio de Inácio, e prometeu enviar, na qualidade de legados a Constantinopla, Rodoaldo, bispo de Porto, e Zacarias, prelado de Anagnia. Estes deviam convocar um concílio na cidade imperial relativamente ao culto das imagens e informar juridicamente sobre a causa de Fócio, sem contudo concluir coisa alguma antes de terem recebido novas instruções da corte de Roma.

Nicolau respondeu nestes termos à carta do imperador: "Senhor, nós não podemos dar a nossa aprovação à ordenação de Fócio antes de conhecer exatamente como foi feita a deposição de Inácio; por isso, não queremos que o antigo patriarca de Constantinopla se apresente perante um concílio, e que na presença dos nossos legados explique as causas que o fizeram abandonar o seu povo e os seus deveres pontificais. Em seguida, examinar-se-á se a sua deposição foi regular e, terminado esse negócio, decidir-se-á sobre as medidas a tomar para assegurar a paz da cristandade.

"Em primeiro lugar, antes de levantar os obstáculos principais que separam as Igrejas grega e latina, pedimo-vos o restabelecimento da jurisdição da nossa sede sobre as províncias do império, a restituição dos patrimônios de S. Pedro na Calábria e na Sicília, assim como o direito de nomear prelados para os bispados de Siracusa."

Quando os deputados do Santo Padre chegaram a Constantinopla, encerram-nos num palácio, por ordem do príncipe, cercaram-nos de todas as seduções, fizeram-lhes presentes magníficos e, finalmente, no meio das festas e das orgias, arrancaram-lhes a promessa de se conformarem com as ordens do imperador.

Fócio convocou, então, um concílio em Constantinopla, na igreja dos Apóstolos: 318 bispos, os legados do papa, os magistrados e um grande número de cidadãos compunham a assembleia, que era presidida por Miguel III. Mandou-se chamar Inácio pelo preboste Blanc, que disse ao prelado: "Inácio, o grande e santo concílio chama por vós; vinde defender-vos dos crimes de que sois acusado." O patriarca respondeu: "Dizei-me se me devo apresentar perante a assembleia na qualidade de bispo, de padre ou de monge?" Como o preboste permanecesse calado, Inácio recusou-se a acompanhá-lo.

No dia seguinte, apresentou-se de novo o mesmo oficial e disse ao prelado: "Os enviados do papa da antiga Roma, Rodoaldo e Zacarias, ordenam-vos que compareçais ao concílio sem demora, e que declareis na sua presença os sentimentos que a vossa consciência vos ditar."

Santo Inácio revestiu-se logo com o hábito patriarcal e dirigiu-se ao sínodo a pé, seguido de um grande número de bispos, de padres, de monges e de leigos; mas, no caminho, fê-lo parar o patrício João em nome do imperador e ordenou-lhe, sob pena de perder a vida, que tirasse as vestes sacerdotais e vestisse o hábito monacal. Inácio compareceu então perante o concílio com o hábito monástico e, dirigindo-se aos legados do papa, pediu-lhes as suas credenciais e as instruções escritas pelo pontífice. Os legados responderam que vinham para julgar a sua causa e que não tinham trazido credenciais porque ele não estava considerado como patriarca desde que a sua deposição fora decretada pelo concílio da sua província.

Inácio replicou aos legados: "Visto que vós vindes em nome do sucessor do apóstolo Pedro para decidir a minha causa segundo os cânones, deveis, antes de proceder à minha justificação, expulsar da minha igreja o eunuco Fócio, e se não tendes poder para isso, não vos declareis nossos juízes, porque vos recusaremos." Os oficiais que cercavam o imperador aproximaram-se então do patriarca e instaram com ele para que pedisse a sua demissão. Os rogos e as ameaças foram inúteis; Inácio não quis renunciar à sua dignidade, e o concílio, não podendo vencer a sua obstinação, depô-lo e pronunciou anátema sobre ele. Os enviados do pontífice confirmaram essa sentença e pediram que fosse levado para uma prisão; mas o cativeiro de Inácio não foi de longa duração.

Fócio, receando uma sedição em Constantinopla, mandou restituir-lhe a liberdade, e o patriarca excomungado retirou-se para o palácio de Posa, antiga residência de sua mãe. Foi na tranquilidade daquele retiro que Santo Inácio escreveu uma memória que enviou ao papa Nicolau. Esse documento foi levado secretamente à Itália, por Teogunto, um dos seus partidários, que instruiu o Santo Padre de todas as circunstâncias daquele importante negócio.

Pelo seu lado, os legados Rodoaldo e Zacarias tinham voltado a Roma com Leão, embaixador do príncipe, e traziam ao Santo Padre ricos presentes, as cartas do imperador, as do novo patriarca e dois volumes inteiros contendo as atas do concílio que depusera Inácio.

A carta de Fócio é um documento histórico tanto mais notável, porque encerra a explicação dos dogmas que deviam separar para sempre as Igrejas grega e latina. É concebida nos seguintes termos: "Nada é mais precioso do que a caridade, que reconcilia as pessoas afastadas; e eu atribuo a essa virtude a deferência que tive pelos vossos conselhos, sofrendo as censuras que vossa santidade me dirige, e atribuindo-as não a paixões ruins, mas a um excesso de zelo. Por isso, conformando-me com os preceitos do Evangelho, que recomendam a igualdade entre todos os homens, dirijo-vos em toda a liberdade a defesa do meu procedimento, a fim de vos mostrar que deveríeis lastimar-se, em vez de me censurar.

Cedi à força quando subi à sede patriarcal, e Deus, a quem nada é oculto, conhece as violências que sofri; sabe que fui encarcerado numa prisão como um criminoso, que o meu peito foi ameaçado pelo gládio daqueles que me guardavam e que me foi impossível resistir às vontades do príncipe e dos seus povos. Quis conservar a paz e a felicidade que eu gozava no meio dos sábios que me ajudavam no estudo da filosofia, e, malgrado meu, tive de abandonar essa vida tranquila e feliz.

Porque eu conhecia, antes mesmo de ter experimentado, a tristeza que causam os cuidados das altas funções sacerdotais; sabia que um bispo deve continuamente constranger-se diante dos homens e disfarçar os movimentos da alma e do rosto; sabia que deve ao mesmo tempo reprimir os sentimentos de liberdade que agitam os povos e dominar pelo temor os imperadores que os governam.

Com os meus amigos, não tinha necessidade de cobrir o rosto com uma máscara enganadora; podia ao lado deles manifestar a minha alegria ou a minha tristeza, declarar abertamente os meus sentimentos e as minhas ideias; finalmente, mostrar-me tal qual sou. Mas hoje, as grandezas eclesiásticas condenam-me à hipocrisia, à mentira, e algumas vezes mesmo, obrigam-me a atos de crueldade. Que não sofro eu para impedir a simonia, a devassidão e as exações dos padres!

Eu previa todas as desgraças que me sucedem, antes de aceitar o episcopado, e esses receios convidaram-me a fugir-lhe; mas condenaram-me a perder o meu corpo e a minha alma, não tiveram compaixão de mim e recusaram-se a acreditar na sinceridade da minha oposição. Por isso, não me acuseis de uma falta de que não sou o autor, mas a vítima; e se os cânones que proíbem elevar um leigo ao patriarcado foram violados na minha eleição, recaia a falta sobre os verdadeiros culpados.

O imperador ameaçou-me com a sua autoridade e eu tive de ceder à sua vontade; depois de ter resistido com coragem, aceitei com resignação para evitar uma revolução, e fiz à minha pátria o sacrifício da minha liberdade.

Finalmente, hoje sou patriarca como Deus o quis; declaro, pois, à vossa beatitude, que defenderei os direitos da minha sede, em nome de todo o clero de Constantinopla, rejeito os pretendidos cânones que vós alegais contra a minha eleição. Em todos os tempos, os nossos padres ordenaram bispos saídos da classe dos leigos e não supuseram que faltavam nisso às santas regras da Igreja do Oriente.

Que um de nós conserve religiosamente os costumes dos nossos antepassados. Em Roma, os vossos padres não contraem uniões legítimas e entretêm publicamente grande número de concubinas; em Constantinopla, permitimos, pelo contrário, aos nossos padres, que escolham uma esposa e que vivam santamente nos laços do matrimônio. Não é o hábito que eles trajam, nem a duração do tempo passado na hipocrisia dos seminários, que tornam os homens dignos do episcopado; são, pelo contrário, as luzes do espírito e a pureza dos costumes. Não pronuncio essas palavras para defesa minha, porque reconheço que sou unicamente ignorância e impureza; quero tão somente lembrar à vossa beatitude os exemplos de Taraíse, de Nicéforo e de Santo Ambrósio, a glória do nosso país, que compôs obras sublimes sobre a religião do Cristo. Vós não condenastes S. Nectário e Santo Ambrósio, cuja ordenação foi confirmada por um concílio ecumênico; contudo, esses dois santos personagens eram seculares antes da sua eleição e nem sequer tinham sido batizados quando foram elevados, um e outro, à dignidade episcopal.

Não falarei de Gregório Nazianzeno, o pai da teologia, nem dos muitos bispos que a Igreja venera, e a quem o clero romano não censurou nunca o terem sido eleitos, como nós fomos, segundo o costume observado no Oriente.

Todavia, para satisfazer o pedido de vossa santidade e para estabelecer, tanto quanto o nosso poder o permita, a concórdia entre a vossa sede e a nossa, proibi em pleno concílio que para o futuro nenhum secular ou monge seja ordenado bispo sem ter passado por todas as ordens e graus eclesiásticos. Estamos sempre prontos para destruir toda e qualquer divergência entre as duas Igrejas, mas não podemos censurar, a nós mesmos, o uso segundo o qual fomos declarados patriarcas, o que seria uma injúria grave para os padres que nos escolheram.

Quisesse Deus que a Igreja de Constantinopla tivesse observado sempre os usos da Igreja latina; teria evitado as dores que me oprimem, vendo-me cercado de ímpios que ofendem o Cristo nas suas imagens, ou que negam nele as duas naturezas e blasfemam contra o quarto concílio.

Excomungamos esses padres culpados no sínodo a que vós assististes pelos vossos legados; e teríamos seguido mesmo todas as vossas instruções, se o imperador não se tivesse oposto à nossa vontade. Foi ainda por ordem sua que recusamos restabelecer a vossa jurisdição sobre as igrejas da Ilíria e de Siracusa; nessa grave questão, trata-se de limites de territórios que dizem respeito aos negócios do governo temporal; e apesar de todo o meu desejo de vos ser agradável, não pude obter do príncipe concessão alguma.

Pelo que me diz respeito, quisera restituir a S. Pedro tudo quanto lhe pertence e ceder-lhe mesmo ainda uma parte das antigas dependências da sede que dirijo, por isso que deveria uma obrigação infinita àquele que me aliviasse do peso que me oprime. Estou bem longe de recusar os direitos que pertencem a um outro bispo e, sobretudo a um padre tal como vós, que os reclamais pela voz de santos legados cuja prudência, cordura e luzes são semelhantes às dos discípulos de Jesus Cristo.

Confiamos em que vossa beatitude será inteiramente instruída por eles da verdade dos acontecimentos que tiveram lugar na nossa eleição. Recebemo-los com todas as honras que mereciam esses embaixadores vossos, e aos quais queríamos provar a dedicação que consagramos à vossa santidade; pedimo-vos que obreis do mesmo modo a nosso respeito, acolhendo favoravelmente os nossos delegados.

Folgamos com que os fiéis se apressem em ir beijar-vos os pés; mas observaremos que esse zelo alenta os adultérios, os incestos, os roubos, os homicídios, e que os crimes são em muito maior número depois que os culpados se podem esquivar ao castigo, com uma peregrinação à cidade santa."

As cartas do imperador Fócio, assim como as atas do concílio de Constantinopla, confirmaram ao pontífice a traição dos seus legados. Profundamente irritado com a sua infidelidade, reuniu os bispos da Igreja romana e, na presença de Leão, embaixador de Miguel III, declarou que os enviados da Santa Sede não tinham recebido instruções para aprovar a deposição de Inácio ou a eleição de Fócio, e que em virtude da autoridade que ele recebera de S. Pedro, reprovava tudo quanto fora feito em seu nome nessa assembleia, e que não consentiria em retificar as obrigações dos seus legados. Leão saiu logo da cidade santa e foi levar essa resposta à corte do imperador; então a Igreja grega resolveu separar-se para sempre da Igreja latina.

Alguns meses depois dessa ruptura, Roma sofreu o escândalo de uma nova acusação de incesto intentada contra o diácono Huberto, que fora surpreendido de noite no quarto de dormir da rainha Thietberge, sua irmã, esposa do rei Lotário. Huberto incorrera já nas censuras eclesiásticas no pontificado de Bento III; mas a morte súbita do pontífice impedira a confirmação da sentença. Nessa última circunstância, tendo a própria rainha confessado seu crime, fora encerrada num convento para esperar a decisão que os bispos do reino deviam pronunciar contra ela. A princesa, temendo os efeitos da vingança de Lotário, escapou-se daquele retiro e fugiu com seu irmão Huberto para os Estados do rei Carlos, o Calvo, de quem se tornou amante. Em seguida, essa mulher impudica ousou enviar embaixadores ao papa, queixando-se da sentença que fora publicada contra ela pelos bispos franceses.

Pelo seu lado, Lotário, receando que a rainha não levantasse contra ele a cólera do Santo Padre, apressou-se a enviar a Roma Teutgaud, metropolitano de Trevis, e Halton, chefe do clero de Verdun, com cartas de crédito de todos os bispos do seu reino, que afirmavam não ter pronunciado ainda nenhuma sentença contra Thietberge, mas ter-lhe imposto unicamente uma penitência depois da confissão pública que ela fizera do seu crime. Pediam, ao mesmo tempo, ao pontífice que não se deixasse surpreender pelas astúcias dessa rainha incestuosa e de seu abominável irmão, mas que lesse com atenção as suas cartas que os príncipes Lotário e Luiz, seu tio, lhe dirigiam pelos seus enviados.

Os dois reis queixavam-se igualmente de Carlos, o Calvo, e pediam ao Santo Padre que se dirigisse às Gálias, a exemplo dos seus prodecessores, para manter a fé dos tratados, ameaçando o prevaricador das censuras da Igreja. Nicolau estava já sob a influência de Thietberge, cuja beleza ou os presentes tinham seduzido todos os prelados da corte de Roma. Reuniu-se efetivamente um sínodo, mas a rainha foi declarada inocente, e o rei de Lorena, condenado a receber outra vez sua mulher, sob pena de excomunhão.

No mesmo ano, um novo concílio foi convocado pelo papa para tratar de uma acusação de adultério intentada contra a bela Ingeltrudes, filha do conde Matfrid e esposa do conde Bóson da Lombardia, a quem roubara os seus tesouros antes de fugir com o amante. O desditoso marido perdoara àquela esposa culpada, e empregara todos os meios de brandura para a chamar de novo a si; mas, vendo afinal repelidas todas as suas diligências, dirigira-se ao Santo Padre e pedira-lhe que empregasse toda a sua influência para obrigar aquela mulher criminosa a voltar ao sentimento dos seus deveres.

Nicolau, cedendo às súplicas de Bóson, reuniu em Milão um concílio, em que Ingeltrudes foi citada para comparecer, sem o que a assembleia, num prazo marcado, devia declará-la excomungada. E, com efeito, tendo a condessa se recusado a comparecer na presença do sínodo, foi condenada pelo papa como adúltera e riscada da comunhão dos fiéis. Mas o anátema não produziu melhor resultado que as exortações. Quando lhe foi apresentado o decreto do Santo Padre, lançou-o ao fogo rindo e disse aos enviados: "Se o vosso papa Nicolau quer reunir sínodos para tornar as mulheres fiéis e impedir os adultérios, declaro-vos que perderá o seu tempo e o seu latim. Faria melhor reformando os costumes abomináveis do seu clero, extirpando a sodomia da sua própria habitação!"

O Santo Padre, furioso com os sarcasmos de Ingeltrudes, escreveu aos bispos de Lorena para os repreender da sua negligência e para lhes ordenar que expulsassem aquela mulher maldita, declarando-lhes que, se ela se recusasse a reunir-se a seu marido, deviam excomungá-la uma segunda vez e expulsá-la das suas dioceses, sob a pena de serem eles próprios depostos e anatematizados. Dirigiu ao mesmo tempo uma carta ao rei Carlos, o Calvo, pedindo-lhe que obrigasse seu sobrinho Lotário a expulsar aquela mulher criminosa dos seus Estados, empregando mesmo as armas se ela se recusasse a obedecer às ordens da Santa Sede. As ameaças e as cóleras eclesiásticas caíram em presença da obstinação de Ingeltrudes; a famosa adúltera retirou-se para junto do bispo de Colônia, com o qual entretinha publicamente relações criminosas.

Um negócio mais importante para os interesses da corte de Roma do que o de Ingeltrudes veio ocupar, então, toda a atenção do Santo Padre. João, metropolitano de Ravena, prelado de uma notável firmeza, empreendeu restabelecer a independência da sua sede e substituiu todos os padres que ele supunha serem criaturas do papa por jovens eclesiásticos dedicados à sua pessoa.

Anastácio afirma que o arcebispo se apoderava dos bens da Igreja, usurpava os patrimônios de S. Pedro, chamava a si as rendas, depunha, sem julgamento canônico, os padres e os diáconos do seu clero, e mandava-os encerrar numa prisão, para os obrigar a renegar a obediência que deviam ao Santo Padre.

Nicolau fê-lo citar três vezes para comparecer ao concílio que ele acabava de convocar para o julgar; mas, tendo o arcebispo se recusado a comparecer perante a assembleia e até mesmo fazer-se representar, o Santo Padre declarou o metropolitano deposto da sua sede e excomungado. João dirigiu as suas reclamações ao imperador e obteve que o acompanhariam a Roma embaixadores franceses para justificar o seu procedimento. Foi inútil a proteção do monarca pusilânime; o papa corrompeu com ricos presentes os enviados de Luiz II que lhe entregaram o metropolitano da Ravena, e o desditoso prelado, vendo-se à mercê do seu inimigo, consentiu em renovar o ato da submissão da sua diocese, prestou juramento de fidelidade e de obediência sobre a cruz e o Evangelho, e no dia seguinte dirigiu-se à igreja de Latrão, onde se justificou, por juramento, dos crimes de que era acusado.

O Santo Padre recebeu-o em seguida na sua comunhão, permitiu-lhe que celebrasse missa, e no dia seguinte fê-lo tomar acento no concílio, onde Nicolau publicou um decreto nos seguintes termos: "Ordenamos ao arcebispo João que venha todos os anos a Roma renovar o juramento de obediência que nos fez e proibimo-lhe que ordene, sem uma autorização de nossa sede, os bispos de Emília e os sufragantes de Ravena; proibimo-lhe igualmente que peça coisa alguma aos seus padres que seja contrária aos cânones e aos privilégios da nossa sede, e não entrar na posse dos bens dos bispos e dos seculares, a menos que não lhes sejam adjudicados juridicamente pela autoridade da Igreja romana."

Em seguida, obteve João a permissão de voltar para Ravena.

Todavia, o pontífice, desejando vingar-se do imperador que havia protegido o metropolitano, fingiu ter recebido de Deus, numa revelação, a ordem de chamar Carlos, o Calvo, ao império, em lugar de Luiz II, e convidou o rei da França a tirar o cetro a seu irmão, prometendo-lhe santificar a usurpação. Esse negócio não teve consequências imediatas; contudo, nos atos da coroação do monarca francês publicados por Pithon, diz-se que o papa João VIII, sucessor de Nicolau, apoiara o seu decreto com a razão de que o próprio Deus designara Carlos, o Calvo, como imperador, numa visão que aparecera ao pontífice Nicolau. A separação de Thietberge e de Lotário não estava terminada ainda e promovia um grande escândalo no Estado e na Igreja; para o fazer cessar, o príncipe enviou a Roma dois senhores da sua corte, encarregados de entregarem ao pontífice as atas de um concílio no qual os bispos de Lorena tinham autorizado o monarca a repudiar sua mulher criminosa e a contratar uma nova união com Waldrade. A estupidez dos príncipes era tão grande então, que não ousavam empreender coisa alguma sem ter recebido autorização da corte de Roma! Por consequência, o monarca suplicava ao pontífice que nomeasse legados que decidiriam sobre essa grave questão com os bispos do seu reino.

Nicolau respondeu que enviaria os seus delegados para ordenar a convocação de um sínodo, mas que, entretanto, proibia aos clérigos e aos seculares, qualquer que fosse a sua categoria, de tomarem até essa época decisão alguma em favor de Waldrade contra a rainha. Alguns meses depois, deputou à corte de Lorena, Rodoaldo, bispo do Porto, o mesmo eclesiástico que fora seu legado em Constantinopla, e João, prelado da Sérvia, na Romênia. Escreveu igualmente ao príncipe Luiz, o Germânico, e aos dois reis, tio e sobrinho de Lotário, para que enviasse cada um deles dois bispos dos seus reinos, a fim de serem representados no concílio que devia examinar a causa de Thietberge.

Nicolau ordenava ao imperador Luiz que tomasse as suas medidas para que os legados estivessem em segurança nos Estados de Lotário, seu irmão; e nas suas cartas aos bispos das Gálias e da Germânia, pedia-lhes que se dirigissem a Metz, lugar marcado para o concílio, e excitava-os contra o rei, convidando-os a castigar severamente esse monarca pela sua falta de consideração para com a Santa Sede.

Na política do Santo Padre notamos uma contradição tanto mais surpreendente: que ele se declarava protetor de uma rainha incestuosa, na mesma ocasião em que se excomungava a mulher adúltera de Bóson. Além disso, a corte de Roma tinha em toda a cristandade uma tal reputação de simonia que se dizia publicamente que, com dinheiro, havia sempre a certeza de obter a proteção dos papas. A seguinte aventura veio dar uma nova força a essa reputação de avareza tão justamente adquirida pela Santa Sede.

Um conde de Flandres chamado Balduíno, fascinado pelos encantos de Judith, filha de Carlos, o Calvo, tivera a audácia de raptar essa princesa em Saulis e fugira com ela para os seus Estados. Foram enviadas imediatamente tropas contra os fugitivos, mas, tendo-as derrotado, o conde pôde afrontar impunemente o monarca francês. Carlos, duplamente irritado pela sua derrota e pelo rapto de sua filha, recorreu então ao papa, que anatematizou Balduíno. O terror que inspirava a cólera da Igreja obrigou o raptor, que não temera as armas de um monarca poderoso, a submeter-se imediatamente às ordens de Nicolau, e dirigiu-se a Roma com sua jovem mulher para implorar a proteção de S. Pedro, tendo o cuidado de levar consigo somas consideráveis e magníficos presentes em ouro e em prata que ofereceu ao papa; em seguida, sendo admitido à sua presença, lançou-se-lhe aos pés e jurou-lhe inteira submissão e fidelidade a toda prova. Nicolau, deixando-se influenciar pelo valor dos presentes, retirou logo os anátemas que fulminara contra Balduíno, declarou-o filho da Igreja e escreveu mesmo a Carlos, o Calvo, convidando-o a que lhe perdoasse.

O Santo Padre, advogando a causa do jovem par, empregava ao mesmo tempo as lisonjas e as ameaças; dizia ao imperador que Judith dera toda a sua ternura ao raptor, e que uma separação tornaria Judith a mais infeliz das mulheres; fazia valer as desordens que promoveriam um rigor inflexível, se levasse ao desespero um senhor poderoso que podia juntar os seus exércitos aos dos normandos e invadir o reino da França. Nicolau dirigia ao mesmo tempo uma carta tocante a rainha Ermentrudes, mãe de Judith, e afinal conseguiu com as suas exortações reconciliar as duas famílias.

O concílio convocado em Metz para julgar a causa do rei Lotário não se reuniu na época que fora designada para as sessões. O príncipe, temendo uma condenação, queria ganhar tempo para chamar a favor da sua causa os enviados da Santa Sede; e, com efeito, ricos presentes e algumas somas de dinheiro mudaram totalmente as disposições do legado Rodoaldo, como procedera em Constantinopla. Os amigos da rainha apressaram-se em instruir Nicolau daquela traição; e o pontífice, ferido no seu orgulho pela condescendência criminosa do seu delegado, convocou imediatamente os bispos das províncias vizinhas para julgar o traidor Rodoaldo e para nomearem um outro embaixador.

Aquele ano foi marcado por um frio extremamente rigoroso: o mar Adriático gelou completamente, e os comerciantes das duas costas transportavam as suas mercadorias sobre carros, em vez de empregarem navios.

O concílio que fora convocado pelo Santo Padre reuniu-se na capela do palácio de Latrão; foram lidas as atas do sínodo de Constantinopla e as cartas do imperador Miguel, e, em seguida, foi trazido à presença dos prelados italianos o bispo Zacarias, o antigo legado que fora enviado a Constantinopla. Pela sua própria confissão, foi convencido de simonia e de prevaricação, e declarou que consentira na deposição de Inácio e comunicara com Fócio, apesar das ordens do pontífice. O concílio pronunciou contra ele a sentença de deposição e de excomunhão.

Depois, o Santo Padre usou da palavra nos seguintes termos: "Em nome da Trindade santa, e segundo a autoridade que nos foi transmitida pelo príncipe dos apóstolos, tendo tomado conhecimento de todos os abusos e faltas censuradas ao patriarca Fócio, declaramo-lo deposto das funções sacerdotais por ter apoiado os cismáticos de Bizâncio; por se ter feito ordenar bispo por Gregório de Syracusa, durante a vida de Inácio, patriárca legítimo de Constantinopla; por ter condenado a memória do pontífice Bento, nosso predecessor; por ter corrompido os nossos enviados e, finalmente, por ter perseguido os padres ortodoxos que permaneceram ligados ao nosso irmão Inácio.

"Reconhecemos Fócio culpado de crimes tão enormes, que o declaramos demitido para sempre de todas as honras do sacerdócio e de todas as funções clericais, pela autoridade que recebemos de Jesus Cristo, dos apóstolos S. Pedro e S. Paulo, de todos os santos e dos seis concílios ecumênicos.

O santo espírito pronuncia, pela nossa boca, uma sentença terrível contra Fócio, e condena-o para sempre, sem que ele possa, mesmo na hora da sua morte, receber o corpo e o sangue do Salvador.

E quanto ao nosso irmão Inácio, que foi expulso da sua sede pela violência do imperador e despojado das vestes episcopais pela prevaricação dos nossos legados, afirmamos, como vigário de Cristo, que não foi nunca nem deposto nem anatematizado e conservamo-lo nas suas dignidades sacerdotais; ordenamos que, para o futuro, os clérigos e seculares que ousarem levantar-se contra ele serão excomungados, qualquer que seja a sua categoria na Igreja ou no Estado. Ordenamos, outrossim, que os prelados exilados, desde a injusta expulsão de Inácio, sejam restabelecidos nas suas sedes."

Assim, o concílio de Roma, que fora reunido para julgar Rodoaldo, mudou o assunto das suas deliberações e publicou uma condenação contra o patriarca de Constantinopla e contra o legado de Zacarias.

Rodoaldo abriu tranquilamente o sínodo de Metz em nome do papa. Não foi convocado para ele nenhum dos prelados da Germânia ou da Nêustria, e todos os bispos que ali compareceram eram do reino de Lotário. Os padres tomaram decisões favoráveis ao rei; os enviados da Santa Sede, ganhos pelas liberalidades do príncipe, desprezaram as instruções que tinham recebido de Nicolau e declararam que, tendo Lotário repudiado Thietberge para executar a sentença dos chefes do clero dos seus estados, estava plenamente justificado o seu procedimento.

As atas do sínodo foram levadas ao Santo Padre por Gonthier, metropolitano de Colônia, e por Teutgaud, arcebispo de Treves. Esses prelados estavam encarregados de as fazer aprovar pelo clero de Roma, apoiando-se no crédito dos legados João e Rodoaldo. Mas o pontífice, instruído já da prevaricação dos seus embaixadores, convocou uma nova assembleia de bispos para julgar Rodoaldo. Este, assaltado pelos remorsos da sua consciência e temendo um castigo tão terrível como o que fora aplicado a Zacarias, seu antigo colega, fugiu da cidade durante a noite e abandonou mesmo os tesouros que trouxera da França. Por um resto de pudor, o papa diferiu o seu julgamento, não querendo pronunciar uma condenação sem ouvir a defesa do seu antigo favorito.

Teutgaud e Gonthier apresentaram a Nicolau as atas dos sínodos de Metz e de Aix-a-Chapelle, o qual as fez ler publicamente e perguntou aos metropolitanos franceses se as queriam apoiar na presença dos bispos da Itália. Aqueles responderam que, tendo assinado essas decisões, não as renegariam nunca; o pontífice guardou silêncio, mas poucos dias depois fez conduzir os enviados de Lotário ao concílio, que estava já reunido no palácio de Latrão, e na sua presença anulou os decretos do sínodo de Metz, a que chamava uma assembleia de bandidos e de ladrões. Declarou os prelados franceses despojados do poder episcopal, por terem julgado mal a causa de Lotário e das suas duas mulheres, Waldrade e Thietberge, e por terem desprezado as ordens da Santa Sede relativamente à sentença pronunciada contra Ingeltrudes, esposa do conde Bóson. Pela terceira vez, Ingeltrudes foi declarada infame e adúltera, e o Santo Padre fulminou contra ela um anátema terrível, prometendo contudo à culpada o perdão de seus crimes, se ela consentisse em apresentar-se em Roma para solicitar absolvição das suas devassidões.

Finalmente, Nicolau pronunciou a excomunhão contra aqueles que não obedeciam aos seus decretos; depôs do episcopado Haganon, bispo de Bérgamo, que redigira as atas dos sínodos de Metz, assim como João, metropolitano de Ravena, que, apesar dos seus juramentos, tentava ainda tornar-se independente e conspirava abertamente contra a autoridade da Santa Sede.

Teutgaud e Gonthier não se deixaram intimidar pelo pontífice; reenviaram a Nicolau, em pleno concílio, os seus anátemas e as suas injúrias e, para reprimir o seu audacioso orgulho, anunciaram que se dirigiam naquele mesmo instante para junto do imperador Luiz, a fim de fazer castigar o papa que ousara insultar os embaixadores do rei Lotário.

E, com efeito, Luiz ficou por tal modo indignado com a arrogância do Santo Padre que resolveu tirar dele uma vingança terrível; o príncipe reuniu tropas e marchou para Roma, acompanhado por dois metropolitanos que ele queria restabelecer nas suas sedes.

O metropolitano de Colônia, o mais firme defensor das liberdades da Igreja galicana, enviou, então, aos bispos do reino de Lotário uma carta escrita em seu nome e em nome do primado da Bélgica. A carta dizia assim: "Nós vos suplicamos, meus irmãos, que rogueis ao céu por nós, sem que vós inquieteis com os boatos que os padres romanos possam espalhar contra as nossas pessoas. Porque o senhor Nicolau, a quem chamam papa, e que se intitula a si próprio o

Apóstolo dos apóstolos e o imperador de todas as nações, quis condenar-nos; mas, louvores a Deus, resistimos à sua audácia.

"Visitai amiúde o nosso rei, dizei-lhe que desempenharemos fielmente a missão que nos foi confiada; animai-o com os vossos discursos e com as vossas cartas; conciliai-lhe todos os amigos que puderdes, e conservai fielmente a fé que devemos ao nosso soberano, sem que vos deixeis influenciar por um papa sacrílego."

Gonthier dirigiu esta outra carta ao pontífice: "Fomos enviados por nossos irmãos junto de vós, para vos pedir a vossa aprovação sobre a sentença que havíamos pronunciado, explicando-vos as autoridades e os motivos que nos haviam feito obrar desse modo. Depois de nos ter feito esperar por três semanas a vossa resposta, mandastes-nos conduzir à vossa presença e, quando caminhávamos sem receio, fecharam sobre nós as portas da sala onde havíamos penetrado.

Então achamo-nos no meio de um bando de eclesiásticos e de seculares, e aí, sem juízes, sem acusadores, sem testemunhas, sem mesmo nos interrogarem, declarastes-nos expulsos da Igreja, depostos das nossas sedes e anatematizados, se nos recusássemos a submeter-nos à vossa tirania.

Rejeitamos a vossa sentença e desprezamos os vossos discursos injuriosos, porque nos contentamos com a comunhão de toda a Igreja e com a sociedade dos nossos irmãos, da qual vos mostrastes indignos pelo vosso orgulho e pela vossa arrogância.

Vós condenai-vos a vós mesmos, fulminando anátema contra aquele que não observar os preceitos apostólicos; porque sois vós o primeiro a violá-los, vós que aniquilais os sagrados cânones e as leis divinas."

Tais são as palavras que o cardeal Barônio, o mais zeloso defensor da Santa Sede, atribui a Gonthier; contudo, a carta desse arcebispo tinha um caráter de energia mais saliente. Eis aqui os termos em que a refere o historiador Lesueur: "Pontífice, tu trataste-nos, a nós e a nossos irmãos, contra o direito das gentes, contra os decretos da Igreja, e excedeste com o teu procedimento os mais orgulhosos dos teus predecessores. O teu concílio era composto de padres e de monges simoníacos, lascivos e infames como tu; e na sua presença ousaste proferir contra nós uma sentença injusta, temerária e oposta à religião da qual pretendes ser o chefe, com grande escândalo do mundo inteiro.

"Jesus Cristo enriqueceu a Igreja, sua esposa; deu-lhe um diadema imarcescível e um cetro eterno, concedeu-lhe o poder de consagrar santos, de os colocar no céu e de os tornar imortais. Mas tu, como um ladrão ávido, apoderaste-te de todos os tesouros das basílicas, roubaste-os mesmo no altar do Cristo; mandas degolar os cristãos; arrancas do céu os bons para os precipitar nos abismos do inferno; cobres de mel a lâmina do teu gládio e não permites que os mortos regressem à vida.

Padre iníquo e cruel, tens tão somente as vestes de um pontífice e o nome de um pastor; porque, debaixo dessas vestes sagradas, vê-se o lobo sanguinário que devora o rebanho.

"Tirano covarde, usas o nome de servo dos servos, e empregas a traição, o ouro e o ferro, para ser o senhor dos senhores; mas, segundo a doutrina dos apóstolos, és o mais íntimo dos ministros do templo de Deus; por isso, o teu desenfreado amor de dominação te há de sepultar no abismo onde querias precipitar teus irmãos. Pensas tu, pois, tu que foste engendrado pelo homem, que és superior ao homem, e que o crime seja santificado por que foi perpetrado pela tua mão? Não, basilisco imundo, tornaste-te para os cristãos a serpente venenosa que adoravam os judeus; és o cão que a raiva impele a devorar os seus semelhantes.

Nós não temos nem o teu veneno nem as tuas mordeduras; resolvemos, com os nossos irmãos, rasgar os teus decretos sacrílegos, as tuas bulas ímpias, e deixaremos que fulmines à vontade os raios da tua cólera. Tu ousas acusar de impiedade aqueles que se recusam, por amor à fé, a submeterem-se às tuas leis sacrílegas! Tu que lanças a discórdia entre os cristãos; tu que violas a paz evangélica, essa marca imortal que o Cristo imprimiu na fronte da sua Igreja: tu, pontífice abominável, que cospes no livro do teu Deus, ousas chamar-nos ímpios! Que nome darás tu, pois, ao clero que incensa o teu poder, esses padres indignos vomitados pelo inferno, cuja fronte é de cera, o coração de metal, e os flancos formados com a lama de Sodoma e de Gomorra! Oh! Esses ministros são feitos de propósito para rojarem sob o teu abominável orgulho, nessa Roma, Babilônia atroz, que tu chamas a cidade santa, eterna e infalível? Essa corte de padres manchados de adultérios, de incestos, de violações e de assassínios é bem digna de formar a tua corte maldita; porque Roma é o recinto dos demônios, e tu, Papa, o próprio satanás!!!..."

Gonthier, Teutgaud, João de Ravena e um grande número de bispos, em nome dos quais fora escrita essa carta, espalharam cópias dela por todas as cidades de Itália, da França, da Inglaterra e da Espanha, e algumas chegaram mesmo a Constantinopla, onde Nicolau era odiado pelo povo, pelos grandes e pelo clero. Essa circunstância robusteceu ainda mais os gregos na sua vontade de ficarem separados da Igreja latina.

Nicolau, tendo sabido que Luiz II se dirigia a Roma à frente do seu exército para fazer prestar justiça aos bispos depostos, ordenou um jejum geral e procissões por todas as ruas para despertar o fanatismo dos romanos e impeli-los à revolta; mas o cidadãos, contidos pelo receio, não ousaram levantar-se contra o seu soberano. Então o papa, cedendo à necessidade, ordenou preces públicas a fim de que Deus confundisse os arcebispos inimigos e inspirasse ao príncipe sentimentos favoráveis pela corte de Roma.

À sua chegada à cidade, Luiz estabeleceu-se com o seu séquito próximo da basílica de S. Pedro; e no momento em que o povo e o clero se dirigiam ao templo em procissão, os soldados precipitaram-se sobre aquela multidão fanática, que se pôs imediatamente em fuga; as cruzes foram quebradas e as bandeiras, despedaçadas. No meio do tumulto, uma cruz admirável, que fora oferecida a S. Pedro por Santa Helena e que encerrava, segundo diziam, um lenho da verdadeira cruz, foi lançada na lama e pisada aos pés por um oficial.

Nicolau, durante essa colisão, permanecera escondido nos subterrâneos do palácio de Latrão; mas, como receava ser descoberto, fez-se conduzir na noite seguinte, pelo Tibre, para a igreja de S. Pedro e ali se ocultou dois dias inteiros nos túmulos dos apóstolos. Entretanto, os seus partidários trabalhavam na sombra, e o veneno devia em breve vingar o pontífice. O oficial que pisara a cruz morrera subitamente de um mal desconhecido, com o corpo coberto de manchas negras. O próprio imperador foi atacado de uma febre violenta que encheu de consternação todos aqueles que o cercavam, e particularmente a imperatriz.

O clero romano proclamou que essas desgraças eram enviadas por Deus para punir os culpados que ultrajavam a sua Igreja; o povo ignorante e supersticioso gritou que era um milagre; a própria imperatriz, cheia de terror, foi ter secretamente com o papa e pediu-lhe que viesse para junto de Luiz, para que Deus lhe restituísse a saúde.

Depois de ter tomado todas as precauções necessárias à sua segurança, Nicolau apresentou-se diante do imperador e teve com ele uma larga conferência. Esse príncipe, debilitado pelos sofrimentos da sua enfermidade, atemorizado com as ameaças do Santo Padre, cedeu às solicitações de sua mulher e aquiesceu a todos os pedidos do papa. Nicolau voltou triunfante para o palácio patriarcal e ordenou aos arcebispos da França que saíssem de Roma imediatamente, sob pena de serem condenados ao suplício dos malfeitores e a terem os olhos arrancados e a língua cortada.

Gonthier, desesperado com o covarde abandono de Luiz, enviou seu irmão Hilduíno para entregar ao papa um protesto enérgico contra as violências infames de que o tornava vítima a Santa Sede. Nicolau recusou-se a receber o jovem Hilduíno, e, à vista disso, dirigiu-se este, armado e seguido pela sua gente de guerra, à basílica de S. Pedro. Querendo os guardas da igreja proibirem-lhe a entrada no templo, foram repelidos a pauladas, e Hilduino depositou o protesto de Gonthier sobre o sepulcro de S. Pedro e saiu da igreja com a espada na mão. Durante essa cena de tumulto e de carnagem, os soldados do imperador forçavam os mosteiros, massacravam os padres e violavam as religiosas nos degraus dos altares.

Luiz restabeleceu-se em breve tempo e saiu de Roma com os metropolitanos que o tinham acompanhado àquela cidade. Gonthier e Teutgaud voltaram para a França.

À sua chegada à metrópole da sua sede, o arcebispo de Colônia, desprezando os anátemas do papa, celebrou o ofício divino na presença do seu clero e dos fiéis, consagrou a santa crisma, administrou a confirmação e ordenou padres, desempenhando todos os deveres do episcopado. Mas Teutgaud, sucumbindo a um terror supersticioso, absteve-se de exercer função alguma sacerdotal. O próprio Lotário submeteu-se em breve às ordens da corte de Roma e declarou-se contra Gonthier; recusou-se a ouvir a missa celebrada pelo seu metropolitano, comunicar com ele, e demitiu-o do arcebispado de Colônia para o dar a Hugues, seu primo coirmão. À vista disso, o santo prelado exclamava cheio de amargura: "Bem louco é o homem que acredita na amizade dos reis, por maiores que sejam os serviços que lhes tenha prestado!"

Cheio de respeito para com o príncipe, Gonthier resolveu vingar-se; enviou um dos seus diáconos à cidade santa para tratar com o pontífice e para fazer excomungar, por seu turno, o monarca ingrato que recompensava a dedicação com uma perfídia infame. Todavia, temendo o resultado de semelhante empresa, decidiu-se a advogar ele próprio a sua causa e, lançando mão do dinheiro que restava no tesouro da igreja de Colônia, dirigiu-se a Roma. Lotário, instruído dos projetos e da partida de Gonthier, enviou logo à Itália o bispo Batoldo, para assegurar ao Santo Padre que se conformaria com as suas decisões, oferecendo-lhe mesmo ir em pessoa justificar-se perante o túmulo do apóstolo. Às suas cartas, estava junto um ato de submissão dos bispos de Lorena.

Nicolau respondeu-lhes nos seguintes termos: "Vós afirmais que estais submissos ao vosso soberano para obedecer as palavras do apóstolo Pedro, que disse: 'Sois o súdito do príncipe, porque ele está acima de todos os mortais desse mundo.' Contudo, vós pareceis esquecer que temos o direito de julgar todos os homens, como vigário do Cristo; assim, antes de obedecer aos reis, devei-nos obediência a nós e, quando declaramos o monarca culpado, é do vosso dever expulsá-lo da vossa comunhão até o dia em que lhe perdoemos.

"Só nós temos o poder de ligar e de desligar; de absolver Nero ou de o condenar; e os cristãos não podem, sob pena de excomunhão, executar outra sentença além da nossa, que é a única infalível. Os povos não são os juízes dos seus príncipes; devem obedecer sem murmurar às ordens mais iníquas; devem curvar a fronte sob os castigos que é do agrado dos reis infligir-lhes; porque um soberano pode violar as leis fundamentais do Estado e apoderar-se das riquezas dos cidadãos, quer com impostos, quer com confiscações, e pode mesmo dispor da sua vida, sem que um só de seus súditos tenha o direito de lhe dirigir a mais leve admoestação. Mas se nós declaramos um rei herético e sacrílego, se o expulsamos da Igreja, os eclesiásticos e seculares, qualquer que seja a sua categoria, são desobrigados do seu juramento de fidelidade e devem revoltar-se contra o poder..."

Tal era a política execrável pregada pelo pontífice Nicolau!

Um dos mais hábeis comentadores de Tácito, indignado pelo excesso de arrogância da corte de Roma, refuta todas as máximas do Santo Padre e termina com o seguinte raciocínio: "Quando os homens consentiram em reconhecer a autoridade dos reis, por juramentos de fidelidade, esperavam encontrar na monarquia um penhor seguro de proteção e de prosperidade. Mas quando reconheceram que os soberanos faltavam à sua missão, perjuravam e não respeitavam os direitos da nação, voltaram então para o exercício das suas liberdades e puniram os reis, que se haviam tornado verdadeiros opressores!..."

Arsênio, bispo de Orta, foi encarregado de levar as cartas do papa a Lotário: o pontífice ameaçava-o, se ele não repudiasse imediatamente a princesa

Waldrade, de convocar um concílio para pronunciar sobre ele a sentença de excomunhão. Ao mesmo tempo, Nicolau escrevia a Carlos, o Calvo, para o excitar contra o rei da Lorena: "Vós dizeis, senhor, que convidastes Lotário a submeter-se às nossas decisões, e que ele vos respondeu que ia dirigir-se a Roma, a fim de apelar para nós relativamente ao seu casamento. Vós, porém, não sabeis que já ele nos tinha informado desse desígnio, por meio de embaixadores, e que nós lhe havíamos proibido apresentar-se na nossa presença no estado de pecado em que se acha? Esperamos, durante muito tempo, a sua conversão, adiando até hoje aniquilá-lo com os anátemas, para evitar as guerras e a efusão de sangue. Todavia, uma paciência mais longa tornar-nos-ia criminoso aos olhos do Cristo, e nós vos ordenamos, em nome da religião, a invasão dos seus Estados, o incêndio das suas cidades e o massacre dos seus povos que tornamos responsáveis da resistência do seu príncipe maldito."

O legado, chegando a Frankfurt no mês de fevereiro de 865, foi recebido com grandes honras pelo rei Luiz; dirigiu-se em seguida a Gondreville, junto de Lotário, e, por sua autoridade privada, convocou os bispos do reino. Arsênio declarou ao monarca, em pleno sínodo, que tinha a escolher entre a rainha Thietherge e a excomunhão do papa. Por fraqueza e por superstição, o rei de Lorena permitiu reconciliar-se com sua mulher; a incestuosa Thietberge foi então chamada à corte, e 12 condes juraram em nome do seu soberano que a considerariam como rainha legítima.

Waldrade foi expulsa do reino e condenada a dirigir-se a Roma para obter do pontífice a absolvição das suas culpas. Em seguida, o legado publicou uma quarta excomunhão contra a esposa adúltera de Bóson, e tomou posse da terra de Vaudoeuvre, que o imperador Luiz dera noutro tempo à Igreja romana, da qual o conde Guy se apoderara na última guerra.

Arsênio partiu para a Itália, acompanhado de Waldrade; no caminho, reuni-se a ele a condessa Ingeltrudes, que vinha lançar-se-lhe aos pés e pedir-lhe a absolvição. O legado não pôde resistir aos encantos da bela excomungada, consentiu em reconciliá-la com a Igreja, e o ato de absolvição foi entregue à esposa adúltera numa audiência secreta. Ela própria prometeu reunir-se a Arsênio em Augsburgo e acompanhá-lo à Itália; mas, sob o pretexto de ir à casa de um dos seus parentes buscar as suas equipagens e os seus cavalos, a fim de continuar comodamente a viagem, abandonou o legado e entrou de novo na França para se reunir a um dos seus amantes, na corte de Carlos, o Calvo. Furioso por ser enganado por uma mulher artificiosa, o padre deu livre impulso à sua raiva em cartas que escreveu aos prelados da Gália e da Germânia, recomendando-lhes em nome do papa que não recebessem aquela adúltera nas suas dioceses, e que não tivessem consideração pelo ato de absolvição que ela obtivera por meios criminosos.

Pelo seu lado, Waldrade imitou o exemplo da bela Ingeltrudes; fingiu sentir uma paixão violenta por Arsênio, arrancou-lhe um decreto de absolvição, e partiu na mesma noite em que lhe devia cumprir uma promessa que lhe fizera em paga da sua condescendência. Tal foi o resultado da embaixada do Santo Padre.

Nicolau dispôs-se, em seguida, a enviar legados ao Oriente; mas, no momento da sua partida, Miguel, servidor da casa do imperador, entrava na Itália, encarregado de entregar ao pontífice uma carta do seu senhor, na qual aquele príncipe ameaçava castigar a Santa Sede, se não fossem revogados imediatamente os anátemas lançados contra Fócio.

Essas disposições hostis mudaram as ideias do Santo Padre, que resolveu não enviar legação a Constantinopla e deu unicamente ao oficial Miguel uma resposta concebida nos termos seguintes: "Sabei, príncipe, que os vigários de Jesus Cristo estão acima do julgamento dos mortais, e que os soberanos, os mais poderosos, não têm o direito de castigar os crimes dos papas, por enormes que eles sejam. O vosso pensamento deve ser ocupado tão somente pelos esforços que eles praticam para corrigirem a Igreja, sem que se inquiete com as suas ações; porque, por muito criminosos e escandalosos que sejam os deboches dos pontífices, deveis obedecer-lhes, porque estão sentados na cadeira de S. Pedro, e o próprio Jesus Cristo, ao passo que condenava os excessos dos escribas e dos fariseus, ordenou-lhes obedecessem, porque eram os intérpretes da lei de Moisés.

"Vós pretendeis que, depois do sexto concílio, nenhum papa recebeu da vossa corte a honra que nos fizestes dirigindo-nos uma carta; essa reflexão reverte em vergonha dos vossos predecessores e em glória dos nossos, porque depois dessa época a Igreja grega esteve continuamente infectada de heresias. Como os chefes do império eram heréticos, devíamos repeli-los com horror da vossa comunhão e persegui-los com os anátemas na Terra e no céu; devíamos, para assegurar a concórdia entre os cristãos, empregar o auxílio do braço das nações estrangeiras, a fim de derrubar o poder odioso dos imperadores do Oriente. Esse procedimento, que vós chamais infame, era o único digno da Santa Sede.

"Vós tratais a língua latina de língua bárbara, porque não a entendeis; e contudo tendes a pretensão de vos fazerdes chamar imperador dos romanos, e de vos declarar o herdeiro dos antigos césares, o chefe supremo do Estado e da Igreja.

"Em menoscabo dos cânones e abusando de uma autoridade usurpada, convocais uma assembleia de seculares para julgar um bispo, e para serem os espectadores do seu opróbrio. Desprezais todas as regras da justiça, submeteis o superior ao julgamento dos inferiores, dai-lhes juízes seduzidos pelo vosso ouro e escolheis o seu próprio acusador para lhe suceder na sede episcopal.

"Olhamos com compaixão para esse abominável conciliábulo a que chamais concílio, e que a vossa orgulhosa demência igualais ao sínodo ecumênico de Niceia. Declaramos, pois, em virtude dos privilégios da nossa Igreja, que essa assembleia é sacrílega, impura e abominável. Cessai, pois, de vos levantardes contra os nossos direitos, e obedecei às nossas ordens, ou então nós usaremos do nosso poder contra o vosso, e diremos às nações: "Povos, cessai de curvar a cabeça diante de senhores orgulhosos; derrubai esses soberanos ímpios, esses reis sacrílegos, que se arrogam o direito de governar os homens e de roubar a liberdade de seus irmãos.

"Temei a nossa cólera e os raios da nossa vingança; porque Jesus Cristo nomeou-nos pela sua própria boca os juízes absolutos de todos os homens, e os próprios reis estão submetidos à nossa autoridade. O poder da Igreja foi consagrado antes do vosso reinado, e subsistirá depois de vós. Não espereis atemorizar-nos com as vossas ameaças de arruinar as nossas cidades e os nossos campos; as vossas armas serão impotentes, e as vossas tropas fugirão diante das tropas dos nossos aliados.

Imperador covarde e fanfarrão, antes de empreender a conquista da Itália, expulsai os infiéis que devastaram a Sicília e a Grécia, e que incendiaram os arrabaldes de Constantinopla, vossa capital! Não ameaceis mais os cristãos que vos chamam herético, se não quereis imitar os judeus, que livraram Barrabás e entregaram à morte Jesus Cristo."

Depois da partida de Miguel, Nicolau pronunciou de novo uma sentença de excomunhão contra Waldrade, que voltara para a corte de Lotário; acusou-a mesmo de ter querido envenenar a rainha Thietberge; e ordenou a todos os prelados da França e da Germânia que publicassem nas suas dioceses o anátema pronunciado contra ela, e a expulsassem das igrejas.

Aventius, bispo de Metz, escreveu logo para Roma para justificar Lotário, e terminava assim a sua carta: "Depois da partida do nosso legado, o rei não teve relações criminosas com Waldrade; significou-lhe mesmo que devia obedecer às vossas ordens, sob pena de a encerrar num mosteiro. Pelo contrário, trata a rainha Thietberge com bondade; ela assiste com ele aos ofícios divinos, partilha a sua mesa e o seu leito, e a sua condescendência para com a princesa chegou a ponto de permitir que seu irmão, o diácono Humberto, voltasse para a corte. Finalmente em todas as conversações particulares que tenho com o príncipe, descubro tão somente uma perfeita submissão aos vossos conselhos e à vossa autoridade."

Essa carta do prelado de Metz não encerrava senão mentiras; porque Thietberge, constantemente maltratada por Lotário, viu-se em breve obrigada a dirigir-se a Roma para pedir em pessoa a dissolução do seu casamento.

No mesmo ano, Bogaris, príncipe búlgaro, recentemente convertido à fé cristã, enviou seu filho e alguns senhores à Itália, para oferecer ricos presentes a S. Pedro. Os deputados do monarca deviam ao mesmo tempo consultar o papa sobre questões religiosas e pedir-lhe bispos e padres. Essa embaixada dos búlgaros causou uma grande alegria ao Santo Padre, que via a sua autoridade estender-se sobre novos povos.

Por sua ordem, Paulo, bispo de Populânia, na Toscana, e Formose, bispo de Porto, deixaram a Itália para se dirigirem junto de Bogaris e levar-lhe a sua resposta. A epístola do papa contém 106 artigos tirados das leis romanas e dos Institutos de Justiniano. Nicolau professa nesse escrito uma moral singular:

"Vós dizei-nos, diz ele ao príncipe búlgaro, que fizestes batizar os vossos súditos sem o seu consentimento, e que vos expusestes a uma revolta tão violenta, que correstes perigo de vida. Glorifico-vos por terdes mantido a vossa autoridade, fazendo massacrar essas ovelhas desgarradas que se recusavam a entrar no aprisco; e não somente não pecastes desenvolvendo um santo rigor, mas felicito-vos ainda por terdes aberto o reino dos céus aos povos submetidos ao vosso domínio. Um rei não deve recear de ordenar massacres, quando estes podem conservar os seus súditos na obediência, ou submetê-los à fé do Cristo; e Deus o recompensará neste mundo ou na vida eterna, por todos esses assassínios!"

Infame política que muda uma religião sublime em fanatismo cego, e que bastaria para fazer odiar todos os padres e todos os reis da Terra! A religião deve ser um laço de união fraternal entre os homens, e não um pretexto que serve para os tiranos legitimarem as suas crueldades e os seus roubos! Não, os pontífices e os monarcas não têm o direito de obrigar os povos a abraçarem uma crença; e as nações submetidas à sua autoridade não podem ser despojadas do mais admirável dos direitos do homem, o de prestar à Divindade o culto que ele julga mais conveniente. O sábio Barbeyrac exprime do seguinte modo essa opinião: "Um homem não pode jamais dar a outro homem um poder arbitrário sobre o seu pensamento e sobre a sua vida, cujo império pertence unicamente a Deus; e os esforços da violência não tendem senão a fazer hipócritas. Em matéria religiosa, como em matéria política, os reis não têm o direito de obrigar os seus súditos, pela força das armas, a abraçarem mesmo a mais pura das religiões ou o melhor dos governos."

Apontaremos aqui algumas instruções caridosas dirigidas por Nicolau ao rei dos búlgaros: "Se vós não pecastes massacrando os vossos povos em nome do Cristo, tornaste-vos culpado de um crime enorme perseguindo um grego que se dizia padre e que havia batizado um grande número de fiéis no vosso reino. É verdade que esse homem não era eclesiástico, e que vós quisestes puni-lo do seu embuste condenando-o a ter o nariz e as orelhas cortados, e a ser expulso dos vossos Estados depois do seu suplício; mas o vosso zelo nessa circunstância não foi estabelecido, porque esse homem praticava um grande bem pregando a moral de Jesus Cristo e administrando o batismo. Por isso, declaro-vos que aqueles que recebem dele esse sacramento em nome da santa Trindade estão canonicamente batizados; porque a excelência dos sacramentos não depende da virtude dos ministros da religião. Pecastes, pois, gravemente mutilando esse grego, e fareis disso uma penitência severa, a menos que não envieis uma soma de dinheiro para resgatar a vossa falta.

"E quanto aos usos da Igreja romana, nos quais desejais ser instruído, eis aqui o que nós observamos: os dias solenes de batismo estão fixados no tempo da Páscoa e de Pentecostes, mas, para vós, que não estais ainda sujeitos às práticas do Cristianismo, não deve haver tempo a observar para a administração do sacramento regenerador, e deveis ser considerados como aqueles que estão em perigo de morte.

"Vós dizeis que os gregos não vos permitem comungar sem que tenhais um cinto, e que reputam um crime a oração na igreja sem ter os braços encruzados sobre o peito. Essas práticas são indiferentes para nós; unicamente recomendamos aos seculares que rezem todos os dias em certas e determinadas horas, por isso que é ordenado a todos os cristãos que implorem Jesus Cristo constantemente. Deve-se festejar o domingo, e não o sábado; deveis abstrair-vos de trabalhos nos dias da festa da Santa Virgem, dos doze Apóstolos, dos Evangelistas, de S. João Batista, de Santo Estêvão, primeiro mártir, e dos santos cuja memória é venerada no nosso país.

"Nesses dias, e durante a Quaresma, não se pode administrar justiça, e devem todos abster-se de carne nos dias de jejum durante a Quaresma, a Assunção da Virgem e o Natal; é necessário também jejuar às sextas-feiras e nas vésperas das grandes festas. Às quartas-feiras podereis comer carne, e não é necessário deixar de tomar banho nesses dias e nas sextas-feiras, como os gregos o recomendam. Podeis receber a comunhão todos os dias na Quaresma; mas não se deve caçar, nem jogar, nem assistir a representações públicas, durante esse tempo de penitência. Não se deve igualmente dar festins, nem assistir a bodas, e as pessoas casadas devem viver na continência. Deixamos à disposição dos padres o cuidado de impor uma penitência aos casados que tiverem sucumbido aos desejos da carne.

"Pode-se fazer a guerra na Quaresma, mas unicamente para repelir um inimigo.

É permitido comer toda espécie de animais, sem atenção pelas distinções da antiga lei; e os seculares, bem como os eclesiásticos, podem benzer a mesa antes da refeição com o sinal-da-cruz. O uso da Igreja é não comer antes das nove horas da manhã, e um cristão não deve tocar na caça morta por um pagão.

O uso romano relativamente aos casamentos ordena que o contrato e as convenções entre os esposos tenham lugar depois dos esponsais: em seguida, devem eles fazer as suas ofertas à Igreja palas mãos do padre e receberem a bênção nupcial e o véu para as virgens que casam pela primeira vez; finalmente, colocam-se-lhes na cabeça coroas de flores que são conservadas na basílica. Todas essas cerimônias não são essenciais para a validade do matrimônio, e a consagração das leis seculares é a única rigorosamente exigida.

Aquele que tiver duas mulheres deve guardar a primeira, repudiar a segunda e fazer penitência pelo passado. As pessoas casadas devem observar a continência unicamente nos domingos e dias de festa. Quando a mãe estiver criando o seu filho, pode entrar na igreja depois do parto; mas deve ser expulsa dela se confiar a amamentação do filho a mulheres mercenárias.

Antes de declarar a guerra aos vossos inimigos, deveis assistir ao sacrifício da missa e fazer ricas ofertas às igrejas; e ordeno-vos que tomeis por insígnia militar, em vez da cauda de cavalo que vos serve de estandarte, a Santa Cruz de Jesus Cristo. Proibimo-vos igualmente que formeis aliança alguma com infiéis, e de futuro, na celebração dos contratos, fareis jurar sobre o Evangelho e não sobre a espada.

"E quanto à nomeação de um patriarca no vosso país, nada podemos decidir antes do regresso dos legados que vos dirigimos. Contudo, damo-vos agora um bispo, e mais tarde lhe concederemos os privilégios de arcebispo; então poderá ele estabelecer prelados que recorram a ele nas grandes causas, e, depois da sua morte, designaremos o seu sucessor, que poderá ser consagrado sem ter de vir a Roma."

E, com efeito, Nicolau fez partir com os embaixadores búlgaros três legados que deviam dirigir-se a Constantinopla; Donato, bispo de Óstia; Leão, padre do título de S. Pedro Lourenço, e Marino, diácono da Igreja romana, entregando-lhes cartas para Miguel III e para os bispos gregos.

Na carta dirigida ao imperador, o pontífice exprime-se nos seguintes termos: "Vós declarais que, apesar dos nossos anátemas, Fócio conservará a sede de Constantinopla e a comunhão da Igreja do Oriente, e que, com as nossas violências, não faremos senão agravar a condição de Inácio, patriarca deposto. Nós pensamos, pelo contrário, que os cristãos do vosso império não esquecerão os cânones de Niceia, que proíbem comunicar com os excomungados, e esperamos que um membro separado do corpo dos fiéis não viverá muitos anos. Cumprimos o nosso dever, e os nossos atos não devem ser censurados por vós; o julgamento deles pertence a Deus; e como o Santo Espírito falou pela nossa boca, aqueles que ele condenou sê-lo-ão para todo o sempre. Lembrai-vos de que Simão, o mago, foi abatido por S. Pedro; Acácio de Constantinopla pelo Papa Félix e Antimo, pelo pontífice Agapeto, apesar da vontade dos príncipes!

"Recebemos o ano passado um escrito cheio de injúrias e de blasfêmias; aquele que o compôs, em vosso nome, parece ter molhado a pena no veneno da serpente, para fazer um ultraje mais cruel à nossa dignidade; exortamo-vos a que mandeis queimar publicamente esse libelo infame, a fim de vos justificardes de o ter assinado pelo vosso punho. Não sucedendo assim, sabeis que, em pleno concílio, será anatematizado por nós, que o faremos atar a um poste, no pátio do nosso palácio, e o entregaremos às chamas na presença dos peregrinos de todas as nações que vêm visitar o túmulo de S. Pedro."

Depois de ter terminado a sua missão na Bulgária, os legados dirigiram-se para Constantinopla; mas, ao pisar o território grego, foram presos por alguns soldados, conduzidos debaixo de boa escolta à presença do príncipe, sem terem podido comunicar com pessoa alguma. Miguel, tendo tomado conhecimento das suas cartas, encheu-se de furor, ordenou a um dos seus oficiais que os esbofeteasse e expulsou-os da sua presença. Os legados voltaram logo para a Bulgária, onde tinham sido acolhidos com grande distinção. Paulo e Formose converteram e batizaram um grande número de búlgaros, e o rei, impelido pelas suas prédicas, fez expulsar do seu reino os missionários das outras nações. Bogaris enviou mesmo uma segunda embaixada a Roma para pedir ao pontífice que o bispo Formose obtivesse o título de metropolitano dos búlgaros.

Esse sucesso era uma fraca compensação para o Santo Padre, que conservara a esperança de sublevar todo o Oriente contra o imperador; porque

Fócio, instruído dos progressos do clero latino na Bulgária e tendo sabido que os legados do papa lançavam na lama a santa crisma que fora consagrada por ele, resolveu vingar-se dos seus inimigos. Reuniu um concílio ecumênico que foi presidido pelos imperadores Miguel e Basílio, e ao qual assistiram os legados das três sedes patriarcais do Oriente, o senado e um grande número de bispos, abades e monges; Nicolau, acusado perante os padres de crimes e de assassinatos, foi deposto do pontificado e anatematizado. Foi pronunciada igualmente uma sentença de excomunhão contra todos aqueles que comunicassem com eles.

Fócio, que dirigia as decisões da assembleia, desejando chamar o imperador Luiz aos seus interesses, fê-lo declarar soberano de Itália, com o título de Basílio, e mandou-lhe levar as atas do concílio por embaixadores que deviam oferecer magníficos presentes à princesa Ingelberge, sua mulher. Nas suas cartas, os padres suplicavam ao príncipe que fizesse expulsar de Roma o infame Nicolau, a quem chamavam sacrílego, demoníaco, assassino e sodomita.

O patriarca enviou em seguida aos prelados orientais uma circular na qual se exprimia do seguinte modo relativamente à Igreja latina: "As heresias extinguiam-se e a fé espalhava-se da cidade santa por sobre as nações infiéis; os armênios haviam abandonado o cisma dos jacobitas para se reunirem à Igreja, e os búlgaros tinham renunciado às superstições pagãs para abraçarem a fé evangélica; mas, em breve, homens saídos das trevas do Ocidente vieram restabelecer os erros dos cismáticos e corromper a pureza ortodoxa dos novos povos convertidos.

"Estes padres heréticos recomendam que se jejue aos sábados; condenam os padres ligados por matrimônios legítimos e tolerem a libertinagem e a corrupção do clero; administram repetidas vezes a unção da santa crisma, e, finalmente, no excesso da sua impiedade, ousam acrescentar novas palavras ao símbolo sagrado autorizado por todos os concílios. Afirmam que o Santo Espírito não precede unicamente do Pai, mas sim do Pai e do Filho; admitem assim dois princípios na Trindade e confundem as propriedades distintas das pessoas divinas! Dogma ímpio que é contrário ao Evangelho e a todas as decisões dos padres!

Vindo no conhecimento dos erros abomináveis que eles espalhavam entre os búlgaros, sentimo-nos comovidos, como um pai que vê seus filhos dilacerados por animais ferozes, e resolvemos não repousar sem termos arrancado esses novos cristãos à influência abominável de Nicolau. Condenamos, pois, num concílio, esse ministro do anticristo, bem como todos esses padres abomináveis que o auxiliam a espalhar as suas doutrinas infames. Levamos ao vosso conhecimento todos esses crimes, meus irmãos, a fim de que concorrais conosco para a execução da sentença pronunciada contra os romanos; e com o vosso auxílio esperamos trazer, em breve, os búlgaros à fé que tinham recebido de nós, e dar-lhes um patriarca grego.

Recebemos da Itália uma carta sinodal cheia de queixas contra o papa; conjuram-nos os prelados desse país a que não os abandonemos à tirania daquele homem impuro. Fora-me feita já a mesma súplica pelos bispos Basílio e Zózimo e pelo venerável Metrofane, para que fôssemos em auxílio da Igreja; mas há alguns meses que as queixas dos eclesiásticos e dos seculares se tornaram mais enérgicas e mais frequentes do que nunca. Pedem-nos todos que derrubamos do trono Satanás, do trono pontificial o Satanás que está coroado com a tiara."

Enquanto o Santo Padre era excomungado em Constantinopla, Segilou, bispo de Sens, e Adon, prelado de Viena, dirigiram-se a Roma para entregar a Nicolau as cartas de Thietberge, que declarava renunciar de pleno grado à dignidade real e consentir numa separação com Lotário, para acabar os seus dias num santo retiro; reconhecia ela que o seu casamento com o rei de Lorena devia ser declarado nulo por causa da esterilidade, e que Waldrade era a esposa legítima do príncipe.

Nicolau respondeu à rainha o seguinte: "O testemunho que nos dais de Waldrade não pôde ser útil a essa mulher criminosa mesmo quando vós deixásseis de existir, Waldrade não seria nunca a esposa de Lotário, porque tal é a nossa vontade. Proibimo-vos, pois, que venhais ter conosco, não só por causa da pouca segurança dos caminhos, como também porque seria criminoso abandonar o leito real à adúltera. A vossa esterilidade não procede de vós, mas da injustiça do príncipe, que desdenha desempenhar os seus deveres de esposo. A vossa união não pode, pois, ser quebrada por uma falta de que ele só é o culpado.

Assim, não trabalheis para uma separação, que não autorizaremos nunca, quaisquer que sejam os tratamentos indignos que o rei de Lorena vos faça sofrer. Além disso, vale mais receber a morte das mãos de um outro do que matar a vossa alma. E é preferível sofrer um glorioso martírio pela verdade do que viver pela mentira. Nós não recebemos uma confissão que é arrancada pela violência; porque assim os maridos obrigariam as mulheres, por meio de maus tratamentos, a declararem que a sua união não é legítima, ou que cometeram um crime capital que exige o seu repúdio.

Esperamos que Lotário não se entregará nunca a tais excessos, porque se exporia a perder a sua coroa, atentando contra os dias de uma rainha que está colocada sob a proteção da Santa Sede; se o rei vosso marido exige que vos dirijais a Roma, é necessário que vos mande acompanhar por Waldrade, a fim de que ela sofra o castigo das suas culpas. Dais como motivo de uma separação o vosso desejo ardente de conservar a pureza do corpo; mas a nossa vontade é que recebais as carícias de nosso marido, a menos que Lotário não faça um voto de continência, e não se retire para um mosteiro."

Nicolau escreveu em seguida aos metropolitanos da França e da Germânia: "Vós sois culpados, meus irmãos, de não ter obrigado o rei de Lorena a mostrar mais condescendência para com as nossas vontades, e aquele dentre vós que não mostrar maior zelo em executar as nossas ordens relativamente à rainha Thietberge será considerado como fator do adultério e riscado da nossa comunhão."

Adventius de Metz apressou-se em instruir o prelado de Verdun das disposições do Santo Padre pela carta seguinte: "O papa acaba de me dirigir uma bula terrível sobre a resolução que tomou contra o rei nosso Senhor. Se, na véspera da festa da Purificação, Lotário não abandonar Waldrade, ordena-nos que lhe proibamos a entrada na igreja. Essa decisão, à qual somos obrigados a obedecer, sob pena de deposição, lança-nos numa inquietação mortal. Pedimo-vos, pois, que procureis o rei e lhe representeis o perigo que o ameaça.

Nós pensamos que o melhor partido a tomar seria fazê-lo empreender uma viagem, dois dias antes da festa da Purificação, a Floriquing, com três bispos, para confessar os seus pecados com contrição e a promessa de se emendar. Deveria jurar, igualmente, submeter-se às vontades do Santo Padre na presença de seus fiéis servidores, e nós poderíamos admiti-lo na basílica de Santo Arnoul, onde ouviria celebrar uma missa solene. Se obrar de outro modo, porá em risco a sua coroa e atrairá sobre as nossas cabeças as cóleras de Roma."

E, com efeito, os partidários de Lotário receavam, com razão, que seus tios não se valessem de uma excomunhão pronunciada contra ele para se apoderarem dos seus Estados; e Nicolau, que conhecia a ambição da família dos carlovingianos, conservava os príncipes dessa raça em contínuo receio com a ameaça dos seus anátemas. O pontífice havia dirigido aos prelados do reino de Carlos, o Calvo, a sentença que ele promulgara contra o rei de Lorena, e um libelo que ele tinha composto contra os imperadores gregos e contra o patriarca de Constantinopla.

No meio de todos os nossos sofrimentos, escrevia Nicolau, sentimos um mais doloroso ainda com as censuras injustas dos príncipes Miguel e Basílio, que, animados por um ódio invejoso, ousam acusar-vos de heresia. A causa de seu furor é a nossa recusa em aprovar a ordenação do secular Fócio, e a proteção que concedemos a Bogaris, rei dos búlgaros, que nos pediu missionários e instruções para os seus povos recentemente convertidos ao Cristianismo.

Despeitados por não poderem sujeitar essa nação às suas leis, os monarcas enchem a Igreja romana de ultrajes e de calúnias que poderiam afastar de vós os homens ignorantes, que não sabem estabelecer uma distinção entre a moral sublime do Cristo e o procedimento sacrílego de alguns padres de nossa Igreja.

Fócio censura-nos por jejuarmos aos sábados, por condenarmos o matrimônio dos padres; acusa-nos de impedirmos que os eclesiásticos administrem a unção da santa crisma e sustenta que somos judeus porque benzemos um cordeiro sobre o altar no dia solene da Páscoa; condena o uso de raparmos a barba e de consagrarmos bispos de simples diáconos que não são ordenados padres; contudo, essas práticas, que escandalizam os patriarcas de Bizâncio, têm sido observadas há muitos séculos na Igreja latina, e nós não podemos mudá-las.

Esse prelado orgulhoso arroga-se igualmente o título de arcebispo universal, quando só nós temos direito a ele; havemos, porém, de conservá-lo com a graça de Deus, apesar das rixas e das ameaças dos gregos..."

Enquanto o papa enviava esse libelo à França, acontecimentos graves mudavam os destinos de Constantinopla; Basílio, fatigado com as sábias admoestações de Miguel, que tirara aqueles monstro da classe mais ínfima das suas guardas para o elevar ao império, mandara assassinar o seu protetor, para ficar senhor único do Estado.

Este crime horrível excitara a justa indignação de Fócio; e nesse dia de festa solene, tendo Basílio apresentado-se na catedral para receber a comunhão, o patriarca indignado repelira-o da santa mesa dizendo: "Sai da casa de Deus, usurpador infame, que tens as mãos manchadas com o sangue do teu benfeitor." Irritado com a audácia do prelado, Basílio mandou lançar mão do venerável Fócio, depô-lo da sua sede e chamou Inácio a Constantinopla. Mas, para dar maior realce ao restabelecimento do antigo patriarca, escreveu a Nicolau, inimigo implacável de Fócio, pedindo-lhe autorização para convocar sobre esse assunto um concílio geral.

Por essa mesma época, Luiz, o Germânico, e todos os bispos do reino instigavam o pontífice a restabelecer Teutgaud e Gonthier nas suas sedes. Nicolau exigiu que os culpados, para resgatarem a excomunhão pronunciada contra eles, pagassem do seu bolsinho somas consideráveis e viessem fazer penitência dos pretendidos crimes que tinham cometido contra a Santa Sede. Aqueles prelados soberbos responderam que consentiam em pagar a consciência do papa com ouro, mas não com a sua infâmia, e recusavam-se a ganhar um arcebispado se para isso deviam perder a sua honra.

Em vista dessa nobre recusa, achando-se sem pastores as igrejas de Treves e de Colônia, o papa escreveu ao rei Luiz para que lhe apresentasse eclesiásticos dignos de ocuparem aquelas sedes importantes; a sua carta terminava por queixas contra Lotário: "Vosso sobrinho, escreveu o papa, mandou-me dizer que se dirigiria ao túmulo do apóstolo sem ter obtido a competente autorização. Que não tente ele executar o seu projeto, porque lhe mandaríamos fechar as portas da nossa cidade para que não fosse manchada com a presença de um excomungado. Antes de vir a Roma é preciso que ele se humilhe, que implore o nosso perdão, e queremos que cumpra as nossas ordens não com promessas, mas com ações.

"É verdade que Thietberge foi chamada de novo à corte, mas para ver reinar a sua rival. E de que serve a essa princesa o vão título de rainha, se não tem a autoridade inerente a ele? Não é Waldrade a concubina real, que afronta os nossos anátemas, que reina com Lotário e dispõe a seu capricho das grandezas e dos cargos do reino? É necessário, em primeiro lugar, que essa mulher culpada seja entregue à nossa justiça, para ser punida da sua obstinação, e depois autorizaremos Lotário a vir prostrar-se aos nossos pés."

Contudo, o pontífice não teve a satisfação de submeter o rei de Lorena, nem a alegria de saber a deposição de Fócio; morreu em 13 de novembro de 867, depois de um reinado de nove anos, sete meses e vinte e oito dias. Foi enterrado próximo do pórtico da basílica de S. Pedro.

A Igreja romana colocou Nicolau no número dos santos cuja memória venera, admirando o seu orgulho insuportável a que chama vigor apostólico!

Reginon diz que o papa governava os povos e os reis como se fosse o soberano do universo; e Graciano menciona um decreto em que esse padre abominável se iguala ao próprio Deus. "É evidente, escrevia Nicolau, que os papas não podem ser ligados nem desligados por nenhum poder terrestre, nem mesmo pelo do apóstolo, se ele voltasse à Terra, pois que Constantino, o Grande, reconheceu que os pontífices ocupavam o lugar de Deus na Terra! Não podendo a Divindade ser julgada por nenhum homem vivo, somos pois infalíveis, e quaisquer que sejam os vossos atos, temos de dar conta deles a nós mesmos!!!"

No nosso século, existem ainda escritores fanáticos que sustentam essa doutrina, exaltam o papado e procuram fazer partilhar a sua ridícula admiração pelos papas, representando-os como corajosos defensores da causa dos povos contra os reis e os imperadores. Tolice, desvairamento ou má-fé; porque, se a história nos mostra o papado constantemente em luta com o poder temporal, indica-nos igualmente quais eram as causas dessas guerras incessantes entre o poder civil e religioso. Os soberanos pontífices procuravam, é verdade, derrubar os tiranos, mas unicamente para se colocarem no seu lugar, e todos os seus esforços tendiam a substituir ao despotismo a sua autoridade. A sua oposição não era, pois, de modo algum útil ou aproveitável à humanidade, e pouco importa aos povos que o altar domine o trono ou que o trono domine o altar, se tem de sofrer sempre um jugo; pouco lhes importa que os seus senhores sejam reis ou padres, se devem permanecer escravos. Infelizmente, a experiência dos séculos passados demonstra-nos que não poderá existir na Terra nem felicidade nem sossego, enquanto as nações obedecerem a papas ou a reis absolutos. A paz é para eles um tempo precioso, e empregam-no em oprimir as nações; a guerra é bem mais preciosa ainda, porque lhes permite roubar tudo quanto escapou aos exatores.

Antigamente, no Império Romano, assim como em todos os países submetidos aos déspotas, a vida era considerada como um presente de tão pouco valor para o homem que os desgraçados se vendiam aos ricos, que compravam o direito odioso de matar um dos seus semelhantes por uma diminuta soma de dinheiro destinada à mulher e aos filhos das suas vítimas; as exações e as injustiças haviam-se tornado tão intoleráveis que, para se subtraírem a elas, os cidadãos fugiam para os bárbaros, onde recuperavam a liberdade; mais tarde, na época da Idade Média, graças ao sistema de obscurantismo dos papas, o embrutecimento, a miséria e a escravidão dos povos ultrapassaram tudo quanto a Antiguidade tivera de mais horrível; nações inteiras desapareceram do solo e foram aniquiladas pelo ferro, pela água, pelo fogo, em nome e pela vontade dos pontífices de Roma; nos nossos dias, ainda não vimos nós o papado fazer esforços sobre-humanos para fazer parar a civilização e unir-se aos reis para aniquilar a liberdade?

Adriano II

110º Papa

Nascimento de Adriano. – Milagre dos quarenta dinheiros. – Eleição de Adriano. – Pilhagem de Roma. – Lotário envia embaixadores ao pontífice. – Adriano levanta a excomunhão lançada contra Waldrade. – Opõe-se ao divórcio de Lotário e da rainha Thietberge. – Carta do imperador Basílio ao papa Adriano. – Concílio de Roma. – Decreto contra o concílio de Fócio. – Eleutério seduz a mulher e a filha do papa, e assassina-as em seguida, num acesso de loucura. – O bibliotecário Anastácio é excomungado. – Negócio de Hincmar de Laon. – Viagem de Lotário à Itália. – É admitido à comunhão do pontífice. – Morte de Lotário. – O papa dispõe das coroas. – Adriano envia legados a Constantinopla. – Entrevista dos legados com o imperador do Oriente. – Os orientais submetem-se ao papa. – Condenação escandalosa de Fócio. – Conferência sobre os búlgaros. – Regresso dos legados a Roma. – Carta do arcebispo Hincmar ao Santo Padre. – Carlos, o Calvo, manda deitar chumbo derretido nos olhos e na boca de seu filho Carlomano. – Os bispos da França repelem a autoridade do pontífice. – Palinódia do papa. – Os búlgaros submetem-se à Igreja de Constantinopla. – Morte de Adriano.

Adriano era romano de nascimento, filho do bispo Talare, da família dos papas Estevão IV e Sérgio II; a Santa Sede pertencia-lhe, por assim dizer, por direito de herança. Admitido, muito jovem ainda, no palácio patriarcal de Latrão, fora o objeto constante da ternura dos pontífices. Gregório IV ordenou-o subdiácono e o seu sucessor conferiu-lhe o sacerdócio, nomeando-o para título de S. Marcos. Em todas as suas funções sacerdotais, o jovem Adriano mostrou uma grande piedade e, sobretudo, uma caridade verdadeiramente cristã. As lendas referem a esse respeito um milagre que devemos citar. Adriano recebera do papa Sérgio 40 dinheiros como prova da sua satisfação; mas o diácono, em vez de guardar aquela soma ou empregá-la em prazeres, como os mancebos da sua idade, reuniu todos os pobres do seu bairro para os distribuir por eles. Os pobres acudiram em tão grande número, que Adriano se viu obrigado a extremar os mais enfermos. Na sua dor de não poder aliviar todos aqueles sofrimentos, dirigiu a Deus ferventes orações e começou a distribuição. Os cegos e os enfermos receberam cada qual um dinheiro; os velhos, os coxos, as mulheres, as crianças, avançaram e receberam também um dinheiro; chegaram novos pobres, vieram ainda outros após estes, e sucederam-se assim sem interrupção desde o nascer do sol até a noite, e sempre o jovem diácono tirava dinheiros da sua bolsa. Afinal, depois de ter distribuído uma quantidade prodigiosa, encheu ainda muitos cofres para as suas esmolas do dia seguinte.

Essa multiplicação milagrosa dos 40 dinheiros aumentara por tal modo a veneração dos romanos por Adriano, que, por ocasião da morte do papa Leão

IV, foi ele eleito sem oposição para lhe suceder, mas ele recusou essa distinção gloriosa; depois do reinado de Bento III, os sufrágios do povo elevaram-no de novo ao pontificado, porém a sua resolução foi a mesma.

Finalmente, pela morte de Nicolau I, o concurso do povo, dos grandes e do clero foi tão geral, que todos, por aclamação, elegeram Adriano para governar a Santa Sede, e foram tão instantes as suas solicitações para lhe fazer aceitar a tiara que ele teve de se resignar, apesar da sua idade avançada, a suportar o peso da dignidade pontifical. Santos personagens afirmaram que revelações celestes lhes haviam anunciado o alto destino ao qual Adriano era chamado; uns diziam que ele lhes aparecera revestido com o *pallium*; outros, que se mostrara aos seus olhos cercado de uma auréola de fogo, distribuindo moedas de ouro na basílica de S. Pedro; muitos pretendiam que o tinham visto montado no cavalo do papa Nicolau, fazendo a sua entrada no palácio patriarcal.

Depois da eleição, o povo, os grandes e o clero dirigiram-se à igreja de Santa Maria Maior, onde encontraram Adriano em oração; elevaram-no logo nos braços e levaram-no em triunfo ao palácio de Latrão. Essa entronização, feita na ausência dos comissários do imperador Luiz, excitou o descontentamento da corte da França; mas os padres alegaram, por desculpa, que tinham sido obrigados a ceder às instâncias da multidão. O príncipe, satisfeito com as explicações que lhe eram dadas, consentiu na consagração do novo pontífice e confirmou o decreto da elevação; não somente recusou o tributo que se pagava ordinariamente pela consagração dos novos papas, mas declarou que a sua consciência o obrigava a restituir à Igreja romana os domínios que lhe haviam sido tirados injustamente.

Adriano, depois de ter feito as orações e as vigílias usadas nas eleições dos papas, foi conduzido a S. Pedro e consagrado solenemente por Pedro, bispo de Gabii, cidade da Palestina; por Leão da Floresta-Branca; e por Donato, prelado de Óstia. Esses três personagens veneráveis haviam sido escolhidos porque o bispo de Albano tinha morrido, e porque Formose, chefe do clero de Porto, achava-se então ausente da Itália e ocupado em converter os búlgaros.

Terminada a sua ordenação, o pontífice celebrou uma missa solene, e admitiu à sua comunhão Teutgaud, metropolitano de Treves, Zacarias, bispo de Anagina, assim como o padre Anastácio, que fora excomungado no reino precedente. À sua entrada no palácio patriarcal, rejeitou os presentes que lhe eram oferecidos, e respondeu aos que o cercavam: "Meus irmãos, nós devemos desprezar esse vergonhoso comércio de dinheiro que os papas infelizmente animaram, para vergonha da Santa Sede; porque devemos dar gratuitamente o que recebemos gratuitamente, segundo o preceito de Jesus Cristo. Assim, em vez de acumular nos nossos tesouros as ofertas dos fiéis, para enriquecer padres hipócritas ou monges devassos, declaramo-vos que todas as nossas rendas serão divididas entre os pobres da cidade."

Apenas terminada a consagração de Adriano, Lambert, duque de Spoletto, sem declaração de guerra e sem aviso preambular, reuniu bandos de soldados e invadiu a cidade de Roma, que pôs a saque. Os palácios, as casas, os mosteiros e as igrejas foram devastados, as religiosas violadas, e grande número de donzelas de famílias patrícias foram arrancadas aos pais e reduzidas à escravidão. Contudo, Deus permitiu que os autores dessas atrocidades fossem severamente castigados, em primeiro lugar pelo Santo Padre, que declarou Lambert riscado da comunhão dos fiéis, e em seguida pelo imperador, que fez a conquista do ducado de Spoletto.

O bibliotecário Anastácio exprime a sua opinião sobre o estado do clero romano numa carta que escrevia a Adon, metropolitano de Vienna: "Anuncio-vos, meu irmão, uma triste nova; o Santo Papa Nicolau passou para uma vida melhor, e deixou-nos muito aflitos neste mundo. Agora que ele já não existe, todos aqueles que ele condenou erguem a fronte criminosa e trabalham com ardor para destruir o que ele fez; assegura-se mesmo que o imperador Luiz lhes dispensa o seu apoio. Adverti, pois, nossos irmãos, dessas empresas criminosas, e fazei, por defender a memória do pontífice, o que julgardes conveniente, a fim de sustentar os vossos interesses; porque, se os atos de um papa forem anulados, que sucederá aos nossos?

Temos um novo papa, que se chama Adriano, homem venerável pela santidade da sua vida; é casado com um mulher chamada Estefânia, a qual educa a sua jovem filha, que é de uma beleza notável. O Santo Padre mostra-se muito zeloso por manter a pureza dos costumes; mas nós não sabemos ainda qual será o seu modo de governar a Igreja, e se se encarregará de todos os negócios eclesiásticos, ou se abandonará a direção deles aos seus ministros. Ele parece depositar inteira confiança em meu tio, Arsênio, vosso amigo, cuja dedicação pelos interesses do clero romano resfriou um pouco depois do tratamento indigno que recebeu de Nicolau. Peço-vos, contudo, que façais a diligência por trazê-lo a sentimentos mais caridosos, a fim de que possamos aproveitar o seu crédito sobre o espírito do imperador e do papa. Conjuro igualmente todos os arcebispos das Gálias, no caso de se reunir um concílio para anatematizar os decretos de Nicolau, que não se coloquem como seus acusadores, mas que resistam, pelo contrário, e com coragem, aos seus inimigos."

Os receios de Anastácio relativamente à condenação dos atos do infame Nicolau eram quiméricos, porque o seu sucessor mostrou-nos fiel imitador da sua política, e manifestou o zelo mais ardente para sustentar a infalibilidade da Santa Sede. Contudo, perdoou aos prelados que haviam sido depostos e anatematizados, chamou aqueles que estavam no exílio e, a rogo seu, o imperador fez igualmente sair da prisão todos os eclesiásticos que tinham sido condenados como culpados do crime de lesa-majestade.

Adriano fez decorar com magnificência a igreja que Nicolau edificara no interior do seu palácio, e em todas as suas ações mostrava uma tal deferência pelos atos do seu predecessor que os romanos deram-lhe o nome de Adriano, o Nicolaita. Entretanto os velhos padres, que tinham longa experiência dos embustes da corte de Roma, afirmavam, pelo contrário, que o papa feria sutilmente o reinado precedente com a proteção que concedia às vítimas do orgulho e da tirania de Nicolau.

E, com efeito, tendo o Santo Padre convidado para um suntuoso banquete, no seu palácio, um grande número de monges gregos que haviam sido perseguidos pelo seu predecessor, apresentou-lhes ele mesmo as bacias e as toalhas para as oblações, e serviu-lhes de comer e de beber, o que nenhum outro papa fizera antes dele. Durante a refeição jovens eclesiásticos entoaram cânticos espirituais, e quando os monges se levantaram da mesa, Adriano prostrou-se diante deles, rojando a face no chão. Depois dirigiu-lhes a seguinte alocução: "Meus irmãos, orai pela Santa Igreja católica, pelo nosso cristianíssimo filho, o imperador Luiz, a fim de que ele submeta os sarracenos; orai por mim e pedi a Deus que me conceda a força de governar os seus numerosos fiéis. Que as vossas orações se elevem como ações de graças por aqueles que têm vivido santamente, e agradeçamos ao Cristo o ter dado a sua Igreja o meu senhor e pai, o muito santo e muito ortodoxo papa Nicolau, que a defendeu contra os seus inimigos como um outro Josué."

Os monges de Jerusalém, de Antioquia, de Alexandria e de Constantinopla guardaram silêncio por muito tempo, e por fim exclamaram: "Deus seja louvado por ter concedido ao seu povo um pastor tão respeitoso como vós sois para com vosso predecessor!" E repetiram três vezes: "Eternas memória ao pontífice Adriano, que Jesus Cristo estabeleceu papa universal."

Contudo, o Santo Padre, vendo que os gregos queriam evitar o prestar homenagem à memória de Nicolau, fez um sinal com a mão e acrescentou: "Meus irmãos, suplico-vos, em nome do Cristo, que os vossos elogios se dirijam ao muito santo e muito ortodoxo Nicolau, estabelecido por Deus soberano pontífice e papa universal. Glória a ele, o novo Elias, o novo Phineo, digno do eterno sacerdócio, e paz e graça para os seus sectários." Essa exclamação foi repetida três vezes pelos monges, que não quiseram desobrigar o Santo Padre depois de terem sido o objeto de uma distinção tão honrosa.

Adriano escreveu para a França aos metropolitanos: "Nós pedimos, meus irmãos, que façais restabelecer o nome do Papa Nicolau nos livros e nos dípticos das vossas vossas igrejas, de o fazer nomear na missa, e de ordenar aos bispos que se conformem com a nossa decisão sobre esse assunto. Exortamo-vos a resistir com firmeza aos príncipes gregos que empreendam acusar a sua memória ou rejeitar os seus decretos; contudo, não queremos ser inflexíveis para com aqueles que ele condenou, se implorarem a nossa misericórdia em não se justificar acusando aquele grande papa, que está agora na presença de Deus e que ninguém ousou atacar enquanto vivo.

"Sede, pois, vigilantes e corajosos, e instruí os prelados de além dos Alpes que, se eles rejeitam os decretos de um pontífice, destruirão a autoridade suprema dos ministros da Igreja, devendo recear que as suas ordenanças sejam desprezadas, quando eles tiverem atacado o poder que domina os reis."

Logo que Lotário soube da morte do papa Nicolau, enviou a Roma Adventius, bispo de Metz, e Grimland, seu chanceler, encarregados de uma carta concebida nos seguintes termos: "Santíssimo Padre, prestei submissão ao príncipe dos apóstolos obedecendo ao vosso predecessor; segui os seus conselhos paternais e as exortações dos seus legados, mesmo em detrimento da minha autoridade; não cessei de lhe pedir, em nome das leis divinas e humanas, o favor de me apresentar diante dele com os meus acusadores para me justificar; e, contudo, ele recusou-me sempre a permissão de visitar essa Roma, cujos protetores foram os meus antepassados.

"Sentimo-nos edificados por ver os búlgaros e outros bárbaros, convidados por ele, virem fazer as suas adorações ao túmulo de S. Pedro; mas sentimos a maior aflição quando ele nos declarou que estávamos excluídos de Roma para sempre. Esperamos que vós sereis menos rigoroso para conosco do que o foi o papa Nicolau, e que, em troca da nossa obediência e da nossa submissão, permiti-nos-ei que vos beijemos os pés. Suplicamo-vos que nos envieis essa autorização pelo vosso embaixador ou pelo do imperador Luiz, nosso irmão, prevenindo-vos de que, se essa diligência não tiver bom resultado, o nosso reino correrá grande risco, por causa da condescendência que mostramos para com a vossa sede, que nos roubou o afeto dos nossos povos."

Adriano respondeu ao rei de Lorena o seguinte: "A corte de Roma, senhor, receberá sempre com honra um dos filhos de Carlos Magno, quando ele vier prestar-lhe homenagem; e não recusará nunca ouvir a sua justificação, se ela for conforme a justiça divina e humana. Podeis, pois, apresentar-vos ousadamente no túmulo do apóstolo, se estais inocente dos crimes de que vos acusam; mas não vos será permitido deixar de fazer penitência deles, se fordes julgado culpado."

Havia oito meses que o imperador Luiz, auxiliado pelas tropas de Lotário, fazia com sucesso a guerra aos sarracenos da África, que devastavam a parte meridional da Itália; por isso, não podendo Adriano recusar coisa alguma a esse protetor poderoso, concedeu-lhe a autorização solicitada por Lotário, assim como a absolvição de Waldrade, chegando mesmo a escrever a essa princesa nos seguintes termos: "Fomos instruídos pelo imperador Luiz do arrependimento que sentis dos vossos pecados e da perseverança com a qual evitais tornar a cair na mesma falta. Hoje, que abominais os vossos erros, levantamos o anátema e a excomunhão que fizeram sobre vós; reintegramo-vos na sociedade dos fiéis, e concedemo-vos a permissão de entrar na igreja, de orar, de comer e de falar com os outros cristãos. Acautelai-vos, porém, para o futuro, a fim de que Deus vos dê no céu a absolvição que recebeis de nós na Terra; porque, se usais de dissimulação para obter a remissão dos vossos pecados, sabei que mais culpado ficareis sendo perante aquele que vê a nossa consciência."

A essa carta, o papa juntou uma outra para os bispos da Germânia, aos quais anunciava a absolvição de Waldrade do seguinte modo: "O nosso caro filho, o imperador Luiz, combate contra os inimigos da fé para a segurança da Igreja, para o aumento do nosso poder e para a libertação dos fiéis da província de Sânio. Já os sarracenos avançavam sobre as nossas terras e se preparavam para devastar os domínios de S. Pedro, quando ele abandonou o seu repouso e a sua família para se expor a todos os perigos da guerra; e, em breve, os infiéis caíram debaixo das suas armas vitoriosas ou se converteram ao Cristianismo.

"Prevenimo-vos, portanto, que deveis prestar homenagem àqueles que lhe pertencem, assim como a Lotário; porque aquele que atacar seu irmão, o ataca a ele próprio. Sabei, também, que a Santa Sede está fortemente ligada a esse príncipe valoroso, e que estamos prontos a empregar por ele as poderosas armas que Deus colocou entre as nossas mãos pela intercessão de S. Pedro, como ele empregou as que Jesus Cristo lhe confiou, pela defesa da sua Igreja."

Em vista dos protestos de Adriano, Lotário, supondo que não ousariam recusar-lhe coisa alguma, enviou a Roma Thietberge, sua mulher, para solicitar em pessoa a dissolução do seu matrimônio. Mas esse príncipe foi iludido na sua esperança, e o papa dirigiu-lhe a seguinte veemente carta: "A rainha, vossa esposa, disse-nos que a sua união convosco não fora contraída legitimamente, e que ela desejava separar-se da vossa real pessoa, renunciar ao mundo e consagrar-se a Deus. Essa resolução singular surpreendeu-nos, e, apesar de que lhe deste o vosso consentimento, não podemos conceder-lhe o nosso; assim, é por ordem nossa que Thietberge voltará para junto de vós a fim de sustentar os direitos do seu casamento. Contudo, os motivos alegados para romper a vossa união serão examinados pelos nossos irmãos num concílio; mas, até essa época, exortamo-vos a que não escuteis os maus conselheiros que vos rodeiam; ordenamo-vos que recebais a rainha com afeto que lhe é devido, concedendo-lhe no vosso reino um asilo honroso, onde ela possa viver ao abrigo da vossa proteção real; outrossim, mandamos que lhe entregueis as abadias que lhe prometes, a fim de que ela possa sustentar a dignidade da sua categoria. Aqueles que se opuserem à nossa decisão serão fulminados com anátemas, e a vós mesmo declaramos excomungado se recusardes submeter-vos às nossas ordens."

A fim de assegurar a execução das suas vontades, o pontífice escreveu a Carlos, o Calvo, pedindo-lhe que obrigasse seu sobrinho à obediência que devia à Santa Sede; e convidava o príncipe a invadir imediatamente o reino de Lotário, se ele se separasse de Thietberge antes de que o seu divórcio fosse canonicamente ordenado por um sínodo. Para o mesmo fim, dirigiu ao metropolitano Hincmar a seguinte carta: "Conhecia há muito tempo a vossa grande reputação, meu irmão, mas estou instruído mais particularmente ainda do vosso raro merecimento, pelo relatório do vosso venerável irmão Arsênio, apocrisiário da Santa Sede; pelo bispo Actard, e pelo nosso caro filho, o bibliotecário Anastácio.

Os seus elogios inspiraram-me tanto afeto como estima por vós; e espero que acolhereis os testemunhos da nossa amizade e da nossa confiança favorecendo, com todo o vosso poder, os interesses da Santa Sede no negócio do rei de Lorena e Thietberge, sua mulher. Vós sabeis, quanto os papas Bento e Nicolau se ocuparam nos seus reinados dessa causa importante, e em que sentido a dirigiram; nós temos os mesmos sentimentos que os nossos predecessores e seguiremos o que eles decidiram.

"Exortamo-vos, pois, a não deixar arrefecer a vossa dedicação pela corte de Roma e a falar ousadamente em nosso nome aos reis e aos poderosos, a fim de impedir que eles restabeleçam pela força ou pelo artifício o que foi destruído pela autoridade eclesiástica."

Eutinico, enviado à Itália pelo imperador Basílio, trouxe então a notícia da deposição de Fócio e do restabelecimento de Inácio na sede de Constantinopla. Adriano manifestou uma grande alegria por aquela mudança e ordenou que se celebrassem missas solenes em honra do novo patriarca. Na sua resposta a Basílio, o Santo Padre dirigiu-lhe lisonjas servis; felicitava-o pelo parricídio que ele cometera na pessoa do seu benfeitor e declarava que o seu reinado era uma bênção particular de Deus; compara-o a Salomão e afirma que foi por inspiração do Cristo que ele mandou assassinar Miguel para expulsar Fócio e restabelecer Inácio na sua sede.

Alguns meses depois, vieram novos embaixadores, em nome de Basílio e de Inácio, cumprimentar Adriano sobre a sua eleição; o papa recebeu-os com grandes honras e admitiu-os na sala secreta de Santa Maria Maior para conferenciar com eles. Os enviados entregaram-lhe magníficos presentes e a carta do imperador, que era concebida nos seguintes termos: "Quando fomos elevado ao trono, encontramos a Igreja privada do seu pastor legítimo e submetida à tirania de um estrangeiro, e apressamo-nos em expulsar esse homem, para chamar de novo Inácio, nosso pai, que fora indignadamente oprimido pelo nosso predecessor. Submetemos agora à vossa aprovação o que decidimos e perguntamo-vos como devem ser tratados aqueles que comunicaram com Fócio. Os bispos e os padres, que se haviam obrigado a não abandonar Inácio, faltaram aos seus juramentos; outros, arrastados pelas seduções do usurpador ou pelas suas violências, consentiram em fazer-se consagrar pelo falso patriarca; finalmente, quase todos os eclesiásticos pecaram, reconhecendo a sua autoridade. Pedimo-vos, pois, que tenhais compaixão deles, a fim de evitar um naufrágio universal na nossa Igreja."

Inácio, na sua carta, dava os mesmos detalhes e reconhecia a primazia da Santa Sede e a soberana autoridade do papa.

Os embaixadores de Basílio apresentaram, em seguida, ao pontífice um livro que fora encontrado nos papéis de Fócio, que estabelecia os crimes de Nicolau e que continha igualmente a relação do concílio reunido em Constantinopla por ocasião da condenação de Inácio. Pediram a Adriano que examinasse aquela obra, mas este declarou que não o faria senão para condenar o autor pela terceira vez. Então um dos bispos gregos pegou no livro e lançou-o por terra, dizendo: "Tu fostes amaldiçoado em Constantinopla, sê também amaldiçoado em Roma!" Em seguida, pisou-o aos pés e rasgou-o com a espada de Basílio, acrescentando: "O diabo habita nessa obra e falou pela boca do abominável Fócio; declara que as assinaturas do imperador Miguel, de Basílio e de quase todos os bispos do Oriente foram untadas pelo próprio Satanás com uma tal habilidade, que é impossível reconhecer a grande criminosa."

Adriano não deixou escapar uma ocasião tão favorável de vingar a Santa Sede dos ultrajes com que Fócio a enchera; ordenou aos seus monges que levantassem do chão o livro e o entregassem àqueles que eram instruídos nas línguas grega e latina para que fizessem a competente censura.

Depois do seu exame, convocou um concílio, a fim de que a obra fosse condenada solenemente na presença dos deputados do Oriente; e na abertura do sínodo, usou da palavra nos seguintes termos: "Ordenamos que as atas do último conciliábulo reunido por Fócio em Constantinopla, e pelo imperador Miguel, seu culpado protetor, sejam queimadas e fulminadas com anátemas. Ordenamos igualmente que todos os escritos publicados por esses dois seculares contra a honra da Santa Sede sofram a mesma pena, e repelimos com execração os dois conventículos que depuseram o nosso caro irmão Inácio.

Finalmente, excomungamos pela terceira vez esse tal Fócio, já condenado pelo nosso predecessor, até que ele se submeta às ordenanças do papa Nicolau e às nossas, abjurando publicamente as suas pretensões ao episcopado. Então, se fizer penitência, não lhe recusaremos a comunhão dos seculares, mas ficará despojado para sempre dos ornamentos sagrados de que fora revestido por uma usurpação infame.

E quanto àqueles que assistiram as assembleias ímpias de Fócio, se voltarem para a comunhão do patriarca Inácio, se anatematizarem e queimarem os exemplares do conciliábulo, tornarão a entrar no grêmio da Igreja; mas aquele que, tendo conhecimento do nosso decreto apostólico, conservar ainda esses exemplares malditos, será para sempre excomungado e deposto. Damos essa ordem para as cidades de Constantinopla, de Alexandria, de Jerusalém, assim como para todos os fiéis do Oriente; contudo, essa sentença não é aplicável ao nosso filho, o imperador Basílio, apesar do seu nome estar inserto nas atas do sínodo condenado, e recebemo-lo no número dos imperadores católicos."

Essa decisão foi assinada por 40 bispos; e o livro, depois de ter sido pisado aos pés pela segunda vez, foi lançado num braseiro ardente.

No mesmo ano, um acontecimento escandaloso veio perturbar ainda a tranquilidade de Roma; o bispo Arsênio tinha um filho chamado Eleutério, que era admitido na família de Adriano, composta de sua mulher e de sua jovem filha. Eleutério apaixonou-se perdidamente pela donzela, que era já a noiva de um outro homem; raptou-a uma noite e retirou-se com ela e com sua mãe para um castelo forte nos arrabaldes de Pávia. Arsênio, desesperado com a audácia de seu filho e prevendo as consequências funestas da vingança de Adriano, veio lançar-se-lhe aos pés para obter a sua aprovação ao casamento de seus filhos, a fim de cessar o escândalo do seu procedimento. Foram, porém, inúteis todos os rogos; o pontífice permaneceu inflexível. Então o venerável Arsênio, que temia por Eleutério a cólera de Adriano, resolveu interessar na defesa de seu filho uma corte poderosa que o pudesse proteger depois da sua morte; para isso legou uma grande parte das suas riquezas à imperatriz Ingelberge, mulher de Luiz, sob a condição de que forneceria tropas a seu filho no caso de que o pontífice quisesse empregar a violência contra ele.

Contudo, depois de o piedoso bispo ter fechado para sempre os olhos, Eleutério encontrou-se sem defesa, exposto à cólera do papa; os seus amigos afastaram-se dele; muitos monges, criaturas da Santa Sede, chegaram a penetrar no seu recinto para o assassinar; sua própria mulher, cedendo a influências secretas, tentou fugir com sua mãe; os seus servos procuraram dar-lhe a morte, misturando veneno na água que lhe serviam à mesa e o desgraçado, vendo-se afinal traído por todos, perdeu a razão e, num acesso de loucura, matou sua jovem mulher e Estefânia, sua sogra. Foi logo preso; o imperador Luiz mandou-o decapitar na presença dos comissários do papa e os seus bens foram confiscados em proveito do monarca e da Santa Sede. Não estando satisfeita ainda a vingança de Adriano, convocou este um concílio para fulminar a memória de Arsênio e de Eleutério, e anatematizou mesmo o bibliotecário Anastácio, pois pertencia àquela família maldita. A sentença era concebida nos seguintes termos: "Toda a Igreja de Deus tem conhecimento dos crimes cometidos por Anastácio, assim como dos decretos que foram publicados contra ele pelos nossos predecessores, Leão e Bento, que o despojaram das dignidades sacerdotais.

Nicolau, seduzido pelas lisonjas desse padre, consentiu depois em restituir-lhe essas dignidades; então, ao abrigo dessa proteção, Anastácio entregou-se impunemente às suas devastações; pilhou o palácio patriarcal; fez desaparecer as atas dos concílios que o tinham condenado; deu a liberdade a prisioneiros heréticos para os subtrair ao suplício, e, finalmente, introduziu a discórdia entre os príncipes da Igreja. Foi ele que causou a desgraça de Adalfrim, e as suas calúnias fizeram condenar a desgraçada vítima a perder os olhos e a ter a língua arrancada; foi ele que prestou um auxílio criminoso ao raptor da nossa querida filha, e foram ainda os seus conselhos abomináveis que levaram o odioso Eleutério ao assassínio de minha mulher e de minha filha.

Portanto, ordenamos, em conformidade com os julgamentos dos papas Leão e Bento, que o bibliotecário Anastácio seja privado de toda a comunhão, até o dia em que se justificar dos seus crimes perante uma assembleia canônica. Aqueles que comunicarem com ele, qualquer que seja a sua categoria, incorrerão na mesma pena e, se ele conseguir fugir de Roma, será fulminado com um anátema perpétuo, sem esperança de perdão."

Anastácio foi preso na sua própria habitação, levado à presença do concílio, e essa sentença foi significada publicamente na igreja de Santa Praxedes, em 12 de outubro de 668.

Algum tempo depois, Adriano recebeu uma carta de Hincmar, bispo de Laon, que se queixava de uma sentença pronunciada contra ele por seu tio Hincmar, metropolitano de Reims. Essa sentença era, pelo contrário, motivada pelas suas libertinagens e pelo seu procedimento escandaloso. E, com efeito, aquele prelado tornara-se odioso ao clero e ao povo da sua Igreja pelas suas injustiças, pelas suas exações e pelas suas violências; negociava com os domínios da sua sede e vendia-os aos senhores poderosos ou ao príncipe, como sucedera com muitas abadias que ele cedera ao monarca e que haviam passado para o poder de um capitão chamado Normand. Não somente Hincmar de Laon procurava arranjar somas consideráveis pelas suas concussões, mas também, quando as cortesãs haviam esgotado os seus tesouros, recuperava à mão armada os bens de que já fora pago e vendia-os pela segunda vez. Levou mesmo a audácia a ponto de expulsar o senhor Normand dos domínios vendidos ao rei Carlos, e excomungou-o sob o pretexto de que ele se apoderara das terras da diocese de Laon.

Carlos, instruído do procedimento de Hincmar, fê-lo citar um concílio convocado em Verberie, para ouvir a justificação dos crimes de que ele era acusado por um grande número de testemunhas. Hincmar compareceu, com efeito, na presença do sínodo, mas teve a imprudência de encher de injúrias seu tio que presidia à assembleia; foi, por isso, condenado unanimemente: ordenaram-lhe que levantasse o anátema fulminado contra Normand e lhe restituísse os bens que recebera da liberalidade do seu soberano.

Hincmar recusou-se a conformar-se com essa decisão e apelou do julgamento dos prelados da França para o pontífice, como sendo o único a ter o direito de pronunciar numa contenda entre um rei e um bispo. A assembleia opôs-se ao seu apelo, pretendendo, com razão, que esse passo era contrário aos privilégios da Igreja galicana e aos cânones do sexto concílio de Cartago; mas o astuto prelado, conhecendo o orgulho e a ambição do Santo Padre, persistiu na sua determinação, e deputou secretamente a Roma um eclesiástico chamado Celsan para reclamar a intervenção de Adriano.

E, com efeito, este, tendo sido instruído da sentença do concílio de Verberie, escreveu ao metropolitano de Reims e ao rei Carlos que permitissem a Hincmar o vir em peregrinação ao túmulo do apóstolo, ordenando-lhe mesmo que fizessem as despesas da sua viagem. O Santo Padre ameaçava com a excomunhão o senhor Normand, se não restituísse imediatamente as terras que usurpara na diocese de Laon, e declarava anatematizados os vassalos que o apoiassem naquela empresa criminosa. Logo que recebeu a carta do papa, Carlos escreveu ao prelado recalcitrante convidando-o a dirigir-se imediatamente à sua corte, a fim de fazer uma retratação assinada pelo seu punho, na qual reconhecesse as suas faltas e prometesse submissão ao seu rei e ao seu superior, o arcebispo de Reims. Não somente Hincmar recusou-se pela segunda vez a obedecer as ordens do príncipe, como também desviou os seus vassalos da obediência que tinham jurado a Carlos.

Irritado com aquela audácia, o monarca enviou dois prelados, Odon de Beauvais e Guillebert de Chalons, com tropas para o levarem à sua presença por bem ou por mal, assim como para submeter os vassalos que haviam tomado parte na rebelião. Mas o prelado, vendo-se apoiado na sua resistência pelo pontífice de Roma, ousou esperar a chegada das tropas, à frente do seu clero, que reunira na basílica de Notre Dame, sua catedral, e ali, diante da influência dos cidadãos, tendo a cruz em uma das mãos e o Evangelho na outra, subiu ao púlpito da igreja e pronunciou com voz atroadora o anátema seguinte: "Declaro excomungados todos aqueles que entrarem violentamente no santo lugar ou que transpuserem os limites da nossa diocese; e anatematizo sobretudo o metropolitano Hincmar, nosso tio, e o rei Carlos, que ousa renovar para com os infiéis dos seus Estados as perseguições do cruel Domiciano."

Contudo, os oficiais do rei penetraram no templo, seguidos dos seus soldados; então Hincmar refugiou-se no santuário com seu clero, chamou o povo em seu auxílio, ordenou aos cidadãos que expulsassem da casa de Deus os sicários do tirano que a manchavam com a sua abominável presença. Os soldados puxaram das espadas e quiseram tirá-lo à força da igreja, mas ele correu para o altar, abraçou o crucifixo, e chamou sobre eles, com gritos de furor, a maldição de Deus. Os soldados pararam cheios de terror, e era tal a superstição daquele tempo, que não ousaram arrancá-lo do altar e abandonaram a sua empresa.

Depois da sua partida, Hincmar saiu da igreja e voltou para o seu palácio, levado em triunfo pelo clero. No dia seguinte, estando mais sossegados os espíritos, pensou-se com terror nas consequências da cólera de Carlos; os próprios padres vieram então declarar ao prelado que recusariam de futuro obedecer às suas ordens até que ele tivesse dado satisfação ao príncipe. O prelado, cheio de furor, excomungou todos os eclesiásticos da sua igreja e proibiu-lhes que celebrassem missa; que batizassem crianças, mesmo na última extremidade; que administrassem o viático aos agonizantes e que dessem sepultura aos mortos.

O rei pôs termo a todas essas violências, fazendo partir novas tropas, que se apoderaram do bispo e o levaram para uma fortaleza.

No meio de todos esses acontecimentos, Lotário preparava-se para ir à Itália a fim de beijar os pés ao pontífice, escrevia ao imperador, seu irmão, para que este príncipe empregasse a sua influência junto de Adriano e lhe obtivesse a autorização de abandonar Thietberge e receber Walgrade por legítima esposa. Mas o supersticioso Luiz, receando quebrar a boa inteligência que entretinha com o papa, recusou o seu apoio a Lotário e enviou-lhe deputados que os convidaram a voltar para os seus Estados. O rei de Lorena, que conhecia o caráter fraco e pusilânime do imperador, veio encontrá-lo a Benevente; os seus presentes ganharam a sua causa à imperatriz Ingelberge, que governava seu marido, e determinou-a a acompanhá-lo, ela própria, ao mosteiro de Monte-Cassino, onde o pontífice se devia dirigir por ordem de Luiz. Adriano cedeu às instâncias da imperatriz e consentiu em receber à sua comunhão o rei Lotário e Gonthier, metropolitano de Colônia; contudo exigiu que este último subscrevesse a seguinte retratação: "Declaro, perante Deus e perante os santos, a vós, monsenhor Adriano, soberano pontífice, assim como aos fiéis que vos estão submetidos, a toda a assembleia dos cristãos, que sofro humildemente a sentença de deposição promulgada canonicamente contra mim pelo papa Nicolau. Afirmo que não exercerei jamais nenhuma função sagrada, se me restituirdes a dignidade episcopal; e juro que não promoverei jamais nenhum escândalo contra a Igreja romana ou contra o seu chefe, ao qual renovo o meu juramento de submissão e de obediência absoluta, mesmo quando as suas ordens sejam contrárias aos interesses do rei, meu senhor."

Ingelberge voltou para junto de seu esposo, e o papa tomou o caminho de Roma com o rei Lotário. Contudo, esse príncipe não pôde obter a permissão de entrar no primeiro dia na cidade; nenhum membro do clero veio ao seu encontro, e passou a noite no convento de S. Pedro, fora dos muros. Foi só no dia seguinte que se pôde dirigir com a sua escolta ao sepulcro de S. Pedro para depor ali as ricas ofertas que trouxera. Em seguida, foi levado ao palácio que lhe estava destinado próximo da basílica, cujos aposentos nem sequer tinham sido preparados para o receber.

Alguns dias depois, o Santo Padre fez prevenir Lotário de que consentia em dar-lhe audiência; o príncipe dirigiu-se logo ao palácio de Latrão e veio prostrar-se aos pés de Adriano, que nem sequer se dignou levantá-lo, e o afrontou severamente, perguntando-lhe se tinha seguido com exatidão as decisões do papa Nicolau. Lotário respondeu que as observara como ordens vindas do céu, e tomou por testemunho da sua sinceridade os senhores que o cercavam. O pontífice prosseguiu em seguida: "Se o vosso testemunho é verdadeiro, damos a Jesus Cristo solenes ações de graças! Dirijamo-nos, pois, meu filho, à Confissão de S. Pedro, onde imolaremos a hóstia salutar para a saúde do vosso corpo e da vossa alma; porque é preciso que participeis conosco do sacramento do altar, a fim de que sejais reincorporado entre os fiéis dos quais estáveis separado."

Depois do sacrifício da missa, o papa convidou Lotário a aproximar-se da santa mesa e, pegando na eucaristia, disse-lhe: "Se vos reconheceis inocente do adultério que foi condenado pelo nosso predecessor e tendes a firme resolução de não entreter jamais relações criminosas com Waldrade, vossa concubina, aproximai-vos sem receio, recebei o sacramento da salvação eterna. Mas se estais na intenção de prosseguir nesse adultério, não sejais temerário a ponto de receber a comunhão, e temei que o pão celeste que Deus deu aos seus fiéis como um remédio para a sua salvação não cause a vossa condenação eterna."

Lotário avançou ousadamente e recebeu a hóstia sagrada. O Santo Padre voltou-se, então, para os senhores que acompanhavam o rei e disse, apresentando-lhes a comunhão: "Se vós não consentistes no crime do vosso senhor e amo, se não comunicastes com os excomungados, que o corpo e o sangue de Jesus Cristo vos adquiram a vida eterna."

Alguns deles se retiraram, mas o maior número recebeu a comunhão.

Lotário acompanhou o papa ao palácio de Latrão, onde foi admitido à sua mesa; depois da refeição, o príncipe ofereceu ao Santo Padre novos presentes em vasos de ouro e de prata, e recebeu em troca uma leoa, uma palma e uma férula. O monarca explicava, assim, a alegoria do papa: a leoa representava Waldrade, que devia ser-lhe restituída; a palma era o emblema da sua vitória; e a férula designava a autoridade que ele lhe concedia sobre os bispos recalcitrantes; essa férula era uma planta da África, cuja haste leve e sólida servia de apoio aos anciãos e aos mestres de escola para castigar os escolares. Lotário saiu de Roma com o coração cheio de alegria e contando receber em breve a autorização de se unir com a formosa Waldrade; mas o ódio dos padres vigiava junto do monarca. Quando chegou a Lucques, apoderou-se dele uma febre violenta, que o matou três dias depois da sua entrevista com Adriano. Foi enterrado sem pompa num pequeno mosteiro situado próximo à cidade.

Como Lotário não deixava filhos legítimos, o imperador Luiz, seu irmão, era de direito herdeiro do reino de Lorena; mas, receando a ambição de seu tio Carlos o Calvo, o príncipe não ousou reclamar a sua sucessão à mão armada; associou o papa nos seus interesses e fê-lo escrever muitas cartas aos senhores dos Estados de Lorena.

E, com efeito, Adriano convidou os prelados em nome do Cristo a permanecerem fiéis ao herdeiro legítimo e a não cederem nem às promessas nem às ameaças; a sua carta, dirigida aos metropolitanos, aos duques e aos condes do reino de Carlos, encerrava ameaças de excomunhão contra aqueles que não abraçassem o partido do imperador e exaltava os serviços que Luiz prestara à Igreja combatendo os sarracenos. O papa recordava aos franceses os juramentos solenes que os netos de Carlos Magno tinham feito, de observarem religiosamente as convenções que haviam regulado as partilhas entre eles e seus sobrinhos, e acrescentava: "Sabei, bispos, senhores e cidadãos, que aquele dentre vós que se opuser às pretensões de Luiz, que nós declaramos soberano da Lorena, será ferido pelas armas que Deus pôs nas nossas mãos para a defesa desse príncipe."

Assim os papas dispunham já dos impérios e obrigavam os povos a sofrerem a escravidão dos senhores que eles lhes haviam escolhido! Contudo, as ordens do pontífice chegaram muito tarde; logo depois da morte de Lotário, Carlos marchara sobre Metz e fizera-se coroar rei de Lorena.

Tais eram os acontecimentos que se passavam na França no momento em que os legados do pontífice e os embaixadores do imperador Luiz desembarcaram em Selímbria, cidade situada a 16 léguas de Bizâncio. Por ordem de Basílio, foram-lhes fornecidos quarenta cavalos das cavalariças imperiais, e uma baixela de prata para serviço da sua mesa; em seguida, veio ao seu encontro um grande número de oficiais, e levaram-nos para um castelo chamado Strongilo, onde passaram a noite. No dia seguinte, para continuarem a sua jornada até Constantinopla, trouxeram-lhes cavalos folgados, magnificamente ajaezados. Todas as escolas, as companhias de oficiais do palácio, os padres trazendo as cruzes e as bandeiras esperavam-nos nas portas da cidade, e logo que eles transpuseram as muralhas, o cortejo pôs-se em marcha, levando na frente o bibliotecário Paulo José, o guarda dos vasos sagrados; Basílio, o tesoureiro; e, finalmente, os fâmulos do patriarca, levando velas e archotes. O imperador deu audiência aos legados na sala dourada, e logo que eles compareceram à sua presença, levantou-se, recebeu das mãos deles as cartas do papa e, beijando-as, dirigiu aos legados as seguintes palavras: "Agradeço ao Santíssimo Padre o auxílio que prestou já à nossa Igreja, que estava dilacerada pelo cisma do eunuco Fócio; esperamos que, com o auxílio de Deus, poremos fim às perturbações que dividem ainda os patriarcas e os bispos do Oriente. Esperávamos com impaciência o julgamento da Igreja romana, nossa mãe; por isso pedimo-vos que apresseis os vossos trabalhos a fim de determinar as medidas que forem necessárias para restabelecer nos nossos Estados a união e a tranquilidade."

Os enviados de Adriano responderam a Basílio "que tinham recebido a missão de convocarem um sínodo geral a fim de estabelecerem a concórdia entre os eclesiásticos orientais, mas que não podiam receber os bispos gregos na sua assembleia, sem que eles tivessem assinado um libelo de submissão à Santa Sede, segundo a fórmula que traziam dos arquivos do palácio de Latrão".

Mostraram então ao imperador, ao patriarca e aos prelados o modelo desses libelos, e aqueles prometeram mandar tirar cópias e entregá-las aos legados, depois de as terem assinado.

Três dias depois, reuniu-se o concílio, e a presidência foi dada aos bispos latinos, o que não se vira nunca em nenhuma assembleia ecumênica.

Fócio, citado perante os padres para responder sobre a acusação que fora intentada contra ele, apresentou-se com dignidade; declarou que não se considera culpado por ter repelido da Igreja um parricida que mandara degolar Miguel, seu benfeitor, e que era do seu dever proceder assim. A sua defesa foi serena, apesar da exasperação dos seus acusadores. Finalmente, a sua eloquência e a sua firmeza haviam abalado por tal modo as convicções dos padres que os representantes do pontífice, para evitarem uma absolvição, apressaram-se em encerrar os debates. Encheram Fócio das injúrias mais grosseiras, declararam-no excomungado e ordenaram aos soldados que o expulsassem da assembleia com as hastes das suas lanças.

Assim, em algumas horas e pela vontade de um assassino, o clero do Oriente achou-se submetido à autoridade da corte de Roma; contudo, com o passar dos tempos, os gregos recusaram-se a reconhecer as decisões daquele concílio, a que chamaram um conciliábulo sacrílego e irregular.

O sínodo havia terminado as suas sessões, quando os embaixadores búlgaros chegaram a Constantinopla para perguntarem qual era a sede que a sua Igreja devia defender; os legados de Roma decidiram logo "que, tendo a Santa Sede governado noutro tempo a antiga e a nova Éfeso, toda a Tessália e a Dardânia, que tomara depois o nome de Bulgária, resultava disso que as invasões dos bárbaros não lhe haviam podido fazer perder o seu direito de jurisdição, e que Roma devia recuperá-lo logo que esses povos se tornavam cristãos. Acrescentavam que Bogoris, seu rei, havia-os submetido já à autoridade dos pontífices, e que o papa Nicolau, a pedido do soberano, enviara os bispos Paulo, Dominico, Leopardo, Formoze e Grimoaldo, assim como um grande número de padres e de diáconos, a fim de dirigir os novos fiéis daquele país; que estes tinham estabelecido igrejas, ordenado padres, fundado mosteiros, catequizado os habitantes, e que finalmente tinham tomado posse de todo o reino em nome da Santa Sede. Declararam, pois, que, tendo sido a corte de Roma encarregada durante três anos da direção dos búlgaros, não podia ser despojada da sua autoridade sobre esses povos".

O clero de Constantinopla, ferido na sua dignidade, reclamou então contra as pretensões dos legados. "Não é de equidade, diziam os padres gregos, que Roma, que foi a própria a subtrair-se à obediência que devia ao império, formando alianças criminosas com os francos, queira arrogar-se uma jurisdição sobre os Estados que dependem dos nossos príncipes. Portanto, decidimos que o país dos búlgaros, que noutro tempo esteve submetido aos nossos imperadores e aos nossos patriarcas, volte agora para sob o domínio de Bizâncio."

Mas os enviados de Roma protestaram contra essa declaração e responderam às observações do clero com uma bula de proibição: "Revogamos absolutamente e declaramos nula, até o julgamento do chefe supremo da Igreja universal, a sentença que ousarem pronunciar sem que se tenham nomeado juízes para a causa dos búlgaros, e conjuramos o patriarca Inácio, a quem concedemos uma autoridade absoluta sobre o clero do Oriente, que não reivindique a jurisdição sobre os búlgaros, e que proíba aos seus eclesiásticos a entrada nesse reino, se não quer que lhe retiremos os direitos que a Santa Sede lhe conferiu sobre os fiéis do Oriente."

Inácio, temendo pela sua autoridade, veio logo ter com os legados e disse-lhes: "Deus me defenda, meus irmãos, de empreender causa alguma contra o poder do meu superior o pontífice de Roma; não sou nem assaz jovem para me deixar surpreender pela ambição nem assaz velho para deixar fazer aos outros, por fraqueza, o que poderia fazer pelas minhas mãos."

Contudo, o imperador, cujos interesses eram atacados, sentiu-se irritado com a covardia do patriarca e dirigiu-lhe severas censuras; mas, por política, dissimulou o seu ressentimento e encheu de presentes os legados de Adriano. À sua partida de Constantinopla, deu-lhes uma escolta comandada pelo escudeiro Teodorico; este, na conformidade das suas instruções, abandonou-os em Dyrrachium, e alguns dias depois caíram eles em poder de piratas eslavos, que os despojaram de todos os seus tesouros e os levaram prisioneiros, a fim de obterem com eles valiosos resgates. Todavia os piratas, assustados com as ameaças do imperador Luiz, deram liberdade aos legados, que fizeram a sua entrada em Roma em 22 de dezembro de 870.

Adriano, fascinado com o triunfo que alcançara no Oriente, resolveu proceder na França como procedera em Constantinopla.

O rei Carlos, sem se inquietar com as ameaças da corte de Roma, tomara posse do reino de Lotário. O Santo Padre escreveu-lhe imediatamente que considerava aquele procedimento como um insulto feito à sua autoridade; acusava-o de ter violado os seus juramentos e de ter mostrado desprezo pelos seus legado em vez de se prostrar aos seus pés, seguindo o exemplo dos outros soberanos da Terra. A sua carta terminava do seguinte modo: "Rei ímpio, ordenamo-te que te retires dos Estados de Lorena e os entregues ao imperador Luiz; e se te recusares a submeter-te à nossa vontade, iremos em pessoa a França excomungar-te e derrubar-te do teu trono maldito."

Ao mesmo tempo, Adriano escrevia ao metropolitano de Reims para o repreender de não ter dissuadido o rei dos seus projetos de usurpação e censurava-lhe o ter-se tornado culpado, pela sua fraqueza, de uma cumplicidade criminosa na rebelião do monarca. Ordenava-lhe, para reparar a sua falta, que anatematizasse Carlos, não tivesse comunicação alguma com ele e que proibisse a todos os bispos da Gália que recebessem o usurpador nas suas igrejas, sob pena de deposição e de excomunhão.

Os seus legados, João e Pedro, receberam instrução para excitarem a ambição do jovem filho de Carlos e para o arrastarem a uma revolta contra seu pai. Já o jovem Carlomano, alguns anos antes, pusera-se à frente dos descontentes do reino, e Carlos, para o castigar, fizera-o ordenar diácono, apesar da sua resistência e das suas imprecações, e encerrara-o numa estreita prisão. Os legados de Adriano pediram ao monarca o perdão de seu filho, fazendo valer um motivo de religião; e quando o jovem príncipe saiu do seu cárcere, cercaram-no de seduções poderosas, exaltaram o seu espírito com a esperança de uma coroa e, finalmente, com as suas intrigas, determinaram-no a levantar o estandarte da revolta. As tropas estavam já compradas pelo ouro da Santa Sede, e fixara-se mesmo o dia em que se devia atacar o palácio para se lançar mão do rei, quando um dos conjurados descobriu a trama. Carlos, advertido da traição de seu filho, mandou-o prender imediatamente e condenou-o a ser decapitado; em seguida, achando muito suave o suplício, reformou a sentença de morte na ocasião em que o jovem príncipe era levado ao lugar da execução, e, por ordem sua, deitou-lhe o algoz chumbo derretido nos olhos e na boca.

Apesar da sua justa indignação contra a Santa Sede, Carlos era forçado a dissimular com os legados; todavia, despediu-os da sua corte e mandou-os acompanhar pelos seus embaixadores, Ansegisilo, abade de S. Miguel, e um senhor chamado Lotário. Os enviados do príncipe estavam encarregados de entregar ao pontífice um magnífico pano de altar, duas coroas de ouro enriquecidas com pedrarias e cartas do arcebispo Hincmar.

Na sua resposta a Adriano, Hincmar afirmava que tinha executado sempre as suas ordens, e que enviara mesmo aos reis e aos bispos dos três reinos um protesto, cuja cópia lhe remetia: "O soberano pontífice proíbe, sob pena de anátema, que se invadam os Estados do rei de Lorena, que pertencem por direito hereditário ao imperador Luiz; e se algum prelado autorizar essa usurpação, deixará de ser considerado como pastor, e declará-lo-emos padre mercenário a soldo do crime. É-me ordenado, a mim Hincmar, em particular, que dissuada os príncipes dessa empresa criminosa.

"Contudo, em desprezo das minhas advertências, os soberanos das Gálias e da Germânia fizeram um tratado relativamente ao reino de Lotário, do qual se diziam os sucessores legítimos; e dividiram entre si as suas províncias, sob pretexto de que os seus povos os impeliriam a guerras terríveis e desastrosas, se as suas convenções se não executassem fielmente. Além disso, pretendem que os seus reinos não podem ficar sem chefes, quando estão expostos às invasões dos pagãos, e que nessas circunstâncias os povos têm a liberdade de escolher um rei que possa defendê-los contra os seus inimigos. Assim, achando-me colocado entre o receio de desobedecer à Santa Sede e a dor de ver Lorena exposta aos furores dos pagãos ou dos reis que se querem apoderar dela, não ouso resolver coisa alguma sem a opinião dos outros bispos e reservo ao papa a decisão dessa desgraçada questão. Eis aqui, acrescentava Hincmar, quais foram as minhas palavras; não me torneis, pois, responsável pelos acontecimentos que se sucedem aos meus olhos, santíssimo padre, encarregando-me de dirigir o clero e os príncipes, como sendo o eclesiástico mais elevado em dignidade na corte de Carlos; não se deve dizer que estou acima dos outros metropolitanos da França, pois que somos todos elevados à mesma categoria.

Vós ordenai-me que excomungue o príncipe se ele persistir nos seus projetos ambiciosos, sob pena de ser eu mesmo riscado da comunhão dos fiéis! Responderei a isso o que os eclesiásticos e os seculares, aos quais não pude ocultar as vossas ordens, disseram, lendo a vossa carta: 'Jamais pontífice algum ousou dar ordens semelhantes ao clero das Gálias, apesar de que o nosso malfadado país tenha sido constantemente devastado por guerras terríveis entre os pais e os filhos, entre os irmãos, entre os tios e os sobrinhos, que se disputavam alternadamente um trono ensanguentado; jamais o vosso predecessor, cujas violências desolaram o Oriente e o Ocidente, levou tão longe a sua cólera contra Lotário.'

É um dever dos papas aparecerem em pessoa na presença dos tiranos, de condenarem em face os príncipes heréticos, assim como praticaram os mais ilustres dentre os vossos predecessores para com Constantino, o Ariano, para com Julião, o Apóstata, e para com Máximo, o Cruel. Se eu tivesse a fraqueza de me separar da comunhão do rei para vos obedecer, os outros prelados abster-se-iam da minha, porque o príncipe Carlos não foi convencido juridicamente do crime de perjúrio e de usurpação, como se deve praticar para com um simples cidadão antes da sua condenação.

Não receais vós que vos perguntem que diferença existe entre os pontífices atuais e aqueles que reinaram sob a dinastia merovingiana? Nós sabemos todos como Pepino foi sagrado rei pelo papa Estevão, que viera à França para implorar o seu auxílio, e não esquecemos que esse príncipe submeteu Aslatfo, o Lombardo, não com as cóleras de Roma, mas com tropas vitoriosas. Recordar-nos-emos o que Carlos Magno fez pelo papa Adriano I, e por que serviços Leão lhe deu o título de patrício e a dignidade de imperador; dir-vos-emos mais por que motivos Estevão sagrou solenemente o imperador Luiz, e por que política infame Gregório conseguiu excitar a revolta de Lotário contra seu pai.

Finalmente, os bispos de Roma não deveriam esquecer que a conquista dos reinos se faz pela guerra e pela vitória, e não pelas excomunhões de um prelado.

Quando nós exortamos os povos a temerem o poder de Roma, a submeterem-se ao pontífice, a enviarem as suas riquezas ao sepulcro do apóstolo para obterem a proteção de Deus, respondem-nos: 'Defendei o Estado contra os normandos que o querem invadir, e que a Santa Sede nem sequer implore o auxílio das nossas armas para o proteger'.

Se o papa quer conservar o apoio dos nossos povos, que não procure dispor dos tronos, e dizei-lhe que não pode ser ao mesmo tempo rei e padre; que não deve impor-nos um monarca nem pretender escravizar-nos, a nós que somos francos, porque não suportaremos nunca o jugo da escravidão do príncipe ou dos papas, e seguiremos os preceitos das Escrituras, combatendo sem cessar pela liberdade, a única herança que o Cristo legou às nações, expirando sobre a cruz.

Se o Santo Padre excomunga os cristãos que se recusam a rojar-se cegamente debaixo da sua autoridade, abusa indignamente do poder apostólico e os seus anátemas não têm poder algum no céu; porque Deus, que é justo, recusou-lhe o poder de dispor dos reinos temporais.

Empreguei todos os meus esforços para trazer os nossos prelados a sentimentos mais conformes com as vontades que nos haveis manifestado; mas todas as minhas palavras foram inúteis. Não devo, pois, ser separado da vossa comunhão pelos pecados dos outros. Os vossos legados foram testemunhas de que, em execução das vossas ordens, resisti aos senhores e ao rei, a ponto de ele me ameaçar, se eu persistisse em vos defender, e de me tirar todo o poder sobre os bens e sobre os homens da minha diocese. Ameaças mais terríveis ainda nos foram feitas também contra vós, e não deixarão de ser executadas, se Deus o permitir. Portanto, declaro-vos, depois de ter feito a triste experiência, que nem os vossos anátemas nem as vossas cóleras impedirão o nosso monarca e os grandes dos seus Estados de conservarem a Lorena, da qual se apoderaram."

Essa resposta enérgica e longamente motivada do metropolitano de Reims prova que o prelado, em vez de auxiliar Adriano e a sua audaciosa ambição, persuadia Carlos de que a autoridade real e a liberdade da Igreja galicana estavam comprometidas nessa grande questão. Por isso, por conselhos seus, a corte da França separou-se da corte de Roma, e o pontífice, cheio de cólera, enviou novas cartas mais violentas e mais audaciosas que as primeiras.

Por esse tempo, teve lugar a condenação jurídica de Hincmar de Laon e a do jovem Carlomano, que haviam apelado ambos para a Santa Sede.

Adriano escreveu logo ao rei Carlos nos seguintes termos: "Príncipe odioso, não somente cometeste excessos atrozes para usurpar os Estados de teu sobrinho, mas acabas de exceder os animais ferozes, rasgando as tuas próprias entranhas e fazendo mutilar teu filho Carlomano. Ordenamo-te, pai desnaturado, visto que não podes restituir a vista e a palavra a esse filho inocente, que lhe restituas os seus bens, as suas honras e as suas dignidades, até a época em que os nossos legados se dirigirão ao teu reino maldito, para tomarem relativamente a esse desditoso as medidas que julgarmos convenientes. Entretanto, quaisquer que sejam as empresas de Carlomano contra ti, proibimos aos senhores que peguem em armas em teu favor e impomos aos bispos que não obedeçam às tuas ordens, sob pena de excomunhão e de condenação eterna; porque Deus quer que a divisão reine entre o pai e o filho para te castigar da usurpação dos Estados de Lorena e da Borgonha. E quanto ao bispo de Laon, queremos e ordenamos, com a nossa autoridade apostólica, que o ponhas em liberdade, a fim de que ele possa dirigir-se para junto de nós e reclamar o apoio da nossa clemência contra todas as tuas iniquidades."

O rei, irritado com a audácia e com a insolência dessa carta, encarregou o metropolitano de Reims de enviar a sua resposta ao papa. Encontra-se esta nas obras do arcebispo Hincmar, e Lesueur traduziu-a do seguinte modo: "Queremos e ordenamos pela autoridade apostólica, dizeis vós? Sabei, pois, que nós, rei da França, nascido de raça imperial, não somos o vigário dos bispos, mas sim o senhor da Terra. Fomos estabelecidos por Deus soberano dos povos, e armado com um gládio de dois gumes, para ferir os maus e defender os bons."

A firmeza do rei esmagou o orgulho do papa; e este quis retratar as suas ofensas com esta palinódia: "Príncipe Carlos, soubemos por pessoas virtuosas que sois o mais zeloso protetor das igrejas; que não existe nos vossos imensos Estados nenhum bispo nem mosteiro algum que vós não tenhais enchido de riquezas; finalmente, sabemos que honras a sede de S. Pedro e que mostrais o desejo de espalhar as vossas liberalidades por sobre o seu vigário e defendê-lo contra todos os seus inimigos.

"Em consequência disso, retratamos as nossas precedentes decisões, reconhecendo que tendes procedido com justiça castigando um filho culpado e um prelado devasso, e fazendo-vos declarar soberano de Lorena e da Borgonha. Renovamos a certeza de que nós, o clero, o povo e a nobreza de Roma, esperamos com impaciência o dia em que sereis declarado rei, patrício, imperador e defensor da Igreja. Entretanto, pedimo-vos que oculteis esta carta ao vosso sobrinho Luiz."

Enquanto o poder pontifical sofria um revés no Ocidente, os búlgaros, por seu turno, expulsavam os bispos e os padres romanos para se submeterem à direção da Igreja grega, e colocaram-se sob o domínio do patriarca de Constantinopla, de que se não separaram mais depois dessa época. Com eles, arrastaram os novos cristãos das províncias russas.

Adriano II morreu algum tempo depois, no mês de novembro de 872. Esse papa, que a sua hipocrisia e a sua falsa humildade fizeram elevar à Santa Sede, mostrou-se ainda mais soberbo no seu orgulho, mais pérfido na sua política e mais insaciável na sua ambição do que o papa Nicolau; mas nós devemos concordar que esses vícios eram exatamente os que convinham a um soberano pontífice de Roma.

João VIII

111º Papa

Eleição de João VIII. — O eunuco Domínico é elevado à sede de Torcelle. — Morte do imperador Luiz. — João VIII oferece a coroa imperial a Carlos, o Calvo. — Concílio de Pávia. — Conjuração contra o papa. — Sentença contra Formose e seus cúmplices. — Concílio de Poutiou. — O Papa pede soldados ao imperador para repelir os sarracenos. — Concílio de Roma. — Devastação dos sarracenos na Itália. — Morte do imperador Carlos, o Calvo. — O papa faz um tratado de paz com os sarracenos. – Os condes Alberto e Lamberto enchem de ultrajes o Santo Padre e ferem-no no rosto. – João VIII vem à França. – Concílio de Troyes. – Coroação de Luizo, Gago. – Fócio ocupa de novo a sede de Constantinopla. – João VIII confirma o restabelecimento de Fócio. – Concílio de Constantinopla. – Negócios da Itália. – Carlos, o Gordo, é coroado imperador. – Morte do papa João VIII. – Caráter do pontífice.

  Quando o pontífice Adriano morreu, estava o imperador ocupado numa guerra contra Adalgise, duque de Benevente, que sublevara a parte meridional da Itália contra a sua autoridade e chamara os gregos para sustentar essa revolta. Depois de ter submetido os rebeldes, Luiz entrou vitorioso em Benevente; o duque veio lançar-se-lhe aos pés, protestou a sua inocência, implorou a clemência do monarca e jurou ser eternamente o súdito mais fiel e o mais submisso.
  Seduzido pelas protestações de uma dedicação tão absoluta, o imperador despediu o seu exército e ficou no palácio de Benevente com os oficiais da sua casa. Essa imprudência esteve a ponto de lhe ser funesta; porque o traidor Adalgise, vendo afastar as tropas, formou o projeto de se apoderar da pessoa do príncipe.
  Um dia, na ocasião em que o imperador fazia sesta, o duque penetrou no palácio à frente de um bando de soldados, mas Luiz despertou ao ruído das armas, pôde colocar-se em defesa e resistiu corajosamente aos assaltantes, esperando que os seus oficiais viessem socorrê-lo. Refugiou-se, então, numa torre, com a sua mulher, sua filha e todos os franceses, e durante três dias repeliram os soldados de Adalgise. Este, desesperando de forçar o castelo onde Luiz se encerrara, determinou empregar as armas da política para obter um novo perdão, e o bispo de Benevente foi encarregado de obter do monarca beato garantias invioláveis contra as consequências da sua vingança.
  E, com efeito, o príncipe consentiu em tudo o que lhe pediam em nome da religião; jurou sobre relíquias sagradas, assim como a imperatriz, sua mulher, a princesa, sua filha, e todos os oficiais que o cercavam, que jamais algum deles perseguiria direta ou indiretamente a punição do perjuro Adalgise. Contudo, apenas livre do perigo, o imperador transigiu com a sua consciência e resolveu castigar o duque de Benevente. Entretanto, para conservar as aparências da honra, não fez a guerra em pessoa; a imperatriz, sua mulher, tomou o comando das tropas e marchou para a Campânia. Essa campanha não foi favorável ao monarca, e renunciara mesmo à esperança de submeter os rebeldes, quando soube a morte de Adriano e da eleição de João VIII, arquidiácono da Igreja romana.
  O imperador apressou-se em aprovar pelos seus comissários a entronização de João, que era o padrinho de Adalgise; mandou pedir ao novo pontífice que se dirigisse a Cápua, sob pretexto de solicitar dele perdão para o culpado, mas na realidade para reconciliar-se com o duque. Concluída a paz, o imperador voltou para a sua capital, onde morreu em 30 de agosto de 875, depois de um reinado de vinte anos.

Algum tempo antes da morte de Luiz, João convocara um concílio em Ravena para terminar uma violenta contenda que existia entre Nisus, duque de Veneza, e Pedro, patriarca de Grade. Tendo vagado o bispado de Torcelle, cidade que dependia da jurisdição de Veneza, o duque Ursus elevara àquela sede Dominico, abade do mosteiro de Altino; mas o arcebispo Pedro recusou-se ordenar o novo prelado, sob pretexto de que Dominico era indigno de governar os fiéis, porque praticara em si mesmo a operação que Orígenes recomendava aos seus discípulos como o único meio infalível de conservar a castidade. O duque de Veneza afirmava, pelo contrário, que o abade de Altino merecia por esse mesmo título ser honrado com o episcopado, e ameaçava o patriarca de Grade de o punir severamente, caso se recusasse por mais tempo a consagrar Dominico.

João VIII pôs termo à contenda e decidiu que se concederia ao novo bispo de Torcelle os rendimentos dessa igreja, mas que não exerceria as funções sacerdotais, porque os cânones se opunham à ordenação dos eunucos para as dignidades supremas do clero.

Nessa época, a Itália meridional, exposta constantemente às incursões dos árabes, carecia de um protetor, cujas armas pudessem repelir os sarracenos e os outros inimigos de Roma, como tinham feito Pepino e Carlos Magno; mas os papas, que aspiravam ao domínio absoluto da Itália, não queriam que o seu defensor residisse na península romana, e a sua política levava-os a procurarem a aliança dos príncipes, cujos Estados eram situados para lá dos Alpes, e não os senhores de Nápoles, de Benevente ou de Veneza.

Em virtude disso, João VIII, depois da morte de Luiz, resolveu escolher Carlos, o Calvo, para protetor da Santa Sede; dirigiu-lhe uma pomposa embaixada, convidando-o para vir receber a Roma a coroa imperial que ele lhe oferecia como um bem de que os papas podiam dispor inteiramente. O rei dirigiu-se com solicitude para junto do pontífice; à sua chegada, o clero, os magistrados e as escolas foram ao seu encontro, precedidos pelas cruzes e bandeiras. O papa recebeu-o nos degraus da basílica de S. Pedro, no meio dos bispos e dos grandes dignatários da Igreja; e no dia seguinte, Carlos, o Calvo, foi coroado imperador sobre o túmulo do apóstolo, na presença de uma grande multidão.

Ao colocar a coroa sobre a fronte do monarca, João disse-lhe: "Não esqueçais jamais, príncipe, que os papas têm o direito de criar os imperadores". Desde esse tempo, refere Sigônio, o império não foi mais do que um feudo ou benefício da Santa Sede, e contavam-se os anos do reinado de um imperador unicamente do dia em que o papa o havia confirmado.

Depois da cerimônia da sagração, o novo imperador e o pontífice partiram juntos de Roma e vieram a Pávia, mas Carlos declarou Bóson, pai de sua mulher Richilda, duque da Lombardia e comissário imperial. Essa nomeação foi aprovada num concílio presidido pelo Santo Padre; os prelados, no discurso que dirigiam ao rei da França, diziam: "Senhor, pois que a bondade divina, por intercessão de S. Pedro e de S. Paulo, e pelo ministério do papa João, vos elevou à dignidade de imperador, nós vos elegemos unanimemente para nosso protetor, submetendo-nos com alegria às vossas vontades, e prometendo observar fielmente tudo quanto ordenardes para utilidade da Igreja e da nossa salvação."

Maimbourg afirma que esse concílio não fora convocado por João VIII senão com o fim de tornar manifesto a todos os povos que Carlos não fora imperador por direito de sucessão, mas que obtivera essa dignidade por meio da eleição. "Este exemplo, acrescenta o historiador, deve esclarecer as nações sobre a ambição dos reis, que não se elevam acima dos outros homens senão por ações infames e vergonhosas que desonram para sempre a sua memória. Assim, Carlos, o Calvo, para obter o cetro imperial contra os direitos hereditários dos sucessores legítimos de Carlos Magno, cedeu aos pontífices a soberania que os imperadores exercem sobre Roma e sobre as províncias da Igreja, e declarou a Santa Sede um Estado independente."

Contudo, a autoridade do novo imperador não foi reconhecida sem contestação; Carlomano, filho mais velho de Luiz, o Germânico, em nome de seu pai, à quem a coroa pertencia legalmente por direito de sucessão, entreteve inteligências em Roma e ameaçou a Itália com as suas armas. Gregório, nomenclador do palácio de Latrão, e George, seu genro, tornaram-se os chefes de uma formidável conspiração que tinha por objeto punir João VIII da sua covarde condescendência para com Carlos, o Calvo; mas o papa, tendo sido instruído dos seus projetos, convocou imediatamente um concílio para os julgar. Aqueles, vendo que o pontífice estava constantemente cercado pelos seus guardas, e lhes era impossível apoderarem-se de sua pessoa, reuniram-se aos outros conjurados. Formose, bispo do Porto; Estevão; Sérgio, senhor da milícia, e o bispo Constantino apoderaram-se dos tesouros do papa durante a noite e saíram todos da cidade pela porta de S. Pancrácio.

João soube da sua fuga no dia seguinte, e, contudo, não pôde mandá-los perseguir, porque os sarracenos tinham avançado até ao Tibre e faziam excursões até junto dos muros de Roma. Não querendo ficar sem vingança, excomungou os rebeldes, declarou-os perjuros, infames e sacrílegos, como tendo disputado o soberano pontificado e conspirado contra a sua pessoa; chamou-lhes ladrões e bandidos, como tendo levado consigo as riquezas da Santa Sede; a assembleia ratificou o julgamento do papa e pronunciou contra eles uma sentença de deposição, de anátema e de excomunhão.

Enquanto o pontífice condenava na Itália os conspiradores que queriam derrubar a sua autoridade e a de Carlos, o Calvo, esse príncipe reunia um sínodo de bispos na cidade de Pontion, e fazia reconhecer o supremo poder dos papas sobre a França. Os legados dos romanos nomearam o diácono João metropolitano de Sens, e Ansegise, primado das Gálias e da Germânia, com o título de vigário da Santa Sede nas duas províncias; conferiram a este último o poder de convocar concílios, significar os decretos da corte de Roma, julgar as causas eclesiásticas, executar as ordenanças dos papas, e só reservaram o apelo para Roma nas causas maiores.

Os prelados da França protestaram energicamente contra uma semelhante instituição, que destruía toda a liberdade da Igreja galicana; mas o imperador manteve o pacto sacrílego que fizera com João; declarou que tinha a missão de representar o papa naquela assembleia e que executaria as suas ordens. Em vista disto, mandou pôr um assento à sua direita, e Ansegise assentou-se ao lado dele na qualidade de primado.

Hincmar de Reims opôs-se corajosamente à vontade de Carlos, o Calvo; representou-lhe que essa empresa era contrária aos santos cânones; que o despotismo dos pontífices não devia fazer pesar a sua odiosa tirania sobre o solo da França; finalmente, observou-lhe que um rei não devia arrogar-se direito algum nas assembleias eclesiásticas. Apesar da veemência e da justiça das reclamações do arcebispo, que sagrara Carlos rei de Lorena e de Borgonha, o novo imperador persistiu em manter a execução das ordens de João VIII e confirmou o metropolitano de Sens e Ansegise nas suas novas dignidades.

Numa segunda sessão, o concílio deu audiência a Guideberto, arcebispo de Colônia, e a dois condes, embaixadores de Luiz, o Germânico, que vinham em nome do seu senhor reclamar a parte dos Estados do imperador Luiz, apoiando-se nos seus direitos de sucessão e nos tratados que haviam sido feitos entre seus pais. Então o bispo de Toscana, um dos legados romanos, deu conhecimento de uma carta do Santo Padre, na qual ele censurava severamente o rei Luiz por ter entrado com mão armada nos Estados de Carlos na época da sua coroação; João hostilizara a fraqueza dos bispos da Germânia, que não tinham ousado resistir ao seu príncipe e não haviam impedido de infringir as ordens sagradas de um papa, e aplicava-lhes estas palavras de S. Paulo: "Tendes de combater príncipes e poderosos para fazer triunfar a Igreja."

Em seguida, na presença mesmo dos embaixadores de Luiz, e como para afrontar o soberano, os legados ofereceram a Carlos, em nome de João, um cetro imperial e uma coroa de ouro enriquecida com pedrarias, e entregaram igualmente para a imperatriz braceletes e estofos de um grande preço. A uma ordem do príncipe, Richilda entrou então na assembleia e foi colocar-se no primeiro lugar, a fim de presidir ao resto da sessão; mas os bispos ficaram por tal modo indignados com a audácia da princesa, que levantaram logo a sessão e saíram do sínodo sem mesmo saudar o imperador.

Alguns meses depois, Luiz, o Germânico, morreu no seu palácio de Frankfurt; Carlos, o Calvo, avançou logo à frente das suas tropas para tomar posse dos seus Estados, mas foi batido numa grande batalha, e o jovem Luiz, que sucedera a seu pai, perseguiu-o até o seu reino. Os desastres dessa empresa impediram o imperador de enviar ao papa socorros contra os sarracenos que desolavam a Itália, e contra os próprios senhores italianos, que devastavam as terras da Igreja, assim como no-lo diz a carta daquele pontífice:

"Derrama-se o sangue dos cristãos em todas as nossas províncias, escrevia o Santo Padre; aquele que evita o fogo ou o gládio é levado para um cativeiro perpétuo; as cidades e as aldeias tornam-se presas das chamas; os bispos não encontram refúgio senão em Roma; as suas habitações episcopais servem de retiro aos animais selvagens, e eles mesmos andam vagabundos e reduzidos a mendigar, em vez de pregar. O ano passado, tínhamos semeado os nossos domínios; os inimigos devastaram-nos e não colhemos coisa alguma; este ano, foi-nos impossível sequer lavrar os nossos campos, e uma fome atroz ameaça a nossa cidade apostólica.

Não julgueis, porém, que os nossos males procedem tão somente dos pagãos; os cristãos são mais cruéis ainda para nós do que os árabes; quero falar de alguns senhores nossos vizinhos e, principalmente, daqueles que vós chamais marqueses ou governadores das fronteiras. São eles que pilham os domínios da Igreja e nos fazem morrer, não pelo ferro, mas pela fome; não cativam os povos, mas reduzem-nos à escravidão, e a sua opressão é causa de que não achamos ninguém para combater os sarracenos.

Assim, senhor, vós só, depois de Deus, sois o nosso refúgio e a nossa consolação; suplicamo-vos, pois, em nome dos bispos, dos padres e dos nobres, e, sobretudo, em nome do nosso povo, que estendeis a mão auxiliadora à Igreja vossa mãe, de quem vós tendes não só a coroa, mas também a fé do Cristo e que vos elevou ao império, apesar dos direitos legítimos de vosso irmão."

Carlomano, que acabava de ser declarado rei de Baviera, aproveitou a derrota dos exércitos de seu tio Carlos para invadir a Itália, cuja posse reivindicava como uma herança que lhe pertencia. O seu projeto era fazer-se sagrar imperador romano por um concílio geral e castigar o pontífice, que dispusera de um modo iníquo dos Estados que não pertenciam à jurisdição da Igreja.

João, receando a vingança do jovem príncipe, reuniu logo um sínodo no palácio de Latrão, a fim de fazer confirmar de novo a coroação de Carlos, o Calvo, justificando o procedimento da Santa Sede, e abriu a sessão com o seguinte discurso:

"Segundo o antigo costume, meus irmãos, levamos solenemente Carlos à dignidade imperial, na conformidade da opinião dos bispos, dos ministros da nossa Igreja, do senado, de todo o povo de Roma, e, sobretudo, para realizar a ideia que fora revelada ao papa Nicolau por uma inspiração celeste. A eleição de Carlos é pois legítima e sagrada; emana da vontade do povo e da vontade de Deus. Assim, declaramos anátema aquele que quiser condená-la, e votamo-lo a execração dos homens como inimigo do Cristo e ministro do diabo!"

Eis aqui como os papas se serviam dos nomes mais sagrados para defenderem os seus desprezíveis interesses!

Essas ameaças da Santa Sede não impediram, todavia, Carlomano de fazer rápidos progressos no Frioul, enquanto os sarracenos desolavam os campos de Roma; João, apertado de todos os lados por inimigos poderosos, teve a ideia de opô-los uns aos outros reconhecendo o rei de Baviera por imperador; mas, antes de tentar uma empresa cujas consequências podiam ser-lhe funestas, resolveu escrever ainda uma vez a Carlos, para que se apressasse em vir socorrer a Itália.

"O que resta de povo em Roma, dizia-lhe ele, está numa extrema miséria; fora da cidade está tudo devastado e solitário. Os vassalos inimigos atravessam a nado o rio e vêm de Tibur a Roma para saquear Sabina e os terrenos próximos; os árabes queimaram as basílicas e os mosteiros, massacraram os padres e os monges, e levaram os mancebos e as religiosas para os seus haréns. Por outro lado, os cristãos maus completam a nossa ruína, e Carlomano ameaça-nos com a sua vingança. Lembrai-vos, pois, dos trabalhos e combates que temos sustentado para vos assegurar o império, e não nos reduzais à desesperação, deixando-nos por mais tempo a presa dos nossos inimigos, aliás seremos obrigados a procurar um novo protetor."

Quando Carlos soube que seu sobrinho atravessara os Alpes, receou uma nova traição do papa; e, para a prevenir, passou à Itália com a imperatriz, que não abandonava nunca nas suas expedições; dirigiu-se com toda a pressa à Lombardia e encontrou, com efeito, o Santo Padre, que estava a caminho para se reunir ao rei da Baviera. Carlos, dissimulando a sua indignação, acolheu João com grandes honras, e foram juntos a Pávia, a fim de decidirem sobre as medidas a tomar para a pacificação da Itália. Em breve, souberam que o príncipe Carlomano, irritado pela perfídia do pontífice, avançava a marchas forçadas para os bloquear em Pávia, antes que as tropas de seu tio tivessem chegado para os defender.

A essa notícia, um terror pânico se apoderou dos soberanos. Carlos e sua mulher saíram precipitadamente de Pávia e refugiaram-se em Tortona; dali, prosseguiu Richilda a sua jornada com os tesouros do príncipe até a Mauriana. O Santo Padre, mais assustado ainda que os seus protetores, tomou a toda pressa o caminho de Roma, sem esquecer, todavia, um magnífico crucifixo de ouro ornado de pedrarias que a imperatriz lhe dera para a igreja de S. Pedro.

Pelo seu lado, Carlomano, tão covarde como seu tio, fugira à falsa notícia de que o imperador avançava ao seu encontro para lhe dar batalha. A propósito dessa tríplice fuga, diz um monge contemporâneo: "Admiro nesse acontecimento milagroso o dedo da Providência, que mostrava às nações a covardia dos reis e dissipava dois exércitos inteiros para poupar o sangue cristão."

João, de volta a Roma, receava, contudo, o resultado da guerra entre o rei da França e o soberano de Baviera; qualquer que fosse o vencedor, tinha ele igualmente a recear o ressentimento dos dois partidos, que traíra sucessivamente. Contudo, parecendo-lhe mais iminente a vingança do imperador, resolveu subtrair-se a ela; por instigações suas, os senhores franceses, descontentes de Carlos, formaram uma conjuração contra ele; o seu médico, o judeu Sedécias, abraçou a sua causa e Carlos morreu envenenado na cabana de um aldeão em 6 de outubro de 877.

A morte do rei da França fez reviver as esperanças de Carlomano; este, não tendo já competidor algum à dignidade imperial, escreveu ao pontífice cartas de submissão e reclamou dele a herança dos seus antepassados. João viu-se então uma segunda vez senhor e dispensador da coroa imperial; contudo, antes de sagrar o novo príncipe, quis aproveitar as circunstâncias para assegurar à sua sede vantagens materiais, e respondeu ao rei da Baviera: "Consentimos em vos reconhecer imperador da Itália, mas antes de vos dar a coroa, exigimos que entregueis no dinheiro de S. Pedro todas as somas que estão nos vossos tesouros, a fim de que sejais digno de receber a recompensa daquele que promete honrar num outro mundo aqueles que o honram neste. Em breve, enviar-vos-ei os artigos que tratam do que deveis conceder à Igreja; em seguida, ser-vos-á dirigida uma legação mais solene, para vos trazer a Roma com as honras devidas à vossa categoria. Então trataremos juntos do bem do Estado e da salvação dos povos cristãos; até ali, peço-vos que não deis acesso algum junto de vós àqueles que nos são infiéis ou que atentam contra a nossa vida, quaisquer que sejam as vossas relações anteriores com eles, e conjuro-vos que nos façais entregar as rendas dos patrimônios de S. Pedro que estão situados na Baviera."

Enquanto o papa procurava restabelecer o seu poder na alta Itália, Sérgio, duque de Nápoles, formava alianças com os sarracenos, em menoscabo das excomunhões que a Santa Sede fulminara contra ele. Em breve, porém, sentiu que não se afronta impunemente a vingança de um padre. João escreveu ao bispo Atanásio, irmão de Sérgio, para lhe ordenar, em nome da religião, que surpreendesse o duque durante a noite, que lhe arrancasse os olhos e o enviasse prisioneiro a Roma. O prelado, que aspirava à dignidade suprema em Nápoles, obedeceu escrupulosamente ao Santo Padre.

João não somente retificou a sua usurpação, como também lhe prodigalizou grandes elogios por ele ter obedecido a seu irmão segundo Deus, antes do que a seu irmão segundo a carne; e como prova de satisfação, enviou-lhe 400 marcos de prata.

Depois de ter cometido um crime abominável para punir Sérgio por se ter aliado aos sarracenos, o pontífice, singular contradição do espírito humano!, não recebendo socorros dos reis do Ocidente, tratou ele mesmo com os infiéis e obrigou-se a pagar-lhes 20 mil marcos de ouro todos os anos, para resgatar os domínios da Igreja. Verdade é que o seu desígnio, propondo uma aliança aos árabes, não era observar-lhe as cláusulas; desejava unicamente ganhar tempo a fim de esperar as tropas gregas que deviam desembarcar na Itália.

Basílio consentiu, com efeito, em enviar socorros ao Santo Padre, sob a promessa de que o ajudaria a recuperar os direitos dos seus predecessores sobre a península romana; mas esses projetos acharam-se subitamente destruídos por inimigos mais funestos à Santa Sede do que os sarracenos. Os condes Alberto, filho de Bonifácio, e Lamberto, filho de Guy, duque de Spoletto, reunidos a muitos outros senhores que partilhavam a sua indignação contra a política de João VIII, marcharam sobre Roma à frente de tropas numerosas, apoderaram-se sem resistência da cidade e assaltaram o palácio de Latrão.

A morada dos pontífices foi invadida por uma soldadesca furiosa; o próprio Lamberto penetrou nos aposentos pontificais, arrancou o Santo Padre do lugar em que se refugiara, por detrás das cortinas de uma janela, e encerrou-o numa sala da igreja de S. Pedro; os bispos e os padres que quiseram opor resistência foram expulsos do templo. Em seguida, os duques revestiram o papa de um cilício, condenaram-no durante muitos dias a um jejum rigoroso e aplicaram-lhe as disciplinas, a fim, diziam ele, de que obtivesse de Deus a remissão dos seus pecados. Contudo, compreendendo que lhes seria impossível prolongar uma tal situação, e desejando pôr-se ao abrigo das vinganças implacáveis de João, reuniram o povo na catedral, proclamaram Carlomano imperador da Itália e receberam, em seu nome, o juramento de fidelidade de todos os cidadãos. Depois da cerimônia, voltaram para os seus Estados, esperando que o príncipe que lhes devia a coroa imperial se colocaria sempre entre eles e o pontífice, se este ousasse declarar-lhes a guerra.

Logo que o Papa recuperou a liberdade, mandou transportar o tesouro de S. Pedro para o palácio de Latrão; cobriu com o seu cilício o túmulo do apóstolo, mandou fechar as portas das igrejas, ordenou que cessasse o serviço divino em todas as províncias e despediu os peregrinos que se achavam em Roma; em seguida, reuniu um sínodo e excomungou Lamberto e os outros duques que o tinham auxiliado na sua empresa. Não estando, porém, satisfeita ainda a sua vingança, resolveu dirigir-se em pessoa às Gálias, para trazer à Itália os exércitos franceses. O duque de Spoletto, instruído dos projetos do papa, espalhou soldados por todos os caminhos para prenderem a sua escolta; João conseguiu, contudo, embarcar no mar da Toscana e dirigiu-se a Gênova; dali, encaminhou-se para a cidade de Arles, onde foi recebido com grandes honras por Bóson e pela esposa desse príncipe, que depois de velha voltara para a companhia de seu marido.

João, para recompensar Bóson da sua dedicação à Santa Sede, sagrou-o solenemente rei da Provença; em seguida, prosseguiu a sua jornada até Chalons--sur-Saone, onde passou a noite. Conta-se que, no dia seguinte, no momento da partida, como viessem adverti-lo de que alguns frades tinham roubado os seus cavalos e que um padre do seu séquito fugira com a baixela de prata, encheu-se de furor e blasfemou do nome de Deus com umas tais imprecações, que os eclesiásticos que o cercavam caíram de joelhos, fazendo o sinal da cruz para expulsarem o espírito infernal que supunham ter-se apoderado do Santo Padre. João apostrofou os seus servos em termos abomináveis e fulminou uma excomunhão terrível contra os frades e o padre que o tinham roubado; afinal, depois de lhe ter passado a cólera, pôs-se a caminho para a cidade de Troyes, que ele designara para a reunião de um concílio universal.

Trinta bispos assistiram unicamente a esse sínodo; o pontífice pronunciou um discurso de abertura que tinha preparado para uma assembleia imensa, e era dirigido a todos os poderes espirituais e temporais; suplicava ele aos príncipes que lhe fornecessem os meios de se vingar dos inimigos da Santa Sede, e particularmente, de Lamberto, filho do duque de Spoletto, que ele ferira com um anátema perpétuo.

O concílio decretou a sua adesão às vontades do pontífice nos seguintes termos: "Senhor e Santíssimo Padre, nós, bispos da Gália e da Bélgica, vossos servos e vossos discípulos, compartilhamos os males que os ministros do diabo praticaram contra Roma, nossa santa mãe, a senhora de todas as Igrejas, e aprovamos unanimemente a sentença que vós pronunciastes contra eles, segundo os cânones, ferindo-os com o gládio do Espírito."

O bispo Hincmar de Laon apresentou, em seguida, uma nova queixa contra seu tio, exprimindo-se do seguinte modo: "O metropolitano de Reims citou-me para o sínodo de Douzi, a fim de que respondesse acerca de várias acusações que me eram feitas. Como me preparasse para me dirigir à assembleia, penetrou na minha igreja gente armada, arrancaram-me do altar, apoderaram-se dos meus bens e conduziram-me força até Douzi; o rei Carlos presidia ao concílio e apresentou-me um escrito, no qual me acusavam de ser perjuro, pois apelara para Roma de uma sentença iníqua, e o arcebispo Hincmar, meu tio, ordenou-me imperiosamente que respondesse à acusação que o príncipe fazia contra mim.

"Observei que, segundo os cânones, um sacerdote despojado da sua igreja e conduzido à mão armada à presença dos seus juízes não era obrigado a justificar-se, e acrescentei que, sendo meu tio meu inimigo declarado, apelava para a Santa Sede das violências que me haviam sido feitas. Li perante a assembleia as bulas dos papas Júlio e Félix relativamente às apelações dos bispos, e prostrando-me para pedir em meu favor a execução delas, apresentei as cartas do pontífice Adriano ordenando-me que viesse a Roma.

Mas o rei Carlos repeliu todas as minhas súplicas; as ordens do papa foram desprezadas, e o metropolitano de Reims pronunciou contra mim uma sentença de deposição e de excomunhão; os prelados choravam em vista daquela injustiça odiosa, mas o receio fez com que aprovassem o decreto que o arcebispo lhes apresentou e ao qual acrescentaram estas palavras: 'Salvo em tudo o julgamento da Santa Sede.'

Em seguida, exilaram-me para outra província, encerraram-me num cárcere horrível, onde vivi algemado; e depois de dois anos dessa escravidão, o algoz arrancou-me os olhos.

Depois da morte de Carlos, o novo rei fez-me restituir a liberdade, e agora apresento-me diante de vós, Santíssimo Padre, suplicando-vos que me julgueis segundo os cânones e que castigueis aqueles que me perseguiram, se for declarado inocente pela vossa justiça."

O metropolitano Hincmar pediu um prazo para responder às queixas que seu sobrinho fazia contra ele, depois do que o concílio ocupou-se em estabelecer muitos cânones para aumentar o poder dos bispos. Foi decidido que todos os prelados se reuniriam para proibir os entraves do poder secular; que não receberiam os eclesiásticos e os seculares excomungados sem o consentimento daquele dentre eles que tivessem pronunciado a sentença de anátema. Os bispos de Bourges e de Autun, Frotário e Adalgário, apresentaram ao papa o testamento de Carlos, o Calvo, no qual esse príncipe declarava que dava a seu filho Luiz o reino da França, ao qual acrescentava a espada de S. Pedro como sinal da investidura, e que jurava que se tratava, nessa doação, dos Estados da Itália e da dignidade imperial. Os dois prelados pediram em nome do rei que o pontífice confirmasse por um decreto a doação do imperador, seu pai; João mostrou, pelo seu lado, uma doação da abadia de S. Diniz que ele pretendia ter sido assinada por Carlos, o Calvo, apesar de que a assinatura parecesse visivelmente falsificada, e pediu a confirmação dela por Luiz, se este quisesse obter a do império. Porém, como essa abadia rendia à coroa somas consideráveis, o rei não quis entregá-la à Santa Sede em troca de um vão título.

Apesar dessa recusa, Luiz, o Gago, prestou grandes honras ao Santo Padre, e quis mesmo receber a coroa das suas mãos na presença dos grandes e do povo, conquanto a cerimônia da sagração tivesse já sido feita no ano precedente por Hincmar de Reims.

Na última sessão do concílio, o papa fez um novo discurso aos bispos e aos senhores: "Desejo, meus irmãos, disse-lhes ele, que vos unais a mim para a defesa da Igreja romana e que armeis todos os vossos vassalos antes da minha partida para a Itália. Peço-vos, pois, que tomeis para essa guerra importantes medidas prontas e decisivas." Dirigindo-se em seguida ao rei, acrescentou: "Suplico-vos, meu caro filho, que reunais imediatamente os vossos exércitos para vir defender a Santa Sede, como o fizeram os vossos antepassados e como vosso pai, o ilustre Carlos, recomendou-vos que fizésseis; porque vós sois o ministro vingador do Cristo contra os maus, e empunhais um gládio para proteger os papas. De outro modo, tremei de atrair sobre vós o castigo que feriu os antigos reis, que se mostravam indiferentes por vingar a Santa Sede; suplico-vos, pois, assim como a todos os senhores e bispos que me ouvem, dizei-me se consentis em sacrificar os vossos bens, as vossas mulheres e os vossos filhos, e em morrer em minha defesa."

A assembleia guardou um profundo silêncio!

Assim, o concílio de Troyes, no qual João VIII fundara grandes esperanças, não só não avançou os seus negócios temporais, como também descarregou um grande golpe na influência moral da Santa Sede. O pontífice voltou para Itália, tendo por única escolta o príncipe Bóson, que procurava, pelos seus cuidados e pelas suas atenções, fazer-lhe esquecer a afronta pungente que ele recebera da corte da França.

Durante a ausência do papa, o imperador grego e o patriarca Inácio tinham enviado a Roma comissários encarregados de cartas importantes. No dia seguinte ao da sua chegada ao palácio de Latrão, João apressou-se em responder. "Príncipe, escrevia ele ao imperador Basílio, nós vos enviamos os prelados Paulo e Eugênio, nossos conselheiros íntimos, cujo coração é puro e reto, e demo-lhes as nossas instruções para que possam trabalhar com fruto em estabelecer a paz nas igrejas do vosso império. Encarregamo-los igualmente de instruções secretas para Presiam, rei da Bulgária, junto do qual nós vos pedimos que os façais conduzir com uma escolta imponente."

Na sua carta ao patriarca, João exprimia-se do seguinte modo: "Dirigimo-vos de novo esta terceira admoestação canônica, pelos nossos legados, a fim de que envieis sem demora à Bulgária homens inteligentes que percorram todo o país e tragam a Constantinopla todos os eclesiásticos que encontrarem ordenados por vós ou pelos vossos sufragantes; porque nós não podemos sofrer que o clero grego infeste com os seus erros essa nova Igreja que formamos. Se não executais as nossas ordens e se não renunciais a toda e qualquer jurisdição sobre os búlgaros, sereis excomungado e deposto da dignidade patriarcal, na qual fostes reintegrado por favor nosso!"

Inácio não viveu tempo bastante para incorrer no anátema da Santa Sede; morreu antes da chegada dos legados a Bizâncio, e Fócio ocupou de novo a sede daquela cidade.

João VIII, conhecendo a influência que esse eunuco exercia na corte de Constantinopla, pelas suas luzes e pelo seu espírito superior, apressou-se em reconhecer a sua instalação, em menoscabo das regras da disciplina eclesiástica, a fim de obter a proteção do imperador e socorros contra os sarracenos. Para isso, escreveu a Basílio: "Tendo os patriarcas de Alexandria, de Antioquia e de Jerusalém, os metropolitanos, os bispos, os padres e todos os eclesiásticos de Constantinopla, que são da ordenação de Metódi e de Inácio, consentido unanimemente na reintegração de Fócio, recebemo-lo como eles, por bispo da vossa capital, por irmão e por colega; e desejando extinguir todo o cisma na Igreja, levantamos todas as censuras pronunciadas contra ele, contra os prelados, eclesiásticos e seculares incluídos nas mesmas sentenças. Anulamos os atos do nosso predecessor, em virtude da autoridade que nos foi concedida por Jesus Cristo, na pessoa do príncipe dos apóstolos. Outrossim, declaramos que os legados de Adriano não subscreveram as atas do concílio que condenava Fócio, senão por comprazer com esse papa hipócrita, e de modo algum para obedecer à justiça. Contudo, não confirmamos o restabelecimento do patriarca senão sob a condição formal de que não pretenderá de agora em diante a direito algum sobre a província da Bulgária, que fora entregue à nossa sede pelo imperador Miguel."

Logo que Fócio recebeu as cartas de aprovação da Santa Sede, convocou um concílio, no qual se reuniram perto de 400 bispos, assim como os legados romanos. Os papas Nicolau I e Adriano II foram condenados como autores de todas as agitações da Igreja do Oriente, e a sua memória foi anatematizada. Proibiu-se acrescentar ao símbolo de Niceia a palavra, "Filioque", adição que fora decretada por um concílio convocado por Inácio e aprovada pela corte de Roma. Esse dogma, sucessivamente admitido e condenado, permaneceu afinal, depois, de muitos séculos de disputas, um dos pontos fundamentais da fé cristã. João exprimia-se do seguinte modo relativamente a esse dogma: "Conservamos o símbolo tal qual o recebemos dos nossos pais, sem lhe ter omitido nem acrescentado coisa alguma. Condenamos os padres que causaram o escândalo das Igrejas dizendo 'Filioque', e não somente nos recusamos a pronunciar essas palavras sacrílegas, como também consideramos aqueles que tiveram a audácia de as juntar ao símbolo como transgressores da palavra de Deus e como corruptores da moral dos apóstolos e dos padres. Comparamo-los a Judas; dilaceram como ele os membros de Jesus Cristo; porque 'Filioque' é a mais insigne blasfêmia que se pode pronunciar contra a religião."

Tendo o papa comprado o auxílio dos gregos por uma covarde condescendência para com Fócio, esforçava-se por fazer romper os tratados dos senhores da Itália com os sarracenos, e queria iludir aqueles que concluíra com os seus povos. Dirigiu muitas cartas a Pulcar, governador de Amalfi, ao qual pagara 10 mil marcos de prata pela defesa dos terrenos de S. Pedro. Lançava-lhe em rosto a sua negligência e pedia-lhe a restituição das somas que ele recebera, pois não cumpria os seus compromissos e recusava-se a declarar a guerra aos árabes. Apesar das reclamações do pontífice, os habitantes de Amalfi continuaram a viver em boa inteligência com os infiéis e recusaram-se a restituir o dinheiro da Santa Sede. João declarou-os excomungados, dando-lhes tão somente até ao fim do ano para fazerem penitência e evitarem que a sentença de anátema fosse executiva contra eles, e pronunciou a mesma pena contra os bispos de Nápoles e de Gaeta, que se tinham aliado com os sarracenos.

O Santo Padre estava por tal modo dominado pelo receio dos árabes, que sacrificava mesmo os interesses da religião em todas as medidas que pareciam favoráveis ao seu desígnio de expulsar os mouros da Itália. Assim, depois de ter aprovado a ordenação de Landulfo, prelado de Cápua, que fora canonicamente eleito pelo povo, retratou a sua primeira decisão e, por política, abraçou o partido de Pandenulfo, secular casado, irmão do governador da cidade que ambicionava a sede episcopal. Em vão, Leão, chefe do clero de Theana, e Berthier, abade de Monte-Cassino, dirigiram-se ao papa suplicando-lhe que não consagrasse semelhante injustiça, representando-lhe que aquela ordenação escandalosa causaria grandes agitações em Cáspua, e que o fogo da sedição, uma vez aceso nessa cidade, estender-se-ia rapidamente até Roma. Foram inúteis todas as advertências dos bispos. João desprezou-as e confirmou a ordenação de Pandenulfo, sob a condição de que o governador declararia a guerra aos sarracenos. Mas esses povos, que estavam instruídos das divisões dos cidadãos de Cápua, não deram tempo a Pandenulfo para reunir as suas tropas; caíram de improviso sobre a cidade, arruinaram o país e retiraram-se com ricos despojos.

Depois da sua partida, o governador de Cápua reclamou o comando da cidade de Gaeta, que pertencia ao papa, sob pretexto de que Docibilis, que a governava, ligara-se aos árabes e os informara das desordens de Cápua. O pontífice entregou, então, nas mãos do governador aquela importante cidade, mas em breve as suas exações e as suas crueldades excitaram um tal descontentamento que os habitantes, para se livrarem de um semelhante tirano, resolveram entregar-se aos sarracenos que estavam acampados próximo de Agropoli. Trocaram-se negociações, e os árabes aproximaram-se logo da cidade e estabeleceram as suas tendas nas alturas que dominam Formies.

A essa notícia, João compreendeu a falta que cometera, entregando o governo de Gaeta a Pandenulfo; chamou logo Docibilis, que se pôs à frente das tropas da província, libertou a cidade e perseguiu os muçulmanos até as suas costas. Ao mesmo tempo, a armada que o imperador Basílio enviara de Constantinopla para a defesa da Santa Sede encontrou os navios inimigos, travou-se a peleja e a vitória coube aos gregos.

Contudo, Roma não se viu ainda liberta dos infiéis que ocupavam todas as cidades fortificadas da Campânia; então João, desejando pôr a Itália inteiramente ao abrigo das suas incursões e subtrair a Santa Sede à tirania dos duques de Pavia, de Benevente e de Spoletto, resolveu declarar imperador Carlos, o Gordo, rei da Germânia. Para isso, escreveu àquele príncipe, que cedeu aos seus rogos e veio à Itália, onde foi sagrado solenemente imperador. Contudo, o novo protetor da Santa Sede mostrou-se muito indiferente pela defesa da Igreja, e todas as lisonjas do pontífice não puderam nunca determinar Carlos a enviar os seus exércitos à Itália.

A corte de Roma permaneceu submetida às vontades do monarca, segundo se colige de uma contenda religiosa relativamente à nomeação de um prelado para a sede de Genebra. O imperador havia designado para governar aquela diocese um eclesiástico chamado Optandus; mas Otram, chefe do clero de Viena e súdito do rei Bóson, recusou-se a sagrar o novo prelado, que não fora nem ordenado nem batizado naquela igreja segundo as regras estabelecidas pelos cânones, e consagrou um novo bispo para dirigir os fiéis de Genebra. João, instruído por Carlos, o Gordo, da resistência de Otram, escreveu a esse arcebispo que viesse a Roma para se justificar da irregularidade do seu procedimento, e ordenou-lhe, sob pena de excomunhão, que aprovasse a consagração de Optandus, reconhecida válida pela Santa Sede. O pontífice dirigia ao prelado venerável as mais violentas censuras; acusavo-o de ter recebido dinheiro pela eleição do seu protegido e, juntando a ingratidão à baixeza, chamava usurpador ao rei Bóson, o mesmo que lhe havia coroado em recompensa dos seus serviços e da sua submissão.

Algum tempo depois, João VIII morreu e foi inumado em 18 de dezembro de 882.

Os anais da abadia de Fuldes referem que esse papa foi envenenado pelos parentes de uma dama romana, cujo marido servia às suas libertinagens monstruosas. Os conjurados, vendo que o veneno não operava assaz energicamente, penetraram nos seus aposentos durante a noite e esmagaram-lhe a cabeça a golpes de martelo. "Morte digna desse pontífice abominável!", acrescenta o cardeal Barônio.